Deutsche Literatur

Eine Sozialgeschichte

Herausgegeben von
Horst Albert Glaser

Zwischen Revolution und Restauration: Klassik, Romantik

1786–1815

Band **5**

Herausgegeben von
Horst Albert Glaser

rororo
Rowohlt

Der Herausgeber dankt der Universität Essen und dem Ministerium für Wissenschaft und Forschung des Landes Nordrhein-Westfalen für die finanzielle Förderung des Projekts.

Einige Artikel mußten leider gekürzt werden, um Überschneidungen zu vermeiden und um den vorgesehenen Umfang des Bandes einhalten zu können.

Zitate werden durch die in Klammern gesetzten Ziffern nachgewiesen. Hierbei bezieht sich die erste Ziffer auf die Titelnummer der Bibliographie, die der Anhang enthält, während die zweite, *kursiv* gesetzte Ziffer die Seite im zitierten Titel angibt.

Originalausgabe
Redaktion Burghard König
Typographie Edith Lackmann
Umschlagentwurf Werner Rebhuhn
Veröffentlicht im Rowohlt Taschenbuch Verlag GmbH,
Reinbek bei Hamburg, Oktober 1980

Satz Times (Linotron 404)
Gesamtherstellung Clausen & Bosse, Leck
Printed in Germany
1280-ISBN 3 499 16254 7

Inhalt

Horst Albert Glaser
Einleitung

Seit Mitte der sechziger Jahre und bestimmend seit ihrem Ende hat sich das literaturwissenschaftliche Erkenntnisinteresse auf gesellschaftliche Bedingungen und politische Aspekte der literarischen Produktion und Rezeption gerichtet. Ideologische Implikate oder Wirkungen sind neben dem *social background*, der Sozialisationsrelevanz und dem politischen Standort von Literatur Themen zahlreicher Untersuchungen gewesen – insbesondere zur Produktion in der zweiten Hälfte des 18. Jahrhunderts, um die Mitte des 19. Jahrhunderts und des 20. Jahrhunderts.

Unverkennbar ist, daß insbesondere die jüngere Forschung sich dem *sociological approach* zuwendet, während die geistesgeschichtliche Darstellung und zusehends auch die werkimmanente Interpretation zur Domäne der älteren Forschung geworden ist. Die literarhistorischen Epochenabrisse sind – bis auf wenige Ausnahmen – noch im Sinne der Geistesgeschichte geschrieben. Um die Erkenntnisse der jüngeren und soziologisch orientierten Forschung an die Tradition der Literaturgeschichtsschreibung anzuschließen, ist die Textüberlieferung im Hinblick auf Beziehungen zur politischen und zur Sozialgeschichte – respektive auf Konnotationen zu deren Theorie – neu aufzuarbeiten. Eine Geschichte der deutschen Literatur unter sozialhistorischer Perspektive käme dem gewandelten Bedürfnis derer entgegen, die Literaturgeschichten benutzen – dem der Deutschlehrer und der Germanistikstudenten. Sie verlangt es, genauer zu wissen, wie die literarische Produktion dieser oder jener Epoche sich auf die Wirklichkeit der gesellschaftlichen Verhältnisse bezieht oder auf diese als Ideologem zurückwirkt.

Aus diesem Grunde werden hiermit die ersten Bände einer zehnbändigen Geschichte der deutschen Literatur unter sozialhistorischer Perspektive vorgelegt, die unter Mitarbeit zahlreicher Germanisten, Historiker und Soziologen des In- und Auslandes entsteht. Sie wird weniger eine Wende in der Literaturgeschichtsschreibung markieren, als daß sie wird anschließen müssen an die großen Darstellungen der deutschen Literatur, die nach 1945 geschrieben worden sind: Burgers *Annalen der deutschen Literatur* oder de Boors und Newalds *Geschichte der deutschen Literatur*. Es war Kohlschmidt, der Autor einer Literaturgeschichte, die *Form- und Stilgeschichte* mit *Aspekten geistes- und ideengeschichtlicher Art* verbinden wollte, der über das Verhältnis von Literaturgeschichte und Soziologie schrieb:

«Historische Soziologie ist der Literaturgeschichte zunächst eine deskriptive Hilfswissenschaft von enormem Gewicht. Sie ist dies aber auch, wie noch zu zeigen ist, in Sachen der Werkinterpretation und schließlich auch des Verstehens: z. B. der Dichterbiographie, der literarischen Wertung, endlich auch des methodologischen Selbstverständnisses unserer Wissenschaft. Literaturgeschichte ohne die Einarbeitung und Integration der Soziologie der von ihr erforschten Epochen wäre vielleicht ästhetisch autonom, aber sie wäre nicht Geschichte. Denn ihr würde die Substanz fehlen, auf der die Literatur als ein immer auch soziales Phänomen beruht. Nur wenn man Literatur unter dem ästhetizistischen Blickwinkel auffaßt, daß sie Inspiration sei, was ein reiner Glaubenssatz ist und nicht wissenschaftliche Kritik, kann man sich über die soziologischen Fakten der Vergangenheit einfach hinwegsetzen. Da aber selbst das dichterische Genie innerhalb der Grenzen des Menschlichen bleibt, muß es auch nach seiner menschlichen Seite hin kritisch erfaßbar bleiben. Auch die Spiegelung der Götter oder die Erfindung neuer Mythologeme bei Hölderlin, Goethe, Rilke oder George liegt innerhalb der Grenzen des menschlichen Geistes und seiner irdischen Bezugsperspektiven.» (Werner Kohlschmidt: Erwägungen zum Verhältnis von Literaturgeschichte und «Soziologie», in: Zs. für Ästhetik und allgemeine Kunstwissenschaft, Bd. 20, 1975).

Der Geist der Werke soll denn weniger idealistisch als materialistisch mit dem Geist der Epoche vermittelt werden. Insofern wird diese Literaturgeschichte methodische Ansätze wieder aufnehmen, wie sie Gervinus in seiner «Geschichte der poetischen Nationalliteratur der Deutschen» und Hettner in seiner *Literaturgeschichte des 18. Jahrhunderts* auf ihre Weise ausführten. Der Historiker Gervinus und der Feuerbachianer Hettner haben im 19. Jahrhundert zum erstenmal prinzipiell die Geschichte der literarischen Ideen auf die Ideen der historischen Epoche bezogen. In den fünfziger Jahren des 20. Jahrhunderts hat dann Hauser jene große *Sozialgeschichte der Kunst und Literatur* vorgelegt, die bereits das genaueste Programm einer künftigen Sozialgeschichte der deutschen Literatur entwirft. Wie Hauser das traditionelle Epochenschema im Grunde nicht aufgibt, es andererseits dem sozialhistorischen Epochenschema korreliert, soll hier Literaturgeschichte nicht als Spezialfall der allgemeinen Geschichte vorgetragen werden. Die oft durch Jahrhunderte andauernde Geschichte dramatischer Motive und lyrischer Formen soll in ihren historischen Variationen zwar sozialhistorisch interpretiert werden; schwierig dürfte es aber werden, jene selbst aus gesellschaftlichen Strukturen schlüssig abzuleiten.

Die Konzeption dieser Sozialgeschichte der deutschen Literatur läßt sich am leichtesten erläutern, indem die zwei Begriffsebenen verdeutlicht werden, auf die der Band sich im Titel bezieht. «Zwischen Revolution und Restauration» meint, daß der Band im allgemeinen die Spuren und Erschütterungen nachzeichnen will, die das epochale Ereignis der Französischen Revolution in der deutschen Literatur zur Folge hatte. Es sind dies zum einen die Texte der Jakobiner und der Konservativen, die unmittelbar zustimmend bzw. ablehnend reagierten (dargestellt im Artikel «Revolution als Herausforderung in Literatur und Publizistik»), zum anderen die Texte der Romantiker und der weimarischen Klassiker, die von der Revolution anfangs begeistert, später aber abgestoßen wurden. Das ambivalente Verhältnis der bedeutenderen Autoren zu dem großen Thema der Epoche erzeugt die Sprünge und Umschwünge, die das Frühwerk Schlegels und Schillers etwa von ihrem Spätwerk trennt. In den Artikeln «Romantische Erzählprosa», «Bildungsroman» und «Klassisches und romantisches Drama» wird dieser Zug im Bild der Literatur um 1800 nachgezeichnet. Andererseits soll nicht unbeachtet bleiben, daß ein beachtliches Textkontingent kaum auf das Ereignis reflektiert, von dessen fernhinwirkender Erschütterung andere Texte Kunde geben: In «Frauen-, Familien-, Abenteuer- und Schauerromanen» oder der «Trivialdramatik» wird man sehen können, wie mehr oder minder unbeeindruckt an alten Mustern weitergesponnen wird. Auch die Programme der «Hof-, Stadt- und Nationaltheater» verraten weniges (und das nur indirekt) von den Vorgängen außerhalb der Kult- und Vergnügungsstätten. Nach den Befreiungskriegen und mit dem Wiener Kongreß (1815) verlöschen fast alle Spuren revolutionärer Bewegung in der literarischen Produktion. Die Ära der politischen Restauration, die von der Heiligen Allianz der preußischen, österreichischen und russischen Monarchien dominiert wird, hatte ja die Wiederherstellung der legitimen, das heißt der vorrevolutionären Ordnung in Europa zum Inhalt. Die Jahreszahl 1815, die das Ende einer hoffnungsvollen Phase deutscher Geschichte markiert, ist weniger umstritten als die Zahl, die das Jahr ihres Beginns angeben könnte. Hier verlaufen historische und literarhistorische Entwicklungen asynchron. Die Revolution in Frankreich datiert zwar auf das Jahr 1789; doch Wirkung entfaltet das Ereignis erst einige Jahre später in Deutschland. Andererseits bricht bereits Jahre vorher die Tradition der aufklärerischen Literatur ab, indem Goethe 1786 mit der Versfassung der *Iphigenie* und den umgearbeiteten *Leiden des jungen Werthers* die ersten Monumente des weimarischen Klassizismus errichtet. Die Herausgeber haben sich infolgedessen entschlossen, die Epoche nicht mit den Stücken der Mainzer Jakobiner aus den Jahren 1790 bis 1792 oder gar erst mit den Arbeiten der Frühromantiker (Novalis, F. Schlegel) in der Mitte der neunziger Jahre anheben zu lassen, sondern

mit dem Todesjahr Friedrichs II., des aufgeklärten Monarchen von Preußen.
Es interferieren in der Epoche mannigfaltige und einander widerstreitende Tendenzen:
1. der weimarische Klassizismus Goethes und Schillers, der in sich uneinheitlich strukturiert ist, insofern die Harmoniekonzeption der *Iphigenie* nach 1789 der skeptischen Kritik am Absolutismus in der *Natürlichen Tochter* (1804) weicht. Auch Schiller schwankt, wo Elysium zu finden ist: mit der *Jungfrau von Orleans* im Himmel oder mit *Wilhelm Tell* auf der Erde. Unentschieden bleibt zudem die Frage, ob der Weg dorthin über die Erziehung zur Schönheit oder durch die Revolution führt.
2. die revolutionär gestimmte Frühromantik, die in der Phase der *Fragmente* von Novalis und F. Schlegel den Geist der Republik im Geist der Poesie wiederentdecken wollte, lenkt sehr bald in die Bahn der politischen Restauration ein, indem sie Kirche und Monarchie als Garanten der Einheit ansah, der trotz allem die republikanische Vielfalt bedürfe, wolle sie nicht in ordinäre Anarchie versinken.
3. die jakobinische Literatur des Rheinlands und Norddeutschlands, der das Lebenslicht allerdings bald ausgeblasen wurde.
4. die konservative und antirevolutionäre Literatur insbesondere der Spätromantik, zu der auch (in dieser Hinsicht) die antifranzösischen Dramen Kleists, wie die *Hermannsschlacht* und *Prinz Friedrich von Homburg* gehören.
5. Zu letzterer rechnen noch einige Rührstücke Ifflands und Kotzebues, die nicht müde wurden, in den *Kokarden* vor der Revolution zu warnen oder sie im *Weiblichen Jakobiner-Clubb* zu verspotten, wenngleich die Masse ihrer Stücke – wie auch die Unterhaltungsromane der Zeit – von politischen Themen weithin keine Notiz nahm.
Mit den Begriffen von «Klassik» und «Romantik» werden die komplexen Strukturen der Epoche kaum zureichend erfaßt, wenn sie auch die einzigen sind, die von der Literaturgeschichtsschreibung weitgehend akzeptiert wurden. Weder bezeichnen die Begriffe ein in sich kohärentes Textmaterial, noch ist das gesamte Material mit diesen Begriffen überhaupt zu fassen. Dennoch werden sie zur Kennzeichnung der Epoche verwendet – wenn auch nur zu einer vorläufigen. Aus Abgrenzung und Bezeichnung der Epoche, für die zwei unterschiedliche Begriffsebenen miteinander parallelisiert werden, läßt sich ablesen, daß diese Sozialgeschichte der deutschen Literatur zum Ziel hat, die Geschichte der Texte nicht untergehen zu lassen in der Geschichte der Gesellschaft, von der sie produziert und rezipiert wird; wie sie andererseits mehr intendiert, als Literatur bloß einen *social background* zu geben.
Es wäre für eine Sozialgeschichte geistiger Gebilde noch zu lernen, daß es nicht sonderlich tief in die Erkenntnis des literarischen Ausdrucksme-

diums führt, wenn man ihre Geschichte unter die politische oder die Sozialgeschichte bloß subsumiert, statt einzuräumen, daß sie wie diese eine konsistente eigene, wenn auch keine autonome Geschichte haben.
Das Verhältnis von Sozialwissenschaft zur Literaturwissenschaft sollte also nicht dasjenige von einer Kardinalwissenschaft zu einer Hilfswissenschaft sein, die jener aus dem Reich des schönen Scheins noch ein paar Belegstellen herbeischafft, deren sie eigentlich nicht bedarf. Um das Abhängigkeitsverhältnis, das sich dennoch hie und da eingestellt hat, einmal gegen den Strich zu bürsten, möchte ich behaupten, daß die Literaturgeschichte eine ganz andere Geschichte überliefert, als sie die Geschichtswissenschaft bislang interessiert hat: die des Ich. Literaturgeschichte als Ich-Geschichte verstanden, ist einerseits nicht möglich, ohne daß zur Ich-Geschichte Realgeschichte in Relation gesetzt wird, andererseits auch nicht möglich, wenn Ich-Geschichte in Realgeschichte aufgelöst wird, weil dann das Substrat von Literatur verschwände: das allein produzierende Ich. Der Terminus Ich-Geschichte impliziert darüber hinaus, daß die Soziologie und Geschichtswissenschaft nicht die einzigen Wissenschaften bleiben können, auf die sich die Literaturwissenschaft stützen muß, will sie aus dem tautologischen Spiegelkabinett der traditionellen Geistesgeschichte heraus. Da die Realien sich ihre Literatur gemeinhin nicht selbst schreiben oder sich der Schriftsteller allenfalls als Hoffmannsche Automaten bedienen, sondern Literatur immer erst durch Erfahrung und Reflexion des schreibenden Ich vermittelt wird, ist in jüngster Zeit (neben der Ideologiekritik) die Sozialpsychologie und insbesondere die psychoanalytische Theorie den oben erwähnten Disziplinen an die Seite getreten. Es werde in diesem Zusammenhang nicht unterschlagen, daß literarische Texte selbst genauere Auskunft über die Verfassung einer Epoche geben können, als dies die generalisierenden Verfahrensweisen der Geschichtswissenschaft gemeinhin erlauben. Denn was in Klassen, Schichten, Gruppen und allgemeinen Bewegungstendenzen stumm bleibt, ist die Stimme des Individuums. Wäre die Sozialgeschichte daran interessiert zu erfahren, wie Gesellschaft vom Individuum eigentlich erfahren wird, sie könnte es den Lauten abhören, die in Texten sich artikulieren.
Die literarhistorischen Artikel im engeren Sinne wollen leisten, was Szondi als Aufgabe einer recht verstandenen Literatursoziologie bestimmte: Geschichte im Werk sichtbar machen. Diesen Artikeln aber sind andere mit anderer Intention beigesellt. Vom sozialgeschichtlichen Epochenabriß bis zum Artikel über «Buchmarkt, Verlagswesen und Zeitschriften» (wie auch dem über «Hof-, Stadt- und Nationaltheater») geht es darum: das Werk in der Geschichte zu zeigen. Wie immer man das komplexe Verhältnis von Literatur und Gesellschaft darstellen will, es muß in einzelne Facetten aufgebrochen werden. An jeder dieser Fa-

cetten, sei es normative Literaturtheorie oder subjektivistische Lyrik, reflektiert Gesellschaft anders – je nach der immanenten Struktur des Werks. Insofern wird anläßlich von Kleists Dramen über andere historische Sachverhalte zu sprechen sein als anläßlich von Schillers Lyrik. Die Herausgeber hoffen, daß an den Facetten alle wichtigen Sachgehalte der Epoche reflektieren und sich das Kaleidoskop zu einem Ring schließt.

Die verschiedenartigen Aspekte, die der Zusammenhang des historischen Materials aufweist, hatten für das Schema der Bände die Konsequenz, daß es rein weder nach gattungstypologischen noch werkgeschichtlichen oder gar kommunikationssoziologischen Modellen konstruiert werden konnte. Als Resultat vieler und langdauernder Diskussionen zwischen Herausgebern und Mitarbeitern hat sich ein Mischsystem aus den genannten Modellen ergeben, in dem einerseits die literarischen Zentren, andererseits aber auch die romantische Lyrik zu ihrem Artikel kommen. Hie und da ergab es sich allerdings, daß solcherweis das Werk bedeutender Autoren der Epoche zerfallen wäre in eine Vielzahl von Rubriken, die jeweils nur Facetten beleuchten. In dergleichen Fällen wird das Schema konterkariert mit Artikeln, die monographisch dem Werk nur eines Autors gelten, das sie in seinem inneren Zusammenhang vorstellen – so in diesem Band dasjenige Jean Pauls, im Folgeband dasjenige Büchners, Goethes und Heines. Solches Verfahren soll auf keine verschleierte Inthronisierung des wiederbelebten großen Individuums hinauslaufen, das der traditionellen Literaturgeschichtsschreibung eine allzu vertraute Kategorie war. Auch einer Sozialgeschichte der Literatur darf aber der Name eines Autors nicht so gleichgültig sein, daß er aus dem Inhaltsverzeichnis zu verschwinden hätte. Ob sie imstande ist, trotz ihres generalisierenden Zugriffs auch individuelle Züge der Autoren zu bewahren und gelten zu lassen, wird über die Zulänglichkeit ihrer Methoden letztlich entscheiden. Denn eine Sozialgeschichte der Literatur soll zuvörderst doch über die Beschaffenheit von Literatur deutlicheren Aufschluß geben – und nicht über die von Sozialgeschichte.

Die Artikel sind kurz, und ihre Autoren waren gehalten, sich knapp zu fassen. Hie und da hat solches Verfahren zu fast unentschuldbaren Verkürzungen und Auslassungen geführt, die kundige Rezensenten gewiß bemerken werden. Nicht alle Schriftsteller und nicht alle Werke, die der «Goedeke» verzeichnet, konnten vorgestellt oder nur erwähnt werden, manchmal sogar nicht solche, die in der Literaturwissenschaft eine gewisse Bekanntheit genießen, da sie besondere Tendenzen verkörpern, ohne allerdings selbst viel zu bedeuten.

Bemüht haben sich die Autoren um einleuchtende Darstellung und eine einfache Sprache, die dennoch komplexen Sachverhalten zum angemessenen Ausdruck verhelfen soll. Germanistische Forschungsbeiträge wollen die Bände nicht liefern. Dennoch soll gezeigt werden, wie von der jüngeren literarhistorischen Forschung das überkommene Bild der deutschen Literatur verändert oder gar neu gezeichnet wird. Die einheitliche Struktur der Bände wird es ermöglichen, durchlaufende Formen, Themen und Stile in mehreren Bänden an analoger Stelle aufzufinden. Insgesamt dürfte der erste und flüchtige Blick auf die Bände dieser Literaturgeschichte eher an ein Magazin als an eine gelehrte Abhandlung erinnert werden. Wenn dieser Eindruck auch täuscht, so soll durch die lokkere und knappe Form der Präsentation, wie sie das Kaleidoskop der Artikel bestimmt, der Leser doch zum Lesen verführt und nicht davon abgeschreckt werden. Die Lesbarkeit einer Literaturgeschichte ist heute wichtiger denn je geworden, da Lese- und Konzentrationsfähigkeit beim virtuellen Leser nicht ohne weiteres mehr vorausgesetzt werden können. Dem gesunkenen Interesse an historischen Gegenständen, wie es den Lehrbetrieb an Schulen und Hochschulen weithin kennzeichnet, will diese Literaturgeschichte entgegenwirken. Sie will an Texten zeigen, die es nicht wert sind, einfach vergessen zu werden, was in diesem Lande einmal gedacht und geschrieben worden ist. Insofern ist ihre Tendenz eine aufklärerische, als sie sich um die Aufklärung eines Bewußtseins bemühen will, das erinnerungslos an den Gegenständen des Hier und Jetzt klebt und kleben will, ohne davon wissen zu wollen, was vorher war, und ohne imstande zu sein zu überlegen, was möglicherweise kommen kann: die gebildete Gesellschaft als ein geistiges Tierreich.

Horst Möller
Epoche – sozialgeschichtlicher Abriß

Periodisierung der industriellen Entwicklung

«Hausvaters=Rechte und Hausvaters=Freuden sind größtentheils verschwunden; Die Gesinde werden nicht als Theile der Familien angesehen, sondern als Miethlinge betrachtet, die wir nach Gefallen abschaffen, so wie sie uns verlassen können, sobald sie sonst irgendwo mehr Freyheit, mehr Gemächlichkeit, oder reichere Bezahlung zu finden glauben (. . .).» Diese Beobachtung findet sich in Adolph Freiherr von Knigges berühmtem Buch *Über den Umgang mit Menschen* von 1788 und indiziert einen der folgenreichsten sozialgeschichtlichen Vorgänge seit dem Ausgang des 18. Jahrhunderts: die Auflösung der Sozialstruktur des ‹ganzen Hauses›. Zu ihren Kennzeichen zählte die Verbindung von Gewerbe und Familie, die Einbeziehung der Gesellen und des Gesindes in das Haus, an dessen Spitze patriarchalisch der Hausvater stand, der zugleich Meister und Familienoberhaupt war. Die allmähliche Erosion patriarchalischer Herrschaft im Haus ökonomisierte die Beziehungen zwischen Meister und Geselle, zwischen Hausvater und Gesinde: Persönliche Bindung und Fürsorge wurden durch Kosten-Nutzen-Rechnung ersetzt, Arbeitgeber und Arbeitnehmer traten sich als ökonomische Interessenten, als Klassen gegenüber.

Allerdings zog sich diese Auflösung des ‹ganzen Hauses› noch Jahrzehnte hin; die bäuerlichen Lebensformen waren in manchen Regionen sogar noch bis ins 20. Jahrhundert von ähnlicher sozialer Bauform. Im gewerblich-handwerklichen Sektor beschleunigten die Gewerbefreiheit – die sich seit dem preußischen Gewerbesteuer-Edikt von 1810 allmählich durchzusetzen begann – und die mit ihr verbundene, seit Mitte des 19. Jahrhunderts verstärkt einsetzende Industrialisierung die Auflösung überkommener sozialer Strukturen. Doch führten nicht alle deutschen Staaten die Gewerbefreiheit schon zu Beginn des 19. Jahrhunderts ein, und auch in Preußen gab es bis in die Mitte des Jahrhunderts hinein Einschränkungen. In Sachsen, Baden, Württemberg und Bayern wurde die Gewerbefreiheit erst zwischen 1861 und 1868 eingeführt, seit 1869 durch den Norddeutschen Bund aber wieder geringfügig eingeschränkt. Allein diese Daten zeigen: Die Reformgesetzgebung, die Wirtschaft und Gesellschaft tiefgreifend verwandelte, brauchte Jahrzehnte bis zur vollen Konsequenz. Die Realisierung dieser Gesetze erforderte in der Regel mehrere Generationen; die Betroffenen akzeptierten die Reformen oft nur widerwillig und zögernd.

Aus diesen Gründen bildet die hier darzustellende Epoche von 1786 – dem Todesjahr Friedrichs des Großen – bis 1815, als der Wiener Kongreß die staatsrechtliche Neugestaltung des Heiligen Römischen Reiches Deutscher Nation zum Deutschen Bund abschloß, keine sozialgeschichtliche oder ökonomische Einheit. Vielmehr handelt es sich um eine Übergangsepoche, in der sich die alten Formen gesellschaftlichen und wirtschaftlichen Lebens allmählich auflösten, ohne daß neue Formen sich schon durchgesetzt hätten. Infolgedessen sprechen die Wirtschaftshistoriker von einer ‹Anlaufperiode› der Industrialisierung in Deutschland, die vom Ende des 18. Jahrhunderts bis zur Mitte des 19. dauerte, während in England schon seit ungefähr 1750 von Industrialisierung gesprochen werden kann. Allerdings existierten auch in Deutschland Ansätze: Es gab schon Manufakturen und in vielen ländlichen Gebieten auch eine «spezialisierte Massenproduktion gewerblicher Güter», die über den lokalen Bedarf hinausging. Einige Autoren sprechen deshalb von einer «Industrialisierung vor der Industrialisierung» (Kriedte, Medick, Schlumbohm), die in den europäischen Agrargesellschaften in unterschiedlichem Ausmaß schon seit dem 16. und 17. Jahrhundert stärkere Ausprägung fand. Doch ist diese «Proto-Industrialisierung» (Mendels, C. und R. Tilly) nicht mit der Frühphase der Industrialisierung zu verwechseln und muß hier außer Betracht bleiben.

In den Jahrzehnten um 1800 erlebte Deutschland jedenfalls keine industrielle ‹Revolution›. Die Ursachen dieser im Vergleich zu England merklichen ökonomischen Rückständigkeit sind vielfältig, nur zwei seien hier erwähnt: die territoriale Zersplitterung Deutschlands und die in demographischer und wirtschaftlicher Hinsicht verheerenden Folgen des Dreißigjährigen Krieges (1618 bis 1648). Wenngleich im 18. Jahrhundert in Deutschland keine weiteren Kriege von derartig zerstörerischer Wirkung geführt wurden, blieb doch die zentraleuropäische Lage des Reiches weiterhin eine der Ursachen für die ständige Verwicklung in Konflikte und militärische Auseinandersetzungen. Die politische Aufsplitterung der Landesherrschaft in 314 selbständige Territorien und über 1400 Reichsritterschaften noch gegen Ende des 18. Jahrhunderts – von denen nach dem Wiener Kongreß 1815 nur noch 39 Einzelstaaten, darunter vier Freie Reichsstädte, übrig waren – bildete einen natürlichen Hemm-

schuh für Handel und Verkehr; unterschiedliche Währungen und eine Unzahl von Zöllen trugen ihren Teil zu dieser Behinderung bei.
Andererseits darf zur Erklärung der zögernden Industrialisierung nicht nur der Vergleich mit dem fortgeschritteneren England gewählt werden, sondern ebenso notwendig ist ein Blick auf östliche und südöstliche Nachbarländer: Verglichen mit diesen war Deutschland, sofern man ökonomische Durchschnittswerte der wichtigsten Territorien zugrunde legt, durchaus ein weitentwickeltes Land. Im europäischen Maßstab wies der Grad der Industrialisierung also ein West-Ost/Süd-Ost-Gefälle auf. Infolgedessen entwickelte sich die Industrialisierung in Deutschland und den östlich angrenzenden Ländern nicht autochthon, sondern beeinflußt und abgeleitet von der englischen Entwicklung.
Beispielsweise übernahmen die Deutschen von England die moderne Technologie, was sich in vielerlei Hinsicht vorteilhaft auswirkte. Seit dem letzten Drittel des 19. Jahrhunderts konnte die industrielle Rückständigkeit Deutschlands gegenüber England abgebaut werden.
Allerdings vollzog sich die Industrialisierung auch innerhalb Deutschlands in unterschiedlichem Tempo und regional differierender Intensität; es gab hier bereits um 1800 «Fortschrittskerne» (Knut Borchardt), beispielsweise in Sachsen, wo um 1800 nur noch 20 Prozent der Bevölkerung von ausschließlich landwirtschaftlicher Arbeit lebten. Weitere frühe Zentren fortschreitender Industrialisierung waren das südliche Ruhrgebiet, einige Städte und Ortschaften am Niederrhein und in Westfalen, die Lausitz und Niederschlesien: Hier waren Gewerbe bereits soweit entwickelt, daß sie in steigendem Maße auch für den Export produzierten.

Bevölkerung: Stadt und Land

Die Bevölkerung Deutschlands wuchs von circa 15 bis 17 Millionen im zweiten Drittel des 18. Jahrhunderts – als der alte Bevölkerungsstand der Zeit vor dem Dreißigjährigen Krieg wieder erreicht worden war – auf ungefähr 23 Millionen gegen Ende des 18. Jahrhunderts. Das Bevölkerungswachstum setzte sich fort; im Jahre 1816 lebten in Deutschland knapp 25 Millionen Menschen. Die eigentliche Bevölkerungsexplosion begann indes mit den zwanziger und dreißiger Jahren des 19. Jahrhunderts. Allerdings deutete sich diese «Verfassungsänderung des Volkskörpers im breiteren Auseinanderklaffen der Geborenen und Sterbeziffern» (Ipsen) bereits seit den siebziger Jahren des 18. Jahrhunderts an.
Das Wachstum der deutschen Bevölkerung seit dem 17. Jahrhundert verlief insofern untypisch überproportional, als dadurch zunächst nur die Bevölkerungsverluste des Dreißigjährigen Krieges zahlenmäßig wieder ausgeglichen wurden.
Im Durchschnitt lebten um 1800 noch immer drei Viertel der Bevölke-

rung auf dem Land, allerdings mit regionalen Unterschieden: So hatten in Sachsen die Städte einen erheblich höheren Anteil an der Gesamtbevölkerung als im Reichsdurchschnitt. Um 1815 gab es im Deutschen Bund nur drei Städte, die nach heutigen Maßstäben als ‹Großstadt› zu bezeichnen wären: Wien hatte 247000 Einwohner, Berlin 172000, Hamburg 130000, danach folgten Prag mit 75000, Breslau, Dresden, Königsberg mit je 60000, Köln mit 50000, Frankfurt/Main mit 48000, München mit 30000 Einwohnern. Die Verstädterung war also in Deutschland noch nicht weit fortgeschritten. Dieser Prozeß setzte erst seit Mitte des 19. Jahrhunderts voll ein.

Ähnliche Beobachtungen ließen sich auf anderen Sektoren machen; die rapide und grundlegende Veränderung der Lebensverhältnisse begann erst nach dem hier zu behandelnden Zeitabschnitt, in der Regel seit der Mitte des Jahrhunderts.

Um ein Beispiel zu nennen: Noch Goethe reiste mit der Postkutsche; die verkehrsmäßige Erschließung Deutschlands durch die Eisenbahn begann mit der ersten deutschen Linie, die 1835 zwischen Nürnberg und Fürth eröffnet wurde: Bereits 1840 wurde in Deutschland eine Streckenlänge von 549 Eisenbahnkilometern erreicht; ein Jahrzehnt später kann bereits von einem Streckennetz gesprochen werden, das West und Ost, Nord und Süd miteinander verband und 6000 Kilometer lang war. Aber die enormen Folgen dieser ‹Verkehrsrevolution› für die Wirtschaftsentwicklung ließen sich ein bis zwei Generationen vorher kaum ahnen. Das zeigt auch ein Blick auf den wirtschaftlichen Schwerpunkt der deutschen Bevölkerung:

Landwirtschaft

Um 1800 lebten noch ungefähr achtzig Prozent der Bevölkerung ganz oder teilweise von der Landwirtschaft, knapp zwei Drittel ernährten sich überwiegend von landwirtschaftlichen Einkünften. Der hohe Anteil der Nebenerwerbstätigkeit im Agrarsektor infolge von Viehhaltung und Bewirtschaftung kleinerer Ackerstellen belegt das hohe Maß an Selbstversorgung der Bevölkerung und ist zugleich ein Indiz für den noch geringen Grad der Arbeitsteilung im Deutschland dieser Zeit (Knut Borchardt).

Noch im 18. Jahrhundert setzten in den deutschen Territorien Maßnahmen zur Verbesserung der rechtlichen und wirtschaftlichen Situation der bäuerlichen Bevölkerung ein; doch blieben sie regional äußerst unterschiedlich, immer bruchstückhaft und vorläufig ohne Breitenwirkung. Insofern änderte sich an der realen Lage der meisten Bauern einstweilen wenig. Trotzdem gewannen diese Reformbemühungen gemeinsam mit der aufgeklärten Kritik an der Leibeigenschaft erhebliche Bedeutung, wiesen sie doch den Reformgesetzen des frühen 19. Jahrhunderts den

Weg. Bis zu ihrer Realisierung bestimmten erheblich voneinander abweichende Typen der Grundherrschaft, die zur mehr oder weniger starken rechtlichen und ökonomischen Abhängigkeit der Bauern von ihren Grundherren führten, die Agrarstruktur und das Leben der Menschen. Die vielfältigen Abgaben und zu leistenden Dienste waren in den einzelnen Landstrichen sehr unterschiedlich; sie erreichten gelegentlich bis zu 40 Prozent des landwirtschaftlichen Ertrags. Unter solchen Bedingungen konnte die Produktion landwirtschaftlicher Erzeugnisse kaum nachhaltig gesteigert werden.

Aus diesem Grunde gab es nicht nur Widerstände der Bauern gegen die Erbringung der von ihnen geforderten Leistungen – die häufig nur unter Zwang eingetrieben werden konnten –, sondern auch ein Interesse des Staates an einer Änderung der Agrarstruktur: Der absolute Staat benötigte eine Steigerung der Produktion und war aus bevölkerungs- und militärpolitischen Gründen auf die Erhaltung eines leistungsfähigen Bauernstandes angewiesen. Verschiedentlich wurden deshalb Maßnahmen zum Bauernschutz, vor allem gegen das sogenannte Bauernlegen ergriffen. In Preußen ergänzten solche Schutzbestimmungen die Bauernbefreiung auf den staatlichen Domänen, die bereits seit Mitte der 1760er Jahre eingeleitet worden war und schon vor 1807 zur Befreiung von ungefähr 50000 Domänenbauern aus Leibeigenschaft, Erbuntertänigkeit und Gesindezwangdienst geführt hatte. Hinzu trat verschiedentlich die Umwandlung persönlicher Dienste in Abgaben, wodurch eine Entflechtung bäuerlicher und gutsherrlicher Betriebe begann (F. W. Henning). Ergänzt wurden solche partiellen Reformen seit dem letzten Drittel des 18. Jahrhunderts durch sporadisch erfolgende Aufteilung der Gemeinheiten, also des von den Bauern gemeinsam als Weide genutzten Bodens einer Gemeinde. Diese einzelnen Aktionen änderten – wie gesagt – die Agrarverfassung nicht grundlegend; aber sie waren Signale für die Reformgesetze des frühen 19. Jahrhunderts, wurden in ihnen umfassender weitergeführt und boten Alternativen, mit denen bereits Erfahrungen gesammelt worden waren.

Die fundamentale Umgestaltung landwirtschaftlicher Produktionsverhältnisse trug zur Veränderung des gesellschaftlichen Gefüges entscheidend bei, was aufgrund des großen Anteils der Landwirtschaft an Ökonomie und Gesellschaft zwangsläufig war: So sank bereits von 1780 bis 1825 der Anteil der Beschäftigten in der Landwirtschaft von circa 65 auf 59 Prozent, eine Entwicklung, die sich dann im Zuge der Industrialisierung beschleunigt fortsetzte. Welches Ausmaß diese Tendenz erreichte, belegt die heutige Vergleichszahl: In der Bundesrepublik Deutschland arbeiteten im Jahre 1970 nur noch fünf Prozent aller Beschäftigten in der Landwirtschaft.

Als das preußische Edikt über die Bauernbefreiung vom 9. Oktober

1807 wesentliche Rechtsgrundlagen der feudalen Agrarstruktur für die gutsherrlichen Bauern in Ostelbien aufhob, die noch im *Allgemeinen Landrecht für die Preußischen Staaten von 1794* bekräftigt worden waren, hieß es in der Präambel König Friedrich Wilhelms III.: «Nach eingetretenem Frieden hat Uns die Vorsorge für den gesunkenen Wohlstand Unserer getreuen Unterthanen, dessen baldigste Wiederherstellung und möglichste Erhöhung vor Allem beschäftigt.» Es übersteige die Möglichkeiten des Königs, bei der allgemeinen Not jedem einzelnen Hilfe zu verschaffen. Der König kam zu dem Schluß: «(. . .) daß es eben sowohl der unerläßlichen Forderungen der Gerechtigkeit, als den Grundsätzen einer wohlgeordneten Staatswirthschaft gemäß sey, Alles zu entfernen, was den Einzelnen bisher hinderte, den Wohlstand zu erlangen, den er nach dem Maaß seiner Kräfte zu erreichen fähig war (. . .).»

Es bedurfte der katastrophalen Niederlage Preußens, um diesen Einsichten aufgeklärten Rechtsdenkens und liberaler Wirtschaftsgesinnung Geltung zu verschaffen. Infolge der Rezeption von Adam Smith' Werk *An Inquiry into the Nature and Causes of the Wealth of Nations* (1776), das von dem preußischen Aufklärer Christian Garve 1794 bis 1796 bereits die dritte deutsche Übersetzung erfuhr und besonders an der damals führenden hannoverschen Universität Göttingen großen Einfluß gewann, wurde bereits in den letzten Jahrzehnten des 18. Jahrhunderts die Volkswirtschaftslehre auch in Deutschland revolutioniert.

Die von Smith verfochtene liberale Wirtschaftspolitik wurde zwar in den Edikten der Reformzeit noch keineswegs konsequent befolgt; aber ihre hier zutage tretende Grundsätzlichkeit zeigt bereits an, daß Smith' Prinzipien weder auf den Agrarsektor beschränkt bleiben sollten noch ausschließlich die Befreiung der Bauern bezweckten. Vielmehr wurde überdies der Erwerb von Großgrundbesitz frei, das hier bestehende Adelsprivileg also beseitigt und wohlhabenden Bürgerlichen die Möglichkeit eröffnet, Adelsgüter zu kaufen. In erster Linie zielte die ‹Bauernbefreiung› in den deutschen Ländern – die in Bayern bereits 1799 begonnen, aber erst 1848 beendet wurde – jedoch auf eine Änderung der rechtlichen, sozialen und ökonomischen Struktur der Agrarverfassung: Die Abhängigkeitsverhältnisse, denen ein Großteil der Bauern unterlag, sollten aufgehoben werden. Zu den Zielen zählte die Beseitigung der personenrechtlichen Bindung an den Grundherren, die Verfügungsgewalt der Bauern über den von ihnen bewirtschafteten Grundbesitz – die über bloßes Nutzungsrecht hinausging –, schließlich die Beseitigung wichtiger hoheitlicher Rechte, die die Grundherren anstelle der Landesherren ausübten: vor allem Polizeigewalt und die Patrimonialgerichtsbarkeit. Die abhängigen Bauern waren bis zur Bauernbefreiung als Untertanen des Landesfürsten mediatisiert, da der Feudalherr zugleich

Leibherrschaft, Grundherrschaft, Gerichtsherrschaft und Polizeigewalt ausüben konnte. Nicht in allen Regionen fielen diese verschiedenen Herrschaftsrechte zusammen; in den Domänen nahm der Landesherr diese Befugnisse selbst wahr, die Bauern waren – von der Tatsache früherer Verbesserung ihrer Rechtsstellung einmal abgesehen – hier unmittelbar Untertanen des regierenden Fürsten. In den ostelbischen Regionen, in denen die sogenannte Gutsherrschaft die Regel war, lagen die genannten rechtlichen Bindungen meist in einer Hand. In den westlichen und südlichen Gebieten des alten Reichs, in denen die Abhängigkeit der Bauern meist erheblich geringer war, wurden die erwähnten rechtlichen Befugnisse von verschiedenen Herren wahrgenommen.

Aus diesen voneinander abweichenden Rechtsverhältnissen der Bauern ergab sich zwangsläufig ein differierender Grad an Reformen; für manche Bauern bedurfte es nur geringfügiger Verbesserungen, für andere wurden diese Maßnahmen zur Rechtsgrundlage einer wirklichen Befreiung.

Während die rechtliche Stellung der Bauern durch staatliche Gesetze relativ einfach verbessert werden konnte, waren die wirtschaftlichen Konsequenzen sehr viel komplexer und deshalb schwieriger zu meistern, zumal die Eigentumsverhältnisse und die daraus abgeleiteten Rechte der adligen Grundherren im Normalfall Entschädigungen erzwangen. Aus diesem Grund kam ein Großteil der Bauern für lange Zeit nicht in den faktischen Genuß der Vorteile, die die Bauernbefreiung ihnen eigentlich bringen sollte, da sie entweder nicht in der Lage waren, die Ablösungssummen zu bezahlen, oder aber dort, wo dies möglich war, diese Summen über einen langen Zeitraum strecken konnten und mußten. Andere wiederum wurden durch die Reform ein Opfer des hierdurch entfallenden Bauernschutzes: 30000 bis 40000 Bauernhöfe und 70000 bis 80000 nicht spannfähige Besitzstellen gelangten allein in den ostelbischen Provinzen Preußens zum Verkauf (F. W. Henning), so daß rund zehn Prozent der landwirtschaftlichen Nutzfläche – das waren etwa eine Million Hektar – zusätzlich zum Großgrundbesitz geschlagen wurden: Der Großgrundbesitz war in Preußen «der eine große Gewinner der Bauernbefreiung» (E. Weis). Die betroffenen Bauern wurden so zu eigentumslosen Landarbeitern, von denen ein Teil früher oder später in die Städte ging; sie bzw. ihre Nachkommen arbeiteten dann im gewerblichen oder industriellen Sektor und zählten zu dem seit Mitte des 19. Jahrhunderts auch in Deutschland entstehenden Proletariat. Die Bauernbefreiung hat also – obwohl aus humanitären Erwägungen notwendig – für einen Teil der unmittelbar Betroffenen höchst unerfreuliche Nebenwirkungen gehabt, die sich erst einige Generationen später wieder ausgleichen ließen.

In wirtschaftlicher und gesellschaftlicher Hinsicht sind folgende positiven Konsequenzen hervorzuheben: Die nun einsetzende örtliche und berufliche Mobilität lockerte die außerordentlich statische Sozialstruktur des agrarischen Bereichs auf. Die Einschränkungen der Freizügigkeit – vor allem die Schollenbindung –, der Berufswahl, der Eheschließung entfielen; Produktionssteigerung der Bauern kam zunächst diesen selbst zugute und förderte folglich ihren Leistungswillen. Der positive Nebenertrag ließ nicht auf sich warten, die Nahrungsmittelproduktion, von der in Anbetracht der Bevölkerungsvermehrung die Ernährung eines Großteils der Menschen abhing, wuchs. Hierzu trug selbstverständlich auch die Verwertung neuer agrarwissenschaftlicher Erkenntnisse bei, die seit den letzten Jahrzehnten des 18. Jahrhunderts gewonnen worden waren. Neue Produktionsmethoden, Umstellung von gutsherrlicher Fronarbeit auf Lohnarbeit, zur Schuldentilgung verwendbarer Eingang von Ablösesummen bei den Grundherren – dies alles bewirkte auf Dauer eine größere Effektivität und damit die Möglichkeit, mehr Menschen als bisher ernähren zu können.

Wenngleich die Bauernbefreiung in wesentlichen Stücken in den beiden ersten Jahrzehnten des 19. Jahrhunderts vorangetrieben wurde, war sie dennoch kein punktueller Vorgang, da ihre ideellen und – in geringem Maße ihre materiellen – Ursachen bis weit ins 18. Jahrhundert zurückreichten und ihre unmittelbaren Folgen und letzten Konsequenzen sogar noch zu Beginn des 20. Jahrhunderts zu beobachten sind. Dieser Prozeß hatte gemeineuropäischen Charakter, da auch in anderen Ländern – beispielsweise im Josephinischen Österreich und in Ungarn seit 1781 sowie in Frankreich ab 1789 – ähnliche Reformen in Angriff genommen und mit unterschiedlicher Konsequenz realisiert worden sind. Signalwirkung hatte 1807 die Beseitigung der Gutsuntertänigkeit im Herzogtum Warschau, das Napoleon vor allem aus ehemals zu Preußen gehörenden polnischen Gebieten gebildet hatte. Allerdings kam es auch in anderen betroffenen Ländern zu Rückschlägen und Hemmnissen – nicht nur in Preußen, wo die Hardenbergschen Deklarationen von 1811 und 1816 das Oktoberedikt zugleich auslegten und einschränkten: Ablöseberechtigt waren ausschließlich die spannfähigen Bauern.

Über die Einkommensverhältnisse in der Landwirtschaft lassen sich keine generellen Aussagen machen. Zwar hatten sich die Einkommen in diesem Bereich um 1800 beträchtlich erhöht, da Produktions- und Agrarpreise stiegen; jedoch hatten die Napoleonischen Kriege in der Regel nachteilige Folgen für die ländliche Bevölkerung. Produktionsausfälle und Kontributionen führten zu erheblichen Preisschwankungen: In den zwanziger Jahren sanken die Preise für Agrarprodukte drastisch ab. Verschuldung und Verkauf vieler Höfe waren die Folge. Die finanziellen Erträge der Landwirtschaft waren in den ersten drei Jahrzehnten des 19. Jahrhunderts also überwiegend gering. Die Lage der mittleren und kleineren Bauern war meist erheblich schlechter als die der

Gutsbesitzer, die die niedrigen Preise häufig mit Hilfe der eingehenden Ablösesummen ausgleichen konnten. Im deutschen Durchschnitt besaßen die Gutsbesitzer aber nur den geringeren Teil der landwirtschaftlich genutzten Fläche, wenn auch erhebliche Unterschiede zu vermerken sind: In Ostelbien war der gutsherrliche Anteil am höchsten, in Süd- und Westdeutschland am geringsten; hier betrug er teilweise kaum drei Prozent. In Deutschland umfaßten 63 Prozent aller Bauernhöfe weniger als jeweils fünf Hektar Land. 62 Prozent der gesamten landwirtschaftlichen Nutzfläche wurden von Bauern bewirtschaftet, deren Höfe zwischen fünf und 50 Hektar groß waren (F. W. Henning).
In Preußen bewirtschafteten die Großgrundbesitzer einen größeren Teil der agrarischen Nutzfläche als im Reichsdurchschnitt. Nach der Bauernbefreiung stieg die Zahl der Gutsbesitzer, unter denen nun allerdings mehr und mehr Bürgerliche waren, von 0,9 Prozent im Jahre 1805 auf 1,3 Prozent im Jahre 1867 an: Sie besaßen um die Mitte des 19. Jahrhunderts rund 42 Prozent der landwirtschaftlichen Nutzfläche (R. Stein). Zugleich verminderte sich die Zahl der selbständigen Bauern und die der Tagelöhner wuchs.

Sozialgeschichtliche Aspekte der Gewerbefreiheit

Die von Max Weber konstatierte Rationalisierung von Lebensformen und Herrschaft manifestierte sich im ausgehenden 18. Jahrhundert und in der ersten Hälfte des 19. Jahrhunderts in der Auflösung überkommener Arbeits- und Lebensweise zünftigen Handwerks. Aufgeklärte Kritik am Zunftwesen, die wirtschaftlichen Ziele des absoluten Staates und seine Versuche, intermediäre Gewalten einzuschränken, kollidierten mit ökonomischen, sozialen und mentalen Strukturen des alten Handwerks. Abschließungstendenz und Ehrbarkeitsnormen der Zünfte wurden in der Publizistik des 18. Jahrhunderts als unzeitgemäß empfunden. Überdies wandelte sich die Struktur des Marktes, für die das bodenständige Handwerk produzierte. Doch waren die vielfältigen Ansätze der Zunftreform im 18. Jahrhundert nicht einmal in den aufstrebenden Territorialstaaten wie Brandenburg-Preußen einheitlich. Diese Politik zielte keineswegs auf größere Gewerbefreiheit, bezweckte vielmehr eine Steigerung staatlicher Eingriffsmöglichkeiten in die korporative Eigenständigkeit ständischer Institutionen und Privilegien, wie etwa die preußischen Handwerksordnungen von 1734 bis 1738 dokumentieren. Die Autonomie der Zünfte sollte beschnitten werden, die zünftigen Meister wurden überdies der Konkurrenz sogenannter Freimeister ausgesetzt. Das alte Handwerk hatte sich in einer Arbeitswelt zu behaupten, in der das aufkommende Manufakturwesen, die sogenannte Hausindustrie sowie die sich ausbildende Trennung von Herstellung und Absatz der Produkte die überkommenen Wirtschaftsformen untergruben, welche auf

Nahrung und Qualität, weniger aber auf Erwerb und Produktionssteigerung abzielten.
Auch diese Modernisierungen brauchten freilich Zeit und vollzogen sich in unterschiedlichem Tempo: in den Territorialstaaten mit gezielter staatlicher Indienstnahme des Gewerbes für ökonomische oder politische Zwecke sehr viel schneller als etwa in süddeutschen Reichsstädten mit lange intakter städtischer Kultur und Gesellschaft. Letztere waren von den Zünften in entscheidendem Maße geprägt worden oder wurden – wie die Reichsstadt Nürnberg – durch das patrizische Handelsbürgertum beherrscht, dessen Rugamt die dortigen Gewerke disziplinierte. Das hatte schon der Aufklärer Nicolai mit beträchtlichem Unbehagen beobachtet.
Aber weder die Gewerbepolitik der Territorialherren noch der Versuch, mit dem Reichsabschied von 1731 Reformansätze des 17. Jahrhunderts wiederaufzunehmen, erschütterten die gesellschaftliche Stellung der Zünfte und die Geltung ihres oft erstarrten Normensystems. Erst die Reformen des 19. Jahrhunderts brachten den grundstürzenden Wandel, erst die zögernd in Gang gesetzte Gewerbefreiheit entzog den Zünften ihre Macht und brachte Bewegung in die soziale Struktur des Gewerbes – auch in diesem Sektor zogen sich die Auswirkungen über Generationen hin.
Ein Überblick über das Gewerbe – den sogenannten sekundären Sektor – demonstriert augenfällig, daß sich um 1800 in Deutschland an der Schwerpunktbildung gegenüber den vorangegangenen Jahrzehnten noch wenig geändert hatte: Den größten Anteil hielt mit über 50 Prozent das Textilgewerbe, in dem fast 1,2 Millionen Menschen arbeiteten. Bezeichnenderweise waren sie aber zu nur einem knappen Fünftel im Handwerk tätig, mehr als vier Fünftel gehörten zum sogenannten Verlagswesen. Allerdings war das Textilgewerbe der einzige Sektor, bei dem ein nennenswerter Anteil der ‹Hausindustrie› auszumachen ist; alle übrigen Gewerbezweige wurden ausschließlich oder nahezu ausschließlich vom Handwerk getragen. Die Manufakturen konnten ebenfalls nur im Textilgewerbe Fuß fassen. Nur noch vier weitere Gewerbezweige beschäftigten eine große Zahl von Menschen: das Nahrungsgewerbe (13,4 Prozent oder 300000), das Bauwesen (10,4 Prozent oder 240000), holz- und papierverarbeitende Gewerbe (10,3 Prozent oder 230000), schließlich das Metallgewerbe (7,6 Prozent oder 170000). Insgesamt waren um 1800 ungefähr 2,24 Millionen Menschen – also etwa 10 Prozent der Gesamtbevölkerung – gewerblich beschäftigt.
Diese relativ präzisen Angaben der Wirtschaftshistoriker dürfen indes nicht darüber hinwegtäuschen, daß es noch zahlreicher weiterer Forschungen bedarf, um die regionale und sektorale Spezifik der Transformation des alten Handwerks ins industrielle Gewerbe angemessen zu er-

fassen. So bedeutsam die Konsequenz der Gewerbefreiheit, die Entwicklung der Technologie, schließlich die Veränderungen des Arbeitsmarktes (seit dem ersten Drittel des 19. Jahrhunderts gab es ein Überangebot an Arbeitskräften) auch waren: Die unmittelbaren sozialen Folgen der Gewerbereform glichen in quantitativer Hinsicht keineswegs den bevölkerungspolitischen und sozialen Auswirkungen der Reform des Agrarwesens. Die Durchsetzung der Gewerbefreiheit, die ebenfalls zu den Postulaten der oben erwähnten liberalen Wirtschaftstheorie gehörte, führte zu folgender Konsequenz: «*Jedermann* kann *in jedem Umfang jeden Produktionszweig mit jeder Produktionstechnik* eröffnen und betreiben» (F. W. Henning). Der von den Zünften aufrechterhaltene Numerus clausus entfiel; er hatte die Zahl der Meister – und damit die der selbständigen Handwerker überhaupt – beschränkt. Die Ausschließung der Adligen und der Bauern von gewerblicher Arbeit wurde ebenso beseitigt wie die analoge Ausschließung der Bürgerlichen vom Gutsbesitz. Kapazitätsbeschränkungen, Einschränkung der Konkurrenz, aber auch durch die Zünfte gewährte Qualitätsgarantien wurden beseitigt.

Allerdings bestanden vielfältige Unterschiede in den einzelnen Territorien noch bis in die Anfangsjahre der Bismarckschen Reichsgründung hinein. Zur Einführung absoluter Gewerbefreiheit kam es nicht; staatliche Konzessionierung, die in der Regel bestimmte Qualifikationen voraussetzte, blieb einstweilen erhalten. Mit Ausnahme bestimmter Gewerbe und Berufszweige – die bis heute staatlich vorgeschriebenen Qualifikationsanforderungen genügen müssen – mündeten die Einschränkungen jedoch früher oder später in bloßem Anmeldungszwang für das Betreiben eines Gewerbes. Entscheidend für die Jahrzehnte nach dem Beginn der Gewerbereform war also die Handhabung der Konzessionierung sowie Art und Ausmaß der mit ihr verknüpften Bedingungen.

Auch die allmähliche Durchsetzung der Gewerbefreiheit hatte europäische Dimensionen; in den meisten Ländern gab es ähnlich wie in Deutschland schon im 18. Jahrhundert Vorläufer der Zunftreform, aber meist erst im 19. Jahrhundert ihre schubweise Realisierung. Abgesehen von Ländern wie Rußland, wo schon lange Gewerbefreiheit bestand, war die Aufhebung der Zünfte durch den französischen Physiokraten und Minister Turgot 1776 der erste einschneidende Akt, dem weitere Liberalisierungen des Gewerbes durch den Finanzminister Necker und schließlich durch die Revolution folgten. Interessanterweise wurde die Gewerbefreiheit im schon industrialisierten England erst relativ spät, nämlich 1814, formell begründet; doch war vor der in diesem Jahr wirksam werdenden Aufhebung der Zünfte bereits eine sehr weitgehende Etablierung gewerblicher Produktion außerhalb der Zünfte erfolgt: Sie beherrschten also das Gewerbe ohnehin nicht mehr, als sie beseitigt wurden.

Zu den unmittelbaren und sich steigernden Auswirkungen der Liberalisierung des Gewerbes gehörte kurzfristig ein außerordentliches Anwachsen der Zahl selbständiger Handwerker, schließlich die Entstehung einer Schicht von Unternehmern und Fabrikanten. Die Proletarisierung vieler Handwerker war Folge der Überbesetzung in manchen Gewerben. Rechtlich-soziale Selbständigkeit ging auch im Handwerk dieser Jahrzehnte oft mit ökonomischer Verarmung einher. Nicht nur proletarisierte Bauern und Landarbeiter, sondern in zunehmendem Maß auch ehemalige Handwerker, die wirtschaftlich und sozial abgesunken waren, trugen zur Entstehung der Fabrikarbeiterschaft in diesen Jahrzehnten bei. Die ständige Vergrößerung des Arbeitskräftepotentials war eine der konstitutiven Voraussetzungen der Industrialisierung; sie ermöglichte eine Vergrößerung der Betriebe und senkte zugleich einschneidend das Lohnniveau. Viele Familien waren gezwungen, durch Frauen- und Kinderarbeit das Existenzminimum zu halten. Allerdings wurde die entscheidende Steigerung des Arbeitskräfteangebots nicht durch die Gewerbefreiheit, sondern durch das rasche Bevölkerungswachstum bewirkt. Die Industrialisierung steckte noch zu sehr in den Anfängen, als daß schon in den ersten Jahrzehnten des 19. Jahrhunderts diese Zahl neuer Arbeitskräfte verkraftet werden konnte. Seit Mitte des Jahrhunderts war dieses Reservoir jedoch eine wesentliche Bedingung für die Beschleunigung der Industrialisierung in Deutschland. Die hier angedeuteten Tendenzen begannen sich erst nach 1815 allmählich abzuzeichnen; jedoch wurden in der vorangehenden Epoche seit dem ausgehenden 18. Jahrhundert die Weichen gestellt.

Soziale Mobilisierung und Mentalitätswandel

Die Reformgesetze des ersten Jahrhundertdrittels bewirkten vertikal und horizontal eine so enorme Mobilität, daß die jahrhundertealte ständische Gesellschaftsordnung des ‹ancien régime›, die ihrerseits nur ein vergleichsweise beschränktes Maß an sozialer Mobilität erlaubt hatte, in wenigen Jahrzehnten hinweggefegt wurde. Kein Wunder, daß fundamentale Veränderungen der geistigen Signatur und der Mentalitäten die Folge waren. Doch darf die Beziehung zwischen kultureller und materieller Entwicklung nicht einlinig gesehen werden: Bei den materiellen Wandlungen seit der Reformzeit handelte es sich nicht im engen Sinne um eigengesetzliche sozialökonomische Entwicklungen. Sie waren vielmehr in erheblichem Ausmaß Konsequenz einer durch die Aufklärung bewirkten geistig-gesellschaftlichen Modernisierung, die keinen Lebensbereich unberührt gelassen hatte. Das beweisen die ökonomischen Grundsätze der Reformen mit großen quantitativen Auswirkungen auf die Gesellschaft nicht weniger als die überfällige Verbesserung der Rechtsstellung kleinerer gesellschaftlicher Gruppen, beispielsweise die beginnende Judenemanzipation, die von zahlreichen deutschen Aufklärern gefordert worden war. Protagonist der Judenemanzipation war seit 1781 der aufgeklärte preußische Beamte Christian Wilhelm Dohm; seine Schrift *Über die bürgerliche Verbesserung der Juden* wurde grundlegend für die schrittweisen Reformen in Deutschland, aber auch für die konsequenteste Form der Judenemanzipation, wie sie in der aufgeklärt-liberalen Phase der Französischen Revolution durchgeführt wurde und dann in den Napoleonischen ‹Modellstaaten›, vor allem im Königreich Westfalen (1808), übernommen worden war. Dohm verband humanitäre Prinzipien der Aufklärung mit etatistisch-ökonomischen Erwägungen, als er den Regenten nahelegte, die rechtliche und gesellschaftliche Situation der diskriminierten jüdischen Minderheit zu verbessern, die im Gebiet des Deutschen Bundes 1820 circa 355000 Personen zählte.

Die Verquickung aufgeklärt-humanitärer Reformforderungen des ausgehenden 18. Jahrhunderts mit etatistischem und ökonomischem Nützlichkeitsdenken wurde charakteristisch für die gesellschaftlichen Weichenstellungen der Reformzeit. Nicht zufällig wurden sie im wesentlichen von einer aufgeklärten Beamtenschicht getragen, die das Werk des frühmodernen Staates gewesen ist. Die Niederlagen gegen das revolutionäre Frankreich bewirkten eine fundamentale Erschütterung der absoluten Monarchien und ihres gesellschaftlichen Gefüges, die es diesen Beamten für kurze Zeit erlaubte, ihren Reformvorstellungen Geltung zu verschaffen. Das zeigte sich in vielen Sektoren, nicht zuletzt in der Heeresreform, die ohne die vom Gegner Napoleon erteilte Lektion kaum möglich gewesen wäre. Das zeigte sich erneut in der Steinschen Städtereform, die die Beseitigung kommunaler Selbstverwaltung durch die absoluten Landesherren im 17./18. Jahrhundert in verbesserter und modernisierter Form wieder rückgängig machte und der es auf eine stärkere – allerdings noch ständisch gebundene – Beteiligung der Bürger am Staat und an der Gemeinde ankam. Der Untertan sollte durch den Staatsbürger ersetzt werden.

Dieser Staatsbürger war für die Verteidigung seines Staates unentbehrlich geworden und konnte aus diesem Grunde mehr Rechte verlangen – auch dies zählte zu den Lehren der Französischen Revolution. Doch waren die sich daraus entwickelnden Reformkonzeptionen von Land zu Land unterschiedlich und unter den führenden Reformern der Einzelstaaten kontrovers. Während Stein neben vorausweisenden auch konservative, in gewissem Sinne sogar restaurative Ideen vertrat und ein Zusammenwirken von Monarch, Verwaltung und Ständen anstrebte, intendierte Hardenberg eine Machtbalance und Machtkontrolle gegenüber der sich ausweitenden staatlichen Gewalt durch die Bürger. Zweifellos war das Hardenbergsche Konzept moderner als das noch landständisch orientierte Reformdenken Steins.

Weder Stein noch Hardenberg konnten indes davon absehen, in welchem Maße dem *Allgemeinen Landrecht für die preußischen Staaten* von 1794 außer einer Rechtskodifikation auch eine soziale Strukturierung der preußischen Gesellschaft inhärent war, die sich nicht mit einem Schlag beseitigen ließ. Den Reformern kam aber zugute, daß dieses Konzept die vom Absolutismus betriebene ‹soziale Disziplinierung› der Stände für den Staat fortgesetzt hatte. Noch nicht im Status, aber doch in den Funktionen war eine Angleichung der adligen und bürgerlichen Führungsschichten eingeleitet worden. Die Privilegien des Adels wurden vermindert; er gewann partiell den Charakter eines Dienstadels, während zugleich die Bedeutung des Beamtenstandes als staatlicher Führungsschicht wuchs. Auf Ausbildung und berufliche Fähigkeit konnten auch adlige Beamte immer weniger verzichten, während diese Maßstäbe schon das Selbstverständnis der aufgeklärt-bürgerlichen Beamten konstituiert hatten, als sie Bildung und Arbeit gegen Geburt und Privileg ausspielten.

Insofern gewann das Bildungswesen mehr und mehr staatspolitische Bedeutung, obwohl das gesellschaftliche Zweckdenken aufgeklärter Bildungsreformer zeitweise durch das humanistische Bildungsideal, in dem Bildung um ihrer selbst willen erstrebt wurde, überlagert zu sein schien: Wenngleich Wilhelm von Humboldt die Universität zur Stätte zweckfreier Wissenschaft machen wollte, wenngleich die Universität «eine von allem Zunftzwang befreite allgemeine wissenschaftliche Bildungsanstalt» (von Beyme) werden sollte, so hatten die bildungspolitischen Konzeptionen der Neuhumanisten doch auch sozialpolitische Auswirkungen. Sie schufen die institutionellen Voraussetzungen für einen Universitätstypus, der für nahezu 150 Jahre Geltung haben sollte und in dem für lange Zeit wissenschaftliche Spitzenleistungen möglich waren. Zugleich aber zogen die Neuhumanisten, ohne sich dessen immer bewußt zu sein, eine Konsequenz aus der Aufklärung, indem sie die Entstehung des «Standes der Gebildeten» förderten: So hatte es Friedrich Immanuel Niethammer formuliert, dessen 1808 erschienene Schrift *Der Streit des Philanthropinismus und des Humanismus in der Theorie des Erziehungsunterrichts unserer Zeit* zunächst in Bayern, dann aber auch anderenorts die Gliederung des Gymnasiums in einen humanistischen und einen «realen» Zweig vorbereitete.

Universitätsgründungen bzw. Wiederbelebung ehemaliger Universitäten wie in Heidelberg 1803, Berlin 1810, Breslau 1811 oder Bonn 1818 sind nur ein Ausdruck des bildungspolitischen Impetus dieser Zeit. Schon seit den siebziger Jahren des 18. Jahrhunderts hatte die aufgeklärte Reformpädagogik gefordert, der Beruf eines Lehrers müsse hauptamtlich ausgeübt werden und bedürfe einer eigenen Ausbildung. Seit dem frühen 19. Jahrhundert wurden schließlich Lehrerseminare begründet, erstmals 1809 in Bayern. Im Zusammenhang dieser Bemühungen stand schließlich die allgemeine Durchsetzung der Volksschule als staatlicher Anstalt sowie die Schulpflicht. Im Jahre 1816 gab es in Preußen bereits 20345 Volksschulen, 21766 Lehrer und 1167250 Schüler – das waren rund 60 Prozent der nun schulpflichtigen Schüler (Zahlen nach Dieterici). Auch in den nächsten Jahrzehnten wuchs die Zahl der Schüler und der Lehrer außerordentlich. Die Durchsetzung eines allgemeinen Schulwesens erlangte in sozialer Hinsicht kaum überschätzbare Bedeutung, allein infolge der erheblichen Verbesserung des durchschnittlichen Bildungsstands. Auch hier wurde das aufgeklärte Ziel der Volksbildung mit ungleich größerer Intensität und Breitenwirkung wiederaufgenommen, und so der noch um 1800 verbreitete Analphabetismus, der allerdings nur in Schätzungen erfaßt werden kann, zügig vermindert. Um 1800 waren nach neueren Forschungen ungefähr 25 Prozent der Bevölkerung «lesefähig» (R. Schenda); das eigentliche Lesepublikum umfaßte indes kaum mehr als ein Prozent (R. Engelsing).

Der sozialgeschichtliche Umbruch seit dem ausgehenden 18. Jahrhundert dokumentierte sich keineswegs nur im Strukturwandel der sozialen Schichtung und der ökonomisch-technologischen Modernisierung. Vielmehr manifestierte sich der Übergang des Volkes vom allgemeinen Untertanenstand zur Staatsbürgergesellschaft (W. Conze) in vielfältigen Formen der Organisation, beispielsweise in der Entstehung eines bürgerlichen Vereinswesens (Th. Nipperdey) und in den Burschenschaften. Auch diese Vereinigungen hatten freilich Vorläufer in den aufgeklärten Gesellschaften des 18. Jahrhunderts und in den romantischen Salons der Jahrhundertwende, die erheblich dazu beitrugen, Berlin zu einem kulturellen Mittelpunkt Deutschlands zu machen. Geistesverwandtschaft, nicht Standeszugehörigkeit kennzeichnete diese Verbindungen, die zur sozialen Emanzipation der Juden, der Frauen, aber auch anderer Gruppen beitrugen und überdies Adlige und Bürgerliche zusammenbrachten. Unter diesem Aspekt hatten ebenfalls aufgeklärte Assoziationen, vor allem die Freimaurer-Orden, protagonistisch gewirkt.

Auf dem Boden der Freimaurerei entwickelten sich in Deutschland seit den siebziger Jahren auch die ersten Ansätze zu politischer Organisation, beispielsweise die Illuminaten und ihr ideologischer Widerpart, die Gold- und Rosenkreuzer. Das Prinzip der Geheimhaltung teilten sie mit weniger esoterischen, aber durchaus elitären Vereinigungen politischer Intention, beispielsweise der Berliner Mittwochsgesellschaft, die – anders als die Salons – strengen organisatorischen Regeln und verantwortungsbewußter gesellschaftlicher Zwecksetzung folgte. Seit 1789 fand dann allerdings die Politisierung neue Organisationsformen, zum Beispiel in den Jakobinerclubs. All diesen Versuchen zu neuer politisch-sozialer Organisation mit Hilfe kleinerer Gruppierungen haftete indes der

Charakter des Vorläufigen und Tastenden an, zumal in Schichten, in denen die aufgeklärten Normen seit den letzten Jahrzehnten ihre Verbindlichkeit eingebüßt hatten. In literarisch-philosophischer Hinsicht zeigte sich diese Tendenz schon seit der Aufklärungskritik des ‹Sturm und Drang›, der Romantik und des Kritizismus: Als Gegner der Aufklärung waren sie zugleich ihre Erben. Doch war die zunehmende soziale Desintegration, die sich über weite Strecken als Generationenkonflikt vollzog, weniger in den geistigen Entwicklungen spürbar als in vielfältiger sozialer Entwurzelung und Vagabundentum (D. Blasius, C. Rüther) eines nennenswerten Teils der jungen Generation, der weder eine hinreichende neue soziale Identifikation noch ausreichende Möglichkeit zur Selbstverwirklichung durch Arbeit fand (H. Brunschwig).

In den Befreiungskriegen schien sich dann für kurze Zeit auch dieses Problem zu lösen. Das erwachende Nationalbewußtsein führte zur kollektiven Identifikation mit der deutschen Nation gegen die französischen Eroberer. Anders als noch in den Kriegen des 18. Jahrhunderts meldete sich eine große Zahl Freiwilliger, in Preußen waren es bis 1814 knapp 28000, die überwiegend zur jungen Generation gehörten: 92 Prozent sind feststellbar, davon stammten 73 Prozent aus dem ländlich-städtischen Mittelstand – vor allem aus dem Handwerk –, 14,5 Prozent aus ländlich-unterbäuerlichen Schichten, 11,8 Prozent waren Männer des ‹gebildeten Standes›, darunter zum überwiegenden Teil Studenten und Schüler (R. Ibbeken). Auch das war ein Schritt in die von Stein gewünschte Richtung, der 1807 an Hardenberg schrieb, es komme darauf an, «die Nation zu gewöhnen, selbst ihre Geschäfte zu betreiben».

Horst Möller

Vom Aufgeklärten Absolutismus zu den Reformen des 19. Jahrhunderts

Aufgeklärter Absolutismus in der Perspektive der Revolution

Wie immer die Beurteilung des Aufgeklärten Absolutismus ausfallen mag, von der Epochenscheide 1789 wird sie nicht absehen können. Dieses Datum indiziert einen gewaltigen Bruch mit der europäischen Vergangenheit; zugleich impliziert dieser Bruch eine der möglichen Konsequenzen aus der politischen, sozialen und geistigen Entwicklung des 18. Jahrhunderts. Wesentliche Tendenzen des Zeitalters wurden durch die Französische Revolution ungemein gesteigert: die ideelle Konstitutionalisierung von Herrschaft, die Modernisierung des Staats und des Heerwesens, die soziale Emanzipation, die Politisierung der gebildeten Schichten und weiter Kreise des Volks, die Nationalisierung des kulturellen und des politischen Lebens. Erscheinungsformen, Intensität und zeitliche Streckung waren in den einzelnen Ländern unterschiedlich; die Wirkungen zogen sich bis weit in das 19. Jahrhundert hinein. Alle deutschen Länder wurden durch die Folgen der Revolution in Frankreich früher oder später erfaßt. So kristallisiert sich in der Französischen Revolution Kontinuität und Diskontinuität der neueren europäischen Geschichte.

Auch die anfangs noch nicht direkt betroffenen Staaten des alten deutschen Reichs gerieten in der Sog einer das gesamte öffentliche Leben ergreifenden Politisierung. So wurde die Frage, inwiefern der Aufgeklärte Absolutismus durch seine Reformen die Revolution überflüssig gemacht habe, bereits von Zeitgenossen gestellt. In ihren Augen war der französische Absolutismus vergleichsweise rückständig. Die französische Monarchie hatte sich gegenüber altständischen Institutionen in politischer Hinsicht nicht so weitgehend durchsetzen können wie beispielsweise die preußischen Könige. Nicht zuletzt wegen des ständischen Widerstands waren die französischen Monarchen zu zeitgemäßer Reform unfähig gewesen. Tatsächlich wurde die relative ‹Fortschrittlichkeit› der aufgeklärt-absoluten Staaten gegenüber Frankreich zur ‹Rückständigkeit›, als dort die Revolution mit ungleich größerer Radikalität Staat und Gesellschaft modernisierte, zumal in den deutschen Staaten eine Stagnation unverkennbar war.

Die Immobilität wuchs, als viele deutsche Regenten von der Revolutionsfurcht ergriffen wurden und sich innere Widerstände gegen die Reformen verstärkten. Das fand Ausdruck schon vor 1789 in der Verschärfung der Zensur, im Verbot von geheimen Verbindungen wie etwa des Illuminatenordens, schließlich in der Verzögerung oder Kassierung der großen Reformvorhaben des Aufgeklärten Absolutismus. So trat das *Allgemeine Landrecht für die Preußischen Staaten* erst 1794 in Kraft, nachdem vielfältige Konzessionen an die ständische Reaktion gemacht werden mußten. Aber gerade im Zusammenhang mit dieser Rechtskodifikation und den ihr entgegenstehenden Widerständen schärfte sich im Zeitalter der Französischen Revolution das politische Bewußtsein. Das zeigte sich sowohl bei den radikalen Anhängern der Revolution, den sogenannten deutschen Jakobinern, als auch bei den am Gedanken der Reform von oben festhaltenden gemäßigten Aufklärern. Ihre Reflexionen und Diskussionen nahmen den Faden aufgeklärt-absoluter Reformtätigkeit wieder auf.

Preußischen Rechtsreformern wie Svarez und Klein war insbesondere an einer weitgehenden Bindung des Herrschers an Fundamentalnormen und Gesetze gelegen, die eine Willkür des Monarchen in Machtausübung und Rechtsprechung ausschloß. Svarez ging konsequent von den Legitimationsprinzipien der Herrschaft aus, wie sie das Naturrecht begründet hatte. Aus der Definition des Staatszwecks ergaben sich für ihn «die inneren Einschränkungen der Souveränität und ihr Unterschied vom Despotismus».

> «Der Despot betrachtet den Staat und seine Untertanen als sein Privateigentum, der Regent betrachtet sie als eine Gesellschaft vernünftiger und freier Menschen, die ihm nur deswegen die Disposition über ihre Handlungen und Kräfte übergeben haben, damit er desto ungehinderter und nachdrücklicher im Stande sein möge, ihre Sicherheit zu schützen und ihren Wohlstand zu befördern.» [302; *S. 229*]

Es ist nur konsequent, wenn Svarez von diesem Ausgangspunkt her explizit von «Forderungen» spricht, «die der Staatsbürger an seinen Souverän machen kann» [302; *S. 245*], woraus er folgert: Die Rechte eines Souverän hätten ihre «natürlichen in dem Grundvertrage der bürgerlichen Gesellschaft bestimmten Schranken» [302; *S. 251*].

In einem Vortrag vor der Berliner Mittwochsgesellschaft ging der Schöpfer des Allgemeinen Landrechts noch weiter als in den eben zitierten Vorträgen für den preußischen Thronfolger, wenn er in bezug auf dieses Gesetzeswerk ausführte: Die allgemeine Gesetzgebung habe «feste, sichere und fortdauernde Grundsätze über Recht und Unrecht festzustellen, die besonders in einem Staat, welcher keine eigentliche Grundverfassung hat, die Stelle derselben gewissermaßen ersetzen soll, die also auch für den Gesetzgeber selbst Regeln enthalten muß, denen er (. . .) nicht zuwiderhandeln darf» [302; *S. 635*]. Wenngleich Svarez noch keine konstitutionelle Monarchie anstrebte, so zielten seine Forderungen doch in diese Richtung.

Weiter als Svarez ging sein Mitarbeiter Klein, wie der von ihm verfaßte fiktive Dialog über *Freiheit und Eigentum* in der Französischen Revolution [34; *S. 160*] erkennen läßt. Aber auch er zog nicht zweifelsfrei die Konsequenz des Widerstandsrechts. Jedoch hatte selbst der vorsichtigere Svarez festgestellt: «Der Souverän hat sein Recht aus dem bürgerlichen Vertrage. Er stößt selbst diesen Vertrag um, wenn er Despot wird.» [302; *S. 12f*] Das war zwar noch immer weit entfernt von den Verfassungen der Französischen Revolution; aber es ging doch weit über das hinaus, was noch eine Generation vorher als selbstverständlich gegolten hatte.

Es kann nicht überraschen, daß die politische Entwicklung im Nachbarland nun ein übriges tat. Zwar blieben Parteinahme und Gegnerschaft zur Revolution von 1789 in Deutschland noch weitgehend abstrakt; aber die Revolution wurde zum Katalysator für das politische Bewußtsein und bereitete konservative, liberale und demokratische Strömungen in Deutschland vor. Sie lassen sich in den verschiedenen Reaktionen der intellektuellen Schichten als Perspektive erkennen: Begeisterung für die Revolution zeigte sich nicht nur bei ‹Jakobinern› wie Georg Forster, die in einer späteren Phase der Revolution in Mainz und anderen Orten erfolglose Versuche machten, eine Republik zu begründen. Auch Klopstock, Wieland, Schiller, Campe, Knigge, Schubart, Hölderlin, Friedrich Schlegel und andere waren Anhänger der Revolution. Die Motive waren unterschiedlich; ein Großteil der Revolutionsbegeisterten wandte sich überdies von der Revolution ab, als die Terrorphase begann.

Schließlich gab es eine geschichtsphilosophisch begründete Zustimmung zur Revolution, die sich von der historischen Entwicklung – insbesondere der Herrschaft Robespierres und des «Wohlfahrtsausschusses» – kaum beeindrucken ließ, weil es ihr um das Prinzip und nicht um seine historische Konkretisierung ging. Das war – bei aller sonstigen Differenz – die Position Kants, Herders, Fichtes, Schillers, Schellings, Hegels, Erhards, die im Jahr 1789 dic Morgenröte der Menschheit erblickten. So schrieb Kant im Jahre 1798 über die Französische Revolution: «(. . .) ein solches Phänomen in der Menschengeschichte *vergißt sich nicht mehr*, weil es eine Anlage und ein Vermögen in der menschlichen Natur zum Besseren aufgedeckt hat, dergleichen kein Politiker aus dem bisherigen Laufe der Dinge herausgeklügelt hätte, und welches allein Natur und Freiheit nach inneren Rechtsprinzipien vereinigt (. . .).» Selbst wenn die Revolution am Ende fehlgeschlagen und alles in das vorige Gleis zurückgebracht würde, «verliert jene philosophische Vorhersagung doch nichts von ihrer Kraft».

Neben diesen verschiedenen Schattierungen der Revolutionsbegeisterung kamen Reserve oder Ablehnung der Revolution erhebliche Bedeutung zu. Zu dieser Gruppe zählte die Mehrheit preußischer Aufklärer im Kreis um Nicolai und Svarez, zählten auch Schlözer, Möser, Spittler, Johannes von Müller, die allesamt mehr am empirischen Geschehen als an ethischen Postulaten ihr Urteil ausrichteten und für die in der Regel die politische Entwicklung Englands vorbildhaft gewesen ist.

Allerdings wurde in allen genannten Gruppen zwischen der Revolution in Frankreich und der Möglichkeit einer Revolution in Deutschland unterschieden. So bedeutete Zustimmung zur politischen Entwicklung im Nachbarland keineswegs die prinzipielle Befürwortung der Revolution in Deutschland, sowenig Gegnerschaft zur Revolution in Deutschland notwendig eine Ablehnung der Revolution von 1789 einschloß. Das hatte eine doppelte Ursache: Einmal differierte die prinzipielle Beurteilung des Widerstandsrechts, zum anderen war die Einschätzung der Vorgeschichte von 1789 ausschlaggebend: «Empörung entsteht immer aus irgend einer drückenden Noth, oder sonst einem offenbaren Mißbrauche der obrigkeitlichen Gewalt. Aufklärung ist also niemals Triebfeder; aber sie hat großen Einfluß auf die Art, wie man dabey zu Werke geht.» [34; *S. 174f*] So schrieb 1970 E. F. Klein in *Freiheit und Eigentum*.

Ob man die Revolution begrüßte, sie ablehnte oder ihr mit abwartender Skepsis gegenüberstand, fast immer handelte es sich um eine rein geistig-moralische, bestenfalls abstrakt-politische Beurteilung der Revolution – um ein Räsonnement, das anzeigte, wie begrenzt die konkreten politischen Möglichkeiten der Schriftsteller und Gelehrten waren. Die verschiedenen Clubs hatten ebenfalls geringe praktische Wirkungsmöglichkeiten. Die sogenannten deutschen Jakobiner hingegen, ob im Norden, Süden, Westen oder Südosten des alten Reichs, waren zwar eine äußerst interessante Gruppierung; doch sollte das starke Interesse der Forschung nicht zur quantitativen und politisch-geistigen Überschätzung dieser Zirkel verleiten.

Genesis der Nation in Kultur und Politik

Die Französische Revolution hat nicht nur die Ausbildung politischer Strömungen in Deutschland gefördert, sie hat auch erheblich zur Politisierung des Nationalbewußtseins beigetragen: zuerst in Frankreich selbst, dann aber auch in den Nachbarländern. Drei Komponenten haben dieser Politisierung Vorschub geleistet:

1. Die Entwicklung eines kulturellen Nationalbewußtseins war durch Li-

teratur und Geschichtsphilosophie vorbereitet worden. Lessings Kritik an der französischen Klassik und die Hinwendung des Sturm und Drang – insbesondere des jungen Goethe – zu Shakespeare wurden wegweisend. Diese literarische Befreiung vom normierenden Vorbild der französischen Literatur führte zu einer nationalen und sozialen Identifikation. Die französische Klassik wurde als ‹künstlich› empfunden, als eine Literatur des Scheins, bloß äußerer ‹Politur› und leerer Form, die Dichtung Shakespeares aber als ‹natürlich› und ‹original›. Natürlichkeit war ein Wert aufgeklärter Bürgerlichkeit, der den wahren inneren Werten entsprach. Diese bürgerlichen Werte wurden zunehmend polemisch abgegrenzt gegen die Welt des Scheins und bloß äußeren Glanzes, die man als adlig-höfisch begriff. Die höfische Kultur der Franzosen war – jedenfalls von Selbstverständnis und Anspruch her – auch die Kultur der deutschen Höfe, die – wie lächerlich das auch sein mochte – dem Versailles Ludwig XIV. nacheiferten. Immerhin erzielten auch deutsche Fürsten beeindruckende Ergebnisse, wie der barocke Schloßbau zeigt – stellvertretend genannt seien hier Schönbrunn, Nymphenburg, Ludwigsburg. Die Sprache der Höfe war französisch, die Gartengestaltung ebenfalls. Dagegen setzte man nun die deutsche Sprache, setzte man den englischen Garten, der der Forderung nach Natürlichkeit entsprach, wie auch Shakespeare ‹natürlicher› war als Racine, Corneille, Molière. Gegen Schein, Prunk, Politur, Künstlichkeit setzten die ‹moralischen Wochenschriften›, die ‹bürgerlichen Trauerspiele›, die ‹bürgerlichen Romane› eigene Werte, die als natürlich und vernünftig empfunden wurden, zu denen Arbeitsamkeit und Echtheit gehörten – Werte, mit denen Müßiggang und glänzendes Hofleben kritisiert wurden.
Die Zuwendung zur deutschen Kultur und zur deutschen Geschichte, wie sie beispielsweise im *Götz von Berlichingen*, zu Beginn des 19. Jahrhunderts dann in *Hermann und Dorothea* und in den Dramen Kleists erfolgte, die Entdeckung der deutschen Baukunst des Mittelalters am Beispiel des Straßburger Münsters, die Forderung nach einem Deutschen Nationaltheater, die Hinwendung zum deutschen Volkslied, die Untersuchung der deutschen Sprache – signifikant in der Herausgabe zahlreicher deutscher Wörterbücher: Das alles sind Symptome für das erwachende kulturelle Nationalbewußtsein.
Es wird dabei häufig übersehen, daß dieser Prozeß nicht erst in der Romantik um 1800 einsetzte sondern bereits seit Mitte des 18. Jahrhunderts nachweisbar ist. Und keineswegs nur bei Herder, dessen *Ideen zur Philosophie der Geschichte der Menschheit* in einem großen geschichtsphilosophischen Entwurf die historisch gewordenen Nationalcharaktere der Völker interpretieren. Indem er erfaßte, daß die Identität einer Nation nur in der Summe des historisch Gewordenen begriffen werden kann, legte er einen entscheidenden Markstein für die Entwicklung des moder-

nen Begriffs der Nation. Der Weg in die Geschichte der Völker wurde ein Weg zu ihrer spezifischen Individualität; er wurde aber zugleich ein Weg zu ihrer Gegenwart. Das konnte in Deutschland zunächst nur ein Weg zur sprachlichen, kulturellen und historischen Eigenständigkeit werden, da von einer politischen Nation keine Rede sein konnte. Die politische Entwicklung, vor allem die moderne Staatsbildung in Deutschland, spielte sich im 18. Jahrhundert in erster Linie auf territorialstaatlicher Ebene ab.

Nur am Rande kann darauf hingewiesen werden, daß im 18. Jahrhundert großangelegte geschichtsphilosophische Werke, die die Kultur der Nationen untersuchten, auch außerhalb Deutschlands erschienen. Schon vor Herders *Ideen* hatte Voltaire 1756 die erste Fassung seines Meisterwerks *Essai sur les mœrs et l'esprit des nations* veröffentlicht, in dem er in einer universalen Kulturgeschichte Nationen und Epochen als eigenständig gewachsene, geistig-kulturelle Einheiten begriff.

2. In Geschichtsauffassung und Geschichtsschreibung des 18. Jahrhunderts, deren Autoren sich in Deutschland mehr und mehr der Geschichte ihrer eigenen Territorien zugewandt hatten, verbanden sich nun die erwähnte soziale und nationale Akzentuierung, wodurch ein Wandel des Begriffs der Nation herbeigeführt wurde: ‹Nation› ist seit dem 15. Jahrhundert infolge der Durchsetzung landständischer Verfassungen auf die ständischen Vertretungen bezogen und analog hierzu auch auf die Reichsstände angewendet worden. In dieser Begrenzung des Begriffs Nation auf die politische Führungsschicht findet sich der Begriff auch noch im 18. Jahrhundert, beispielsweise in Montesquieus *De l'esprit des lois* (1748) und besonders ausgeprägt in Polen, wo beispielsweise der Begriff »Adelsnation» anzutreffen ist. Diese Begrenzung des Begriffs Nation auf die Führungsschicht, die das Land nicht vertrat, sondern darstellte, begann sich im 18. Jahrhundert zu verkehren. Schriftsteller wie Möser, Nicolai und andere sprachen von den ‹wahren Bestandteilen der Nation› und grenzten sie polemisch ab gegen die angemaßte Nation der höfischen und adligen Führungsschicht. Die Nationen wurden zunehmend mit den Völkern identifiziert.

Auch dieser Prozeß war nicht auf deutsche Territorien beschränkt. Beispielsweise hatte Voltaire die neue Thematik seiner Geschichtsschreibung gegen die vorherrschende dynastische Historiographie abgegrenzt: «On n'a fait que l'histoire des rois, mais on n'a point fait celle de la nation. Il semble que, pendant quatorze cent ans, il n'y ait eu dans les Gaules que des rois, des ministres, et des généraux; mais nos mœrs nos lois, nos coutumes, notre esprit, ne sont-ils donc rien?» [*Voltaire an d'Argenson, 26. 1. 1740*] Indem diese historischen Fragestellungen mit einer Gegenwartsanalyse verklammert wurden, gewannen sie im absolutistischen System höchste Sprengkraft.

3. Im Aufgeklärten Absolutismus sollte das Prinzip des Gemeinwohls verstärkt Herrschaftslegitimation und Herrschaftspraxis bestimmen. Das Gemeinwohl konnte sich indes nicht an den Bedürfnissen einer schmalen höfischen Führungsschicht orientieren, sondern an den ‹wahren Bestandteilen der Nation›. Schon die bedeutsame Schrift Thomas Abbts enthielt eine voluntaristische Begründung des Begriffs Vaterland: «Wenn mich die Geburt oder meine freye Entschließung mit einem Staat vereinigt, dessen heilsamen Gesetzen ich mich unterwerfe; Gesetzen, die mir nicht mehr von meiner Freiheit entziehen, als zum besten des ganzen Staates nöthig ist: alsdann nenne ich diesen Staat mein Vaterland.» Im Hinblick auf das Gemeinwohl, so Abbt, könne es nur eine einzige «politische Tugend» geben, vor der der Unterschied der Stände verschwinde und sich alles unter dem Namen «Bürger» vereinige.
Während es in Deutschland noch Jahrzehnte dauerte, bis sich diese staatsbürgerliche Deutung der Nation und das kulturelle Nationalbewußtsein politisierten, beschleunigte sich in Frankreich infolge der Revolution dieser Prozeß beträchtlich. Diese Beschleunigung wurde dadurch begünstigt, daß Frankreich politisch wesentlich homogener war als das alte deutsche Reich, wenngleich Frankreich vor 1789 noch kein ‹Nationalstaat› im modernen Sinne gewesen ist. Auch in Frankreich hatten die Schriftsteller den Boden bereitet. Die Definition des Begriffs ‹nation›, die Diderot in der *Encyclopédie* gegeben hatte, weist trotz großer Unterschiede beider Länder im 18. Jahrhundert eine erstaunliche Parallelität auf: Diderot definierte Nation ausschließlich politisch und bezog sie auf die politischen Rechte der Bürger in einem gemeinsamen Staat.
Die politische und soziale Komponente des Nation-Begriffs erlangten in der Französischen Revolution und ihren Auswirkungen auf die europäischen Staaten größte politische Virulenz. Die aufgeklärte Kritik bewegte sich in den Bahnen der hier skizzierten Entwicklung des Nation-Begriffs und kulminierte in der epochemachenden Kampfschrift des Abbé Sieyès *Was ist der dritte Stand?*. Sieyès' Antwort auf diese rhetorisch gestellte Frage lautete: Der dritte Stand war bisher nichts, doch tatsächlich umfaßt er «alles, was zur Nation gehört». Aus der Nation schloß Sieyès alles, was nicht zum dritten Stand gehörte, aus. Er stellte fest, eine Nation sei «eine Körperschaft von Gesellschaftern, die unter einem *gemeinschaftlichen* Gesetz leben und durch dieselbe *gesetzgebende Versammlung* repräsentiert werden». Da der Adel durch Privilegien von dem gemeinschaftlichen Gesetz gesondert sei, gehöre er nicht dazu. Der Auftrag an die Repräsentanten der Nation gehe vom Volk aus; auch dies sei in bezug auf den Adel nicht der Fall. Als die Vertreter des dritten Standes in den Generalständen sich gesondert zur Nationalversammlung erklärten, betrachteten sie sich gemäß diesen Maximen als die Reprä-

sentanten der Nation, und das hieß hier: des Volks mit Ausnahme der privilegierten Schichten.

Der auf Rousseau zurückgehende Gedanke der Volkssouveränität und die Einheit der Nation fanden so ihren Ausdruck in einem gemeinsamen Organ der Repräsentation. Daß in dieser Nationalversammlung eine ungleich größere soziale und politische Energie liegen mußte, ist einleuchtend: In ihr verkörperte sich, quantitativ gesehen, fast die gesamte Bevölkerung, das Volk und das Land. In der Verbindung mit der gesamten Nation gewann der aus der Revolution gestärkt hervorgehende Staat eine uneingeschränkte demokratische Legitimierung durch ein Staatsvolk, das es in diesem strengen Sinn vorher nicht geben konnte.

Von außerordentlicher Relevanz für die französische Entwicklung ist es gewesen, daß dieses Erwachen der Nation identisch war mit dem politischen Erwachen des vor allem durch die führenden Vertreter des dritten Standes repräsentierten Volkes. Diese Politisierung, die in der Formulierung durch den Abbé Sieyès zum Ausdruck kam, richtete sich gegen den monarchischen Absolutismus, nicht aber gegen ein anderes Volk. Nation in dem hier vorliegenden demokratischen und sozial umfassenden Sinne konnte es also in den absolutistischen Staaten dieser Zeit nicht geben. Das nationale und das absolutistische Staatsprinzip blieben unvereinbar; insofern waren von nun an die Tage der absolutistischen Staaten Europas gezählt.

Während in Frankreich die Entwicklung des Nationalgedankens durch die Priorität der politisch-sozialen Komponente geprägt wurde, blieb diese in Deutschland rudimentär; die politische Entwicklung beider Länder differierte zunehmend. Die Diskrepanz wird augenfällig im Nationalbewußtsein der deutschen Romantik, die unter Aufnahme bestimmter Grundgedanken von Herder und vor dem Hintergrund der deutschen Befreiungskriege gegen das Napoleonische Frankreich – nicht wie in der französischen Tradition – die Teilnahme der Bürger an den öffentlichen Angelegenheiten oder auch die individuelle Entscheidung im Sinne Abbts als Kern des Nation-Begriffs ansah, sondern die Zugehörigkeit zur Volksgemeinschaft, die unabhängig von individuellen Willensentscheidungen der Bürger bestehe. In dieser Auffassung, die zum Beispiel bei Fichte, Jahn und Arndt anzutreffen ist, flossen verschiedene Elemente romantischen Denkens mit denen des aufgeklärten Erbes – etwa mit dem Gedanken einer organischen Entwicklung der Völker – zusammen, ohne jedoch die aufgeklärten Bezugspunkte, beispielsweise den Kosmopolitismus und die naturrechtlich begründeten Bürgerrechte, beizubehalten.

Ähnlich verhielt es sich mit den antifranzösischen Elementen der aufgeklärten Kritik. Diese waren im 18. Jahrhundert eingebunden in eine soziale Kritik an den Höfen, in eine Kritik an absoluten Normen usw.

Auch die Zuwendung zur deutschen Kultur und die Betonung ihres Werts hatte vor dem Hintergrund des prinzipiellen Kosmopolitismus und des internationalen Zusammengehörigkeitsgefühls der Aufklärer einen anderen historischen Stellenwert und keinerlei deutschtümelnden oder gar nationalistischen Beigeschmack. Dieser aber war es, der natürlich nicht zuletzt unter dem Eindruck napoleonischer Fremdherrschaft und der national integrierenden Wirkung des Krieges einem unpolitischen Volksbegriff den Weg bereitete, der sich trotz vielfältigen gemeinsamen Erbes vom demokratisch und sozial akzentuierten Volksbegriff der Aufklärer fundamental unterschied.

Aus dieser differierenden Ausformung des deutschen und französischen Begriffs der Nation hat man gefolgert, daß der deutsche Begriff der Nation die ‹Kulturnation› beinhalte, der französische jedoch die ‹Staatsnation›, wobei natürlich der nicht zu leugnende Tatbestand zugrunde liegt, daß in Deutschland die Kulturnation lange vor der politischen Nation existierte. Doch hat sich auch gezeigt, daß die Auffassungen der deutschen Aufklärer zum Teil in eine ähnliche Richtung gingen wie die der französischen. Allein aus diesem Grund ist die Einengung des deutschen Begriffs der Nation auf den Aspekt der Kultur zu sehr an der Auffassung der Romantik und Wilhelm von Humboldts orientiert, als daß sie allgemeingültig wäre.

So hatte also das seit Beginn des 19. Jahrhunderts zügig politisierte Nationalgefühl durchaus Teil an westeuropäischen Traditionen, war jedoch durch verschiedene Faktoren modifiziert worden, die diese Traditionen im Zeitalter Napoleons weitgehend überlagerten.

Modernisierung nach 1789

Hatte die ideelle Bedrohung durch die Französische Revolution bei Herrschern und Beherrschten eine Politisierung bewirkt, die bei den Untertanen zur Forderung staatsbürgerlicher Rechte und bei den Regenten zum Einfrieren oder zur Zurücknahme mancher Reformen geführt hatte, so setzte die nach innen und außen wirksame Radikalisierung der Revolution die europäischen Nachbarn einem entschiedenen Modernisierungszwang aus, wollten sie der seit 1789 in Frankreich freigesetzten brisanten Mischung von Nationalismus, Volkssouveränität und revolutionärer ‹Befreiungsmission› widerstehen. Wie wenig diese Staaten darauf vorbereitet waren, bewiesen die Napoleonischen Siege, die nicht allein ein Ergebnis überlegener Strategie und Taktik waren, sondern mit einem völlig neuen Kriegsinstrument errungen wurden: Dem durch Nationalbewußtsein und Ideologie integrierten modernen Volksheer, in dem gleiche Rechte und Pflichten der Staatsbürger konkreten Ausdruck fanden, hatten die absolutistischen Monarchien nichts Vergleichbares entgegenzusetzen. Sie hatten dieser Bedrohung, die sie

leichtfertig durch ihren eigenen Angriff auf Frankreich provozierten und legitimierten, nicht einmal ein realistisches Bewußtsein der eigenen Gefährdung entgegenzusetzen.
So wurde der Aufgeklärte Absolutismus nicht nur durch die ihn gewissermaßen überholende Französische Revolution in Frage gestellt, sondern noch nachträglich durch die Napoleonischen Kriege. Der vollkommene Zusammenbruch des preußischen Staats kann indes nicht nur dem Aufgeklärten Absolutismus angelastet werden; denn es waren ihm zwei Jahrzehnte innen- und außenpolitischen Versagens durch die Nachfolger Friedrichs des Großen vorhergegangen, in denen für die Modernisierung des Staats nur wenig getan worden war, in denen andererseits die innenpolitischen Probleme auf neue Lösungen drängten.
Erst die Niederlage gegen Napoleon hat zu Beginn des 19. Jahrhunderts einschneidendere Reformanstrengungen ermöglicht. Stellvertretend seien hier die wichtigsten preußischen Reformen erwähnt: die Reorganisation des Heers durch Scharnhorst und Gneisenau, die Wiederbelebung der Selbstverwaltung durch Freiherr von Stein, die Reform der Provinzialverwaltung, der Aufbau eines modernen Bildungswesens durch Wilhelm von Humboldt und später Altenstein, die Inangriffnahme der Bauernbefreiung – ein Prozeß, der aber nicht punktuell gesehen werden darf, sondern sich über Jahrzehnte hinzog – mit der damit verbundenen Agrarreform, die Einführung der Gewerbefreiheit, schließlich die Finanzreform, die Wiederaufnahme einer überlegten und eigenständigen Außenpolitik durch Hardenberg, die Diskussion von Verfassungsplänen, die eine Konstitutionalisierung der Monarchie vorbereiten sollten, schließlich die Judenemanzipation.
Die preußischen Reformen seit 1806 gehören zwar zu den markantesten politischen Ereignissen dieser Zeit; es darf aber nicht unbeachtet bleiben, daß es in allen größeren deutschen Ländern – mit Ausnahme Sachsens und Mecklenburgs – vergleichbare, oft sogar weitergehende Modernisierungen gegeben hat. So sind in den unter Napoleonischer Herrschaft bzw. unter seinem Einfluß stehenden Rheinbundstaaten wichtige Reformen, vor allem auf rechts-, verwaltungs- und wirtschaftspolitischem Gebiet durchgeführt worden; so ist Bayern vor allem durch Montgelas zum modernen Staat umgeformt worden, so hat es im deutschen Südwesten – vor allem in Baden – eine den anderen Staaten vorauseilende Verfassungsentwicklung gegeben.
Schon vorher hatte der Friede von Lunéville 1801 eine die Verfassungsstruktur und die territoriale Gliederung des alten Reichs fundamental ändernde Auflösung der geistlichen Staaten eingeleitet, die in der Regel als ‹Entschädigung› den benachbarten weltlichen Territorien zugesprochen wurden. Den Schlußpunkt dieser Verwandlung des alten Reichs setzte der Reichsdeputationshauptschluß von 1803. An der umfassenden

Säkularisation der Klöster bereicherten sich die Territorialstaaten; dabei gingen unschätzbare kulturelle Werte, beispielsweise aus den kostbaren Klosterbibliotheken verloren. Die kleineren Reichsstände – Städte, Grafschaften etc. – wurden mediatisiert, das heißt ihrer Reichsunmittelbarkeit beraubt und den jeweiligen Landesherren unterstellt.

Die Vereinfachung der Landkarte des Reichs durch den Wegfall Hunderter kleinerer und kleinster Länder hat die späteren Einigungsbestrebungen – zunächst vor allem auf wirtschafts- und zollpolitischem Gebiet – vorbereitet oder doch erleichtert; sie hat diese Regionen in umfassendere Modernisierungsbestrebungen einbezogen, sie hat durch die Enteignung des umfangreichen kirchlichen Grundbesitzes die weltliche Macht der katholischen Kirche entschieden beschnitten, damit aber auch ihre Wandlung von einer Adels- in eine Volkskirche vorbereitet und die Ausübung ihrer geistlichen Aufgaben ungemein belebt.

Nach Gründung des durch Napoleon beherrschten Rheinbundes, dem sechzehn deutsche Fürsten – unter ihnen die Könige von Bayern und Württemberg – beigetreten waren, erklärte Frankreich den Austritt dieser Staaten aus dem Reich; der Kaiser wurde ultimativ zur Niederlegung der deutschen Kaiserkrone aufgefordert. Am 6. August 1806 kapitulierte der kurz vorher durch Napoleon besiegte Kaiser Franz II. und zog sich auf das 1804 nominell begründete österreichische Kaisertum zurück.

Der Kaiser zog damit die Konsequenz aus der seit dem Westfälischen Frieden von 1648 auch rechtlich sanktionierten Sonderentwicklung der deutschen Staaten, die zwar nominell kein Bündnis gegen Kaiser und Reich schließen durften, aber immer wieder Wege gefunden hatten, aus dem Reichsverband auszuscheren bzw. sich mit der Vormacht Habsburgs auseinanderzusetzen. Die Auflösung des Heiligen Römischen Reiches Deutscher Nation war also lange vorbereitet; aber symptomatisch war es doch, daß der Anstoß vom nachrevolutionären Frankreich ausging und durch die deutschen Territorien, die seit Jahrhunderten Eigenstaatlichkeit gewonnen hatten, mitverursacht worden war. Nicht nur ein innenpolitisches Gegeneinander, auch die Unmöglichkeit, wenigstens außenpolitisch in der Beziehung zu Drittländern ein solches Gegeneinander zu vermeiden, gaben schließlich den Ausschlag. In den Kriegen mit dem revolutionären und dem Napoleonischen Frankreich waren die deutschen Staaten immer wieder aus der Koalition ausgeschert und zu einer einheitlichen Kriegführung lange Jahre kaum in der Lage gewesen.

Das Reich stand in seiner partikularistischen und dynastischen Zersplitterung einem vergleichsweise unitarisch regierten Staat mit einem einheitlichen Volksheer gegenüber. Die Erfolge dieses revolutionären Heers steigerten die politische und militärische Zersplitterung. Es steigerten sich auch die Eigeninteressen der deutschen Territorialstaaten. Beispielsweise hatte Preußen infolge seiner Beteiligung an der polnischen Teilung und seinen damit verbundenen Ostinteressen in Basel 1797 einen Separatfrieden mit Frankreich geschlossen, während Österreich immer wieder die Hauptlast des Kampfes zu tragen hatte und das alte Kaisertum die überkommene Legitimität der absoluten Monarchien gegen das mit zunehmender Schärfe nach außen getragene Prinzip der Volkssouveränität verteidigen mußte.

Die verschiedenen Koalitionskriege können hier nicht nachgezeichnet werden; jedenfalls zählte das Ende des alten deutschen Kaisertums und das neue französische Kaisertum Napoleons zu den Ergebnissen. Zwar war dieses neue Kaisertum – wie sich bald herausstellen sollte – nicht weniger anachronistisch als das wenige Jahre zuvor ruhmlos untergegangene deutsche Kaisertum. Aber darüber täuschte die Tatsache hinweg, daß das Napoleonische Kaisertum aus der Revolution hervorgegangen war und sich mit allen Attributen auszustatten suchte, die die fehlende Legitimität wettmachen sollten. Aber die angenommene Klassizität des neuen Empire war nicht von Dauer, sowenig wie der Verfall der deutschen Staaten von Dauer war.

Kultur und Reform im Territorialstaat

Nicht nur die Reorganisation und Reform der deutschen Staaten trug zu ihrem Wiederaufstieg bei. Vielmehr ist die ‹deutsche Erhebung›, die seit der ‹Leipziger Völkerschlacht› 1813 die deutschen Staaten von Napoleonischer Herrschaft befreite, in erheblichem Maße ein Werk der kulturellen Entwicklung gewesen, die seit Mitte des 18. Jahrhunderts durch vielerlei geistige Kämpfe führte, zugleich aber eine kaum glaubliche Zahl genialer literarischer und philosophischer Werke aufzuweisen hat. Die Zeit des langsamen Niedergangs und des katastrophalen Zusammenbruchs der deutschen Staatenwelt war die Zeit größter geistiger Blüte auf philosophischem, literarischem und wissenschaftlichem Gebiet. Diese Tatsache hat die Interpretation provoziert, der deutsche Geist habe sich aus der realen Misere in die ideale Sphäre geflüchtet oder auch flüchten müssen. Aus der Not sei eine Tugend gemacht worden. Und in der Tat, die Maxime Hegels könnte so gedeutet werden: Sei erst das Reich der Vorstellung revolutioniert, halte auch die Wirklichkeit nicht stand. Und die Entwicklung in Frankreich, jedenfalls die bis 1791, rechtfertigte sogar diese idealistische Einschätzung; insofern waren auch die Idealisten Aufklärer geblieben.

Es kam etwas Wichtiges hinzu: Der preußische Staat, so wie er im 18. Jahrhundert vor allem durch Friedrich Wilhelm I. und Friedrich den Großen geschaffen worden war, war gewissermaßen ein Produkt der Rationalität, ein Kunstprodukt. So konnte Hegels Schüler Eduard Gans noch gegen Mitte des 19. Jahrhunderts schreiben, ein Staat ohne Tradition wie der preußische sei notwendig auf den Geist gebaut. Und die Rationalität der Staatsauffassung Hegels, der oft als Wegbereiter deutscher Staatsvergottung gescholten worden ist, wurde durch die spezifische Rationalität des preußischen Staates geprägt, die er als Philosoph auf ihre wahren Prinzipien zurückzuführen meinte.

Man mißversteht Hegel, wenn man diese dialektisch konzipierte Idealität des Staates als unkritische Rechtfertigung alles Bestehenden auffaßt – gemäß seinem Diktum ‹Was wirklich ist, das ist vernünftig und was vernünftig ist, das ist wirklich›. Staat im Sinne Hegels war nicht zuletzt eine sittliche Idee; sie ist im Denken Hegels untrennbar mit der Erkenntnis des Antagonismus gesellschaftlicher Kräfte verbunden, denen gegenüber der Staat notwendig als übergeordnete Instanz wirken müsse. Diese Konzeption Hegels, die noch den oben geschilderten Traditionen und Ursprüngen des Naturrechts verpflichtet war, führte einen entscheidenden Schritt über die Lösungsversuche des 18. Jahrhunderts hinaus, indem sie die Idee der absoluten Monarchie durch die überpersönliche Idee des Staates ersetzte. Infolgedessen rückte im Denken Hegels das Beamtentum als ‹allgemeiner Stand›, als staatstragende Schicht an die Stelle der traditionalen ständischen Führungsschicht. Das ist nicht zufällig; denn das Beamtentum spielte sowohl bei den Reformen des 18. wie bei denen in der ersten Hälfte des 19. Jahrhunderts eine entscheidende Rolle. Ohne Beamtentum hätten die Reformen, deren führende Protagonisten meist nur kurz im Amt waren, kaum durchgeführt werden können – und dies um so weniger, als die zunächst fragmentarische Reform in den meisten Ländern lediglich der Ausgangspunkt eines langfristigen, sich bis zur Mitte des Jahrhunderts hinziehenden gesellschaftlichen und ökonomischen Strukturwandels gewesen ist, den die seit 1815 einsetzende politische Restaurationsphase keineswegs beendete.

Die Modernisierung von Staat, Gesellschaft und Wirtschaft wurde im Stil des Absolutismus ‹von oben› durchgeführt. Der Reformabsolutismus erfuhr durch das Ende des Reichs eine Stärkung: Die Souveränität der Landesherrn wurde durch keine übergeordnete Gewalt mehr beeinträchtigt, den Landständen fehlte nun die Instanz, an die sie im Falle fürstlicher ‹Willkür› hätten appellieren können und die das alte Recht wenigstens nominell schützte. Aber dieser Reformabsolutismus war kein persönlicher Absolutismus des Monarchen mehr, sondern ein entpersönlichter der Bürokratie. Diese Wandlung führte die im 18. Jahrhundert begonnene Rationalisierung der Herrschaft fort.

Das Verhältnis von Monarch und Untertanen hatte sich überdies fundamental gewandelt, weil in den Befreiungskriegen Volksheere an die Stelle der Söldnerheere getreten waren und damit das Volk entscheidenden Anteil an der Befreiung von französischer Herrschaft erlangt hatte.

Der Krieg belebte in Deutschland wie in Frankreich das Nationalgefühl; hier wie dort trug er dazu bei, das Volk zu einem politischen Faktor werden zu lassen. Integration und Emanzipation der Bevölkerung wurden in diesen Jahren beträchtlich gefördert, wenngleich dieser Prozeß nicht immer unmittelbare verfassungsrechtliche Konsequenzen hatte. Die bald einsetzende Restauration verhinderte einstweilen die vollkommene Durchsetzung der konstitutionellen Monarchie. Aber die Verfassungsfrage stand in fast allen Staaten auf der Tagesordnung obenan, eine Vielzahl von Lösungsversuchen war die Folge. Die Ablösung der Kabinettsregierung durch das System verantwortlicher Minister war ein sichtbares Zeichen der veränderten verfassungsrechtlichen Verhältnisse.

Es konnte nicht ohne Folgen bleiben, daß die Modernisierung in diesen Jahren von der Verwaltung und nicht von einer Volksvertretung in Angriff genommen wurde, wofür Preußen exemplarisch gewesen ist. Die notwendige gesellschaftliche Umstrukturierung blieb deshalb in vielen Bereichen aus. Volkssouveränität und nun politisiertes Nationalgefühl bezogen sich mehr und mehr auf das Reich als Ganzes und blieben wiederum am Ideal, nicht aber an der Realität orientiert: Seit 1815 gab es kein Reich im staatsrechtlichen Sinne mehr, sondern nur einen Staatenbund. Nationalstaat und Verfassungsstaat blieben für Jahrzehnte unerreichbares Programm.

Die Reformzeit war eine Zeit nicht mehr revozierbarer Weichenstellungen, eine Zeit des Neubeginns, hinter den niemand auf Dauer zurück konnte, aber auch eine Zeit der Hoffnungen, deren Erfüllung auf sich warten ließ. Die Reformzeit war eine Zeit, in der infolge revolutionärer Herausforderung die traditionelle Reformpolitik des 18. Jahrhunderts mit ungleich verstärkter Intensität wiederaufgenommen wurde, in der reformerische und revolutionäre Erneuerung miteinander konkurrierten. Mit dem sozialen, ökonomischen, verfassungsrechtlichen und kulturellen Strukturwandel seit dem frühen 19. Jahrhundert entstanden eine Reihe neuer Probleme. Die Auflösung alter gesellschaftlicher und wirtschaftlicher Ordnungen setzte Kräfte in allen Lebensbereichen frei, setzte sie aber auch dem Risiko dieser Freiheit in massiver Weise aus. Die Reflexion über das Verhältnis von Staat und Gesellschaft, deren Trennung seit dem ausgehenden 18. Jahrhundert zunehmend empfunden wurde, trat in ein neues Stadium, als nicht nur die «Grenzen der Wirksamkeit des Staats» (Wilhelm von Humboldt) bestimmt werden sollten, sondern auch das Problem der Gesellschaft in den Blick geriet.

Nicht nur die Beziehung von Individuum und Staat, auch die Stellung des Individuums in der Gesellschaft wurde zunehmend dynamisiert. Die mit dem Aufstieg der Bürgerlichen einsetzende allmähliche Aushöhlung der überkommenen ständisch-hierarchischen Struktur, in der der einzelne seinen festen und im Prinzip nicht zu verändernden sozialen Platz hatte, homogenisierte die Gesellschaft nicht, sondern setzte ihre Antagonismen frei. Rechtsgleichheit war nicht identisch mit sozialer Gleichheit. Doch war dadurch die prinzipielle Chance eröffnet, Bildung und Besitz zu erwerben und den sozialen Rang in der Gesellschaft selbst zu bestimmen. Auch hier klaffte freilich zwischen Anspruch und Wirklichkeit ein nur schwer überwindbarer Abgrund.

Alberto Martino/Marlies Stützel-Prüsener
Publikumsschichten, Lesegesellschaften und Leihbibliotheken

Der Trend zur Demokratisierung des Lesens, der sich schon in den siebziger und achtziger Jahren deutlich abgezeichnet hatte, nahm mit dem Ausbruch der Französischen Revolution entscheidend zu. Die Ereignisse im Nachbarland riefen ein starkes Bedürfnis nach aktueller Information hervor und förderten entsprechend die Leselust. Die Journal-, Zeitungs- und Pamphletlektüre wurde zur Mode und schien fast jeden anderen Lesestoff zu verdrängen. «Vom Regenten und Minister an bis herab zum Holzspalter auf der Straße und dem Bauer in der Dorfschenke, von der Dame an der Toilette bis zur Scheuermagd in der Küche, ließt jetzt Alles Zeitungen», schrieb 1792 das *Journal des Luxus und der Moden* (Bd. 7, S. 557). Das Ausmaß der Vorherrschaft des aktuellen Lesestoffs über das Buch in der Zeit der Französischen Revolution veranschaulichen die 1285 Zeitschriften, die 1791 – die gesamte Buchproduktion betrug in diesem Jahr 3168 Titel – erschienen.

Die Journal- und Zeitungslektüre bewirkte nicht nur eine beträchtliche Ausweitung des lesenden Publikums. Sie gab auch einen erheblichen Impuls zu jener ‹Leserevolution› (Engelsing), die in dem Übergang von der intensiven Lektüre – wiederholte Lektüre eines einzigen Buchs oder einer kleinen Auswahl von Büchern meist religiösen oder moralischen Inhalts – zur extensiven – einmalige Lektüre zahlreicher, meist profaner Bücher – besteht. Im städtischen Milieu hatte sich diese Entwicklung schon im zweiten Drittel des Jahrhunderts durch die Verbreitung der moralischen Wochenschriften angebahnt. Auf dem Lande modifizierte sich dagegen das Leseverhalten der Bauern erst mit dem Ausbruch der Französischen Revolution. Die Bauern, deren Lesestoff sich bis dahin auf ein paar religiöse Bücher (Bibel, Gesangbuch, Postille, Katechismus) und auf den Kalender beschränkt hatte – hie und da ergänzten ein Volksbuch, Einblattdrucke und Moritaten den dürftigen Lektürekanon der ländlichen Bevölkerung –, wurden plötzlich, wie die Obrigkeit mit Verwunderung und Sorge feststellte, zu Zeitungslesern, oder genauer – die meisten waren ja Analphabeten! – zu Zuhörern von Zeitungsvorlesenden (Reinhard Wittmann).

Der Wandel der Lesegewohnheiten, der eher in einem wechselseitigen Wirkungs- als in einem einseitigen Kausalverhältnis mit der Zunahme der Autorenzahl, der Steigerung der Buchproduktion und der Entstehung des freien Schriftstellertums stand, war zugleich Wirkung und Anlaß einer radikalen Veränderung der Funktion der Lektüre in der Gesellschaft. Übte die Wiederholungslektüre eines einzelnen Buchs oder einer sehr begrenzten Anzahl von meistens alten religiösen oder erbaulichen Texten sowohl durch die fortwährende Bestätigung der tradierten Werte und Vorstellungen als auch durch das zeitaufhebende repetitive Ritual eine stabilisierende Funktion aus, so förderte die extensive Lektüre die soziale Mobilität und die Entstehung eines geschichtlichen und politischen Bewußtseins.

Zeitungen, Zeitschriften, Pamphlete, politische Flugblätter und sonstige Ephemeriden, die täglich von Neuigkeiten und Umwälzungen berichteten, erweiterten den Horizont der Leser aus den mittleren und unteren Schichten. Sie ließen das Bewußtsein der Veränderung und Veränderlichkeit der politischen Institutionen und der sozialen Umwelt aufkommen und die Möglichkeit der Teilnahme an dem geschichtlichen Prozeß ahnen. Durch «die Menge der Zeitungsleser [wird] der politische Schwindel geweckt (. . .), an den allgemeinen Weltbegebenheiten Theil zu nehmen», bemerkte 1795 Johann Georg Heinzmann in seinem *Appell an meine Nation* (S. 441). Romane, neben Zeitungen und Journalen die beliebteste Lektüre, ließen Wünsche keimen, die nicht zu erfüllen waren, ohne die bestehende immobile Gesellschaft zu verändern, und nährten die Unzufriedenheit mit der eigenen Lage und den gegebenen Verhältnissen. Sie riefen ein immer stärkeres Bedürfnis nach kompensatorischer Evasion hervor, die zwar das Gefüge der herkömmlichen Gesellschaft nicht unmittelbar bedrohte, ihre geistigen Voraussetzungen aber tief zersetzte.

‹Lesesucht› und ‹Lesewut›

Mit einem Gemisch von Staunen und Sorge berichten die Zeitgenossen darüber, wie die Lektüre zu einem fast unentbehrlichen Bedürfnis geworden sei und wie sie sich bis in die niedrigsten Schichten der Bevölkerung verbreitet habe. Die neuartige Erscheinung eines allgemeinen und ständigen Lesebedürfnisses wurde wie eine soziale Krankheit betrachtet und als ‹Lesewut› bzw. ‹Lesesucht› diffamiert. Das *Journal von und für Deutschland* sprach 1790 vom «Zeitalter, in welchem die Lesewut bis in die niedrigsten Stände gedrungen ist» (Bd. 2, S. 51). Im *Teutschen Mer-*

kur stellte Wieland 1791 fest: «(. . .) jetzt [ist] das Lesen auch unter der Mittelclasse, und bis nahe an diejenigen, die gar nicht lesen gelernt haben, allgemeines Bedürfniß geworden» (I. Quartal, S. 201). «Alles, was Othem, Augen und Hände hat, schreibt und ließt», bemerkte Friedrich Karl von Moser in seinem *Neuen Patriotischen Archiv* vom Jahre 1794 (Bd. 2, S. 181). «Die Lesesucht», berichtete der *Reichs-Anzeiger* vom 15. Oktober 1795, «verbreitet sich allgemein, bis zu der niedrigsten Classe, und verdrängt Religion, Tugend, Industrie, Frugalität, und ihre Folgen, ächte häusliche und Familienglückseligkeit.» In den *Vertrauten Briefen über die jetzige abentheuerliche Lesesucht und über den Einfluß derselben auf die Verminderung des häuslichen und öffentlichen Glücks* (Hannover 1794) schrieb Johann Gottfried Hoche: «Jetzt füllt nun die Lesesucht die Köpfe mit Chimären an, die stets die subjektivische Lage verhaßt machen, Mißmuth und Unzufriedenheit erzeugen, und dadurch das Wohl der Menschen und des Staates vermindern, das in der Thätigkeit und Ordnung in allen Ständen bestehet» (S. 139).

Die Ursachen der Kritik an der Lektüre sind leicht einzusehen. Das Lesen wird verurteilt, da es die Einbildungskraft, auch in sexueller Hinsicht, emanzipiert, einen Hang zur Freiheit und Unzufriedenheit mit dem eigenen sozialen Status hervorruft. Nur dann wird Lektüre gutgeheißen, wenn sie die berufliche und handwerkliche Leistungsfähigkeit verbessert und steigert sowie zur Bejahung des eigenen sozialen Status anregt, nicht wenn sie die bestehende gesellschaftliche Ordnung gefährdet und soziale Mobilität fördert, indem sie Empfindung für persönliche Würde und Sinn für Freiheit wachruft. In einem Aufsatz der *Schlesischen Provinzialblätter* vom Jahre 1806 (11. Stück, S. 433 bis 451) mit dem Titel «Beobachtende Blicke auf Leihbibliotheken und Lesecirkel» liest man:

«Zu läugnen ist es nicht, daß wir in einem Zeitalter leben, wo die Lesesucht an der Tagesordnung ist und immer weiter um sich greift. Was sonst gewöhnlich nur eine Beschäftigung der Gelehrten und solcher Volksklassen war, die sich mit Recht zu den gebildeten zählen, das ist itzt die allgemeine Sitte nicht nur der mittleren, nein, auch selbst der niederen Stände, und nicht bloß das männliche, nein! selbst das andere Geschlecht findet einen unwiderstehlichen Hang, sich durch Lectüre zu unterhalten. Dieses Bücherlesen, welches nur zu oft in eine wahre Lesesucht ausartet, ist nicht immer eine Würkung der wahren Wißbegierde, oft wird es eine Ausfüllung müßiger Stunden, oder wohl gar eine traurige Folge der Abneigung gegen häusliche Geschäfte, und wollen wir den Zeugnissen der Erfahrung allen Glauben beimessen, so hat sich diese Lesesucht vom städtischen Bewohner selbst bis in die entlegensten Hütten des sonst so arbeitsamen Landmanns verbreitet. Nicht selten trifft man unter dörflichen Einwohnern Einzelne an, die ihre Zeit mehr den Zeitschriften, Journalen und Schauspielen widmen, als dem ihnen eigentlich obliegenden Gewerbe des Ackerbaues und anderer ländlichen Geschäfte. (. . .) Die Gewohnheit, alles ohne Auswahl und Prüfung, wohl gar zur

Unzeit und ohne die nothwendigen Einschränkungen, begierig aufzusuchen, seine Geschäfte dabey zu vernachläßigen und sich in eine Welt von Ideen und Träume zu versetzen, das Bücherlesen zur Haupt- und seine eigentlichen Berufspflichten zur Nebensache zu machen – das ist der grade Weg zur sittlichen und häuslichen Zerrüttung (. . .). Reißt das Bücherlesen erst so sehr ein, daß es selbst die arbeitsame Volksklasse ergreift, den Künstler und Handwerker fesselt und aus seiner Werkstätte verscheucht, ergreift es insonderheit die noch unbevestigte Jugend, deren Grundsätze noch hin und her schwanken, (. . .) setzt es sich erst in den Wohnungen des Landmanns fest, o so werden gar bald die häuslichen Geschäfte darniederliegen, und da, wo man sonst den fleißigen und betriebsamen Mann auf seinem Felde oder in der Scheune sah, wird man ihn itzt mit dem Roman oder Zeitungsblatt in der Hand müßig und geschäftslos erblicken. Es ist keine neue Erscheinung, die man mit Unwillen beobachtet, daß die Bürgertochter, die man lieber in der Küche sähe, ihren Göthe oder Schiller im Hausflur lieset und das verbildete Landmädchen die ihr gehässige Spindel mit den Schauspielen unsers Kotzebue vertauscht. Nur dann hat das Bücherlesen einen Werth, wenn es eine Erweiterung unseres Wissens zum Entzwecke hat, wenn es Fächer erwählt, die unmittelbar in unsre Sphäre einschlagen, wenn es unsern Horizont nicht übersteigt, eine stets gemeinnützige Richtung nimmt, uns zum Umgange geschickter, für unsre individuelle Lage brauchbarer, und in unserm Beruf thätiger, auch mit unserm Schicksal zufriedener macht, ohne Wünsche und Bedürfnisse zu erregen, die wir zu befriedigen nicht vermögen.»

Man versuchte, die Verbreitung der Lektüre durch die Bekämpfung von Lesegesellschaften und Leihbibliotheken in der Annahme einzudämmen, daß nur diese Anstalten breiten Schichten der Bevölkerung das Lesen ermöglichten und somit der periodischen Presse und der belletristischen Literatur die finanzielle Existenz sicherten. In der Tat hatten die Gründungen von Lesegesellschaften und Leihbibliotheken im letzten Jahrzehnt des 18. Jahrhunderts explosionsartig zugenommen und der Demokratisierung des Lesens einen mächtigen Impuls gegeben. «Überall und täglich» – stellte Heinzmann in seinem *Appell* (S. 140) fest – vermehren sich «öffentliche Leseläden» und «Lesegesellschaften». In den neunziger Jahren des 18. Jahrhunderts wurden circa 200 Lesegesellschaften errichtet. Sie stellen 46 Prozent der bislang 433 nachweisbaren Lesegesellschaften des ganzen 18. Jahrhunderts dar. Von 1800 bis 1810 gab es dagegen nur circa 130 Neugründungen.

Während die Lesegesellschaften bald ihre Blütezeit überschritten (1820 bis 1830 nur noch 34 Neugründungen), wuchs die Zahl der Leihbibliotheken auch über die Jahre 1790 bis 1800 hinaus ständig an. In Bremen entstanden 1791 bis 1800 zehn Leihbibliotheken. In diesen Jahren besaß Hannover vier ansehnliche Leihanstalten, Leipzig neun. In Frankfurt am Main wurden gegen Ende des 18. Jahrhunderts fast zu gleicher Zeit achtzehn Leihbibliotheken gegründet. Auch ein kleines Städtchen wie Oranienburg im Regierungsbezirk Potsdam besaß um 1797 eine «allge-

meine Lesebibliothek» mit mehr als 12000 Bänden und etwa hundert Zeitungen. Hier und da – berichtete im Jahre 1794 das *Journal des Luxus und der Moden* (S. 531) – wurden Leihbibliotheken auch in Dörfern errichtet. Der mehrmals erwähnte Heinzmann hatte 1795 in seinem *Appell* (S. 441) bemerkt: «Die Lesebegierde ist in alle Stände eingedrungen; man hat die Gelegenheit überall vervielfältiget, in den kleinsten Orten sind Lesegesellschaften und Leseläden errichtet.» Um 1800 hatte schon fast jede Stadt eine Leihbibliothek. Sehr rasch verbreiteten sich dann diese Anstalten Anfang des 19. Jahrhunderts. Besonders dicht war das Netz der Leihbüchereien in den großen Städten; so besaßen zum Beispiel im Jahre 1811 Berlin bereits 27, Dresden 16 Leihbibliotheken.
Kein Wunder, daß die Polemik gegen diese mächtigen Multiplikatoren von Druckerzeugnissen weder maßvoll war noch gerecht und zwischen besseren Leseanstalten und ‹Winkelleihbibliotheken› nicht unterschied. Als Verbreiterinnen von «Arsenik des Geistes» bezeichnete der Buchhändler Wilhelm Fleischer die Leihbibliotheken in seinem *Glaubensbekenntnis* (um 1790, S. 65). «Moralische Giftbuden» nannten sie die *Gothaischen Gelehrten Zeitungen* auf das Jahr 1793, während Friedrich Karl von Moser in seinem *Neuen Patriotischen Archiv für Deutschland* (II, 1794, S. 184/85) sie zu «moralischen Bordellen» abstempelte. Der Kommerzrat und Geheime Kanzleisekretär in Kurhannover C. L. Höpfner verhöhnte im *Intelligenzblatt der allgemeinen Literatur-Zeitung* vom 19. März 1794 die Lesegesellschaften und die Leihbibliotheken als «Aufklärungsfabriken». Man tat freilich die Leseanstalten nicht immer mit solchen groben oder spöttischen Bezeichnungen ab. Man widmete ihnen auch scharfsinnige kritische Analysen.

In einem Aufsatz vom Jahre 1800 mit dem Titel «Ob es, wenn man die Litteratur und die Sittlichkeit befördern will, wohlgethan sey, die Vermehrung der Buchhandlungen und Leihbibliotheken zu befördern», der in den *Beyträgen zur vaterländischen Historie, Geographie, Statistik u.s.w.* erschien (Bd. 6, S. 290–301), wies der bekannte und einflußreiche bayerische Schriftsteller Lorenz Westenrieder auf die emanzipatorische und entstabilisierende Funktion der Lektüre bei den niederen Klassen der Bevölkerung hin und verdammte unverhüllt die Leihbibliotheken als die bedeutendsten Träger des Prozesses der Demokratisierung des Lesens.

«Aus solchen Leihbibliotheken wird die ansteckendste Lektür unter solche Volksklassen verbreitet, deren (ohne Modelektüre stets gesündere) Einbildungskraft sorgfältig geschonet, und deren Verstand nur in Dingen ihres Berufes unterrichtet werden soll, wenn sie brauchbar und glücklich bleiben sollen; unter Volksklassen, für welche die, für sie eigentlich paßenden, Bücher erst geschrieben werden müßten, und für welche kaum das tausendste der vorhandnen taugt, indem bey weitem der größte Theil der dem gemeinern Volk in die Hände zu liefernden Bücherwaare weder auf einen moralischen, noch auf einen bürgerlichen oder wirthschaftlichen Zweck hinführt, aber desto mehr einen gewissen Geist von Müßiggängerey, von phantastischer Empfindeley, von einem ungezogenen Hang nach einer gänzlich mißverstandenen Freyheit, von Begünstigung, und vertraulicher Einbürgerung der gröbsten Sinnlichkeit verbreitet, den Verstand verrücket, und das Herz vergiftet.

(. . .) Die Erscheinung der itzigen Lesewuth bey Volksklassen, die sonst wenig oder nichts lasen, und die auch itzt nicht lesen, um sich zu unterrichten, und zu bilden, sondern um sich unterhalten zu lassen, ist in Deutschland, seit der Erfindung der Buchdruckerey, eine ganz neue Erscheinung, und der Erfolg derselben ist nicht leicht zu berechnen; aber schlimm genug dürfte er seyn.»

Im selben Jahr veröffentlichte der Geheime Kanzleisekretär in Kurhannover Ernst Brandes im *Neuen Hannöverischen Magazin* vom 20. Januar eine kleine Abhandlung «Über die Leserei der Modebücher und ihre Folgen in einigen Klassen der höheren Stände». Hier wird die entscheidende Funktion von Lesegesellschaften und Leseinstituten bei der Verbreitung der periodischen Literatur und mit ihr des politischen Räsonnements scharfsinnig erkannt.

Die Zeitungen und ihre Vermittlungszentren, Lesegesellschaften und Leseinstitute, sind nach Brandes nicht nur darum gefährlich, weil sie die Bürger politisieren und zur Bildung einer öffentlichen Meinung beitragen, sondern weil sie auch eine solche Ausdehnung des Lesepublikums bewirken, daß für viele Intellektuelle die Ausübung des Berufs des freien Schriftstellers möglich wird. Schriftsteller ohne soziale und berufliche Bindungen, ohne Verwurzelung in der Ständegesellschaft sind aber nach Brandes dem Staat, besonders den kleinen Territorien, unerwünscht.

Als Faktoren, die der bestehenden Gesellschaftsordnung zum Verhängnis werden können, stellt die Lektüre und ihre Vermittlungszentren der Feldprediger Samuel Christian Wagener hin, der «Die Lesesucht in ihrem Einfluß auf das Wohl der Staaten» 1801 in einem Aufsatz im *Patriotischen Archiv für Deutschland* (2. Jg. 1. Bd. S. 345 – 373) untersucht.

«(. . .) die Lesesucht, die nicht selten zur Lesewuth ausartet, [hat sich] so allgemein verbreitet, daß in allen Ständen und sogar schon in den mittleren und niederen Volksclassen gelesen wird, und Lectüre zum Bedürfniß geworden ist. (. . .) In allen Örtern und Gegenden werden Lesezirkel etabliert, und um nur recht viel lesen zu können, so sehr erweitert, daß man Alles, was nur lesen will und kann, in dieselben hereinzieht. Der Bürger, der Handwerker, der wohlhabende Landmann fühlt sich dabey nicht wenig geehrt, wenn er seinen Namen in der Reihe so vieler Vornehmen und Angesehenen paradiren sieht. Die Frau des Hauses, die Jungfer Tochter kosten auch von der lieblichen Speise, bald finden sie Behagen daran, und Alle lesen nun, gemeiniglich zum größten Nachtheil der Wirthschaft und des Hauswesens (. . .). Das stete Umherschwärmen in einer idealischen Welt erweckt (. . .) Ekel und Überdruß in Absicht derjenigen Lage, worin man sich befindet, Widerwillen gegen seinen Beruf, Unzufriedenheit mit der wirklichen Welt. Aller Eifer zu dem, was Stand und Beruf mit sich bringen, erschlafft; was

geschehen muß, geschieht mit Unlust, und die übele Laune, diese Feindinn aller innern und häuslichen Glückseligkeit verscheucht jede Lebensfreude. Berechnet man den Schaden, der von dem Allen im Allgemeinen und für das Ganze nothwendig daraus entstehen muß, so ist er gewiß nicht unbeträchtlich, und es ist entschieden, daß auch selbst das Wohl des Staates darunter nicht wenig leidet, denn es werden ihm dadurch gesunde, geschickte, und thätige Bürger entzogen, und alle nützliche Betriebsamkeit wird gehindert.
(. . .) In einer noch nähern und genauern Verbindung mit dem Staate stehet die überhand nehmende Lesesucht insbesondere durch diejenigen Schriften, welche Materien abhandeln oder berühren, die sich unmittelbar auf den Staat und staatsbürgerliche Verfassungen beziehn. Schriften der Art gehören heut zu Tage sogar zur Lieblings- und Modelectüre, und sie werden um so begieriger verschlungen, je freyer und ungezügelter der Ton ist, der darinnen herrscht. Wie viel wird nicht jetzt über Politik und Staatsformen, über Fürsten und Staatsdiener, über öffentliche Verordnungen und Einrichtungen, über Gesetze und deren Verwaltung geschrieben? Wie groß ist die Menge unserer politischen Zeitschriften, und wie groß muß nun nicht die Zahl der Leser seyn? Und darf man es läugnen, daß es unsere politischen Schriftsteller beynahe ausschließlich in ihrer Gewalt haben, die öffentliche Meinung zu leiten?»

Die orthodoxe Geistlichkeit bekämpfte die Lektüre und insbesondere die rein unterhaltende Lektüre, da sie in der Autonomie des Lesens eine Gefährdung ihrer Einflußmöglichkeiten im religiösen und erbaulichen Bereich und eine Wurzel der zunehmenden Säkularisierung der Gesellschaft erkannte. Die Politiker und die politisierenden Schriftsteller bekämpften die Lektüre, da sie den Zusammenhang zwischen der Demokratisierung des Lesens und der Entstehung einer bürgerlichen Öffentlichkeit und einer öffentlichen politischen Meinung erkannten. Die Angst reaktionärer oder konservativer Kreise, die niedrigen Klassen könnten durch die Lektüre zu revolutionären Gesinnungen verleitet werden, die direkt die Gesellschaftsordnung bedrohen, oder zur Arbeitsunlust, die indirekt durch die Verringerung der Produktivität die Sozialstruktur gefährdet, war wohl verständlich. Aber die ‹Lesesucht› und ihre mächtigen Träger, die Leihbibliotheken, wurden nicht nur von Reaktionären und Konservativen bekämpft, sondern auch von fortschrittlichen Autoren wie Johann Adam Bergk (*Die Kunst, Bücher zu lesen*. Jena 1799, S. 411/12) und Friedrich Reinhard Rücklefs. Diese beteiligten sich an der Antilesepolemik, da sie glaubten, daß das übermäßige Lesen, besonders von Romanen, dem politischen Eskapismus Vorschub leisten würde.

Bestände der Leihbibliotheken

Waren aber die Leihbibliotheken wirklich Vermittlerinnen von heillosem Schund, wie Konservative und Progressive in schöner Eintracht behaupteten? – Die bisher ermittelten Leihbibliothekskataloge von 1789 bis 1815 liefern keinen Beweis für solche Behauptungen. Aus der Analyse dieser Kataloge geht nämlich hervor, daß sich die Bestände der Leihbibliotheken aus Belletristik und aus allen Sparten der Gelehrsamkeit – auch der entlegensten – zusammensetzten. Eine ziemlich ausgewogene Mischung von Unterhaltungs- und Fachliteratur stellten die Binz'sche Leihbibliothek in Wien (1790), die Leihbibliothek von Daniel Braubach in Bremen (1796), die «rheintalische Lese-Bibliothek zu Altstätten» (1806), das «Höpfnerische Lese-Institut» in Bern (1807 bis 1812), die «Lese-Bibliothek» von Xaver Meyer in Luzern (1808) und die «allgemeine Deutsche Lese-Anstalt» von H. R. Sauerländer in Aarau (1811 bis 1817) bereit. In der Bremer Leihbibliothek überwiegt die Belletristik (52,47 Prozent des deutschen Schrifttums), in den Leihbibliotheken zu Altstätten und in Aarau dagegen die Sachliteratur (respektive 46,28 Prozent und 52,54 Prozent). In der Luzerner «Lese-Bibliothek» und in dem Berner «Lese-Institut» hielten sich Sachliteratur und Belletristik fast genau die Waage. Deutlich herrschte die unterhaltende Literatur in der Leihbibliothek von W. Bernhardt in Hamburg (1815) vor, wo auch das Angebot an wissenschaftlichem Schrifttum auf wenige Sparten von allgemeinerem Interesse begrenzt war.

Es gab freilich auch extreme Fälle. So hatte sich die Leseanstalt von Binz in Wien in eine enzyklopädische fachwissenschaftliche Bibliothek verwandelt, als sie 1812 nach der Aufhebung des Leihbibliothekenverbots vom 6. April 1799 wieder eröffnet wurde. Mit dem sehr hohen Prozentsatz an Wissenschafts- und Sachliteratur (68 Prozent) und dem geringen Anteil an Unterhaltungsschriften (18 Prozent) wie an theatralischen Werken (4 Prozent) repräsentiert sie den extremen Fall einer gelehrten Leseanstalt der Spätaufklärung. Die Leihbibliothek von Zehetmayer und Kiermayr (1790) in Wien und die von Franz Roßnagel (1815) in Dillingen stellen dagegen mit etwa 75 Prozent Belletristik den extremen Fall einer unterhaltenden Leseanstalt in den Jahren 1789 bis 1815 dar. Es fällt allerdings auf, daß Unterhaltungsschriften und Romane auch in solchen Leihbibliotheken wie zu Altstätten und in Aarau und in der von Binz in Wien, die enzyklopädisch aufgebaut waren, die stärkste einzelne Abteilung bilden. Dennoch wird man behaupten können, daß die allgemeinwissenschaftliche Leihbibliothek die typische Erscheinungsform des hier betrachteten Zeitraums war. Erst in der Restaurationszeit nach 1815 wird die wissenschaftliche und fachliche Literatur von der Belletristik verdrängt.

Der Anteil der Belletristik in den Bücherbeständen der Leihbibliothek der Spätaufklärung rechtfertigt also die moralische Entrüstung ihrer Kritiker nicht. Es wird folglich bestätigt, daß es sich hierbei um mehr oder weniger getarnte Angriffe gegen die Demokratisierung des Lesens und ihre sozialen Folgen handelte: Erweiterung des Horizonts der Leser, Sti-

mulation der sozialen Mobilität, Bildung einer öffentlichen Meinung, Beschleunigung der Auflösung der Ständegesellschaft und des ‹ganzen Hauses›, Emanzipation der unteren Schichten und der Frauen. Die Angriffe aus dem progressiven Feld entstanden zwar aus anderen, entgegengesetzten Gründen, nämlich aus der Furcht, daß die Romanlektüre den Eskapismus begünstigen und zur politischen Resignation führen würde; sie verkannten aber die Tatsache, daß es keine Alternative zu den Leihbibliotheken gab. Die Lesegesellschaften vermittelten zwar Lektüre von gutem Niveau – ihre Bestände wiesen fast ausschließlich Periodika, Nachschlagewerke und popularwissenschaftliche Fachliteratur auf – und meistens gar keine Belletristik; sie waren aber nur den vornehmeren und begüterten Schichten der Gesellschaft zugänglich. Öffentliche Bibliotheken gab es so gut wie keine.
Bücher waren extrem teuer. Für die meisten Leser aus den kleinbürgerlichen und unteren Schichten der spätaufklärerischen Gesellschaft wäre die einzige Alternative zur Leihbibliothekenlektüre der Verzicht auf das Lesen gewesen. Die Progressiven verkannten aber nicht nur die reale Lage, sie verkannten ebenso die emanzipatorische Wirkung auch der schlechten Lektüre. Nur Andreas Georg Friedrich von Rebmann hatte die positive Wirkung der ‹schlechten› Lektüre in den *Nelkenblättern* (3. Tl. Leipzig 1793, S. 39/40) bemerkt, empfand aber ein akutes Unbehagen über die fortschreitende Kommerzialisierung des literarischen Lebens (dieses Unbehagen durchdringt übrigens die ganze Antilesepolemik, unabhängig von dem jeweiligen politischen Kredo ihrer Träger).

«Unser Publicum besteht nicht etwa aus den Tribunalen, die in Jena, Göttingen, und Berlin entscheiden, auch nicht aus den jungen Candidaten, angehenden Pastoren, oder Studenten, welche hie und da in mancher andern gelehrten Zeitung spucken, nein, das Publicum, dessen Stimme zwar nicht in kritischer, aber in öconomischer Hinsicht über unsere Schriftsteller richtet, besteht aus Friseurs, Cammerjungfern, Bedienten, Kaufmannsdienern und dergleichen, die man in unsern Leihbibliotheken zu Dutzenden antrift. Daher gehen die gräuelvollen Märchen, die Lauren und dergleichen, trotz aller Geisselhiebe, gut ab, während eine Buchhandlung in einer ansehnlichen Stadt Deutschlands mit Mühe und Noth zwey Exemplarien von Herders zerstreuten Blättern absezte!
Im Ganzen, glaub' ich, hat die Menschheit durch die zur Mode gewordene Lesesucht, auch der niederen Stände, gewonnen. Mögen die Kenntnisse, die der Mittelstand und der gemeine Mann daraus schöpft, immerhin meist oberflächlich und zum Theil schief seyn; so ist doch dadurch eine gewisse encyclopädische, practische, populaire Behandlung mancher zu wissen nöthigen und nützlichen Dinge aufgekommen, die sonst in grossen schwerfälligen Quartanten und Folianten versteckt blieben. Unsere Litteratur hat aber wohl sicher dabey verloren, und ist in ihrem Wachsthum zurück gehalten worden. Die Menschen haben alles als kaufmännische Speculation zu benutzen gelernt, und sogar die Früchte des Genies sind bey uns nur ein Modeartikel, eine Kaufmannswaare.»

Aber hatte der so gefürchtete Prozeß der Demokratisierung des Lesens wirklich das Ausmaß, das die so zahlreichen zeitgenössischen Zeugnisse über die ‹Lesesucht› und die sonstigen ebenso häufigen Äußerungen über die Verbreitung der Lektüre vermuten lassen? Hat es wirklich die «Universal-Lectüre» gegeben, die Joachim von Schwarzkopf (*Über Zeitungen.* Frankfurt am Main 1795, S. 76) und so viele seiner Zeitgenossen beunruhigte? – Schon die Tatsachen, daß um die Wende vom 18. zum 19. Jahrhundert noch weite Kreise der Bevölkerung nicht lesen konnten, daß etwa 75 bis 85 Prozent der Gesamtbevölkerung auf dem Lande lebten und schließlich daß mehr als drei Viertel der Bevölkerung in der Landwirtschaft beschäftigt waren, wo der Arbeitstag von Sonnenauf- bis Sonnenuntergang und noch im Winter von 6 bis 19 Uhr dauerte, zerstören die Vorstellung einer massenhaften Expansion des Lesepublikums und der extensiven Lektüre. Rudolf Schenda geht in seinem «Volk ohne Buch» (S. 443/44) davon aus, daß Bildungssituation und Sozialstruktur um 1800 nicht mehr als 25 Prozent der Bevölkerung über sechs Jahren als potentielle Leser erwarten lassen. Die speziellen empirischen Untersuchungen über Lektüre und Bücherbesitz mittlerer und unterer Schichten lassen die schon vorsichtige Berechnung Schendas als optimistisch erscheinen und die noch sehr begrenzte Tragweite der ‹Leserevolution› erkennen.

Die Untersuchung von Walter Wittmann über Nachlaßinventare von Einwohnern von Frankfurt am Main, die zwischen 1795 und 1805 verstarben, brachte folgende Ergebnisse. In 195 (65,2 Prozent) von 299 Nachlaßinventaren von Handwerkern taucht überhaupt kein Buch auf, in 71 sind nur religiöse Werke verzeichnet. In den übrigen 33 Inventaren, die Bücher enthalten, sind auch profane Werke aufgeführt. Von 115 Nachlaßinventaren von Kaufleuten nennen 57 (49,6 Prozent) überhaupt keine Bücher. In 42 der 58 Inventare, die Bücher enthalten, sind sowohl geistliche wie weltliche Texte verzeichnet. In den übrigen sechzehn Inventaren sind nur geistliche Werke genannt. Von 66 Nachlaßinventaren von unteren und mittleren Beamten nennen 47 (71,2 Prozent) überhaupt keine Bücher, acht geistliche und weltliche, elf nur geistliche Werke. Von 47 Inventaren von Arbeitern (Kutscherknechten, Taglöhnern, Bedienten, Dienstmägden u. ä.) verzeichnen 32 (68 Prozent) kein Buch. Nur in zwei Inventaren sind weltliche Werke aufgeführt.

Auch die Untersuchungen von Hildegard Neumann über die Lektüre Tübinger Bürger beweisen, wie erdrückend das Übergewicht der religiösen Literatur im Verhältnis zur profanen im Kleinbürgertum noch 1800 bis 1810 war und daß somit ‹der Mensch ohne Buch› als eine gewöhnliche Erscheinung gelten kann. Von 393 untersuchten Nachlaßinventaren der Jahre 1800 bis 1810 enthalten 116 (29,51 Prozent) keine Bücheraufzeichnungen. In den übrigen 277 Inventaren sind 3145 Bücher verzeichnet. Von diesen sind 2457 (78 Prozent) religiöse Bücher in Deutsch (darunter 441 Hymnarien, 292 Bibeln, 198 Exemplare der *Vier Bücher vom wahren Christenthum* von J. J. Arndt). Die nichtreligiösen Bücher in Deutsch zählen 615, die fremdsprachigen 73 (40 in Latein, 4 in Griechisch, 25 in Französisch und 4 in Italienisch). Zu ähnlichen Ergebnissen gelangte Stadtpfarrer Breining, der die «Protokolle der Inventuren und [Erb]Teilungen» des Oberamtes Besigheim untersucht hatte.

Freilich kann man nicht automatisch als Nichtleser alle diejenigen betrachten, in deren Hausrat keine Bücher vorkommen; umgekehrt ist auch Bücherbesitz nicht mit Lektüre gleichzusetzen. Zudem muß man immer den sehr verbreiteten Brauch des Vorlesens vor Augen haben, das im 18. Jahrhundert eine kaum zu überschätzende Rolle in der Vermittlung von Gedrucktem spielte. Doch trotz der verschiedenen Multiplikatoren (Lesegesellschaften, Leihbibliotheken, Vorleser) hatte die ‹Leserevolution› nur einen minimalen Anteil der Bevölkerung erfaßt. Das Ausmaß des Analphabetismus war beträchtlich. Der Prozeß der Verstädterung steckte in seinen Anfängen. Die Bücher standen noch sehr hoch im Preise; für die große Mehrheit der Bevölkerung waren sie unerschwinglich (Saalfeld). Selbst für die oberen Mittelschichten stellten sie einen Luxus dar (J. R. G. Beyer: *Über das Bücherlesen* 1795). Die von den Lesegesellschaften geforderten Mitgliedsbeiträge waren hoch. Auch Leihgebühren und Jahresabonnementspreise von besseren Leihbibliotheken stellten für die große Masse der Bevölkerung eine erhebliche finanzielle Belastung dar (die gelegentliche Tages- oder Wochenentleihung eines Buches bei einer ‹Winkelleihbibliothek› dürfte aber auch Arbeitern und Dienstboten möglich gewesen sein).

Engelsing («Wieviel verdienten die Klassiker?») schätzt, daß um 1800 die Leser in Deutschland kaum mehr als ein Prozent der Gesamtbevölkerung bildeten. Haase hat berechnet, daß im Jahre 1794 das eigentliche Lesepublikum der kleinen norddeutschen Stadt Wunstorf (1600 Einwohner) aus 50 bis 60 Personen (Stiftsdamen, Geistlichen, Medizinern, Juristen, Militärs, Lehrern und städtischen Beamten samt deren eventuellen Ehefrauen und älteren Kindern) zusammengesetzt war. Es umfaßte also weniger als vier Prozent der Bevölkerung der Stadt. Nach Jean Paul zählte das Publikum 300000 Leser. Solche Berechnungen und Vermutungen besitzen freilich nur einen relativen Orientierungswert. Die uns bekannten Daten über das Netz der Vermittlungszentren der Lektüre (Buchhandlungen, wissenschaftliche Bibliotheken, Lesegesellschaften und Leihbibliotheken) und über die Auflagenhöhe der erfolgreichsten Werke und Journale lassen sie aber als wahrscheinlich erscheinen.

Das Gros des Lesepublikums bildeten städtische und höfische Verwaltungsbeamte, Theologen, Lehrer, Ärzte, Offiziere, Professoren, Advokaten, Kaufleute, Gelehrte, Privatiers, Apotheker, Buchhändler, Studenten. Kurz und gut: das Beamten- und Erwerbsbürgertum, wie die Subskriptionslisten und die Mitgliederverzeichnisse der Lesegesellschaften und der Lesekabinette beweisen. In diesen Quellen tauchen auch Adlige, Hofchargen, ja sogar Angehörige von Fürstenhäusern auf. Sie sind hier manchmal sogar überproportional vertreten; im großen und ganzen stellten sie aber zahlenmäßig nur eine kleine Minderheit dar.

Daß sich das Lesepublikum zum größten Teil aus den mittleren Schichten der Gesellschaft zusammensetzte, ist nicht nur mit den Einkommensverhältnissen, der Freizeit und der Wohnkultur dieser Bevölkerungskreise im Zusammenhang zu sehen. Auch die sozialen Lesemotivationen spielten dabei eine nicht unbedeutende Rolle. In seiner Arbeit über «Die kleinbürgerliche Familie im 18. Jahrhundert» (Berlin 1969, S. 258/59) betont Helmut Möller, «daß für das Leben im engen Kreis des kleinbürgerlichen Daseins eine Lesekultur keine unumgängliche Notwendigkeit war. Das technologische Wissen eines Hand-Werkers ließ sich mündlich weitergeben (. . .). Auch die Bildungsziele des kleinbürgerlichen Menschen, etwa das Haltungsgefüge des ‹ehrbaren Handwerks›, ließen sich ohne Gedrucktes erreichen.» Das gilt in verstärktem Maße auch für den Bauer und für die städtischen Unterschichten (mit Ausnahme der Dienstboten – 10 bis 20 Prozent der Bevölkerung einer Stadt –, die meistens Lesegewohnheiten und Lesestoff ihrer Herrschaften übernahmen). Bei den städtischen unteren Schichten und bei den Bauern fehlten nicht nur berufliche Anreize zum Lesen. Es spielte bei ihnen auch keine Rolle «die im Bürgertum nicht zu unterschätzende Sekundärfunktion der Lektüre als Sozialisationsfaktor oder Vermittlerin von Bildungs- und Prestigemerkmalen» (Wittmann: «Der lesende Landmann», S. 172).

So müssen wir endlich die Frage stellen, ob die zeitgenössischen Zeugnisse über die Verbreitung der Lektüre in allen Schichten der Gesellschaft und die Klagen über eine allgemeine ‹Lesesucht› eine «ideologische Fälschung» (Schenda: «Volk ohne Buch», S. 88) sind. Wenn wir heute das Lesepublikum um die Wende vom 18. zum 19. Jahrhundert quantitativ zu bestimmen versuchen, kommen wir zu Schätzungen, die uns die aufgeführten Zeugnisse der Zeitgenossen mit ihren Klagen als bar jeder Grundlage erscheinen lassen. Wenn wir uns aber die Tragweite des Strukturwandels der Leserschaft und der Veränderung der Lesegewohnheiten, die radikale Umwandlung der Funktion der Lektüre und des Buchs in der Gesellschaft, die Zunahme der Leserzahl, die explosive Vermehrung der Leihbibliotheken, Lesegesellschaften und Buchhandlungen sowie der Buchproduktion (insbesondere der periodischen Presse und der Belletristik, die die einst vorherrschende Theologie überflügeln), die Korrelationen zwischen Verbreitung der Lektüre und Entstehung der öffentlichen Meinung, wenn wir uns alle diese Erscheinungen aus der damaligen Sicht vergegenwärtigen und sie nicht mit den heutigen Verhältnissen, sondern mit denen der Jahre 1740 bis 1770 vergleichen, so wird uns verständlich, warum in den Augen der Zeitgenossen der beginnende Prozeß der Demokratisierung des Lesens solche Dimensionen annahm. Die Antilesepolemik, die repressive Maßnahmen – Lesegesellschaften und Leihbibliotheken wurden zeitweilig aufgehoben oder einer strengen Zensur unterworfen; scharfe Pressegesetze wurden erlassen – forderte, herbeiführte und rechtfertigte, war zwar eher von der sozialen Angst der oberen Schichten als von einer ursprünglich pädagogischen oder moralischen Entrüstung ausgelöst worden; die Überraschung über die Verbreitung der Lektüre war aber sicherlich genuin.

«So lange die Welt stehet», schrieb Heinzmann in seinem *Appell* (S. 139), «sind keine Erscheinungen so merkwürdig gewesen als in Deutschland die Romanleserey und in Frankreich die Revolution.»

Hatte der Prozeß der Demokratisierung des Lesens noch nicht alle erfaßt, so hatte er doch unzweifelhaft alle Schichten der Gesellschaft, wenn auch sehr ungleichmäßig, ergriffen. Die unbestrittene Tatsache, daß die ländliche Bevölkerung, das städtische Proletariat und das Kleinbürgertum nur eine relativ geringe Anzahl von Lesern stellten (das tun diese Schichten übrigens auch heute), soll nicht die Bedeutung der Aufnahme dieser wenigen Leser in das Lesepublikum verdunkeln. Durch sie wie durch die Aggregation von Lesern aus den mittleren Schichten des Erwerbsbürgertums hatte sich die Struktur des literarischen Publikums tief gewandelt. Das literarische Publikum der vorrevolutionären Zeit war noch weitgehend elitär, homogen und geschlossen, jenes der Jahre 1789 bis 1815 ist sozial indifferent, heterogen und offen. Mit der Bildung dieser anonymen lesenden Öffentlichkeit veränderten sich aber die Voraussetzungen der literarischen Produktion radikal.

Gisbert Lepper

Literarische Öffentlichkeit – literarische Zentren

Als im letzten Drittel des 18. Jahrhunderts der deutsche Buchhandel zu frühkapitalistischen Produktionsweisen übergeht, beginnt er überall dort, wo es städtische Lebensformen gibt, den Bildungsregionalismus aufzuheben. In den Landstädten, den kleinen Verwaltungs- und Universitätsorten, wo sich das Buchgeschäft noch nicht festsetzen kann, übernehmen Lesegesellschaften [vgl. 93 u. 94] und Leihbüchereien die Funktion, Zeitschriften, populärwissenschaftliche Handbücher und die kleinformatigen broschürten Ausgaben der belletristischen Literatur zu verbreiten. – Darunter dauert allerdings die alte regionale Büchermacherei fort; betrieben von kleinen Druckereien mit angeschlossenem Hausierhandel, der der Landbevölkerung – das sind über zwei Drittel der Deutschen – religiöse Schriften, Kalender, Liederblätter und Bilderbögen zu verkaufen sucht. Diese die Zeitgeschichte ausblendende Literatur und das ihr entsprechende gläubige, zeremonielle Leseverhalten der Landleute spiegeln deren durch die Ständegesellschaft an den Boden fixierte Existenz.

Über diesen stationären Sozial- und kirchlich blockierten Bildungsverhältnissen schwebt, abgesondert durch die intakte Ständeordnung, die homogen gewordene, vom Regionalismus der Kleinstaaten, von der Verschiedenheit der Städte, Dialekte und Wirtschaftsgebiete freigekommene Bildung der städtischen Oberschicht. Germaine de Staël merkt ihr das an, als sie nach der Jahrhundertwende Deutschland bereist. Sie vermißt an der vom Buchhandel organisierten Öffentlichkeit den gesellschaftlichen Zusammenhalt und ‹esprit public›. «Die Mehrzahl der Schriftsteller und Philosophen arbeitet in stiller Abgeschiedenheit oder höchstens inmitten eines kleinen Kreises (. . .). Jeder für sich, überlassen sie sich ganz den Eingebungen einer nicht beengten Einbildungskraft, und wenn in Deutschland überhaupt vom Einfluß der Mode die

Rede sein kann, so zeigt er sich (. . .) allein in dem Bestreben jedes einzelnen, sich (. . .) von allen anderen verschieden zu zeigen.» Es ist eine Öffentlichkeit der und für die Bildungsschicht, mit wissenschaftlichen Gegenständen, historischen Studien und einer Belletristik befaßt, die die sozialen Lebensbedingungen des Bürgertums vorerst nur moralisch problematisiert. Den Regionalismus hat sie nur verschluckt; er macht ihren Charakter aus und hindert sie, als ‹öffentliche Meinung› aufzutreten. De Staël bezeichnet sie daher als ‹république des lettres›, deren Einwohner «das Interesse an den Ereignissen durch das Interesse an den Ideen ersetzt» haben. Auch wenn es diesem idealen Gemeinwesen nicht daran fehlt, Diskussion in Literatur und Lektüre in Konversation überzuführen (das von J. Habermas hervorgehobene formale Öffentlichkeitskriterium [vgl. 76; *S. 59*]), wenn es den Einfluß der Kirche zurückdrängt und die Universitäten und Schulen erobert, so hat es nicht wie in Frankreich die Kraft der politischen Kritik, weil es noch nicht das Organ der ökonomischen Interessen des Bürgertums ist. So ist dieses ‹Gemeinwesen› nur Vorstadium der bürgerlichen Öffentlichkeit und Symptom eines Zustands, der bei der Französin den beklemmenden Eindruck hinterläßt, das Leben der Deutschen werde von mittelalterlichen abgestorbenen Institutionen erdrückt. Die Ursache liegt in der Schwäche der bürgerlichen Ökonomie und gleicherweise des deutschen Absolutismus, der wegen der Adelsherrschaft unentwickelt bleibt oder sie in Gestalt des preußischen Militärdespotismus ergänzt.

Die jüngeren deutschen Intellektuellen haben den Zustand als ebenso deprimierend empfunden und ähnlich beschrieben wie de Staël. Während Kant als Vertreter der älteren Aufklärungsgeneration noch realistisch von ihm ausgegangen ist und sich damit begnügt hat, der Politik die Moral, dem Staat das ‹gelehrte Publikum› gegenüberzustellen und von der Regierung die ‹Publizität› ihrer Maßnahmen als Voraussetzung vernünftiger Beurteilung zu fordern, damit die Aufklärung der Beherrschten und die Annäherung an den Rechtszustand nicht ausgeschlossen sei, sehen die Jüngeren in dieser die Realität wiedergebenden Konfrontation nur den Rückzug einer in Postulaten sich erschöpfenden Vernunftlehre. Sie lassen die Beschränktheit der Sphäre bürgerlicher Bildung nicht gelten, verengen aber die Publizistik zugleich auf ‹Dichtung›, auf das Shakespearetheater und auf die Wahrheit der Empfindung. Einerseits grenzen sie sich vom ständisch gebundenen Bürgertum ab und fühlen nur in der Freundschaft sich frei; andererseits projizieren sie die ‹Welt› des Homer und anderer vermeintlicher ‹Volksdichter› auf das Leben der damaligen Bauern.

Die ständisch bedingte Hermetik der Sphäre schließt nicht aus, daß sie mit der Umgebung die Farbe wechselt und auch entferntere Vorgänge in ihr Bewegungen und eine literarische Revolte hervorrufen. Solche Bewegungen werden im folgenden beschrieben. Den Anstoß dazu gibt die Französische Revolution.

Mainz

Mit Mainz erobern die Revolutionstruppen im Herbst 1792 die Residenz eines Erzbischofs und des ersten Kurfürsten des Reichs. In der Stadt von 30000 Einwohnern residiert ebenfalls der Hochadel des Landes; er besetzt die repräsentativen Hofämter und stellt die Domkapitulare. Hof und Adel orientieren sich an Versailles bzw. Paris, die französische Kultur dient der ständischen Repräsentation. Das übrige städtische Leben, unterhalb dieser Herrschaftssphäre, ist geprägt von zahlreichen Klöstern und wird vom niederen Klerus regiert. Die ‹Kultur› der Mainzer Bürgerschaft ist Kirchenkultur mit ihrem Festkalender, den Prozessionen, Wallfahrten, der Kirchweih und Erbauungsliteratur. Schulwesen und Universität unterliegen der Aufsicht des Jesuitenordens. Zwar zieht die staatliche Verwaltung während der Regierungszeit Emmerich Josephs von 1763 bis 1774 die Bildungseinrichtungen an sich und versucht sie zu reformieren (durch ein Lehrerseminar und die Einführung der Belletristik aus den protestantischen Ländern als Schullektüre), aber ohne dauerhaften Erfolg. Nach seinem Tod entläßt das Domkapitel die Reformminister Groschlag und Bentzel; kirchentreue Mainzer ramponieren die neuen Schulen. Sein Nachfolger Friedrich Karl Joseph von Erthal, unter dem die römische Fraktion des Klerus zunächst den Ton angibt, dringt mit der 1784 angeordneten Universitätsreform auch nicht durch; dem zum Kurator bestellten Bentzel gelingt es lediglich, den Konfessionalismus zu beseitigen und für die Vertretung der Kantischen Lehre einen Freiraum zu schaffen. – Inzwischen hat sich allerdings die Reformpartei in der Gelehrten Lesegesellschaft zusammengefunden, wenn auch nicht in oppositioneller Absicht. [77; *S. 67f* u. vgl. 41; *Einleitung*] Aufklärung als wissenschaftliche und historische Bildung scheint der Zweck der Vereinigung gewesen zu sein. Ihre Mitglieder aber gehören der kurfürstlichen Beamtenschaft an und nicht dem Mainzer Bürgertum; zur Hälfte, wenigstens anfänglich, sind es Adlige.

Daß sich in Mainz über dem alten Bürgerstand noch keine bürgerliche Zwischenschicht ausgebildet hat, läßt die Stellungnahme der Zünfte und Kaufleute zur Verfassungsfrage vermuten, die ihnen nach der Stadtbesetzung im Oktober 1792 der französische General Custine vorlegt. Sie bitten um die Wiederherstellung der ‹alten Regierungsverfassung›, das heißt der Zunftrechte und altbürgerlichen Kommunalregierung, die das Domamt seit Jahrhunderten schon aufgehoben bzw. an sich gezogen hat. Die Handwerksmeister und Vertreter des Handelsstands votieren im Februar 1793 energisch gegen die republikanische Konstitution, sabotieren gemeinsam mit dem in der Stadt gebliebenen niederen Klerus die Wahl zum Rheinischen Konvent und gehen in großer Zahl aus dem Land.

Obgleich also jeder soziale Rückhalt fehlt und sich auch unter dem sogenannten ‹aufgeklärten› Regime der beiden genannten Kurfürsten eine bürgerliche Literatur nicht hat entwickeln können, reicht die vorübergehende Beseitigung der alten Obrigkeit durch die Revolutionsarmee aus, in Mainz eine für Deutschland neuartige politische Publizistik entstehen zu lassen. Daß sie radikale französische Blätter zum Vorbild hat, ohne Zuzug von außen und insbesondere ohne die Unterstützung der Straßburger Republikaner nicht zustande gekommen wäre, macht die Mainzer jakobinische Literatur nicht weniger erstaunlich. Die Sozialverhältnisse in Mainz gleichen denen etwa in München; aber selbst in den zurückgebliebenen katholischen Residenzstädten ist die bürgerliche Bildung offenbar so erstarkt, daß sie von ihren Kenntnissen in dem durch die Konventstruppen geschaffenen Machtvakuum kritisch publizistisch, ja operativ Gebrauch machen kann. Gewiß spielt der Zeitpunkt eine Rolle; spätere Ansätze, in und nach der Periode des Direktoriums, wie die in Koblenz oder Köln bleiben auf halbem Weg stehen, nämlich bei Schriften für gebildete Leser. Sie kommen daher nicht über den Stand der Demokratenzirkel hinaus, die sich außerhalb des Einflußbereichs der französischen Armee vor allem in den Reichsstädten zusammenfinden. [vgl. 9; *Bd. II u. V*, u. 55]

Die Mainzer Republikaner erkennen, daß sie schreibend und redend das ‹Volk› erreichen müssen; denn ehe sich nicht die Bauern gegen die Feudaleinrichtungen erheben und solange die Gesellen für die Zunftinteressen ihrer Meister einstehen, die Tagelöhner noch den Priestern statt den Aufrufen der Besatzungsbehörde folgen, bleibt eine republikanische Konstitution Papier. Die bereits im Oktober 1792 gegründete ‹Gesellschaft der Volksfreunde›, später ‹der Freunde der Freiheit und Gleichheit›, ist die Schule der Mainzer Publizisten. Die Mehrzahl der aktiven Mitglieder sind Beamte, die bereits der Lesegesellschaft als oppositionelle Gruppe angehört haben; am bekanntesten die Professoren G. Wedekind, A. J. Hofmann, M. Metternich und G. Forster. Auch Studenten sind hervorgetreten; aus Straßburg kommen die Literaten K. Clauer und F. Cotta. Die Mainzer Klubisten brauchen eine gewisse Zeit, um sich untereinander zu verständigen. Die Reden der ersten, im Mainzer Schloß öffentlich abgehaltenen Sitzungen beschäftigen sich mit der in den befreiten Gebieten durchzuführenden ‹Revolution›, mit dem Verhältnis zur Französischen Republik und mit dem ‹Verfassungsvorschlag› des Handelsstands, auch mit der ungewissen Kriegslage. Aber schon Wedekinds Ansprache über «Aufklärung», worin der Status des neuen Staatsbürgers vom Berufsstand abgegrenzt wird, ist nicht mehr Vortrag, sondern agitatorische Stellungnahme zur abwartenden Haltung der kur-

fürstlichen Untertanen. Aus dem Umgang mit der Militäradministration, der sich der Klub zunächst vorbehaltlos zur Verfügung stellt, aus deren Mißerfolgen und der Planlosigkeit Custines lernen die Intellektuellen in der Autoritätshörigkeit und materiellen Not der Bürgerschaft und Bauern das Hindernis und aufzulösende Problem der Mainzer Revolution erkennen; und sie beginnen ihre literarischen Fähigkeiten experimentell einzusetzen. In Zeitungen und Flugschriften knüpfen sie an die Formen der damaligen ‹Volksliteratur› an: Cotta bringt den *Handwerker- und Bauernkalender des alten Vaters Gerhard* heraus, Metternich eine *Beschwerdeführung des Landmannes über die langsame Entschließung der Bürger zu Mainz*, Hofmann schreibt einen *Aristokraten-Katechismus*; die fiktive Verfasserschaft gemeiner Leute, brüderliche Anrede und Zwiesprache zielen auf Identifikation und Nachahmung. Die Autoren gehen auf die ökonomischen Lebensbedingungen ein, erörtern die Abgabe- und Arbeitsverpflichtungen durch die Armee und bemühen sich um den Nachweis der «Übereinstimmung der neufränkischen Staatsverfassung mit der Christusreligion». [42; *S. 428*]
Eine Reihe politischer Wochenschriften sucht die öffentliche Debatte um die Verfassung in Gang zu halten: Wedekinds *Patriot*, Metternichs *Bürgerfreund*, Forsters *Volksfreund*. [79; *S. 41f*] Diese Anstrengungen, eine politische Öffentlichkeit zu begründen, sind um so wichtiger gewesen, als sich inzwischen auch Aristokratie und Klerus der Presse bedienen und den Mainzern das Strafgericht der Preußen ankündigen. Die seit Februar 1793 wachsende Gefahr der Rückeroberung und die um Gewerbe und Handel unbekümmerte Selbstversorgung der französischen Truppen haben die republikanische Publizistik um jeden Erfolg gebracht. Der General und die Zünfte sind von dem Spiel nicht losgekommen: er anzufragen, welche Konstitution sie denn nun wollten; sie zu antworten, das könnten sie erst entscheiden, wenn sie wüßten, wer auf Dauer der Landesherr sein werde. Die von den Pariser Kommissaren Simon und Grégoire schließlich angeordnete Kommunal- und Konventswahl hat zu spät stattgefunden und nur eine Scheinentscheidung herbeigeführt.
Nirgendwo sonst in Deutschland sind die Intellektuellen aus ihrer Bildungssphäre so weit herausgetreten wie in Mainz. Zwar findet die Französische Revolution vielenorts spontanes Echo; sobald es aber die Gestalt politischer Publizistik annimmt, greifen die Zensurbehörden zu. Es ist indessen nicht allein der äußere Zwang, sondern der Erfahrungshorizont der Ständegesellschaft und die durch ihn bestimmte Auffassung der Revolutionsereignisse, die die deutschen Gebildeten auf die moralische Anteilnahme und geschichtsphilosophische Reflexion einschränken. Die Napoleonische Besatzung und Diplomatie bringen, weil sie nur dem deutschen Absolutismus auf einen moderneren Fuß verhelfen, dann alles andere als eine republikanische Bewegung zustande.

Weimar

Die innerdeutsche Resonanz und Abwehr der Revolution bis zum Zusammenbruch des Deutschen Reichs 1806 läßt sich am besten an Weimar und Jena studieren. Nachdem die preußische Armee die Mainzer Republik vernichtet hat, entsteht in dem kleinen Herzogtum Sachsen-Weimar das, worauf sich die Deutschen später, in Depressionsphasen ihrer/unserer Potsdamer Militär- und Staatstradition, gern als auf das kulturelle Gegenstück und alter ego der Nation zurückbesinnen. Daß sich dies sublime Identifikationsbedürfnis ausgerechnet in Weimar wiederfindet, hat allerdings mehr mit jener Haupt- und Staatstradition als mit der damaligen thüringischen Residenzstadt, ihrem Literatenzirkel und der benachbarten Landesuniversität zu tun. [vgl. 103 u. 7]

Weimar repräsentiert am Ende des 18. Jahrhunderts in gewissem Grad die deutsche bürgerliche Bildung. Es ist eher der Spiegel der Publikationsverhältnisse in Deutschland als Zentrum der literarischen Öffentlichkeit. Daß in dem Weimarer Ländchen zeitweilig mehr bekannte Autoren leben als irgendwo anders, besagt nicht, daß auch mehr sie verbindet oder daß sie mehr miteinander als mit Auswärtigen zu tun haben. Es ist ja kein gemeinsames Vorhaben, kein städtisches Milieu, das sie an diesem Ort zusammenführt, sondern ein Hof und das Bildungsinteresse der Fürstin Anna Amalia, die wegen der geringen Einkünfte, die sie zur Verfügung hat, auf eine Repräsentationskultur verzichten muß und sich dafür mit einem intimen Zirkel gebildeter Kleinadliger und bürgerlicher Schriftsteller entschädigt. Sie beruft 1772 Wieland, den Verfasser des Fürstenerziehungsromans *Der Goldene Spiegel*, als Hofmeister für den Erbprinzen Karl August. Dieser macht zwei Jahre später die Zufallsbekanntschaft mit Goethe und holt ihn, als er die Regierung übernimmt, nach Weimar. Im Jahr darauf zieht Goethe Herder nach, und später hält er Schiller davon ab, Jena zu verlassen.

Da kein Hochadel den Platz besetzt hält, sind die ‹Schöngeister›, wie die Weimarer Bürger sagen, zwar nicht zum offiziellen, aber zum kulturellen Teil des Hoflebens zugelassen. Bei den Lese- und Musizierabenden, dem Liebhabertheater und der gelehrten Freitags-Gesellschaft, zu denen meist Anna Amalia einlädt, stellten der Hof den Rahmen und die bürgerliche Bildung die Themen der Unterhaltung: Die Kammerherren übernehmen den eleganteren Part der leichten Muse, die bürgerlichen Mitglieder bewähren sich mit ihren Talenten und gewichtigen Beiträgen, und die Hofdamen von Stein, Göchhausen, Imhof sind die Integrationsfiguren. In ihnen erscheint die Aristokratie durch Bildung und erotisch gemildert, was den Schriftstellern, die mit ihren Ansprüchen sonst nicht zurückhalten, die Idealisierung dieser Adelssphäre ermöglicht, welche zugleich auf ihr Selbstverständnis zurückwirkt. [7; *S. 66f*] Goethe, als

Mitglied des Staatsrats der Hoffähigste, bemüht sich anfänglich darum, noch den Hoffesten und Maskenbällen mit allegorischen Stücken eine ästhetische Regie und Bildungswert zu geben. Seit den neunziger Jahren zieht er sich auf die Leitung des Hoftheaters und der staatlichen ‹Anstalten für Wissenschaft und Kunst› zurück.

Die Aufführungen im Weimarischen Redouten- und Comödienhaus zeigen die begrenzte Wirksamkeit der klassizistischen Bildungsdichtung. Da das Theater auf Einnahmen angewiesen ist, muß die Direktion dem landadeligen und bürgerlichen Publikum Konzessionen machen. Zwar setzt Goethe die Inszenierung der Dramen von Schiller durch, er läßt Lessing- und Shakespeare-Stücke spielen; Kotzebue und Iffland aber sind es, die die Zuschauer anziehen. – Herder scheint bei seinen Landsleuten als Prediger und Generalsuperintendent ebensowenig Anklang gefunden zu haben, obwohl er sich als geistlicher Lehrer verstanden hat. Ein Besucher stellt 1787 erstaunt Herders Einflußlosigkeit und Isolation unter seinen «orthodoxen Herren Amtsbrüder[n]» fest, die obendrein, auch wenn sie schlechter predigen, den größeren Zulauf haben. «Wen könnte es wundern, daß noch (. . .) die dickste Finsternis auf den weimarischen Dörfern herrschte! Man sollte gar nicht glauben, daß diese einem Landesherrn angehörten, dessen Residenzstadt mit den hellsten Köpfen Deutschlands geschmückt ist.» [21; *S. 221*]

Vermutlich ist die vereinzelte und schließlich eingezogene Existenz der Weimaraner einfach aus der ländlichen Abgeschiedenheit des Herzogtums zu erklären. Über die Hofgesellschaft, deren heilsamen weltlichen Einfluß auf den kauzigen bürgerlichen Gelehrten Goethe beteuert, sind sie gerade nicht miteinander verbunden. Ihr Verhältnis dazu verstrickt sie vielmehr in Ansprüche an sich und andere, aufgrund deren sie sich von der bürgerlichen Publizistik entfernen. Mit Ausnahme von Wieland sind sie alle dazu prädisponiert, aber erst in Weimar, zwischen Hunger und Hof, wird die ‹Humanität› esoterisch, der Klassizismus schroff, und der Ästhetizismus erhält Flügel. Das zeigen Schillers und Goethes Zeitschriftenprojekte.

Schiller erklärt 1795 in der Einleitung der *Horen* programmatisch:

«Zu einer Zeit, wo das nahe Geräusch des Krieges das Vaterland ängstiget, wo der Kampf politischer Meinungen und Interessen diesen Krieg beinahe in jedem Zirkel erneuert und nur allzuoft Musen und Grazien daraus verscheucht, wo weder in den Gesprächen noch in den Schriften des Tages vor diesem allverfolgenden Dämon der Staatskritik Rettung ist, möchte es ebenso gewagt als verdienstlich sein, den so sehr zerstreuten Leser zu einer Unterhaltung von ganz entgegengesetzter Art einzuladen. (. . .) Aber je mehr das beschränkte Interesse der Gegenwart die Gemüter in Spannung setzt, einengt und unterjocht, desto dringender wird das Bedürfnis, durch ein allgemeines und höheres Interesse an dem, was rein menschlich und über allen Einfluß der Zeiten erhaben ist, sie wieder in Freiheit zu setzen und die politisch geteilte Welt unter der Fahne der Wahrheit und Schönheit wieder zu vereinigen.»

Die *Horen* sind anstelle einer politischen Zeitung erschienen, für deren Redaktion Cotta Schiller hat gewinnen wollen. Der bald absehbare Mißerfolg des Unternehmens hält Goethe nicht davon ab, mit den *Propyläen* 1798 eine noch esoterischere, ausschließlich der klassizistischen Ästhetik und antiken Kunstgeschichte gewidmete Zeitschrift zu gründen, deren Beiträger dem kleinen Kreis der ‹Weimarer Kunstfreunde› angehören: In der Ankündigung verspricht Goethe, man werde sich «so wenig als möglich vom klassischen Boden entfernen». Diese Enthaltsamkeit und Abwehr der unterhaltenden und endlich auch politisierenden Publizistik ist allerdings eine politische Stellungnahme. In vielen Äußerungen ist die Unruhe über die möglichen Folgen der «gewalttätig aufgelösten Zustände» zu spüren. Goethe beschwichtigt sie damals in Idyllen wie *Hermann und Dorothea* und Satiren wie dem *Bürgergeneral*, einem Lustspiel über den linksrheinischen Jakobinismus; Revolution und Konterrevolution sind ihm gleicherweise verhaßt; in Frankreich sieht er die Feudalgesellschaft zertrümmert, für Deutschland hofft er auf geordnete Reformen. Wieland in seiner Zeitschrift *Der neue Teutsche Merkur* und Herder in den periodisch erscheinenden *Briefen zur Beförderung der Humanität* sind noch in der Lage, die Revolution als Zeitgeschichte zu behandeln: Herder zwar sehr im allgemeinen als Beitrag zur «Bildung unseres Geschlechts zur Humanität», aber er sieht doch die historische Epoche.

Schiller beurteilt die Revolution 1793 unter dem Eindruck der Septembrisaden, der Hinrichtung des Königs und des royalistischen Aufstands in der Vendée als überstürzt durchgeführtes Projekt der Aufklärung, das – statt die «Monarchie [!] der Vernunft» zu errichten – nur die «Barbarei» des Volks und die «Verderbnis» der «zivilisierten Klassen» offenbar gemacht habe. Er spricht von den «heilsamen Ketten» des Staats, die «unzeitig» gelöst worden seien; die Aufklärung habe sich als bloß «theoretische Kultur», als zur moralischen Bildung unfähig erwiesen. Moralität aber sei die unerläßliche Voraussetzung der politischen Freiheit. Sie herbeizuführen, sieht Schiller nunmehr kein anderes Mittel als die Kunst:

«Es fehlt uns nicht sowohl an der Kenntnis der Wahrheit und des Rechts, als an der Wirksamkeit dieser Erkenntnis zur Bestimmung des Willens, (. . .) nicht sowohl an philosophischer als an ästhetischer Kultur. Diese letztere halte ich für das wirksamste Instrument der Charakterbildung, und letztlich für dasjenige, welches von dem politischen Zustand vollkommen unabhängig, und also ohne Hilfe des Staats zu erhalten ist.» [*Schiller an Herzog v. Augustenburg v. 13. 7. 1793*]

Wenigstens ist Schiller so konsequent, sein Programm einer «ästhetischen Erziehung des Menschen» nicht auf den Staat zu bauen; mit allem übrigen präsentiert er sich bereits damals als ‹Weimaraner›. «Philosophie des Schönen», so nennt er das Konzept der 1795 in den *Horen* veröffentlichten *Ästhetischen Briefe*, mit ihr begründet er die Zeitschrift, mit ihr definiert er den Weimarer Parnaß und Neuhumanismus: Kunst erzeuge zwar nur die Vorstellung, sei nur der Schein des vollkommenen Zustands, setze aber als deren «Vorwegnahme im Phantasie-Bereich» ihr Publikum über die Tagesinteressen hinweg «in Freiheit».

Jena

An der Ernestinischen Landesuniversität in Jena, wo Schiller als Historiker lehrt, bleibt die Idealisierung der bürgerlichen Bildung kritisch auf die Zeitverhältnisse bezogen. Was die Universität, nachdem sie seit der Jahrhundertmitte die Hälfte ihrer Hörerschaft vor allem an Göttingen verloren hat, in den achtziger Jahren wieder attraktiv macht, sind die von dem Philologen Chr. G. Schütz und Wieland begründete *Allgemeine Literaturzeitung* und die Vertretung der Kantischen Lehre durch Schütz, den Naturrechtler G. Hufeland und K. G. Reinhold wie auch die studentischen Orden. Ab 1790 befürchtet die Regierung von den Jenaer Studenten republikanische Unruhen; sie setzt gegen sie Spitzel und 1792 Militär ein. Der Auszug von 500 Studenten ins mainzische Dorf Nohra mit der Drohung, nach Erfurt zu gehen, deutet darauf hin, daß die Auseinandersetzung nicht allein ums Duellieren geführt worden ist. Hufeland liest im selben Jahr über die neue Verfassung der Franzosen. 1794 wird, vermutlich aus wiedergewonnener Sorglosigkeit, Fichte berufen, der durch seinen *Versuch einer Kritik aller Offenbarung* bekanntgeworden war und inzwischen wegen der *Beiträge zur Berichtigung der Urtheile des Publikums über die französische Revolution* als Jakobiner verdächtigt wurde. Was Fichte seinen Hörern von den Vorlesungen *Über die Bestimmung des Gelehrten* an vorträgt, mußte den geistlichen Aufsichtsbehörden der die Universität unterhaltenden Staaten ein Greuel sein; denn er reduziert die Theologie auf eine politisch auslegbare Vernunftlehre. Wenn die Menschen diese beherzigten und sich als Subjekte des ‹Sittengesetzes› bestimmten, träten sie aus den Zwangsverhältnissen, zu denen auch der Staat rechnet, heraus und realisierten ein Stück Freiheit in der Welt. Aus dieser Verbindung von Spekulation und Vernunftpraxis folgert Fichte die «Bestimmung des Gelehrten» und legt sie den Studenten zum Selbstverständnis vor. – Als er in dem gemeinsam mit Niethammer herausgegebenen *Philosophischen Journal* 1798 eine weitere religionskritische Abhandlung veröffentlicht, wird er infolge einer Pression der Dresdner Regierung entlassen. Er selbst hält die Beschuldigung des Atheismus für einen Vorwand: «(. . .) sie verfolgen in mir einen Freidenker, der anfängt sich verständlich zu machen (Kants Glück war seine Obscurität); und einen verschrienen Demokraten; es erschreckt sie, ein

Gespenst, die Selbständigkeit, die, wie sie dunkel ahnen, meine Philosophie weckt.» [21; *S. 221*] Fichte hat mit dem studentischen ‹Bund der freien Männer› zu tun; er hat Hölderlin, Friedrich und August Wilhelm Schlegel, Novalis und Schelling angezogen. Seine Freiheitsphilosophie bestimmt ihre Beurteilung der Französischen Revolution.
Die Jenenser ‹Frühromantiker› verlieren allerdings sogleich, Schelling erst später, den kritischen Rückbezug auf die Philosophietradition. Sie entnehmen dem Fichteschen Konzept der Philosophie als «Wissenschaftslehre» das Postulat oder Ideal eines höheren, überempirischen Wissens. Zwar hat es programmatischen Charakter: es wird umschrieben als Vereinigung von Poesie und Wissenschaft, Genialität und Kritik. Vernunft und Glauben; es färbt aber bald ihr Realitäts- und Geschichtsverständnis. Ihre Proklamation, daß die Welt «romantisiert» werden müsse, daß es «keinen wahren Realismus als den der Poesie» gebe, verrät eine beinahe vorsätzliche Abkehr von der Zeitgeschichte. Ebenso ihr Selbstverständnis als Publizisten. Wenn sich die Brüder Schlegel in der 1798 eröffneten Zeitschrift *Athenaeum* als ‹revolutionäre Partei in der gegenwärtigen Literatur› vorstellen, so zeigt die Erläuterung dieser Position, daß sie Politik und Literatur nicht allein vermischen, sondern verwechseln. Das ‹wahre Journal›, so erklären sie, gehe zur Bibel hin; der ‹Journalismus›, richtig begonnen, führe eine «ganz neue Epoche der Wissenschaften und Künste» herbei. Das hätte ausgereicht, um Schiller, der mit seiner Abgrenzung von Kunst und gesellschaftlichem Gewaltzustand vergleichsweise ein Realist ist, die Haare zu Berge zu treiben. Die literarischen Revolutionäre gehen jedoch, ‹universell› gestimmt, weiter, sie spiritualisieren und heiligen die Revolution: «Die wenigen Revolutionärs, die es in der Revoluzion gab, waren Mystiker, wie es nur Franzosen des Zeitalters seyn können. Sie constituirten ihr Wesen und Thun als Religion (. . .).» [79; *S. 113, auch S. 1ff*]
In der Schrift *Die Christenheit oder Europa* führt Novalis diese zeitgeschichtliche Betrachtung aus: Er idealisiert die mittelalterliche Kirche, rückt die Aufklärung als Manifestation des Unglaubens von der Revolution ab und erklärt diese für den Beginn eines neuen religiösen Zeitalters. – August Wilhelm Schlegel ist 1795 nach Jena gekommen; 1798 wird er Professor für Ästhetik und Literatur. Friedrich Schlegel habilitiert sich 1799 an der Universität; im selben Jahr zieht Tieck nach Jena, mit Erzählungen und der Übersetzung des Shakespeare beschäftigt. Clemens Brentano studiert damals in Jena, Novalis arbeitet als Bergassessor im nahegelegenen Weißenfels. Im folgenden Winter 1799/1800 bilden sie ihren später sogenannten frühromantischen Zirkel, in dem sie die beschriebenen Anschauungen kultivieren. Ihr streitbares Verhältnis zur Jenaer Gesellschaft, ihre exklusive Verständigung, der Versuch, Poesie und Leben einander anzunähern und der spielerische Umgang

mit der Bildungstradition lassen den Kreis als Vorläufer der Boheme erscheinen; Friedrich Schlegels Roman *Lucinde* und Brentanos *Godwi*, in dieser Zeit entstanden, belegen das. Wenn Dorothea Veit damals schreibt: «Das Christentum ist hier à l'ordre du jour; die Herren sind etwas toll», so ist dies noch nicht als Anzeichen für deren spätere Konversion zum Katholizismus zu nehmen.
Hegel, der 1801 nach Jena kommt, nimmt Schellings Ansatz einer Transzendentalphilosophie auf. Obgleich auch er seine erste große Schrift, die in Jena entstandene *Phänomenologie des Geistes*, in das ominöse ‹absolute Wissen› münden läßt, ist für ihn nach der Französischen Revolution die Säkularisierung der Theologie beschlossene Sache und irreversibel. Der zentrale Satz der *Phänomenologie* lautet: Was bisher als Gott verehrt, als ‹Substanz› gedacht worden ist, ist ‹in Wahrheit Subjekt›. Dessen Bildung ist Inhalt und Zweck der Geschichte; und die Revolution zeigt, daß sie so weit fortgeschritten ist, die Staatsverfassung der Gesellschaft auf den Freiheitsbegriff zu gründen.

Berlin

Wenn das ‹literarische Weimar› in der sächsischen Kleinresidenz nur zu Gast ist, wenn das ‹romantische› und philosophische Jena in den Jahren 1800 und 1803 einfach auseinandergeht, so bleibt eine solche Mobilität in der preußischen Hauptstadt Berlin [vgl 18; *Bd. 2*] nicht auf die Intellektuellen beschränkt. Sie greift in der Stadt mit ihren nunmehr 150000 Einwohnern wesentlich tiefer als in den thüringischen Orten. Berlin, für de Staël eine Stadt ohne Vergangenheit, hat eine nicht mehr ständisch geprägte Lokalkultur ausgebildet, in der sich Aufklärung und ein obskurer, aber nicht weniger urbaner Bodensatz mischen. Das pietistisch-religiöse Zirkelwesen der Zeit Friedrichs II. ist einem profanen Okkultismus gewichen, der sich mit Mesmerismus, Wunderkuren, Alchimie, dem Poltergeist in Tegel, mit der berlinischen ‹weißen Frau› und hingerichteten Räubern beschäftigt [18; *Bd. 2. S. 26f*]; er ist weitgehend kommerzialisiert und hat in Winkelblättern seine Publizistik. Keineswegs ist er nur im Berliner Kleinbürgertum zu Hause, sondern wird in einer gehobenen Form seit dem Regierungsantritt Friedrich Wilhelms II. 1786 auch am Hofe kultiviert unter der Regie Bischoffwerders und mit Beihilfe des Geistlichen und Rosenkreuzers Wöllner.
Der König ernennt diesen seinen Ordensbruder 1788 zum Minister der Justiz und des Kirchen- und Schulwesens. Wöllners erste Amtshandlung ist das ‹Religions-Edict›, das die Wiederherstellung des ‹wahren Christenthums› beabsichtigt und sich gegen die Berliner ‹Aufklärungstheologen› richtet. Diese wehren sich mit Eingaben und Schriften erfolglos gegen seine Durchführung: Prediger und Lehrer sind zur Selbstrechtfertigung genötigt, unterwerfen sich oder werden entlassen. Der Hamburger

H. Würzer kommt wegen einer kritischen Schrift, K. F. Bahrdt wegen eines satirischen Stücks in Haft. Wöllner begegnet dieser kritischen Publizistik mit dem Zensur-Edikt vom Dezember 1788.
Dieses Edikt wirkt sich nicht sogleich als politische Zensur aus. Denn die Französische Revolution findet in der Berliner Presse lebhafte Resonanz. Die beiden privilegierten Zeitungen rücken ihren Artikel ‹Paris› nach vorn; es erscheinen Schriften über die Bastille und eine periodische ‹Geschichte des Aufruhrs in Paris›; neben die *Berlinische Monatsschrift*, bis dahin die einzige als politisch zu bezeichnende Zeitschrift, treten 1789 und 1790 *Annalen der Menschheit*, das *Neue Staatenjournal* und das *Journal für Menschenrechte, Volksrechte und Volksglück*. 1791 im Zuge der Kriegsvorbereitung Preußens endet diese liberale Episode: Die als Zensoren bestellten Hermes und Hillmer, Handlanger des Ministers Wöllner, überwachen Zeitschriften und Buchhandel. Unter diesem Druck bricht die politische Publizistik zusammen. Die *Berlinische Monatsschrift* wird von Biester nach Dessau verlegt; selbst Nicolai muß mit der *Allgemeinen deutschen Bibliothek* nach Hamburg ausweichen. Nur ein halbes Jahr kann der 1792 aus Paris kommende Archenholz seine Zeitschrift *Minerva* in Berlin halten. Geduldet werden die 1793 erscheinenden *Friedenspräliminarien*; ihr Herausgeber Huber macht den Berlinern zwar Artikel aus der französischen Presse und Forsters späte Schriften zugänglich, aber in einer solchen Zurichtung, daß sich die jakobinische Revolutionsregierung nur als ‹Schreckensherrschaft› darstellt. Daran knüpft der zum Revolutionsgegner gewordene Friedrich v. Gentz mit seinen staatstheoretischen Zeitschriften an, worin er, mit Unterstützung der Regierung, den ‹parteilosen› Journalismus angreift und eine Revolutionskritik aus rechtlichen ‹Grundsätzen› zu formulieren versucht.
Die politische Zensur drängt die Berliner Publizistik wieder in den angestammten Bereich der Literatur zurück. Dieser Rückzug ist 1796 an Reichardts und Friedrich Schlegels Zeitschriften *Deutschland* und *Lyceum der schönen Künste* abzulesen: Angekündigt als Blätter, in denen «offenbare Ungerechtigkeit und Unterdrückung (. . .) durch Publizität, wenn nicht abgetrieben, doch zur Warnung und Lehre gebrandmarkt werden» [79; *S. 90*], verlieren sie sich bald an die Befehdung der Schillerschen *Horen*. Die Verfasser verstehen und betreiben ihre Kritik als politische Auseinandersetzung; dennoch wird Schlegel auf diesem Wege von der Position seines hier veröffentlichten Aufsatzes über den *Republikanismus* abgelenkt. In seiner Schrift über Lessing, den er als ‹revolutionären› Geist den Berliner Aufklärern gegenüberstellt, zieht er sich bereits auf das Programm einer über die politische hinausgehenden ‹Literaturrevolution› zurück; und sobald er sich darauf festgelegt hat, fühlt er sich noch durch Reichardt geniert: «Sein soidisant Republikanism politisch und litterarisch ist alles Aufklärungsberlinism.»

Was er damit meint, ist die honorig gewordene Aufklärung, wie der Verleger Nicolai und die *Allgemeine deutsche Bibliothek*, seine Rezensionszeitschrift, sie vertreten – ebenso die Gesellschaften, denen Nicolai angehört, der Montagsclub, die Mittwochsgesellschaft, aus der 1783 die Initiative für die *Berlinische Monatsschrift* hervorgeht, und das Donnerstagskränzchen von 1765, in dem neben den Aufklärern hohe Staatsbeamte sitzen, unter anderen Wöllner. Die pikante Zusammensetzung des Honoratiorenzirkels erklärt sich wohl daraus, daß die Herren Minister gegen Aufklärung als Angelegenheit von Gelehrten nichts einzuwenden haben, vorausgesetzt, daß nicht die Pfarrer sie unters Volk bringen. Solche obrigkeitliche Fürsorge ist bei dem Berliner Bürgertum kaum mehr angeschlagen. Denn dem Mittelstand, den Offizieren und auch Bedienten liegt inzwischen das ‹Königliche Theater› näher als die Kirche.

Vor allem Iffland, seit 1796 Direktor und prominentester Schauspieler, macht es ihnen als spätnachmittägliche Unterhaltung interessant; zur anderen Hälfte ist es das Verdienst des Lustspielautors Kotzebue. Das wachsende Theaterpublikum sucht zwar nicht die ‹moralische Anstalt›, sondern die bunt ausgestattete Bühne; was man ihm inhaltlich bietet, entspricht indessen dem Aufklärungsprogramm der ‹moralischen› Belletristik: rührende Familien- und Sittengeschichten, Lob der Einfachheit und Tugend, Verspottung und Bestrafung des Egoismus und ständischen Hochmuts oder Lasters.

Mit derselben Tendenz, moralisch zu rühren und zu bestätigen, zu unterhalten statt zu belehren, schreibt August Lafontaine seine Familien-, Räuber- und Ritterromane. Er gewinnt eine Leserschaft, die vom materiell einigermaßen gesicherten Kleinbürgertum bis zu dem Königspaar reicht, das 1797 auf den Thron kommt und in dem die Berliner das ihnen literarisch vermittelte Ideal einer schönen Liebschaft bewundern.

Die Berliner Romantiker kehren dieser ständeübersteigenden moralischen Gemeinschaft und belletristischen Öffentlichkeit den Rücken. Tieck ironisiert 1797 in seinen Märchendramen, am schärfsten im *Gestiefelten Kater*, den Theaterbetrieb; Wackenroder setzt der Unterhaltungslektüre eine religiöse Kunstverehrung entgegen; August Wilhelm Schlegel tadelt in seinen zwischen 1801 und 1804 gehaltenen Vorlesungen über «schöne Literatur und Kunst» den trivialen Geschmack der Berliner. Was sie aber statt dessen propagieren: die in Nürnberg entdeckte ‹altdeutsche› Kunst, die Kirchenmusik, das Volkslied, die Poesie der Freundschaft und Liebe, ist nur der idealisierte Ausdruck derjenigen Bestrebungen und Wünsche, die die Lesergemeinde Lafontaines zusammenhalten. Daß die Romantiker bei ihrem Rückzug von der Belletristik auf die ‹Poesie› und über ihrer Entdeckung einer Volkskultur im Mittelalter, also jenseits der Revolution, jedes kritische Verhältnis zum Staat und zur Zeitgeschichte verlieren, zeigt ihr vorbehaltloser Anschluß an den Preußischen Patriotismus.

Ob dieser jemals eine Volksbewegung gewesen ist, ist eine schwer zu beantwortende Frage. Zunächst einmal, so scheint es, haben die Berliner 1806 die Napoleonischen Besatzungstruppen bewundert, dem Kaiser der Franzosen zugejubelt und sich an den französischen Nationalfesten beteiligt. Andererseits ruft die Rückkehr der preußischen Armee im Dezember 1808 und im Jahr darauf des Königs patriotische Kundgebungen hervor; die Nachricht von der Niederlage Österreichs löst Protestversammlungen aus. Die preußischen Offiziere mögen den meisten Grund für patriotische Gesinnung gehabt haben. Sie unter dem Bürgertum zu verbreiten, haben sich die Romantiker und ihnen nahestehende Intellektuelle angelegen sein lassen.

Schon in Fichtes *Reden an die deutsche Nation* von 1808 erhält der Patriotismus einen chauvinistischen Zug; denn Fichte überträgt darin seine Freiheitslehre auf das Volk. Er stellt fest, die Deutschen verfügten über eine kulturelle Bildung, die sie zur ersten unter den Nationen prädestiniere; er tendiert dazu, der ‹deutschen Nation› den Platz einzuräumen, den der Begriff der ‹Menschheit› in seiner Moralphilosophie innehat.

Plumper vertritt Jahn solche nationalistischen Vorstellungen in der Schrift *Deutsches Volkstum*. So weit geht nur noch Kleist mit dem Stück *Die Hermannsschlacht* und mit einzelnen Beiträgen in den von ihm 1810 herausgegebenen *Berliner Abendblättern*, an denen Achim von Arnim, Brentano und Adam Müller mitarbeiten. Die Autoren der sogenannten jüngeren Romantik – Arnim in seinen Kriegsliedern und dem 1813 übernommenen *Preußischen Korrespondenten*, Varnhagen und W. Neumann in ihrem Karls-Roman, Fouqué im letzten Jahrgang der *Musen*, Schleiermacher in seinen patriotischen Predigten, Arndt in den ersten Teilen von *Geist der Zeit* – beschränken sich auf die historische und poetische Umschreibung des ‹Vaterlands› und auf den Appell, es zu verteidigen. Daß sie dabei den Staat mit verklären, liegt an ihrem Unvermögen, über die im Tilsiter Frieden vereinbarten Machtverhältnisse politisch zu urteilen. Wenn die romantischen Publizisten zur ‹Rettung des Vaterlands› als zu einer Freiheitsbewegung aufrufen, so verkennen sie, daß die Napoleonische Armee, je weiter sie nach Osten vordringt, wegen des zunehmenden Widerstands der Bauern zu um so größeren Konzessionen an die Adelsherrschaft und deren staatliche Exekutive genötigt ist. Sie führen den Zustand der Unfreiheit, den sie beklagen, nur auf die französische Okkupation und die ‹Erniedrigung des Vaterlands› zurück.

Das auffälligste Merkmal der Unterdrückung ist für sie die Zensur, die ihnen auch nach dem Abzug der Franzosen als Auflage Napoleons erscheint. Diplomatische Rücksichten aber spielen bei den pressepolitischen Überlegungen der preußischen Regierung die geringste Rolle: Sie steht vielmehr der ‹öffentlichen Meinung› so mißtrauisch gegenüber wie der Volksbewaffnung. Es geht ihr gar nicht um Meinungsfreiheit, sondern um Demagogie, nicht um die Abschaffung, sondern um die Handhabung der Zensur. Weil man sich die «Erregung und Beförderung patriotischer preußischer, echt deutscher Gesinnungen» [96; *S. 19*] verspricht, wird 1813 die Presse zugelassen. Es ist eine Konzession unter Vorbehalt und befristet ‹auf die Dauer der gegenwärtigen Verhältnisse›, also bis zum Sieg über Frankreich. 1814 ergeht es der Presse nicht anders als dem Landsturm.

Die patriotische Publizistik ist indessen nicht nur instrumentalisiert worden, sie ist der eigenen, die preußische Aristokratie überfliegenden Idealisierung des Staats zum Opfer gefallen. Die Romantiker sind darin besonders überschwenglich; aber sie stehen mit der Verwechslung von Nation und Staat nicht allein. Die Spätaufklärung nämlich orientiert sich ebenfalls auf den Staat hin. Da es den Philanthropen und Volkspädagogen nicht gelingt, die traditionelle Volkslektüre durch nützliche und belehrende populäre Schriften zu ersetzen, weil sie im Gegenteil mit ansehen müssen, daß der Buchhandel mit Unterhaltungsromanen an ihnen vorbei in die städtische Mittelschicht eindringt, sehen sie sich nach einer Institution um, die ihren pädagogischen Bestrebungen das Feld freiräumen könnte. Daß ihnen dazu der Staat als geeignet erscheint, hängt mit dessen Selbstdarstellung zusammen; denn die Ministerien bedienen sich inzwischen zur Propagierung ihrer Reformvorstellungen und auch zur Begründung der Zensur einer der Aufklärung abgesehenen Argumentation. Der Minister von Massow, Wöllners Nachfolger, schreibt zum Beispiel von der ‹Pflicht des Staates›, darauf zu achten, daß der Buchhandel seinem Zweck, der ‹Bildung der Nation›, nachkomme; und er skizziert das Konzept eines öffentlichen Bibliotheks- und Volksbildungswesens. [95; *S. 97* u. 23; *S. 74f*]

Die Aufklärungspädagogen greifen diese Anregung sofort auf: H. Stephani gibt seinem Buch über «Staatserziehungs-Wissenschaft» den Titel *System der öffentlichen Erziehung*; Zachariä veröffentlicht 1802 eine Schrift *Über die Erziehung des Menschengeschlechts durch den Staat*. Der Reformer v. Stein hebt den Staatspaternalismus v. Massows auf die moralphilosophische Ebene: Er fordert von den Bürgern «selbständiges freisinniges Handeln» im Interesse des Ganzen; dieses Ganze ist für ihn der Staat, und dessen «Zweck ist die religiös-sittliche, geistige und körperliche Entwicklung» der Bürger. [23; *S. 116*] Die Reform der preußischen Militärmonarchie zum Volksstaat, wie sie Stein vorschwebt, ist nur gegen den Adel durchzusetzen. Weil er sie auf vom tätigen Bürgertum formulierte Interessen nicht stützen kann, legitimiert er sie aus den

Wertvorstellungen der bürgerlichen Bildungsschicht. Damit aber wird dem Staat eine Autorität zugeschrieben, die die Meinungsbildung der Bürger und die Öffentlichkeit von ihm abhängig macht. Da jedoch der ‹Volksgeist› ohne Volksbewegung eine poetische Phantasie ist, restituiert sich nach den Befreiungskriegen die Monarchie auf ihrer alten Grundlage, der Adelsherrschaft.

Peter Schmidt

Buchmarkt, Verlagswesen und Zeitschriften

In Clemens Brentanos Roman *Godwi oder das steinerne Bild der Mutter* stirbt der Dichter Maria an der Ausübung seiner Kunst: «Maria ist heute gestorben; er wollte einige Minuten vor seinem Tode, da er sich sehr heiter fühlte, noch auf der Laute spielen, aber seine Krankheit, die, wie ich erzählt habe, eine Zungenentzündung war, war in eine Herzentzündung übergegangen, der Schmerz ergriff ihn plötzlich sehr heftig, er ließ die Laute fallen, und sie zerbrach an der Erde.»

Der Künstler, der bei und an der Ausübung seiner Kunst stirbt, der an der Unvereinbarkeit seiner Kunst mit der bürgerlichen Gesellschaft zugrunde geht, der durch die Normalität der um ihn herum sich vollziehenden Geschäfte buchstäblich verhungert, wird seit der Romantik zu einem immer wiederkehrenden Topos. Kunst und Dichtung einerseits und bürgerliche Gesellschaft und Geschäft andererseits sind zu unüberbrückbaren Antinomien geworden. Während einerseits der Künstler an seiner Unbürgerlichkeit zugrunde geht, erzwingt andererseits gerade seine Kunst die Distanz zur normalen Gesellschaft. Er gewinnt seine Freiheit nur noch, wie etwa die Künstlerfiguren E. T. A. Hoffmanns zeigen, aus seiner «Verrücktheit», aus seiner «Krankheit». War der Dichter in Novalis' Roman *Heinrich von Ofterdingen* noch ein Arzt, der von den verborgenen Harmonien der Natur wußte und deshalb durch chronische Kuren die Gesellschaft von ihrer Asthenie heilen konnte, so gibt bei Brentano, bei Arnim, bei Hoffmann nur die Krankheit dem Künstler noch die Möglichkeit, in der Welt der Gesunden Freiheit und Kunst zu bewahren.[vgl. 180]

Zwischen Künstler und Gesellschaft, zwischen Schriftsteller und Publikum ist ein tiefer Riß entstanden, der nicht nur für den literarischen Markt kennzeichnend ist, sondern ganz wesentlich von ihm bestimmt und verursacht worden ist. Der Schriftsteller des 18. Jahrhunderts hatte sich als Speerspitze des sich emanzipierenden Bürgertums verstehen können, als Sprecher der Menschheit, und das heißt, als Sprecher eben der fortschrittlichsten Gruppe dieser Menschheit, des Bürgertums, als institutionalisierte öffentliche Meinung. Er identifizierte sich nicht allein mit der bürgerlichen Emanzipation, die im wesentlichen ökonomische Emanzipation war, sondern vertrat diese auch nachdrücklich in seinen Schriften. Lessings dramatisches Gedicht *Nathan der Weise* ist eben nicht nur eine Dichtung von Toleranz und Überlegenheit der natürlichen Religion, sondern auch von der Überlegenheit des bürgerlichen Kapitalisten Nathan über den finanzschwachen Feudalherren Saladin. Der Weg vom ständischen Schriftsteller zum ‹freien› Schriftsteller setzt die Entstehung des literarischen Markts, des Verständnisses vom Buch als Ware, den Übergang vom Tauschhandel zum Barhandel, die Entwicklung des geistigen Eigentums analog zum privaten Geld- und Sacheigentum voraus, das in Geld eintauschbar ist. Der Schriftsteller des 18. Jahrhunderts ist nicht allein Wegbereiter der sich entfaltenden kapitalistischen Literaturverhältnisse; er entwickelt sogar eine spezifische kapitalistische Literaturtheorie, basierend auf dem Konkurrenzgedanken und dem geistigen Eigentumsrecht und dem daraus abgeleiteten Begriff des Originalgenies.

Der Schriftsteller des späten 18. und frühen 19. Jahrhunderts hatte dagegen zu spüren bekommen, was es bedeutet, von den Interessen seiner Verleger abhängig zu sein und von den Marktbedürfnissen des Publikums zu leben. Er tritt aus dem Zentrum dieser Gesellschaft mehr und mehr an ihren Rand. Wenn Johann Ludwig Tieck und Wilhelm Heinrich Wackenroder 1796/97 das mittelalterliche Nürnberg ‹entdecken›, so reagieren sie damit gleichzeitig auf Nicolais Gegenüberstellung des zurückgebliebenen Nürnbergs und der durch Gewerbefleiß aufgeblühten Industriestadt Fürth in dessen *Reise durch Deutschland*. In bewußter Opposition zum aufgeklärten Unternehmer und Verleger Friedrich Nicolai (1733 bis 1811), der ja zugleich der erste Arbeitgeber der jungen Berliner Intellektuellen ist, in dessen Roman und Übersetzungsfabrik besonders Tieck erfahren hat, wie eine Arbeit als literarischer Lohnarbeiter aussieht, wenn der Verleger aus seiner Kenntnis der Marktbedürfnisse und des Publikumsgeschmacks Inhalte und Formen der literarischen Produkte festlegt, beschreibt Wackenroder in seinen *Herzensergießungen eines kunstliebenden Klosterbruders* (1797) die nutzlose Schönheit der heruntergekommenen mittelalterlichen Stadt. Gerade die Frühromantik ist es, die die prosaische Häßlichkeit des bürgerlichen Lebens erblickt und zugleich erkennt, daß weite Schichten dieses Bürgertums kein Interesse an Kunst und Kultur besitzen, insofern diese sich als nicht profitabel erweisen. Damit verändert sich allmählich das Gegenstandsfeld der Literatur überhaupt. Nach der breiten Welle politisch-publizistischer Literatur, an der auch Frühromantiker – besonders eindrucksvoll

Friedrich Schlegel – teilgenommen haben, kommt nun die Konzentration auf ästhetische, poetische, künstlerische und historische Probleme. Die unmittelbare Anteilnahme an politischen und sozialen Problemen in der Literatur nimmt immer mehr ab, und bezeichnenderweise ist nicht das politisch wichtige Jahr 1789 der entscheidende Termin für diese Entwicklung, sondern die Jahre 1794/95. Hier endet das unmittelbare Reagieren auf die Zeitereignisse. Die breite politische Poesie und Publizistik in Deutschland bricht schlagartig ab. Gleichzeitig damit werden die Beziehungen zwischen Schriftstellern und Publikum immer schwieriger und komplizierter.

Die wachsende Kluft zwischen Schriftsteller und Publikum beschränkt sich keineswegs nur auf die Autoren der Frühromantik; ebenso klagen Goethe und Schiller über die «ganz unerhörte Erbärmlichkeit» des kunsttreibenden und kunstliebenden Publikums in Deutschland. Als Johann Friedrich Cotta (1764 bis 1832) sich bei Schiller über den mangelnden Publikumserfolg der Goetheschen Kunstzeitschrift *Propyläen* beschwert, von der er nicht mehr als 450 Exemplare absetzen kann, schreibt Schiller am 5. 7. 1799 an Goethe: «Ich darf an diese Sache gar nicht denken, wenn sie mein Blut nicht in Bewegung setzen soll, denn einen so niederträchtigen Begriff hat mir noch nichts von dem deutschen Publikum gegeben. Man sollte aber von nichts mehr überrascht werden, und wenn man ruhig nachdenkt und vergleicht, so ist leider alles sehr begreiflich.»

Hatte sich Lessing trotz aller ökonomischer Schwierigkeiten noch vollständig mit dem sich emanzipierenden Bürgertum identifiziert, gaben nun gerade die für die literarische Entwicklung bedeutenden Schriftsteller diese Identität zwischen Publikum und Autor auf und verzichteten bewußt auf Volkstümlichkeit, Publikumserfolg und Verständlichkeit. Friedrich Schlegel (1772 bis 1829) thematisiert dieses Problem in seinem das *Athenaeum* abschließenden Essay *Über die Unverständlichkeit*. Hier geht er ausdrücklich auch auf die Resignation der Schriftsteller ein: «Dasselbe Zeitalter, in welchem auch wir zu leben die Ehre haben; das Zeitalter, welches, um alles mit einem Worte zu sagen, den bescheidenen aber vielsagenden Namen des kritischen Zeitalters verdient, so daß nun bald alles immer kritischer und kritischer wird und die Künstler schon die gerechte Hoffnung hegen dürfen, die Menschheit werde sich endlich in Masse erheben und lesen lernen.» Schlegel stellt fest, daß diese Hoffnung sich ebensowenig realisiert habe, wie Christoph Girtanners Versprechen, im kommenden 19. Jahrhundert werde jeder Chemiker und jeder Künstler Gold machen können, so daß kein Künstler mehr hungern müsse. Indem die wichtigere Fraktion der Schriftsteller bewußt auf Verständlichkeit verzichtet und sich mehr und mehr auf Eliten, Kreise von Eingeweihten und Schulen von Jüngern beschränkt, überläßt sie

Volkstümlichkeit und Verständlichkeit einer anderen parallelen Literatur, die das potentielle literarische Publikum unterhalten will, die ausweicht und verharmlost. Die Flut der banalen Literatur wächst in dem Umfang, in dem sich die literarisch bedeutende Literatur dem Leser verschließt. So tritt eine merkwürdige Situation ein. Zur gleichen Zeit, in der das Lesepublikum ständig wächst und das Netz der Buchhandlungen immer dichter wird, kommt diese Steigerung des Marktes nicht mehr den führenden Repräsentanten der Literatur zugute, sondern Schriftstellern wie Lafontaine, Vulpius, Iffland und Kotzebue.

Buchmarkt und Verlagswesen

Dieser Entwicklung leistet auch die Entwicklung am Buchmarkt selbst Vorschub, der mehr und mehr vom Novitätenhandel lebt. Der alte Buchhandel errichtete durch Tauschhandel Bücherlager, die über Jahre und Jahrzehnte abgesetzt wurden; der neue Buchhandel, der unter den entwickelteren Gesetzen der Marktkonkurrenz steht, ist auf immer schnelleren Umsatz angewiesen. Er muß Novitäten schnell umsetzen, wobei ihm der Nachdruck noch ständig im Nacken sitzt. Dieser Konkurrenzdruck wird dadurch gesteigert, daß die Zahl der Buchhandlungen unaufhaltsam steigt. Selbst in kleinen Landstädten gibt es inzwischen Buchhandlungen, wie Friedrich Christoph Perthes (1772 bis 1843) auf seiner Reise durch Deutschland 1815 feststellt. Er macht allerdings die Einschränkung, daß es immer noch breite weiße Flecken auf der bibliopolen Karte Deutschlands gibt, die aber auch weiße Flecken in der ökonomischen Entwicklung sind (Westfalen und das katholische Rheinland etwa), so daß sich der Buchhandel bemüßigt sieht, durch strikte Festlegung der Lehr- und Berufsjahre und mannigfache berufspolitische Einschränkungen die Zahl der Neugründungen einzuschränken.
Gleichzeitig steigt die Zahl der erscheinenden Bücher. 1790 erscheinen beinahe 5000 Titel in circa fünf Millionen Exemplaren. Aber dieses Aufblühen des literarischen Marktes ist vor allem auf das spontane Reproduzieren des Publikumsgeschmacks festgelegt. Johann Georg Heinzmann (1757 bis 1802) schreibt dazu in seinem *Apell an meine Nation*: «Seitdem die Buchhändler Bücher bestellen, anordnen, Pläne verschreiben und das edelste Geschäft, Menschen zu lehren, zu bessern und zu erfreuen, zu dem allerniedrigsten Geschäfte herabgewürdigt haben, seitdem ist die deutsche Literatur zu Profession und Pfuscherei herabgesunken; und nichts ist verächtlicher als das Autorenmetier.»[111; *S. 423*]
Während sich die Stabilisierung des freien Schriftstellerberufs weithin als unmöglich herausgestellt hat und den Schriftstellern bewußt wird, daß die Mechanismen des freien Markts seine Kunst unmöglich machen, stabilisieren sich auf der anderen Seite um 1790 die Verhältnisse im Bereich des Buchhandels. Um diese Zeit haben sich trotz des erbitterten

Konkurrenzkampfes, trotz auf Trivialliteratur spezialisierter Geschäftemacherei, trotz literarischer Manufakturen die Verleger etabliert, die trotz aller Klagen über die kommenden mageren Jahre des Buchhandels die kommenden Jahrzehnte bestimmen. Jetzt sind Firmen wie Göschen, Perthes, Tauchnitz, Reclam, Bertuch, Hoffmeister, Koehler, Nicolovius marktbeherrschend. Als einziger Süddeutscher gesellt sich ihnen der Senkrechtstarter Cotta hinzu. Ihr Hauptziel in den kommenden Jahren ist die Herstellung eines gemeinsamen Markts in Deutschland mit einheitlichem Verlags- und Urheberrecht.

Gerade die Stabilisierung auf der Verlegerseite führt auch in den Kreisen der Schriftsteller zu Erinnerungen an Selbstverlag und Selbstorganisation des literarischen Betriebs. So schreibt etwa Novalis 1798 an Friedrich Schlegel: «Bleib ich bei Euch, so soll dieser Plan ein Hauptgeschäft meines Lebens werden. Er betrifft die Errichtung eines literärisch, republikanischen Ordens – der durchaus merkantilisch politisch ist – einer echten Kosmopolitenloge. Eine Buchdruckerei – ein Buchhandel muß das erste Stamen sein. (. . .) Ihr sollt nicht mehr von Buchhändlern literärisch und politisch gewissermaßen dependieren.» Die zahlreichen Überlegungen zu einem neuen Literaturbetrieb, zu einem gemeinschaftlich enzyklopädischem Werk, zum Kommunismus der Geister, der Stiftung einer neuen Kirche und einer neuen Gemeinde führen endlich zur romantischen Roman- und besonders Zeitschriftentheorie. Zunehmend ist dieser neue literarische Betrieb aber nicht mehr darauf aus, eine möglichst große Zahl potentieller literarischer Abnehmer anzusprechen, sondern vielmehr eine neue Elite von Gleichverstehenden. Er tritt in einen scharfen Gegensatz zum übrigen Literaturbetrieb. [vgl. 109]

Einerseits steht der deutsche Buchhandel am Ende des 18. Jahrhunderts unter deutlichem Einfluß der politischen Unruhen, unter dem Einfluß des Krieges, unter verschärftem Zensurdruck, unter der Stimmung allgemeiner Unsicherheit – die Ostermesse 1801 bringt die schlechtesten Geschäftsergebnisse seit vielen Jahren; andererseits wachsen sowohl die Buchproduktion wie die Zahl der Buchhandlungen. Während sich die Buchproduktion zwischen 1771 und 1800 verdoppelt, verdreifacht sich zwischen 1760 und 1802 die Zahl der Buchhandlungen. Die wirtschaftlichen Schwierigkeiten im Buchhandel verschärfen sich nach 1800 noch unter dem Eindruck unmittelbarer kriegerischer Ereignisse, durch die auch die Buchproduktion zurückgeht, die Postwege unsicher werden, die Buchkäufer ausbleiben. Erst 1821 werden wieder die Titelzahlen des letzten Jahrzehnts des 18. Jahrhunderts erreicht. Bis dahin müssen sich immer mehr Handlungen in eine gleichbleibende Zahl verkaufter Bücher teilen.

Der etablierte Buchhandel versucht darauf mit Erschwernissen der Berufsausbildung zu reagieren. Dabei wird das ökonomische Interesse der

Buchhändler nur dürftig mit einem vorgeschobenen Interesse des Publikums nach besser ausgebildeten Buchhändlern kaschiert. War in Österreich die Niederlassung als Buchhändler schon 1772 an eine sechsjährige Lehrzeit, eine vierjährige anschließende Tätigkeit in einer Buchhandlung, an einen anschließend an einer kaiserlichen Universität erbrachten Nachweis über genügende Kenntnisse der besten Schriftsteller sowie ein Handlungskapital von 10000 Gulden gebunden, so folgt Preußen 1801 mit ebenfalls sechsjähriger Lehrzeit, zweijähriger Berufstätigkeit in einer Handlung, 5000 Reichstalern Vermögen und dem Nachweis guten sittlichen Betragens. Weitere Länder, so Sachsen, folgen bald dem Beispiel der beiden großen Staaten. Neben den schlecht ausgebildeten Buchhändlern, die nach Verlautbarung der etablierten Buchhändler auch diejenigen sind, welche sich auf Trivialliteratur spezialisiert haben und besonders stark vom Novitätenhandel leben, sind es besonders Buchhandelsamateure, Privatiers, die sich durch gelegentlichen Buchverkauf einen einträglichen Nebenverdienst sichern und die die Geschäfte des hergebrachten Buchhandels stören: Professoren, die für ihre Studenten, Lehrer, die für ihre Schüler Bücher schreiben, Offiziere, Postmeister, Beamte, die Leihbibliotheken und Journalzirkel betreiben, Priester und Klöster in Süddeutschland und Österreich, die ihre Zollfreiheit zu einem schwungvollen Privatbuchhandel ausnutzen. Grundlage dieses Privatbuchhandels ist der bei den Verlegern und Buchhändlern eingerissene Usus, Einzelkunden Rabatte einzuräumen. Die normale Höhe solcher Kundenrabatte betrug beim Verleger 10 Prozent, wuchs aber allmählich auf 15 Prozent und hatte um 1800 bereits oft 20 Prozent erreicht. Es kam darüber hinaus zu regelrechten Schleuderrabatten, bei denen einzelne Leipziger Buchhändler bis zu 50 Prozent gingen. Der Konkurrenzkampf um den enger werdenden Markt erzwang eine gegenseitige Übertrumpfung beim Kundenrabatt oder eine Absprache unter allen Buchhändlern und Verlegern, Rabatte entweder zu senken oder gar ganz abzuschaffen. Eine solche Absprache war aber nur dann sinnvoll, wenn eine entsprechende Organisation der Buchhändler bestand, die stark genug war, mit Boykotten und Sanktionen nicht allein gegen die Rabattgeber vorzugehen, sondern auch gegen die «Makulaturtauschhändler, unordentlichen Zahler, Nachdrucker und Zotenhändler».

Wieder bilden die Buchhändler eine Reformkommission, die 1801 unter dem Vorsitz des Leipziger Buchhändlers Voß, 1802 unter dem Vorsitz Carl Christian Horvaths aus Potsdam zusammentrat. 36 Buchhändler nehmen am 23. Mai 1802 an der Reformversammlung des Buchhandels teil, unter ihnen Göschen, Kummer, Cotta, Perthes, Härtel, Fleischer, Böhme, Bohn, Unger, Schwetschke, Korn, Nicolovius, Orell, Bertuch, Varrentrapp und Werner.

Horvaths Rede, mit der er die Reformversammlung eröffnete, ist insofern merkwürdig, als Horvath im Interesse der Ausschaltung von Konkurrenz zu einer zunftmäßigen Organisation des Buchhandels gelangen will. Während Buchdruck und Buchhandel seit ihrem Entstehen Antipoden des zunftmäßig geordneten Handwerks waren und am stärksten und frühesten die kapitalistischen Leistungs- und Konkurrenzformen im Marktwesen durchsetzten, wird bei Horvath ein nahezu ‹romantisches› Rückbesinnen auf überwundene ‹mittelalterliche› Ordnungssysteme deutlich, wenn er ausführt: «Alle Kaufleute handeln nach richtigen, bestimmten Grundsätzen. Jeder Professionist ist durch Innungen zu einer gewissen Ordnung verpflichtet, nicht zum Schaden und Verderben seines Mitmeisters zu arbeiten und sich selbst zu ruinieren; er wird von der Zunft zurechtgewiesen, oder er verliert die Achtung seiner Mitmeister. Nur bei unserem Buchhandel herrscht seit vielen Jahren eine Unordnung und für uns entehrende Art, die Geschäfte zu betreiben, daß man sich bald schämen muß, Buchhändler zu sein.» [75; *Bd. 3, S. 579*] Es paßt denn auch in die romantische Argumentationsweise, daß Horvath im folgenden an den «höchst nötigen Gemeingeist» appelliert, dessen Fehlen er für die Mißstände im literarischen Markt verantwortlich macht. Horvaths Vorschläge für eine Reform des Buchhandels fallen dann auch recht streng im Sinne einer Schutzpolitik für den bestehenden Buchhandel aus: Der Rabatt an Partikuliers soll ganz aufhören. Wer dagegenhandelt, soll mit Kreditrestriktionen zur Ordnung gerufen werden. Neue Buchhandlungen sollen überhaupt erst nach drei oder vier Jahren Kredit erhalten. Ein Buchhandelsausschuß aus 24 soliden und erfahrenen Buchhändlern soll das Buchhandelsgebaren streng überwachen. Auf der Messe soll mit einheitlichen Verrechnungskursen, ja möglichst nur mit einer Geldsorte abgerechnet werden.

Ein Gegengutachten von Göschen wehrt sich gegen Horvaths Rückkehr zum Zunftwesen; er lehnt alle einschränkenden Maßnahmen über Honorarhöhen, Geldsorten und Zahl der Buchhandlungsgehilfen ab. Auch er ist zwar gegen jeden Kundenrabatt, tritt aber entschieden für eine einheitliche Handhabung des 33 ⅓prozentigen Buchhändlerrabatts ein. In den Restriktionen gegen Neugründungen von Buchhandlungen schließt sich Göschen weitgehend an die neuen sächsischen und preußischen Gesetze an, die er jedoch noch verschärft sehen will. So fordert er einen Lehrbrief über mindestens fünf Lehrjahre, ein Zeugnis über mindestens fünf Jahre als Diener in einer Buchhandlung, den Bürgerbrief in der Stadt der Niederlassung und den beglaubigten Nachweis über vorhandenes Vermögen. Daß Juden von der Niederlassungsmöglichkeit als Buchhändler ausgeschlossen sind und kein Recht haben, an der Leipziger Messe teilzunehmen oder dort abzurechnen, bedarf keiner weiteren Diskussion unter den versammelten Buchhändlern. Während alle Buchhandlungen nur dann Kredit erhalten sollen, wenn sie die vorjährige Rechnung bezahlt haben, sollen neuetablierte Buchhandlungen in den ersten Jahren ihres Bestehens nur einen begrenzten Kredit erhalten. Alle Buchhändler sollen Mitglieder einer Buchhändlerbörse werden.

Bis 1804 finden noch verschiedene Reformkommissionssitzungen statt, die jedoch alle fehlschlagen. Auch im Buchhandel zeichnen sich ähnliche Spannungen ab wie zwischen den Schriftstellern. Nicht umsonst ist Friedrich Nicolai einer der schärfsten Gegner aller Reform- und Sozietätsbestrebungen im deutschen Buchhandel. Immer stärker dividiert sich der Buchhandel aber auch, und das ganz analog zur Einschätzung des kapitalistischen Marktverhaltens durch die führenden Repräsentanten der Literatur, in Buchhändler, die weiterhin ihr klares Bild als Geschäftsleute, Kaufmänner, Geldanleger haben und auch nach außen vertreten, wie es etwa in völliger Unverblümtheit Göschen tut, und Buchhändler, die allmählich die Maskierung benötigen, die nur mit schlechtem Gewissen Geld verdienen und jene eigentümliche Ideologie vom kulturschaffenden Verleger erfinden, der eigentlich Schöngeist, Künstler, Schwert des Geistes, Förderer der Literatur ist und nur nebenbei noch Geld verdient. Die Verwirrung geht soweit, daß Verleger wie Friedrich Christoph Perthes gegen ein deutsches «siècle littéraire» wettern und sich gegen eine «papierne Zeit» wenden, in der es möglich ist, daß eine *Iphigenie* erscheinen kann, in der geistige Bildung verhätschelt und in der Krämerei mit belletristischem Luxus getrieben wird. Das Vaterland dürfe fortan nicht mehr im Dienste der Wissenschaft, sondern die Wissenschaft müsse im Dienste des Vaterlandes stehen. Konsequent stellt sich Perthes 1813 an die Spitze der Erhebung gegen Napoleon in Hamburg.

Das Rekurrieren auf Zunftmäßiges, das Abschirmen gegen das Geschäftsmäßige, die Abwehr der Neuetablierten, die Verleugnung des kapitalistischen Konkurrenzbetriebs ist auch verbunden mit einer Abwendung vom liberalen, demokratischen Geist des Buchhandels bei vielen seiner Vertreter. Das erste und einzige Blutopfer des deutschen Buchhandels, der Inhaber der Steinschen Buchhandlung in Nürnberg, Johann Philipp Palm, der auf Befehl Napoleons erschossen wird, stirbt für eine ebenso antifranzösische wie antidemokratische Flugschrift.

Die Napoleonischen Kriege schränken in den folgenden Jahren den Buchhandel immer mehr ein. 1805 stockt durch den Krieg der Absatz nach Süddeutschland, zur gleichen Zeit hört der wichtige und umfangreiche Handel mit Rußland auf; die Österreicher kommen weder zur Messe, noch schicken sie Bücher und erst recht natürlich kein Geld. Die Straßen werden ruiniert, die Postpferde requiriert, die Frachtlöhne werden höher und höher. Zugleich verschärft sich der Kampf zwischen Buch und Zeitschrift. An die Stelle des Bücherkaufens tritt immer mehr

das Lesen der Journale. Gerade die für den Buchhandel so schwierigen Jahre zwischen 1806 und 1813 sind Zeiten unübersehbarer Journalgründungen, Jahre, in denen der Buchhandel nahezu zum Erliegen kommt. Fast alle diese vielen Journalgründungen dieser Jahre verfallen allerdings auch sehr schnell wieder den erschwerten Bedingungen des Buchmarkts und kommen selten über den ersten Jahrgang, oft nicht über das erste Stück hinaus. 1811 kommt für den Buchhandel noch erschwerend das weitgehende Erliegen des Postverkehrs für Bücher und Zeitschriften in den neuen Gebieten des französischen Kaiserreichs (Hamburg, Bremen und Westfalen besonders) hinzu. Deutsche Journale werden in den neuen Departements einfach verboten.
Erst nach 1813 geht es mit dem Buchhandel allmählich wieder aufwärts. Obwohl in den vergangenen Jahren die Zahl der Messeneuerscheinungen ständig abgenommen hatte (1805 noch 4181 neue Titel zur Messe, 1806 3300 und 1813 nur noch 2323 Titel), fand die Messe trotzdem regelmäßig statt, wenn auch mit vermindertem Besuch, vermindertem Umsatz und verminderter Zahlung. Erst 1821 erreicht die Buchproduktion wieder den Stand von 1805 und steigt seitdem stetig und immer schneller an, wobei es zwischen 1815 und 1830 zu einem besonders starken Aufblühen der Unterhaltungsliteratur kommt. Daneben haben Zeitungen und Zeitschriften belletristischen und literarischen Charakters bedeutende Auflagenerfolge. Hand in Hand mit einer Restabilisierung des deutschen Buchhandels geht in diesen Jahren eine immer stärkere Technisierung. Zwischen 1810 und 1814 entwickelt König seine ersten dampfgetriebenen Maschinenpressen und Schnellpressen und gründet 1817 mit Bauer die erste Druckmaschinenfabrik. 1822 werden nach den Erfolgen Königscher Maschinen beim Druck der Londoner *Times* die ersten Schnelldruckmaschinen bei Haude und Spener in Berlin aufgestellt; seit 1824 druckt auch Cotta seine *Augsburger Zeitung* auf einer Königschen Maschine, 1826 folgen Brockhaus und Metzler. Seit dieser Zeit kann man davon ausgehen, daß die Unterschiede zwischen süddeutschem und norddeutschem Buchhandel endgültig der Vergangenheit angehören.
Nach 1813 wendet sich der Zentralbuchhandel erneut seinem alten Ziel zu, einen einheitlichen deutschen Buchmarkt herzustellen mit einheitlichen Rechtsvorschriften über das Verhältnis zwischen Buchhändlern und Verlegern und wirksamen Regelungen gegen den Nachdruck. Waren bisher solche Regelungen an der deutschen Vielstaatlichkeit gescheitert, so sehen die Buchhändler jetzt in der Zeit des Wiener Kongresses Möglichkeiten für national verbindliche Gesetze.

Urheber- und Verlagsrecht

Zwischen 1805 und 1813 wurden die Rechtsverhältnisse zwischen Schriftstellern und Verlegern zunehmend vom französischen Recht geprägt. Das Februaredikt Napoleons von 1810 besagte, daß das Recht eines Schriftstellers zwanzig Jahre nach seinem Tode und dem Tod seiner Witwe noch bei seinen Erben bleibe. Das Verlagsrecht war damit überhaupt nicht mehr an den Verleger, sondern ausschließlich an den Autor gebunden. Starb dieser ohne Nachkommen, so verfiel das Verlagsrecht sofort. Sachsen paßt sich schon 1810 der französischen Gesetzgebung an, und auch Preußen hebt noch im gleichen Jahre das ewige Verlagsrecht auf. Überhaupt widersprachen alle Niederlassungsbeschränkungen dem modernen und im Dezember 1808 in den preußischen Geschäftsinstruktionen verkündeten Grundsatz der Gewerbefreiheit. Privilegien und Monopole sollten der Vergangenheit angehören. Nur in wenigen Staaten, Österreich und Baden etwa, gelingt es dem etablierten Buchhandel noch, Niederlassungsbeschränkungen durchzusetzen.

Karl Bertuch und Cotta, die führenden Repräsentanten des nord- und süddeutschen Buchhandels, reisen als Vertreter des deutschen Buchhandels zum Wiener Kongreß. Sie sind ausgerüstet mit einem ganzen Bündel von Denkschriften über die Situation des Buchhandels.

Der Leipziger Buchhändler Kummer hatte August von Kotzebue mit der Abfassung einer Denkschrift beauftragt, Bertuch hatte den Jenaer Historiker Heinrich Luden um das gleiche gebeten. Ludens Denkschrift, veröffentlicht in seiner scharf antifranzösischen, aber ebenso scharf antifeudalen, demokratischen Zeitschrift *Nemesis* richtete sich vor allem gegen Zensur und Nachdruck, aber auch gegen Leihbibliotheken, und sogar gegen die öffentlichen Bibliotheken, von denen er ganz modern eine Autorenabgabe forderte. Entschieden setzte sich Luden für das unbeschränkte Eigentumsrecht des Verfassers ein. Seine Denkschrift wurde denn auch prompt von den Buchhändlern verworfen, die vielmehr Kotzebues Entwurf unterstützten, der mit viel Schwall und Schwulst schon hundertmal Gesagtes wiederholte. Eine dritte nicht offizielle Denkschrift von Christian Gottlob Eberhard, dem Inhaber der Regerschen Buchhandlung in Halle, setzte sich ebenso wie Luden vor allem für die Rechte der Schriftsteller ein.

Bertuch und Cotta erreichten zunächst einen deklamatorischen Erfolg: In die deutsche Bundesakte vom 8. Juni 1815 wird der Satz aufgenommen: «Die Bundesversammlung wird sich bei ihrer ersten Zusammenkunft mit Abfassung gleichförmiger Verfügungen über die Preßfreiheit und die Sicherstellung der Rechte der Schriftsteller und Verleger gegen den Nachdruck beschäftigen.» 1818 stattet denn auch der beauftragte oldenburgische Minister Heinrich von Berg seinen Bericht dem Bundestag ab. Er legt dar, daß das Verbot des Nachdrucks im Eigentumsrecht des Verfassers begründet sei, und fordert von da aus ein ausdrückliches Bundesgesetz gegen den Nachdruck.

In den Jahren von 1816 bis 1818 brach jedoch auch bei den Buchhändlern allmählich die Erkenntnis durch, daß der Nachdruck von einst nicht mehr mit dem gegenwärtigen Nachdruck zu vergleichen war. Die Mehrzahl der nachgedruckten Autoren war inzwischen tot. Es entstanden immer mehr Zweifel, ob die großen Verleger wirklich ein Recht auf ausschließlichen Besitz dieser Autoren hatten. Das ewige Verlagsrecht war angesichts einer postulierten Nationalliteratur nicht mehr zeitgemäß. Billige Klassikerausgaben, wobei der Klassikerbegriff sich ständig erweiterte, waren zu einem allgemeinen Bedürfnis geworden. Anstelle des ewigen Verlagsrechts setzte sich immer mehr die Rechtsauffassung durch, daß nach dem Tode des Autors sein Werk Eigentum der Nation sei. Eine Nationalliteratur aber kann nicht das Eigentum weniger Geschäftsleute sein, die über Erscheinen oder Nichterscheinen frei verfügen können. Gerade die süddeutschen Nachdrucker sind es jetzt, die öffentlich eine beschränkte Schutzdauer fordern. Die meisten norddeutschen Buchhändler vertreten zwar noch das ewige Verlagsrecht; aber auch Brockhaus, Karl Bertuch und Perthes setzen sich immer entschiedener für eine beschränkte Schutzfrist ein. In seinem Fehdebrief an Macklot schreibt Brockhaus: «Erst dann werden auch wir eine Nationalliteratur erhalten, wenn die Werke unserer ersten Dichter und klassischen Schriftsteller, nach einem gewissen in Billigkeit zu bestimmenden Zeitraum Eigenthum der Nation werden und ihre Herausgabe nicht blos wie jetzt nur ungeschickte geist- und geschmacklose Nachdrucke, sondern jede Buchhandlung Deutschlands zur Concurrenz zuläßt.» [75; *Bd. 4, S. 109*]

Schutz vor Nachdruck – Bedürfnis nach Zensur

Am 19. Februar 1819 berät die Bundesversammlung den «Entwurf einer Verordnung zur Sicherstellung der Rechte der Schriftsteller und Verleger gegen den Nachdruck», der das Verlagsrecht zehn Jahre nach dem Tod des Verfassers enden läßt. Im Zeichen der Karlsbader Beschlüsse benutzt Metternich allerdings auch eine neue Gesetzgebung zur Unterdrückung von Presse und Buchhandel. 1820 legt er der Bundesversammlung eine Denkschrift von Adam Heinrich Müller vor, die *Denkschrift über die in Betreff des Büchernachdrucks, der Sicherstellung des literarischen Privateigenthums, und der Organisation des deutschen Buchhandels zu ergreifenden Maßregeln*. Dieses Meisterwerk an Perfidie verquickt den Streit um den Nachdruck mit der Einführung eines breiten Instrumentariums an Zensur. Müller geht davon aus, daß die «von allen Seiten verlangte Sicherung des literarischen Privat-Eigenthums gegen den Nachdruck niemals aus dem allgemeinen natürlichen Rechte hergeleitet werden» könne. «Vielmehr haben die Werke des Geistes überall die Präsumption für sich, daß sie nicht Privat-, sondern Gemein-Eigenthum sind, also nach Belieben von jedermann verbreitet und vervielfältigt werden können, in wie fern nämlich die positiven Gesetze darüber nicht anderweitig verfügen.» Geistiges Eigentum wird also nur durch die willkürlichen Privilegien geschützt, die der Einzelstaat durch seine Macht erlassen kann. Nun ergibt sich aber für Müller gerade aus der Sprachgemeinschaft der Völker des Deutschen Bundes die Unfähigkeit der einzelnen Regierung, das literarische Eigentum ihrer Untertanen vollständig zu schützen. Für den Bund jedoch ergebe sich lediglich eine Verpflichtung zum Schutz des neu entstehenden geistigen Eigentums aus der durch die Karlsbader Beschlüsse über ganz Deutschland verfügten Pressebeschränkung. Die Berechtigung des Bundes zu Präventiv-Maßregeln gegen den Mißbrauch der Presse fließt mit der Verpflichtung des Bundes zum Schutz der Druckschriften gegen die Benachteiligung durch den Nachdruck aus ein und derselben Quelle. Literarisches Privateigentum kann nicht bestehen, ebensowenig wie irgendein anderes Privateigentum, ohne den Schutz des bürgerlichen Rechts. «Weil aber Präventiv-Beschränkungen der Presse nothwendig sind, so ist auch andrerseits die beschränkende Behörde zum Schutze des unter ihrer Recognition entstehenden literarischen Privat-Eigenthums gegen den Nachdruck verpflichtet.» Erst durch die Pressegesetze haben die Schriften der Autoren eine «bundesrechtliche Existenz» und können deshalb durch den Bund geschützt werden. Mit diesem Schutz verlangt Müller auch eine Regulierung der Buchhändlerkorporation:

> «Eine Gewerbs-Classe, die unter der demagogischen Führung dieses oder jenes Individuums und unter dem Schilde vermeintlicher Freiheit der literarischen Republik, sich im Mittelpunkte von Deutschland, willkührlich constituieren und ihre eigenthümlichen Zwecke verfolgen könnte, wird um so weniger der Aufsicht des Bundes entzogen werden dürfen, als der gelehrte Stand zu allen Zeiten in sehr hohem Grade von ihr abhängig bleiben, und sie dennoch auf Erziehung Geistesbildung und Volksstimmung einen fast größeren Einfluß, als der deutsche Lehrstand selbst ausüben wird» [188; *Bd. 2, S. 347–364*].

Müller schlägt denn auch einen Gesetzestext vor, der den Nachdruck verbietet, das schriftstellerische Privateigentum unter den Schutz des Bundes stellt, sofern bei der Erscheinung des Werkes die durch das Gesetz beschriebenen Formalitäten beobachtet werden. Alle Werke, die von Autoren stammen, die vor dem 1. 10. 1790 gestorben sind, sollen Gemeineigentum der gesamten literarischen Welt sein. Alle späteren Werke sollen eine Schutzfrist von 30 Jahren nach dem Tode ihres Verfassers haben. Gleichzeitig aber soll zur Sicherung dieses Schutzes eine Zentralbehörde des Bundes für den deutschen Buchhandel in Leipzig aufgestellt werden. Damit nimmt Müller einen harmlos gemeinten Vorschlag von Brockhaus auf, eine Aufsichtsbehörde nach Art des französischen Direktoriums für den Buchhandel in Leipzig zu installieren, wobei Brockhaus natürlich an alles andere als an eine Zensurbehörde dachte.

Der Generaldirektor des deutschen Buchhandels soll in Müllers Gesetzentwurf eine Matrikel des deutschen Buchhandels führen, ebenso eine Liste aller in Deutschland erscheinender Druckschriften, endlich das Register aller Bücherverbote. Die Mitgliedschaft im Börsenverein wird für alle Buchhändler zur Pflicht. Die Eintragung in die Matrikel des Generaldirektors wird zur Berufsbedingung. Jedes Werk muß dem Generaldirektor vorgelegt werden. Druckschriften, die nicht im «Protocoll der neu erscheinenden Druckschriften» verzeichnet sind, haben weder einen Schutz, noch dürfen sie überhaupt in Leipzig, und das heißt nirgendwo, gehandelt werden. [188; *Bd. 2, S. 347–364*]
Über den Schutz des Privateigentums an literarischen Werken sollte hier eine erste wirklich umfassende Zensurbehörde für den deutschen Buchhandel aufgebaut werden. Die meisten Regierungen lehnen den Müllerschen Entwurf ab, der weit über die Karlsbader Beschlüsse hinausging, vor allem, weil er keine zeitliche Begrenzung kannte, sondern eine dauernde Zensurbehörde einrichten wollte. Danach lehnte Österreich eine weitere Behandlung der Nachdruckangelegenheit ab; die erste beabsichtigte Kodifizierung eines einheitlichen deutschen Urheberrechts ist gescheitert.
Am 16. Mai 1824 vereinigen sich endlich die deutschen Buchhändler doch noch zu einem freiwilligen Verein, dem Börsenverein des deutschen Buchhandels, der 1825 108 und 1826 bereits 258 Mitglieder hat. [vgl. 75; *Bd. 3 u. Bd. 4*]

Zeitschriften und ‹Journale›

Die Zeitungen und Zeitschriften der letzten Jahre des 18. Jahrhunderts und der ersten drei Jahrzehnte des 19. Jahrhunderts spiegeln nicht nur in vielfältiger Weise die politischen Verhältnisse der Zeit, sondern auch die Verhältnisse auf dem Buchmarkt. Das außerordentlich starke Engagement deutscher Schriftsteller und deutscher Journale für die Emanzipationsbestrebungen des Bürgertums hält nicht nur an, sondern kulminiert gerade in den Jahren 1792/93, um dann jedoch jäh abzubrechen. Politische, praktisch-ökonomische Zeitschriften räumen literarisch-ästhetisch-kunstphilosophisch-historischen das Feld.
Die Veröffentlichung revolutionär-demokratischer Zeitschriften beschränkt sich lokal auf die von den Franzosen besetzten Gebiete und das liberal regierte dänische Altona, zeitlich auf die beiden Phasen der Besetzung linksrheinischer Gebiete durch die revolutionären Armeen bis zum Staatsstreich Bonapartes. 1800 hört jede politische Literatur in Deutschland auf.
Trotz dieser räumlich und zeitlich engen Begrenzung erscheint in diesem Bereich und dieser Zeit eine ungewöhnliche Fülle von Zeitschriften. Ihre Verfasser kommen alle aus der geistigen Tradition der Aufklärung,

aus dem Bereich der jedem Literaturwissenschaftler hinreichend bekannten norddeutsch-sächsisch-berolinischen Aufklärung, in deren geistigem Zusammenhang sich auch der deutsche Zentralbuchhandel entwickelt hat, oder der sehr spezifischen, für die Revolutionspublizistik aber bedeutend wichtigeren und trotzdem weitgehend unbekannten rheinisch-bayrischen Aufklärungsliteratur. Gerade im lokalen Bereich dieser revolutionär-demokratischen Zeitschriften ist der Buchhandel am schwächsten organisiert, findet zum großen Teil ein Buchhandel gar nicht statt. Der Vertrieb dieser Zeitschriften, der weder über die Messe noch über die üblichen Postwege laufen kann, gestaltet sich außerordentlich schwierig. In der Regel läuft die Distribution direkt vom Drukker, häufiger noch vom Verfasser zum Konsumenten – man kann sagen, in jedem Fall außerordentlich dilettantisch. Dadurch blieb der Vertrieb in der Regel auf einen sehr kleinen lokalen Bereich begrenzt. Nur die Rebmannschen Zeitschriften finden durch größere Erfahrung des Herausgebers und die Unterstützung seines Freundes, des Buchhändlers Vollmer, der mit ihm gemeinsam von Erfurt nach Altona und von dort nach Mainz geht, einen größeren Wirkungskreis.
Die Journalisten, Herausgeber und Verfasser sind Klassenvertreter des gebildeten Bürgertums, sie fordern weniger politische, noch viel weniger soziale Freiheit, als vielmehr Denkfreiheit, Freiheit vor religiösem Obskurantismus. Wichtige Zentren der revolutionär-demokratischen Presse sind Straßburg mit der für die Entstehung eines spezifisch rheinisch-deutschen Nationalismus wichtigen Zeitschrift *Argos oder der Mann mit hundert Augen* (1792 bis 1794) von Eulogius Schneider und Mainz mit Georg Christian Gottlob Wedekinds Zeitschrift *Der Patriot*, Georg Wilhelm Böhmers *Mainzer National-Zeitung*, Georg Forsters *Neue Mainzer Zeitung* und Mathias Metternichs *Bürgerfreund* (alle 1793). Bedeutendster Publizist unter den deutschen Jakobinern ist ohne Zweifel Andreas Georg Friedrich Rebmann (1768 bis 1824) mit seinen Journalen *Das neue graue Ungeheuer* (1793 bis 1797; im Titel schließt Rebmann an die Tradition des schwäbischen Aufklärers Wilhelm Ludwig Wekhrlins an, dessen Journal *Das graue Ungeheuer* von 1784 bis 1787 erschien), *Die Schildwache* (1796 bis 1797) und *Die Geissel* (1797 bis 1799). Der Schriftsteller Rebmann, anders als die meisten rheinischen Republikaner, ist in viel stärkerem Maße den norddeutschen Kulturzentren Leipzig und Jena verpflichtet. Der Schüler des Historikers Schiller setzt sich von seinen demokratischen Überzeugungen her auch viel stärker mit literarischen Phänomenen auseinander als irgendein anderer politischer Schriftsteller aus diesem Kreis.
Wichtigster Journalist der zweiten Phase französischer Rheinlandbesetzung ist Joseph Görres (1776 bis 1848) mit seinen beiden Journalen *Das rothe Blatt* (1798) und *Der Rübezahl* (1798 bis 1799). Auch diese Zeit-

schriften ahmen keineswegs die französische Revolutionspresse nach, sondern bleiben der deutschen Aufklärungspublizistik verpflichtet, was keineswegs verständlich ist, bedenkt man, daß sie nach der Eingliederung des Rheinlandes in die französische Republik entstanden sind.
Neben der Fülle jakobinischer Journale steht eine Reihe von zum Teil außerordentlich langlebigen liberalen Zeitschriften, die durch ihre vollständige Integration in den Buchhandel eine weite Verbreitung gefunden haben. Hier spielen die Ablösungskämpfe der Pädagogik, der Philosophie, der Literatur von ihren theologischen Fesseln die gewichtigste Rolle – wie etwa im *Braunschweigischen Journal*, später *Schleswigsches Journal* (1788 bis 1793) von Ernst Christian Trapp und Joachim Heinrich Campe und seiner Fortsetzung *Genius der Zeit*, später *Genius des XIX. Jahrhunderts* (1794 bis 1802) von August von Hennings. Alle diese Journale begrüßen die Französische Revolution zunächst außerordentlich schwärmerisch, herzlich und enthusiastisch. Der Traum zerrinnt jedoch in der realen Umsetzung der Revolution. Alle diese Journalisten halten die Veränderungen in Frankreich in gewissen Grenzen für richtig, lehnen jedoch eine Übertragung auf Deutschland in jedem Fall ab.
Die ersten Zeitschriften aus dem Umkreis der Weimarer Klassik haben ebensowenig Literatur und Kunst zum Gegenstand wie Politik. Den größten Raum nehmen vielmehr lebenspraktische Fragen ein, Aufsätze über technische Neuheiten, naturwissenschaftliche Entdeckungen, neue Erfahrungen im gewerblichen Leben und vor allem Fragen der Erziehung. Erziehung erweist sich als magische Vokabel der Zeit und der sozialen Schicht, die als Leser und Mitarbeiter diese Journale tragen. Bedeutender Redakteur in diesem Bereich ist der alerte Magister ubique Karl August Böttiger (1760 bis 1835), von Goethe kurz «das Arschgesicht» genannt. Er ist, ohne in der Regel als solcher auf den Titelblättern zu stehen, gleichzeitig Redakteur des *Teutschen Merkurs* (1773 bis 1810), der Bertuchschen Revue *London und Paris* (1798 bis 1810) und des *Journals des Luxus und der Moden* (1786 bis 1827). Obwohl politische Probleme nicht im Vordergrund dieser Zeitschriften stehen, fehlen sie keineswegs völlig: Im *Teutschen Merkur* veröffentlicht Wieland seine zahlreichen Aufsätze zur Französischen Revolution, und Schiller schickt seiner *Thalia* (1785 bis 1791) das politische Bekenntnis voraus, der Herausgeber schreibe «als Weltbürger, der keinem Fürsten dient».
Der Gegenstandswechsel wird besonders in den Zeitschriften deutlich, die immer schon als Teil der Hochliteratur verstanden wurden und zum verbindlichen Kanon der klassischen und romantischen deutschen Literatur gehören. Das gilt für Schillers *Horen* und Goethes *Propyläen* ebenso wie für Schlegels Zeitschriften *Athenaeum* und *Europa*. Alle diese Zeitschriften scheitern nicht zuletzt am Widerstand ihres Publikums, am Ausbleiben der Leser, wobei das *Athenaeum* der Brüder Schlegel

sich auch ausdrücklich gegen das allgemeine, das gewöhnliche Lesepublikum wendet, welches immer mehr Gegenstand des Spottes der jungen Romantikergeneration wird. Allen diesen Zeitschriften ist aber auch eigen, daß sie bewußt aus dem Zusammenhang der politischen Emanzipation des Bürgertums heraustreten und deutlich Partei gegen die Französische Revolution nehmen.

Während Goethes *Propyläen* im Rückgriff auf Winckelmann das Griechentum, das im Attizismus Wielands und in Friedrich Schlegels Schriften zur attischen Demokratie eine eminent politische Funktion besaß, nämlich schlechthin ein Synonym für demokratische Republik war, wieder völlig entpolitisiert, greifen Schiller und Goethe in den *Horen* ohne jede Umschreibung die Französische Revolution an. Bereits die Ankündigung der *Horen* ist nicht nur unpolitisch, sondern ganz bewußt antipolitisch gehalten. Der Kampf der politischen Meinungen, der allesverfolgende Dämon der Staatskritik soll aus den Unterhaltungen dieses Journals ausgeschlossen bleiben. Vielmehr soll das Interesse, das die Horen leitet, ein «höheres» als das der Politik sein, weil es ein «rein menschliches» ist. Die politisch geteilte Welt soll unter der Fahne der Wahrheit und Schönheit wiedervereinigt werden. Mitten im politischen Tumult soll ein Freiraum entstehen, in dem die Ideen veredelter Menschheit aufgestellt werden, von denen sich Schiller zuletzt alle wahre Verbesserung des gesellschaftlichen Zustandes erhofft. Schiller versteht diese antipolitische Haltung ausdrücklich nicht als unpolitisch; wiederholt bezeichnet er das Herzstück der *Horen*, seine *Briefe über die ästhetische Erziehung*, als sein «politisches Glaubensbekenntnis», und auch seine Gegner verstehen sowohl die Ankündigung wie die Briefe als gegenrevolutionäre Schrift, als «Manifest von Jena», wie es der Berliner Kriegsrat Cranz spöttisch in Anlehnung an das Manifest des Herzogs von Braunschweig in Rebmanns *Geissel* tut. Im Gegensatz zu Schillers *Horen* fehlt im *Athenaeum* jeder Ausfall gegen die Französische Revolution. Im Gegenteil, August Wilhelm Schlegel spricht sogar von der «revoluzionären Partei» in der gegenwärtigen Literatur; Friedrich Schlegel nennt gar die Gruppe junger Autoren um das *Athenaeum* die «Bergpartei» und unterschreibt seine Briefe mit «salut et fraternité», Varnhagen hingegen schätzt diesen revolutionären Stil wohl sehr genau ein, wenn er 1811 schreibt: «Die Brüder Schlegel sind echte Revoluzionsmänner; sie haben die in Deutschland mögliche Umwälzung versucht und zum Teil auch bewirkt. Die Revolution, die in Frankreich den Staat, hat in Deutschland die Literatur erschüttert.» Revolution und Freiheit werden in Schlegels Zeitschrift ästhetisiert, die Stelle der politischen Revolution besetzt die Literaturrevolution. Zunehmend weicht das Element der Kritik zurück, unter dem die Zeitschrift angetreten war; Kunst, Naturphilosophie und Religion treten an ihre Stelle. In beinahe allen Beiträgen des *Athenaeums* und verstärkt noch in allen späteren Zeitschriften Friedrich Schlegels, der *Europa* (1803 bis 1805), dem *Deutschen Museum* (1812 bis 1813) und der *Concordia* (1820 bis 1823), steht das gesellschaftsbezogene einheitsstiftende und universalistische Denken im Vordergrund, das gerade ins Bekenntnis zum universalen Staat als der österreichischen Monarchie und zur universalen Religion als der römischen Kirche mündet. Gerade die Erfahrung der Literaturrevolution mit ihrem Kernstück der Universalpoesie macht im Analogieschluß den «Salto mortale in die göttliche Barmherzigkeit» möglich, den Schlegel einst Jacobi so unnachsichtig vorgeworfen hatte.

In Schlegels Zeitschrift *Europa*, der Summe seiner Reise nach Paris und seines zweijährigen Aufenthalts dort, wird nicht allein die Wendung der Frühromantik zu Geschichte und Mittelalter deutlich, sondern in analoger Entwicklung zur Romantheorie als moderner christlicher poetischer Gattung wird die Malerei – in deutlichem Gegensatz zu Goethes *Propyläen* – zur Richtschnur aller Kunst, wird sie im Gegensatz zur antiken heidnischen Plastik die spezifische Form christlicher moderner Kunst.

Ein Journal für die Kunst will ausdrücklich das Dresdner Unternehmen Heinrich von Kleists und Adam Heinrich Müllers, die Zeitschrift *Phöbus* (1808) sein. Einerseits machen die zahlreichen Artikel zur christlichen Kunst und zur europäischen Literatur auf die Verwandtschaft mit Schlegels *Europa* aufmerksam, andererseits schließt sich die Zeitschrift deutlich den Journalen Schillers und Goethes an, indem der Dresdner Ferdinand Hartmann, Teilnehmer an mehreren Goetheschen Preisausschreiben, die Redaktion des Kunstteils übernahm und indem der Prospekt, der der ersten Nummer voranging, ausdrücklich darauf hinwies, daß das Kunstjournal nach dem «etwas modifizierten und erweiterten Plane der Horen» herausgegeben werden solle. In nicht weniger deutlicher Weise schließt sich der Wiener *Prometheus* (1808) von Leo von Seckendorf und Josef Ludwig Stoll dem Vorbild der *Horen* an und bezeichnet «ästhetische Bildung» als ausschließlichen Zweck dieser Zeitschrift. Eine späte Nachfolgerin von Schlegels *Europa* ist endlich Carl Weichselbaumers in Nürnberg erscheinende Zeitschrift *Orpheus* (1824 bis 1825). Sie ist noch einmal nahezu ausschließlich der christlichen, insbesondere der italienischen und altdeutschen Kunst gewidmet.

Schlegels Wiederentdeckung nationaler deutscher Geschichte am Rhein und seine Arbeit an den Handschriften provenzalischer Dichter in Paris haben eine breite Beschäftigung mit der älteren deutschen Literatur angeregt, der im beginnenden Befreiungskampf gegen Napoleon ebenso wie in den Überlegungen über die Verfassung eines künftigen deutschen Reiches eine wichtige einheitsstiftende Funktion zufällt. Nicht von ungefähr ist es Joseph Görres, dem für die Entstehung eines spezifisch rheinisch-deutschen Nationalismus eine Schlüsselrolle zukommt, der mit

Clemens Brentano und Ludwig Achim von Arnim die *Zeitung für Einsiedler* (1808) herausgibt, die für das Volk, so diffus dieser Begriff auch immer sein mag, das alte Lebendige zusammentragen will, das aus eben diesem Volk kommt. So ist es nicht verwunderlich, daß auch die ersten Veröffentlichungen der Brüder Grimm in dieser Zeitung erscheinen. Das *Museum für altdeutsche Literatur und Kunst* (1809 bis 1811) von J. G. Büsching, B. J. Docen und Friedrich Heinrich von der Hagen, die Zeitschrift für Wissenschaft und Kunst *Pantheon* (1810) von J. G. Büsching und Karl Ludwig Kannegießer und besonders Friedrich Schlegels *Deutsches Museum* (1812 bis 1813) sind die wichtigsten Zeitschriften, die diesen Weg fortsetzen, wenn sie auch die frech-fröhliche Art der Heidelberger Einsiedler durch gravitätische Gelehrsamkeit ersetzen. Sowohl Görres bedeutende Zeitung *Rheinischer Merkur* (1813 bis 1814) wie Grimms Zeitschrift *Altdeutsche Wälder* (1813 bis 1816) setzen diese politische und demokratische Tradition der beginnenden Germanistik fort. So schreibt Görres etwa in einem Artikel *Der teutsche Reichstag*: «Auf dem großen teutschen Reichstage, welcher unser Vaterland so gründlich ordnen soll, müssen außer Männern, welchen ihr Standpunkt und Beruf der gewöhnlichen Ordnung nach, dort Sitz und Stimme giebt, auch die ächten Kenner alter teutscher Geschichte, und Weise, und Sprache, und Verfassung dort erscheinen, welche den übrigen Ständen den Geist unserer großen Vergangenheit lebendig vor Augen zu stellen vermögen.» [22] Bei Grimm heißt es: «Wir erkennen eine über alles leuchtende Gewalt der Gegenwart an, welcher die Vorzeit dienen soll, gleichwie die edelsten Menschen des Alterthums blos darum nicht todt heißen können, weil sie uns noch durch die Erinnerung bewegen. Wer diese Beziehung auf das Leben leugnen wollte, der nähme die Belehrung der Geschichte hinweg und setzte diese alte Gedichte, wie eine unzugängliche Insel aufs Meer, wo die Sonne umsonst ihr Licht ausbreitete und die Vögel ungehört sängen.»

Mit seinen Zeitschriften *Die Jahreszeiten* (1811 bis 1814), *Die Musen* (1812 bis 1814) und *Berlinische Blätter für deutsche Frauen* (1829 bis 1830) ist der preußische Major und Ritter Friedrich de la Motte-Fouqué (1777 bis 1843) sicher der wichtigste und folgenreichste Popularisator wissenschaftlicher Beschäftigung mit mittelalterlicher deutscher Literatur. Zugleich hebt er aber den demokratischen Anspruch der jungen Germanistik wieder auf und benutzt seine historisierenden Ritterdichtungen ungeniert zum Angriff auf alle reformistischen oder gar revolutionären Tendenzen und zur Legitimation feudaler Ordnungen. Im Gegensatz zu den meisten anderen romantischen Zeitschriften finden seine Journale einen breiten Leserkreis. Er paßt sich auch am intensivsten den Publikumswünschen nach einer ‹gehobenen› Unterhaltungsliteratur an. So ist er auch das gefeierte Vorbild der ihm nacheifernden Dresdner Romantiker um Friedrich Kind, Otto Heinrich Graf von Loeben und Theodor Hell. Kinds Zeitschriften *Die Harfe* (1815 bis 1819) und *Die Muse* (1821 bis 1822) haben keine anderen Ziele mehr als zu unterhalten, zu ergötzen und zu erfreuen. So unbedeutend sie als literarische Organe sein mögen, so wichtig sind sie doch für weit verbreitete Vorstellungen von Literatur und für die Rezeptionsgeschichte einzelner Autoren, etwa Schillers oder Novalis'. Mit diesen Zeitschriften wird aber auch die Gattung ‹Journal›, der die frühen Romantiker, besonders F. Schlegel und Novalis eine theoretische Grundlage gegeben hatten, die das Journal gleichberechtigt neben den Roman stellte, nicht nur zu einem Träger von Trivialliteratur, sondern zu einer trivialen Gattung schlechthin. [vgl. 79]

Gerhard Kurz
Ästhetik, Literaturtheorie und Naturphilosophie

Übereinstimmende Tendenzen

Es gibt weder eine dogmatische Kunstdoktrin der Klassik noch eine der Romantik. Es gibt unablässige Denkbemühungen, charakteristisch oft in Briefen, im Werkstattgespräch, in kritischen Rezensionen, kleinen Aufsätzen, Vorreden, gemeinsamen Niederschriften. Entgegen dem hartnäckigen Klischee von der subjektivistischen Romantik und der harmonistischen Klassik haben beide bei allen unübersehbaren Differenzen elementare Tendenzen gemeinsam. Für Hegel (*Ästhetik*, hg. 1835) und Jean Paul (*Vorschule der Ästhetik*, 1804) waren Goethe und Schiller Romantiker. In der Nachfolge von August Wilhelm Schlegels Berliner und Wiener Vorlesungen wird in der französischen und angelsächsischen Literaturgeschichte die ganze Epoche als romantische qualifiziert. Im Blick auf Goethes *Wilhelm Meisters Lehrjahre* (1795/96) erscheint Friedrich Schlegel die «Harmonie des Klassischen und Romantischen» als «höchste Aufgabe aller Dichtkunst» möglich (*Gespräch über die Poesie*, 1800). Auch Goethe strebte eine Versöhnung des Klassischen und Romantischen an; *Faust II* ist das Beispiel.

Für beide Bewegungen ist das Bewußtsein einer Aufklärungskontinuität wichtig. Für Friedrich Schlegels Poesie-Begriff ist seine produktive Analyse von Lessing und Georg Forster (*Über Lessing*, 1797; *Georg Forster. Fragment einer Charakteristik der deutschen Klassiker*, 1797) bedeutsam. In der Aufklärungsästhetik ist auch schon das methodische Verfahren vorbereitet worden, Ästhetik und Poetik aus wenigen Grundbegriffen analytisch-synthetisch zu entwickeln. Charakteristisch für die klassische und romantische Theorie ist die Behandlung der Poetik als Teil der philosophischen Ästhetik und die Historisierung der Ästhetik. Die Ästhetik wird auch historisch, die Poetik systematisch begründet. Vor allem Hegel hat am Ende der Epoche die universelle Geschichtlichkeit des Schönen herausgestellt.

Die ästhetische Theorie ist kaum im Blick auf eigene Dichtung entwikkelt worden. Muster romantischer Poetik sind vor allem Goethe, Cervantes, Dante, Shakespeare, Lessing, nicht das, was heute vage als ‹romantisch› gilt. Auch Schillers Ästhetik und sein Werk sind nicht ganz kongruent.

Die «Kunstperiode» (Heine) idolisiert nicht die Kunst. Das Postulat einer Autonomie der Kunst wird aufgestellt, aber nie uneingeschränkt behauptet. Das Autonomiepostulat wurde ursprünglich defensiv gegen politische und theologische Bevormundungen der Kunst entfaltet. Vorbereitet in der Aufklärungsästhetik (Breitinger, Gottsched, Lessing) erhält das Autonomiepostulat bei Karl Philipp Moritz (*Versuch einer Vereinigung aller schönen Künste und Wissenschaften unter dem Begriff des in sich selbst Vollendeten*, 1785) seine argumentative Grundlegung. Das Schöne hat keinen äußeren Zweck; es wird definiert im Unterschied zum Nützlichen. Dafür hat es eine «innere Zweckmäßigkeit oder Vollkommenheit». Diese in sich zweckmäßig gegliederte Struktur nennt Immanuel Kant in der epochemachenden *Kritik der Urteilskraft* (1790) eine «Zweckmäßigkeit ohne [äußeren] Zweck». Bei Kant wird, folgenreich für Schillers Ästhetik, das Autonomiepostulat moralphilosophisch begründet nach dem Modell der Unabhängigkeit des freien, sittlichen Willens von sinnlichen Antrieben und Zwängen. Die Epoche bevorzugte für die Autonomie des Schönen die Metapher der ‹Welt›. Das Kunstwerk ist eine zweite Welt. Aufgrund der inneren harmonischen Proportion dieser Welt wurde das Kunstwerk als Modell eines liberalen ‹republikanischen› Staats angesehen. Aber auch Moritz machte eine humanisierende Funktion der autonomen Kunst geltend (*Über die bildende Nachahmung des Schönen*, 1788). Autonomie der Kunst wurde stets mit ihrer sozialen Funktion zusammen bedacht.

Autonomisierung der Kunst bedeutet Hinwendung zu einer Ästhetik des Werks und Abwendung vom Grundsatz der Naturnachahmung (der im 18. Jahrhundert vor allem Befolgung kanonischer Regeln bedeutet). Jetzt wird nicht mehr die Malerei, sondern die amimetische Kunst der Musik als Erläuterungsmodell herangezogen (Musik gilt als die «Kunst der Künste» in W. H. Wackenroders/L. Tiecks *Herzensergießungen eines kunstliebenden Klosterbruders*, 1796). Aber auf der Basis ihrer Autonomieerklärung erhält die Kunst sowohl in der Klassik wie in der Romantik eine neue mimetische Bedeutung in der zentralen poetologischen Kategorie der ‹Darstellung›, verstanden als Vergegenwärtigung und Verwirklichung. Insofern tendieren Klassik und Romantik dazu, eine Werkästhetik mit einer Darstellungsästhetik zu verbinden, ‹poesis› mit ‹mimesis›.

Es macht die noch wenig erkannte Modernitätsbedeutung der Romantik aus, daß sie darüber hinaus in der Lehre von der Vollendung des Kunstwerks im kritischen Leser (Novalis, Friedrich Schlegel, Clemens Brentano, der sogar den Leser als den eigentlichen Dichter verstehen kann: an Armin, 1802) eine Rezeptionsästhetik entwickelt. In Friedrich Schlegels Aufsatz *Vom kombinatorischen Geist* (1804) wird Kritik als das Organ einer zukünftigen Literatur verstanden. Auch der spezifisch moderne Literaturbegriff, dessen Äquivalent eine anonyme Leserschaft ist, ist in der Romantik zuerst bedacht worden.

Die Kunst ist autonom, gleichwohl nicht das Höchste. Es bestimmt ihre utopische Funktion, daß höher als sie die «Lebenskunst» ist (F. Schlegel), das geschichtliche Handeln (Hölderlin), die Ausbildung unseres «eigentümlichsten Daseins» (Novalis, der provokativ schreibt: «Man kann die Poesie nicht gering genug schätzen.»). Und Schiller exponiert in seinem Programmgedicht *Die Künstler* (1789) die Schönheit als die irdische, vorläufige Form der Wahrheit. Und auch in *Über die ästhetische Erziehung des Menschen* (1795) endet für Schiller die «ästhetische Kunst» in der schwierigeren Lebenskunst.

Ihren einzigartigen Rang erhält die Kunst in einer geschichtsphilosophischen Begründung im Rahmen einer Analyse der Epoche. Die Leistung der Kunst wird bestimmt im Hinblick auf grundsätzliche Entzweiungs- und Entfremdungsstrukturen, sei es in der bürgerlichen Gesellschaft, sei es im Menschen selbst zwischen Vernunft und Triebstruktur. Kunst wird kraft ihres ästhetischen Wertes begriffen als Organ und Darstellung von Einheit, als Versöhnung des Getrennten – daher ihre Funktion als erzieherisch-utopisches Modell. Die Ermächtigung der Kunst und das Faktum gesellschaftlicher und menschlicher Entfremdungen sind in der ästhetischen Theorie komplementäre Sachverhalte. Nach Kant stellt Kunst die Einheit der Welt dar; Schiller kündigt seine Zeitschrift *Horen* (1794) an mit der Absicht, die «politisch geteilte Welt unter der Fahne der Wahrheit und Schönheit wieder zu vereinigen». Goethe bestimmt in der Briefnovelle *Der Sammler und die Seinigen* (1798) Kunst im Hinblick auf das Ganze des Menschen. Auch Novalis' Formel von der Poesie als «Gemüterregungskunst» meint die Erregung eines Einheits- und Harmoniebewußtseins. Das im Kreis von Hegel, Hölderlin und Schelling entworfene sogenannte *Älteste Systemprogramm des deutschen Idealismus* (1796/97) geht von einer Entzweiung von Welt und Ich aus, um der Poesie «eine höhere Würde» zuzuschreiben, «sie wird am Ende wieder, was sie am Anfang war – Lehrerin der Menschheit».

Sein Welt-Charakter macht das Kunstwerk geeignet darzustellen, was sonst nicht erkennbar ist, die Einheit der Welt. Dies gilt für die ganze Frühromantik, für die Kunst Darstellung des ‹Absoluten›, des ‹Göttlichen›, des ‹Ganzen› ist. Friedrich Schlegel: «Jedes Gedicht, jedes Werk soll das Ganze bedeuten.» In seiner Schrift *Über das Studium der griechischen Poesie* (1797) konzipiert er das Programm einer «objektiven Poesie», in der das Individuelle im ästhetischen Medium auf das Allgemeine und das Allgemeine auf das Individuelle bezogen wird. Dieser Vereinigungsanspruch von Dichtung gilt noch mehr für Hölderlin. Für ihn gehören Dichtung und Diagnose der epochalen revolutionären Krise unmittelbar zusammen. Dichtung steht unter der Losung der «großen Vereinigung alles Getrennten» (*Hyperion*-Fragment, 1794) und artikuliert die Einheit des widersprüchlichen Lebens- und Geschichtswegs. Ist die Dichtung auch ein «schwaches» Zeichen, so ist sie doch «Darstellung» der «Welt», wenn auch im «verringerten Maßstab» (Anmerkungen zur *Antigone*, 1804).

Die Ermächtigung der Kunst als Organ von Einheit basiert auch auf einer systemphilosophischen Ermächtigung der Ästhetik. Die von Fichte ausgehende Analyse der selbstreflexiven, gegensätzlichen Struktur des Ich machte die Voraussetzung eines ursprünglichen Einheitssinns unumgänglich. In Anlehnung an Spinoza wird dieser Einheitssinn paradox «intellektuale» oder «intellektuelle Anschauung» genannt. Sie wird als ästhetisches Medium aufgefaßt, als «ästhetischer Sinn» (Schelling, *Philosophische Briefe*, 1795/96; Hölderlin, *Urteil und Sein*, 1795; *Hyperions Jugend*, 1795; *Das älteste Systemprogramm*; ebenso bei F. Schlegel, der poetisches Wissen und intellektuelle Anschauung identifiziert und Ästhetik als Philosophie des «ganzen Menschen» begreift; bei Novalis in der Formel «schönes Wissen» in Fragmenten und Studien 1795/96; bei Schleiermacher, der vom «Anschauen des Universums» redet; *Reden über die Religion*, 1799; *Monologe*, 1800).

Der ästhetische Sinn, objektiviert im Kunstwerk, ist der Einheitssinn von Mensch und Welt, Theorie und Praxis, Reflexion und Sittlichkeit, Natur und Freiheit. Diese Fragestellung war durch den Ansatz und die Thesen von Kants *Kritik der Urteilskraft* vorbereitet worden, in der schon das ästhetische Medium als Garant von Einheit fungiert. Seine markanteste Formulierung findet der ästhetische Absolutismus in Schellings *System des transzendentalen Idealismus* (1800). Die Kunst allein macht eine Vereinigung von Subjekt und Objekt, Bewußtem und Unbewußtem, Freiheit und Natur erfahrbar. Aber Schelling revidiert bald diesen absoluten Kunstanspruch.

Antike und Moderne

Zu den selbstverständlichen Voraussetzungen von Klassik und Frühromantik gehört eine geschichtsphilosophische Selbstbegründung im Hinblick auf den vergangenen, aber noch vorbildlichen ‹Geist› der Antike. Der Prosa des entzweiten Lebens der Moderne wird die Poesie des ganzen Lebens in der Antike utopisch entgegengehalten. In diesem Zusammenhang entsteht die von Herder zuerst vorgetragene Idee einer modernen, einheimischen Mythologie, um die Kluft zwischen «Gelehrten» und «Volk» zu überwinden, um eine allgemeine Verständlichkeit wiederzugewinnen (so Herder, *Iduna*, 1796; *Das älteste Systemprogramm*; F. Schlegel, *Gespräch über die Poesie*).

Antike Vorbildlichkeit war in Johann Joachim Winckelmanns *Gedanken über die Nachahmung der griechischen Werke* (1755) neu angeeignet worden, ihre geschichtliche Relativität aber auch schon in Herders *Shakespeare* (1773). Daher das Bestreben, das geschichtlich Eigene auszubilden, ohne die Antike zu verleugnen. Insofern steht die ästhetische und poetologische Diskussion der Zeit in der Tradition des ‹Streits der Alten und Modernen›, der in der französischen Klassik im 17. Jahrhundert zur Einsicht in die geschichtlichen Bedingungen von Schönheitsidealen geführt hatte.

Seit seiner italienischen Reise waren für Goethe die ästhetisch-poetischen «Gesetze» der Griechen und der «Natur» identisch und Vorbild seiner ‹klassischen› Dichtung (dann auch in *Literarischer Sansculottismus*, 1795; *Winckelmann*, 1805; *Antik und Modern*, 1818). Ein Resultat der Diskussion mit Goethe ist Schillers Aufsatz *Über naive und sentimentalische Dichtung* (1795). Wie schon in der Aufklärung werden mit diesen Begriffen Dichtungs- und Empfindungsweisen gleichgesetzt.

Vor der Projektion eines Griechenlands, in dem Natur und Kunst identisch waren, entwickelt Schiller das Naive als die in der modernen Welt unerwartete Form unmittelbarer Natürlichkeit, das Sentimentalische als Ausdruck der Entfremdungen und Reflexionszwänge der Moderne. Das Naive und das Sentimentalische sind zwei unterschiedliche moderne Reaktionen auf den Verlust der Einheit.

Schillers geschichtsphilosophisches Modell war auch bei Novalis und Friedrich Schlegel einflußreich. Schlegel zielt in *Über das Studium der griechischen Poesie* (1797) auf eine «objektive Poesie» als Synthese der Moderne, deren poetisches Hauptmerkmal das «Interessante», mit der Antike, deren Hauptmerkmal «Schönheit» ist. Über die Fragmente in der Zeitschrift *Athenäum* (1798) und das *Gespräch über die Poesie* bis zu den Pariser Vorlesungen über *Europäische Literatur* (1803/04) geht es ihm um die «Vereinigung des Antiken und Modernen». Er akzentuiert dieses Verhältnis zunehmend dialektisch. Klassizität und unendliche Progression werden, etwa im berühmten *Athenäum*-Fragment 116, in eins gesetzt. Klassisch ist das Werk, das seine eigene Aufhebung im fortschreitenden Geschichtsverlauf provoziert. In August Wilhelm Schlegels einflußreichen Vorlesungen in Berlin (1801 bis 1804), Paris und Wien wird die Differenz von Antike und Moderne unter den Titeln des Klassischen und Romantischen behandelt. Jean Paul (*Vorschule der Ästhetik*, 1804) und später Joseph von Eichendorff (*Geschichte der poetischen Li-*

teratur Deutschlands, 1846) verstehen ‹Romantik› als poetisches Äquivalent des Christentums und datieren sie seit dessen Beginn. Hölderlins Magisterarbeit (1790) hatte zum Thema: *Geschichte der schönen Künste unter den Griechen bis zum Ende des Perikleischen Zeitalters*. 1798/1800 entsteht das Fragment über den *Gesichtspunkt aus dem wir das Altertum anzusehen haben*. 1801 zieht Hölderlin in Briefen an den Freund Böhlendorff das Fazit: Antike und Moderne sind im Grunde gleich, da es hier wie dort um den lebendigen Ausgleich von Triebmacht und Rationalität geht. Unterschiedlich ist die Akzentuierung: Die Antike brauchte mehr strenge Rationalität («Kunst»), die Moderne braucht mehr geschichtliche Erregung («Schicksal»). Nach dem Vorgang Hamanns entdecken Hölderlin, Friedrich Schlegel, Goethe und Schelling den wilden dionysischen Grund griechischer Kultur.
Auch bei Kleist wird die Ästhetik geschichtsphilosophisch begründet. Im Dialog *Über das Marionettentheater* (1810) wird der Verlust natürlicher Grazie in der Moderne aus dem Sündenfall der Reflexion erklärt. Ihn gilt es rückgängig zu machen.

Gattungsdiskussion

Auch die Diskussion der poetischen Gattungen (‹Dichtarten›) wird in einem geschichtsphilosophischen Rahmen geführt. Sie knüpft an die Theorie der Gattungsmischung im 18. Jahrhundert an. Das Lehrgedicht verliert dabei seinen Platz als gleichrangige Gattung. Das System der drei Grundgattungen Lyrik, Epik, Dramatik setzt sich durch. Poetologisch ist auch die Tragödie keine geschlossene Form, wie man bis Brecht und Max Frisch annahm, sondern eine gemischte mit epischen und lyrischen Elementen.
Ein Resultat des Briefwechsels von 1797 mit Schiller ist der von Goethe geschriebene, aber mit beider Namen versehene Aufsatz *Über epische und dramatische Dichtung*. Aus der «Natur» der Menschen werden die beiden Dichtungsweisen anthropologisch hergeleitet, verkörpert in den Typen des Erzählers und Schauspielers. Die Grundthese des Aufsatzes lautet: Der Epiker stellt die Begebenheiten als vollkommen vergangen dar, der Dramatiker als vollkommen gegenwärtig (ähnliche Bestimmungen im Gespräch Wilhelm Meisters mit Serlo über Roman und Drama im 5. Buch, Kap. 7 der *Lehrjahre*). In den *Noten und Abhandlungen zu besserem Verständnis des west-östlichen Divans* (1819) werden im anthropologischen Ansatz übereinstimmend drei «Dichtweisen» als «Naturformen» entwickelt: Lyrik, Dramatik, Epik. Sie können voneinander getrennt, aber auch im selben Kunstwerk vereinigt sein.
Poetologische und anthropologische Kategorien verbindet auch Hölderlins Gattungspoetik (*Über die Verfahrungsweise des poetischen Geistes*, *Über den Unterschied der Dichtarten*, *Ein Wort über die Iliade*,

Über die verschiedenen Arten zu dichten, 1798 bis 1800). Typologisch werden die einzelnen Gattungsformen als spezifische, wechselnde Konstellation der drei «Töne» – ein Terminus schon der Aufklärungspoetik – naiv, heroisch, idealisch beschrieben. Die Tragödie, an der Hölderlin mit seinem *Empedokles*-Projekt scheiterte, erhält gattungssystematisch einen privilegierten Rang, weil sie die Macht der Natur und der Geschichte am «ursprünglichsten» darstellt (*Die Bedeutung der Tragödien*). Für die moderne Tragödie fordert Hölderlin, daß sie epischer akzentuiert sein muß.
Bei Novalis und Friedrich Schlegel besteht die Tendenz, die Gattungen in der universellen romantischen Poesie aufzulösen. Aber sie gehen von den Gattungen als «Naturpoesie» (F. Schlegel) aus, um sie «umzubilden» und zu «mischen». Auch Friedrich Schlegel erklärt dabei die einzelnen Formen als Mischformen verschiedener Tendenzen, ebenso Schelling in seiner *Philosophie der Kunst* (1802).
In den theoretischen Überlegungen Hölderlins, Goethes, Schillers und auch Hegels fällt auf, daß der Roman gegenüber dem Epos eine unterbestimmte und untergeordnete Rolle spielt. Die humanistische Verachtung der Prosa gegenüber dem Vers wirkt hier noch fort. Dies bedeutet einen Rückschritt gegenüber der in der Aufklärungsästhetik (Johann Elias Schlegel, Gottsched, Wieland, Blanckenburg z. B.) erreichten Aufwertung der Erzählprosa. Für Schiller ist der Romanautor der «Halbbruder» des Dichters. An Goethes *Wilhelm Meister* kritisierte er die Mischung von «Poesie» und «Prosa».
Eben diese Eigenschaft des Romans, eine ‹wilde› Gattung zu sein, Poesie und Prosa, Lyrismen und Reflexion, Spannung und Begrifflichkeit zu mischen, im eigenen Medium thematisiert werden zu können, verhalf dem Roman zur Karriere als Paradigma aller romantischen Poesie. Die Romantik poetisierte die Prosa, sogar didaktische, polemische, philosophische Gebrauchsformen. Für Novalis und die beiden Schlegel war ‹romantisch› mit wortgeschichtlichem Recht das von ‹Roman› abgeleitete Adjektiv. Romantische Poesie als «progressive Universalpoesie» (*Athenäum*-Fragment 116) wird gedacht als Romanpoesie. Wegen seiner unbestimmt-bestimmten, selbstreflexiven Struktur ist der Roman «ein Leben, als Buch» (Novalis). Bei aller Kritik war das Muster des romantischen Romans Goethes *Wilhelm Meister* (F. Schlegel, *Über Goethes Meister*, 1798; *Athenäums*-Fragmente 1798; *Gespräch über die Poesie*, 1800; Novalis, Fragmente und Reflexionen 1797 bis 1800; Jean Paul *Vorschule der Ästhetik*, 1804).
Seine Form definiert die Gesellschaftsnähe des Romans. «Der Punkt, wo die Literatur das gesellige Leben am unmittelbarsten berührt, ist der Roman» (A. W. Schlegel). Diese Bemerkung erklärt die Bedeutung des Romans in der Moderne. Bezeichnenderweise favorisiert die restaurati-

ve Spätromantik wieder die Lyrik (F. Schlegel, *Anzeige von Goethes Werken,* 1808, *Lamartine*-Rezension 1820; Brentano).

Klassik

Der vieldeutige Begriff der ‹Natur›, die im 18. Jahrhundert immer mehr als universelle schöpferische Kraft und Produktivität verstanden worden war (Lessing, Herder, Genieästhetik), gewinnt in der Ästhetik der Epoche Modellfunktion für die Kunst.

Goethe

Für die Ästhetik Goethes ist charakteristisch, daß Kunst und Natur als gleichgeordnete Phänomene behandelt werden. In Aufzeichnungen der *Italienischen Reise* notiert er sich 1787 zu antiken Statuen: «Diese hohen Kunstwerke sind zugleich als die höchsten Naturwerke von Menschen nach wahren und natürlichen Gesetzen hervorgebracht worden.» Diesen Gesetzen ist er auf der Spur. Naturkenntnis ist Voraussetzung, damit das Kunstwerk ein «lebendiges Ganzes» werde. Im Essay *Einfache Nachahmung der Natur, Manier, Stil* (1789) werden drei Formen vorgestellt, den Grundsatz, «sich an die Natur zu halten», zu befolgen. In einfacher, naturgetreuer ‹Nachahmung› und in ‹Manier›, die die Naturtreue mit charakteristischen Elementen versieht. Den höchsten Grad erreicht die Kunst im ‹Stil›, der das «Wesen» der Dinge darstellt. In *Über die Gegenstände der bildenden Kunst* (1797) wird Stil als «idealische Darstellung» erläutert, dargestellt wird das «Gesetzliche» der Wirklichkeitsverhältnisse. Daher scheint das Kunstwerk wie ein Naturwerk für sich selbst zu stehen. Die Kunst abstrahiert aus dem individuellen Ereignis und Verhältnis das Gesetzliche – synonym mit das «Reine», das «Ideale», das «Allgemeine». Damit stimmt Schillers Begriff der Kunst als «Idealisierungskunst» überein (Rezension von Bürgers Gedichten, 1791). Dieses Programm, motiviert von einer als unübersichtlich empfundenen Empirie, verbindet bei Goethe Kunst und Naturwissenschaft. Auch der Naturforscher sucht die Phänomene in ihrer «reinen» Gesetzmäßigkeit zu beschreiben (*Das reine Phänomen*, 1798).

Über Laokoon (1797), die Anmerkungen zu Diderots *Versuch über die Malerei* (1798), *Über Wahrheit und Wahrscheinlichkeit der Kunstwerke* (1798), *Einleitung in die Propyläen* (1798) führen seine ästhetischen Überzeugungen weiter aus. In kritischer Reaktion gegen einen zeitgenössischen ‹Naturalismus› betont hier Goethe, daß das «Kunstwahre» dem «Naturwahren» als Werk menschlichen Geistes überlegen sei. Die «Bildung» der Natur bleibt dennoch Modell der Kunst. Diese ‹zweite Natur› wird als Verdeutlichung dessen begriffen, was die Natur immer schon sagt. – Hegel glaubt sich später auf diese Differenz von geistiger Kunst und Natur berufen zu dürfen, indem er das Kunstschöne über das Naturschöne stellt. Nach diesem Kriterium des «Geistes» kommt es in Hegels *Ästhetik* dann zu einer weltgeschichtlichen Entmächtigung der Kunst gegenüber der Philosophie. Die Philosophie ist der Kunst überlegen, weil sie die Kunst auf den Begriff ihres geistigen Wesens bringt. Wenn Hegel das Schöne als das «sinnliche Scheinen der Idee» definiert, dann wird Kunsterfahrung nur als eine unvollkommene Erfahrung der Idee verstanden. Das Sinnliche der Kunst bleibt den theoretischen Sublimationen stets unterlegen. Auf dem Sinnlichen, der «Anschauung», insistiert dagegen Goethes Ästhetik. In dieser Kategorie melden sich platonische Motive und das Vorbild der schönen Leiblichkeit griechischer Plastik.

Die Schlüsselbegriffe Anschauung, das Wesen, das Gesetzliche erläutern auch Goethes Symbolbegriff, der seit 1795 immer zentraler wird (wichtig der Brief an Schiller vom 16./17. 8. 1797). Der Symbolbegriff wird freilich nicht einheitlich definiert. Gegenüber dem Symbol wertet Goethe die Allegorie als intellektualistisch ab – woran er sich literaturpraktisch nicht hielt. Diese Abwertung belastet die Allegorie bis ins 20. Jahrhundert. Im übrigen können in der Epoche Symbol und Allegorie dasselbe Phänomen bezeichnen.

Symbolische Anschauung verbindet die kontingente empirische Erfahrung mit der Erkenntnis eines Allgemeinen zu einer «Erfahrung in die Tiefe». Ein als ein Symbol angeschautes Ereignis repräsentiert als ein Besonderes eine allgemeine, übergreifende Bedeutung. In Goethes Symbolbegriff – der in der Aufklärung, etwa bei Lessing, Vorläufer hat – kommen neuplatonische, theologische (Sakramentenlehre) und naturphilosophische Elemente zusammen, aber auch die rhetorische Figur der Synekdoche. Schiller hat dabei geltend gemacht, daß eine symbolische Bedeutung Resultat eines Wahrnehmungs- und Interpretationsaktes ist.

Eine soziale Bedeutung hat auch Goethe der Kunst zugesprochen; sie soll, wie anders, «für die Lebenden wirken» (An Zelter, 1804). Und 1827: «Alle Poesie soll belehrend sein, aber unmerklich, sie soll den Menschen aufmerksam machen, wovon sich zu belehren wert wäre, er muß die Lehre selbst daraus ziehen wie aus dem Leben.»

Goethe hat sich in seiner Kunsttheorie von Kants *Kritik der Urteilskraft* (1790) bestätigt gefühlt, einem Basistext klassischer und romantischer Ästhetik. Er bereitet ihre elementaren Fragestellungen vor: die Bedeutung der Kunst als Vermittlung von Unendlichem und Endlichem, Intelligiblem und Sinnlichem, Freiheit und Natur: Kunst erscheint als freie Natur, Natur als zweckmäßige Kunst; die transzendentale Begründung des ästhetischen Urteils im Subjekt; die Autonomisierung der Kunst durch die Rezeptionsbestimmung einer distanzierten ‹Interesselosigkeit› und die Strukturbestimmung einer «Zweckmäßigkeit ohne Zweck»; die Lehre vom ästhetischen Geist als das «belebende Prinzip» der Subjektivität, bewirkt von der Einbildungskraft, woran der Poesiebegriff der Romantik anknüpft; die Bedeutung der autonomen Kunst für die Moral-, das heißt Freiheitsphilosophie. In Paragraph 53 wird Schönheit als «Symbol der Sittlichkeit» bedacht. Schönheitserfahrung und sittliche Handlungen haben das Moment der Selbstbestimmung gemeinsam; Schönheitserfahrung und Zwangserfahrung schließen sich aus.

Schiller

Für die Ausbildung der Kunsttheorie Schillers, Hölderlins und der Frühromantik kam zu Kant die Faszination von Fichtes Bewußtseinsphilosophie. Sie erlaubte noch radikaler, den ‹ästhetischen Sinn› mit Freiheit zu verbinden. Wichtig vor allem für Schiller war auch Fichtes Lehre von der dynamischen Struktur des Bewußtseins und seine antithetisch-synthetische Methode der «Wechselbestimmung», die Schiller auf das Verhältnis von Sinnlichkeit und Vernunft anwendete. Unter dem Eindruck von Karl Philipp Moritz hatte Schiller schon 1788 erklärt, daß jedes Kunstwerk nur aufgrund seiner «eigenen Schönheitsregel» beurteilt werden könne. Über Kant hinaus hat Schiller die Autonomie der Kunst moralphilosophisch begründet. (Fraglos liegt darin ein latenter Verdacht gegen die Sinnlichkeit der Kunst.) In den *Kallias*-Briefen (1792/93) entwickelt er die paradoxe Formel von der Schönheit als «Freiheit in der Erscheinung». Schönheit ist anschauliche Moralität. Schiller hält an Kants Subjektivierung des Schönen fest, versucht aber zugleich, es als eine unerklärliche Vergegenständlichung von Freiheit zu erfassen. – Diese Objektivierung des Ästhetischen auf der Basis von Kants Ästhetik ist je charakteristisch auch für Wilhelm von Humboldt (Briefwechsel mit Christian Gottfried Körner und Schiller; *Über Goethes Hermann und Dorothea*, 1798), für Hölderlin und die Frühromantik.

Nach Schillers Formel symbolisiert das Schöne durch seine formale Struktur Freiheit. Es ist insofern ein Zeuge, daß Freiheit möglich ist; das Faktum des Schönen enthält eine Aufforderung, frei zu sein. In *Über Anmut und Würde* (1793) beschreibt Schiller Schönheit als Selbstbestimmung einer harmonischen Subjektivität, als Anmut einer «schönen Seele». Es ist ein Resultat von Schillers Verdacht gegen die bedrohliche menschliche Triebstruktur, daß die «Anmut» nur als eine approximative «Idee» möglich erscheint; realistisch ist dagegen die «Würde». Sie ist Ausdruck von Triebbeherrschung, insofern stärkerer Ausdruck von Freiheit (so auch in *Über die notwendigen Grenzen beim Gebrauch schöner Formen*, 1795). Aus der Würde leitet Schiller das «Fundamentalge-

setz» der Tragödie ab: Gerade im empörenden Leiden wird indirekt eine Evidenz der Freiheit erfahren (*Über das Pathetische*, *Vom Erhabenen*, 1793; Vorüberlegungen in: *Über den Grund des Vergnügens an tragischen Gegenständen*, *Über die tragische Kunst*, 1791/92).
Vor dem Hintergrund der Französischen Revolution und einer Analyse der Entfremdungen der bürgerlichen Gesellschaft entwickelt Schiller sein Programm einer ästhetischen Erziehung (*Über die ästhetische Erziehung des Menschen in einer Reihe von Briefen*, 1795). Schönheitserfahrung soll Werkzeug sein zur «Veredlung des Charakters», ihrerseits unumgängliche Voraussetzung für alle «Verbesserung im Politischen». Die Schönheitserfahrung fungiert als Vermittlung von Triebstruktur («Stofftrieb») und Ausübung des vernünftigen Willens («Formtrieb»). Beide Triebe neutralisieren sich im «ästhetischen Zustand» als Bedingung der Möglichkeit, frei zu handeln. Die Freiheit der «ästhetischen Kultur», die mit dem Modell des Spiels als Verwirklichung eines anthropologischen «Spieltriebs» expliziert wird, fungiert als Voraussetzung der Freiheit einer politischen Kultur. Diese politische Funktionalisierung des Ästhetischen soll das Problem lösen, daß Erziehung zur Freiheit Freiheit schon voraussetzen muß. Das Ende der *Briefe* reserviert die Verwirklichung der schönen Freiheit resignativ «wenigen auserlesenen Zirkeln».
Schillers Ansatz ist von Fichte und dem Aufklärer Friedrich Christian Laukhard als zirkulär kritisiert worden: Ästhetische Freiheit setzt notwendig auch empirische voraus; er entspreche der Ansicht, nicht ins Wasser gehen zu dürfen, bevor man schwimmen gelernt habe. Eine andere skeptische Replik findet sich immanent in Goethes *Märchen* (wie die *Briefe* in den *Horen* 1795 publiziert), das gegen eine Überforderung des Schönen die Idee einer natürlich und geschichtlich bedingten Vernunft vertritt. In Kleists *Betrachtungen über den Weltlauf* (1810) wird die Idee einer ästhetischen Erziehung verworfen, da Kunst und Ästhetik schon Symptome des Verlusts von Lebensstärke seien.

Hölderlin

Aus der Konstellation Kant, Fichte und Schiller gewinnt auch Hölderlin wesentliche Denkmotive. Hinzu kommen Beschäftigungen mit Platos *Phaidros* und Spinoza. Er vor allem hat die Vereinigungsbedeutung des Schönen in das Zentrum seiner Theorie gestellt. Schillers Verbindung von Ästhetik und Moralphilosophie ging ihm nicht weit genug. Die Entwicklung seiner Argumente ist den Vorfassungen zum *Hyperion* und dem Fragment *Urteil und Sein* (1795) abzulesen: Bewußtsein, menschliches Dasein überhaupt ist endliches, beschränktes, mittelbares Leben. Dennoch haben diese notwendigen Lebensdifferenzen eine unvordenkliche Einheit als Ursprung, «Natur» oder das «Sein» oder «Gott» genannt. Der Kunst kommt dabei eine einzigartige Funktion zu: Sie allein macht die Erfahrung dieser Einheit in den divergierenden Lebenstendenzen möglich. Radikaler noch als bei Schiller sind Endlichkeits- und Bedürftigkeitserfahrungen integraler Teil der Schönheitserfahrung. In Homburg (1798 bis 1800) hat Hölderlin diese ästhetische Grundlegung poetologisch und geschichtsphilosophisch vertieft. Dichtung soll in ihrer Struktur die elementaren Wechsel und Verläufe des Lebens und der Geschichte wiederholen und ihre Einheit darstellen.

Im Fragment *Über die Verfahrungsweise des poetischen Geistes* sucht er eine Theorie des Selbstbewußtseins, des richtigen Lebens und eine Poetik, die die Probleme der Wahl und Behandlung eines dichterischen ‹sujets› bedenkt, zusammen zu entwerfen. ‹Poetisch› bedeutet hier wie im frühromantischen Sprachgebrauch, der Etymologie gemäß, schöpferisch, produktiv, lebendig. Im Hinblick auf den geschichtlichen Umbruch seiner Epoche versteht Hölderlin seine Dichtung immer mehr als Erinnerung und Deutung des Geistes der Zeit, des Sinns des weltgeschichtlichen Gangs, als Halt für die Menschen in der geschichtlichen Krise. Der geschichtsphilosophische Ort der Dichtung ist die Krise, der Anfang oder das Ende einer Geschichtsepoche. Als klärende «Reproduktion» und Verheißung ihres Gangs bleibt Dichtung auf die Weltgeschichte als ihr Höheres bezogen.

Frühromantik

Kant und Schillers Ästhetik und die intensive kritische Auseinandersetzung mit Fichtes Bewußtseinsphilosophie gehören zu den Voraussetzungen der frühromantischen Ästhetik und Poetik. Ihre theoretische Formulierung konzentriert sich auf die kohärenten Reflexionen, Studien und Abhandlungen von Novalis und Friedrich Schlegel (Novalis: Fragmente, *Blütenstaub*, Aufzeichnungen, Aphorismen, Studien, 1795 bis 1800; *Dialoge* und *Monolog*, 1798/99; *Die Lehrlinge zu Sais*, 1802, *Heinrich von Ofterdingen*, 1802, beide Romane früher entstanden; als poetologische Summe des frühromantischen Friedrich Schlegel kann das *Gespräch über die Poesie* gelten). Ludwig Tieck teilt Denkfiguren und Kategorien der frühromantischen Poetik. Die *Briefe über Shakespeare* (1800) markieren die engste Annäherung. Aber in der Grundorientierung setzt Tieck auch eigenständig Motive der Ästhetik des späten 18. Jahrhunderts fort (Motive des Wunderbaren, der Natur, des Genies u. a.). Dies zeigt auch seine Zusammenarbeit mit Wilhelm Heinrich Wackenroder, dessen Bedeutung für die Romantik oft überschätzt wird (*Herzensergießungen eines kunstliebenden Klosterbruders*, 1796; *Phantasien über die Kunst für Freunde der Kunst*, 1799, deren Feier eines religiösen, andächtigen Künstlerenthusiasmus ihre Herkunft aus der Empfindsamkeit nicht verleugnet).

Auch für die frühromantische Theorie sind moralphilosophisch Schönheits- und Freiheitserfahrung identisch. Das Gespräch Heinrichs mit Klingsohr und Sylvester im *Ofterdingen* behandelt Dichtung als Darstellung von Schönheit und Erfahrung von Freiheit. Im *Studium*-Aufsatz von Friedrich Schlegel wird das Schöne als eine «Erscheinung des Guten» erklärt.

Konstitutiv für die Ausbildung des frühromantischen Poesiebegriffs, auch bei Jean Paul, ist die kritische Aneignung von Fichtes Bewußtseinsphilosophie. Friedrich Schlegel hat Fichtes *Wissenschaftslehre* (1794), die Französische Revolution und Goethes *Wilhelm Meister* als die drei «Tendenzen» des Zeitalters bezeichnet. An ihnen orientiert sich in der Tat frühromantisches Denken. Selbstbewußtsein wird von Fichte als dynamische, freie Handlung beschrieben, als Identität von Sein und Tun, Bestimmtsein und Bestimmen. Analog bedeutet das romantische Programm der Transzendentalpoesie (F. Schlegel) eine «Poesie der Poesie», das heißt eine Poesie, die in ihren Schöpfungen den Prozeß der Schöpfung mit darstellt, die ihre Gegenstände so behandelt, daß sie ebenso gegeben wie gemacht erscheinen, eine Poesie also, die sich selbst zum Gegenstand macht.

Poesie hat nicht den modernen literarischen Sinn, sondern bedeutet das schöpferische Selbstverhältnis der Subjektivität und die schöpferische, universelle Sinnstruktur des Lebens selbst. Im *Ofterdingen* sagt Klingsohr: «Es ist recht übel, (. . .) daß die Poesie einen besonderen Namen hat, und die Dichter eine besondere Zunft ausmachen. Es ist gar nichts Besonderes. Es ist die eigentümliche Handlungsweise des menschlichen Geistes. Dichtet und trachtet nicht jeder Mensch in jeder Minute?» Ein anderes Wort für diese poetische Struktur des Lebens ist «Liebe». Dichtung im engeren Sinn ist das Vernehmen und Weiterdichten dieses Lebens, der «Welt» oder, wie Friedrich Schlegel einmal sagt, der «Erde». Daher wird die romantische Hochschätzung von Volkslied, Sage, Märchen als vermeintlich naturnaher Formen verständlich (Brüder Grimm, Görres, Achim von Arnim, Brentano, Eichendorff).

Das Kunstwerk wird aus einer Verbindung von «Absicht» und «Instinkt» hervorgebracht, von «Poesie» und strenger «Kunst». Die frühromantische Dichtungslehre kritisiert das Ungefähre; sie insistiert auf handwerklicher «Ausführung» und «Besonnenheit». Zu Recht gilt das *Athenäum*-Fragment 116 von Friedrich Schlegel als ein Manifest des frühromantischen Literaturprogramms:

«Die romantische Poesie ist eine progressive Universalpoesie. Ihre Bestimmung ist nicht bloß, alle getrennten Gattungen der Poesie wieder zu vereinigen und die Poesie mit der Philosophie und Rhetorik in Berührung zu setzen. Sie will und soll auch Poesie und Prosa, Genialität und Kritik, Kunstpoesie und Naturpoesie bald mischen, bald verschmelzen, die Poesie lebendig und gesellig und das Leben und die Gesellschaft poetisch machen (. . .).»

Das Fragment definiert geschichtsphilosophisch und poetologisch romantische Poesie als eine Kunst der Moderne: Sie ist auf dem Weg, sie überholt sich selbst, aber eben darin ist sie auf dem Weg zu einer «grenzenlos wachsenden Klassizität». Die Verbindung mit Rhetorik und Philosophie thematisiert angestrebte Kommunikations- und Wirkungsabsicht und ihre Reflexionsstruktur. Ausgeführt soll romantische Poesie ein «Bild des Zeitalters» werden.

Diese Universalisierung des poetischen Prinzips definiert die Frühromantik. Das Verfahren des Romantisierens besteht nach Novalis darin, die gewöhnlichen, alltäglichen Vorfälle und Verhältnisse auf das «Unendliche» durchsichtig zu machen. Dieser Begriff mit seinen Synonymen Welt, Leben, das Göttliche, das Absolute, das Sein, der Geist, die Natur, das Universum meint diese produktive, ‹poetische› Totalität des Lebens. Novalis gibt dem poetischen Programm eine geschichtsutopische Funktion. Mit der vollendeten Romantisierung der Welt wird das neue goldene Zeitalter der «Mitteilung» aller mit allen anbrechen.

Die Frühromantik nimmt das Endliche ernst, da es die Manifestation des Unendlichen ist, das im romantisierenden Verfahren erfahrbar werden soll. Demgemäß hat Jean Paul Dichtung als Entzifferung der Wirklichkeit verstanden (An Goethe, 1796). Und in *Über die natürliche Magie der Einbildungskraft* (1795) ist für ihn Poesie «Sinn des Grenzenlosen». Dieser Poesiebegriff entspricht der Auffassung vom Menschen als Grenzexistenz zwischen Endlichem und Unendlichem; die spinozistische Formel «eins bin ich und alles» wird bei Lessing, Herder, Hölderlin, Goethe und in der Romantik wiederholt.

Aufgrund dieser Aufgabe romantischer Kunst verwundert es nicht, wenn theologische Kategorien herangezogen werden. «Repräsentativer Glaube» ist eine Bezeichnung von Novalis für die Darstellungsfunktion der Kunst, Poesie und Religion sind Namen für dasselbe. Friedrich Schleiermacher definiert Religion poetisch als «Sinn fürs Unendliche» (*Über die Religion. Reden an die Gebildeten unter den Verächtern*, 1799). Es ist ein Kriterium für die Abgrenzung der Spät- von der Frühromantik, daß der Religionsbegriff christlich redefiniert wird. Das Unendliche in den Formeln «Poesie des Unendlichen» (Joseph v. Eichendorff, *Geschichte der poetischen Literatur Deutschlands*, 1846), Poesie des «Ewigen» und «Wahren» (Brentano an Graf Brühl, 1815) wird das Transzendente.

In dieser ästhetischen Perspektive hat die Frühromantik traditionelle ästhetische und rhetorische Kategorien umgedeutet: Allegorie, Symbol, Humor, Witz, Arabeske, Pantomime sind Titel des Verfahrens, das Endliche zu verunendlichen, das Unendliche zu verendlichen. Unter ihnen gewinnt die Ironie eine besondere Stellung. Friedrich Schlegel beruft sich auf die sokratische und rhetorische Ironie (*Lyceum*-Fragment 42), um mit ihr die spezifische Technik der poetischen Mitteilung zu bezeichnen: Wechsel von Enthusiasmus und Skepsis, von Behauptung und Zurücknahme, dadurch die Erzeugung einer «Fülle» von Sinn. In seinen *Vorlesungen über die deutsche Wissenschaft und Literatur* und in *Über dramatische Kunst* (1806) hat Adam Müller Ironie als dialogisches Prinzip erläutert, als Geist der Freiheit und der Liebe.

Jean Paul privilegiert in der *Vorschule* und in *Kleine Nachschule zur ästhetischen Vorschule* (1825) den Humor als wärmere Haltung gegenüber der intellektuelleren Ironie. Er beschreibt mit Humor die Eigenschaft des «poetischen Geistes», das Große im Kleinen, das Unendliche im Endlichen auszumessen.

Im Anschluß an August Wilhelm Schlegels *Vorlesungen über dramatische Kunst und Literatur* (1808) wurde lebhaft die «tragische Ironie» diskutiert. Für Schlegel waren Ironie und Tragödie unvereinbar. Karl Wilhelm Ferdinand Solger (*Erwin. Vier Gespräche über das Schöne und die Kunst*, 1815; *Vorlesungen über Ästhetik*, 1819) sah wie Friedrich Schlegel in der Ironie das «Wesen aller Poesie». Tragische Ironie charakterisiert die menschliche, endliche Existenz. Daher ist in jeder Kunst Trauer enthalten. – Hegel hat den frühromantischen Ironiebegriff als Ausdruck wirklichkeitsloser Subjektivität kritisiert. Aber dem Zeitgenossen Kierkegaard fiel schon die frappierende Verwandtschaft dieses Ironiebegriffs mit Hegels Begriff der Dialektik auf.

Der ‹ironischen› Mitteilung entspricht das frühromantische Stilideal. Dessen Muster ist Goethes *Wilhelm Meister*. Der Stil soll klar, leicht, launig, angenehm, heiter, ausgeglichen sein. Gefordert wird eine Schreibweise, die den Eindruck eines ebenso Unbegreiflichen wie Einleuchtenden erzeugt. Daher auch das Interesse an der ‹wunderbaren›, verworrenen, daher lebendigen Welt des Märchens. Novalis: «Märchen wie Tiecks Lieder – romantische Fantasien, aus dem täglichen Leben.» Mit der Poetisierung des Lebens ist das Ideal einer poetischen Geselligkeit verbunden. Poesie und eine gesellige, liberale Gesellschaft gehören zusammen. Poesie ist Modell geselligen Daseins, von «Kunstwerken der Geselligkeit» (Brentano). Das Vorbild eines gelebten poetischen Lebens ist die Frau. Sie vereinigt nach Friedrich Schlegel «ästhetische Kraft» und «natürliche Moralität». Daher auch die Bedeutung der Frauen in den romantischen Zirkeln und die Provokation von Friedrich Schlegels *Lucinde* (1799). Die Spätromantik (F. Schlegel, Brentano, Eichendorff, Görres) hat im Kontext der Restauration den poetischen Universalismus, den revolutionären Messianismus und die gesellschaftliche Wirkungsabsicht der Frühromantik pessimistisch revidiert und theologisch als «erbärmliches Supplement» (so schon Brentano an Dorothea Schlegel, 1800) kritisiert. Die Spätromantik wahrte die Motive des frühromantischen Universalismus, aber in kritischer Distanz, als Zitat. In dieser zitierten Form wurde der romantische Universalismus seither rezipiert.

Naturphilosophie

Sowohl Klassik als auch Romantik kennzeichnet eine seitdem nie wieder erreichte Nähe von Ästhetik und, spekulativ miteinander verbunden, Naturphilosophie und Naturwissenschaft. Hier wie dort geht es um die Einheit der Natur und den Zusammenhang geistiger und natürlicher Welt. Diese Versuche haben beschwörenden Charakter. Denn um 1800 vollzog sich endgültig die Auflösung der Wissenschaft von der Natur in einzelne Naturwissenschaften, nachdem sich schon lange vorher eine Trennung von Naturphilosophie und Naturwissenschaft vollzogen hatte. Die Ganzheitsentwürfe der Epoche konnten die wissenschaftliche Trennung der Wirklichkeit in geistlose Natur und naturlosen Geist nicht aufhalten.

Die Freundschaft Goethes und Schillers begann im Zeichen naturwissenschaftlichen Interesses; Kleist studierte Physik und Mathematik, Novalis Naturwissenschaften, Bergbau, Medizin. Sein Enzyklopädie-Projekt (1798/99) zielte auf ein «System des wissenschaftlichen Geistes». Medizinische, chemische und physikalische Terminologien und Modelle werden von ihm und Friedrich Schlegel in die Poetik übernommen (wie Mischung, Berührung, Magnetismus, Erregung u. a.). Von fast penetrant viel Botanischem, Chemischem, Geologischem, Mineralogischem ist in Goethes Werk die Rede. Seine Theorien zur *Farbenlehre* (1790 bis 1818) waren damals keineswegs dubios, wie es heute scheinen mag. Auch Hegel ergriff für sie Partei.

Naturwissenschaftliche Phänomene beschreibt Goethe im Rahmen lebensweltlicher Strukturen, in Polemik gegen die ‹exakte›, sich durch Distanzierung von der Lebenswelt definierende naturwissenschaftliche Methodologie etwa der Newtonschen Physik (*Der Versuch als Vermittler von Objekt und Subjekt*, 1792). Wissenschaft definiert er als «die praktischen und sich selbst rektifizierenden Operationen des gemeinen Menschenverstandes, der sich in einer höheren Sphäre zu üben wagt». Das Ziel aller Erfahrungen und Versuche ist die Ableitung der Phänomene aus Mustern, aus Urphänomen, der Urpflanze, dem Urtier. Die Entstehung der Farben wird aus der Polarität von Licht und Finsternis erklärt. Der unerledigte Sinn der Bindung der Naturwissenschaften an den Lebenszusammenhang wird uns heute – zu spät – an den desaströsen Folgen der ‹sinnlosen› Naturwissenschaften bewußt. Herder und Hölderlin haben darauf insistiert, daß menschliche Praxis und Rationalität (‹Kunst›) als Teil des Naturprozesses selbst zu begreifen sind.

Ästhetische und naturwissenschaftliche Reflexionen gehören für Goethe zusammen. Nebeneinander entstehen *Einfache Nachahmung der Natur, Manier, Stil* und *Versuch, die Metamorphose der Pflanzen zu erklären* (1790). Beidesmal wird von Erfahrung und Erkenntnis ausgegangen, von der «exakten sinnlichen Phantasie». In der Natur um uns und in uns, in der Geschichte, im ‹Leben› überhaupt entdeckt er dasselbe Gesetz eines rhythmischen Wechsels von Systole und Diastole, Aneignung und Entäußerung, Konzentration und Zerstreuung. Dieses dynamische Lebensmodell findet sich auch bei Hölderlin und der romantischen Naturphilosophie. Zwar temporalisiert sich geschichtliche Erfahrung in der Epoche; aber der Zusammenhang von Natur und Geschichte bleibt gewahrt, freilich anders gedeutet. So wird das alte Modell des Kreises durch das der Spirale abgelöst (Goethe, Wieland, Hölderlin, J. W. Ritter).

Die romantische Naturphilosophie ist der Suche nach dem «belebenden Prinzip» (Novalis) der Natur gewidmet. Die Einheit organischer und anorganischer Natur mit ihren Formen und Gradationen wird beschrieben als Prozeß, als durchgängiger dynamischer Austausch polarer Kräfte (F. v. Baader, *Beiträge zur Elementarphysiologie*, 1797; F. W. J. v. Schelling, *Von der Weltseele*, 1798; *Erster Entwurf eines Systems der Naturphilosophie*, 1799; *System des transzendentalen Idealismus*, 1800). Für Novalis war auch die Rezeption Plotins, Jakob Böhmes und Spinozas anregend. Goethes naturwissenschaftliche Schriften sind ihm Vorbild einer künftigen Wissenschaft. Heinrich Steffens (*Beiträge zur inneren Naturgeschichte der Erde*, 1801) deutet die geologische und mineralogische Erdgeschichte nach dem Polaritätsmodell. Einflußreich waren die Untersuchungen von Johann Wilhelm Ritter (*Beweis, daß ein beständiger Galvanismus den Lebensprozeß in dem Tierreich begleite*, 1798; *Fragmente aus dem Nachlaß eines jungen Physikers*, 1810). Phänomene des Unbewußten wie Traum, Wahnsinn und Somnambulismus werden vom Arzt Gotthilf Heinrich Schubert naturphilosophisch gewürdigt als Spuren eines «höheren Daseins» im Gemüt des Menschen (*Ansichten von der Nachtseite der Naturwissenschaften*, 1808; *Die Symbolik des Traumes*, 1814).

Dieser naturphilosophische Ansatz ist im 19. Jahrhundert fortgeführt worden. Der letzte allgemein anerkannte Versuch eines wissenschaftlichen Überblicks über die ganze Natur in ihrem Zusammenhang mit der Welt des Menschen gelingt Alexander von Humboldt (*Ansichten der Natur*, 1808; *Kosmos*, 1845 bis 1862). Aber die Psychoanalyse Freuds wird auf diese naturphilosophische Idee einer ganzen Natur zurückgreifen.

Im Hinblick auf diese ganze, heile, sinnhafte Natur wird in der Ästhetik der Dichter definiert als «Überbringer der Natur» (Herder), als «Bewahrer der Natur» (Schiller), als «Messias der Natur» (Novalis), als «Priester der Natur» (Hölderlin). Die Ermächtigung von Natur und Kunst in der Epoche ist auch ein Reflex auf Ohnmachtserfahrungen geschichtlicher Vernunft in der geschichtlichen Krisis der Epoche. Wie die Folge zeigt, enthält diese Ermächtigung eine ambivalente Bedeutung: die einer Selbstkritik geschichtlicher Vernunft, aber auch die ihrer Resignation.

Gonthier-Louis Fink

Die Revolution als Herausforderung in Literatur und Publizistik

Mit den Idealen der Vernunft, der Wahrheit und der Tugend war die Aufklärung in Deutschland vor allem von der bürgerlich-adligen Mittelschicht rezipiert worden; in Norddeutschland war sie zwar bis in die Kreise der Handwerker gedrungen, hatte aber kaum die unteren Schichten der Bevölkerung erfaßt. Stets blieb das Blickfeld des Aufklärers durch die Moral begrenzt; Gesellschaft und Staat lagen außerhalb seines Horizonts. Das Regieren war allein Sache der dazu Berufenen, das heißt der Fürsten. Politische Diskussionen in den Unterschichten belächelte er als Kannengießerei; sie sollten auf fachwissenschaftliche Abhandlungen beschränkt bleiben. Schon darum waren sich im 18. Jahrhundert Literatur und Politik einander nur peripher begegnet.

In den späten siebziger Jahren, als im Anschluß an die amerikanische Revolution die Presse einen unübersehbaren Aufschwung erlebte, änderte sich zwar das Verhältnis. Aber auch dann wurden in Essays und Gedichten nur selten politische Prinzipien erörtert; nicht die historische und politische Bedeutung der Berufung auf Naturrecht und Vernunft und in Verbindung damit die Abwertung der Tradition und Geschichte begeisterten Publizisten und Dichter. Erst der Soldatenverkauf gab Anlaß zu pathetischen Aufrufen in Liedern und Dramen; erst auf dem Umweg über das konkrete Beispiel der Mißachtung des deutschen Untertanen durch seinen Landesvater fand die amerikanische Revolution ein weites Echo im Publikum. Dadurch schon konzentrierte sich die politische Auseinandersetzung vor allem auf die Kritik an den Despoten; die Monarchie von Gottes Gnaden wurde kaum in Frage gestellt. So hatte die amerikanische Revolution zwar dazu beigetragen, die Kritik am Despotismus zu radikalisieren, aber kaum dazu, das literarische Publikum mit den Prinzipien des Naturrechts und der Republik vertraut zu machen.

Obwohl in Frankreich im Laufe des Jahrhunderts die Politik ihre fachspezifische Aura verloren hatte, haben erst die durch die Zensurfreiheit begünstigte Kampagne für die Einberufung der Generalstände, die zahlreichen Flugschriften, vor allem von Condorcet und Sieyès, weite Kreise der Bevölkerung mit der Problematik des dritten Standes vertraut gemacht; denn erst sie stellten die Privilegierten der ganzen Nation gegenüber und kristallisierten so die Opposition auf die Feudalstände. Die ungeheure Informations- und Propagandakampagne fand jedoch nur ein schwaches Echo in deutschen Zeitungen und Zeitschriften; oft verschleierten sie die Brisanz der Aussage dadurch, daß sie die Gärung vor allem als eine innerfranzösische Angelegenheit betrachteten. Klopstock war einer der wenigen, die die Bedeutung der Einberufung der Generalstände laut verkündeten. Er sah darin nicht etwa eine Geste des Königs, der eine Revolution von oben einleitete, sondern den Erfolg der Forderungen der gesamten Nation, die sich so den ‹Bürgerkranz› aufsetzte. Darum wandte er sich nicht an die deutschen Fürsten, sondern an die Deutschen, das heißt, durch den erhabenen Stil der Ode schon bedingt, an die Gebildeten unter ihnen, mit der Forderung, die ‹Franken› nachzuahmen, die durch diese Tat gezeigt hatten, daß auch in ihnen die germanische Freiheit weiterlebte. So gab er, der als Dichterfürst wohl am meisten dazu beigetragen hatte, daß der Geistesadel gleichberechtigt neben den Geburtsadel zu treten wagen konnte, den Auftakt zur Begeisterung für die Französische Revolution.

Im Zeichen der Moral und der Vernunft

Im 19. Jahrhundert hat die Kritik verschiedentlich versucht, die Revolution als eine Einheit hinzustellen, die man als Ganzes bejahen oder verwerfen müsse. Eine solche bipolare Aufspaltung des Publikums würde dem komplexen Prozeß der Revolution, die durch neu auftretende historische Faktoren, durch die Konterrevolution, den Krieg und dessen ökonomische und politische Auswirkungen in neue Bahnen gelenkt wurde, ebensowenig gerecht wie den oft widersprüchlichen Aussagen der zeitgenössischen Rezipienten. Darum muß auch die Rezeptionsgeschichte der Revolution zumindest dem Ablauf in den drei großen Phasen der konstitutionellen Monarchie, der jakobinischen Diktatur und der bürgerlichen Republik folgen.

Wenigstens bis 1790 wurde das deutsche Publikum, vor allem in den von aufgeklärten Fürsten regierten Ländern und einigen Stadtrepubliken, ziemlich gut über die Ereignisse in Frankreich unterrichtet, obwohl die Zeitungen meistens nur die nackten Tatsachen meldeten. Schon aufgrund der Zensur ist hier wenig von einem allgemeinen Enthusiasmus zu spüren, zumal sich schon Ende 1789 Kassandrarufe vernehmen ließen. Durch ihre lokale Verankerung hatten die Zeitungen eine bedeutende

Ausstrahlungskraft; dabei sprachen sie ein breit gefächertes Publikum an, wie mehrfach aus zeitgenössischen Zeugnissen hervorgeht. In den Lesekabinetten, die wenigstens in bezug auf die Mittelschicht eine bedeutende Rolle bei der Verbreitung der Ideen der Französischen Revolution spielten, lagen oft neben mehreren deutschen auch die großen französischen Zeitungen aus, die eingehend über die Debatten in der Nationalversammlung berichteten. Aber auch deutsche Zeitungen wie Schlözers *Staatsanzeigen* brachten gewisse brisante Texte wie die Erklärung der Bürger- und Menschenrechte nur auf französisch, um sie so Lesern vorzuenthalten, die gleich Feuer fangen könnten, wie einige lokale Unruhen in den ersten Revolutionsjahren zur Genüge beweisen konnten. So war zuweilen auch die Information standesspezifisch.

Zahlreiche Berichte deutscher Reisender, die wie von Halem oder der Kapellmeister Reichardt sich nicht hatten versagen wollen, das «größte Schauspiel der Weltgeschichte» (Wieland) aus der Nähe zu betrachten und davon aus der beschränkten Optik des Augenzeugen begeistert erzählten, erschienen bald in Buchform, bald in Zeitschriften, zuweilen mit einschränkenden Anmerkungen der Herausgeber. So wollte Friedrich Schulz, der gleich Ende 1789 eine *Geschichte der Großen Revolution* veröffentliche, zeigen, daß durch die Beseitigung von sozialen und moralischen Vorurteilen eine neue Nation entstanden war. Auch der Pädagoge Joachim Heinrich Campe vermittelte in seinen *Briefen aus Paris zur Zeit der Revolution* (1790) ein idyllisches Bild von der Revolution, indem er die vollkommene Harmonie zwischen den drei Schauspielern des großen historischen Dramas, dem König, der Nationalversammlung und dem Volk, bewunderte. Nicht ohne Grund ist es die Brüderlichkeit das am wenigsten politische der drei Revolutionsprinzipien, welches sowohl bei Campe wie bei seinen Landsleuten ein besonderes Echo fand, zumal es ihnen durch Pietismus und Freimaurerei wohl vertraut war. An sich bedeutete es die Anwendung des Gleichheitsprinzips; hier aber wurde es als gefühlvoller Ausdruck einer kosmopolitischen Verbundenheit verstanden. So haben diese Reiseberichte, in denen das Anekdotische die politische Erörterung verbrämte, mehr dazu beigetragen, ein breites Publikum für die Französische Revolution zu begeistern als politisch zu bilden.

Die eigentliche politische Meinungsbildung blieb den Zeitschriften vorbehalten, die sich aber ebenfalls vor allem an die Gebildeten richteten. Im Anschluß an die großen Debatten der Nationalversammlung erläuterten sie die wichtigsten Fragen, die die Revolution aufgeworfen hatte. Während Christian Friedrich Daniel Schubart und Georg Rudolf Wekherlin nur kurz auf die Probleme eingingen und deutlich Stellung nahmen, wollten Christoph Martin Wieland und Johann Erich Biester das politische Urteil ihrer Leser bilden, indem sie ein Problem von verschiedenen Schriftstellern behandeln ließen. Aus dem gleichen Streben heraus wählte Wieland die Gattung des Dialogs, in dem fast immer die gleichen Antagonisten miteinander diskutierten. Extreme Ansichten wurden dabei jedoch ignoriert; alles blieb innerhalb einer urbanen Geselligkeit. Wieland glaubte somit zwar, einen kosmopolitischen, unparteiischen Standpunkt einzunehmen; in Wirklichkeit versuchte er immer wieder, dem Leser seine Auffassung aufzuzwingen.

Auch für die Liberalen stand die Französische Revolution zu Beginn im Zeichen der Vernunft; sie sahen in ihr den Sieg der Aufklärung, den «ersten praktischen Triumph der Philosophie» (Gentz); denn somit war bewiesen, «daß der Gedanke die Wirklichkeit regieren solle» (Hegel). Im Grunde verstanden sie unbewußt die universelle Vernunft, auf die sie sich beriefen, standesspezifisch: Ihr Kriterium blieb die moralische Bildung; stillschweigend übergingen sie die ökonomischen Aspekte.

Nicht umsonst billigte die Mittelschicht die Gleichheit nur insofern, als sie den Traum des Bürgers verwirklichte, der «keine Aristokratie als die der Talente und Tugenden» (Campe) anerkennen wollte; hingegen zeigte sie sich bemüht, alle Nivellierung nach unten hin zurückzuweisen. Aus Furcht vor dem Volke, dem Pöbel, verwarf sie sowohl die Demokratie wie das Prinzip der Souveränität des Volkes. Weder Wekherlin noch Schubart, weder Biester noch Wieland wollten das monarchische Prinzip in Frage stellen. Der erste verherrlichte zuweilen gar die «Untertanentreue», die «Ehre zu gehorchen». Für manche Aufklärer gipfelte die Auseinandersetzung mit den Prinzipien der Französischen Revolution in der Verteidigung ihrer ständisch gebundenen Auffassung des Staates und der Warnung vor der Anarchie. «Andere mögen Aufruhr predigen, wir wollen Frieden predigen», betonte selbst Wekherlin; denn «man gewinnt nie etwas durch Empörung».

Während in den Zeitschriften die Revolution sich immer wieder in den Vordergrund drängte, nahm dieses Thema in der deutschen Literatur dieser Zeit nur einen bescheidenen Platz ein. Selbst wenn man die Gedichtbände von bekannten revolutionsfreundlichen Dichtern wie Gottlieb Conrad Pfeffel oder Eulogius Schneider durchgeht, findet man darin nur wenige Revolutionsgedichte. Und doch war die Rolle der politischen Lyrik nicht unbedeutend.

Selten wiesen die Dichter deutlich auf die Bedeutung der Revolution hin: Die Freiheit wurde zwar immer wieder besungen; aber es hält oft schwer, dabei deren politische Bedeutung zu erahnen. Denn alles bleibt abstrakt, selbst bei Schubart, den das «seligste Vergnügen» begeisterte, das dieses, «Gottes Schoß» entstiegene Wesen bereite, das «die Menschen Göttern gleich» mache. Selbst wenn die Tyrannei gebrandmarkt werden sollte, mußten oft Metaphern herhalten. So zählte Daniel Jenisch zwar deren Übel auf; aber Adelsstolz, Unterdrückung und Grausamkeit bleiben Worte, sie wurden nicht zum ergreifenden Bild gestaltet. Gleichsam als sollte die Gedankenarmut durch die dichterische Begeisterung kompensiert werden, wählten die Dichter vor allem edle Versmaße und versuchten, durch Anspielungen auf Geschichte und Mythologie die Französische Revolution zu legitimieren. Es handelt sich oft mehr um Bildungs- als um politische Lyrik.

Und doch wollten die Dichter nicht nur begeistern, sondern auch lehren. So wies Pfeffel auf die Bedeutung der Umgestaltung der «drei Stände» hin; Johann Heinrich Voß verherrlichte das Volksgesetz, das «für arm und reich» gleich gelte, und Karl Philipp Conz erläuterte einige Revolutionsprinzipien. Manche Gedichte spielten auf die *Zerstörung der Bastille* an, aber nur wenige behandelten dieses bedeutende historische Ereignis (Schubart). Für Eulogius Schneider ist dabei die Diskrepanz zwischen den blutrünstigen Bildern und dem braven Schluß bezeichnend: Anstatt sich zu rächen, begnügte sich das Volk damit, die Macht des Despoten zu beschneiden. Die einen wollten die Tyrannen mahnen, ihre Throne auf «Recht und Güte» zu gründen (Jenisch), die anderen die Deutschen aufrütteln, damit sie sich Frankreich, dem die Revolution «ohne Bürgerkrieg gelungen» (Conz), zum Vorbild nähmen. Nur Klopstock, der den Deutschen ihre «bejahrte Geduld» vorwarf, fragte sich, ob diese Ruhe einen Sturm ankünde, so daß seine Ode *Kennet euch selbst* fast als ein Appell zum Aufruhr verstanden werden konnte.

Doch schon 1790 wurden auch Gegenstimmen laut. Sehr früh wandte sich die Reaktion an das Volk, indem sie sich dessen Wortschatz und Vorstellungsweise zu eigen machte. Gleichsam zum Nachbarn sprechend, kommentierte der anonyme Dichter die Französische Revolution in holprigen Versen: «Das sind ja sehr tolle Dinge (. . .) Umgestürzt Hoch und Gering, Alle Ordnung ganz zerstört» – und verquickte dann die standesspezifischen Interessen der «armen Kirchendiener» mit denen des Volks. Aber auch der Unmut führte eine deutlichere Sprache als die Begeisterung. Dies gilt selbst für Schubart, als er, wie ein Gedicht der *Berlinischen Monatsschrift*, vor einem falschen Begriff der *Freiheit* warnte.

Weit mehr noch gilt dies für Goethe, der in epigrammatischer Kürze die Parolen der «Freiheitsapostel» als «Lügen und Unsinn» entlarvte. Während für Johann Wilhelm Ludwig Gleim auch die schlecht regierte Monarchie den Vorteil hatte, daß «des Einen Wut nicht erblich», im Gegensatz zu der der «zwölfhundert Despoten» der Nationalversammlung, prangerte Goethe die Tyrannei des Pöbels an. Auch er verstand die Französische Revolution als eine Lektion: «Frankreichs traurig Geschick, die Großen mögen's bedenken», nicht um durch politische Reformen ein ähnliches Los zu vermeiden, sondern um dem Volk ein besseres Beispiel zu geben; es handelte sich um ein moralisches, nicht um ein politisches Problem. Politisch sollte alles beim alten bleiben, denn wie Johann Baptist von Alxinger den Franzosen mit Verweis auf die Verfassung des Heiligen Römischen Reiches zurief: «Wir sind längst, wohin ihr kommen wollt.»

1791 wurde dann auch das Theater von dem Streit der Meinungen erfaßt, wobei natürlich infolge der Zensurverhältnisse die Reaktion eine unvergleichlich größere Audienz hatte als die liberalen Dramatiker. Um so mehr Aufmerksamkeit verdient *Die Rebellion*, das ‹vaterländische› Schauspiel eines deutlich der Aufklärung verpflichteten anonymen Pfälzer Autors. Karikaturistisch zugespitzt ist hier die Ausbeutung der ‹Bürger und Bauern›, die nicht mehr als Stände, sondern als Klasse den Regierenden gegenübergestellt werden. Der Amtmann, der gern eine Rebellion als ‹artiges Lustspiel› inszeniert hätte, um von den auf die Militärexekution folgenden Konfiskationen zu profitieren, erscheint als Aufrührer und nicht als Anwalt des Volks, der im Rahmen der Legalität verbleibt. Anstatt aber mit dem Scheitern dieses Versuchs und einem jakobinischen Aufruf zur Revolution zu enden, hat das Drama einen offenen Schluß; erst der ungeschriebene 5. Akt könnte zeigen, ob der Fürst seinen Untertanen Gerechtigkeit widerfahren ließ oder ob kein anderer Ausweg verbliebe als die Revolution. Der offene Schluß besagt nur, daß der Autor, anstatt der Geschichte vorzugreifen, sich einstweilen mit einem doppelten Appell begnügte: an die Fürsten, um sie vor den Folgen der Rechtsverweigerung und der Ausbeutung der Untertanen zu warnen, an das Volk, um es aufzufordern, als ‹Bürger und Bauern› vereint sich seiner Lage und seiner Macht bewußt zu werden.

In den *Kokarden* (1791) behandelte August Wilhelm Iffland ein ähnliches Thema. Auch hier ging es um das Bewußtwerden des Volks, aber gerade im entgegengesetzten Sinn. Nachdem die aufständischen Bauern in ihrem Traum von sozialer Gleichheit das Schloß des Fürsten gestürmt hatten, kamen auch sie zur Einsicht; reumütig legten sie ihre Kokarden dem Landesvater zu Füßen und bekannten, «wohin [sie] das Elend der Freiheit geführt» hatte. So endete das Stück mit der Unterwerfung unter die legitime Autorität und der Erkenntnis, daß die Rebellion eigentlich widernatürlich sei: Genau wie bei Wieland wurde das patriarchalische Herrscherprinzip von der Natur, von dem Vaterprinzip abgeleitet und dadurch erneut sakralisiert.

Schon Ende 1790 machte Adolf Franz Friedrich Ludwig von Knigge sich daran, seiner Abhandlung über die Revolution nach dem Prinzip der aufklärerischen Utopie ein durchsichtiges Erzählgewand überzuwerfen, indem er in *Benjamin Noldmanns Geschichte der Aufklärung in Abyssinien* die französischen Ereignisse auf Afrika übertrug; damit hoffte er, etwas freier reden zu können. Infolge eines erfolglosen Kriegs gegen den revolutionären Nachbarstaat wurde in Abessinien der aufgeklärte Absolutismus durch eine konstitutionelle Monarchie abgelöst. Dies erlaubte Knigge, Volk und Monarch über ihre gegenseitigen Pflichten aufzuklären. Dabei träumte er von einem Staat ohne ‹Rang und Titel›, wo eine größtmögliche Freiheit und Gleichheit durch eine gleiche Verteilung des Bodens und eine strenge Beschränkung der Erbschaft garantiert würde. Dabei betonte er mit Montesquieu, daß nicht die Regierungsform als solche, sondern der Geist, der den Staat beseelte, ausschlaggebend sei. Diese Relativierung der Regierungsform konnte als versteckter Hinweis auf eine Republik gedeutet werden; dennoch wurde Knigge zu Unrecht von den reaktionären Zeitschriften als Jakobiner verschrien, zumal es ihm vor allem darum zu tun schien, eine Revolution in Deutschland durch Reformen zu verhüten.

Krieg und Federkrieg

War in den ersten beiden Revolutionsjahren der Broschürenkrieg auf Frankreich beschränkt geblieben, so fand er mit dem Zustrom der Emigranten auch ein Echo in Deutschland; denn während diese zum Kreuzzug gegen das revolutionäre Frankreich aufriefen, antworteten ihnen, von Straßburg und Paris aus, die Girondisten und versprachen in Flugschriften den unterdrückten Völkern, sie von dem Joch ihrer Despoten zu befreien. Damit war auch für die Deutschen die Debatte in eine neue Phase getreten.

Schon im Januar 1790 warnte Schubart in einem katechetischen Dialog vor den «hirnkranken» Restaurationsträumen der Herrscher und wies auf deren Ohnmacht hin: «Woher nimmt man Krieger? Aus dem Volke. Wenn nun die Krieger untreu werden (. . .) wie da? Was sind Fürsten ohne Volk?» In einem fragmentarischen Gedicht griff Gottfried August Bürger 1793 die Anregung Schubarts auf, indem er die Rolle des stummen Dialogpartners dem «guten deutschen Volk» übertrug, das bisher sein «Sklavenjoch» zu tragen hatte und nun «mit Waffen» behängt werden sollte. «Für wen?» fragt er in anaphorischer Form. Brutal lautet die Antwort: «Für Fürsten- und für Adelsbrut / Und fürs Geschmeiß der Pfaffen.» Durch die Trivialität der Wörter wollte er dem Volk zeigen, wie unvereinbar seine Interessen und die der privilegierten Stände waren, damit es sich nicht weiter mißbrauchen ließe. Unmißverständlich entlarvte er die Kriegsideologie der Fürsten, die vom «Streit fürs Vaterland» redeten und dabei nur an ihren Vorteil dachten: «Sie selber sind das Vaterland.» Viele Gebildete ergriffen in diesem Krieg Partei gegen die Alliierten, die Frankreich, das der Welt den Frieden erklärt habe, mit Krieg überziehen wollten, und erinnerten mit Eulogius Schneider und Klopstock daran, daß von seinem Sieg oder seiner Niederlage die Freiheit der Welt und der Deutschen abhinge. Neben die Aufsätze und die Gedichte traten die Flugschriften, von denen *Der Kreuzzug gegen die*

Franken von C. Clauer ein gewisses Aufsehen erregte, zumal er, in Umkehrung der Restaurationsträume der Alliierten, prophezeite, daß ein verlorener Krieg unfehlbar Deutschland die Revolution bringen würde. Schließlich fand die Campagne in Frankreich dennoch statt; sie bezeichnet aber zunächst das Ende einer Illusion nicht nur für diejenigen, die wie zahlreiche Fürsten geglaubt hatten, nach Paris eilen und dort die Monarchie in ihre alten angestammten Rechte einsetzen zu können, sondern auch für diejenigen, die wie Goethe einsehen mußten, daß im Gegensatz zu den Behauptungen der Emigranten der Republikanismus im französischen Volk Fuß gefaßt hatte. Damit war aber der Kampf gegen die Revolution unmöglich geworden. Nach dem Scheitern der Alliierten bei Valmy riefen viele nach einem politischen und einem sozialen Frieden. Gleichsam als habe es weder 1789 noch 1792 gegeben, rief Wieland seinen Lesern zu: «In diesem gegenwärtigen Augenblick, wo nur Patriotismus, Eintracht, Gehorsam gegen die Gesetze und Anhänglichkeit an unsere Konstitution das gemeinschaftliche Vaterland retten können, jetzt ist demokratische und aristokratische Parteigängerei (aufs Gelindeste zu reden) Wahnsinn.» Doch kam diese Mahnung aus dem konservativen Lager zu spät. Schon rief Johann Georg Forster aus dem anderen Lager zurück: «Unparteilichkeit in dem jetzigen Zeitpunkt und unter den jetzigen Entscheidungen erheischenden Umständen [ist weder] möglich noch selbst erlaubt.» So war aus dem militärischen ein ideologischer Krieg geworden.
Dies wirkte sich auch auf die Auffassung der Revolution aus. Waren im Anschluß an Campe und Schulz die Aufklärer während der ersten Phase geneigt gewesen, die Französische Revolution im Zeichen der Evolution zu sehen (Schlözer), so betonte Forster 1793, daß «die Revolution» eine «Revolution» sei, das heißt, daß sich in ihr «alles Kopf über Kopf unter» wälze, daß sie «sich nicht nach Vernunftregeln einschränken und bestimmen» lasse: Gerade in diesem irrationalen Faktor, der mit der «rohen Kraft der Menge» in Erscheinung trat, sah er das dynamische Moment des politischen Fortschritts.

Lange hatten Literatur- und Geisteswissenschaft das Werk der deutschen Jakobiner mit Stillschweigen übergangen; seit einigen Jahren scheint jedoch das Pendel in entgegengesetzter Richtung auszuschlagen, wobei oft die manichäische Schau der damaligen Reaktion mit umgekehrten Vorzeichen übernommen wird. Dieser Manichäismus kann zwar als Ausdruck der damaligen Stimmung interessieren, nicht aber das Kriterium für eine historische Darstellung abgeben. Sowohl in Frankreich wie in Deutschland waren die Jakobiner Demokraten und Revolutionäre. «Die jakobinischen Publizisten verzichteten darauf, sich weiterhin an die Fürsten mit Bitten und Reformen zu wenden; sie sagten sich von der Ideologie einer evolutionären Umwandlung des Privilegiensystems in die bürgerliche Ordnung los und richteten ihre Appelle ans Volk mit der Aufforderung zum gewaltsamen Umsturz.» Diese Definition W. Grabs kann als Leitfaden dienen, nur gilt es, sie auch konsequent anzuwenden.

Der neue Impuls kam von Straßburg. Von hier aus wandten sich zahlreiche deutsche Revolutionsfreunde, die zum Teil aus Deutschland hatten fliehen müssen, an ihre Landsleute, sei es durch Berichte an deutsche Zeitschriften (G. Kerner), sei es durch Herausgabe deutschsprachiger Zeitungen oder Flugschriften. Während Christoph Friedrich Cotta in seinem *Strasburgischen politischen Journal* (1792) aus liberaler Sicht die Entwicklung der Revolution kommentierte, erwies sich Eulogius Schneider in *Argos* (1792) weit radikaler, indem er die Ungleichheit auch in ihren sozialen Auswirkungen anprangerte. Am wirkungsvollsten war wohl C. Clauer, der, zum Jakobinismus bekehrt, in einem langen *Sendschreiben an alle benachbarten Völker Frankreichs zum allgemeinen Aufstand* aufrief. Clauer appellierte nicht mehr an die Vernunft, sondern an das «Herz», es ging ihm nicht mehr darum, die Einsicht der Gebildeten zu fördern, sondern darum, die revolutionäre Kraft des Volks zu entbinden. Darum sprach er zum gemeinen Mann in dessen Sprache. Ausgehend von dessen Erfahrung, das heißt von der Ausbeutung durch die Fürsten, Prälaten und Offiziere, die «hochadlichen Rotznasen», wollte er revolutionäre Gesinnungen in ihm wecken, damit er die verkehrte Welt wieder auf die Füße stellte.

Als dann im Herbst 1792 die französische Revolutionsarmee auf deutschen Boden vordrang, der Kurfürst von Mainz sein Land fluchtartig verließ, schien es, als stünde auch Deutschland eine Revolution bevor. Doch stand die Mainzer, die erste deutsche Republik unter schlechten Auspizien: Einerseits entsprach die Revolutionsarmee kaum dem Ideal der Befreiungsarmee, das die Girondisten verbreitet hatten, andererseits konnte bei den schweren Kriegskontributionen das Revolutionsideal kaum in einem guten Licht erscheinen. Dennoch ließen die Mainzer Klubisten kein Mittel unversucht, die Bevölkerung zu ihren Idealen zu bekehren. Mit Hilfe der verschiedensten Medien wie Presse oder öffentlicher Reden und durch Dialoge und Lieder versuchten sie einerseits, die Argumente der konterrevolutionären Propaganda zu entkräften, andererseits den auf eine konstitutionelle Monarchie abzielenden Kompromiß der Handelsleute als untragbar hinzustellen. Neben die politische Aufklärung trat die Satire; denn es ging darum, von vornherein jede andere Alternative als die der Republik auszuschließen und die Vorteile, die sie den verschiedenen nichtprivilegierten Ständen bringen sollte, in das beste Licht zu stellen.

Wichtiger als einige gruppenspezifische Argumente ist die Ausrichtung auf die Handwerker und die Bauern, das Streben nach Popularität in dem Bewußtsein, daß nur dann eine tiefgehendere Wirkung zu erwarten wäre, wenn auch die Interessen des Volks angesprochen würden. Darum gab Forster der *Neuen Mainzer Zeitung* den Untertitel *Der Volksfreund*; die Reden wurden zu «Volksreden» und die Gedichte zu «Volksliedern». Zuweilen handelt es sich zwar um bloße Etiketten; meistens versuchten jedoch die Klubisten, dem jeweiligen Adressaten und dessen Vorstellungskreis Rechnung zu tragen in bezug auf die Syntax, den Wortschatz und die Wahl der Bilder. Im Anschluß an verwandte Bestrebungen der französischen Jakobiner wählte so A. Hofmann für seinen naiv-zynischen *Aristokratenkatechismus* eine dem Volk wohlvertraute Form, wobei der konservative Adlige sich im Dialog bloßstellte und auf den Neuadel und die bürgerlichen ‹Canaillen› mit dem gleichen Adelsstolz herabblickte. Die Waffe durfte grob sein, wenn sie nur wirkungsvoll war. Auf ähnliche Weise ahmte Cotta die volkstümlichen Handwerker- und Bauernkalender nach, indem er Collot d'Herbois' Gestalt des Gevatters Gerhard auf die Mainzer Verhältnisse zuschnitt. Diese bestach durch ihren gesunden Menschenverstand und ihre Liebenswürdigkeit, so daß die einfachen Leser sich leicht mit ihr, das heißt mit ihren republikanischen Ansichten identifizieren konnten.

Auch in Deutschland hatten die *Marseillaise* und das *Ça ira* weite Kreise galvanisiert, sie waren mehrfach übersetzt und dabei gemildert worden. Diese Beispiele lehrten, welche Bedeutung das politische Lied als Mittel der Propaganda haben konnte. Politische Kontrafakturen geistlicher oder volkstümlicher Lieder, Rückgriff auf bekannte Melodien trugen nicht unwesentlich zur Verbreitung der Kampfparolen bei. Mit Hilfe von Wiederholung und Variation, von stehenden Formeln und groben Schimpfwörtern sowie einfachen, kontrastreichen Bildern versuchten Gottfried Jakob Schaller, Nikolaus Müller, Carl Wilhelm Friedrich Schaber, F. Lehne und August Lamey sowie einige Ungenannte dem grausamen Despotismus das republikanische Gegenbild als Zeit der Freude, der Brüderlichkeit, der Freiheit und des Gesetzes gegenüberzustellen. Fanden die Dichter aber oft kräftige Bilder zur Entlarvung der Fürsten, des Adels und des Klerus, so blieben die Leitbilder oft blaß oder abstrakt.

Auch das Theater sollte in den Dienst der Revolutionspropaganda gestellt werden, zumal infolge der größeren Illusionskraft des Dargestellten von keiner Gattung damals eine nachhaltigere Wirkung ausgehen konnte als von dem Schauspiel, wie immer wieder von den der Theatromanie verfallenen Zeitgenossen bezeugt wurde. Dies war um so bedeutender, als in Mainz zum erstenmal eine deutsche Bühne den revolutionsfreundlichen Dramatikern zur Verfügung stand. Um dem Mangel an republikanischen Stücken abzuhelfen, adaptierte Nikolaus Müller ein

Revolutionsstück von Fabre d'Eglantine. Der republikanische Lernprozeß konnte nicht besser vorexerziert werden als durch die Ausgangssituation des *Aristokraten in der Klemme*, der die Revolution im Krankenbett verschlafen hat und nun über die Abschaffung der Feudalordnung belehrt wird; aber das revolutionäre Moment geht in der Mesalliance von Adel und Bürgertum unter: Dem Aristokraten wird zwar aus der Klemme geholfen, aber er wird kaum bekehrt. Auch in dem *Freiheitsbaum* Müllers spielt die Liebe die Hauptrolle; die sentimentalen Szenen geben jedoch zugleich das Kriterium ab für die Beurteilung der Menschen und der Gesellschaft. Während das ‹ancien régime› Egoismus und Materialismus zeitigte, begünstigte die Republik wahre Menschlichkeit, wie die Heirat des armen Bauern mit der Tochter des reichen und auch das salomonische Urteil des französischen Offiziers verdeutlichen. Die politische Ausrichtung der *Aristokraten in Deutschland* ist sicher eindeutiger, aber auch hier werden die Satire des Adels und des Klerus und die Apologie der Revolutionsprinzipien von den Rührungsszenen etwas aufgeweicht, und am Ende zieht der patriotische Schulze gar nach Frankreich, um dort in Freiheit, Gleichheit und Brüderlichkeit zu leben, anstatt den Kampf mit den deutschen Konterrevolutionären weiterzuführen.

Das Mainzer Revolutionstheater war zweifellos volkstümlich. Seine politische Bedeutung sollte jedoch nicht überschätzt werden; am Ende war der Zuschauer zwar gerührt, aber den Stücken fehlte jede revolutionäre Dynamik. Nicht durch das Theater, wohl aber durch einige Lieder und vor allem wohl durch Flugschriften hat die Mainzer Republik auf die Auseinandersetzung der Deutschen mit der Revolution und der Republik eingewirkt.

Der Wirkungskreis der Wiener Jakobiner, die Aufrufe und Lieder handschriftlich verbreiteten, war geringer, aber ihre Ideen radikaler. Hebenstreit, der ein revolutionäres Gedicht in lateinischen Versen verfaßte, in welchem er, sich an die Elite wendend, für die soziale Gleichheit eintrat, verstand es im *Eipeldauerlied* durch die Wahl des Dialekts die Distanz zum Volk aufzuheben. Schon die Art, wie er von der Tsarin, der ‹russisch Kathel› sprach, veranschaulichte das Prinzip der Gleichheit. Sein Haß galt vor allem den ‹Großköpfen›, die das Volk ausbeuteten. «Drum schlagt die Hundsleut alle tot!»

Auch in Norddeutschland, vor allem in Hamburg und dem dänischen Altona, wo die Bedingungen für eine propagandistische Tätigkeit günstiger waren, schlossen sich die Revolutionsfreunde zusammen; aber im Gegensatz zu Wien handelte es sich keineswegs um aktive Jakobiner. Friedrich Wilhelm von Schütz, der in seinen Zeitschriften Reden und Dokumente der Mainzer Republikaner sowie revolutionäre ‹Volkslieder› veröffentlichte und für Freiheit und Gleichheit eintrat, verstand sich

als Demokrat. Sieveking und auch H. C. Albrecht, Johann Albert Heinrich Reimarus und H. Würzer waren republikanisch gesinnt; aber sie wendeten sich nicht an das Volk, sondern an die geistige Elite, auch wenn sie ihrerseits zur Form des *Revolutionskatechismus* griffen (Würzer). Sie bekämpften zwar den feudalen Despotismus und die Reaktion, distanzierten sich aber auch deutlich von Robespierre und stellten den «hundert Unvollkommenheiten und Fehlern» der französischen (Albrecht) die amerikanische Republik gegenüber. Sie wünschten zwar grundlegende Reformen, aber keine gewaltsame Revolution.
Mit der Emigration, die die deutschen Grenzländer überflutete, fanden auch die Ansichten der französischen und englischen Konterrevolutionäre Eingang in Deutschland. Während Sénac de Meilhan zufolge die zu mächtig gewordenen ‹Kapitalisten› die Französische Revolution verursacht hätten, entlarvten Ferrand und Barruel den Herzog von Orléans, Mirabeau, Sieyès oder gar die Philosophen, vor allem Voltaire, d'Alembert und Friedrich II. als Verschwörer. Viel heftiger in seiner Polemik warf Burke der Nationalversammlung vor, die Tradition zugunsten von abstrakten Menschenrechten beiseite zu schieben und sowohl der Natur, der Geschichte und der Mentalität des Volks Hohn zu sprechen.
Diese Ideen, die teilweise auch von Friedrich von Gentz, dem Übersetzer und Kommentator Burkes und Mallet du Pans vermittelt wurden, fanden vor allem im Kurfürstentum Hannover ein willkommenes Echo. Girtanner gab dem ökonomischen Argument durch lapidare Sätze eine große Schlagkraft: «Wer das Geld hat, regiert, gleichviel auf welcher Stufe er steht.» «Der Bürgerstand hat das Geld, folglich die Macht.» Justus Möser, Rehberg und Brandes verteidigten in Essays und Broschüren die Tradition und die Vorrechte des Adels, die sie den abstrakten Prinzipien des Naturrechts entgegenstellten. War bisher die Verfassung des Reichs für die politische und militärische Ohnmacht Deutschlands verantwortlich gemacht worden, so wurden nunmehr Stimmen laut, die mit Wieland behaupteten, sie garantiere Ruhe und Wohlstand der Bürger weit besser als die Demokratie, zumal sie die meisten Rechte und Freiheiten schon gewähre, welche die Franzosen erst noch erkämpfen mußten.
Während die Traditionalisten das ‹ancien régime› wieder rehabilitierten, ging die *Wiener Zeitschrift* gegen den «jetzigen allgemeinen Freiheitstaumel», die «Früchte einer zügellosen Aufklärung» an, wofür sie «verrätherische Volksverführer» verantwortlich machte, die gutmütige Nationen wider ihre Souveräne aufgewiegelt hätten. Dabei gab Leopold Aloys Hoffmann der Verschwörungsthese eine neue Richtung, indem er die «fürchterliche Allmacht» der Illuminaten denunzierte. Im Anschluß daran gingen Heinrich August Ottokar Reichard (*Revolutionsalmanach*) und Ernst August Anton von Göchhausen (*Eudämonia*) dazu über, fast

alle diejenigen als Jakobiner zu verteufeln, die sich positiv gegenüber der Revolution geäußert hatten. Hier ging es nicht mehr um einen traditionellen Federkrieg, sondern um eine Hetzkampagne ganz im Sinne des späteren weißen Terrors.

War bisher die Revolution kaum vom konservativen Theater rezipiert worden, so änderte sich die Lage etwas nach 1792, obgleich kein bedeutendes Stück an die Öffentlichkeit trat. Während Johann Heinrich Daniel Zschokke *Charlotte Corday* (1794), die neue Heilige der Konservativen und Liberalen, auf die Bühne brachte, dramatisierte Ernst Karl Ludwig von Buri mit *Ludwig Capet oder der Königsmord* (1793) und *Marie Antonie von Oesterreich, Königin von Frankreich* (1794) aufsehenerregende Momente der Zeitgeschichte. Ganz im Sinne des bürgerlichen Trauerspiels sah er in dem König vor allem den Menschen, den «treuen Gatten» und «zärtlichen Vater». Gerade durch diese Reduktion auf das Bürgerliche wurde die Identifikationsmöglichkeit für die Zuschauer gesteigert. Anscheinend trat das Politische so hinter das Private zurück, aber die Wirkung war politisch; denn der Mord an einem solchen König mußte ein schlechtes Licht auf dessen Richter, die Jakobiner werfen. August von Kotzebue hingegen, der in *Der lange Hans oder die Rechte des Menschen, ein Freyheit-Roman*, einer Art *Candide*, das Prinzip der Gleichheit ad absurdum führte, griff mit *Der weibliche Jakobiner-Clubb* wie auch Goethe mit dem *Bürgergeneral* zur satirischen Komödie. Jedesmal werden durch die kontrastreiche Gegenüberstellung hier die Revolution und da ihre Nachwirkung in Deutschland zur Posse, während nach dem Prinzip der Diskrepanz zwischen Theorie und Praxis die Jakobinerin als dummer Hausdrachen und der angebliche Bürgergeneral als scheinheiliger Habenichts entlarvt werden. Schließlich lenkte hier der royalistisch gesinnte Gatte und da der Dorfjunker als ‹deus ex machina› alles wieder ein und verdeutlichte so die Vorzüge der Feudalgesellschaft.

Auch in der Lyrik setzte eine Kampagne gegen die Jakobiner ein, und auch sie wurde von Klopstock eingeleitet, dessen Palinodie *Mein Irrtum* eine gute Aufnahme fand. Die Satire griff jedoch kaum konkrete Beispiele heraus und blieb oft ebenso abstrakt wie früher die Begeisterung, selbst wenn die Autoren sich volkstümliche Melodien zunutze machten oder die Kritik Gestalten aus dem Volk in den Mund legten. Die Angriffspunkte waren im Grunde die gleichen wie in den anderen Gattungen. Nur einem Esel konnte einfallen, daß «alles gleich sein soll» (*Lied gegen die jakobinische Gleichheit*). Immer wieder wurde auch auf die Diskrepanz zwischen Versprechungen und Wirklichkeit hingewiesen; die Jakobiner verkündeten Brüderlichkeit und raubten und mordeten (Schink). Gerade dieses Thema wurde mehrfach variiert, indem alle möglichen Komposita mit ‹Mord› gebildet wurden. Der ganze Staat war zur Mördergrube geworden. Einige machten die Jakobiner zu Spießge-

sellen des Teufels, andere bezeichneten sie als Kannibalen (Alxinger), Westhunnen (Stolberg) oder Pariser Hottentotten (Gleim).
Im Gegensatz zu Aufsatz und Broschüre verharrten die fiktionalen Gattungen in der Satire. Es ging vor allem darum, die Gegner und ihre Ideale dem Spott preiszugeben oder sie an den Pranger zu stellen, um so die gefährlichen Sirenen der Revolutionspropaganda unschädlich zu machen und die bedrohte bürgerliche und monarchische Ruhe und Ordnung wiederherzustellen.

Von der Französischen Revolution in der Politik zur deutschen Revolution des Geistes

Auch in der letzten Phase der Französischen Revolution hat es nicht an dichterischen Zeugnissen gefehlt, wenn auch das Theater sich nur mit wenigen historischen Dramen an der Debatte beteiligte und in der Erzählprosa die Revolution meistens eine episodische Rolle spielte wie in Romanen von Goethe, Hölderlin, Jean Paul, Jung-Stilling oder Zschokke. Die Lyrik wurde von beiden Lagern bald im Stil des populären Liedes, bald der esoterischeren oder abstrakteren Hymnik oder auch des satirischen Epigramms ins Feld geführt. An erster Stelle standen jedoch nach wie vor Reiseberichte mit ihrer zwanglosen Folge von Anekdoten, Berichten und Diskussionen sowie Rede und Essay, die durch ihre deutliche Stellungnahme oft die verhülltere Sprache der Fiktion erst erhellen. Da, wie selbst O. Reichard und Schiller bekannten, ‹das Lieblingsthema des Tages› die Französische Revolution und ‹Staatscritik› waren, fanden die Zeitschriften nach 1795 einen neuen Aufschwung und dank der Ausweichmöglichkeiten (Paris oder Altona als eventueller Druckort) kamen alle Lager zu Wort, obwohl einige Herausgeber sich bewußt zurückhielten, um Streit mit den Zensoren zu vermeiden.
Beim Sturz Robespierres, des ‹ärgsten Tyrannen›, des ‹Hochverräters der Menschheit›, des ‹Scheusals›, des ‹Heuchlers› und wie alle Schimpfwörter hießen, die in Prosa und Versen aus den verschiedensten Lagern, auch von Klopstock ihm nachgerufen wurden, konnte die Reaktion der Deutschen fast den Eindruck einer gewissen Einmütigkeit erwecken, zumal selbst die Hamburger Republikaner seine blutige Diktatur und seinen Vandalismus anprangerten, und auch die *Klio*, die seine Tyrannei psychologisch zu erklären versuchte, sich fragte, «wie der finstre Fanatismus der Robespierres und Saint-Justs auch nur einen Augenblick auf diesem Boden habe Wurzeln fassen» können. Während der Schauerroman sich zuweilen von den Greuelszenen der Zeitgeschichte inspirieren ließ (*Erich, König von Norden*, 1794; Friedrich Eberhard Rambach, *Aylo und Dschadina*, 1793) entlarvte Tieck, der erst nach 1795 seinem Revolutionsenthusiasmus entsagte, im *Gestiefelten Kater* (1797) die stete Berufung auf das Gesetz als Verschleierung der Diktatur und verspottete in

den *Schildbürgern* (1797) den Terror als Schildbürgerstreich, da schließlich alle, selbst der Bürgermeister und der Gefängniswärter, im Gefängnis landeten. So hätte man erwarten können, daß mit der Stellungnahme des Direktoriums auch in Deutschland die Gemüter sich etwas beruhigen würden. Mancher glaubte, wie der Rheinländer Dautzenberg, daß hiermit die Revolution zu Ende sei. Und auch O. Reichard lobte die «gemäßigten Gesinnungen der jetzigen französischen Gewalthaber» und vermerkte, daß «das System des Schreckens (. . .) immer mehr der Gerechtigkeit und der gesetzlichen Freiheit Platz» machte.

Aber die Entspannung erwies sich als Illusion; denn wenn auch Robespierre für viele Deutsche gezeigt hatte, daß die Demokratie notwendig zur Anarchie oder zum Despotismus führte, so mußte gerade die gemäßigte bürgerlich-republikanische Verfassung von 1795 ein Stein des Anstoßes für alle Konservativen sein; denn sie konnte eine gewisse Anziehung auf die Mittelschicht ausüben. Hinzu kam, daß durch die Fortführung des Kriegs in Süddeutschland die Revolutionsgefahr akuter war denn je. Schon darum wurde die Frage, ob die Monarchie oder die Republik die beste Regierungsform sei, von neuem eifrig erörtert.

Vor allem in Form von Aufsätzen und Flugschriften versuchte die Reaktion weiterhin, den Bann der faszinierenden Revolution zu brechen; besonders den Besitzenden mußte «die gegenwärtige Revolutionsgeschichte die Augen öffnen» (*Acht Bedenken gegen eine Volksregierung*, 1794). Es galt, aus den schwindligen Höhen eines «idealischen Paradieses» in die biedere Wirklichkeit zurückzufinden, denn Geschichte und Erfahrung lehrten, daß die «romantischen Begriffe einer so genannten Urgleichheit» (*Revolutionsalmanach*, 1794) und «anarchischen Freiheit» nicht zu verwirklichen waren. Nicht nur die soziale Gleichheit, die vor allem als abschreckender Popanz für die Besitzenden angeführt wurde, auch die politische wurde weiterhin verworfen; die «Mitwirkung aller» an der «Verwaltung des Ganzen» sei nachteilig für die «Moralität», da somit der Pöbel die «Souveränitäts-Rechte» ausübe (*Preußisches Archiv*, 1794).

Immer wieder ging der *Revolutionsalmanach* gegen den «Geist der Neuerungssucht» an, da er aus der französischen Revolutionsgeschichte den kurzsichtigen Schluß zog, «daß die geringste Änderung in einem Staate oft den Umsturz in demselben bewirket hat». Darum sollte sie jedem Volke «zur Warnung dienen, bey seinem althergebrachten Rechten unabänderlich zu verbleiben». Um nur gute Untertanen zu haben, sollten die Fürsten der Jugend die «Einfalt der Sitten und die Tugend der Religion fest» einprägen; denn diese wäre «nicht nur die Stütze ihrer Throne», sondern auch «die kräftigste Beförderin eines Staates». Hierin traf sich O. Reichard auch mit Jung-Stilling, der nicht nur in seinem Roman *Heimweh* (1794/95) den «allgemeinen Religions- und Sittenbankerott», von dem besonders die Französische Revolution zeugte, bekämpfte und mit Hilfe der allegorischen Bilder einer Initiationsreise die Ergebung in die göttliche Vorsehung predigte.

Das Scheitern des ‹politischen Utopismus› der Jakobiner verlieh der Reaktion neuen Kredit. Durch immer neue Enthüllungen verbreitete sie die Komplottheorie sowie die Auffassung, daß «die Aufklärung (. . .) an allem (. . .) Übel Schuld» sei. Und in dem Glauben, daß die Volksaufklärung «bey dem gemeinen Mann (. . .) allemahl mehr Schaden (brächte) als die Dunkelheit, in der er vorher lebte» (*Revolutionsalmanach*), rief sie die Fürsten auf, gegen sie einzuschreiten. So wurde eine langjährige Debatte über wahre und falsche Aufklärung, über ihren Vorteil und Nachteil in bezug auf die «Erhaltung öffentlicher Ruhe», wie die Erfurter Akademie in ihrer Preisaufgabe für 1794 betonte, leichtfertig in negativem Sinne entschieden. Als Seitenhieb für die Intellektuellen wurde jedoch die Einschränkung der Aufklärung demagogisch mit einer Apologie des ungebildeten gemeinen Volks verbunden, bei dem noch ‹Deutschheit und Mannheit› herrschte, vorausgesetzt, daß es noch nicht durch die neuen Prinzipien verdorben worden war.

Andere hingegen predigten Resignation. So wollte August Heinrich Julius Lafontaine in *Klara du Plessis und Klairant* (1795) im Spiegelbild der französischen Gesellschaft die vor allem für Deutschland charakteristische Rezeption und schließliche Enttäuschung über die Revolution veranschaulichen, indem er durch Briefe und Gespräche die Ansichten der drei Stände wiedergab. Nur der junge Bauer begeisterte sich für sie; nach dem 10. August wandte auch er sich von ihr ab; ihre Radikalisierung zwang ihn, wieder in die Privatsphäre zurückzukehren: Dennoch scheiterte selbst in der Emigration sein Glück an dem unbeugsamen Adelsstolz des Vaters seiner Geliebten. Lafontaine beweinte zwar das tragische Ende seines Paares, aber enthielt sich jeglicher Kritik.

Schiller ging noch einen Schritt weiter, indem er aus den *Horen* alles verbannen wollte, «was sich auf Staatsreligion und politische Verfassung» bezog, um die «politisch getheilte Welt» wiederzuvereinigen. Doch indem er die Politik den ewigen Wahrheiten, dem rein Menschlichen und der Schönheit entgegensetzte, erschien sie als das Ephemere und Triviale, das die Geister entzweite. So betonte er, daß «alle wahre Verbesserung des gesellschaftlichen Zustandes» nicht von der Form der Regierung, sondern von «besseren Begriffen, reineren Grundsätzen und edleren Sitten» abhing. Mittlerweile wurde der Staat jedoch monarchisch oder despotisch regiert, und gerade dadurch glaubte er, sich in das Reich der Ideale zurückziehen zu können. Der Verzicht auf die Politik war nicht neutral; er lief auf ein Bekenntnis zum Konservatismus hinaus.

Knigge, Wekherlin sowie Rehberg hatten noch behauptet, daß Deutschland keine Revolution zu befürchten habe; Schubart, Klopstock und Hölderlin hatten den Deutschen ihren Untertanengeist vorgeworfen und

Merlin von Thionville ihnen öffentlich bestätigt, daß sie «nicht reif zur Freiheit» seien. Nun rief Hölderlin in der leicht verschlüsselten Hymne *Die Schlacht* sie auf, nicht länger das Joch der Fürsten zu dulden; unter dem Pseudonym Josephe schwor ein anderer «blutig der Tyrannen Ende» (1796). Görres verkündete 1798 in seiner Grabrede auf das Heilige Römische Reich, daß nunmehr auch Deutschland «Galliens Schicksal» erleiden werde. Rebmann hingegen sah das Problem je nach Adressat und Augenblick unter verschiedenem Gesichtspunkt; mit dem Blick auf die Fürsten betonte er, daß ihre «Regierungssysteme (. . .) dem Geist der Zeit so unangemessen» wären, «daß nicht nothwendig eine Revolution entstehen (müsse), welche nicht durch jakobinische Einwürkungen, sondern von inneren Fehlern hervorgebracht» würde (*Laterne*); sie wären vielleicht noch durch tiefgreifende Reformen zu vermeiden, was um so wünschenswerter wäre, als «der Deutsche (. . .) einmal in Wuth gebracht», derb zuschlage und eine deutsche «Revolution an Schrecklichkeit die französische» überträfe (*Schildwache*). Mit dem Blick auf die Bürger verkündete er jedoch, daß die Revolution unvermeidlich geworden wäre, weil «die jetzige Verfassung (. . .) aller Verbesserung unfähig» sei. «Nur eine Revolution [könne] Deutschlands Blüte, Volkswohl, Moralität retten» (*Geißel*); diese wäre aber lange nicht so grausam wie in Frankreich, da in Deutschland «mehr wahrer republikanischer Sinn, mehr wahre Aufklärung» verbreitet wäre.

Hatte die erste Phase der Revolution unter dem Zeichen der universellen Gültigkeit der auf die Vernunft gegründeten Revolutionsprinzipien gestanden, so zeitigte der Krieg mit seinen negativen Begleiterscheinungen das Bewußtsein der nationalen Eigenart. Der Verschiedenheit der Sprache, des Nationalgeistes und der Sitten sollten auch andere Gesetze entsprechen. So stellte Görres 1800 die «Freiheit des Deutschen» der französischen entgegen. Und Rebmann verzichtete darauf, «eine Verfassung, welche für den Franken paßt, den Deutschen aufdringen zu wollen» (*Laterne*). Wenn man jedoch die Flugschriften sowie die Gedichte und Aufsätze der Jakobiner durchgeht, trifft man immer wieder auf die Apologie von Freiheit, Gleichheit und Brüderlichkeit. Darüber hinaus hoffte Rebmann, daß die Revolution ganz im Sinne des 4. August eine einheitliche deutsche Republik schaffen werde, die keine «Pfälzer, Bayern, Würtemberger», sondern nur noch Deutsche kennt.

Aber wie Hölderlin mußten schließlich auch die süddeutschen Jakobiner, die vor allem mit Hilfe der französischen Armee einen unabhängigen Freistaat hatten gründen wollen, resignieren. Das Direktorium hatten ihnen zwar Unterstützung zugesagt, solange es Druck auf die deutschen Fürsten ausüben wollte; sobald es ihrer nicht mehr bedurfte, opferte es sie auf und garantierte gar die bestehende Ordnung, das ‹ancien régime›. Damit war die Revolution gescheitert. Es blieb nur noch die

Frage, welche Konsequenzen Deutschland daraus ziehen wollte.

Der Kompromiß einer ‹republikanischen Monarchie› entsprach um so mehr den Wünschen eines guten Teils der Mittelschicht, als diese Form sich direkt aus dem Aufgeklärten Absolutismus zu entwickeln schien. Anstatt die Republik nach französischem Muster zu rehabilitieren, kehrte Kant in *Zum ewigen Frieden* zur konstitutiven Monarchie zurück, das heißt, er stellte der Demokratie, die ihm despotisch schien, weil sie das Prinzip der Gewaltenteilung nicht respektierte, die republikanische Verfassung gegenüber, dank welcher das Volk die legislative Gewalt innehatte, während die exekutive von einer Aristokratie oder einem Monarchen ausgeübt werden konnte.

In seinem *Versuch über den Begriff des Republikanismus* (1796) ging Friedrich Schlegel insofern über Kant hinaus, als er die Frage, ob die politische Freiheit, wie die Jakobiner behaupteten, oder die moralische Bildung, wie Schiller glaubte, als Voraussetzung für den Fortschritt zu betrachten sei, dahingehend beantwortete, daß Institution und Geist miteinander fortschreiten müßten. Die Dialektik zwischen den beiden herzustellen, war Aufgabe der republikanischen Monarchie, die die Bürger auf die Demokratie vorbereiten sollte. Ähnlich dachte Görres, wenn er betonte, daß «das Repräsentativsystem der Kultur» seiner Zeit angemessen sei; denn es ermögliche «eine immer zum Bessern fortschreitende Reform (. . .) durch Bildung des Volks von unten herauf und durch Bildung der Gewalthaber von oben herunter». Während Görres mit diesem *Glaubensbekenntnis*, mit dem Rückgriff auf die religiöse Gattung andeutete, daß die Politik nun gleichsam den Platz der Religion einnahm, reagierte Goethe gerade umgekehrt, als er seinerseits von der Ausstrahlungskraft des Republikanismus zeugte; denn erst die Esoterik erlaubte ihm, das politische Problem ohne Haß und Zorn zu betrachten. Während die heftige Diskussion in den *Unterhaltungen deutscher Ausgewanderten* anzeigen sollte, daß kein Dialog zwischen den feindlichen Lagern mehr möglich war, bedeutete er im *Märchen*, daß nur die Mitwirkung aller den Staat zu erneuern vermöge, ohne jedoch dadurch die Rolle des absoluten Monarchen beschneiden zu wollen.

Obwohl auch Novalis in *Glauben und Liebe* den Republikanismus mit der absoluten Monarchie verquickte, dabei aber zum Totalitarismus tendierte, kehrten schließlich die Jenaer Romantiker in ihrer Enttäuschung über die Revolution und die Politik überhaupt zur idealistischen Ausgangsposition Schillers zurück, der in den *Ästhetischen Briefen* behauptete, daß die Aufklärung auf politischem Gebiet gescheitert sei, da der Egoismus und die Leidenschaft weiterhin die Welt regierten. Während aber Wieland, Weishaupt und Görres die moralische Erziehung des Menschen und den Fortschritt der Aufklärung im Auge hatten, betonte Schiller, daß nur die Schönheit den Menschen reif für die Freiheit mache, indem sie ihm helfe, den Dualismus seiner Natur zu überwinden. Erst dann könnte der Zwangsstaat durch den Rechtsstaat abgelöst werden. Die Jenaer Romantiker waren jedoch überzeugt, daß weder eine moralische noch eine ästhetische Erziehung eine ‹neue Welt› vorzubereiten vermöchte. Wenn Friedrich Schlegel in einem seiner *Athenäum*-Fragmente die Französische Revolution, Fichtes *Wissenschaftslehre* und Goethes *Wilhelm Meister* als die großen Tendenzen seines Zeitalters anerkannte, so um zu verdeutlichen, daß die Revolution sowohl politisch wie philosophisch und literarisch sein sollte. Die Jenaer erhofften eine allumfassende ‹Revolution› des Geistes, die den Menschen und die Natur, das Individuum und die Gesellschaft verwandelte. Während Bonaparte die Französische Revolution für beendet und Wieland sie in den *Gesprächen unter vier Augen* für gescheitert hielt, betonten Görres, Hölderlin und die Romantiker, daß das Werk der Regenerierung erst beginne. Diese werde aber das Werk der Deutschen sein; denn in Deutschland, das zwar langsam, aber sicher «den übrigen europäischen Ländern» vorausging, konnte man schon «die Spuren einer neuen Welt aufzeigen», wie Novalis in seinem unveröffentlichen Essay *Die Christenheit oder Europa* in Übereinstimmung mit Herder und Schiller verkündete.

Gleim wollte einen deutschen Shakespeare auf den Plan rufen, um Charlotte Cordays tragische Größe würdig zu gestalten. Auch im anderen Lager hoffte man, dieses ‹große Schauspiel› möchte die Deutschen zu großen Werken begeistern, denn «wahrlich, es brächte dem Jahrhundert Schande, wenn es keinen Dichter fände, (die Revolution) würdig zu besingen» (Rebmann). Doch nur in der Lyrik gelang es ihnen zuweilen, die Tendenz zur Bildungslyrik und die egoistische Begeisterung zu überwinden und ihren Zeitgenossen ins Gewissen zu reden, wovon sowohl Goethes *Venetianische Epigramme* und Klopstocks Oden, Gedichte von Bürger und Voss sowie einige sogenannte ‹Volkslieder› und Parodien volkstümlicher Lieder aus beiden Lagern zeugen. In den anderen Gattungen findet man weder bei den Konterrevolutionären noch bei den Liberalen und den Jakobinern, weder im Apologetischen noch im Satirischen ein wirklich bedeutendes Werk, in dem die Revolution im Vordergrund stünde. Sicher spielte sich die Debatte vor allem in der Essayistik ab; aber so groß auch das polemische Talent von Rehberg, Brandes oder Wieland, von Knigge, Forster oder Rebmann war, sie hatten den Pamphleten von Sieyès und Paine oder Burke nichts Vergleichbares an die Seite zu stellen.

Dennoch hat die Französische Revolution auch in Deutschland eine wirklich bedeutende Rolle gespielt, nicht nur für das Geistesleben im allgemeinen, auch für die Literatur, wenn dies auch nicht immer gleich in die Augen springt. Keiner der großen Dichter und Denker der Zeit konnte sich ihr entziehen: Herder und Wieland, Goethe und Schiller,

Hölderlin und die Jenaer Romantiker haben sich immer wieder mit ihr auseinandergesetzt, wovon auch ihre Werke zahlreiche Spuren aufweisen. Sie hat auf Geist und Poetik gleicherweise eingewirkt.

Zu Beginn hatte sie die Hoffnung auf Reformen gezeitigt; in dem idealistischen Glauben an die Macht des Wortes, durch des «Liedes Sprache» (Schiller) hatten Dichter und Schriftsteller die Fürsten, ihre meist indirekten Adressaten, zu beeinflussen gehofft. War der Schriftsteller in der Frühaufklärung vor allem der Garant des moralischen Fortschritts gewesen, so wurde er in der Spätaufklärung der «Zensor der Regierungen» (Wekherlin), der Garant des politischen Fortschritts. Durch die Debatte über die politischen Prinzipien wollte er zur politischen Schulung der Mittelschicht, des direkten Adressaten beitragen.

In der zweiten Phase traten parallel zu den demokratischen Bestrebungen der Revolution selbst die unteren Schichten der Gesellschaft deutlicher ins Blickfeld der Schriftsteller, sei es um sie zu beschwichtigen, sei es um sie aufzurütteln. Mit dem Prinzip der Popularität, das Herder und Bürger in die Diskussion eingebracht hatten und nun von der Propaganda der beiden Lager ausgenutzt wurde, ergab sich nicht nur ein Stilwandel. Während die Entwicklung der Revolution die irrationalen Faktoren in den Vordergrund schob, wurden auch ganz im Sinne von Herders Forderungen nicht mehr der Geist, sondern das Herz angesprochen, die Affekte erregt. Nicht Einsicht, Wirkung war das neue Ziel. Und gerade davon distanzierten sich in der dritten Phase Klassik und Romantik. Die Tendenz zum Esoterischen ist nicht nur mitbedingt durch die Zensur wie in Hölderlins Hymnen, wo die revolutionären Leitbilder öfters wieder verschleiert werden; sie ist ebenso eine Antwort auf den Sansculottismus und die unliebsame Demokratie, auf die Rolle des Volks, das heißt des ‹Pöbels› während der jakobinischen Diktatur. Und gerade die Dialektik von Esoterismus und Propaganda ist bezeichnend für die deutsche Literatur des ausgehenden 18. Jahrhunderts: Die Propaganda hat zwar dem Volk erlaubt, sich seiner Situation und seiner Macht bewußt zu werden, sie hat aber auch die unerläßliche politische Diskussion verdrängt und die Abwendung der Mittelschicht von der Politik genauso mitbedingt wie das klassisch-romantische Programm.

So hat zwar die Französische Revolution wie kein anderes Ereignis zuvor dazu beigetragen, die Deutschen mit den politischen Prinzipien vertraut zu machen, aber auch durch ihre Radikalisierung und deren Rückwirkungen sie der Republik und der Demokratie wieder entfremdet.

Helmut J. Schneider
Idylle und bürgerliches Epos

Es scheint nur ein Beweis mehr für die sozialgeschichtliche Verspätung Deutschlands und den Anachronismus der klassizistischen Intentionen Weimars zu sein, wenn Schiller 1797 Goethes soeben erschienenes bürgerliches Epos *Hermann und Dorothea* dem ein Jahr früher vollendeten Roman *Wilhelm Meisters Lehrjahre* vorzieht: ihn führe «der Hermann (und zwar bloß durch seine rein poetische Form) in eine göttliche Dichterwelt, da mich der Meister aus der wirklichen nicht ganz herausläßt». Der Freund wird ermahnt, stets die «reinste Form» zu ergreifen, was dieser auch prompt gelobt: «Eine reine Form hilft und trägt, da eine unreine überall hindert und zerrt» (Briefe vom 20. bzw. 30. Oktober 1797). Der zukunftsträchtige Bildungs- und Künstlerroman wird aufgrund seines «unreinen Mediums», der im humanistisch-klassizistischen Gattungskanon nicht vorgesehenen Prosaform, abgewertet; dagegen wird die traditionelle Vorrangstellung des Epos noch einmal poetologisch befestigt, was Auswirkungen bis weit ins 19. Jahrhundert hinein hatte – bekanntlich steht in Hegels *Ästhetik* der ausführlichen Behandlung des klassisch-antiken und mittelalterlichen Epos gerade eine Seite über den modernen Roman gegenüber, der als «bürgerliche Epopöe», als Ausläufer und Schwundstufe des Epos verstanden ist.
Wenn die Klassiker allerdings *Hermann und Dorothea* als «bürgerliche Epopöe» bezeichneten, so war damit die Wiederbelebung der epischen Gattung für die bürgerliche Gegenwart gemeint. Die Überzeugung, mit Goethes Werk ein Homer ebenbürtiges Vorbild zu besitzen, fand prominente Wortführer. Schiller nannte es den «Gipfel seiner und unserer ganzen neueren Kunst»; Wilhelm von Humboldt entwickelte an ihm eine großangelegte ästhetische Theorie. Die Moderne, so wollte es aussehen, hatte die Antike eingeholt. Anders als später Hegel, der im Epos zwar den Gipfel der Poesie schlechthin erblickte, es aber mit dem untergegangenen «heroischen Weltzustand» einer prinzipiell überholten und

unwiederholbaren Vergangenheit zuordnete, erhofften sich Schiller, Humboldt und noch Schelling eine neue Blüte der Gattung. Denn *Hermann und Dorothea* stellte eine Handlung in zeitgenössischem Alltagsmilieu dar: die Liebesbegegnung und rasche Verlobung eines Wirtshaussohns mit einem armen Flüchtlingsmädchen, das die Revolutionskriege vom anderen Ufer des Rheins an seiner noch verschonten wohlhabenden Kleinstadt vorbeiführen. Während das etwas spätere Eposfragment *Achilleis* (1799) sich auch inhaltlich an Homer anschloß, erschien hier Gegenwart, noch dazu eine kleinbürgerliche, wie kaum im gleichzeitigen Roman. Und sie erhielt einen zeitgeschichtlichen Hintergrund, der aktueller nicht gedacht werden konnte: die Französische Revolution mit ihren äußeren und inneren Folgen für das deutsche Bürgertum.

Der Verbindung von ‹zeitloser› Klassizität und stofflicher Aktualität verdankt sich die enorme Wirkung des Epos, das gleich bei seinem Erscheinen den engen Umkreis von Weimar durchbrach und (vergleichbar nur noch Schillers großem Gedicht *Die Glocke*) für mehr als ein Jahrhundert das monumentale Tableau einer ins Archetypische stilisierten Bürgerlichkeit abgab. Der ästhetische Anachronismus erwies sich als zeitgemäß. Übersehen oder abgeschliffen von dem Identifizierungsdrang der Leserschaft wurde dabei das fremdartige Profil der artifiziellen Legierung; von dem Rekonstruktionsversuch ‹natürlich-archaischer› Verhältnisse im zeitgenössischen Material blieb der Philister, der sich zum griechischen Heroen spreizte. Was für Goethe und seine Freunde auch ein Formexperiment gewesen war, wurde schließlich im wilhelminischen Kaiserreich zur Bildungs- und Besitzbastion verfestigt. An keinem anderen Werk der deutschen Klassik läßt sich ihr in die bürgerliche Nationalgeschichte verflochtenes Schicksal derart eindringlich verfolgen.

Idyllischer Klassizismus und Französische Revolution

Volkstümlich-nationale Vorbildlichkeit des epischen Werkes entsprach durchaus Goethes Absicht. Das Widmungsgedicht begründet seine Hinwendung vom klassisch-mythologischen Boden (hier zumal der *Römischen Elegien*) zur heimatlichen Gegenwart, in der Residuen unentstellter Menschlichkeit erhalten seien:

> Deutschen selber führ' ich euch zu, in die stillere Wohnung,
> Wo sich, nah der Natur, menschlich der Mensch noch erzieht.

Damit wird ein sozialer Raum angesprochen, der auch ein literarischer ist: nämlich der der Idylle, wie sie in der zweiten Hälfte des 18. Jahrhunderts von Salomon Geßner, Friedrich («Maler») Müller und Johann Heinrich Voß ausgebildet worden war. Die spezifisch deutsche Entwicklung der europäischen Tradition der Bukolik hatte das antik-humanistische Hirtenreich Arkadien und das fiktive Goldene Zeitalter ersetzt durch die idealisierende Darstellung familiären und ländlich-provinziellen Lebens. Auf Vossens protestantische Pfarrhausidylle *Luise* (Buchfassung 1795), die Goethe anregte, weist die Elegie ausdrücklich hin. Das ‹bürgerliche› Epos ist ein ‹idyllisches›, ist nur als Idylle möglich. So wird Hegel auch die Überlegungen der klassizistischen Poetik zum Wesen des antiken und zur Möglichkeit eines modernen Epos zusammenfassen. Die zur ‹Prosa›, das heißt zur universalen Vermitteltheit und Abstraktheit der menschlichen Beziehungen und Handlungen geordnete Realität der bürgerlichen Gesellschaft läßt die schöne Autarkie des homerischen Helden nicht mehr zu; im Zustand der Entfremdung von Innen und Außen, Gefühl und Tat, Individuum und Staat usw. kann sich der Mensch allenfalls im privaten Bereich noch ‹bei sich› fühlen.

Insofern aber dem eigentlichen Epos in dieser Sicht gerade die Totalität einer in sich ruhenden Welt wesentlich ist, wäre ein ‹idyllisches Epos› (als sozusagen partikulare Totalität) ein Selbstwiderspruch – oder schlimmer: die Aufblähung der heilen kleinen Welt zur falschen ganzen. Die Rezeptionsgeschichte von *Hermann und Dorothea* belegt vielfältig und zweifelsfrei die Überstrapazierung poetischer Häuslichkeit zum ideologischen Gesamtbild der Restauration in Gesellschaft und Staat. Sie geschah, sieht man von den politischen Voraussetzungen ab, im Zeichen einer Aufwertung des vermeintlich genuin ‹Epischen› von Goethes Dichtung gegenüber der angeblich beschränkten Idylle der Aufklärung. Bildungsgeschichtlich avancierte das bürgerliche Epos zum Paradestück des gymnasialen Neuhumanismus, ideologiegeschichtlich zum ‹deutschen Nationalepos›.

Literarhistorisch kann *Hermann und Dorothea* angemessen nur aus der Gattungstradition der Idylle heraus verstanden werden. Die Steigerung der Idylle zum Epos bei Goethe ist genetisch und thematisch präzis zu bestimmen: Erst durch den Bezug zur Revolution weitete sich ihm das Projekt aus, das er nach Vollendung der mediterran-antikisch gefärbten idyllischen Elegie *Alexis und Dora* (1796) als ‹bürgerliches› Pendant in Angriff genommen hatte. *Hermann und Dorothea* ist weder die klassizistische Konservierung epischer Autarkie in einer Nische der prosaischen modernen Gesellschaft noch ihre verlogene Monumentalisierung. Goethe führt die Idylle der Aufklärung zum Höhepunkt, indem er die für sie zentrale normative Naturvorstellung mit dem Unternehmen konfrontiert, das sich als deren politische Verwirklichung verstand. Die Französische Revolution war der historische Ort, in dem die ‹private› Glücksimagination ihre Sprengkraft für die gesellschaftliche Totalität bewies, noch mehr: wo Staat und Gesellschaft in ihrer Ganzheit als veränderbare und machbare Größe überhaupt erst aufgingen.

Die Bedeutung der Idylle für die deutsche Literatur zwischen Aufklärung und ‹Biedermeier›, wie sie in der neueren Forschung herausgearbeitet worden ist, reicht über die einzelnen Werke der Gattung im eigentlichen Sinn weit hinaus. Die ‹Idee› des Idyllischen bildet den Brennpunkt eines politischen, ästhetischen und geschichtsphilosophischen Problemzusammenhangs, dessen explizite Thematisierung durch ihre engen Grenzen gerade ausgeschlossen wird. Denn die poetische Idealwelt der Idylle ist bestimmt durch das Absehen von allen Verwicklungen und Kompliziertheiten. Die, wie Schiller definierte, «poetische Darstellung unschuldiger und glücklicher Menschheit» fand in Miniaturen Ausdruck, die, bei aller inhaltlichen Anspruchslosigkeit, die literarische Entsprechung zum naturrechtlichen Ideal eines jeder gesellschaftlichen Deformation vorausliegenden ‹reinen› Menschen sind. Schiller ließ in der Schrift *Über naive und sentimentalische Dichtung* (1795) die Idylle zum Index des utopischen Gehalts moderner, in seiner Terminologie «sentimentalischer» Dichtung schlechthin aufrücken. Er kritisierte die herkömmliche Hirtendichtung, weil sie das Ideal an den Beginn der Kulturentwicklung lege und so mit deren Nachteilen auch die Vorteile ausschließe. Die Forderung an den Idyllendichter lautet, Vernunft und Fortschritt in die Darstellung aufzunehmen, die Natur durch ihre zivilisatorische Wiederherstellung zu überbieten:

«(er) führe uns vorwärts zu unsrer Mündigkeit, um uns die höhere Harmonie zu empfinden zu geben, die den Kämpfer belohnet, die den Überwinder beglückt. Er mache sich die Aufgabe einer Idylle, welche jene Hirtenunschuld auch in Subjekten der Kultur und unter allen Bedingungen des rüstigsten feurigsten Lebens, des ausgebreitetsten Denkens, der raffiniertesten Kunst, der höchsten gesellschaftlichen Verfeinerung ausführt, welche, mit einem Wort, den Menschen, der nun einmal nicht mehr nach *Arkadien* zurückkann, bis nach *Elysium* führt.»

Eine solche ‹elysische› Idylle hat Schiller im mythologischen Bild des vergötterten Herakles zwar projektiert, aber nicht ausgeführt (vgl. den wichtigen Brief an W. v. Humboldt vom 30. November 1795). Es handelt sich eher um eine regulative poetische Idee, deren Realisierung mit der gesellschaftlichen Realität der ästhetischen Utopie zusammenfallen würde: «(. . .) die Idee der Schönheit, auf das wirkliche Leben angewendet.» Das selbst geschichtsjenseitige Ziel der Geschichte soll veranschaulicht, der Perfektionszustand umfassender Versöhnung als ‹mögliche Realität› gegen den Widerspruch aller bisherigen Erfahrung bekräftigt werden.

Gewiß bedeutete auch *Hermann und Dorothea* nicht die Erfüllung des Ideals; Goethe blieb ja zumindest äußerlich ganz auf dem Boden zeitgenössischer Erfahrung. Was aber Schillers theoretischen und Goethes dichterischen Entwurf verbindet und was die Idee der Idylle für den Weimarer Klassizismus so zentral macht, das ist die Intention einer ästhetischen Revolutionsverarbeitung. Es ist bekannt, daß die Klassiker sich in der Ablehnung jedes gewaltsamen Umsturzes trafen, ohne Anhänger des ‹ancien régime› zu sein. Sie bemühten sich, die idealistischen Ziele der bürgerlichen Revolution (und damit der Aufklärung) festzuhalten und ästhetisch umzudenken, nachdem sie in ihren Augen spätestens durch die Hinrichtung Ludwig XVI. 1793 und die folgende jakobinische Schreckensherrschaft pervertiert worden waren. Für Goethe speziell ist *Hermann und Dorothea* sogar die erste positive Würdigung der revolutionären Anfangsbegeisterung, die er 1789 (anders als Schiller und die meisten deutschen Schriftsteller) nicht geteilt hatte. Der Anführer des Flüchtlingszuges schildert sie:

> Denn wer leugnet es wohl, daß hoch sich das Herz ihm erhoben,
> Ihm die freiere Brust mit reineren Pulsen geschlagen,
> Als sich der erste Glanz der neuen Sonne heranhob,
> Als man hörte vom Rechte der Menschen, das allen gemein sei,
> Von der begeisternden Freiheit und von der löblichen Gleichheit!

Etwas von diesem Glanz der neuen Sonne des Natur- und Menschenrechts fällt auf die rheinische Kleinstadt und rechtfertigt tatsächlich, wie es alle Zeitgenossen, aber nur wenige Interpreten des späteren 19. und gar 20. Jahrhunderts empfunden haben, den erhabenen Faltenwurf der epischen Diktion. Natur und Homer waren schon Werther zu einem tröstenden Gegenbild des Feudalabsolutismus verschmolzen, als er, aus der adligen Gesellschaft hinauskomplimentiert, im Angesicht des Sonnenuntergangs von der Bewirtung des Helden Odysseus durch den Schweinehirten Eumaios las: «Das war alles gut». Der bürgerliche Klassizismus hatte sich seit Winckelmann, den Grafen Stolberg und Johann Heinrich Voß einen empfindsamen, idyllisierten Homer angeeignet, in dem die Werte des eigenen, intimen und ständeübergreifenden Umgangs hineinprojiziert wurden. Man sah, so charakterisierte Goethe in *Dichtung und Wahrheit* das Homererlebnis von Sturm und Drang und Göttinger Hain, nicht mehr «ein angespanntes und aufgedunsenes Heldenwesen, sondern die abgespiegelte Wahrheit einer uralten Gegenwart». Wenn die Klassiker nun auf die vorrevolutionäre Utopie zurückgriffen im Angesicht des politischen Sonnenaufgangs in Frankreich, so wollten sie ihre Idealität vor dessen allzu schneller Verfinsterung retten. Die gesteigerte Idylle ist der literarische Ausdruck der Revolution ohne Revolution. Wie Schillers elysischer Herakles den Kampf hinter sich hat, vor dem der arkadische Schäfer stehenbleibt, so gönnt Goethe seinem bürgerlichen Helden eine unblutige Revolution, die ihn über den aufgeklärt-gräkomanen Landpfarrer Vossens nur symbolisch hinaushebt. Ausgespart bleiben Kampf und politische Vermittlung.

Der Wahrheitsgehalt der Goetheschen Dichtung liegt dabei in ihrer poetischen Selbstreflexion. *Hermann und Dorothea* behandelt die epische Form als eine uneinholbare Utopie für die Moderne. Der Bruch zwischen Privatem und Politischem, Kleinstadt und Revolution, Glücksanspruch des Individuums und kollektiver Verwirklichung von Glück wird als Brechung des Epos in der Kunstwelt der Idylle reflektiert. Goethe hat in seiner wichtigen Selbstdeutung die Korrespondenz von politischem und poetischem Prozeß hervorgehoben:

«Ich habe das reine Menschliche der Existenz einer kleinen deutschen Stadt in dem epischen Tiegel von seinen Schlacken abzuscheiden gesucht, und zugleich die großen Bewegungen des Welttheaters aus einem kleinen Spiegel zurück zu werfen getrachtet» (an H. Meyer, 5. Dezember 1796).

Revolutionsbezug und ‹epische› Läuterung des Mikrokosmos zu archetypischer Menschlichkeit bedingen sich wechselseitig. Im ersten Gesang erholen sich die Wirtsleute und der befreundete Pfarrer im «kühleren Sälchen» von der Mittagshitze und den «traurigen Bildern» der Vertriebenen, zu denen Hermann mit Nahrungs- und Kleiderspenden ausgefahren ist. Man sitzt am «glänzend gebohnten, / Runden braunen Tisch, er stand auf mächtigen Füßen», und man trinkt eigenproduzierten Wein (Hegel wußte das als Zug epischer Autarkie zu würdigen und Voß wegen des bürgerlich-kolonialen Kaffeegenusses zu tadeln). In den Wunsch nach Frieden mischt sich der private nach Verehelichung des einzigen Sohnes, «der immer so tätig / Mir in dem Hause sich regt, nach außen langsam und schüchtern». Zum Schluß, am späten Nachmittag desselben Tages, als sich draußen ein prasselndes Gewitter entlädt, vor dem Hermann gerade rechtzeitig die Geliebte in Sicherheit gebracht hat, ist dieser Wunsch überraschend erfüllt, und der geschlossene Bund erscheint als Garant politischen ‹Beharrens›, als eine Art heroischer Vorwärtsverteidigung und Friedensbewahrung gegen die «allgemeine Erschüttrung» – so ausgesprochen von demselben schüchternen und ländlichen Hermann, dem nun «die Zunge gelöst» ist, wie sie es den Revolutionären im Freiheitsrausch war, der seine Braut zum Tanz führen wird, wie das Volk um die Freiheitsbäume tanzte, der plötzlich aus seiner «Stille» erweckt ist wie der schlafende Herkules, Symbol des unterdrückten Volks, durch die Revolution. Dies sind Analogien zwischen dem revolutionären Ethos und der Handlung, die der Text selbst herstellt. Hergestellt ist damit zum Schluß auch der ‹epische› Anspruch des Gedichts; erst den letzten Gesang eröffnet Goethe mit dem Musenanruf, der traditionell das heroische Epos einleitet. Die Gediegenheit des Interieurs, für das zu Beginn die mächtigen Füße des Tisches stehen, ist zur symbolischen Festung gesteigert, die familiäre ‹Autarkie› zum Bild bürgerlicher Autonomie. Das heimkehrende Paar, «herrliche Gestalten», für die die Tür zu klein scheint, entschließt sich zur Einkehr in ein

monumentales Relief: «Wir wollen halten und dauern, / Fest uns halten und fest der schönen Güter Besitztum».
Kein Wunder freilich, daß spätere Generationen ihre Gipsvitrine damit schmückten. Hermann kehrt, wie verändert auch immer, ins Interieur zurück, nachdem er ausgezogen ist, die Tochter der Revolution heimzuholen. Nur «desto fester», weil jetzt mit Bewußtsein, bindet er sich an seine im epischen Tiegel geläuterte neu-alte Welt. Der politische Horizont der Revolution bleibt ihm so gut wie unbewußt. Dorothea allein beschwört ihn zum Schluß, als sie an die Abschiedsworte ihres ersten Bräutigams erinnert, der für die Ideale der Revolution in Paris gestorben ist (für diese Figur hat Goethe Georg Forster Pate gestanden):

> Alles regt sich, als wollte die Welt, die gestaltete, rückwärts
> Lösen in Chaos und Nacht sich auf und neu sich gestalten.
> Du bewahrst mir dein Herz; und finden dereinst wir uns wieder
> Über den Trümmern der Welt, so sind wir erneute Geschöpfe,
> Umgebildet und frei und unabhängig vom Schicksal:
> Denn was fesselte den, der solche Tage durchlebt hat!

Was aber bedeutet angesichts dieses universalen Auflösungs- und Neuschöpfungsprozesses das kleine Tagesglück der Idylle? – Das Pathos des ‹citoyen› färbt auf Hermann, den bourgeoisen Nachredner ab, der in sozusagen revolutionärer Naivität die Bewahrung eines Alten verkündet, das sich als das Ur-Anfängliche erwiesen hat. Die Entscheidung gegen eine Umwälzung auf deutschem Boden ist das letzte Wort, die homerisch-allgemeinmenschliche Typik wird zur tagespolitischen Botschaft: «Nicht dem Deutschen geziemt es, die fürchterliche Bewegung / Fortzuleiten und auch zu wanken hierhin und dorthin.»

Idylle der Aufklärung (Geßner, Voß)

Bis zum Überdruß sind diese beiden Verse von zahlreichen idyllischen Epen des folgenden Jahrhunderts konservativ, antiwelsch und chauvinistisch aufgedonnert worden. Dabei war Goethes Text, gerade wegen der Aussparung der konkreten feudalabsolutistisch-kleinstaatlichen Verfassung Deutschlands, keine Verherrlichung des Bestehenden. Hier wurde kein teutonischer Cherusker in die Rüstung gesteckt, um sich, wie es in einer vielgespielten dramatischen Bearbeitung von Carl Töpfer von 1823 heißt, «für seinen Fürsten / In Blut und Kampf begeistert (zu) stürzen».
Es wurde vor allem jenes krähwinklige Gärtchenglück überwunden, das in demselben «idyllischen Familiengemälde» den Gegenstand der blutdurstigen Verteidigung bildet: «Es ist ein herrlich Ding um sichre Stelle, / Um friedlichen Genuß des Eigentums, / Das man im sauren Schweiße sich erworben (. . .)»
Hermann stellt sich gegen den Vater und das von ihm vertretene Besitz-

denken, indem er die ihm zugedachte reiche Nachbarspartie ausschlägt. Die geschichtliche Zerstörung, die ihm im Durcheinander des Trecks, eine im Wortsinne durcheinandergewürfelte Häuslichkeit, erscheint, macht ihm auch die Störung von Glück in seiner äußerlich festgefügten, einengenden Ordnung bewußt. Er will sein Glück, und er gewinnt es, indem er gegen die Konvention und die ängstlichen Sicherungen der kleinbürgerlichen Nahwelt das Flüchtlingsmädchen heimführt – und damit gewinnt er ‹Glück› in dem elementaren Sinn der Aufklärung, als unableitbaren Anspruch des Individuums. «Du bist mein; und nun ist das Meine meiner als jemals»: dieser ungrammatische Komparativ des Schlusses bezeichnet den ethischen Nachvollzug bürgerlicher Selbstbestimmung, welche die Revolution als Prinzip von Staat und Gesellschaft durchsetzte.

Die Reaktion gegen die väterliche Welt nun ist auch eine Reaktion auf die Entwicklung der deutschen Idylle der Aufklärung. Der poetische Prozeß von *Hermann und Dorothea*, der den Glücksanspruch der Revolution symbolisch-innerlich einzuholen versucht, wiederholt und reflektiert auch den Weg der Gattung von arkadischer Natur einer idealen Vorzeit zum dinglichen Interieur der Gegenwart. Er macht ihn in gewisser Weise rückgängig, indem er der Dingwelt eine zweite und höhere, als Kunst konstruierte Natur entschlägt.

Die traditionelle Szene der Bukolik war seit den antiken Mustern Theokrit und Vergil der sogenannte *locus amoenus*, der liebliche Naturort, an dem Schäfer unter einem schattigen Baum, an kühler Quelle, vor felsiger Höhle usw. ihrer unablässigen Tätigkeit nachgehen: dichten, singen, lieben, musizieren, trinken, sich im Schlaf überraschen lassen. Der Schweizer Salomon Geßner hatte die zerschlissene Topik der durch Jahrhunderte hindurch höfischem Gesellschaftsspiel dienstbaren Gattung grundlegend erneuert, indem er den idealen Naturort zum Schauplatz empfindsam getönter Landschaftsbeschreibung und einer genuin bürgerlichen, von Stadt und Hof entfernten Tugendhaftigkeit machte. So wurden seine *Idyllen* von 1756 (eine zweite Sammlung folgte 1772) zum großen Vorbild und Anstoß einer kritischen Gattungsintention, die in der Entfernung von Geschichte und Gesellschaft auf deren Transzendierung zielte. So sehr Geßner in Deutschland seit dem Sturm und Drang wegen der ‹Schattenhaftigkeit› seiner idealen Tugendfiguren angegriffen wurde (der junge Goethe vermißte ebenso wie Herder Handlung, Individualität, lebendiges Interesse usw.), er hatte das maßgebende Modell einer als utopische Norm begriffenen Natur vorgegeben. In seinem Arkadien wurde wenig geküßt, dafür viel Edles getan. Zum Angedenken der selbstlosen «Guttaten» waren Gärten, Brunnenplätze angelegt, hohe Eichen gepflanzt: die äußere Natur nahm so die «wahre» Geschichte der Tugend auf und trug sie fortzeugend weiter – eine implizite, gelegentlich auch ausgesprochene Opposition zum heroisch-absolutistischen Barock.

Den Charakter eines vor-staatlichen Paradieses der Tugendinnerlichkeit verlor der Idyllenraum auch nicht, als das ‹irreale› Hirtenpersonal durch ‹reales› ersetzt wurde. Ob die Bauernstube des Maler Müller (vgl. die sogenannten Pfälzer Idyllen von 1775) oder der Hausstand des gebildeten Honoratioren bei Voß: Die Spannung zum gesellschaftlich Bestehenden artikulierte sich durch den Bezug auf die arkadisch-antike Gattungstradition; umgekehrt konnte deren Idealität durch den vorgeblichen ‹Realismus› sozialkritisch konkretisiert werden. So formulierten zwei Leibeigenenidyllen von Voß (1775) im Rückgriff auf die berühmte erste Ekloge Vergils scharfen Protest gegen den größten gesellschaftlichen Mißstand des Jahrhunderts. Freilich überschritt die utopische Gegenvorstellung, wie sich gerade hier zeigt, nie die durch die Kleinräumigkeit der Gattung gezogenen Grenzen einer familiär-patriarchalischen Gemeinschaftsharmonie. Voß ist es gewesen, der in den von Geßner moralisierten Naturort einerseits den Anspruch des Bauern auf humanes Leben, andererseits die Bildungs- und Eigentumswelt des aufgeklärten Bürgers eintrug, die er dann als Vermittlungsinstanz seiner Reformvorstellung immer mehr verabsolutierte. Die Entstehungsgeschichte seiner Idyllendichtung, insbesondere des *Siebzigsten Geburtstags* (zuerst 1780) und der *Luise* (zuerst 1783/84), spiegelt den Strukturwandel der bürgerlichen Utopie vom empfindsamen Tugendanspruch des fiktiven Arkadien über die mit klassisch-antiken Reminiszenzen vorgetragene Sozialkritik zur Bildungsverdinglichung des arrivierten Neuhumanismus wider. Der quantitativen Anschwellung – die *Luise*, anfänglich drei selbständige kurze Idyllen, brachte es schließlich auf ein gutes Viertel der *Odyssee* – entsprach eine stoffliche Anhäufung von Hausrat und Kulturschätzen, die dem Homerübersetzer und Altphilologen, der es mit harter Gelehrtenarbeit zum Aufstieg aus der unteren bürgerlichen Schicht wie so viele seiner Generation gebracht hatte, als eine Art Garantie besserer Verhältnisse auch im großen und im ganzen erscheinen mochten.

Dabei war Voß ein unbeugsamer Republikaner. Für den Anspruch der liberal-humanistischen Bildungsfamilie, nicht nur vorbildlich-‹griechische› Humanität, sondern eine aufgeklärte Republik zu vertreten, ist die Idylle *Philemon und Baucis* (1784) aufschlußreich. In ländlich-antiker Umgebung erfährt ein moderner Wanderer die Geschichte des redlichen armen Paars, dessen Hütte von den Göttern in einen Tempel verwandelt wurde – für Voß das Sinnbild der Erhöhung schlichter Bürgerlichkeit. Der Tempel ist lange verschwunden, und nur die Natur bewahrt die Erinnerung unter den «heiligen Bäumen», wo dem Nahenden, wie es mit Geßnerschem Tugendethos heißt, «entzückende Sehnsucht / Wohlzutun durch das Herz (. . .) schauert». In der Fassung von 1802 handelt es sich um mehr: um eine Stätte der Familiengründung, die ideale Gesellschaftsgründung meint, um einen republikanischen Weiheort:

> Hieher trägt die Mutter ihr Kind, und säugt in dem Schatten;
> Hier wird der Knabe geweiht zum Jünglinge! hier, wer den Haushalt
> Neu beginnt; hier schwört man Gesetz und Ordnung und Gleichheit.

Wo Voß nun, naiv im Sinne der Schillerschen Kategorie, die (Bildungs-) Antike als Zukunft und die bürgerliche Familie als utopische Gesellschaft setzt, da reflektiert Goethe die Hervorbringung des Bilds einer archetypischen Vergangenheit als Leistung des Fortschritts. Deutlich wird dieser Sachverhalt bereits in einer frühen Idylle von 1772, *Der Wandrer*, die für den Goetheschen Klassizismus so zentral ist wie der *Philemon* für Voß, mit dem er übrigens durch ein beiden gemeinsames Vorbild zusammenhängt, nämlich Geßners Idylle *Mycon* (1772). Dort trafen antike Wanderer auf einen Brunnenort, der ihnen als selbstgesetztes Denkmal des wohltätigen Helden erläutert wird. Goethes moderner Wanderer stößt bei der Suche nach einem Erfrischungstrunk auf antike Tempeltrümmer, die von Natur überwuchert sind und in denen sich ahnungslos eine junge Familie eingerichtet hat. Er sinnt nach über die Zerstörung einer «heiligen Vergangenheit», die dennoch in der Natur bewahrt wird – als ‹Naturform› der Familie, aber auch im Naturgenie, das die Kunstform wieder hervorbringen kann. Ja, der Text selbst ist solche Hervorbringung, wie Gerhard Kaiser in seiner Analyse der Figuration von «Wanderer und Idylle» im Œuvre Goethes betont hat: «(. . .) die Handlung der Idylle (ist) die Hervorbringung der Idylle» [287; *S. 42*]. Es geht nicht um humanistische Restitution wie bei Voß, noch weniger wie bei Geßner um eine moralisierte Natur. Es geht Goethe um die Schöpfung der Natur als Kunst durch die Reflexion des «wandernden Bewußtseins».

Hermann besitzt freilich nicht, wie der frühe Genie-Wanderer, das Bewußtsein seines Autors; er vollzieht großenteils unbewußt jene Schöpfung der Idylle im ‹höheren› Sinn, die erst durch den symbolischen Kontext begriffen bzw. begreifbar gemacht wird. Er wandert ja auch nicht, sondern bleibt seßhaft. Dabei aber überschreitet er die ihm zugefallene Welt zu jener normativen Natur hin, die von der Idyllik nach Vossischem Muster an die selbstzufriedene Bildungs- und Besitzordnung verraten zu werden drohte. Schon Details sind hierfür bezeichnend, wie der zerschnittene Schlafrock des Vaters, in den ein bedürftiger Säugling gewickelt wird – ein symptomatisches Versatzstück Vossens gewinnt in der Zerstörung eine ursprünglichere Funktion zurück. Das Transzendieren der Dingwelt zur Natur ist im vierten Gesang unmittelbar veranschaulicht. Die Mutter folgt Hermann, der nach dem Streit mit dem Vater über die Heirat aus der Stube aufgebrochen ist, zu seinem Lieblingsplatz unter einem Birnbaum, wobei das ackerbäuerliche Eigentum von Haus, Hof, Garten und Feldern ausführlich in den Blick rückt. Kein zeitgenössischer und späterer Kommentator hat es versäumt, auf den ‹echt homerischen› Charakter dieser Passage hinzuweisen. Jedoch handelt es sich um eine Vergegenständlichung des epischen Formgesetzes vom «ruhigen Fortschreiten», wie es Goethe und Schiller im Briefwechsel über die Gattungen des Epischen und Tragischen herausgestellt hatten; sie macht den ‹nur› symbolischen Charakter von Haus und Hof als epischer Autarkie bewußt. Statt den Mikrokosmos als (Pseudo-)Totalität zu setzen, setzt Goethe gerade die Grenze von Innen und Außen, und an dieser Grenze des Besitzes, die der uralte Baum markiert, wird Hermann nun auch die Begrenztheit des bourgeoisen Akkumulationsgebotes bewußt: «Nicht das Sparen allein, um spät zu genießen, / Macht das Glück, es macht nicht das Glück der Haufe beim Haufen.» Den Blick in die Ferne gerichtet, wo er die Revolutionsheere vermutet, erklärt der ‹Held›, in den Krieg ziehen zu wollen. Die Mutter verweist ihm zwar solche «bedeutende Reden», die sich für seine häusliche Bestimmung nicht schickten, und Hermann gibt zu, hinter ihnen seinen Wunsch nach Dorothea versteckt zu haben. Doch sei es nur «halbe» Verstellung gewesen, sein Kampfeswille doch «halbwahr», und damit formuliert er, ohne daß dies ihm recht bewußt wäre, den halbwahren Heroismus des idyllischen Epos: In der Begegnung mit Dorothea und der Konfrontation mit dem Geschichtseinbruch erobert sich Hermann seine Welt, die ihm nun «freier und eigener» wird. Er gelangt an den archaischen Ursprung der bürgerlichen Gesellschaft, an den sich auch die Revolutionäre zu stellen meinten. Im Bild der bukolischen Tradition erscheint der zeitlose Kern bürgerlicher Privatautonomie – hier unter dem sagenhaften Birnbaum, dem Rastplatz von Schnittern und Hirten, im folgenden fünften Gesang dann, in der formalen Mitte des Textes, der lokalen Mitte zwischen Kleinstadt und Revolution (nämlich dem Dorf, in dem die Flüchtlinge kampieren), am patriarchalischen Brunnen, am ewig sprudelnden Wasser des Lebens, wo die entscheidende Begegnung des Paares stattfindet. Von dort aus führt der Weg zurück in die Stube.

Restauration

Das Fortschreiten zur heroischen Idylle, die gleichsam progredierende Regression, besitzt sogar eine objektive Entsprechung im Bewußtsein der Revolutionäre selbst, wie Marx es im Eingang des *Achtzehnten Brumaire des Louis Bonaparte* beschrieben hat: Durch die «weltgeschichtlichen Rückerinnerungen» und das antike Kostüm hätten die Akteure sich über den nüchternen Inhalt ihres Kampfes hinweggetäuscht; nur so seien sie in der Lage gewesen, die prosaische bürgerlich-ökonomische Gesellschaft auf die Welt zu setzen. Akzeptiert man diese ideologiegeschichtliche Erklärung des klassizistischen Anachronismus, so freilich mit der charakteristischen und politisch entscheidenden Verschiebung von Frankreich nach Deutschland, daß es sich nicht mehr um eine notwendige Illusion des Handelnden, sondern um ästhetische Anleihe für passive Verinnerlichung handelte. Das Pathos der bürgerlichen Selbstbestimmung hat sich am ehesten in den Freiheitskriegen der historischen Realität angenähert (und Goethe hat einer derartigen Interpretation von Hermanns Schlußworten 1813 auch ausdrücklich zugestimmt). Doch deren Schicksal besiegelte auch das Schicksal von *Hermann und Dorothea*.

Ein anderes, weniger wirkungsvolles Paradigma nachrevolutionärer deutscher Idyllik, ein Gegenmodell zum Weimaraner Klassizismus, ist dem Schicksal biedermeierlich restaurativer Reduktion übrigens genauso wenig entgangen. Jean Pauls Idyllentexte, das *Schulmeisterlein Wutz* (1793), der *Quintus Fixlein* (1796), der *Jubel Senior* und schließlich die Dichterallegorie des *Fibel* (1812) wurden sogar als Urbild des kauzigen Winkelglücks mißverstanden, das sie doch bitter ironisch und satirisch darstellten. In der Gewährung einzig des kleinen Glücks, des «Vollglücks in der Beschränkung», wie Jean Paul die Gattung definierte, war die gesellschaftliche Verweigerung eines gehaltvolleren Glücks angeklagt. Die Leser des *Wutz* fordert der Autor auf, sich um den Ofen zu scharen, die Vorhänge zuzuziehen und die Schlafmütze aufzusetzen – «und an die (!) grand monde über der Gasse drüben und ans Palais royal muß keiner von uns denken, bloß weil ich die ruhige Geschichte des vergnügten Schulmeisterlein erzähle». Der polemische Ausschluß von Politik – und das heißt auch hier: der Revolution, deren Versammlungsort der Pariser Palais Royal war – ist die zynische Replik auf das Scheitern der politisch poetischen Glücksimagination der Aufklärung, in der Privates und Öffentliches zusammengedacht waren: «Die nötigste Predigt, die man unserm Jahrhundert halten kann, ist die, zu Hause zu bleiben», heißt es im *Fixlein* mit ironischer Resignation.

Ironie ist auch Goethes Text nicht fremd; sie durchdringt leise, aber unüberhörbar die Präsentation der deutschen Kleinstadt im homerischen Tonfall und ist der künstlerische Ausdruck der ‹Halbwahrheit› des bürgerlichen Heroismus. Freilich wurde dieser subtile Vorbehalt des Artefakts vor seiner politischen und lebenspraktischen Verwendung mühelos von einer Leserschaft kassiert, die das vom Gewitterleuchten der Revolution bedrohte und gesteigerte Provinzglück zum «goldenen Spiegel» ihrer Zipfelmützigkeit machte. Als fatal erwies sich genau der Umstand, der Goethes Text über die Philiströsität hinaushob, die Jean Paul seinerseits in virtuoser Mimikry zur Kenntlichkeit brachte – der politische Bezug. Denn es gewitterleuchtete weiter – 1815, 1830, 1848, und jedesmal ging nach diesen Daten die Kurve der Gattung nach oben. Bemerkenswert ist, wie dabei die klassizistische Ästhetik banalisiert wurde und als Refugium vor der Modernität sich mit politischen Gehalten füllte. Wenn Hermann auf dem abendlichen Nachhauseweg die stolpernde Dorothea stützte, «starr wie ein Marmorbild, vom ernsten Willen gebändigt», so war hier die Erstarrung der geschichtlichen Bewegung zur Statuarik des sich ihr entgegenstemmenden deutschen Bürgers präfiguriert. Im Jahre 1850 liest sich die Hexameter-Ordnung als erhabene Verweigerung gegenüber dem Zeitgeist, epische Archaik wird zur heroischen Grenzverteidigung (Karl Heinrich [Keck]: *Anna. Eine Idylle in sieben Gesängen*):

> Was in der Zeiten Wechsel ewig lebet,
> Sich scheu verbergend vor des Sturmes Wüten;
> Was stille dann in edlen Herzen webet
> Und doch hervortreibt kühnster Taten Blüten;
> Was nur im engsten Kreis den Geist erhebet,
> Doch einzig uns die Grenzen kann behüten:
> Das bring' ich hier als schöne Kunsterscheinung,
> Die stolz dem Zeitgedränge beut Verneinung (. . .)
> Mensch, blicke her! hier siehest du im Kleinen
> Die Fluten der Unendlichkeit dir schäumen:
> Das Größte hast du immer durch Versenkung
> In's Kleinste, nur im Maß und Selbstbeschränkung.

Als letztes Beispiel sei Hebbels *Mutter und Kind* (1859) angeführt. Hebbel versuchte, wie Goethe die bürgerliche Revolution, so noch das revolutionäre Proletariat in die Familie zu integrieren. Ein unfruchtbares Unternehmerpaar ermöglicht Arbeitern die Heirat, indem es ihnen ihr zukünftiges Kind abkauft. Das ist der radikale Entwurf des Dramatikers vor 1848. Die ‹reinmenschlichen› Familienbeziehungen werden zur Ware. Nach der gescheiterten Revolution und nach der Lektüre von *Hermann und Dorothea* wendet sich Hebbel dem Stoff wieder zu, um ihn zu einem die «ganze moderne Welt umfassenden Totalbild» in der Form des bürgerlichen Epos zu erweitern. Der reiche Bourgeois verzichtet schließlich und schenkt dem Armen als Damm gegen Sozialismus und Umwälzung ein ländliches Gut. Alle Pauper werden zu seinen «Kindern», die bürgerliche Klassengesellschaft konstituiert sich als universale Familie.

Radikal scheiternd trug Hebbel nur den Anachronismus der Gattung aus, dessen Wahrheit an die kurze Zeitspanne einer selbst objektiven Ungleichzeitigkeit von aufklärerischer Familienutopie und entfalteter bürgerlicher Gesellschaft geknüpft war. Im epochalen Geschichtsmoment der Französischen Revolution leuchtete das naturrechtliche Glücksbild der Idylle so hell auf wie nie zuvor und war doch schon durch die politische Realisierung des aufklärerischen Glücksanspruchs überholt. Nur um den Preis restaurativer Erstarrung war an ihr festzuhalten. Daß an ihr festgehalten wurde und gerade durch Goethes Vorbild an ihr festgehalten werden konnte, ist nicht allein das Ergebnis einer bürgerlich-nationalen Fehlgeschichte in Deutschland, sondern auch ein Indiz für eine Fehlrezeption der Weimarer Klassik, an der diese nicht unschuldig war: des ontologischen Mißverständnisses der klassischen Konstruktionen, die suggerierten, es könne das Allgemeine im Besonderen aufgehen und die reine Form noch die Wirklichkeit des Bürgers in den poetischen Götterhimmel heben.

Rolf-Peter Janz
Bildungsroman

Goethes Roman *Wilhelm Meisters Lehrjahre*, der 1795/96 erschien, gilt in der Literaturgeschichtsschreibung durchgängig als Muster des Bildungsromans, eines Romantypus, der die Entwicklung eines Individuums in konfliktreicher Auseinandersetzung mit der Realität zu seinem Thema macht. Zweifellos hat Goethes Roman normbildend gewirkt und eine Tradition begründet, die bis in die Gegenwart – zu denken ist etwa an Handkes *Der kurze Brief zum langen Abschied* – lebendig zu sein scheint. Romane wie Novalis' *Heinrich von Ofterdingen*, Tiecks *Franz Sternbalds Wanderungen*, Friedrich Schlegels *Lucinde*, Hölderlins *Hyperion oder der Eremit in Griechenland*, Jean Paul Friedrich Richters *Titan*, Eichendorffs *Ahnung und Gegenwart*, später Kellers *Der grüne Heinrich* oder Hermann Hesses *Glasperlenspiel* lassen sich, wie oft gezeigt worden ist, als Varianten, Modifikationen oder auch Negationen jenes Grundmusters lesen, das *Wilhelm Meister* für den Bildungsroman vorgegeben hat. Dieser Romantypus hat beispielsweise in der englischen oder französischen Literatur keine Entsprechung. Sieht man auf seinen Rang und seine normbildende Kraft, so hat der Bildungsroman in der deutschen Literatur (und in der deutschen Literaturwissenschaft) die Geltung, die der Gesellschaftsroman in der englischen und französischen Literatur besitzt. Daß der ‹individualistische› Bildungsroman in Deutschland entstand und die «nationale Form der deutschen Prosa-Epopöe» werden konnte, wie Thomas Mann befand [297; *S. 117*], dürfte am ehesten aus den zurückgebliebenen politischen und wirtschaftlichen Verhältnissen zu erklären sein, auf die er antwortet. In Frankreich entsteht um 1768, keine zwanzig Jahre vor der Französischen Revolution, Louis Sébastien Merciers politische Utopie. Sie hat in Deutschland kein Gegenstück; allenfalls entspricht ihr «die individualpsychologische und ästhetische Utopie des deutschen Bildungsromans». [185; *S. 32*. Dort auch der Hinweis auf Merciers *L'an deux mille quatre cent quarante, rêve s'il en fut jamais*]

Thema des Bildungsromans ist die Geschichte eines Individuums, dessen fortschreitende Vervollkommnung und Selbstverwirklichung schließlich im Arrangement mit der lange als feindlich erfahrenen Umwelt in Aussicht gestellt wird. So haben mit Blick auf *Wilhelm Meister* u. a. Dilthey und Lukács die Gattung definiert. Diese Definition fiel um so leichter, als sie sich bereits auf Zeitgenossen Goethes berufen konnte. «Die Einheit des Ganzen denke ich mir als die Darstellung einer schönen menschlichen Natur, die sich durch die Zusammenwirkung ihrer innern Anlagen und äußern Verhältnisse allmählich ausbildet. Das Ziel dieser Ausbildung ist ein vollendetes Gleichgewicht – Harmonie mit Freiheit – (. . .) Je mehr Bildsamkeit in der Person, und je mehr bildende Kraft in der Welt die sie umgibt, desto reichhaltiger die Nahrung des Geistes, die eine solche Erscheinung gewährt», so hat sich Körner ganz im Sinne Schillers den *Wilhelm Meister* vorgestellt. Karl Morgenstern, der um 1810 den Terminus Bildungsroman prägte, hat seine Wahl mit folgender Begründung versehen: «Bildungsroman wird er heißen dürfen, erstens und vorzüglich wegen seines Stoffs, weil er des Helden Bildung in ihrem Anfang und Fortgang bis zu einer gewissen Stufe der Vollendung darstellt; zweitens aber auch, weil er gerade durch diese Darstellung des Lesers Bildung, in weiterm Umfange als jede andere Art des Romans, fördert.» [177; *S. 57*]

Wilhelm Meisters Lehrjahre

Der Lebensweg Wilhelm Meisters ist in der Tat geeignet, den Roman als klassisches Muster des Bildungsromans zu lesen, und als solcher ist er zweifellos auch rezipiert worden. *Wilhelm Meisters Lehrjahre* entwirft die Biographie eines Kaufmannssohnes, der die Aussichten auf eine Karriere im Erwerbsleben in den Wind schlägt und sich dem Theater und einer Schauspielerin zuwendet, Schauspieler, Autor und Mäzen einer Theatergruppe wird, schließlich die Bühne und das Bohemeleben aufgibt und als geachtetes Mitglied einer Gesellschaft endet, in der adlige Lebensformen sich mit bürgerlicher Ökonomie verbunden haben. Arbeit, Nutzen und Bildung sind die Ideale, denen sich die Turmgesellschaft verpflichtet hat. Die gesellschaftlichen Erfahrungen, die Goethe seinen Helden machen läßt, konfrontieren ihn nacheinander mit dem bürgerlichen Erwerbsleben, der Welt des Theaters, der Welt des alten Adels und des Adels der Turmgesellschaft, der sich dank seiner bürgerlichen Programmatik als Reformadel bezeichnen läßt.

Am Anfang des Romans steht ein Bürgersohn mit Neigungen zur Kunst, der im Aristokraten das nachahmenswerte Ideal der vollkommenen Persönlichkeit vermutet. Da der Bürger nicht Aristokrat sein kann, sucht er es ihm als Schauspieler gleichzutun. Die Selbstverwirklichung seiner Person, die harmonische Entfaltung seiner Fähigkeiten, die ihm das bürgerliche Leben versagt, vermag er, als wäre er Aristokrat, sich und andern auf der Bühne vorzuspielen. «Mich selbst, ganz wie ich da bin, auszubilden, das war dunkel von Jugend auf mein Wunsch und meine Absicht», so begründet er gegenüber der Familie den Entschluß, Schauspieler zu werden.

Wilhelm Meister verläßt das Theater, als er einsieht, daß ihn weder die Kunst noch der Umgang mit Serlo, Philine, Mignon oder dem Harfner, in den Augen der Turmgesellschaft bedenkliche, wenn nicht zwielichtige Existenzen, seinem Ziel näherbringt. Die Selbstverwirklichung auf dem Theater erweist sich als Illusion. Gelingen kann sie weder im bürgerlichen Erwerbsmilieu noch in der Boheme noch auch auf den Schlössern der alten Aristokratie. Sie gelingt allein in der Turmgesellschaft, und Mitglieder dieser Gesellschaft waren es auch, die dem Helden die theatralischen Flausen tatkräftig ausgetrieben haben. Der Roman entläßt seinen Helden «größer, stärker, gebildeter». Hatte er sich eine Zeitlang unbeschadet aller Theaterleidenschaft die Option sowohl auf die bürgerliche wie auf die künstlerische Karriere offengehalten, steht am Ende die soziale Integration in die Gesellschaft vom Turm. «Was ist das höchste Glück des Menschen», erfährt Wilhelm von Lothario, «als daß wir das ausführen, was wir als recht und gut einsehen? daß wir wirklich Herren über die Mittel zu unsern Zwecken sind?»

Auch wenn Wilhelm Meister seine Lehrjahre nicht als vollendete Persönlichkeit beendet, bekommt er doch eine Fülle aufklärerischer Sentenzen auf den Weg, die über seine Zukunft als nützliches Mitglied dieser Vereinigung, wie es scheint, wenig Zweifel lassen. Unter Gesichtspunkten vernünftigen, planmäßigen und effektiven Handelns hat die Turmgesellschaft auch in die Biographie des Helden eingegriffen, worüber der Roman den Leser nach und nach aufklärt. Die Selbstverwirklichung des Individuums ist allein unter den Bedingungen der Turmgesellschaft möglich, das heißt nach den Bildungskonzepten einer auf zweckrationale Vernunft und Nützlichkeit verpflichteten Gesellschaft. Ebenso wie die ökonomischen Vorstellungen über Grundbesitz und Kapitalvermehrung gibt der soziale Status der Mitglieder zu erkennen, daß Goethes Roman die Idee der Bildung des Individuums historisch an den Kompromiß zwischen Adel und Bürgertum gebunden hat. Der Bildungsgedanke, Inbegriff klassischer Humanität, ruht auf der in Aussicht genommenen Konfliktbewältigung zwischen Adel und Bürgertum, die er auch zu befördern geeignet ist.

Die Entwicklung des Helden und die Erziehungsprogramme der Turmgesellschaft haben *Wilhelm Meisters Lehrjahre* zum Bildungsroman gemacht. Obendrein hat gerade die pädagogische Auslegung und Vereinnahmung die Maximen der Turmgesellschaft als Goethes eigenes Hohelied auf Vernunft, Bildung und Tüchtigkeit deuten wollen. Dabei ist immer wieder übersehen worden, daß der Roman Momente enthält, die den zentralen Bildungsgedanken nachhaltig in Frage stellen. Wilhelm Meister erreicht zwar schließlich ein gewisses Maß an Individualität; doch er erwirbt es nicht mit, sondern oft genug gegen die vernünftigen Regeln der Turmgesellschaft. Diese erweisen ihren inhumanen Charakter vor allem an zwei Begleitern Wilhelms, an Mignon und dem Harfner. Das Urteil über diese Figuren entscheidet weitgehend über die Interpretation des Romans. In der Turmgesellschaft, dem vermeintlichen Ort vollendeter Humanität, ist für Gestalten wie Mignon und den Harfner kein Platz. Verkündet die Turmgesellschaft die Prosa nützlicher, vernünftig eingerichteter Lebensverhältnisse, symbolisieren Mignon und der Harfner die Poesie zwecklosen, widersprüchlichen, unverständlichen Lebens. Für Mignon richtet die Turmgesellschaft eine Beerdigung aus, die sie im pompösen Zeremoniell als Kunstgestalt verewigen soll, doch bleibt sie Beerdigung. Nicht nur gerät die Turmgesellschaft durch den Tod Mignons und des Harfners ins Zwielicht; darüber hinaus wird sie auch durch den Schluß des Romans ironisch in Mißkredit gebracht. Es sind gerade die vernünftigen, planvollen Eingriffe in das Leben Wilhelms und anderer, die am Ende die Beteiligten, Wilhelm, Natalie, Lothario, Therese, Jarno, Lydie in eine Katastrophe zu führen drohen. Sie kann mit Glück nur gegen die Absichten des Turms und seiner Wortführer vermieden werden. Goethe hat es Friedrich, einer Narrengestalt, vorbehalten, der ehrwürdigen Didaktik der Turmgesellschaft und ihrem vernunftbesessenen Bildungs- und Tüchtigkeitsethos am Romanende ein ironisches Dementi folgen zu lassen.

Schwerlich konnte die Warnung des Romans, die Grundsätze der Turmgesellschaft für bare Münze zu nehmen, vernehmlicher ausfallen. Auf sie ist denn auch immer wieder hingewiesen worden, wenn die Turmgesellschaft zum Statthalter der Bildungsidee verklärt wurde. Nur wenige Interpreten, so Kommerell und Schlechta, haben der These, der Roman erwarte die Selbstverwirklichung des Individuums von nützlichem, zweckrationalem Handeln, widersprochen und auf die Momente des Romans verwiesen, die seiner Auslegung als Bildungsroman offensichtlich im Wege stehen. Sie sind weitgehend ungehört geblieben. [vgl. 251; *S. 219*] Jeder Interpretation, die *Wilhelm Meister* auf das Ziel individueller Bildung und deren Verwirklichung reduziert, wäre entgegenzuhalten, daß Goethe selbst den Roman zu seinen «incalculabelsten Produktionen» gezählt hat, «wozu mir fast selbst der Schlüssel fehlt». Und: «Ich sollte meinen, ein reiches mannigfaltiges Leben, das unsern Augen vorübergeht, wäre auch an sich etwas ohne ausgesprochene Tendenz, die doch bloß für den Begriff ist. Will man aber dergleichen durchaus, so halte man sich an die Worte Friedrichs: (...) ‹Du kommst mir vor wie Saul, der Sohn Kis', der ausging, seines Vaters Eselinnen zu suchen, und ein Königreich fand.›

(...) Denn im Grunde scheint doch das Ganze nichts anderes sagen zu wollen, als daß der Mensch trotz aller Dummheiten und Verwirrungen, von einer höheren Hand geleitet, doch zum glücklichen Ziele gelange.» [*Gespräch mit Eckermann, 18. 1. 1852*]

Wilhelms Glück hat der Roman selbst an die historische Prognose gebunden, daß «die Zeiten gut (waren)». Es verdankt sich nicht göttlicher Fügung wie das Sauls, auch nicht den rationalen Kalkulationen der Schicksal spielenden Turmgesellschaft, sondern der Natur, die nach Goethes Überzeugung ihre eigene Vernunft hat. Goethe verabschiedet Wilhelm Meister entgegen dem Programm der Turmgesellschaft als Glückskind, das hilflos den Maßnahmen der Turmgesellschaft ausgesetzt ist und dem unversehens und ohne Verdienst und eigene Einsicht Natalie zufällt, nicht als seiner selbst gewisses, autonom handelndes Individuum. Gleichwohl stellt der Roman ein befriedigendes Verhältnis zwischen Ich und Wirklichkeit in Aussicht. Das oben zitierte Gespräch mit Eckermann macht deutlich, daß Goethe selbst die Bildung des Individuums nicht für das zentrale Thema des *Wilhelm Meister* gehalten hat. Folgt man überdies dem Gespräch mit Kanzler von Müller [*22. 1. 1821*], hat Goethe seinen Protagonisten vielmehr als «armen Hund» gesehen; «aber nur an solchen lassen sich das Wechselspiel des Lebens und die tausend verschiedenen Lebensaufgaben recht deutlich zeigen, nicht an schon abgeschlossenen festen Charakteren». Nach Goethes eigenem Verständnis jedenfalls steht im Mittelpunkt des Romans weniger ein Held und seine individuelle Entwicklung als das «Wechselspiel des Lebens», das am Beispiel einer als «armer Hund» disponierten Figur gezeigt werden soll [291; *S. 320*]. Auch wenn der Roman die Biographie seines Helden erzählt, erfährt der Leser im Grunde mehr über die Lebensverhältnisse einer Schauspielertruppe oder den Landadel als über ihn. Sein Innenleben beispielsweise wird ihm, im Gegensatz etwa zu Moritz' *Anton Reiser*, weitgehend vorenthalten.

Wilhelm Meister ist nicht der individualistische Bildungsroman, als der er rezipiert worden ist. In ihm halten sich das Interesse an der Entwicklung des Helden und an den Lebensverhältnissen, mit denen er in Konflikt gerät, vielmehr die Waage. Der Roman gibt Auskunft darüber, wieviel das Individuum in der Entfaltung seiner selbst nach bürgerlichen Idealen und unter weitgehend noch aristokratischen Lebensbedingungen gewinnen kann; es benennt in den Liedern und im Schicksal Mignons und des Harfners aber auch den Preis, den es dafür zu entrichten hat. Goethe entwirft seinen Helden nicht als selbstbewußtes, mit sich übereinstimmendes Individuum; er verabschiedet ihn vielmehr als abhängiges, eher orientierungsloses Mitglied der Turmgesellschaft. In ihr scheint allerdings nach schweren Konflikten ein befriedigendes Verhältnis zwischen Ich und Wirklichkeit verbürgt zu sein. Bei aller Skepsis gegen die Erziehungspläne der Turmgesellschaft bekennt sich der Roman doch zu ihren bürgerlich-aristokratischen Lebensformen. Freilich sind es gerade diese Lebensformen, welche die oft beklagte allegorische Blässe des Personals der Turmgesellschaft zu verantworten haben. Natalies über jeden irdischen Zweifel erhabene Idealität etwa bietet, wie auch die *Wanderjahre* zeigen, für die Zukunft dieser Ehe nur geringe Aussichten. Die Konturenlosigkeit Natalies, des Abbés oder Jarnos, die sie gerade von Figuren aus dem bürgerlichen Milieu oder der Boheme, von Werner oder von Philine, auffällig abhebt, verweist darauf, daß die Turmgesellschaft den sozialen Gegebenheiten in den deutschen Fürstentümern als utopischer Entwurf vorausliegt. Zwar stellt sich der Roman bei allem Vorbehalt gegen deren pädagogische Praktiken doch auf die Seite der Turmgesellschaft und erklärt sich mit ihren Leitideen Arbeit, ökonomische Tüchtigkeit und zweckrationales Handeln einverstanden, die in die Zukunft der bürgerlichen Gesellschaft weisen. Daneben aber bewahrt er den poetischen Gestalten, Mignon und dem Harfner, für die in dieser Gesellschaft kein Platz mehr ist, unübersehbar seine Sympathie.

Die Orientierungslosigkeit des Helden, der im Grunde ein «armer Hund» bleibt, auch wenn er Glück hat und die Zeiten gut sind, seine problematische Liebesbeziehung zu Natalie, vor allem der offene Widerspruch zwischen poetischen Idealen und ökonomischer bürgerlicher Lebenswirklichkeit machen sichtbar, daß selbst dem klassischen Bildungsroman keine harmonische Lösung seiner Konflikte gelingt.

Mit Empörung hat Novalis auf das Schicksal reagiert, das Goethes Roman Mignon und dem Harfner zugedacht hat. *Wilhelm Meister* sei eine «Wallfahrt nach dem Adelsdiplom», eine «poetisierte bürgerliche und häusliche Geschichte». Auf den Roman der Weimarer Klassik, der nach dem Urteil des Novalis den Konflikt zwischen Ökonomie und Poesie radikal zugunsten der Ökonomie entscheidet, der den Symbolgestalten der Poesie, Mignon und dem Harfner, wenn auch nicht ohne Wehmut die Überlebenschancen abspricht, antwortet der romantische Roman mit einer grandiosen Verklärung der Poesie, die von der Prosa bürgerlicher Lebensverhältnisse nichts mehr wissen will. Sein Muster ist *Heinrich von Ofterdingen.*

Heinrich von Ofterdingen

Heinrich von Ofterdingen, der Fragment gebliebene Roman des Novalis (Friedrich von Hardenberg, 1772 bis 1801), erschien 1802, ein Jahr nach dem Tod des Autors. Er erzählt die Geschichte eines Zwanzigjährigen, der «von Natur zum Dichter geboren» ist. Die Interpretation seiner Reise von Eisenach nach Augsburg als Bildungsgang des Künstlers besorgt der Roman in der Gestalt des Dichters Klingsohr selbst: Die Kaufleute machen Heinrich, indem sie die Arion-Sage und das Märchen von Atlantis erzählen, nicht etwa mit den Erfordernissen des Erwerbslebens, sondern mit der Dichtkunst vertraut, in Zulima begegnet der Held dem «Land der Poesie», dem «romantischen Morgenland», der Bergmann und der Einsiedler belehren ihn über Natur und Geschichte. In Klingsohr schließlich findet er den Lehrer, der ihn über das poetische Handwerk aufklärt, in dessen Tochter Mathilde seine Liebe. Sowohl die Bildungsmächte, denen der Held auf den verschiedenen Stationen seiner Reise ausgesetzt ist, wie auch die Reflexionen über Erziehung legen es nahe, den *Ofterdingen* in der Tradition des Bildungsromans zu lesen. Dabei bleibt allerdings unberücksichtigt, daß alle Erfahrungen Heinrichs im Bereich des Außergewöhnlichen und Exotischen angesiedelt und jeder Alltagswirklichkeit enthoben sind.

Gegen *Wilhelm Meister* hat Novalis «das Wunderbare», «den Mystizismus», «das Romantische» zum Programm erhoben. Was immer der Held auf den Stationen seiner Reise erfahren mag, es stürzt ihn nicht in Konflikte oder Enttäuschungen. Selbst über den Tod der Geliebten helfen ihm himmlische Tröstungen umgehend hinweg. Ofterdingen entgeht allen Konflikten mit der Außenwelt, weil diese nur Projektionen seines Innenlebens darstellt. «Alles was er sah und hörte, schien nur neue Riegel in ihm wegzuschieben, und neue Fenster ihm zu öffnen.» An den Landschaften, die Novalis beschreibt, fällt denn auch ihre geringe Anschaulichkeit auf. Täler, Schlösser, Bäche, Mühlen besitzen keine Individualität, sie interessieren nur in ihrem Verweischarakter auf die seelische Verfassung des Helden.

Die Entwicklung Heinrichs zum Dichter verdankt sich nicht einer Auseinandersetzung mit der Wirklichkeit; sie ist als Selbstentfaltung der Innerlichkeit des Helden ausgelegt. Novalis schreibt keinen Anti-Meister, der negativ an das Goethesche Vorbild fixiert wäre und lediglich die Karriere eines Künstlers rehabilitierte, die Goethe seinem Helden vorenthalten hatte. Der *Ofterdingen*-Roman bricht vielmehr mit dem Konzept des Bildungsromans [vgl. 170; *S. 138–143*]. Führt Goethes Roman nach schmerzhaften Desillusionierungen zum Einverständnis seines Helden mit den bürgerlichen Lebensverhältnissen, freilich bei aristokratischem Komfort, bleiben Ofterdingen die Zumutungen einer widerständigen Realität von vornherein erspart, denen sich noch sein Vater hatte stellen müssen und der es darum trotz künstlerischer Begabung nur zum Handwerker gebracht hatte. Beherrscht den klassischen Bildungsroman, folgt man Goethes Grundmuster, der Konflikt zwischen Individuum und Wirklichkeit und ist seine exemplarische Lösung, nämlich Selbstverwirklichung und soziale Integration, in einem noch kaum erschütterten Aufklärungsoptimismus begründet, so siedelt der romantische Roman des Novalis seinen Helden ausdrücklich außerhalb der

Wirklichkeit an. Die Konfliktfreiheit seines außergewöhnlichen, soziale Beziehungen hinter sich lassenden Werdegangs wird im Vertrauen auf göttliche Fügung garantiert. Diese Geschichtstheologie vermag auch zu erklären, warum Novalis die Handlung seines Romans in das Mittelalter verlegte. Das Mittelalter galt den Frühromantikern als die Epoche, in der die heilsgeschichtliche Auslegung irdischer Begebenheiten gesichert war. Es bot überdies den Vorzug, die Romanhandlung aus der Verpflichtung auf die Gegenwart und die Begebenheiten des alltäglichen Lebens zu befreien.

Novalis hat seinen Roman nicht vollenden können. Einzelne Notizen und ein Bericht Tiecks lassen aber erkennen, wie er sich die Fortsetzung gedacht haben mag. Den genauesten Aufschluß darüber gibt indessen das *Klingsohr*-Märchen, das Thema und Abschluß des Romans vorwegnimmt: die Erlösung der Welt durch die Poesie. In ihm ist die Wiederkehr des Goldenen Zeitalters [vgl. 234] Wirklichkeit geworden; Himmel und Erde sind versöhnt, die Harmonie zwischen Mensch und Natur ist wiederhergestellt. Als Symbol vollendeten Glücks hat Novalis die blaue Blume in den Roman eingeführt.

Mit der Ausblendung der Realität überschreitet der *Ofterdingen* nicht nur das Erzählschema des Bildungsromans, das die Entwicklung des Helden von bestimmten Realitätserfahrungen abhängig macht; er hört überhaupt auf, Roman zu sein und wird Märchen. Indem aber die Utopie einer erlösten Welt der Gattung Märchen [176; *S. 124f*] zugewiesen wird, reflektiert der Roman selbst die Kluft zwischen Utopie und historischer Wirklichkeit, deren Überwindung gerade das *Klingsohr*-Märchen darstellen will. Es zeigt schließlich eine schöne, harmonische Welt, die freilich jede Beziehung zur Realität verloren hat. Insofern bleibt auch in Novalis' Roman die Darstellung paradiesischer Welten brüchig.

Mit der Beobachtung, daß Novalis' Werk augenscheinlich die Bedingungen des Bildungsromans ignoriert und in seinen märchenhaften Zügen auch die Grenzen der Gattung Roman überschreitet, ist allerdings über *Heinrich von Ofterdingen* noch nicht entschieden. Die radikale ‹Romantisierung der Welt› führt zum einen dazu, daß den Figuren des Romans jede Individualität genommen wird. Personen oder auch alltägliche Begebenheiten werden darum beharrlich mit belanglosen Adjektiven versehen. Ziel des Romans ist die Entgegenständlichung [vgl. 285; *S. 87–93*] dieser Welt zugunsten einer außergeschichtlichen. So hat die Beziehung Heinrichs zu Mathilde eher mit Marienverehrung als mit Liebe zu tun. Gegen die Absichten des Novalis aber deutet das Verfahren der Entgegenständlichung nicht auf eine gewöhnliche, enge und darum zu ignorierende Wirklichkeit, sondern auf die Allmacht des ästhetischen Subjekts über sie.

Die Romantisierung der Welt, die in Novalis' Roman vonstatten geht,

führt mit dem Verschwinden konkreter Lebenswirklichkeit zur Einführung von Träumen, phantastischen Bildern und Märchen in den Roman, die in der Literatur der Zeit ihresgleichen suchen und die womöglich das anhaltende Interesse an diesem Werk bis in die Gegenwart erklären können. Novalis' Entwürfe phantastischer Welten haben auch die französischen Symbolisten beeinflußt [vgl. 269]. Für die offenkundige Vernachlässigung der Realitätserfahrung will der Roman durch seine suggestiven Bilder und Träume, durch den ästhetischen Reiz seiner lyrischen Prosa entschädigen. Seinem mittelalterlichen Schauplatz und seinem altfränkischen Ton zum Trotz macht der Umstand, daß die Innenwelt des Helden unter Preisgabe der Außenwelt zum beherrschenden Thema wird, den *Ofterdingen* zu einem Vorläufer des modernen Romans.
Dem Künstler weist der Roman seinen Platz außerhalb der Gesellschaft an. Der Dichter soll ‹Gast› oder ‹Fremdling› auf dieser Welt sein, allen Erfordernissen des Erwerbslebens und des Alltags weiß er sich enthoben. Sein exterritorialer Status ermöglicht allererst die weltverändernde Kraft der Kunst. In den Reflexionen über die gesellschaftliche Rolle des Künstlers und in den Beschwörungen einer die Welt erlösenden Kunst gibt sich die Überzeugung des Novalis und der Jenaer Romantiker zu erkennen, sich gegenüber der Gesellschaft in auswegloser Isolation zu befinden. Der besondere Status des «freien Gastes» verdankt sich ihrer Einsicht, als Außenseiter unter den gegebenen Verhältnissen in Deutschland über keine Handlungsmöglichkeiten zu verfügen. Die phantastischen Entwürfe über die Allmacht der Kunst antworten auf die Erfahrung der Frühromantiker, daß Literatur und Kunst zu ihrer Zeit zur Wirkungslosigkeit verurteilt sind. Den *Wilhelm Meister* trägt die Gewißheit, daß «die Zeiten (gut) waren»; der *Ofterdingen* dagegen deutet seine Gegenwart durchgängig als Katastrophe.

Franz Sternbalds Wanderungen

Tiecks 1798 erschienener Roman *Franz Sternbalds Wanderungen* unternimmt den Versuch, das Grundmuster des klassischen Bildungsromans im romantischen Künstlerroman beizubehalten. Bis in einzelne Motive hinein hat sich Johann Ludwig Tieck (1773 bis 1853) augenfällig an Goethes *Wilhelm Meister* orientiert. Hier wie dort wird die Geschichte des Helden als Bildungsgeschichte exponiert. Sternbald, ein Schüler Albrecht Dürers, geht von Nürnberg aus auf Wanderschaft, um die Welt und die Kunst kennenzulernen in der Hoffnung, als vollendeter Meister zurückzukehren. Mentoren sind ihm beigestellt, vor allem Dürer, der gelegentlich pädagogische Interventionen in seine Künstlerkarriere vornimmt, etwa gegen allzu fromme Empfindungen und Kunstschwärmerei des jugendlichen Helden das Regiment der Vernunft oder auch Bibellektüre empfiehlt und der Sternbald eine Zeit der «Verwirrung» voraussagt, die aber schließlich ihm und seiner Kunst zugute kommen soll. Als Mentor fungiert daneben auch Florestan, ein romantischer Bohemien, der den frommen Sternbald das Leben für die Kunst vergessen läßt und ihn über höchst irdische Vergnügen, die Lust zu lieben und zu leben und die Sinnlichkeit der Kunst unterrichtet. Der einfältige, etwas beschränkte Dürerschüler hat sich zum kunsterfahrenen und weltgewandten Mann entwickelt, der die Provinzialität des mittelalterlichen Nürnberg hinter sich gelassen hat und sich in der Bohemewelt der italienischen Hochrenaissance zu Hause fühlt. Der Roman bricht ab, als Sternbald seine Geliebte gefunden hat. Berücksichtigt man den Plan Tiecks, das Werk mit der Rückkehr nach Nürnberg abzuschließen, so erfüllte auch er eine Bedingung des Bildungsromans, den Helden nach zahlreichen Verirrungen wieder an seinen Ausgangspunkt gelangen zu lassen.

Die Romanhandlung erhält ihre Spannung durch die Sehnsucht des Helden nach der unbekannten Geliebten; auch dies ist ein Motiv, bei dem *Wilhelm Meister* Pate gestanden hat. Ihre ideale Gestalt dient ihm zugleich als Modell seiner andachtsvollen künstlerischen Versuche in seinem Heimatdorf und in Straßburg. Die Besonderheit des Tieckschen Romans besteht nun gerade darin, daß die Erfüllung dieser Sehnsucht mit einer ungemein folgenreichen Sanktion bedroht ist: «Kann ich vielleicht nur dichtend malen, bis ich sie wiederfinde? und dann sollte wohl in ihrer Gegenwart mein Talent erlöschen, weil mein Geist sie nicht mehr zu suchen brauchte.» Nähme die ersehnte Geliebte für den Helden wirklich Gestalt an und erreichte Sternbald damit ein Ziel des Bildungsromans, wie Wilhelm Natalie findet, so hörte Tiecks Werk auf, Künstlerroman zu sein; denn die Unerreichbarkeit der Geliebten ist für den Helden die Bedingung seiner künstlerischen Produktivität. Der Künstlerroman in Tiecks Werk verhindert den Bildungsroman, der ebenfalls in ihm angelegt ist. Tatsächlich gewährt Tieck Sternbald letzten Endes das gewünschte Rendezvous. Gerade dort aber, wo das Ziel seiner Sehnsucht wirklich wird und Sternbald Marie begegnet, bricht der Roman ab. Das macht die Unvereinbarkeit des Bildungs- und des romantischen Künstlerromans besonders anschaulich. Aber auch als Künstlerroman ist *Sternbald* zum Scheitern verurteilt. Sein Kunstideal, die Offenbarung des Göttlichen, ist ebenso unerreichbar wie die Geliebte. Daher überwiegt im Roman die religiöse Verehrung der Kunst die künstlerische Arbeit. Sehr viel mehr, als selbst zu malen, beschäftigt Sternbald das andachtsvolle Phantasieren über die Kunst.

Wenn aber Sternbald sein Ziel verfehlen muß und statt zum produktiven Künstler zum schwärmerischen Kunstliebhaber wird, der gelegentlich alte Gemälde restauriert, so formuliert Tiecks Roman selbst die Kritik der romantischen Künstlerexistenz. – Schon den Zeitgenossen ist in *Franz Sternbalds Wanderungen* die Ambivalenz zwischen Bildungsroman und romantischem Künstlerroman aufgefallen. Caroline Schlegel hat Tiecks Werk an *Wilhelm Meister* gemessen und verworfen, Friedrich Schlegel dagegen hat an ihm gerade gerühmt, er wolle nicht mehr sein «als eine süße Musik von und für die Fantasie». Anders als der Bildungsroman, der die Annäherung von poetischem Ideal und prosaischer Wirklichkeit verlangt, lebt der romantische Künstlerroman von deren strikter Entgegensetzung. Tieck wird nicht müde, in zahlreichen Kunstgesprächen, die auf die gemeinsam mit Wackenroder verfaßten *Herzensergießungen eines kunstliebenden Klosterbruders* (1797) zurückweisen, seinen Lesern zu versichern, daß die Kunst ein Ort göttlicher Offenbarung sei und gegen die Welt des Nutzens eine religiös inspirierte Gegenwirklichkeit aufzubieten habe. Daß Kunst eine Gegenwirklichkeit darstelle, hält der Roman auch dann fest, wenn er die Gleichrangigkeit verschiedener Kunstideale zugesteht.

Ebensoweit wie die Kunst hat Tiecks Roman das Künstlerdasein vom bürgerlichen Alltag entfernt. Tiecks Helden wollen den Zwängen des Erwerbslebens entgehen; darum schlägt Sternbald eine Karriere als Schwiegersohn des Kaufmanns Vansen in Antwerpen aus, ebenso aber ein Leben als Bauer in seinem Heimatdorf. In den Reisen und Abenteuern der Ritter- und Künstlergestalten, zumal in ihren Liebesaffären, findet der antibürgerliche, antimoralische Affekt der Romantiker seinen literarischen Ausdruck. Die Frivolität Florestans hat nicht nur die moralischen Maßstäbe des frommen Sternbald, sondern auch der Zeitgenossen erschüttert. – Übertroffen wurde darin Tiecks Roman freilich von Friedrich Schlegels ein Jahr später erschienener *Lucinde*, die erotische Freizügigkeit zum Programm romantischer Lebensphilosophie zu erheben schien.

Sternbald zeigt daneben aber auch die Kehrseite des Bohemedaseins. Die Kunstreligion der Protagonisten geht auf Kosten ihrer Realitätstüchtigkeit. So läßt Tieck Sternbald und Bolz, versunken in Kunstdebatten, sich kurzerhand im Wald verirren. Vor allem aber macht die Geschichte der Hauptfigur deutlich, daß die soziale Unentschiedenheit des Künstlers, seine Unfähigkeit oder Weigerung, einen Brotberuf zu ergreifen oder verbindliche soziale Beziehungen einzugehen, schließlich gerade seine künstlerischen Hoffnungen zum Scheitern bringt.

Immer wieder führen Sternbalds Wanderungen aus der beengenden Stadt, wo von Geschäften gesprochen wird, in die freie Landschaft, in eine ungeschichtliche, außergesellschaftliche Natur. In ihr freilich können die Protagonisten keine neuen Erfahrungen machen. Selbst wo sie zum erstenmal die Arbeit einer Eisenhütte bestaunen, nehmen sie nur die aparte Kulisse für eine romantische Ruinen- und Mondlandschaft wahr. Es sind immer wieder dieselben Requisiten der Landschaft, Bächerauschen, Mühleklappern, Vogelgezwitscher, ungezählte Sonnenaufgänge, über die sich schon Goethe mokierte, die die gleichen romantischen Stimmungen erzeugen sollen, aus denen für den Helden nichts folgt. Sobald etwa von der unstillbaren Sehnsucht Sternbalds die Rede ist, erhalten prompt die Waldhörner ihren Einsatz; darauf ist in Tiecks Roman Verlaß.

In den stereotyp wiederkehrenden romantischen Stimmungen genießt der Held die Vielfalt seiner Möglichkeiten, ohne ein wirkliches Ziel sich vorstellen zu müssen. Das Künstlerdasein Sternbalds veranschaulicht gleichermaßen die Legitimität wie die Fragwürdigkeit romantischer Wirklichkeitserfahrung. Der romantische Künstlerroman Tiecks fragt nicht nach der Versöhnung der «äußren Welt, die oft so hart um uns steht, mit unserm weichen Herzen», auch wenn sein Held daran glaubt; er gewinnt seinen Reiz, allerdings auch sein Problem erst aus ihrem unüberbrückbaren Gegensatz.

Titan

Wer Jean Pauls (Johann Paul Friedrich Richter, 1763 bis 1825) *Titan*, geschrieben zwischen 1792 und 1802, in der Erwartung liest, einen Bildungsroman vor sich zu haben, dem bietet sich zunächst ein verwirrendes Durcheinander von heroischem Roman, Schauerroman, höfischem Gesellschaftsroman und romantischem Roman, in dem sich allerdings auch Elemente des Bildungsromans ausmachen lassen. Sein Thema ist die ungeheure Kluft, welche die Wünsche, Sehnsüchte und Ideale eines jugendlichen Helden von den Lebensverhältnissen in einem deutschen Duodezfürstentum trennt. Eine ganze Phalanx von Mentoren (Dian, Augusti, Schoppe) wird für den Grafensohn aufgeboten, die für seine lebenspraktische Unterrichtung und seine Kenntnis der Wissenschaften und Künste Sorge tragen, ohne ihn allerdings nach pädagogischen Programmen zu gängeln. Aus «dem Hirtentale seiner ersten Liebe» führt sein Weg nach Italien, zu den «großen, ewigen Sternbildern der Kunst». Die Begeisterung für die antike Kunst tritt freilich hinter dem Interesse an den Heroen der römischen Geschichte zurück, die Albano seine eigene Untätigkeit schmerzlich bewußtmachen. Er beschließt, Reflexion und Kunstliebhaberei durch Taten zu ersetzen und auf seiten der französischen Republik in den Krieg zu ziehen. Dazu kommt es nicht, weil sich herausstellt, daß Albano nicht der Sohn des Grafen Cesara, sondern des regierenden Fürsten ist und daß seine Identität wegen höfischer Intrigen zwischen zwei Kleinstaaten geheimgehalten werden mußte. Der Roman entläßt seinen Helden in ein Happy-End: als regierenden Fürsten an der Seite Idoines, beide guten Willens, «Volksglück» und «höchste Gerechtigkeit» zu befördern.

An Goethes Roman erinnert neben dem Happy-End Idoine, in der Züge Natalies und Thereses wiederkehren, die soziale Integration des Helden, auch die Maxime «ernster Tätigkeit», die Wilhelms Lehrbrief entnommen sein könnte. Daneben haben andere Romane, so K. Ph. Moritz' *Anton Reiser*, Tiecks *William Lovell*, Heinses *Ardinghello* und Wielands *Agathon* Jean Pauls Roman beeinflußt. Die größte Nähe zu *Wilhelm Meister* erreicht der *Titan* sicher dort,wo er seinen Helden auf das weimarische Bildungsideal der allseitig entwickelten Persönlichkeit, in Jean Pauls Terminologie: der «Allkräftigkeit», zu verpflichten sucht. Diese Nähe zu Goethe und Schiller war beabsichtigt; sie hat Jean Paul indessen nicht daran gehindert, in den Physiognomien und Äußerungen einzelner Figuren, vor allem Gaspards, Goethe und Schiller auf eine wenig schmeichelhafte Weise zu porträtieren.

Während die romantischen Romane des Novalis und Tiecks die Entgegensetzung von Ideal und Wirklichkeit als unüberbrückbare Kluft bereits voraussetzen bzw. ihre Protagonisten stets aufs neue erfahren lassen, eröffnet Jean Paul, so scheint es wenigstens, ähnlich wie Goethe dem Individuum einen glücklichen Ausgleich mit der gesellschaftlichen Wirklichkeit. Den ursprünglichen Plan mit dem Arbeitstitel «Das Genie», dessen Vorbild Friedrich Heinrich Jacobis Romanfragment *Eduard Allwills Briefsammlung* war [170; *S. 109*], hat Jean Paul so geändert, daß er die Eigenschaften der genialischen Natur nicht einem Protagonisten zuschrieb, sondern sie auf zwei Figuren verteilte: Albano und Roquairol. In dem Maße, wie Albano zum positiven Helden avanciert, treten an Roquairol die Schattenseiten der Genialität hervor. Roquairol, wohl die schillerndste und schwierigste Figur des Romans, «ist ein Kind und Opfer des Jahrhunderts». Liegen «engelreine und schmutzige Zustände» in seinem Leben zunächst beieinander, lassen ihn die Privilegien seines Standes in den Intrigen einer korrupten Residenz zum Ästheten werden, der aus Langeweile sein ganzes Dasein, vor allem seine Liebeshändel, als Folge von Theatersensationen erlebt und der noch seinen Selbstmord als Pointe einer Premiere auf die Bühne bringt. – In der «allmächtigen Phantasie» und den destruktiven Energien des Ästheten Roquairol, der sein Leben als Kunstwerk einzurichten sucht, hat Jean Paul vor allem der Kunstanschauung der Jenaer Romantiker, in der Überschätzung der Kunst womöglich auch Goethe und Schiller, die kritische Rechnung präsentieren wollen.

«Titan sollte heißen Anti-Titan», so hat Jean Paul den Titel seines Romans erläutert: «Jeder Himmelsstürmer findet seine Hölle.» Dies gilt in erster Linie für Roquairol, aber auch für die «Titanide» Linda. Auffallend viele Figuren sterben oder scheitern in diesem Roman, außer Roquairol und Linda auch Liane und Schoppe. «Das Buch ist der Streit der Kraft mit der Harmonie. Sogar Liane, Schoppe müssen durch Einkräftigkeit versinken; Albano streift daran und leidet wenigstens.» Anders als Albano, den der Roman als einzigen mit einem ausgeglichenen Temperament, mit «Harmonie» ausstattet und ans Ziel kommen läßt, tragen die übrigen Figuren den Makel der «Einkräftigkeit»; sie sind als extreme Naturen zum Scheitern verurteilt. Nicht ein exzentrischer Charakter wie Roquairol, sondern die verträglichen Talente Albanos sind es, die den Ausgleich des Individuums mit der Realität möglich machen und damit eine Lösung der Konflikte im Sinne des Bildungsromans. Der Bildungsroman muß, wie auch der *Titan* zeigt, aufgrund seiner Ökonomie des Ausgleichs ‹mittlere›, moderierte Charaktere zu seinen Helden wählen. Auf «Himmelsstürmer» und extreme Gestalten ist sein Programm nicht anwendbar. Mignon und der Harfner sind in den *Lehrjahren* ebenso zum Untergang verurteilt wie Liane, Roquairol oder Schoppe im *Titan*. Zugleich aber sind diese Figuren Kronzeugen gegen die Beschränktheit des Bildungsromans. Denn sie repräsentieren, kritisch gegen seine Intention gelesen, die ernsthaften, tiefergehenden Realitätskonflikte und psychischen Krisen des Individuums, welche das harmonistische Konzept des Bildungsromans nicht integrieren kann. – Was sich mit der Bildungsgeschichte ganz und gar nicht vereinbaren ließ, hat Jean Paul auch unter dem Titel *Des Luftschiffers Gianozzos Seebuch* in den «Komischen Anhang zum Titan» aufgenommen.

Folgt man dem Handlungsverlauf des *Titan*, so scheint es, als führe er seinen Helden an der Hand Idoines mit der Übernahme des Fürstenthrons an das Ziel des Bildungsromans. Das Individuum besitzt alle Chancen, seine privaten Sehnsüchte und politischen Wünsche zu verwirklichen. Bei näherem Hinsehen zeigt sich indessen, daß Albanos «Sehnsucht nach Krieg und Taten» unerfüllt bleibt; Albano träumt und liest von großen Taten, aber er begeht keine. Der Roman erzählt nicht praktische Auseinandersetzungen seines Helden mit der Realität, sondern dessen Liebes- und Gefühlsleben. Sein Tränenreichtum verweist auf die Gefühlskultur der Empfindsamkeit; allerdings wird sie im *Titan* nur noch ironisch zugelassen. Zwischen Innerlichkeit und Außenwelt, heroischem Tatendrang und faktischer Handlungsunfähigkeit [128; *S. 18*] befindet er sich in einem Widerspruch, den auch der Romanschluß nicht auflöst. Die Begeisterung Albanos für die Sache der Französischen Revolution wird nicht in der Weise praktisch, daß er als ein «den Thron besteigenden Revolutionär» endet [211; *S. 425*]. Daß er «Volksglück», «höchste Gerechtigkeit» verkündet, spricht für die Lauterkeit seiner Ideale, nicht für deren Durchsetzbarkeit. Das Nebeneinander von Innerlichkeit und heroischer Phantasie erklärt, daß sich im Roman Züge des Bildungsromans und des heroischen Romans überlagern, ohne daß sie sich integrieren ließen.

Jean Pauls Held erlebt den durchgehenden Widerspruch zwischen den Idealen seiner Phantasie und den Lebensverhältnissen eines deutschen Zwergfürstentums. Daß es im Miniaturstaat Hohenfließ anders werden könnte, ist am Ende des Romans ausdrücklich unter den Vorbehalt der Utopie gestellt. Wenn in dieser Schlußutopie, deren letzte Zeilen den «Regenbogen des ewigen Friedens» beschwören, die Kluft zwischen Individuum und Wirklichkeit überraschend geschlossen wird, tritt um so sinnfälliger zutage, daß sie real fortbesteht.

Im heroischen Tatendrang gibt der Roman eine kompensatorische Antwort auf die historische Einsicht des Bürgers, unter den deutschen Verhältnissen zur Untätigkeit verurteilt zu sein. Albano ist zwar zur Tat entschlossen, doch findet er keine Gelegenheit dazu. In der Desillusionierung des Helden, im Rückverweis auf den Reichtum seiner Gefühle und Gedanken, gesteht der Roman die tatsächliche Ohnmacht des bürgerlichen Daseins in der Feudalordnung auch ein. Doch läßt die Erfahrung, daß die fürstlichen Residenzen bürgerliche Unternehmungen kaum zulassen, am wenigsten revolutionäre, die die feudale Ordnung stürzen könnten, den Helden nicht resignieren. Statt sich mit den Realitäten abzufinden, bewahrt er sich eine durch alle Enttäuschungen nicht zu erschütternde Hoffnung auf bessere Zeiten. Dieser Geschichtsoptimismus vor allem rückt den *Titan* in die Nähe des *Wilhelm Meister*. Indem aber der *Titan* seinem Helden die Aussöhnung zwischen den Ansprüchen des Individuums und der Wirklichkeit verwehrt, geht er zum Roman Goethes auf Distanz. Sichtbar wird diese Distanz auch in der Erzählweise Jean Pauls. Statt eine Geschichte ‹ordentlich› auf ihr Ende hin zu erzählen, unternimmt der *Titan*, auf den Spuren von Sternes *Tristram Shandy,* in zahllosen Abschweifungen alles, um eine solche Lesererwartung zu enttäuschen, wie sie der Bildungsroman noch erfüllen konnte. Der *Titan* erkennt die sie heroischen Ideale des bürgerlichen Individuums ebenso an, wie er die ausschließende Feudalordnung skeptisch beurteilt. Zwischen ihnen bewerkstelligt das Prinzip des Humors einen erträglichen Ausgleich, ohne einer illusionären ‹Versöhnung› Vorschub zu leisten. Es verhindert vor allem die tragische Lösung des Widerspruchs, den heroischen Widerstand des Helden gegen die Realität. Diese Lösung entwirft Hölderlins *Hyperion*.

Hyperion

Friedrich Hölderlin (1770 bis 1843) hat der endgültigen Fassung von *Hyperion oder Der Eremit in Griechenland*, die 1797 und 1799 in zwei Bänden erschien, eine Vorrede vorausgeschickt, in der er sein Buch der «Liebe der Deutschen» anempfiehlt, zugleich aber die Befürchtung geäußert, die einen würden es auf der Suche nach dem «fabula docet» lesen «wie ein Kompendium», «indes die andern gar zu leicht es nehmen». In ihm hat Hölderlin den einzigartigen Versuch unternommen, in den bürgerlichen individuellen Briefroman nach dem Vorbild des *Werther* Elemente des griechischen Versepos nach dem Vorbild der *Ilias* so aufzunehmen, daß ein deutsches Nationalepos in Prosa entstand; ein Epos also, für das sich Hölderlin die «Liebe der Deutschen» so sehnlich wünschte. – Wie aber lassen sich die Traditionen des politischen Nationalepos mit der privaten Gefühlswelt bürgerlicher Briefschreiber verbinden; wie lassen sich unter dem Gesichtspunkt der Erzählperspektive die äußerste Distanziertheit Homers und die äußerste Distanzlosigkeit und Unmittelbarkeit der Briefe Werthers vereinbaren? [231; *S. 189*] Hölderlins Lösung des Problems, dessen Schwierigkeit, die zahlreichen früheren Fassungen des Stoffes sichtbar machen, sieht so aus, daß er Hyperion rückblickend als «Eremit in Griechenland» Briefe schreiben läßt, die seine Geschichte darstellen.

Hyperion weist nun Züge auf, die ihn in die Nähe des Bildungsromans rücken. Die Vorrede der endgültigen Fassung verheißt die «Auflösung der Dissonanzen in einem gewissen Charakter». Hyperion wird von Adamas in die «Heroenwelt des Plutarch» eingeführt, er leidet am Widerspruch zwischen «herrlichen Entwürfen» und beengter Wirklichkeit. Er erfährt sich als «zerrissen Saitenspiel», schwankend zwischen Seligkeit und Melancholie, bis ihn Alabanda auffordert, mit ihm am griechischen Freiheitskampf teilzunehmen. Mit dem Scheitern des griechischen Feldzugs sind alle heroischen Hoffnungen zerstört. Hyperion widerruft die heroischen Ideale seiner Jugend, alle «tobenden herrlichen Träume von Ruhm und Größe», denn sie haben Diotima «vergiftet». Sein neues Ideal ist die Versöhnung des Menschen mit der Natur. Die göttliche Natur gilt ihm als Statthalterin einer besseren Gesellschaft, in ihr sieht er Freiheit, Gleichheit und Brüderlichkeit garantiert: «Ihr Quellen der Erd! ihr Blumen! und ihr Wälder und ihr Adler und du brüderliches Licht! (. . .) Frei sind wir, gleichen uns nicht ängstig von außen; wie sollte nicht wechseln die Weise des Lebens? wir lieben den Aether doch all und innigst im Innern gleichen wir uns.» Als Priester und Dichter der göttlichen Natur entläßt Hölderlin seinen Helden. Damit ist aber das Programm der Vorrede, die «Auflösung der Dissonanzen in einem gewissen Charakter» im Sinne des Bildungsromans, nicht erfüllt. Auch am Ende, in der begeisterten Anbetung der göttlichen Natur, bleibt Hyperion zwischen Idealen und Leiden an der unerträglichen Wirklichkeit zerrissen.

Dabei hatte Hölderlin eine Schwierigkeit zu beheben gesucht, die sich aus dem Zusammentreffen zwischen Bildungsgeschichte und Revolutionsthema ergab. Unstreitig hat der Roman die Französische Revolution auf vielfache Weise zu seinem Thema gemacht. Zum einen hat er ihren Verlauf, womöglich auch das Scheitern der Mainzer und der südwestdeutschen Republikaner im Bild des griechischen Aufstands verschlüsselt [194; *S. 85ff*]. Zum anderen sind Alabanda, Hyperion und Diotima als Symbolgestalten für Freiheit, Gleichheit und Brüderlichkeit zu lesen. Überdies wird gerade Alabanda, eine Jakobinergestalt [230; *S. 157*], als glühendster Verfechter der Freiheit zum Scheitern verurteilt, weil in ihm die gefährlichen Züge einer radikalisierten Vernunft («Geisteseinsamkeit») sichtbar werden, wie sie nach Hölderlins Urteil Fichtes Philosophie des absoluten Ich und der reinen Tathandlung forderte. Gegen die «gottverlassene Unnatur» solcher Vernunft und Wissenschaft behauptet Hyperion am Ende des Romans die Versöhnung des Menschen mit der Natur, auf die sich rückbesinnen muß, wer an den Revolutionsidealen Freiheit, Gleichheit und Brüderlichkeit festhalten will.

Mit dem Revolutionsthema ist nun der Bildungsgedanke prinzipiell nicht zu vereinbaren. In der fortschreitenden, wenn auch nicht widerspruchsfreien Entwicklung des Helden erfährt die gesellschaftliche Ordnung, welche diese Entwicklung zuläßt, eine gewisse Rechtfertigung. Die gesellschaftliche Ordnung ist nicht so, daß sie umgestürzt werden müßte; denn sie gestattet immerhin dem Helden eine befriedigende Entwicklung. Die Entfaltungsfähigkeit des Individiuums macht auch eine positive Entwicklung der gesellschaftlichen Ordnung glaubhaft, ohne daß ein revolutionärer Bruch mit ihr erforderlich wäre. Schließt so die Gattung des Bildungsromans den Revolutionsgedanken aus, vermeidet Hölderlin die Kollision in der Weise, daß er das historische Scheitern der Revolution zu einem Erlebnis macht, das die Bildung seines Helden befördert, zu einem Irrtum, den sich Hyperion selbst eingesteht.

Trotz dieser Auflösung des Widerspruchs zwischen Revolutions- und Bildungsgedanken endet *Hyperion* nicht als Bildungsroman. In *Wilhelm Meister* erfährt der Held eine ihm feindliche Welt, aber auch die Möglichkeiten, die sie ihm einräumt. Hyperions Bilanz dagegen ist weit skeptischer, zugleich aber illusionär. Für ihn, das zeigt vor allem die Generalabrechnung mit den Deutschen, ist kein Platz in ihrem Staat. Das Individuum sieht sich aus der historischen Welt ausgeschlossen. Zur Untätigkeit verdammt, kann es nur als Eremit in Griechenland überleben. Gerade dort aber vermag der Ausgestoßene der deutschen Nation die Treue zu halten, indem er die Ideale der griechischen Antike und der Französischen Revolution in Dichtungen gegenwärtig hält, in der Hoffnung, sie werden dereinst in Deutschland Wirklichkeit. Nicht Anpassung an die deutschen Verhältnisse, sondern heroischer Widerstand gegen sie, so lautet das Schlußwort Hyperions. Erkauft ist es mit einer Apotheose des Dichterberufs, einer Überforderung der Kunst, die der des Novalis nicht nachsteht. Im Widerspruch zwischen Revolutionsthema und privater Bildungsgeschichte, zwischen heroischem Tatendrang und hochreflektierter Untätigkeit, zwischen den Gattungen des Heldenepos und des Briefromans gibt *Hyperion* das Problem Hölderlins und seiner Generation zu erkennen: Die intellektuelle deutsche Jugend der Jahre 1790 bis 1800, die diese Nation revolutionieren, Freiheit, Gleichheit, Brüderlichkeit in ihr verwirklichen wollte, befand sich ihr gegenüber «in der ohnmächtigen Position von individuellen Briefschreibern» [231; *S. 193*].

Ahnung und Gegenwart

Statt nach der Universitätszeit die geplante Bildungsreise anzutreten und die guten Vorsätze zu verwirklichen, beginnt Graf Friedrich in Joseph von Eichendorffs (1788 bis 1857) Roman *Ahnung und Gegenwart* (erschienen 1815) ein unstetes Wanderleben zwischen abgelegenen Schlössern, «ohne allen Zweck, ohne alle rechte Tätigkeit», lernt Glanz und moralisches wie politisches Elend in der fürstlichen Residenz kennen, beteiligt sich, zunächst erfolgreich, am verschlüsselt dargestellten Aufstand der Tiroler gegen die Napoleonische Fremdherrschaft und faßt endlich den Entschluß, ins Kloster zu gehen.

So planlos sich die Erlebnisse auch ausnehmen, der Held deutet sein Leben selbst als sinnvollen Zusammenhang. Es ist die religiöse Kraft seiner Seele, die «durch den Drang der Zeiten oft verschlagen und falsche Bahnen suchend, aus allen seinen Bestrebungen, Taten, Poesien und Irrtümern hervorleuchtete». Auf seine Religion muß sich Eichendorffs Held um so mehr verlassen können, als seine Geschichte die Geschichte von Enttäuschungen ist. In einer politisch und moralisch zerrütteten Welt werden seine heroischen Ideale ebenso wie seine privaten Hoffnungen zuschanden. Rosa wird die Geliebte des Erbprinzen, Romana, die gottlose ‹femme fatale› des Romans, nimmt sich das Leben. Den Tiroler Aufstand, der seinem Tatendrang alle Möglichkeiten zu eröffnen schien, beendet ein Waffenstillstand, Friedrich ist «güterlos und geächtet», sein Leben scheint ihm «zu nichts mehr nütze».

Die heroischen Ideale Friedrichs, «das alte Recht, die alte Freiheit, Ehre und Ruhm», die hier gegen die bürgerlichen Postulate der Französischen Revolution und deren Erben Napoleon heraufgerufen werden, sind angesichts der politischen und gesellschaftlichen Zustände in Deutschland weiter denn je von ihrer Verwirklichung entfernt. Sinnvolles geschichtliches Handeln läßt die historische Situation nicht zu. Eichendorffs Roman sieht gleichwohl zwei Auswege vor: Friedrich geht ins Kloster, Leontin nach Amerika, «in das unberührte Waldesgrün eines andern Weltteils». Beide Lösungen sind Auswege aus der Geschichte, auch wenn das die Protagonisten nicht wahrhaben wollen. Eichendorff beläßt seinen Figuren zwar die Hoffnung, ihr geschichtliches Handeln sei lediglich auf eine ferne Zukunft vertagt, er läßt Friedrich daran glauben, es gäbe nach einer religiösen Erneuerung eine Zeit, «unmittelbar zu handeln»; doch beurteilt eine andere Romangestalt, Faber, gleich darauf diese Hoffnung als Selbsttäuschung.

Obwohl der Held eine Serie von Enttäuschungen erlebt und die Unvereinbarkeit seiner Ideale mit der Wirklichkeit sich eingesteht, bleibt er dank seiner Religion und der gottgeschaffenen Natur von Verzweiflung verschont. Es sind ihre zuverlässigen Tröstungen, die den Ort von *Ahnung und Gegenwart* in der Geschichte des Romans bezeichnen. Die religiöse Sicherheit des Helden steht dafür ein, daß *Ahnung und Gegenwart* noch kein Desillusionsroman und nicht mehr Bildungsroman ist [170; *S. 146*] – das letztere nicht, weil Eichendorffs Werk Erfahrungen nur als Bestätigung einer nie erschütterten Gesinnung zuläßt und den Seelenfrieden des Helden im Kloster auch bei striktem Handlungsverzicht gewährleistet sieht.

Ahnung und Gegenwart sieht weder eine Selbstverwirklichung des Individuums durch geschichtliches Handeln noch auch eine Bildungsgeschichte der Innerlichkeit vor. Neue Erfahrungen, ob die Enttäuschung mit Rosa oder die Niederlage im Krieg, bestätigen dem Helden das, was er ohnehin schon wußte, eine private Selbstgewißheit des Glaubens, von der kein Weg in die Außenwelt führt, in den «furchtbaren Gang der Zeit», den nichts aufhalten kann, am wenigsten die Unternehmungen des Helden. Für seine Enttäuschungen entschädigt Friedrich nicht die Natur, sondern eine märchenhafte, stets wiederkehrende Landschaft, die sein Abbild ist und die ihm gestattet, den unendlichen Reichtum seiner Seele zu erfahren [172; *S. 38*]. Freilich gewinnt die selige Selbstgewißheit, die der Roman dem Individuum anempfiehlt, ihre Konsistenz nur um den Preis eines Auszugs aus der Geschichte.

Die Tradition des Bildungsromans zwischen 1795/96 und 1815 stellen Romane her, die jeweils vor Augen führen, daß sie keine Bildungsromane sind – jedenfalls dann nicht, wenn man die Gattung über den intendierten Ausgleich zwischen Individuum und empirischer Wirklichkeit definiert. Geht man dagegen davon aus, daß das Grundmuster der Gattung, *Wilhelm Meister*, selbst einen nicht begradigten Widerspruch enthält, neben der Versöhnung, die den Bildungserfolg ermöglicht, auch die Unvereinbarkeit von Ich und Welt, stehen die Romane Goethes, Tiecks, Novalis', Jean Pauls und auch Hölderlins in einem Zusammenhang, den man in der Gattungsbezeichnung Bildungsroman fassen kann, ohne ihre jeweilige Eigentümlichkeit aus den Augen zu verlieren. Sie alle fragen nach den Möglichkeiten des Individuums, sich in den gegebenen bürgerlichen bzw. feudalen Ordnungen selbst zu verwirklichen. Ihre Antworten indessen fallen grundverschieden aus. Trägt den weimarischen Bildungsgedanken ein Aufklärungsoptimismus, in dem das aufsteigende Bürgertum seine Hoffnungen wiedererkennen konnte, sind für Goethes Lösung, die Versöhnung zwischen Individuum und Wirklichkeit, nach dem Urteil der anderen Romanciers die historischen und geschichtsphilosophischen Voraussetzungen offensichtlich entfallen. Sie können ihren Lesern nur noch den Rückzug aus der empirischen Realität oder den heroischen Widerstand gegen sie glaubhaft machen. Nicht in der Verklärung des positiven Bildungsgedankens, sondern in seiner Problematisierung bzw. Verabschiedung treten die romantischen Romane, auch *Hyperion*, die Nachfolge *Wilhelm Meisters* an. In dieser Nachfolge nimmt die *Lucinde* eine Sonderstellung ein. Ihr Mittelstück bilden die *Lehrjahre der Männlichkeit*, das Paradebeispiel eines Bildungsromans. Mit dem gradlinigen Aufstieg des Helden zum Bildungserfolg im Liebesglück verstoßen aber die «Lehrjahre der Männlichkeit» gegen das «unbezweifelte Vewirrungsrecht», das der Erzähler für sich beansprucht. Im artistisch hergestellten Chaos der Romankomposition wird der Inhalt dieser «Lehrjahre», die fortschreitende Entwicklung des Helden, ironisch zurückgenommen. Schlegels Roman zitiert den Bildungsgedanken, wie er ihn versteht, nur noch, um ihn zu dementieren. Er mißtraut dem Bildungsroman, weil er ihm die Anpassung des Subjekts an die Routine bürgerlicher Lebensverhältnisse, die es nicht mehr als sinnvoll erfahren kann, zum Vorwurf macht. Gegen sie bietet die *Lucinde* ihre für die Zeitgenossen unerhörte Liebesutopie auf.

Über alle Unterschiede hinweg ist den hier dargestellten Romanen gemeinsam, daß sie Biographien ihrer Helden herstellen. Wenn es richtig ist, daß Biographien vor allem die soziale Funktion haben, lebensgeschichtliche Kontinuität zu erzeugen und damit das Handeln in einen sinnvollen Zusammenhang zu bringen, dann läßt sich das anhaltende Interesse an *Wilhelm Meister* und am Bildungsroman als fiktiver Biographie über das 19. Jahrhundert hinaus womöglich auch aus der historischen Erfahrung zunehmender Diskontinuität des eigenen Lebens begründen. Dieses Interesse kann auch erklären, daß Goethes Roman überwiegend und zu Unrecht als Idealfall eines bürgerlichen Lebenslaufs gelesen worden ist.

Alexander von Bormann
Romantische Erzählprosa

Sehnsucht hat man als den sozialen Gehalt der romantischen Erzählung bestimmt, und deren Doppelsinnigkeit ist es auch, welche die Wirkung sichert: Die romantische Sehnsucht geht in die Vergangenheit zurück, bleibt jedoch im Festhalten eigener Ansprüche an ‹das Leben› auf Zukunft bezogen und langt jedenfalls entschieden über die vorfindliche Wirklichkeit hinaus; sie hat eine utopische Dimension. So hat man der Romantik stets beides zuschreiben können, daß sie reaktionär/rückwärtsgerichtet wie daß sie oppositionell/progressiv sei. Die hilfreiche Lösung bietet dann die neuere Einschätzung der Romantik, nämlich daß sie eine Mittelstellung zwischen der Aufklärung, die noch in ihr wirksam bleibe, und den demokratischen Kulturtendenzen des 19. Jahrhunderts einnehme. Die Sehnsucht, die sich in der romantischen Erzählprosa nicht nur inhaltlich, sondern gerade auch formal materialisiert, drückt ja eine Unzufriedenheit mit den gegebenen Verhältnissen aus und weist so auf die sozialen Grundlagen der Romantik. Die seien angedeutet mit dem Hinweis auf die ökonomische Rückständigkeit Deutschlands (keine koloniale Expansion, Verlagerung der Handelswege, Folgen des Dreißigjährigen Krieges), auf die mit der Bevölkerungszunahme nicht mitkommende Nahrungsmittelproduktion (Verteuerung) und auf den Niedergang vor allem des ländlichen Handwerks um 1800, das den neuen Werkstätten, Manufakturen, Fabriken nicht standhalten konnte. So hat die Verklärung des Mittelalters, der goldenen Zeit des Handwerks, durchaus konkrete Gründe – die Analyse der romantischen Sehnsucht nach besseren Zeiten weist auf die Bindung der romantischen Bewegung ans Kleinbürgertum, das sich die Zukunft zunehmend verlegt sah.

Die eigentümliche Doppelsinnigkeit der Grundbestimmungen der Romantik ist letztlich aus deren sozialen Beziehungen zu erläutern. Im Hinblick auf ihre Gesellschaftsbildung, auf ihre Vereinigungsformen erscheint die Romantik als eine Übergangsphase, in der zwar die bürgerlich-adligen Eliten noch dominierten, aber sich schon entschieden veranlaßt sahen, weitere Schichten, auch bislang ausgeschlossene wie Frauen, Jugendliche und Juden, und schließlich ‹das Volk› in die Vereinsbildung einzubeziehen [vgl. 145; *S. 115–131*]. Dazu kommt, daß die in Frage stehende Zeit eine Epoche bedeutender gesellschaftlicher und politischer Bewegung war, was sich in den erheblichen Positionsänderungen der Schriftsteller zugleich spiegelt. Die Romantik läßt sich so weder als Adelsposition gegen die Moderne noch als Ahnin der Arbeiterbewegung beschreiben, aber auch nicht als Sammelbewegung freischwebender Intellektueller. Die ideologische Zweideutigkeit ist nicht unmittelbar als Ausdruck dafür zu nehmen, daß die Romantiker als Gruppe zwischen den Fronten standen, sondern ist eher auf die orientierungslose Situation der Mittelschichten zu beziehen. Dem entsprechen dann auch die gelegentlichen, aber wichtigen Übergänge von feudalismuskritischer zu kapitalismuskritischer Ausrichtung; sogar von Verschränkung des Widerstands gegen die Feudalgesellschaft mit dem Einspruch gegen die als Entfremdung empfundene bürgerliche Klassenpraxis läßt sich reden [vgl. 142; *S. 1–59* u. *S. 143–166, bes. S. 151f*].

Die in die Konstitution romantischer Erzählungen tief hineinreichende Zweideutigkeit ist nicht vorschnell als Widersprüchlichkeit oder bloßes positionelles Nebeneinander festzuschreiben, sondern müßte jeweils konkret herausgearbeitet und interpretiert werden, was hier nur in Hinweisen möglich ist. So ist die romantische Berufung auf die *Natur* einmal (progressiv) als Kritik der höfischen Repräsentation wie der künstlich-nüchternen (bürgerlichen) Reglementierung des Lebens zu nehmen; zugleich meint sie (konservativ) eine Berufung ewiger Ordnungen, eines gegebenen Kosmos mit dauernden Gesetzen. Auch die Beschwörung des *Mittelalters*, der Reichsidee, der ‹universellen Tendenz› hat diese Doppeldeutigkeit, im Plädoyer für die «christliche Monarchie» (Novalis) moderne Entwicklungen (restaurativ) abzublocken, zugleich aber an Privilegien und Freiheiten (des Volks, der Handwerker) zu erinnern, die für die Gegenwart eher ‹sagenhaft› klingen. Deutlich werden in den Reichsgedanken auch nationalistische, das heißt bürgerliche Vorstellungen hineingetragen. Das *Volk* erscheint den Romantikern borniert, gebunden, der Führung bedürftig, wie zugleich der Garant und Hort ursprünglicher Freiheit. Die *Liebe* ist heidnisch-sinnlich wie (zugleich?) christlich-unsinnlich, und das Verhältnis von Sexus und Eros bleibt anstößig, wird immer neuen Bestimmungsversuchen unterworfen. Die *Aufklärung* wird als dürre Herrschaft des Verstandes verketzert und doch in ihren wesentlichen Motiven (wie Werner Krauss gezeigt hat [vgl. 141]) in der Romantik weitergeführt. Die *Subjektivität* wird als Abfall, als Eigensinn und Hochmut, als Rückgang und Beschlossenheit des Subjekts in sich selbst kritisiert – und ist doch zugleich der Ansatz, die Freiheit des Individuums so auszulegen, daß Protest, Widerstand, Utopie romantische Grundtendenzen werden. Die Autonomie des Subjekts wird freilich zunehmend bestritten, was despotismuskritische Tendenzen der Aufklärung weiterführt, doch in der Einbindung in gesellschaftlich entworfene Naturmodelle zugleich neu fundiert. Die *Revolution* wird als Verselbständigung, als Absolutsetzung der Subjektivität verworfen und doch in ihrem historischen Recht begriffen (selbst bei Eichendorff). Eine entsprechende Zweideutigkeit haftet nun auch dem (romantischen) Roman an, einmal das aufklärerisch-gesellschaftliche Genre schlechthin zu sein, als Lehrmodell einer Vermittlung von Individuum und Gesellschaft, zugleich aber den Ort des Rückzugs zu bezeichnen, jene Kunstwelt aufzubauen, von der aus gesehen die (den Roman fundierende) Emanzipation des Individuellen das Ansehen einer Fluchtbewegung bekommt.

Friedrich Schlegel

Der junge Friedrich Schlegel (1768 bis 1834) entwirft den Roman als eine Form objektivierter Subjektivität und bestimmt ihn als die Grundform der modernen Poesie. Seine Übersiedlung von Jena nach Berlin 1797, mit der er auch seine stets prekäre Situation, die eines freien Schriftstellers, zu bessern suchte, spielt für die Vermittlung der Frühromantik eine bedeutende Rolle. 1798 erscheint die programmatische Zeitschrift *Athenäum*. In dieser Zeit beginnt Schlegel auch die Arbeit an seinem Roman *Lucinde*, der 1799, freilich Fragment geblieben, bei Heinrich Frölich in Berlin erschien. Der Roman machte ein bedeutendes Aufsehen, ja einen Skandal und erregte die Gemüter wegen seiner inhaltlichen wie formalen Kühnheiten. Sein Stoff ist die Liebe, aber eben nicht bloß in einem philosophisch-allegorischen Sinn. Schlegel geht, für die Zeitgenossen erkennbar, von seinen eigenen Erfahrungen aus; die Gestalt des Julius wurde auf ihn, die der Lucinde auf Dorothea Veit-Mendelssohn bezogen, die er 1797 im Salon der Henriette Herz kennengelernt hatte. Im Mittelteil des sehr unkonventionell-modern angelegten Werks wird unter dem Titel «Lehrjahre der Männlichkeit» die Geschichte des Julius erzählt: Erfahrungen der Sinnlichkeit, die ihn über die Vernachlässigung der gesellschaftlichen Vorurteile hinaus zu deren Verachtung führen.

In der Charakterisierung solcher Erfahrungen und beispielsweise des Versuchs, hochgesinnte Jünglinge zu sammeln, zeigt sich die Anlehnung an den Bildungsroman: «Julius kam nicht weiter und ward nicht klarer, er handelte nicht und er bildete nichts.» Das Ziel, auf das zunächst abgestellt ist, verrät sich in der Äußerung: «Er hatte nie weniger eine Ansicht vom Ganzen seines Ichs.» Die ‹Lehre› des Romans nun ist, daß solche Ansicht sich nicht als Resultat einer Entwicklung gewinnen läßt. Aber

auch die Liebe ist nicht als Mittel zur Selbstgewinnung eingesetzt, selbst wenn Julius sein Glück mit Lucinde findet, die mitten im Schoß der menschlichen Gesellschaft Naturmensch geblieben ist. Die Begegnung der beiden Liebenden wird als «ein unteilbares und einfaches Gefühl» ausgesagt, das in der Übersteigung des Selbst kulminiert. Die Aufhebung der geschlechtsspezifischen Rollenzuweisungen, die Erfahrung unlimitierter Lust gehören dazu. Erst Tiecks letztes Werk, der historische Roman *Vittoria Accorombona* (1840), wird wieder vergleichbar deutlich die Liebe als einen «erwachsenen Umgang von Männern und Frauen» [142; *S.162*] miteinander propagieren.
Die Form des Romans, mit dem Untertitel «Bekenntnisse eines Ungeschickten» nur ironisch entschuldigt, ist deutlich als Absage an den klassischen Werkbegriff zu nehmen, der «ein Ganzes» fordert, «das völlig sich rundet, wo eines aus dem andern sich völlig erkläret, wo keine Schwierigkeit aufstößt» [Lessing, *Hamb. Dram., 79. Stück*]. Schlegel setzt dagegen die ‹offene› Romanform, eine zerstückte Ganzheit, ein dithyrambisches Durcheinander, das provozierend genug wirkte. Briefe, Reflexion, Phantasie, Charakteristik, Allegorie, Idylle, Erzählung – diese und andere Formen bauen das Werk auf. Die Bedeutung dieser Darstellung ist am Schluß, in den «Tändeleien der Phantasie» entwickelt. Der traditionell nach einem Plan gebaute Roman spiegelt nur die Reglementierung der menschlichen Natur wider: «Absichten haben, nach Absichten handeln, und Absichten mit Absichten zu neuer Absicht künstlich verweben.» Das ist durchaus nicht nur Kritik des absolutistischen Rationalitätsprinzips, sondern zielt deutlich schon gegen die gesellschaftliche wie auch individuelle Formierung als Ansatz und Perspektive der bürgerlichen Moral. Dagegen hat der Romantiker Schlegel sich vorgesetzt, «die Seele der Phantasie wiederzugeben»; und die locker sich fügende Form meint einen tieferen Bezug auf die (unbewußte) Natur, macht den lebensphilosophischen Grundzug der Romantik als ästhetisch-oppositionellen Ansatz kenntlich. Die Absage an Plan und Absicht im Schlußkapitel leitet Schlegel so ein: »Durch die schweren lauten Anstalten zum Leben wird das zarte Götterkind Leben selbst verdrängt und jämmerlich erstickt in der Umarmung der nach Affenart liebenden Sorge.»
In seiner Liebesphilosophie, in seiner Beschwörung eines Friedens der Natur läßt Friedrich Schlegel wahrnehmbar antigesellschaftliche, ja anarchistische Tendenzen wirksam werden. Die «Idylle über den Müßiggang», die bald im Roman begegnet, hat den Zorn nicht nur der Philister erregt. Die «gottähnliche Kunst der Faulheit» wird als eigentliches Adelsprinzip gepriesen und Prometheus als »Erfinder der Erziehung und Aufklärung» verurteilt. Diese Absage an das Leistungsprinzip, an das bürgerliche Ideal von Tüchtigkeit und tätigem Behagen – vgl. dazu

Eichendorffs *Taugenichts*-Erzählung – zeigt am deutlichsten die soziale Perspektive der Romantik: Bilder und Denkmuster aus der Feudalzeit werden nicht hervorgekramt, um diese zurückzuwünschen, sondern weil sie als historisch belegbar der oppositionellen Sehnsucht einen realistischen Ausdruck erlauben. Die Zukunft, nicht die Vergangenheit ist gemeint. Auch Friedrich Schleiermachers *Vertraute Briefe über Friedrich Schlegels Lucinde*, die der Freund 1800 herausgab, um in den polemischen Auseinandersetzungen «die Ansicht des Ganzen» nicht verlorengehen zu lassen, heben diese Richtung des Romans hervor. Er schildert ihn als ein Werk, «welches wie eine Erscheinung aus einer künftigen Gott weiß wie weit noch entfernten Welt dasteht». Und auch die ‹moralischen› Einwände stellt Schleiermacher ins rechte Licht: «Die Deutungsart ist es, der große und freie Stil des Guten und Schönen, diese für die kleinlichen Menschen riesenhafte und ungeheure Moral, auf der die Lucinde als auf ihrem ewigen Fundamente ruht.» Daß Schlegels Ansatz utopisch war, gilt als ausgemacht. Doch gerade jene illusionäre Verheißung, daß sich von der voll realisierten Individualität her die Gesellschaft neu bauen lasse, gehört zu den fundierenden Denkmustern der Romantik und begründet auch deren Anziehungskraft für mittelständische Lesergruppen, die darin ihr Interesse begreifen.

Im Zusammenhang mit dem *Lucinde*-Roman ist auch Dorothea Veits Schriftstellerei zu erwähnen. Diese Tochter des bedeutenden Aufklärers Moses Mendelssohn war neunzehnjährig an den Kaufmann Simon Veit verheiratet worden, hielt sich später – befreundet mit Henriette Herz – durch das zeitgenössische Mittel der literarischen Salons für ihr ereignisloses Dasein schadlos, bis sie sich 1798 von Veit trennte, um an der Seite Friedrich Schlegels zu leben. Die Aufklärung hielt im ganzen nicht viel von «schreibseligen Weibern»; dagegen setzt Schlegel das Ideal «selbständiger Weiblichkeit», wie es auch in *Lucinde* sich ausdrückt. Im Kreise der Romantiker wird dies vor allem als Anteil an literarischer Tätigkeit realisiert, und auch Dorothea versucht nun, Friedrichs «Geselle» zu werden und das nötige Geld zu verdienen. In Jena beginnt sie 1799 ihren Roman, den *Florentin*, der 1800 schon gedruckt vorlag, aber erst 1801 (anonym) erschien: «*Florentin*. Ein Roman herausgegeben von Friedrich Schlegel. Erster Band.» Es blieb bei diesem Band. Der Roman folgt weitgehend dem kanonischen Muster des *Wilhelm Meister* und stellt sich damit in die nicht so bald endende Reihe der Bildungs- oder Entwicklungsromane. Die Haltung der Dorothea Veit, die ihre meisten kleineren Arbeiten ihrem Mann überließ, vermag übrigens den verbreiteten Glauben an die ‹emanzipierte› romantische Frau bedeutsam einzuschränken.

Wackenroder

Die Verklärung des Mittelalters und der intakten Handwerks- und Familienbetriebe begegnet auch in den Schriften Wilhelm Heinrich Wackenroders (1773 bis 1798). Seine von Ludwig Tieck anonym herausgegebenen (und ergänzten) *Herzensergießungen eines kunstliebenden Klosterbruders* (1796/97) verklären das Handwerk, das gerade ökonomisch verfällt, und setzen die ‹Kunstheimat›, altdeutsch interpretiert, gegen die Moderne. Deren Frucht und Signatur sind «kalte, geleckte, charakterlose Werke», denen Wackenroder sehr bestimmt vor allem ihren Warencharakter ankreidet. Damit bekommen die Handwerksschwärmerei und die Verknüpfung von Produktivität und Religiosität, ja selbst noch die fürs Kunstgewerbe so folgenreiche altdeutsche Orientierung [vgl. 142; *S. 61–86*], doch ihre Perspektive zugewiesen: die des Protests gegen eine Gegenwart, die weder die verschlüsselte Sprache der Natur versteht, noch den Weg der Vollendung durch die Kunst zu gehen bereit ist. Die Kritik am Zur-Ware-Werden der Kunst, eines der stehenden romantischen Motive, bindet die Problematik des romantischen Künstlers an die zeitgenössischen Krisenerfahrungen der Mittelschichten an und hat deutlich eine antikapitalistische Tendenz.

Wackenroders *Herzensergießungen* werden mit einer Erzählung beschlossen, die *Das merkwürdige musikalische Leben des Tonkünstlers Joseph Berglinger* vergegenwärtigt. Erzähler ist die Titelfigur des Klosterbruders, dessen selbstgewählte Einsamkeit Protest und Resignation bedeutet. Berglinger erscheint von vornherein mit jener Sehnsucht ausgestattet, welche den romantischen Helden definiert (und welche die romantische Erzählung zur Jugendlektüre disponiert): «Ihn hatte der Himmel nun einmal so eingerichtet, daß er immer nach etwas *noch Höherem* trachtete; es genügte ihm nicht die bloße *Gesundheit* der Seele, und daß sie ihre ordentlichen Geschäfte auf Erden, als arbeiten und Gutes tun, verrichtete (. . .).» Durchaus realistisch wird nun des Künstlers Weg in die Innerlichkeit gezeigt, und die Hochromantik brauchte nur einige Akzente zu verschieben, um daraus ihre Kritik des auf sich selbst bezogenen Gemüts zu gewinnen. In Schlegels *Lucinde* heißt es: «Ich genoß nicht bloß, sondern ich fühlte und genoß auch den Genuß.» Dieser vielkritisierte Satz verschränkt Genuß und Wissen, Gefühl und Bewußtsein mit dem wissenden Hinweis, daß sie einander steigern, nicht aufheben. [142; *S. 161*]

Wackenroders Tonkünstler Berglinger erscheint einseitiger, wenn es von ihm heißt: «Er war stets einsam und still für sich, und weidete sich nur an seinen inneren Phantasien.» Er zieht sich ganz in sein Inneres zurück, ergeht sich «in den dämmernden Irrgärten poetischer Empfindung» und scheidet sich von der Welt als profanem Elend ab. Die Misere der umgebenden Alltagswelt wird als Bedrückung erfahren; aber

Flucht und nicht Solidarität kennzeichnen nun den Weg in die Kunstwelt. Berglinger findet sich zu schade, zu kostbar angelegt, als daß er sich «so unter das Gedränge des Haufens mischen, und an dem gemeinen Elend Anteil nehmen soll». So zeigt sich eine weitere Funktion der frühromantischen Kunstbegeisterung – sie schafft das Bewußtsein einer exklusiven Bestimmung, die mit Begriffen aus der Adelswelt ausgelegt wird. Als Berglinger das realisiert, Kapellmeister in der bischöflichen Residenz wird und «in großem Glanze lebt», findet er sich auch enttäuscht. Kunst als Repräsentation, die «Subordination der Kunst unter den Willen des Hofes», ist eine ungemäße Auffassung, eine Entwürdigung der heiliggesprochenen Kunst. Und er definiert sie nun exklusiv: «Ein Künstler müsse nur für sich allein, zu seiner eignen Herzenserhebung, und für einen oder ein paar Menschen, die ihn verstehen, Künstler sein.» Das Mozarts Schicksal nachgestaltete Ende des Musikers wird auf die Zerrissenheit seines Herzens, auf seine hohe Phantasie, die ihn aufrieb, zurückgeführt. Die Ausweglosigkeit der romantischen Kunstreligion, des Sichabstoßens aus bedrückenden Verhältnissen wird hier deutlich exponiert, auch wenn die Darstellung sympathisierend eingestellt bleibt. Das macht diese Erzählung Wackenroders den frühromantischen Künstlerromanen verwandt, auch wenn die Problematik weniger illusionär gefaßt erscheint.
Wackenroder, der mit 24 Jahren starb (1798), studierte 1793 bis 1794 Jura in Erlangen und Göttingen. Mit dem gleichaltrigen Johann Ludwig Tieck (1773 bis 1853) war er von Jugend an befreundet. Beide kommen aus Berlin. Nach Erlangen wird er vom Vater geschickt, weil es eben (1791) preußisch geworden war. Meistens zusammen mit Tieck unternimmt er Reisen nach Bayreuth, Bamberg, Nürnberg, Pommersfelden, Ansbach, Kassel usw., wobei sich ihm das deutsche Altertum als «romantisch» erschließt und «die katholischen Zeiten» lebendig werden.

Tieck

Auch Tiecks Kunstbegeisterung nimmt diese Impulse auf, wobei die in der Berglinger-Erzählung hervortretende Ratlosigkeit auch seine Position charakterisiert. 1792/93 studiert er in Halle und Göttingen, während Wackenroder noch in Berlin bleiben muß, und in den mit dem Freunde gewechselten Briefen ist wiederum von der Entgegensetzung der «trocknen, dürren, erbärmlichen Welt» und der beglückenden «Ideenwelt» sprechend genug die Rede. Diesen Widerspruch erfährt Tieck auch als persönliche Krise (aus der ihn dann die Freundschaft mit dem eher gefestigten Wackenroder befreite); sein 1795/96 erschienener Briefroman *William Lovell* spiegelt diese wider. Verschärfend tritt seine mühsame Lage als freier Schriftsteller hinzu, die ihn in vielerlei Abhängigkeiten (z. B. vom Aufklärer und Verleger Friedrich Nicolai) brachte. Die Vorlage zu Tiecks Jugendroman bildet Restif de la Bretonnes Briefroman *Le Paysan Perverti* (1776), der Einflüsse Richardsons und Rousseaus vereinigt. Die Erzählung von jugendlich-unschuldigen Helden, die durch die Gesellschaft verdorben werden, ist ein sehr erfolgreiches Handlungsmuster geblieben und bis heute vielfach satirisch benutzt (z. B. von Nathanael West, *A Cool Million*, 1934). Die in drei Bänden erschienene *Geschichte des Herrn William Lovell* geht wiederum von der labilen Grundverfassung des Helden aus, der als Schwärmer mit dem Hinweis auf Ikarus eingeführt wird. So ist ihm auch keine Entwicklung zugemessen; die vielen Stationen (England, Frankreich, Italien; Wollust, Liebe, Elend und Selbsterhebung, Zerrissenheit und Untergang) bleiben der vergebliche Versuch, dem sich gehaltlos wissenden Selbst einen Inhalt zuzusprechen. Das Muster dazu gibt Lovells These an, daß «wir uns unserem eigentlichen Selbst immer mehr nähern, je mehr wir unser jetziges Selbst aus den Augen verlieren». In Anlehnung an den Schauerroman des 18. Jahrhunderts, der Tieck aus seiner Praxis als bezahltem Massenschriftsteller vertraut war, und mit distanzierenden Bemerkungen dazu konkretisiert Tieck diesen Ansatz. Die gefährliche Dialektik von Sich-Verlieren und Sich-Gewinnen bestimmt auch weiterhin das Handlungsmuster, die Fabel fast aller romantischen Erzählungen. Daß die Welt dabei eher nach überkommenen Topoi rekonstruiert denn realistisch aufgesucht wird, zeigt die beschränkte Auffassung der Individualitätsproblematik (als eben einer individuellen) ebenso, wie sie auch in der Form des psychologisierenden Briefromans hervortritt. Im Roman *Franz Sternbalds Wanderungen* (1798), den Wackenroder und Tieck ursprünglich als gemeinsame Arbeit geplant hatten, ist diese Beschränktheit eher verdeckt als aufgehoben. Kunst und Sorge stehen als Blüte und Verkümmerung gegeneinander, und alle Entwicklung des Helden vermag das Gegeneinander von Poesie und Prosa nicht aufzuheben.

Brentano

Im 216. Athenäumsfragment nennt Friedrich Schlegel die Französische Revolution, Fichtes *Wissenschaftslehre* und Goethes *Meister* «die größten Tendenzen des Zeitalters». Der frühromantische Roman übersetzt diese Tendenzen im wesentlichen als Ermächtigung der Subjektivität, deren Verknüpfung mit dem Schicksal der Sinnlichkeit für eine gewisse gesellschaftliche Perspektive sorgt. Als der vielschichtigste Roman dieser thematischen Richtung gilt Clemens Brentanos Erzählwerk *Godwi oder Das steinerne Bild der Mutter. Ein verwilderter Roman von Maria*, den der zwanzigjährige Student 1798 in Jena begann und der 1801 in zwei Bänden erschien. Wieder ist die Ausbildung des Helden im wesentlichen auf Liebeserfahrungen beschränkt, die mit fast barocker Wut und

Häufung durchgemacht werden: Frau Molly/Lady Hodefield repräsentiert Sinnlichkeit als Sittlichkeit; fürs Umgekehrte steht die junge Adlige Joduno; Ottilie gilt Godwi als Wiege der Natur und der Poesie, als «eine wunderbar ehrwürdige Urgebärde»; die Gräfin von G., die in den romantischen Erzählungen noch viele Nachfolgerinnen erhalten sollte, lebt heidnische Sinnlichkeit ungezügelt aus; ihre Tochter Violette stirbt früh an unterdrückter, in sinnlichem Taumel nicht ausdrückbarer Liebe (zu Godwi). Der Schluß zeigt den Helden in wiederum fast-barocker Wendung, als reifgewordenen Philosophen der Liebe.

Die Provokation des Romans lag in der über die *Lucinde* und den *Lovell* deutlich hinausgehenden Verherrlichung der Dirne, einer ungefesselten Sinnlichkeit, die der bürgerlichen Einschränkung auf die Ehe spottet. Die Anspielungen auf die Französische Revolution bleiben Staffage; allenfalls dienen sie als allegorischer Hintergrund für die selbstzerstörerische Sexualität der Gräfin. Doch die Entfaltung der Sinnlichkeit läßt sich weniger als Opposition auslegen, ist nicht bloß als «Kritik an der Unfreiheit des Liebeslebens» [144; *S. 259f*] zu fassen. Sie ist auch auf den Niedergang der autarken Familie, den die Französische Revolution (mit der Aufhebung des kanonischen Ehescheidungsverbots und der Einführung der Zivilehe) besiegelte, zu beziehen, und auf den dahinterstehenden Funktions- und Bedeutungswandel der Familie. Die zunehmende wirtschaftliche Entlastung der Familie, ihr Übergang von einer Produktionseinheit (mit dem Verlust ihrer eigenen produktiven Autonomie gegeben) zum Rahmen individueller Reproduktion hat erhebliche Konsequenzen; zu denen gehören die Sexualisierung der Beziehungen, die herausragende Bedeutung des Mutter-Kind-Verhältnisses (auch als ‹matrilineare Recodierung› der Sexualität beschrieben [vgl. 145; *S. 102–114*]), die fortschreitende Polarisierung von bürgerlicher und proletarischer Sozialisation, die Neurotisierung, die (pathologische) Verformung der Bedürfnisstruktur, vor allem aber auch die illusionäre Individualisierung.

So erhellt sich auch die Bedeutung des Titels *Godwi oder Das steinerne Bild der Mutter*. In der Romanze «Szene aus meinen Kinderjahren» (I. Teil) wird die ödipale Erfahrung der Sexualität als Wahrnehmung des sich zum Leben sehnenden Marmorbildes chiffriert; die Reaktion des Vaters dechiffriert das Bild, deutlich werden Mutter und Venus in eins gesehen. Die beiden Denkmäler, die Godwi errichten läßt, sprechen den Zusammenhang aus: «Der Weg scheint lang von dem Denkmale einer Mutter bis zu dem eines Freudenmädchens; er ist es nicht, aber er umfaßt dennoch mein Gemüt.» Die ‹Verwilderung› der Form, die vielfältigen ironischen Brechungen und kunstvollen Überlagerungen der Erzählung lassen sich dann als Versuch auf der Signifikantenebene deuten, das Signifikat zu verbergen. Die Handlungführung ist entsprechend: Die zahlreich verwickelten Geheimnisse lösen sich als Entwicklung der Familienbeziehungen, werden familial dekodiert. [vgl. 145 *S. 102–114*] Das sind Bestimmungen, die mit fast gesetzmäßiger Konsequenz beim Aufbau eines jeden romantischen Romans und vieler Erzählungen wirksam werden.

Kurz nach dem Erscheinen des *Godwi* begann Brentano seine Arbeit an der *Chronika*, die zunächst als «ein allgemeines Lesebuch aller guten frommen Menschen und besonders für Töchter von zehn bis vierzehn Jahren berechnet» war. Die Erzählung wurde 1802 niedergeschrieben und in Heidelberg (1805/06) überarbeitet und erweitert. Diese Urfassung wurde erst Anfang der zwanziger Jahre dieses Jahrhunderts wiedergefunden und 1923 von Joseph Lefftz herausgegeben («Die Chronika des fahrenden Schülers. Urfassung»). Etwa 1817 hat Brentano vor allem den Anfangsteil der Erzählung noch einmal bearbeitet und diese 1818 in einem Sammelband erscheinen lassen («Aus der Chronika eines fahrenden Schülers»). Der Stil unterscheidet sich durch seine künstliche Zurückgenommenheit sehr von der meist lyrisch-hymnischen Bewegtheit des *Godwi*; Brentano hält sich möglichst getreu an die Perspektive eines armen fahrenden Schülers mit altertümelnd-anmutiger Redeweise. Die Erzählung ist vielfältig gestuft und beschreibt im wesentlichen «fromme Menschen, welche in dem Leben wie einsame Waldblumen schweigend blühen, die aus innerm ruhigen Treiben ihr Haupt bescheiden zum Himmel erheben und in sich und um sich Gott in tiefer Einfachheit verehren».

Die Erzählung endet (fragmentarisch) mit dem Märchen *Vom traurigen Untergang zeitlicher Liebe*, dessen zentrale Gestalt, «der Schöne Bettler», allgemein auf den Autor bezogen wird. Er bricht die Macht des Perlengeistes, der für weltliche Eitelkeit, irdische Liebe und die sie begleitende Trauer steht, und die der Sirene durch kunst- und machtvollen Gesang. Dieses Bild ist sowohl individuell wie gesellschaftlich gemeint: Als Macht der Kunst, das Elementarische zu ‹besprechen› und in eine lichte Ordnung zu überführen, wird diese Auffassung der Poesie in der Heidelberger Romantik zentral. Für Brentano bleiben die dämonisch-verführerischen Aspekte noch vorherrschend.

Bonaventura

Deutlich zum Umkreis der Frühromantik gehören auch die *Nachtwachen. Von Bonaventura*, die 1805 in Penig im recht unbekannten F. Dienemann-Verlag erschienen sind. Das Buch ist zugleich als siebte Lieferung eines «Journal(s) von neuen deutschen Original Romanen in 8 Lieferungen jährlich / Dritter Jahrgang. 1804» ausgewiesen, so daß man es eher auf dieses Jahr datiert. Von einigen (R. Haym als erstem) als eine der geistreichsten Produktionen der Romantik gewürdigt, lassen es an-

dere eher nur als glücklichen Wurf ohne sonderliche Originalität (J. Paul, E. Berend) gelten. Die bald einsetzende Diskussion um die Verfasserschaft beruhigte sich erst lange Zeit bei Schelling, dann bei Karl Friedrich Gottlob Wetzel, während jetzt der von J. Schillemeit wieder betonte Poet und Theatermann August Klingemann (1777 bis 1831) als der mutmaßliche Autor gilt. Freilich nicht unbestritten. Neuerdings wird auch der den Romantikern nahestehende dänische Dichter Jens Baggesen als ernsthafter Kandidat genannt. [vgl. 247]
Die *Nachtwachen* sind konsequent auf den Ich-Erzähler bezogen, der sich Johannes Kreuzgang nennt. Die Kritik am Tage, an Vernünftigkeit, Aufklärung, Prosa (die schon bei Tieck, Novalis u. a. begegnete) wird noch radikalisiert, der (traditionellen) Figur des Außenseiters und Sonderlings (Narren) wächst im Laufe der Erzählung stets mehr Recht und Wahrheit zu. So wird der Leser dazu geführt, sich für den Helden zu entscheiden, wenn es heißt: «Eins ist nur möglich: Entweder stehen die Menschen verkehrt, oder ich» (7. Nachtwache). Der Lebensgang des Nachtwächters, als ‹Tollheit› vorgetragen, zeigt das sonst von den Romantikern eher philosophisch-vornehm angesprochene «verkehrte Wesen» (Novalis) der Welt in greller Beleuchtung und ohne Beschönigung. Die bitteren Ausfälle und Vergleiche, zum Beispiel mit «den Fürsten, die den einzelnen Menschen wohltun und sie nur in ganzen Heeren würgen», werden unmittelbar aus der alltäglichen Erfahrung gewonnen. Zum erstenmal erscheint das Handwerk in einer romantischen Erzählung als Broterwerb und Geld als lebensnotwendig und nicht zum ‹Plunder› pseudo-vornehm entwertet. Der Held begann als Schuster und Poet nach altdeutschem Vorbild. Als sein Meister stirbt, geht es ihm schlecht:

«Jetzt sah ich's recht, wie der Mensch als Mensch nichts mehr gilt und kein Eigentum an der Erde hat, als was er sich erkauft oder erkämpft. O, wie ergrimmte ich, daß Bettler, Vagabunden und andere arme Teufel, wie ich einer bin, das Faustrecht sich nehmen ließen und es nur den Fürsten zugestanden, als zu ihrem Regalen gehörig, die es nun im großen ausüben; konnte ich doch wahrlich kein Stückchen Erde finden, um mich darauf niederzulassen, so sehr hatten sie jede Handbreit unter sich zerteilt und zerstückelt (. . .).»

Viele entsprechende Auslassungen ließen sich anführen und machen die Anonymität der Schrift plausibel. Die Erfahrungen des Nachtwächters geben die Schattenseiten des Lebens wieder und zeigen zugleich, daß sie nicht marginal sind. Leiden, Unterdrückung, Ausbeutung, prinzipielle Ungleichheit werden als Basis der gesellschaftlichen Ordnung bloßgelegt, indem der Nachtwächter zum Jüngsten Gericht bläst und nun (vorübergehend) die wirklichen Verhältnisse sichtbar werden. Die Kritik daran trägt deutlich jakobinische Züge. Selbst als der Erzähler sein Handwerk verliert, reagiert er in despotismuskritischen Tönen, wenn auch gelegentlich neben dem Fürsten (und Krieger, Mörder, Staatsbeamten, Juristen, Theologen) der Kapitalist (nach dem Zinswucherer) erscheint.

Das Werk ist nur auf den ersten Blick hin formlos, die sorgsame Komposition ist inzwischen gewürdigt. Der Blick von unten zeitigt im wesentlichen Satire; von daher ist auch der Anschluß an volkstümliche Formen des 16. und 17. Jahrhunderts zu erläutern. Die ‹vanitas›-Erfahrung wird nicht mehr aufgehoben: Vergeblichkeit, Sinnlosigkeit, Nichtigkeit werden nicht beschönigt. Das Nichts bezeichnet die Wirklichkeit, und die Erzählweise des *Bonaventura* ist so modern, wie die grundlegende Erfahrung des Hinfalls sinnverbürgender Werte ja am Anfang der modernen Erzählung steht [vgl. 304; *S. 194–229*]. Konkreter Bezug des Werks im sozialhistorischen Sinne ist die Krisensituation in Deutschland kurz nach der Jahrhundertwende. Die Bezüge auf Jean Paul (die dieser selbst signalisierte) deuten ebenso auf August Klingemann wie die vielen zentralen Motive aus der Theaterwelt (Marionette, Larve, Rolle), die juristischen Spezialkenntnisse und das explizite Votum für einen aufklärerischen Materialismus (J. Schillemeit). Zerrissenheit als individuelle Verfassung wird hier in ihrer Genese und Funktion erläutert: den an ihrer Identität gesellschaftlich verhinderten, nichtprivilegierten Subjekten wenn schon nicht eine Lebensform, so eine Überlebensform zuzusprechen.

Die jüngere Romantik reflektiert sehr vielfältig die geschichtlichen Ereignisse und unterscheidet sich so entschieden von der Frühromantik, daß diese selbst als ‹Clique› verworfen wird. Die jungdeutschen Kritiker nehmen das zustimmend und verallgemeinernd auf. Eine Gruppe bildeten auch die jüngeren Romantiker, erst in der Heidelberger, dann in der Berliner Romantik. Daß sie sich als ‹Einsiedler› darstellen, führt doch nicht zu Bonaventuras Nachtwächter zurück. Jetzt sind positive Wertsetzungen gefragt, begründet im wesentlichen durch die weitgehende Besetzung Deutschlands durch französische Truppen. Diese wird von vielen als Aggression erfahren und führt zu dem bekannten Widerspruch, daß mit Napoleon auch zugleich der (objektive) historische Fortschritt (die bürgerliche Revolution) zurückgewiesen wird. Mit Hilfe grundsätzlicher Reformvorschläge sollen in Preußen zwar die Volksmassen gegen den Okkupator mobilisiert werden, doch bleiben die sozialen Reformen bekanntlich auf weniger als halbem Wege stecken. Daran haben die nun auftretenden Autoren auch einen gewissen Anteil.

Ihre Begeisterung, die sie nun gegen Napoleon wenden, nährt sich ja wesentlich aus Undeutlichkeiten, die zuletzt ein Einschwenken auf den Kurs der Restauration ermöglichen oder nahelegen. Die vorherrschende und weitreichende poetische Technik ist das Verfahren der Ideisierung konkreter Begriffe und Gehalte, auch als Mythisieren beschrieben (Mythos: das Wort, das vom Göttlichen, d. h. vom allzeit Gültigen handelt). Volk und Adel etwa werden ebenso zur Idee wie die Revolution (als Naturprinzip der Erneuerung), die Romantik (als universelles Ordnungs- und Einheitsprinzip, als Kosmos und Versöhnung), ja selbst die Geschichte (als «der reinmenschliche Grundton, der durch alle Zeiten geht» [Eichendorff]) enthistorisiert, d. h. schließlich ‹romantisiert› werden. Dieser Ansatz kennzeichnet vor allem die Heidelberger Romantik, die das allgemeine Bild von ‹der› deutschen Romantik nachhaltig bestimmt hat. Die ‹ideisierende› Technik geht nicht so sehr von vorgefaßten Begriffen aus, sondern gewinnt diese aus den Erfahrungen, die freilich zugleich schon begrifflich orientiert werden; sie ist also eher der Goetheschen Symbolik zuzuordnen, wie Goethe ja überhaupt im internationalen Kontext nicht ganz unberechtigt der Romantik zugerechnet wird.

Arnim

Achim von Arnim gilt als «der erfinderischste, sprachgewaltigste und humorbegabteste Erzähler der jüngeren Romantik» [113; *S. 253ff*], welches Urteil gewiß übertrieben ist, aber ihm Aufmerksamkeit sichern sollte. Wichtiger ist der Hinweis, daß Arnim vom autobiographisch getönten Entwicklungsroman abrückt und daß die phantastischen, oft grotesken Züge, die seine Erzählungen durchziehen, den Realismus seiner Werke fundieren helfen.

Ludwig Achim von Arnim (1781 bis 1831) war ursprünglich für eine wissenschaftliche Laufbahn bestimmt; die Begegnung mit Clemens Brentano und anderen romantischen Autoren (Tieck, Bettina u. a.) begründet seine Entscheidung zum freien Schriftstellerdasein, das später freilich durch das Erbe ausgedehnter Güter in der Mark abgestützt (und verändert) wird. Romantische Reiseerlebnisse (einige gemeinsam mit Brentano) führen ihn auf die Volkspoesie, bestärken sein Nationalgefühl und seinen (wirkungsmächtigen) antimodernistischen, antikapitalistischen Ansatz, der sich freilich mit feudalen, antiquarischen Vorstellungen verband. Arnim, der zunächst sehr unter Herders Einfluß stand, entwickelte eine Reihe von (altertümelnden) kulturpolitischen Vorschlägen, zu denen die Gründung einer deutschen «Sprach- und Singschule» sowie einer «Volksbücherdruckerei für ganz Deutschland», auch die Errichtung von «Sängerherbergen in den Städten» gehörten. Diese Vorschläge orientieren sich an der Realität: Um 1800 waren noch rund 50 Prozent der deutschen Bevölkerung Analphabeten, und die «allgemein deutsche Sprache» kam gegen die Mundarten kaum auf. Volksbildung und gemeinsame Kultur sollen den gemeinsamen Nationalstaat vorbereiten helfen. Arnims frühe Produktion versteht sich denn auch weitgehend (im Sinne Herders) als sammelnd-bergender und aktualisierende Dienst an der Volkskultur (*Des Knaben Wunderhorn*, mit Clemens

Brentano), was einen gegenwartskritischen Grundzug aussagt, der auch in Konservatismus übergehen kann.
Diese Ambivalenz tritt schon im ersten Erzählwerk *Hollin's Liebesleben* (1801) hervor, das den Eintritt des jungen Göttinger Studenten in die literarische Welt bedeutete. Die vielen Abhängigkeiten sind oft genug aufgerechnet worden (von Goethes *Wilhelm Meister* und *Werther*, von Rousseaus *Nouvelle Héloïse*, von Brentanos *Godwi*); wichtig ist auch die Gegenstellung zu Friedrich Schlegels *Lucinde*. Die als Briefwechsel angelegte Erzählung zeigt Hollin als einen anderen Werther, dessen Rebellentum freilich von vornherein die Folie des Scheiterns unterlegt ist, eine der Grundfiguren der bürgerlichen Gesellschaftskritik. Naturbegeisterung, Absage an die Stadt, an «die kalte seelenlose Welt der höheren Stände», die dem «biedern Kreis der Jugend und des Landvolks» kontrastiert, Sehnsucht zur schöneren Vergangenheit, Kritik der Konvention im Namen «der deutschen Freiheit», hinter der Hollin doch «die Ahndung einer andern Freiheit fühlte», sind die wichtigsten romantischen Motive.
Nicht ganz konsequent dazu steht der Preis der Ehe, die den «leeren Wünschen», dem «Umherirren des Gefühls», der «Lebensschwärmerei» entgegengesetzt wird. Die Briefe brechen mit der Aussicht Hollins ab, als Bergrat angestellt zu werden und dem Vater der geliebten Maria «Würde, Ansehen, Geld» als Werbung zu bieten. Die ihnen folgende (fiktive) Nachschrift an den Herausgeber berichtet vom «schnellen Glückswechsel» Hollins, von den Mißverständnissen (nach dem Muster von *Romeo und Julia*), die zum (theatralisch ausgestellten) Freitod führen. Die «Beilage» zu dieser Wertheriade, die «Erinnerung an Horace Benedikt von Saussure», entwirft ein pointiertes Gegenbild zu diesem Untergang. Größere Partien des Werks hat Arnim in seinen *Dolores*-Roman übernommen.
Auch die 1809 erschienene Novellensammlung *Der Wintergarten* ist als Aufarbeitung der literarischen Tradition (Boccaccio, Goethe) zu bestimmen. Den Hintergrund bildet die französische Besetzung Berlins 1806 bis 1808; die Rahmenerzählung führt sehr verschiedene Gestalten in einem Landhaus zusammen, wo sie sich die (winterliche) Zeit durch Erzählungen verkürzen. Arnims Anknüpfen an die traditionelle Kunst der Novelle hat prinzipielle Gründe. Die Novelle hat ihren Ursprung in der Erzählkultur gebildeter Schichten und vertritt sozusagen den Sensationsbericht bei nicht entwickeltem Medienwesen. Arnim hebt auf das produktive Moment in der Wiedergabe ab und will in den Geschichten Geschichte greifen: Die Vergegenwärtigung der Vergangenheit (Arnim schöpft aus zahlreichen, vor allem barocken Quellen) soll die Gegenwart aktivieren, die Beschwörung von Frühling und Aufbruch wird gegen die «übellaunige Wintergesellschaft» gesetzt. Der originale Beitrag

Arnims, die Geschichte von der schönen Engländerin *Mistris Lee*, behandelt eines der zentralen Themen des Dichters, den Mann-Frau-Gegensatz, und die Idee einer unausweichlichen «Herrschaft der Weiber» wird vor allem kritisch an die Feststellung der männlichen Mattheit angeknüpft und gegen «die Tyrannei der Männer» gewendet. Vielleicht ist es auch so zu verstehen, daß es am Schluß der Rahmenhandlung eine Fürstin ist, die den Bund mit dem Volk (etwas zu poetisch) beschwört, wozu es heißt: «Es ist als wenn jede Begeisterung eine neue Welt anzufangen das Recht hätte, das Alte verliert gleich seine allgemeine Bedeutung.»

1810 erschien Arnims großer Eheroman *Armut, Reichtum, Schuld und Buße der Gräfin Dolores*, dessen Titel die fast allegorisch angelegten Lebensstationen der Heldin umreißt; vergleiche dazu Eichendorffs Gedicht *Der armen Schönheit Lebenslauf*, das (mit Bezug auf Arnim) das gesellschaftliche Schicksal der Sinnlichkeit in der (christlichen) Moderne exponiert. Der Roman bezieht sich auf Goethes *Wahlverwandtschaften* zurück und ist zunächst als Eheroman zu lesen. Deutlich ist die Absage an frühromantische Positionen, und der Untertitel verrät schon den moralisierenden Ansatz: «Eine wahre Geschichte zur lehrreichen Unterhaltung armer Fräulein aufgeschrieben von . . .» Die Armut wird als Folge der feudalen Lebensart des Grafen P. entwickelt, der den Wechsel der Wirtschaftsformen sozusagen nicht mitbekommen hat, darin unmittelbar dem Timon von Athen des Shakespeare zu vergleichen. Dem großagrarischen Eigentümer wächst alles nach; darauf basiert seine Neigung zum Verschwenden ebenso, wie sie gestützt wird vom Repräsentationsgedanken, der den Umgang mit Peers voraussetzt, mit seinesgleichen, die notfalls aushelfen. Diese Haltung ist unzeitgemäß geworden, illusionär im Zeichen der ursprünglichen Akkumulation schon, erst recht zur Zeit des ausgebildeten Frühkapitalismus. Die plötzliche Armut, in welche die gräflichen Schwestern Dolores und Klelia sich finden müssen, deutet auf die Revolution voraus, die «den fürstlichen Hof für immer aus dem Schlosse seiner Vorfahren entfernte». Alte und neue Zeit bilden eines der Grundthemen im Roman und reichen dann auch in die Ehe hinein, die Dolores mit dem Gutsbesitzer Graf Karl schließt. Deutlich werden in den beiden die zwei hauptsächlichen Adelsfraktionen abgebildet: Karl steht für den gediegenen landständischen Adel, Dolores eher für den seines Ursprungs vergessenen, ‹zerstreuten› Hofadel, was ihr als oberflächliches Wesen zugerechnet wird.

Karls Leben ist tätig und verantwortungsbewußt, während Dolores stets auf Neuerungen aus ist. Das wird auch durch den Gegensatz Land-Stadt symbolisiert: In der Stadt gibt Dolores dem Verführer nach (ihrem Schwager aus Sizilien, wie sich später zeigt); auf dem Lande (in Sizilien) wandelt sie sich nach der Krise und Aussöhnung zur christlichen und tätig-liebevollen Mutter von zwölf Kindern, was an den Verlobungsring

erinnert. Wie streng die Eheauffassung geworden ist, wie sehr der bürgerliche Rigorismus nun auch die liberale Adelsauffassung vom Ehewesen durchdrungen hat, deutet der Schluß an. Dolores verdächtigt ihren Mann zu Unrecht der Untreue und zerbricht daran. Daß sie an demselben Tag und in derselben Stunde stirbt, «in welcher sie vor vierzehn Jahren die heilige Treue gegen Gott und ihren Mann gebrochen», läßt den Tod als Sühne erscheinen. Das deutet auf eine Tradition, die (vom bürgerlichen Trauerspiel ausgehend) bis weit ins 20. Jahrhundert reicht und international gilt: einen Schritt vom Wege, sei's ein Ehebruch (vgl. *Effi Briest*), sei's eine andere Abweichung (vgl. *Tod in Venedig*), lassen die Autoren ihre Helden fast regelmäßig mit dem Tode bezahlen.
Nun hat Arnim seine Ehegeschichte zugleich als Zeitroman angelegt. Das hat zu den angefochtenen Versuchen geführt, die Hauptpersonen allegorisch zu deuten, Karl für die gediegene alte Zeit und Dolores für die neuerungssüchtigen, auflösenden modernen Tendenzen zu nehmen. Die Gräfin ist deutlich aristokratisch gezeichnet und ihr ist «jede Vertraulichkeit niederer Klasse unerträglich». Und doch ist es sinnvoll, sie mit der Revolution in Verbindung zu bringen. Den Ehebruch begeht sie an einem 14. Juli; entsprechend wird die Revolution als Abfall von alter Treueverpflichtung, als ‹unnatürliches› und ‹unhistorisches› Prinzip denunziert. Die Perspektive aus dem *Hollin* ist nun entscheidend umgebogen: «Nur der Ruchlose fängt eine neue Welt an in sich, das Gute war ewig.» Diese zentrale Formel des Konservatismus bestimmt nachdrücklich die Tendenz des Romans, die auch in der Kongruenz von Anfang und Schluß sich vortut. Das altertümlich getürmte und geschwärzte fürstliche Schloß steht im (berühmten) Eingang dem heiteren gräflichen Palast gegenüber. Der zweite Blick freilich verschiebt die Akzente: Das schwarze Schloß ist «wohlunterhalten und dauerhaft» und versetzt uns in «eine dämmernde Frühzeit»; der italienische Palast hingegen ist verfallen «wie eine leere fremdartige Zauberei, die der Zauberer aufgegeben, nachdem sie Götter und Menschen betört hatte». Die Bilder konnotieren Altertum mit Gediegenheit, Gefügtheit, Ordnung, Geborgenheit und Romantik, hingegen Neuerung mit frei/leicht/heiter, mit Heidentum und Sinnlichkeit («Nackte Götterbilder»), Verführung, Not, Verfall.
Dies sind weitreichende Bilderketten, aus denen auch Eichendorff dann seine Erzählungen gewinnt. Am Schluß ist der Palast abgebrannt, und «das altertümliche fürstliche Schloß trat glänzend hervor im Morgenrot». Dem entspricht die Darstellung der Vortrefflichkeit, die von den zurückgekehrten Fürsten ausgeht, als Rückkehr der Glückseligkeit der vergangenen Ritterzeit. Graf Karl fügt sich in diese Entwicklung und kehrt aus Sizilien zurück, «den Deutschen mit Rat und Tat, in Treue und Wahrheit bis an sein Lebensende zu dienen; ihm folgten seine Söhne mit jugendlicher Kraft.»

Der *Dolores*-Roman gilt als der erste und einzige politische Roman, den die Romantik hervorgebracht hat. Die Ehe wird hier als Muster jener gefährdeten gesellschaftlichen Harmonie begriffen, die zugleich auch aus ihr sich wiederherstellen soll. Die Verkürzungen, die darin liegen und die auch die entsprechende Auffassung vom Individuum kennzeichnen, gehören der jüngeren Romantik im ganzen an. Adam Müller, Friedrich Karl von Savigny, die Brüder Grimm, aber auch Edmund Burke und Joseph de Maistre bezeichnen den ideologischen Umkreis, der, antirevolutionär, sozusagen einen eigenen, ‹deutschen› Weg zur Gesellschaftserneuerung vorschlägt. Daß diese Botschaft, die moralisch-individuelle Einkehr predigt, sich nicht auf die Wirklichkeit, wie sie ist, einlassen kann, begründet jene ideisierende Technik, die bei Arnim schon als Basis des Handlungsaufbaus fungiert. In so vergleichsweise festgelegtem, fast reguliertem Flußbett kann dann auch jene Sturzflut von Einfällen und Bildern vorüberschäumen, ohne den (moralisierenden) Grundeindruck zu verwirren. Eichendorff wird explizit hieran anschließen.

Wie dem *Dolores*-Roman so liegt auch der Erzählung *Isabella von Ägypten, Kaiser Karl des Fünften erste Jugendliebe* ein moralisierendes Handlungsmuster zugrunde. Natur und Geschichte sind auseinandergetreten auf Kosten der ersteren; beide sind darin schuldig, wie Schuld für die Hochromantik überhaupt in der Vereinzelung, Vereinseitigung gelegen ist. Für die Natur stehen die Zigeuner, die in der Zerstreuung leben, seit sie Maria auf der Flucht die Aufnahme verweigerten. Für die Welt der geschichtlichen Herrschaft tritt Karl V. ein, der auch als Person notwendig schuldig wird. Sprechend ist seine Vision: «Ihm träumte, als ob die goldne Kette, worin er die Völker führte, ihm selbst, der sie hielt, immer enger sich um den Fuß wickelte, daß er dadurch zu fallen fürchtete.» Isabella, die Zigeunerkönigin, kann sich hingegen von aller Verstrickung freihalten; sie führt ihr Volk wieder in die Freiheit und erlöst auch Karl von seiner Schuld. Das meint die Aufhebung des als verkehrt beurteilten Geschichtsganges zugunsten eines paradiesisch anmutenden Naturreichs, «darinnen die Brunnen sprangen, wo sonst die Krokodile im dürren Sande sich gesonnt hatten, darinnen rote und blaue Vögel sangen, wo sonst die Schlangen gezischt hatten». Als «reines Bild des jugendlichen Lebens» bleibt aber der sich selbst treu bleibenden Isabella doch nur der Hinweis auf ein «Drüben», «wo sich die geahndete Erfüllung in sichrer Wirklichkeit zeigte».

Es ist nicht sehr plausibel, diese Geschichte als ‹historische Erzählung› auszulegen. Andererseits ist die historische Grundierung fast aller Novellen der Sammlung von 1812 nicht zu übersehen. Es sind chiliastische Vorstellungen, die auch die *Isabella*-Erzählung bestimmen, der Glauben an die mögliche Wiederkehr eines Goldenen Zeitalters, was auch als

Aufgabe und Ziel der Romantik beschrieben wird – als «Herstellung der Märchenwelt» (Novalis). Doch interpretierte die Frühromantik diese Perspektive als einen ständigen Weg nach innen, als Selbstfindung und damit gegebenen Eintritt in das unsichtbare Reich des Geistes, so deutet die Hochromantik die Herstellung der Märchenwelt (wofür *Isabella* steht) konkreter als Versöhnung der historischen Welt mit der Natur, wobei dem Dichter eine bedeutsame Aufgabe zufällt. So auch jene, die geschichtliche Welt zu romantisieren, damit die möglichen Übergänge, die geheimen Linien sichtbar werden. Die Brüder Grimm, denen die Sammlung gewidmet ist, haben gerade daran Anstoß genommen. Arnims losgelassene Phantastik ruht gerade auf dem einfachen Grundmodell, das sie zugleich verundeutlichen wie plausibilisieren möchte. Das Sinnangebot liegt gerade in der Romantisierung der Geschichte; nur so können ihr jene Verheißungen abgewonnen werden, an die sich die Sehnsucht (gerade der zeitgenössischen Leser) heftete.

Dem ästhetischen Prinzip der ‹Wiederherstellung› der Geschichte in der Poesie korrespondiert eine entsprechende historiographische Auffassung der Hochromantik, die Wiederherstellung der Geschichte im wissenschaftlichen Prozeß. Von hier aus ist der Weg zur politischen Restauration, zur Rekonstruktion der ‹Geschichte› in der politischen Wirklichkeit nicht weit, und Friedrich Schlegel, Gentz und andere sind ihn gegangen. [vgl. 145; *S. 70–89*] Innerhalb der Dichtungen tritt der Konservatismus nicht ganz so kraß wie in den gleichzeitigen programmatischen Vorlesungen hervor, weil der Entwicklungsstand des ästhetischen Materials allein schon die prinzipielle Aufgabe der utopischen Dimension, der humanistischen Perspektive erschwerte. An Eichendorffs Zeitroman *Ahnung und Gegenwart*, 1810/11 geschrieben und 1815 publiziert, läßt sich dieser Befund erläutern.

Eichendorff

Eichendorff (1788 bis 1857) hat sich, nach dem Vorbild vieler seiner Helden übrigens, schließlich von der Poesie abgewandt und mehr publizistisch als poetisch gearbeitet. Der Dichtung traute er tiefergreifende Wirkungen kaum mehr zu. In dieser Skepsis steckt viel schmerzliche Erfahrung wie auch die Weigerung, die Dichtung zum Mittel des Parteienkampfes zu machen. Heute bedeutet uns des Autors konservativ-beschränkte Publizistik nur noch wenig, während die Dichtungen kaum von ihrer Frische eingebüßt zu haben scheinen. Das führt auf die Bedeutung des Formmoments. Wie Arnim geht Eichendorff von vergleichsweise schlichten Grundüberzeugungen und -themen aus, und er bezieht sich auch, explizit und implizit, vielfältig auf jenen zurück. Anders als Arnim greift Eichendorff nicht zur Phantastik, um seine Botschaft an den Mann zu bringen; er entwickelt ein eigentümliches Darstellungsver-

fahren, das ihm Einfachheit und Komplexheit zu verbinden gestattet und seine andauernde Wirkung begründet – die Formeltechnik.
Die Forschung hat recht einhellig Sehnsucht als das zentrale Motiv der Eichendorffschen Dichtung bestimmt. Dazu lassen sich biographische Hinweise geben: die schöne, abwechslungsreiche Kindheit des Dichters auf Schloß Lubowitz in Oberschlesien, die Natürlichkeit und Freiheitlichkeit des Elternhauses, der Hinfall dieser Welt (Bankrott der Güter, Konflikt mit den Eltern), die gedrückte Existenz als mittlerer Beamter und die Trennung von dem Bruder, das Scheitern der politischen Hoffnungen, die Industrialisierung als neue Signatur des Zeitalters. Die romantische Sehnsucht nach einem unverstellten, freien Leben, nach Aufhebung des «ganzen verkehrten Wesens» (Novalis) hat in Eichendorff ihren engagierten Sänger gefunden. Der Roman *Ahnung und Gegenwart* beginnt mit dem Bild der Ausfahrt, des jugendlichen Aufbruchs ins Leben, und der erste Absatz schließt mit den bekenntnishaften Worten: «Und so fahre denn, frische Jugend! Glaube es nicht, daß es einmal anders wird auf Erden. Unsere freudigen Gedanken werden niemals alt und die Jugend ist ewig.» Die Erfahrung einschränkender Lebensumstände, die Einsicht in «die langsam zersetzende und zerstörende Gewalt der Verhältnisse» liegt jener durchgängigen Sehnsucht zugrunde, die Eichendorffs Dichtungen stofflich wie formal aufbaut. Als deren Bauprinzip hat die Forschung die (emblematische) Formel, das ‹gehaltbeladene Bild›, nachgewiesen. Deren Besonderheit liegt darin, daß sich so Inhalt und Form nicht auseinanderdividieren lassen; denn die Eichendorffsche Formel ist weder die Chiffre, als vom Subjekt entworfene und beliebig eingesetzte, ‹verfügende› Formel, noch die Allegorie als Verbildlichung vorweg gewußter Gehalte. Eichendorffs Sinnbilder, Hieroglyphen, Formeln kritisieren implizit das frühromantische, an der genialen Subjektivität orientierte Dichtungsverständnis, ebenso aber den aufkommenden Realismus der dreißiger, vierziger Jahre: Das Hinausgehen über die Wirklichkeit wie das Sich-Einhausen in die Wirklichkeit sind Haltungen, die er in seinen literarhistorischen Abhandlungen nicht müde wird zu bekämpfen.
Die Handlung des Romans *Ahnung und Gegenwart* folgt in vielen Zügen dem kanonischen Vorbild *Wilhelm Meister*, von dem sie freilich in entscheidenden Punkten auch wieder abweicht. Man kann *Ahnung und Gegenwart* fast als Zeitroman werten; der Herausgeber Fouqué leitet dazu an, wenn er das Buch als ein «getreues Bild der gewitterschwülen Zeit der Erwartung, Sehnsucht und Verwirrung» bezeichnet. Weder die inhaltlichen noch die formalen Momente haben in diesem Werk ein Eigengewicht, so zeigt es Eichendorff durchaus schon auf dem Wege zu seiner Kompositionskunst: Die Handlungsführung, die Figuren, die Naturschilderungen, die autobiographischen Züge, die Anspielungen und Entlehnungen, die Liedeinlagen und Formeln, die leitenden Themen

und Gespräche – sie werden in einen so vielfältigen Verweisungszusammenhang gebracht, daß es eine umständliche (hier unmögliche) Arbeit wäre, diesen genauer (als eine besondere semiotische Praxis) zu entwikkeln. Wohl begründet diese Technik, die alle Elemente aufbricht, zu Verweisungen macht, den stets schon bemerkten Eindruck des Fließens, musikalischen Strömens, des Lebens; aber man darf Eichendorffs Werke deshalb nicht als Eindruckskunst (im Sinne etwa des frühen Tieck) mißverstehen. Die subjektive und objektive Seite, Form und Stoff, Aneignung und Gegenstand werden hier als untrennbar gefaßt, und die ästhetische Konsequenz ist eine prozessuale Darstellungsweise, aus der alle Interpretation nur zu ihrem eigenen Schaden Einzelmomente herauslöst.

Der Roman *Ahnung und Gegenwart* ist in drei Bücher untergliedert, und diese Dreiteilung ist nicht zufällig, sondern spiegelt eine zentrale Denkfigur Eichendorffs (wie der Romantik) wider. Das erste Buch entwickelt die (positiven) Haupthelden in der ihnen zugehörigen, ihr Wesen aussprechenden Umgebung: Landleben, Jagd, Freundschaft und Liebe, Streifzüge durch die Natur, unschuldige Feste, Wald- und Gutswirtschaft; selbstvergessenes Dichten und ursprüngliche Religiosität gehören dazu wie die obligate Aufbruchsbereitschaft (gegen das Sich-Verliegen gestellt). Das zweite Buch zeigt das «wirrende Leben» als Reiz und Betrug: das tosende, auf Schein gebaute Leben in der Residenz (emblematisch als Grab des Lebens gezeichnet), Liebe als Ware (Marie), als verzehrendes Schmachten oder wilde Leidenschaft (Romana), Dichtung als Gegenstand ästhetischer Teegesellschaften, Politik als Kalkül und Macht als Unmoral (der Erbprinz), Adel als abgelebte Kaste, ernsthafte Gemeinschaftsarbeit (Friedrichs Kreis) als Illusion, Naturverbundenheit (Erwin) als Grund zum Wahnsinn, die Jagd als Vorwand für Intrigen und Verräterei. Das dritte Buch gibt die Lösungen an: Romanas Selbstmord, Rosas Heirat mit dem Erbprinzen, Friedrichs und Leontins kämpferischen Einsatz für ihre Ideale, das Wiederfinden der Heimat und des Bruders und die Auflösung der vielen kleineren Geheimnisse (als Wiederfinden der Kindheitsgeschichte), der zugehörige Tod Erwin(e)s, die Begründung der zukünftigen Wege der Helden im ‹Wechselgesang› des Schlusses; fast durchgehend sind Wald, Landgut und Gebirge Schauplätze des letzten Buches.

Dieser Dreitakt der Gliederung verweist auf die romantische Geschichtsauffassung, die bei Eichendorff zum universellen Strukturprinzip verallgemeinert wird. Die ‹Harmonie der Grundkräfte› ist eine Leitvorstellung, die für das Individuum, aber auch für alle Betätigungen und Institutionen, für die Gesellschaft und für ganze Zeitalter gilt. Sie ist nichts weniger als selbstverständlich und nur in der Weise des Glücksfalls gegeben. Die Gegenwart ist für Eichendorff anders bestimmt: ‹Zerrissenheit› ist ihre Signatur, und die Gründe werden nach konservativer Konvention heruntergeleiert: Abfall vom Ursprung (der altchristlichen Religion), Hochmut des Subjekts, Rationalismus, Reformation, Verdinglichung der Natur usw. Die Lösung der Dissonanz wird als Aufgabe gesehen und auch der Romantik zugemessen. Sie ist die Tat von hochgemuten Helden und wird in Eichendorffs Erzählungen auch meist nur als Vorsatz und Perspektive vergegenwärtigt. Diese Vorsicht, die zum Beispiel die Haupthelden des Romans, Friedrich und Leontin, scheitern (freilich nicht verzagen) läßt, relativiert ein wenig die direkten Aussagen im Roman. Die Darstellungsform, die Verwandlung der ganzen Welt zum Bild, blockt ein strikt inhaltliches Lesen ab und stellt die Aufgabe, den Text als Übersteigung der gegenständlichen Realität und deren Bedeutung zu nehmen wie ihn jeweils mit den eigenen Erfahrungen zu vermitteln.

Hoffmann

Auch Ernst Theodor (Amadeus) Hoffmann (1776 bis 1822) geht von diesem Ansatz aus, freilich mit sehr anderen literarischen Strategien und anders geschulten Wirkungserwartungen und -absichten. Seine frühen Erfahrungen sind wichtig; sie begründen vor allem seine bestimmende Ansicht vom Widerstreit der prosaischen und der poetischen Welt, wozu der Gegensatz der Juristenlaufbahn zur gefühlten künstlerischen Bestimmung trat. 1806 (durch den Einmarsch der Franzosen ins damals preußische Warschau) verlor er seine Stelle als Regierungsrat und beginnt ein mühsames, wechselvolles Leben als freischaffender Künstler (Kapellmeister, Theaterkomponist, Rezensent, Schriftsteller), das Not und Erniedrigungen mit sich bringt. So ist es ein durchaus realistischer Einsatz, wenn Hoffmann mit Erzählungen beginnt, in denen die Künstlerproblematik im Zentrum steht. Sie nehmen seine Erfahrungen verarbeitend auf und exponieren die Grundzüge seines Weltbildes, das recht düster ausschaut. Die Sammlung *Fantasiestücke in Callot's Manier* (1814/15) vereinigt in vier Bänden diese frühen Erzählungen.

Ihre erste ist die «Erinnerung aus dem Jahre 1809», der Bericht vom *Ritter Gluck* (1809). Sie weist schon viele charakteristische Züge und Motive auf: den genauen Einsatz (das Café Klaus und Weber in Berlin), der bald als Angriff auf den zeitgenössischen Musikbetrieb noch mehr Kontur gewinnt, die Bedeutung der Kunst als «Berührung mit dem Ewigen, Unaussprechlichen», die Vermischung von Realität und Phantasie, der die Unterscheidung vom Alltagsleben und einem dieses umgebenden Geisterreich zugrunde liegt. Der seltsame Musiker, der sich dem Ich-Erzähler beim Abschied als der Ritter Gluck vorstellt, verhält sich zur Gluckschen Musik wie der romantische Dichter zur Natur – «seine veränderte Musik war die Glucksche Szene gleichsam in höherer Potenz».

Die sozialen Erfahrungen Hoffmanns als eines gering geachteten Musikers in bourgeoiser Umgebung (Bamberg) drücken sich in Glucks Abgeschiedenheit aus, sein Dasein in der Gegenwart deutet er sich als Strafe, in Bildern, die an den verehrten Novalis erinnern. – Auch in den *Kreisleriana* wird dies zum thematischen Ansatzpunkt: Der Kapellmeister Johannes Kreisler ist als eine Gestalt entworfen, die durch überreizbares Gemüt und bis zur zerstörenden Flamme aufglühende Phantasie gekennzeichnet ist; er kann das Gleichgewicht, das die Bewährung in der Welt fordert, nicht halten und ist zu Kompromissen nicht in der Lage, was auf den Wahnsinn führt. Der hat freilich sozusagen Methode. So verbrennt Kreisler am Morgen, was er nachts «in der aufgeregtesten Stimmung» komponiert hatte und was ein gelungenes Werk und eine herrliche Komposition heißt. Das deutet auf den Vorbehalt, das Werk zu objektivieren, es wegzugeben (wie bei Cardillac) – es ist auch so, im Innern, vollendet. (So stehen in den Partituren Glucks keine Noten, und er spielt mit un-erhörten Nuancierungen, Einfällen, Änderungen.)
Diese Hinwendung zur ‹inneren Musik› hat zwar den Vorzug der Exklusivität und damit der Bedeutungssteigerung des Künstlers, aber schafft zugleich die Qual in der Wahrnehmung der Diskrepanzen von innerer und äußerer Welt. Zum zweiten ist sie als Absage an den Musikbetrieb zu interpretieren, als Scheu, das Werk zur verhandelbaren Ware zu machen. Das Publikum ist nicht reif für diese Werke, verdient sie nicht. Für die Erzählung folgt aus dieser Überzeugung der sarkastische Stil. Als Grundabsicht tritt – in ironischer Verkehrung – der Versuch hervor, den Zuschauer/Leser «aus der wirklichen Welt zu treiben». – In der kleinen Erzählung *Don Juan* wiederholt Hoffmann die Struktur des *Ritter Gluck*. Diesmal ist Donna Anna der Revenant bzw. Doppelgänger, der dem Ich-Erzähler das Mozartsche Werk offenbart, und wieder beglaubigt sie sich mit dem Bild, womit bereits Gluck seine Desillusionierung aussagte: Die Kunstvermittlung bedeutet deren Entweihung, und Beifall erlebt die Sängerin (wie Gluck), als «greifen eisige Hände in mein glühendes Herz». Den Schluß bildet die unverhüllte Sehnsucht, ins ferne, unbekannte Geisterreich – und sei's nur im Traum – eingehen zu können.
Die Dialogerzählung *Nachricht von den neuesten Schicksalen des Hundes Berganza* übernimmt den satirischen schwarzen Hund von Cervantes. Groteske Züge treten deutlich hervor und sollen auf die ‹unmenschlichen Menschen›, auf die Verkehrung der Welt weisen. Die offene Dialogform gibt dem Autor viele Möglichkeiten: Er schreibt sich unglückliche Erlebnisse (mit Julia Marc in Bamberg) von der Seele, er verknüpft seine Erzählungen mehrfach (so diente der Hund Berganza beim Kapellmeister Kreisler und zeugt nun für dessen Bedeutung), er geht ausführlich auf das zeitgenössische Theater ein und kritisiert einmal mehr den oberflächlichen Kunst- und Kulturbetrieb. Die Tradition der Tierer-

zählung schimmert deutlich durch, die Absage an den Menschen («Stumpfheit und Dummheit») ist recht prinzipiell, wird aber durch gelegentliche positive Erfahrungen gemildert. Der Humor liegt in vielen Einzelbemerkungen, dazu natürlich in der Geläufigkeit, mit der «ein Hundewesen» die moderne Kultur bespricht und sich zum Anwalt der «wahren Poesie» aufwirft. Die Warnung vor den «Gesprenkelten» ließe sich auf den Eingang des *Parzival* beziehen, sie trifft ein Hauptthema der Romantik: die Einheit von Kunst und Leben, die wenigstens individuell gelten müsse. (Zacharias Werner ist als Gegenbild aufgeführt.)
Die Erzählungen *Der Magnetiseur* und *Die Abenteuer der Silvester-Nacht* entwickeln das Moment des Phantastischen/Grotesken/Wirklichkeitssprengenden mit Anschluß an die Erzähltradition des Gespenstisch-Unheimlichen. Diese ist vor allem in der Massenliteratur vergegenwärtigt und wird so von Hoffmann auch als Material einer auf ein breites Publikum orientierten Wirkungsstrategie begriffen und eingesetzt [vgl. 272]. *Die Abenteuer der Silvester-Nacht* geben die Vorlage für den Giuletta-Akt der Oper *Hoffmanns Erzählungen* (Jacques Offenbach) und greifen tief in die romantische Erzähltruhe (Schlemihl und das verlorene Spiegelbild, Trugbilder usw.). Als teuflisch erscheint die Tendenz zur «unbedingten Herrschaft über das geistige Prinzip des Lebens», der Versuch, das «fremde Geistige» zu unterjochen. Die Auslegung dieses Ansatzes als zum Scheitern verurteilten Hochmuts stellt Hoffmann an die Seite der jüngeren Romantik.

Kleist

Umstritten ist nach wie vor, ob man Heinrich von Kleists (1777 bis 1811) Erzählungen zur Romantik rechnen könne oder nicht. Deutlich ist, daß die 1810/11 veröffentlichten Prosadichtungen romantisierende Züge tragen. Der den historischen Quellen frei nachgebildete *Michael Kohlhaas* entwickelt die Geschichte der Rechtsbeugung gegenüber einem sozial Unterlegenen und dessen Widerstand ziemlich realistisch. Doch die Figur der Zigeunerin hebt sich stilistisch heraus und erinnert an Arnimsche Gestaltung. Sie scheint die verstorbene Frau des Kohlhaas zu sein, verfügt über geheimes Wissen, das sie dem Kohlhaas mitteilt – die Wahrsagung, die das Schicksal des sächsischen Fürstenhauses betrifft, ist in Kohlhaasens Besitz, und er verschlingt sie bekanntlich auf dem Schafott, ein die Handlung selbst transzendierendes Motiv. Es weist auf die Möglichkeit im Volk, auf die dynastische Folge wenigstens indirekt einzuwirken: durch Vernichtung des Herrschaftswissens. Nicht realistisch ist es auch, die Auseinandersetzung um die Rechtsgrundlagen des Staates einer Einzelperson ohne jeden Hintergrund aufzuladen. Der romantische Grundgedanke, das Individuum für das Muster einer Gesellschaft als Kosmos zu nehmen, bleibt hier wirksam.

Er wird noch gesteigert durch die paradoxe Zuspitzung: Kohlhaas ist «einer der rechtschaffensten zugleich und entsetzlichsten Menschen seiner Zeit». Und *Die Marquise von O . . .* heißt eine Dame von vortrefflichem Ruf und ist doch, ohne ihr Wissen, schwanger geworden. Das Paradox faßt als Stilform zusammen, was die Figuren Kleists ausdrücken: Die Unmöglichkeit, ungemischt zu sein (Engel oder Teufel im Falle des Liebhabers), setzt die Identitätsproblematik fort, der Kleist konsequent nachgeht. In der Erkenntnis erst der unausweichlichen Widersprüche erfährt die Marquise (wie andere Figuren Kleists auch) sich selber, nimmt sie sich aus gesellschaftlichen Konventionen zurück und wird authentisch. Die Erzählung ist kunstvoll aufgebaut, und die Zweiteilung wird noch als Ausdruck jenes doppelten Widerspruchs gewertet, der erst im Schlußsatz aufgehoben wird. Das Thema ist kühn gewählt, und der bedeutende Entschluß der betrogenen und ausgestoßenen Frau, nicht im Leiden ihren Weg zu suchen, sondern die ‹vita activa› zu wählen, sich nicht als Objekt aufzufassen, sondern als Subjekt wiederherzustellen, reicht entschieden über zeitgenössische Beiträge zur Frauenfrage hinaus.

Das Erdbeben in Chili verknüpft gesellschaftliches Geschehen mit dem Naturereignis, und man kann es als romantischen Zug nehmen, daß diese Zuschreibungen auch vertauschbar sind. Das Unglück der Liebenden ist der gesellschaftlichen Einrichtung zuzuschreiben, ihre Errettung dem Erdbeben; doch läßt sich dieses auch als Zusammenbruch der Gesellschaft deuten (Revolution?), und die Liebe als Naturverhältnis, das sich über alle Konventionen (Standesunterschied, Tugendgebote, Geistlichkeit) hinwegsetzt. Daß diese den Sieg behalten, ist als Kritik zu verstehen, vor allem an der katholischen Kirche, die sich vor der Aufhetzung und Fanatisierung von unwissenden Volksmassen nicht scheut (Hexenjagd), wenn es ihr dienlich scheint.

Die Novelle *Die Verlobung in St. Domingo* hat sogar die Französische Revolution bzw. den Negeraufstand in Haiti zum Hintergrund, wird aber eher existentiell gedeutet als «eine erste bürgerliche Dichtung der Krise» [237; *S. 60*]. Vertrauen und Mißtrauen stehen gegeneinander, (unbeschränktes) Gefühl und (beschränkte) Erkenntnis, und die tragische Lösung zeigt letztlich die Ohnmacht der einzelnen, die gesellschaftlichen Gegensätze zu überbrücken.

Eher eine anekdotische Erzählung ist *Das Bettelweib von Locarno*, die alle Züge der Schauerromantik trägt. Thema ist die Verfehlung eines Marchese, der ein Bettelweib aufjagt und damit gegen das Gebot der Nächstenliebe verstößt. Der Spuk tritt als rächende Instanz ein, so wie sie dem Kohlhaas gefehlt hat (der Marchese wird wahnsinnig). Die in der Phantastik hervortretende Gegenwelt wird als ganz real in ihren Auswirkungen begriffen.

Der Findling entwickelt einige zentrale Motive von Kleist: die nur durch Betrug zu täuschende Gefühlssicherheit der Frau, die zerstörerisch rasende Selbstsucht des Nicolo, die Korruptheit der Geistlichen und der Regierung, die Unbeugsamkeit des betrogenen Piachi. Ausgelöst wird die schnell eskalierende Handlung durch den geheimen, schwärmerischen Liebeskult der Elvire für einen bei ihrer Rettung gestorbenen jungen Ritter. Das bildet die schwache Stelle in ihrer Ehe wie in ihrer gesellschaftlichen Position. *Der Findling*, sehr an Boccaccio gemahnend, könnte so vor einer insgeheim offenen Ehe warnen wollen: Schon das sehnsüchtige Gedenken wird zum Einfallstor des Bösen. Der Titel schließt den Übeltäter aus dem Familienkreise aus. Die Geschichte gilt als frühestes, noch ungelenkes Erzählwerk Kleists.

Die heilige Cäcilie oder die Gewalt der Musik, von Kleist eine Legende genannt, zeigt ebenso wie *Der Zweikampf* eine katholisierende Tendenz. Die Gewalt der Musik steht für die Gewalt der Glaubensbotschaft, was freilich gern relativiert wird, indem man bei der Deutung eher auf die Kraft der Kunst abhebt. Irrtum und Wahrheitsgefühl verschränken einander nach der Dialektik von Erkennen und Verkennen.

Im *Zweikampf* steht Kleist nicht an, die Wahrheitsentscheidung mittelalterlich als Gottesurteil zu interpretieren, das im heiligen Duell entschieden wird. Er baut freilich noch eine Ironie ein: Die Wahrheit kommt erst nach der Schockwirkung, die der zunächst gegenteilige/unerwartete Ausgang hervorruft, langsam ans Licht, bricht schließlich aber geradezu triumphal durch. Der kunstvolle Aufbau der Erzählungen und der geschliffene Stil, der an humanistischen Vorbildern geschult ist (und vielleicht auch am preußischen Kanzleistil), erheben sich auch bei Kleist wiederum auf einer spezifischen (verengenden) Grundlage: der Aufmerksamkeit auf existentielle Situationen (Identitätsproblematik, Gefühlsgeltung usw.).

Der Künstlichkeit, der hochgetriebenen Satzsinnlichkeit Kleists entsprächen strukturell die wuchernde Phantastik Arnims, die verweisenden Bildzusammenhänge Eichendorffs, die grotesken Entgrenzungen Hoffmanns. Alle diese poetischen Techniken haben die Funktion, den Realismusanspruch zu distanzieren und den Leser auf die Wahrnehmung ‹tieferer Zusammenhänge› hinzulenken. Sie tragen sozusagen den Vorsatz der jüngeren Romantik vor, Natur und Geschichte versöhnend zu verschränken, ohne ihn selbst schon wahrmachen zu wollen. In diesem der ästhetischen Realisation eingeschriebenen Anspruch ist die utopische Dimension der Dichtungen noch eben gewahrt, wenn auch eher formell. Diese Techniken feien die Dichter zugleich gegen den Vorwurf, unmittelbar auf das Objektive, ‹Positive› loszugehen, wie eine inhaltliche Analyse leicht glauben macht. Den verengenden thematischen Ansätzen entsprechen Stilzüge, die auf sinnlichen Reichtum gestellt sind, was den Übergang der Romantik in die sogenannte Trivialliteratur zu erläutern vermag. Die Widersprüchlichkeit der deutschen Zustände vor 1815 provoziert auch eine solche in der gleichzeitigen Literatur, wobei die Entwicklung der ästhetischen Mittel oftmals einen Wall gegen (bald) angesonnene ideologische Beschränkungen bildet.

Ralph-Rainer Wuthenow

Portrait Jean Pauls

Die Darstellung der Romane, Satiren und Idyllen Jean Pauls (1763 bis 1825) hat es mit einer dreifachen Problematik zu tun: zum einen der der Jean Paulschen Gestalten, seiner Schwärmer, Helden, Zyniker, Narren und Frauenzimmer, dann der seiner ironisch entfalteten Selbstdarstellung in der Rolle des Erzählers und schließlich, beides verknüpfend, mit der seiner höchst eigentümlichen, von Lawrence Sterne und Theodor Gottlieb von Hippel eher angeregten als wirklich schon voll vorweggenommenen Erzählweise mit der ständigen Einbeziehung des Lesers. Es geht dabei auch um die stets wieder gewagte Verschränkung von Empfindsamkeit und Humor. Beide sind literarisch gewordene Erscheinungsformen der Flucht wie des Aufbegehrens, das ohnmächtig erscheint, indes das Subjekt doch meint, auf eine unantastbare Innerlichkeit pochen zu können, indes der Humor zur Entlarvung werden kann, da er Wirklichkeit verzeichnend und imitierend, sie beim Namen zu nennen und Anklage zu erheben wagt. Rousseau und Swift sind eben für Jean Paul nicht minder wichtig gewesen als Sterne dies war, den Goethe einen Befreier genannt hat. Das aber darf man dann auch von Jean Paul behaupten.

Sind nun die frühen Romane nicht, wie W. Harich dies gemeint hat, eindeutig als ‹Revolutionsdichtungen› zu interpretieren, wobei man dann noch den *Siebenkäs* beiseite lassen muß, so stehen sie doch in engstem Zusammenhang mit der deutschen literarisch-philosophischen Erwiderung auf die Französische Revolution. Mag man *Die unsichtbare Loge*, den *Hesperus* wie dann den großen, von deutscher Misere weitgehend unberührt gebliebenen *Titan* mit seinen bedeutenden komischen Anhängen als politische, in gewisser Hinsicht sogar als eine eigene Art von ‹Staatsromanen› ansehen, so sind sie doch auch sehr viel mehr als das: nämlich die prozessuale Entfaltung der romantischen Subjektivität, die mit dem Weltstoff spielt, demgegenüber sie sich zu behaupten versucht, so wie eben der stets gegenwärtige Erzähler dies in einer Weise tut, die später noch dem sonst eher ablehnend sich verhaltenden Goethe Worte der sachlichen Anerkennung abnötigte. – Erstaunlich klar und sehr früh schon hat dies Friedrich Schlegel erkannt, der im *Athenäum* unter anderem bemerkte:

«Der große Haufen liebt Friedrich Richters Romane vielleicht nur wegen der anscheinenden Abenteuerlichkeit. Überhaupt interessiert er wohl auf die verschiedenste Art und aus ganz entgegengesetzten Ursachen. Während der gebildete Ökonom Tränen in Menge bei ihm weint, und der strenge Künstler ihn als das blutrote Himmelszeichen der vollendeten Unpoesie der Nation und des Zeitalters haßt, kann sich der Mensch von universeller Tendenz an den grotesken Porzellanfiguren seines wie Reichstruppen zusammengetrommelten Bilderwitzes ergötzen oder die Willkürlichkeit in ihm vergöttern (. . .). Wenn seine Werke auch nicht übermäßig viel Bildung enthalten, so sind sie doch gebildet: das Ganze ist wie das Einzelne und umgekehrt; kurz, er ist fertig.»

Schließlich nennt Schlegel derartige «Grotesken und Bekenntnisse noch die einzigen romantischen Erzeugnisse unsers unromantischen Zeitalters». Dennoch steht Jean Paul den programmatischen Bestrebungen der Frühromantik distanziert gegenüber und wird sich erst später mit einer gewissen Überraschung der wesentlichen Übereinstimmung bewußt; er bleibt ein Einzelgänger, geht nach Weimar, um sich von dort bald wieder verwundert und betroffen zu entfernen und sich schließlich in deutschen kleinen Residenzstädten einzunisten, wo er seine Erzählspiele inszeniert.

Will man das Frühwerk Jean Pauls mit dem *Titan* (1800/03) und dem dazugehörigen *Seebuch* des Luftschiffers Giannozzo schließen lassen, so ist zum einen die *Vorschule der Ästhetik* (1804), zum anderen das Fragment (?) der *Flegeljahre* betitelten Biographie (1804) mit dem offenen Schluß, einer Dissonanz, die auf die erlittene Unvereinbarkeit der Brüder Walt und Vult, des Schwärmers und des Satirikers hindeutet, der zwiefache Angelpunkt. Es folgt die Werkreihe der oft unterschätzten wichtigen grotesken Erzählungen *Des Feldpredigers Schmelzle Reise nach Flätz* (1809) und im selben Jahr *Doktor Katzenbergers Badereise*, dann das *Leben Fibels*, eine Pseudoidylle (1812), schließlich der wiederum unvollendete Roman *Der Komet* (1820/22), ein ‹komischer Roman›. Es sind dies alles Erzählwerke, deren Protagonisten auf eine eigentümliche und unvergeßliche Weise hypochondrisch, schrullig, ja närrisch, teilweise psychisch deformiert und dadurch ebenso gefährlich wie gefährdet sind und dies zugleich wohl als die Bewohner deutscher Zustände und als ihre Opfer, die weltloser Enge, ökonomischer Bedrängnis, ängstlicher Anpassung und ständiger Bevormundung. Schließlich wird, was hier ererbt und anerzogen war, noch deutlicher sichtbar durch die sich allmählich verschärfende, alles durch die Revolution in Bewegung geratene Leben wieder erstickende Politik der Restauration.

Doch steckt darin nun auch, zumal im Hinblick auf Fibel wie auf Nikolaus Marggraf in *Der Komet*, viel Selbstkritik, Selbstparodie und Selbstzweifel, nicht zuletzt angesichts des diesem Erzähler schon seit dem ersten Roman vertrauten und ihn verstörenden Ästhetizismus. Diese Thematik bleibt wesentlich dieselbe, wie auch die Erscheinung des skurrilen Helden, ebenso die ‹vertrackte› Erzählweise Jean Pauls, also das souveräne Spiel zugleich mit dem Stoff und mit dem Leser. «Kurz», so heißt es einmal, «ich wollte in meinem Alter, worin andere Schreiber und Philosophen und Dichter, geistig wie körperlich durch lauter Funken-Gaben zu holbauchigen und gekrümmten Feuerzeugen geschlagen und ausgetieft sind, mich als runden Wilsonschen Knopf elektrisch zeigen, vollgeladen mich entladen, und unausgesetzt blitzen: – aber, wie ich freilich deshalb mich an den galvanischen unsterblichen Säulen eines Gargantua und Don Quixote unaufhörlich zu laden suchte, dies läßt sich vorstellen.»

Im ersten, dem «Ur- oder Belehnkapitel» des *Komet*, heißt es im Hinblick auf den Ort, in dem Nikolaus Marggraf von weitem auftritt: «Verständige Leser suchen ohnehin meine Städte und Länder selten auf der Karte, weil sie schon wissen, daß ich meistens, wenn auch nicht verfälschte Namen, doch ganz neue angebe, zu welchen erst spätere Reisebeschreiber die Oerter und die Stiche liefern.» So hat die Fiktion über die Wirklichkeit den Sieg davongetragen, Wirklichkeit soll sich bequemen, dem Erdichteten sich angleichend nachzuwachsen; was Jean Paul als ‹historische Wahrheit› ausgibt, soll dem Leser dennoch als ‹glückliche Dichtungen› entgegentreten.

Deutlicher und energischer als die meisten seiner schreibenden Zeitgenossen bewahrt Jean Paul über die Schwelle zum 19. Jahrhundert hinweg und bis in die Epoche der schärfsten Restauration hinein das Erbe der Aufklärung, von dem er als Satiriker ausgegangen war: Die revolutionären Impulse des Frühwerks werden nicht zurückgenommen, sie werden nicht einmal unterdrückt. Selbst wenn die *Flegeljahre* in ihrer durchgehenden Kontrastierung von empfindsamem Lyrismus und satirischem Aufbegehren vergleichsweise wenig davon ahnen lassen, so erscheinen diese Impulse doch in den Jahren nach der Niederwerfung Napoleons als unverhohlene Kritik in Jean Pauls politischen Schriften und als satirische Einschübe im Spätwerk. Denn satirische Arbeiten begleiten die späten Erzählungen, die *Friedens-Predigt an Deutschland* (1808), die *Dämmerungen für Deutschland* (1809) und seine *Politischen Fastenpredigten* (1817). Diese sind die schriftstellerischen Dokumentationen einer republikanischen Beredsamkeit, was schließlich auch dazu beigetragen hat, daß Jean Paul zum literarischen Schutzpatron des Jungen Deutschland hat werden können, das der restaurativ gewordenen Romantik notwendig feindlich gegenüberstand und sich auf Jean Paul außerdem aus taktischen Gründen gern berief, um ihn gegen die übermächtige Stellung Goethes auszuspielen. So steht Jean Paul plötzlich im literaturpolitischen Tageskampf; aber seinem Werk wird damit kein Unrecht getan, entschuldigt er sich doch selbst bei Gelegenheit für den Titel kleinerer Betrachtungen, die er als *Politisches und Poetisches Allerlei* bezeichnet hatte und überdies dafür, daß er den Leserinnen in einem *Taschenbuch für Damen* das Politische sogar vor dem Poetischen zuzumuten wagt. Er erklärt, «in der jetzigen Zeit, nicht der Völkerwandlung nach Außen, sondern der Völkerregungen nach Innen, wo Welttheile einander bewegen und ein Land um das andere zum Vaterlande reift, ward auch der Dichter mit fortgezogen und am Ende so begeistert, dass ihm Zeitungen so viel gelten wie Dichtungen, wenigstens das Herz will mit *schlagen* helfen» (1822).

Wie anfechtbar auch der oben vermutete Einschnitt nach dem *Titan*, der *Vorschule*, dem Tode Herders (1803) tatsächlich ist, geht auch daraus hervor, daß deutlich bestimmbare Veränderungen im Hinblick auf die Themen und die Verfahrensweise des Erzählers letztlich nicht erkennbar werden, nur wird das Erzählwerk schmaler. Hingegen gewinnen die betrachtenden Prosaschriften – auch die *Levana* (1807) und die *Herbst-Blumine* (1810/15) gehören dazu – an Umfang. Man muß sich vergegenwärtigen, daß Jean Paul nun in einer veränderten Situation schreibt: Nachdem die Französische Revolution über die ‹terreur› und das ‹directoire› in die Napoleonische Herrschaft eingemündet war, ist sie für die mit ihr sympathisierenden deutschen Intellektuellen als gescheitert anzusehen. In Frankreich werden die Bourbonen wieder auf den Thron gesetzt, und in Deutschland werden die durch die Napoleonischen Besatzungstruppen eingeführten Errungenschaften weitgehend abgeschafft. Stagnation und Zensur sorgen dafür, daß der neue Friede angesichts rückständiger Herrschaftsformen zur allgemeinen Enttäuschung wird.

Schreibend jedoch unterläuft Jean Paul bewußt diese Stagnation, und was gerinnen möchte, weiß er erzählend zu verflüssigen. Er zeigt, wie er darstellt, Erzählen selbst ist das Ziel seines Schreibens, Wirklichkeit wird der Fiktion unterstellt, ja diese selbst soll die eigentliche, von der Freiheit des Subjekts entfaltete Wirklichkeit sein. Noch die Erinnerung wird, wie die Erwartung angesichts einer als unwirklich erscheinenden Wirklichkeit, in dieser Zeit zum Produkt der Einbildungskraft, die allerdings dann zuweilen selbst wieder auf eine recht skeptische Weise thematisiert wird, als Verbildung und Verführung nämlich, im *Schmelzle* wie im *Leben Fibels* und in der Geschichte des Apothekers Marggraf, der auszieht, um sich der Welt als Fürst zu präsentieren, so daß der deformierten Wirklichkeit der über diese sich auf falsche Weise hinweghebende, hinwegträumende deformierte Charakter zu entsprechen scheint.

In den späten *Prosaischen Sinngedichten* bemerkt Jean Paul unter dem Titel «Jetzige Zeit»: «Jetzt sind die Männer nur *Bauholz*, das man abtreibt zu Staatsgebäuden, aber die Weiber *Stammholz*, auf welchen sogar der billige Feind noch impft.» Aber auch die Abschweifungen, Vorkapitel, Summula und Nebengaben des Erzählwerks sind nach wie vor voll von dergleichem Sprengstoff, den man nur zu lange hat übersehen wollen, weil man nicht wahrzunehmen bereit war, daß der empfindsame Idylliker niemals den Satiriker in sich zum Schweigen brachte. So ist der auf Monstren spezialisierte Anatom Katzenberger, Mediziner und Zyniker von Format, kalt und eng nur aus gefrorener Empfindsamkeit. So enthüllt sich Attila Schmelzle in seiner prahlerischen Selbstdarstellung in seiner vollen neurotischen Furchtsamkeit, die er als überlegene Vorsicht zu rationalisieren versteht; er hat in der Einbildungskraft, die sein Trost ist, auch den Ursprung seiner Qualen. Die Fratze wird hier zur Wirklichkeit, er selbst handlungsunfähig aus Egozentrizität. Wie er die Dingwelt ihres Wirklichkeitscharakters entkleidet, wird Schmelzle selbst wirklichkeitslos. So genießt Fibel den Ruhm als Verfasser eines dürftigen Abc-Buchs und als das Opfer seiner harmlosen Eitelkeit. Aber hier geht der Erzähler noch weiter: Die Abfassung der Biographie wird zur Suche nach den verstreuten biographischen Materialien und Vorarbeiten; es entsteht ein Manuskript aus Manuskripten, bis die Suche nach dem Autor in der Begegnung mit dem von seinem sanften Wahn geheilten hundertjährigen Fibel endet. So ist hier das Schreiben des Buchs der eigentliche Gegenstand, sein Held ist ein Autor, Verfasser des Grundbuchs aller Leserschaft und glücklich um den Preis, sich über sich selbst niemals ganz deutlich zu werden. Er lebt dann sein Dasein nur noch als Material für die Biographen, deren Sitzungen zu beschreiben hieße, das bis dahin schon Eingeholte zu verdoppeln. Hier erscheint das Buch im Buch als Möglichkeit einer unendlichen Spiegelung. Das Dasein wird zum Buch, Leben vom zu Schreibenden verzehrt. Mehr als andere Arbeiten Jean Pauls ist dieses eine Parodie der literarischen Existenz.

Parodie ist aber auch *Der Komet*, die des Empfindsamen, der deutschen Kleinstaaterei, des Fürstenstandes, schließlich auch Selbstparodie des Erzählers. Schein und Sein verschlingen sich; der Apotheker ist nicht, für was er sich hält; doch nimmt man ihn, für was er sich ausgibt, die einen in Kenntnis seiner ungeheuren Selbsttäuschung, die anderen, weil sie ihm einfach glauben. So findet er überall die Bestätigung seines Anspruchs, und noch in der von einer Wanderschaubühne erworbenen Kulissenstadt, die es ihm ermöglicht, seine bewegliche Residenz überall aufzuschlagen, wird ihm der Schein zur Wirklichkeit, er selbst das Opfer seiner Eitelkeit und Verblendung. Der Wahn regiert das Ich. Phantasie beherrscht nicht allein die Vorstellungen und Unternehmen des aufgeblähten Apothekers, sondern auch die Fiktionen, die der Erzähler aufbereitet. Er tut erzählend, was Marggraf im Leben tut, vertauscht Schein und Sein und erhebt die fiktive Welt in den Stand der Wirklichkeit, worüber die reale dann unwirklich zu werden beginnt. Folgt aber die Wirklichkeit der Fiktion, so erscheint diese als die bestimmende Realität, und Poesie wird zur Geschichtsschreibung des Zukünftigen: Sie ist, läßt Jean Paul einmal sagen, «kein platter Spiegel der Gegenwart, sondern der Zauberspiegel der Zeit, welche nicht ist».

Dennoch gestattet die Vieldeutigkeit seines Verfahrens auch, hierin eine Reaktion auf die gleichsam unwirklich gewordene Wirklichkeit der Epoche zu vermuten. Zugleich aber zeichnet noch mehr sich ab; die Welt ist Vorstellung geworden oder die Vorstellung von der Welt – scheinbar – mächtiger als diese selbst, das Zeitalter der Subjektivität ist angebrochen. Sprache wird selbständig und hört auf, die der Dinge zu sein, Texte können die Realität nicht mehr abbilden. Schreiben als Herstellung der Texte wird mehr und mehr zu jener Wirklichkeit, die abzubilden ist, einer Wirklichkeit des Bewußtseins also. Nicht mehr schlägt sich in Texten die Erfahrung von Welt nieder, sondern das Geschriebene will vor allem Erfahrung von Sprache sein als des von realer Welt nunmehr Abgesonderten. Wort und Sache sind in Widerspruch zueinander getreten; daraus entsteht sowohl das allegorische als auch das humoristische Verfahren. An die Stelle unmittelbarer Erfahrung von Welt tritt eine vermittelte und in sich reflektierte: Sprache wird zum Medium der Welterfahrung, der Weltgestaltung.

Ohne daß dem Erzähler die Welt gleichgültig geworden wäre, ist Jean Pauls Welt eine rein literarische. Es entsteht hier ein Labyrinth des Geschriebenen als etwas die Zeichen, welche die Sprache sind, neuerdings Bezeichnendes, das allegorisch versiegelt oder umstellt ist.

Jens Tismar
Volks- und Kunstmärchen, Volks- und Kunstlieder

Die Beschäftigung mit ‹Volksdichtung›, vor allem mit Volkslied und Märchen, bildet in dieser Epoche einen Brennpunkt der Kunst und ihrer Reflexion. Vieles kommt darin zusammen: ästhetische, philosophische, politische und soziale Erfahrungen und Zielvorstellungen, und dies nicht nur bei einzelnen Autoren. Das große Interesse kreist insgesamt um die Konzeption einer Gesellschaft, in der sich die Vergangenheit des Geistes mit seiner Zukunft vereinbaren läßt. In Gang gesetzt werden solche Überlegungen und Träume von der zunehmend bedrückenden Einsicht, daß die gegenwärtigen Bedingungen einer sich verfestigenden bürgerlichen Gesellschaft (Zweckrationalismus, Arbeitsteiligkeit, Geldwirtschaft, Fremdheit gegenüber der Natur oder Entwurzelung aus angestammten Lebensbereichen) die Sicherheit des Ich-Standpunkts und das Vertrauen in einen stetigen Fortschritt untergraben. Im Blick auf die Zeichen der Entfremdung suchen diese Autoren nach Zuständen, die ihr enthoben sind. Märchen und Volkslied scheinen ihnen auf die hin transparent zu sein. Je mehr dies sie aber beschäftigt, desto schmerzhafter kommen ihnen die Diskrepanzen mit den Gegenwartsbedingungen zu Bewußtsein. Im Medium der Märchen und Lieder werden ihnen daher ihre eigenen Hoffnungen und Ängste bemerkbar. Das Interesse an Volkspoesie ist also nicht bloß Heimweh nach nicht entfremdeten Zuständen; es verbindet sich mit der Hoffnung, man könnte deren Leitlinien im eigenen gegenwärtigen Tun, also in der Kunst, ersichtlich machen und der Zukunft eine Perspektive geben.
Allerdings haben auch einige Schriftsteller der vergangenen Epoche, wie Wieland und Musäus, Märchen präsentiert. Von diesen unterscheiden sich die Märchen der Klassik und Romantik in zwei Hauptmomenten: in der Rolle, die dem Wunderbaren eingeräumt wird, und in der sozialen Haltung. Diese betrifft nicht allein, was dargestellt wird, son-

dern vor allem wie die Erzählform Märchen gesellschaftlich eingeschätzt und genutzt wird. Für Autoren wie Wieland und Musäus kommen Volksmärchen, wie sie in Spinnstuben und Kinderzimmern erzählt wurden, wegen ihres gesellschaftlichen Status auch ästhetisch nicht in Betracht. Ihre eigene Beschäftigung mit Märchen sehen sie darin legitimiert, daß sie diese durch literarische Kunstfertigkeit aus der unteren sozialen Sphäre gerade herausheben und dem gebildeten Lesepublikum interessant machen. Christoph Martin Wieland stellt in der Vorrede zu *Dschinnistan* (1786 bis 1789), seiner Sammlung von Geister- und Feenmärchen nach französischem Vorbild, kategorisch fest: Ammenmärchen, im Ammenton erzählt, sollten sich in mündlicher Überlieferung ruhig fortpflanzen, gedruckt müßten sie nicht werden; denn Produkte dieser Art müßten Werke des Geschmacks sein, oder sie seien nichts. Johann Karl August Musäus äußert sich in der Vorrede zu seinen *Volksmärchen der Deutschen* (1782 bis 1787) in ähnlichem Sinn. Er vergleicht seine Manier, Märchen zu erzählen, mit der Arbeit eines Bildhauers, der aus ungeschlachten Steinen Figuren höherer Art hervorgehen läßt und damit den an sich rohen Stoff für Kunstgemächer akzeptabel macht. Ein weniger bekanntes Beispiel dieser Haltung findet man einige Zeit zuvor bei Just Friedrich Wilhelm Zachariae. Im Vorbericht seines Bändchens *Zwey schöne neue Mährlein* (1772) erzählt er, wie er zu solchem Stoff (u. a. von der Melusine) gekommen sei. Eine Dame der Gesellschaft habe auf der Messe von einem literarischen Handlanger, der seinen ganzen Buchladen im Korb herumträgt, billige Büchlein mit Märchen gekauft und den Autor ermuntert, diese Sachen anders zu machen. Zachariae hat die Märchen- und Sagenstoffe in Romanzenform versifiziert und mit matt frivolen Pointen auf den Salonton gestimmt. Darin sind Zachariae, Wieland und Musäus sich einig: Was auf dem Markt oder in den Gesindestuben gängig und wohlfeil ist, bedürfe einer ästhetischen Einkleidung, um gesellschaftsfähig zu sein. In dieser Form der Ästhetisierung verbirgt sich soziale Berührungsangst.

Goethe

Kritik an dieser Haltung meldet sich in einer Rezension von Zachariaes Märchen-Romanzen an; sie steht in den *Frankfurter Gelehrte Anzeigen* (1772). Darin heißt es, der Autor habe die Märchen fein versifiziert, nur möge er künftig dies unterlassen; denn ihm fehle der «Bänkelsängerblick». Der Rezensent vermißt Naivität in Freude und Trauer, vor allem die sinnliche Direktheit. Der Rezensent ist Goethe, der Mentor seiner Kritik Herder. Was Zachariae aus der literarischen und sozialen Niederung mit seiner Reimkunst herauszuheben meinte, hält der Rezensent gerade hoch: die Verlautbarungen des Volkes, das er in seiner Kritik in der Rollenbesetzung von Handwerksburschen, Soldaten und Mägden vorstellt.

In dieser Rezension kommt bereits zum Vorschein, unter welch anderen sozialen wie ästhetischen Voraussetzungen Goethe mit Märchen sich beschäftigen wird. Goethe hat drei Märchen geschrieben: *Der neue Paris* (1811), *Die neue Melusine* (1817) und *Märchen* (1795). Ihre Titel formulieren den überindividuellen Anspruch: Muster zu bilden. Nur das *Märchen* ist schließlich von Lesern und anderen Autoren in der Weise aufgenommen worden. Goethe hat den *Neuen Paris* und *Die neue Melusine* im Rahmen seiner Lebensgeschichte festgemacht. Das Märchen von dem *Neuen Paris*, aufgezeichnet in *Dichtung und Wahrheit* (I. 2), habe er als Kind erzählt, um sich vor seinen Spielkameraden durch Phantasieleistung hervorzutun. Es hat dies auch zum Thema: den Wunschtraum eines jungen, gebildeten Ichs, das sich zu Großem auserwählt glaubt und sich selbst bewähren will. Das Melusinen-Märchen habe er, berichtet Goethe in *Dichtung und Wahrheit* (II. 10), in Sesenheim zur geselligen Unterhaltung beigetragen. Nach einem langwierigen Entstehungsprozeß hat er es in die *Wanderjahre* (III. 6) aufgenommen.

Die neue Melusine erzählt von einem Volk von Zwergen, die mit den Generationen in ihrer Körpergröße schrumpfen, schließlich durch Erbgut von außen der Degeneration entgegenwirken wollen. Sie schicken ihre Prinzessin in die Welt, die in Menschengestalt einen wohlproportionierten Ritter finden und mit ihm sich verbinden soll. Statt eines wirklichen erobert sie einen Glücks-Ritter und bringt ihn durch einen Zauberring auf Zwergenmaß. Der ist Erzähler. Als reisender Barbier verkörpert er jene soziale Sphäre, wo der Rezensent Goethe volkstümliche Stoffe wie die Melusinensage heimisch und im rechten Gebrauch fand.

Der Hauptpunkt in der Melusinensage des Volksbuchs betrifft am Beispiel einer Liebesbindung von Mensch und Elementargeist das problematische Verhältnis ungleichartiger Partner. Goethes *Neue Melusine* erweitert diesen Fall zu einer generelleren Thematik der Fremdheit, und zwar auf drei Ebenen: zwischen Mensch und Elementarwesen, zwischen Individuum und Volk, zwischen dem momentanen Status eines Individuums und seiner Vorstellung von sich selbst. Das Problem des Größenunterschieds und der Fremdheit in der wahren Natur der Partner führt zu einem umfassenderen Notstand, dem eines ganzen Volks. Die Geschichte dieses Volks ist Weltgeschichte aus dem Gesichtswinkel der Zwerge, ein Mythos über die Mächte und Gegenmächte, die Gott erschuf: Auf die Zwerge folgen, als sie anmaßend wurden, die Drachen; um die zu mäßigen, die Riesen; auf sie schließlich die Ritter, um den Drachen und den Riesen zu wehren. Diese eingelagerte Historiographie spiegelt ein gründliches Interesse an Volksliteratur, sie folgt in wichtigen Punkten der Anfangspassage des «Heldenbuchs». Herder hatte diesen Abschnitt in das Vorwort zum dritten Buch seiner *Volkslieder* (1778/79) eingerückt. Aber was in Herders Darstellung als ein verrätseltes Dokument der Ritterpoesie dasteht, dient in Goethes *Neuer Melusine* zur ironischen Aufdeckung einer parteiisch auf das eigene Volk bezogenen Geschichtsbetrachtung. Wie die Zwerge sich als Anfang und Hauptsache der Weltgeschichte begreifen, gibt das Modell eines Volksbewußtseins ab, das durch Mythisierung verblendet ist. Der dritte Aspekt von Fremdheit betrifft die Entfremdung des Individuums von sich selbst. Durch einen Zauberring dem Volk und Format der Zwerge angepaßt, hat der Held die Erinnerung an sein früheres Selbst doch nicht verloren. Es erscheint ihm als sein höheres Ich, das er nun als ein Ideal von sich begreift und erstrebt, den Ring sprengt und wieder zu eigener Größe und Rolle sich auswächst. Dies Problem, die Angst, von sich selbst entfremdet zu werden, ist an das zweite, die Fremdheit im Bezug auf Volk so gekoppelt, daß schließlich als Thema der Konflikt zwischen den Wünschen des Individuums und denen des Volks ironisch zur Erscheinung kommt. Ironisch, insofern das Ich, das der Held im Zwergenstand als ein Ideal von seinem Menschsein projiziert, tatsächlich ein Individuum mit vielen Schwächen gewesen ist, ein Filou und Hazardeur. Die Ironie betrifft andererseits auch die Position des Volks, insofern sie als ein Standpunkt von Zwergen vorgestellt wird.

In dieser Ironie steckt deutliche Kritik an der durch Herder beförderten Mythisierung von Volk. In der *Neuen Melusine* sind die beiden Hauptinteressen zusammengeführt, die für die Kunstmärchendichtung um 1800 wesentlich sind. Das eine Interesse richtet sich stärker auf die Position des Individuums, das andere mehr auf die einer Allgemeinheit, sei es Volk, sei es Gesellschaft. Beide Zielrichtungen werden von Wünschen wie von Ängsten bestimmt. Goethes Reserve gegenüber der mythischen Leitvorstellung Volk drückt sich in einem Gegenbild aus. Entworfen ist es im *Märchen*.

An dem *Märchen* läßt sich die Verflechtung von poetischen und politischen Zielen beobachten. Goethe hatte für Schillers *Horen* eine Auftragsarbeit übernommen, deren Abschluß noch ausstand: die *Unterhaltungen deutscher Ausgewanderten*. Das Programm dieser Zeitschrift suchte von vornherein auszuschließen, was sich auf Staat und politische Verfassung bezog. Hinter der Abstinenz stand die Absicht, die durch die aktuellen Ereignisse in Frankreich aufgerührte politische Diskussion in philosophische, moralische und literarische Geistesbeschäftigungen zu lenken. Goethes *Unterhaltungen* indes schienen diesem Programm nicht recht zu entsprechen. Der novellistische Gesprächsrahmen vor dem Hintergrund des revolutionären Kriegs faßt durchaus heikle Gegenwartsthematik ein, so daß viele der auf den moderierten Ton gestimmten Leser, vor allem des Weimarer Leserkreises, befremdet reagierten. Indem Goethe sein *Märchen* als einen phantasievollen Ausklang unter die *Unterhaltungen* setzte, hoffte er, das negative Echo am Ende versöhnlich aufzufangen. Dennoch bildet das *Märchen* ein Netz aus Wünschen und Ängsten, die sich auf den gegenwärtigen Weltzustand beziehen, auf den Zustand einer tiefen und allgemeinen Entzweiung. Der Schauplatz der Handlung ist durch einen Fluß geteilt, und jede Chance, diese Trennung zu überwinden, reglementiert. Drei Möglichkeiten gibt es, die Distanz zwischen der lieblichen Gegend im Osten und der unwirtlichen im Westen zu überwinden: mit einem Fährmann, mit einer Schlange oder mit dem Schatten eines Riesen. Jede dieser Möglichkeiten ist eigentümlich spezialisiert. Der Fährmann kann nur in einer Richtung, die Schlange nur in der Mittagszeit und der Riese mit seinem Schatten nur in der Zeit der sinkenden Sonne übersetzen helfen. Auch die anderen Figuren des Märchens besitzen solche besonderen Fertigkeiten oder Eigenschaften, die für sich genommen absurd erscheinen und die Vereinzelung befördern. Dies starre Reglement kommt in Bewegung, als höchst mobile Irrlichter, die mit Gold um sich werfen, einen geschäftigen Verkehr zwischen den getrennten Sphären in Gang setzen. Die vereinzelten Figuren werden allmählich zu einem kooperativen Handeln gebracht, so daß eine neue Ära anbricht, repräsentiert durch einen jungen König, in dessen Herrschaft Weisheit, Kunst und Gewalt harmonisch verbunden sind und der dazu von der Kraft der Liebe gebildet wird.

Goethes *Märchen* entwirft die Utopie eines glücklichen Gesellschaftszustands und führt auch vor, wodurch die Harmonie erreicht wird. Einmal durch das, wie Goethe selber kommentiert, «gegenseitige Hilfeleisten der Kräfte», also durch gesellschaftlich solidarisches Handeln. Und weiter dadurch, daß die je einzelnen Funktionen und Bedeutungen in allgemeine überführt werden. Darin steckt ein ästhetisches Programm. In der Figur der Schlange kommt beides zusammen. Die Schlange, die zunächst eine eigentümliche Funktion hat, jemand über den Fluß zu bringen, opfert sich für andere auf und wird in einer Art Metamorphose zu einer Brücke, die als ein Symbol der Versöhnung die ehemals getrennten Ufer verbindet und somit Handel und geselligen Verkehr für viele ermöglicht. Indem aus dem beschränkten Naturwesen ein kunstreicher, bedeutender und zweckmäßiger Bau wird, erscheint die Leistungskraft des Symbols auf die tatsächlichen Bedingungen gesellschaftlicher Wirklichkeit bezogen. Die Autonomie der Kunst, die der Erzähler des *Märchens* im Rahmen der *Unterhaltungen* strikt beachtet haben will, eröffnet sich am Ende als die Voraussetzung dafür, daß im eigenwilligen ästhetischen Spiel ein Vor-Bild, nicht bloß ein Ab-Bild gesellschaftlicher Wirklichkeit entstehen kann. Goethes *Märchen* stellt gegen die Forderung gewaltsamer politischer Veränderung nach dem Muster der Französischen Revolution das Wunschbild einer harmonischen gesellschaftlichen Vereinbarung nach dem Muster eines in sich ausgeglichenen

Kunstwerks, wo das Einzelne mit dem Allgemeinen zu einem höheren Ganzen zusammenspielt. Es ist die Utopie der Weimarer Klassik.

Novalis

Dies Beispiel von Märchen als Form, in der die Sehnsucht nach einem Zusammenklang verschiedenster Einzelstimmen Gestalt gewinnt, hat ein Autor aufgegriffen, der als Romantiker par excellence gilt: Friedrich von Hardenberg, der sich als Dichter Novalis nannte. Für Novalis sind Goethes *Wilhelm Meister* und sein *Märchen* Vorbilder gewesen, die er mit seiner eigenen Dichtung übertreffen wollte. Roman und Märchen werden dabei als die für die Gegenwart repräsentativen Formen der Dichtung herausgehoben. Novalis rückt sie in einen inneren Zusammenhang.

Novalis hat wie Goethe drei Märchen geschrieben: Das Märchen von Hyazinth und Rosenblüte ist Kernstück des Romanfragments *Die Lehrlinge zu Sais* (1798/99), das Märchen von Atlantis und das Klingsohrmärchen bilden wesentliche Stationen im Romanablauf des *Heinrich von Ofterdingen* (entstanden 1799/1800). Die Form des Romans, dessen Tendenz zum Prosaischen den Romantikern gerade am Beispiel des *Wilhelm Meister* problematisch war, bringt Novalis mit Märchen darin zusammen, daß er fordert: «Das Mährchen ist gleichsam der *Canon* der *Poësie* – alles poëtische muß mährchenhaft seyn» [Historisch-kritische Ausgabe Band 3, *Seite 449*]. Diese kanonische Rolle des Märchens in der Konstruktion von einzelnen Romanen und in der Zielbestimmung von Dichtung überhaupt ist nur aus dem romantischen Geschichtsbild heraus verständlich. In ihm sind chiliastische Anschauungen abendländischer Tradition programmatisch wiederaufgenommen: zur Vorstellung einer triadischen Grundfigur der Geschichte.

Die erste Stufe in diesem Dreitakt wird als ein vorgeschichtlicher, kindlich-chaotischer Urzustand gedacht, wo die Natur und die Welt der Ideen sich im Einklang befunden hätten. Die zweite Stufe umfaßt die Epoche der Geschichte, den Zustand der Entzweiung und Entfremdung. Die dritte Stufe wird als ein Zustand nach der Geschichte gesehen, wo Geist, Mensch und Natur auf höherer Stufe wieder zum Einklang kommen: im Goldenen Zeitalter. Nach Novalis ruft das Märchen eine Ahnung jenes vergangenen glücklichen Urzustands hervor und damit zugleich eine Vorahnung des künftigen Goldenen Zeitalters. Der vergangene Zustand von Harmonie wird dabei mit Märchen in seiner naiven Verfassung, der künftige mit Märchen in entsprechend höherer poetischer Verfassung, mit dem Kunstmärchen identifiziert. Den Märchendichter sieht Novalis daher als Propheten des Goldenen Zeitalters an, insofern er in seinem poetischen Tun nach rückwärts wie nach vorwärts schauend die ersehnte Aufhebung der geschichtlich bedingten Entzweiung projiziert und damit auch herbeiführen hilft. Gesellschaftliche Utopie versinnlicht sich im Vorbild des ästhetischen Zusammenspiels. Darin vor allem folgt Novalis Goethes Beispiel. Dies triadische Geschichtsmodell mit der darin eingefaßten Rolle des Märchens wie seines Dichters manifestiert sich in den drei Märchenerzählungen des Novalis auf verschiedene Weise.

Im Märchen von Hyazinth und Rosenblüte besteht der Dreitakt darin, daß der Held Hyazinth zuerst in kindlich unbewußter Vertrautheit mit der Natur und dem Mädchen Rosenblüte lebt. Aus diesem Zustand wird er durch ein Buch in ein Stadium der Unrast und Tiefsinnigkeit gerissen, wodurch er sich von seinen bisherigen Lebenszusammenhängen entzweit. Schließlich gelangt er nach Sais, dem Ort des Geheimnisses, wo er träumend in einem höheren Licht wiedersieht, was ihm in der Jugend vertraut war: das Mädchen Rosenblüte. In dieser wiedergefundenen Eintracht auf höherer Stufe der Bewußtheit ist die Entzweiung überwunden.

Was hier im Rahmen einer Liebesgeschichte am kleinen Modell vorgeführt wird, erhält im Märchen von Atlantis aus dem *Heinrich von Ofterdingen* eine weit größere und in sagenhafte Zeiten zurückreichende Dimension. Auch in ihm drückt eine Liebesgeschichte höheren Sinn aus. Der Held studiert die Natur, die Prinzessin Dichtkunst und Musik. In beider Sympathie, die im Schutz der Natur erwächst, findet ein Austausch dieser Interessen statt. Das Paar verbindet sich im geheimen, während bei Hof die Abwesenheit der Prinzessin Vereinsamung und Trauer auslöst. Nach einem Jahr tritt der Held als ein Naturdichter und Seher, der Vergangenheit und Zukunft überschaut, vor König und Volk und singt von der Wiederkehr des Goldenen Zeitalters. Wegen dieses Vermögens und in seiner Stellung zur Prinzessin und dem gemeinsamen Kind wird er als künftiger Herrscher glorifiziert. Das Märchen deutet zurück und nach vorn. Zurück, indem es auf die Sage von einer goldenen Zeit im versunkenen Reich Atlantis verweist, nach vorn als eine Zukunftsvision, die im Roman selber als eine Vorausdeutung des kommenden Geschehens verstanden werden soll.

Kosmische Dimensionen erhalten das triadische Modell und die Rolle der Dichtung im Märchen von Eros und Fabel, nach seinem Erzähler im *Heinrich von Ofterdingen* das Klingsohrmärchen genannt. Es steht am Ende des ersten Teils des Romans (mit dem Titel «Erwartung») und schlägt die Brücke zum zweiten Teil (mit dem Titel «Erfüllung»). In der Spannung von Erwartung und Erfüllung ist das Märchen selber ausgerichtet. In die allgemeine eisige Erstarrung der Welt am Anfang wird ein Zeichen der Hoffnung geworfen, daß die Zeit für einen grundlegenden Wandel gekommen sei. An dem Märchengeschehen sind Kräfte aus verschiedenartigen Bereichen beteiligt: Begriffe und Figuren unter anderem aus der Astronomie, aus der griechischen und germanischen Mythologie, aus Poetik, Literaturgeschichte, Philosophie, Alchemie und Physik. Der Anspielungsreichtum läßt sich auf schmalem Raum nicht einmal skizzieren. Die einzelnen Figuren entsprechen dem symbolisch-allegorischen Dichten, Versinnlichung des Abstrakten und Abstraktion des Sinnlichen derart, daß es den Anschein hat, dieses Märchen bestehe aus lauter Bedeutung. Verbindung zwischen den einzelnen bedeutenden Figuren schafft Fabel. Sie personifiziert im kleinen, in Gestalt des erlösenden Kindes, die gesamte Dichtung und ist zugleich Held des Märchens.

Durch jene Verbindungen werden Erstarrung und Vereinzelung überwunden. Am Ende pulsiert das Leben in einem paradiesischen Glückszustand.

Der Hauptfeind Fabels ist der Schreiber, auf ihn vor allem geht die Erstarrung der Welt zurück. Diese Figur ist, wie Novalis selber erläutert, der «petrifizierende und petrifizierte Verstand». Im Schreiber sind die von den Romantikern attackierten Tendenzen des bürgerlichen Rationalismus veranschaulicht, nicht zuletzt die Beherrschung und Abtötung des Lebens durch Kalkulation und Verwaltung. Drei Paare sind am Ende durch das Handeln Fabels, also durch das Wirken der Dichtung gebildet: Arctur (Zufall, Geist des Lebens) mit Sophie (Weisheit), Freya (zunächst Sehnsucht, dann Frieden) mit Eros (Liebe) und Vater (tätiger Sinn) mit Ginnistan (Phantasie). Die Bedeutung der Figuren erschließt sich durch den Verlauf des Märchens, daneben auch durch Novalis' Kommentar.

Der Unterschied zu Goethes *Märchen* liegt in dieser Festlegung von Bedeutung und, damit zusammenhängend, in der Bestimmung von Dichtung. In Goethes *Märchen* ist diese auf reale gesellschaftliche Vorgänge, vor allem auf die Herausforderung durch die Französische Revolution bezogen; im Klingsohrmärchen ist Dichtung von solcher Bindung weiter abgelöst, auf sich selbst und nicht auf Geschichte sondern deren Mythos bezogen. In dieser aufs Allgemeine gerichteten, kosmischen Sicht enthebt sich der romantische Dichter der auf das Naheliegende eingeschränkten Perspektive des bürgerlichen Lebens. Dies ist die eine Seite des romantischen Protests. Die andere ist stärker an den gegenwärtigen Bedingungen des Ichs interessiert. Ihr erster Repräsentant ist Ludwig Tieck.

Tieck

Zwei Jahre später als Goethe sein *Märchen* schrieb Ludwig Tieck die Erzählung *Der blonde Eckbert* (1797), die allgemein als das erste romantische Kunstmärchen angesehen wird und nach Tiecks eigener Einschätzung «der Anfang einer Reihe von Erfindungen und Nachahmungen war, die alle mehr oder minder die Farbe und den Ton des Eckbert hatten» (im Vorbericht zur ersten Lieferung der *Schriften*). Aus der großen Reihe von

Märchen, die Tieck verfaßt hat, ist neben dem *Eckbert* zumindest *Der Runenberg* hervorzuheben. Tiecks Märchen sind Seismographen gesellschaftlicher Erschütterungen, die im Inneren des Individuums registriert werden und sich vor allem als Zweifel an der Sicherheit des Ich-Standpunkts äußern. Es sind städtische Erfahrungen, auch wenn von Natur die Rede ist.

Tieck gehört als Sohn eines Berliner Seilermeisters zu den Autoren, die gesellschaftlichen Aufstieg durch Literatur erstrebt und auch erreicht haben. Der äußere Erfolg wurde von seelischen Verstörungen begleitet und genährt. Basis dieser Karriere ist die Großstadt mit ihrem vielfältigen Angebot an Bildungseinrichtungen und dem massenhaften Bedarf an Unterhaltungsstoffen. Tieck wurde Mitarbeiter des Berliner Verlegers und Aufklärungsmoralisten Friedrich Nicolai. Der geschäftliche Erfolg der Zusammenarbeit verdeckte nur oberflächlich die auseinanderstrebenden literarischen Absichten. Der gleichfalls geschäftstüchtige Sohn Nicolais setzte mit Spürsinn für ein gewandeltes Leseinteresse gegen das bisherige Programm durch, daß Tieck sein Projekt *Volksmärchen* verwirklichen konnte. Tieck greift darin alte und dem Rationalisten verdächtige Geschichten auf, die als (später sogenannte) Volksbücher einen Bodensatz für die Unterhaltung der einfachen Leute bildeten. Im Gegensatz zu Zachariae mit seiner neckischen Melusinenneufassung und anders als Goethe macht Tieck diese alten Stoffe zu seiner Sache – allerdings vorsichtig unter dem Pseudonym Peter Leberecht. Zwischen die Wiedererzählungen von *Blaubart* und den *Heymons Kindern*, von der *Schönen Magelone* und den *Schildbürgern* schmuggelt er Selbsterfundenes ein, seinen *Blonden Eckbert* (1797).

Das Märchen handelt von den Wünschen und Ängsten eines Menschen, der sich aus der Alltagswelt entfernt und, zurückgekehrt, in ihr nicht mehr heimisch wird. Der Anfang entwirft wie der vieler Volksmärchen einen Zustand des Mangels. Da das Kind Bertha aus eigenen Kräften nichts beitragen kann, um der Familie aus der Not herauszuhelfen, zieht es sich in sich selbst zurück, erträumt sich Schätze und malt sich aus, wie es damit den Mangel beseitigen und selber sich auszeichnen könnte. Aber die Tagträume bringen ihr nichts als Strafen ein, da sie sich in Hirngespinste flüchtend nützlicher Arbeit entzieht. Ihr Ausbruch aus der sozialen Misere führt sie in eine Gegenwelt: eine zeit- und gesellschaftsenthobene Waldeinsamkeit. Was jenseits dieser geschützten Einöde durch Leistung erworben werden muß, fällt hier zaubrisch scheinbar wie von selbst in den Schoß. Es ist ein Reservat magischer Wunscherfüllungen. Dort gibt es einen Vogel, der täglich ein Ei mit einem Edelstein legt. Den Vogel und einen Hund zu versorgen, ist die einzige Aufgabe Berthas in der Zeit, wenn die Alte, der alles gehört, abwesend ist. Das Ganze ist eine Probe. Diese Welt außerhalb der Alltäglichkeit erscheint der Heldin bald ebenso bedrückend und mangelhaft wie jene, die sie verließ. Alles weitere Unglück erklärt sich daraus, daß sie die Märchenprobe nicht bestanden, vielmehr die Edelsteine und den Vogel, den sie später tötet, geraubt und den kleinen Hund hilflos zurückgelassen hat.

Diese Vorgänge spiegeln psychische Prozesse und deuten auf soziales Verhalten. Die Schuld der Heldin liegt in ihrer Selbstsucht. Der ritterliche Partner, der blonde Eckbert, den sie sich wie einen Schild vor ihre schlimme Vergangenheit gestellt hat, wird am Ende als ihr Bruder entdeckt. Inzest als Spielform der Ich-Liebe erscheint am schauerlichen Schluß, da Bertha stirbt und Eckbert im Wahnsinn versinkt, als Manifestation eines sozialen Defekts: Eskapismus und Solipsismus. Dieser dargestellte Zustand von Vereinzelung hält die Verbindung von Kunstmärchen zum Volksmärchen, dessen Held auch durch seine Isoliertheit ausgezeichnet ist.

Tiecks Märchen handeln vom problematischen Gegensatz der Alltags- und Phantasiewelt und zeigen, wie das Unerklärliche direkt hinter den vertrauten Dingen steckt. Ihre Helden sind verlorene einzelne, denen das gewöhnliche Erwerbsleben unbefriedigend und zu eng ist: Träumer und heimliche Dichter, die dem jähen Schrecken der von ihnen selbst gesuchten Einsamkeit bis zum Irrsinn ausgeliefert sind. Auch der Held in *Der Runenberg* (1804) gehört zu denen, die sich in ihrer Phantasie und ihren sehr weitreichenden Wünschen von den übrigen Menschen absondern. Wie im *Blonden Eckbert* sind auch im *Runenberg* zwei Sphären gegeneinandergestellt: die Welt der werktätigen Menschen und die Einsamkeit der Natur. Zwischen beiden pendelt der Held, bis er schließlich vereinzelt in einem Wahn lebt und seine Familie im Elend. Dies Pendeln zwischen Alltags- und Natursphäre kommt in Gang, weil die gegensätzlichen Welten in sich selber gegenläufig sind.

Die Alltagssphäre erscheint einerseits als eine beruhigende Sicherheit, andererseits als eine von Konventionen und wirtschaftlichen Rücksichten quälend eingeschnürte Lebensform. Die Natursphäre dagegen erscheint einerseits als schauerliche Öde, andererseits als Verlockung zu geheimnisvollen Schätzen. Die beiden Sphären werden durch zwei Frauen verkörpert. Der auch in ihrer Liebe soliden Bauerntochter steht ein dämonisches Bergweib gegenüber, das die Sinne des Helden verwirrt. Die Reize der beiden Frauenfiguren verbinden sich für den Helden mit den Werten, die hinter ihnen stehen: mit Landwirtschaft und Grundbesitz bei der Bauerntochter, mit Gold und Edelsteinen bei dem Bergweib. Indem nun der Held zwischen den beiden Werten hin- und hergerissen wird, kommt ein sozialgeschichtlicher Zwiespalt zum Vorschein. Auf was soll man setzen: auf die Solidität des Grundbesitzes oder auf das lockende Risiko beweglicher Güter wie Gold und Edelsteine? Der Held gibt schließlich dem Gold den Vorzug und sieht seine Entscheidung naturgeschichtlich begründet.

Gold und Edelsteine nehmen für ihn den ersten Rang ein, Pflanzen sieht er als die abgestorbenen Reste der Gesteine.
In dieser Verkehrtheit der Anschauung von (Natur-)Geschichte liegt eine deutliche Warnung. Das Eigentümliche aber ist, daß die Warnung sich mit einer ebenso deutlichen Sympathie für den Helden verbindet. Denn der jagt nicht zuerst dem finanziellen Wert des Goldes, sondern seinem Geheimnis nach. Durch die Magie der Bergwelt sieht er sich herausgefordert, im Machtbereich der Phantasie sich selber zu bewähren. Die dargestellte Ambivalenz zwischen der Warnung vor der verkehrenden Zauberkraft der beweglichen Güter und dem Plädoyer für das Risiko, auf die Mächte der Phantasie zu setzen, erscheint nicht bloß als eine Zweideutigkeit des Goldes (Geld und Zeichen der Reinheit); sie erscheint als die weder für den Helden noch für seinen Autor lösbare Widersprüchlichkeit zwischen der Sehnsucht des Ichs, den eigenen nonkonformistischen Wünschen ohne Rücksicht auf Verluste nachzugehen, und den gegebenen Gesellschaftsverhältnissen, die solche Selbstsüchtigkeit zum Wahn machen. Der Exklusivität des phantasiebegabten einzelnen wird durch den Ablauf der Handlung widersprochen. Daß diese Widersprüchlichkeit Geheimnis bleiben darf, sucht seinen Rückhalt im ästhetischen Status des Märchens und stellt zugleich seine moderne Verfassung vor.

Hoffmann

Unter den Dichtern romantischer Kunstmärchen hat Ernst Theodor Wilhelm (Amadeus) Hoffmann die weitreichendsten Wirkungen gehabt. Poe, Baudelaire, Gogol, Kafka und die französischen Surrealisten haben in E. Th. A. Hoffmann ein Vorbild des modernen Künstlers gesehen, vor allem darin, daß er die Widersprüche in der bürgerlichen Welt mit scharfen Konturen aufzeichnet und mit der intellektuellen Kühle, das eigene Tun zu beobachten, sich der Faszinationen des Schreckens wie auch der vagen Wünsche erwehrt. Die Märchen von Hoffmann sind unmittelbarer als die von Tieck, deren Spur sie mit größerer Entschiedenheit weiterverfolgen, auf die Sphäre des städtischen Lebens bezogen, in der das Bürgertum sich bequem einrichtet und nach seinen vorgezeichneten Karrieren strebt. Im *Goldnen Topf* (1814) wird als Schauplatz Dresden genannt und auch näher umrissen. Das «Schwarze Tor», das «Linkesche Bad», die «Elbbrücke», zwischen denen «ein Märchen aus der neuen Zeit» (wie der Untertitel ankündigt) sich ereignet, verweisen im Gegensatz zum Irgendwann und Nirgendwo des Volksmärchens auf ein Jetzt und Hier. Aus dem massiv eingegrenzten Erfahrungsraum eröffnet sich für Anselm, dem Helden des Märchens, unversehens der Blick in eine andere, wunderbare Sphäre, wo Geister ihr Spiel treiben. In seinen Augen rücken Alltags- und Geisterwelt so zusammen und ineinander, daß ihm das Gewohnte fremd und das Ungewöhnliche wirklich wird. Die Verschränkung kommt zustande, da Alltags- wie Geisterwelt in sich schon zweideutig sind. Für den Helden erscheint die Alltagswelt, repräsentiert durch den Konrektor Paulmann und seine Tochter Veronika, als eine Basis der Lebenssicherheit, andererseits eben wegen der festgelegten Aussichten – Veronika will unbedingt «Frau Hofrätin» werden – als ein Gefängnis.

Auch die Geisterwelt hat ihre zwei Seiten, eine hilfreiche, repräsentiert durch einen Salamander, einen Elementargeist, und eine feindliche, repräsentiert durch eine Hexe, die aus der mythischen Verbindung einer Runkelrübe mit der Feder eines Drachens hervorgegangen ist, aber sich auch in menschlicher Gestalt zeigt. Die Verbindung der Geister- mit der Alltagswelt besteht darin, daß der Salamander ein in mythischer Zeit begangenes Vergehen in der Bedürftigkeit und Enge bürgerlicher Verhältnisse so lange büßen muß, bis er seine drei Töchter mit drei Jünglingen vermählt hat, die ein kindliches poetisches Gemüt besitzen. In den Umständen dieses Geistes, der in Gestalt und Rolle eines Bürgers, nämlich als Archivar Lindhorst weitreichende Ziele verfolgt, spiegelt sich die zwiespältige Lage des romantischen Künstlers, wie sie in Hoffmanns eigener Doppelexistenz als Künstler und Justizbeamter sinnfällig vor Augen tritt. Zwischen den Zweideutigkeiten der Alltags- und der Geisterwelt schwankend, erlebt Anselm die Wirklichkeit als ganz und gar doppelbödig und gerät zwischen deren Fronten. Er eignet sich zum Spielball der Mächte, weil er als Student in gesellschaftlicher Hinsicht nicht konsolidiert, in seinen Empfindungen labil und selbst in der Art, sich zu bewegen, linkisch und fahrig ist: ein kindlicher Tagträumer, der zu bürgerlichen Tugenden wie der kräftehaushaltenden Zielstrebigkeit kein Geschick hat.

Gerade wegen dieser Eigenschaft aber nimmt ihn der Archivar Lindhorst, alias der Salamander, in seine Dienste, wo er dessen Tochter Serpentina als seine ersehnte Geliebte wiederfindet und deren Mitgift, den magischen goldnen Topf, vor Augen hat. Das Glück, das in dessen Glanz versprochen scheint, wird durch das feindliche Prinzip, die Hexe, ins Gräßliche verkehrt. Anselm glaubt nun, das wahre Glück fände er nur bei Veronika und in bürgerlicher Laufbahn. Im gleichen Moment verliert er sein poetisches Gemüt und findet sich zur Strafe in eine kristallne Flasche eingesperrt. In weiteren Flaschen sieht er andere Jünglinge, die im Wahn sind, sich frei bewegen zu können. Durch die Demonstration erkennt er, was ihm seit jeher die Brust eingeschnürt hat: Es ist die bei aller scheinbaren Freiheit bedrückende Enge des bürgerlichen Lebens. Er entscheidet sich für ein Leben mit Serpentina und wird mit ihr, nachdem der Salamander die Hexe besiegt hat, in das Reich Atlantis versetzt, wo aus dem goldnen Topf eine Lilie erblüht und das Glück beschützt. Diese Seligkeit im Reich Atlantis sei, so erläutert der Archivar und Salamander dem erzählenden Dichter am Ende, nichts anderes als ein Leben in der Poesie, wie eben die Dichter in ihrem inneren poetischen Besitztum ein solches Stück von Atlantis besäßen – und sei es nur als einen Meierhof. Darin also wird der Gegensatz zwischen der Prosaik bürgerlicher Verhältnisse und den elementaren, phantastischen Wünschen weitblickender einzelner schließlich aufgehoben.

Von dem Atlantis des Novalis ist Hoffmanns darin unterschieden, daß es mit den Verhältnissen der bürgerlichen Gesellschaft greifbar vermittelt ist: Es wird aus diesen heraus entworfen. Dieser Zusammenhang ist auch für die anderen Märchen E. Th. A. Hoffmanns charakteristisch; man hat sie deshalb «Wirklichkeitsmärchen» genannt. Hoffmann hat sein Verfahren in den *Serapions-Brüdern* (im Anschluß an *Die Brautwahl*) auf eine Formel gebracht: Die Leiter zum Aufstieg in die Phantasie müsse in der Alltäglichkeit verankert sein. Als Modell dienen ihm dabei die Märchen der *Tausendundeinen Nacht*. Daß der Aufstieg in ein von Widersprüchen befreites Leben nur in der Phantasie für möglich gehalten wird, wirft ein Licht darauf, daß die Aufhebung der Entzweiung zwischen Ich und Welt, Natur und Ratio von den Institutionen der bürgerlichen Welt eben nicht zu erwarten sei. Es ist ein scharfes Licht, wie Satire sie zur Aufklärung braucht. Die Märchen Hoffmanns, die in der Mehrzahl nach dem historischen Einschnitt von 1815 entstanden sind, verbinden die Satire auf die Mechanismen der zweckgebundenen Bürgerwelt mit der träumerischen Vision, ihnen enthoben zu sein. In ihrer Abfolge sieht man die satirische Energie vehementer hervortreten, herausgefordert von der zunehmenden Verkrustung bürgerlicher Verhältnisse.

In *Klein Zaches genannt Zinnober* (1819) wird eine Kreatur vorgestellt, die gesellschaftliche Reputation und Macht erhält, obwohl ihr eigene schöpferische Qualitäten gänzlich abgehen. Klein Zaches erscheint im Märchen als ein Wurzelmännchen und Wechselbalg und ist doch ein kleiner gewöhnlicher Mensch. Auch hier sind wieder Märchen und Wirklichkeit ineinander verquickt. In der fratzenhaften Gestalt Klein Zaches steckt kein dämonischer Elementargeist, sondern die geistlose Leere des rein Materiellen. In dieser Maske, die das Menschliche bloß nachäfft, begegnet sich der Bürger als sein eigener Dämon. Klein Zaches wird als Idol einer zivilisatorisch aufgeklärten, gefräßigen Gesellschaft gezeigt, die nur materielle Bedürfnisse, vor allem Geld im Sinn hat, alle Verdienste der wirklich kreativen Menschen (nicht nur der Künstler, auch der Verwaltungsfachleute) in sich aufsaugt und als eigene verbucht. Gegenwehr kommt da allein vom Studenten Balthasar, der zur Natur, zur Liebe und Poesie ein unmittelbar vertrautes Verhältnis und dadurch die Fähigkeit besitzt, die Welt als Totalität zu sehen. Aus diesem Vermögen heraus kann er dem Wechselbalg seine magnetische

Kraft entreißen und den falschen Schein von dem Idol abheben. Damit wird die Fratze der bürgerlichen Existenz im Humor erledigt.

La Motte-Fouqué

Die Erfahrung einer tiefreichenden Zwiespältigkeit im Leben liegt auch der bekanntesten Märchenerzählung von Friedrich de la Motte-Fouqué, *Undine* (1811), zugrunde. Auch darin wird die Sphäre des Wunderbaren durch Elementargeister vorgestellt. Fouqué war, wie er selbst berichtet, auf solche Figuren in den Schriften des Paracelsus gestoßen. Der Verweis auf Elementargeister deutet (allerdings weniger reflektiert als bei Tieck und E. Th. A. Hoffmann) die Zwiespältigkeit des Lebens als Gegensatz zwischen gesellschaftlich gegebenen Bedingungen und solchen, die von Natur her da sind. Zwischen diesen sind die Hauptfiguren in Fouqués Märchen hin- und hergerissen. Der Konflikt beruht darin, daß ein Mann von Stand, der Ritter Huldbrand von Ringstetten, und das Mädchen Undine, das als Elementargeist ganz Natur ist, in Liebe sich vereinen und daß darin die in Gegensätze zerspaltene Welt mit einem Mal versöhnt zu sein scheint. Das erweist sich als Illusion. Der Schauder des Mannes vor der ihm befremdlichen Natur Undines treibt ihn in die Arme einer anderen Frau, Bertalda, der er sich von gleich zu gleich gestellt fühlt; dadurch zerstört er die Eintracht mit dem ihm angetrauten Naturwesen. Undine verfällt ihrem Element und der Ritter dem Tod, der beide am Ende zeichenhaft vereint: Undine umarmt als Quelle Huldbrands Grab. – In dieser Dreiecksgeschichte werden gesellschaftliche Fragestellungen mit naturphilosophischen quer verbunden. Den nicht domestizierten Elementargeist Undine findet der Ritter auf sozial niederer Stufe, als Pflegetochter eines Fischers, Bertalda dagegen zunächst in hohem gesellschaftlichen Rang, als Pflegetochter eines Herzogs. Tatsächlich aber ist Undine die Tochter eines Wasserfürsten und Bertalda die Tochter jenes Fischers. Im Schnittpunkt dieser sich überkreuzenden Natur- und Gesellschaftsbedingungen wird der Seele ein Platz zugewiesen. Eine Seele hat Undine erst mit der Heirat bekommen. Durch die Seele wird sie Mensch und leidensfähig.

Sozialgeschichtlich bemerkenswert an dieser Konstruktion ist, daß die Widersprüche zwischen den Forderungen der Natur und denen der Gesellschaft eben an der Seele diagnostiziert werden, also ins Innere des Menschen verlegt sind. Vor allem wird damit der (Ehe-)Frau die seelenvolle Rolle der Innerlichkeit zugewiesen: Menschliches Format sei an Leidensfähigkeit gebunden. Der Erfolg dieser Märchenerzählung beruht wesentlich darauf, daß die in ihr registrierten Verstörungen unterhaltsam gemacht sind, nicht zuletzt durch eine betuliche Sprache. Über die engeren Grenzen von Prosa hinaus ist Undine zu einer Figur der Weltliteratur geworden.

E. Th. A. Hoffmann hat nach dem Textbuch Fouqués eine Oper (1816) komponiert. Weiter wären die Oper von Albert Lortzing (1845), das Drama von Jean Giraudoux (1939) und das Ballett von F. Ashton und Hans Werner Henze (1958) zu nennen.
In seiner *Undine* hat Fouqué eigene Lebensproblematik (ein Mann zwischen zwei Frauen) veröffentlicht und doch verborgen, wie er im Anfang des 13. Kapitels dem Mitgefühl seines Lesers zu verstehen gibt. Arno Schmidt hat das biographische Modell der Undine im 20. Paragraphen von *Fouqué und einige seiner Zeitgenossen* denn auch namhaft gemacht. Märchen eignen sich offenbar für solche Aufhebungen des Individuellen im Allgemeinen.

Chamisso

Auch *Peter Schlemihls wundersame Geschichte* (1814) von Adelbert von Chamisso enthält die Lebensspuren seines Autors, allerdings in härteren Konturen. Der Name des Titelhelden gibt seine Rolle an. Wie Chamisso seinem Bruder Hippolyte im Brief vom 17. 3. 1821 mit den Instruktionen für die französische Übersetzung erläutert, sei Schlemihl der hebräische Name für Theophil oder Gottlieb, mit dem Juden ungeschickte Leute bezeichnen, Unglücksraben, die auf den Rücken fallen und sich das Nasenbein brechen, die immer zur Unzeit kommen. Peter Schlemihl ist ein linkischer Außenseiter, dem nichts gelingen und der doch zur feinen Gesellschaft gehören will. Dazu scheint ihm Geld nötig. Er verkauft dem Teufel seinen Schatten und erhält dafür Fortunatus' Glückssäckel, das unerschöpflichen Reichtum birgt. Die tiefe Paradoxie der Erzählung liegt nun darin, daß Schlemihl, um in die Gesellschaft zu kommen, den Teil von sich geopfert hat, dessen Fehlen ihn von der Gesellschaft ausschließt. Ohne Schatten macht ihn das Geld nicht glücklich; er verliert sogar die Geliebte an einen Betrüger, der nur den Vorzug hat, Schatten zu werfen. Trotzdem kauft er seinen Schatten nicht, wie der Teufel vorschlägt, im Austausch gegen seine Seele wieder zurück. Nachdem er sich von seiner Geldquelle, die ihn an den Teufel bindet, endgültig getrennt hat, findet er Siebenmeilenstiefel und damit eine eigene Lebensbestimmung außerhalb der Gesellschaft: Er durchquert die Welt und wird Forschungsreisender.
An dem zentralen Moment der Schattenlosigkeit ist viel gerätselt worden. Die biographistische Deutung des 19. Jahrhunderts sah darin allein die fatale Situation des Autors dargestellt, der zwischen zwei Vaterländern gespalten, nämlich zwischen dem Land seiner Geburt, Frankreich, und dem seiner Erziehung, Preußen, durch die Befreiungskriege gegen Napoleon seine nationale Identität verloren habe, da er weder mit seinen preußischen Freunden gegen Frankreich noch mit Frankreich gegen seine Freunde zu Felde ziehen mochte. Doch ist dies nur ein Aspekt in

der Dimension des Schattensymbols. Schlemihls Lebensbericht mündet in den Rat, wer unter den Menschen leben wolle, müsse zuerst den Schatten, sodann das Geld verehren lernen. Nur wer für sich und sein besseres Selbst leben wolle, brauche den Rat nicht. Demnach wäre im Schatten jener flache Widerschein des Selbst zu sehen, in dem sich das ungebrochene Einverständnis, eine gesellschaftliche Rolle zu spielen, verdinglicht, wie eben der Teufel den Schatten Schlemihls als papiernen Schattenriß aufrollen und wie ein Ding behandeln kann.

Der Widerspruch zwischen den Wünschen des Ichs und den Wertmaßstäben und Forderungen der Gesellschaft wird im *Schlemihl* erst darin aufgehoben, daß sich das Ich seine eigene und nützliche Bestimmung gibt. Die Befriedigung in angewandter Naturwissenschaft wird gegen das erhoffte, aber illusionäre Glück gehalten, das durch Märchenmittel versprochen schien. In ganzer Form also wendet sich diese Erzählung vom Märchen weg zum Aufnotieren wirklicher Sachverhalte. Während die Märchennovellen Tiecks und E. Th. A. Hoffmanns die Wirklichkeit im Märchen integrieren, hebt Chamisso Märchen im novellistischen Erzählen am Ende auf. Damit setzt er in die Folge der zeitgenössischen Kunstmärchen einen Doppelpunkt und deutet auf ein neues Ziel, wo Ich mit Welt, Ich mit Natur zusammentreffen und das Selbst sich bestätigen könnte: auf das Autonomie verheißende Ethos der Naturforschung.

Chamisso hat diesen Weg selber eingeschlagen. Nach einer Expedition wurde er Kustos am Berliner Botanischen Garten. Im *Schlemihl* ist gezeigt, daß auch das, was Befreiung von den Einschätzungen der bürgerlichen Gesellschaft verheißt, deren Regeln unterworfen ist: Im *Schlemihl* wird das Wunderbare als Ware behandelt. Der Teufel bietet gegen Schlemihls Schatten nicht bloß Fortunatus' Glückssäckel an; in seiner Tasche hält er zur Auswahl bereit: Springwurzel, Alraunwurzel, Wechselpfennige, Raubtaler, das Tellertuch von Rolands Knappen, ein Galgenmännlein und Fortunatus' Wunschhütlein. Indem die Möglichkeit geheimnisvoller Wunscherfüllung in die Form von Waren gehüllt ist, erscheint der romantische Protest gegen die dem Geld sich unterwerfende Bürgerwelt seiner weitreichenden Hoffnung entkleidet. Der Doppelpunkt, den Chamisso in die Reihe romantischer Erzählungen setzt, weist also nicht allein nach vorn, er weist zurück: auf Hoffnungen oder Illusionen, die im Konzept romantischer Kunst stecken.

Arnim und Brentano

Man kann dies kaum besser als an den Projekten studieren, die über den individuellen Standpunkt einzelner Autoren hinausgreifen und die auch Popularität gewonnen haben. Solche Unternehmungen sind die Liedersammlung *Des Knaben Wunderhorn* von Arnim und Brentano und die *Kinder- und Hausmärchen* der Brüder Grimm. Beide Werke fassen gesellschaftliche und ästhetische Ziele in sich zusammen. Das Interesse von Achim von Arnim und Clemens Brentano an alten deutschen Liedern verfolgt die Spur Herders, die er mit seinen *Volksliedern* (1778/79) vorgezeichnet hatte. Was Herder weltliterarisch anstrebte (seine Sammlung umfaßt nur zum Viertel deutsche Gedichte), lösen Arnim und Brentano nationalliterarisch ein. Mit Herder verbindet sie das Bewußtsein, daß die im Volkslied aufbewahrte Ursprünglichkeit der Lebensäußerungen mit der Zeit fortschreitender Bürgerlichkeit unaufhaltsam verlorengeht. Gesammelt und noch einmal hochgehalten wird, was verschüttet und abgetan zu werden droht. *Des Knaben Wunderhorn* ist das Dokument eines Heimwehs nach der verlorenen Kindheit, nicht bloß der Individuen, auch der Völker, und zugleich das Manifest einer Sehnsucht nach umfassender Eintracht. In seinem Aufsatz *Über Volkslieder*, der 1805 in Reichardts *Musikalischer Zeitung* und auch am Schluß des ersten *Wunderhorn*-Bandes abgedruckt ist, nennt Arnim als höchsten Preis des Dichters und Musikers, «daß ein Ton in vielen nachhalle und alle verbinde». Dies erstrebte Ziel ist gegen die Wirklichkeit einer sich ins einzelne aufspaltenden Kultur gehalten: gegen die in Klassen auseinandertretende Gesellschaft, gegen Vereinzelung in der Arbeit, gegen die Spezialisierung der Kunst in besondere Sparten, gegen die auf immer neue Reizungen erpichte städtische Zivilisation. Gegen die Trennung in soziale Klassen versammelt das *Wunderhorn* Lieder der Namenlosen mit denen namhafter Dichter, so Luther, Opitz, Weckherlin, Schubart. Im Beieinander der gebildeten einzelnen und der gesellig Werktätigen ist ein Bild von Volk entworfen, in dem nicht nur die Trennwände zwischen den Klassen, sondern auch zwischen Ich und Gemeinschaft, zwischen Reflexion und Lebensunmittelbarkeit überwunden sind. Das ist die gesellschaftliche Utopie des *Wunderhorns*.

Arnims Interesse zielt dabei, strikter als das Brentanos, auf nationale Erneuerung. Das durch Napoleons Feldzüge aufgerüttelte deutsche Nationalgefühl vernahm im *Wunderhorn* eine Stimme, die deutsches Selbstbewußtsein stärken half. Der erste Band des *Wunderhorns* erschien 1805 (mit der Jahresangabe 1806 im Impressum). Goethe warnte in seiner Rezension (Januar 1806 in der *Jenaischen Allgemeinen Literaturzeitung*) vor nationalistischer Verengung. Im übrigen aber sparte Goethe, dem das *Wunderhorn* gewidmet ist, nicht mit Lob und Zuspruch. Er verteidigt, was von einigen anderen Kritikern mit großer Schärfe angegriffen wurde: die romantische Art der Aneignung. Arnim und Brentano sind nicht wie Philologen zu Werk gegangen. Was sie bruchstückhaft vorfinden, ergänzen sie, ohne das Gefundene vom Erfundenen merkbar abzuheben. Sie schleifen sich zurecht, was ihnen verhunzt scheint, und fügen sogar ein, was ganz der eigenen Feder entstammt. Sie tun dies im Bewußtsein, daß sie vergangenen Geist nur dann vergegenwärtigen und ihm eine Zukunft vorzeichnen können, wenn auch die Sammler selber die tradierten Lieder zu ihrer Sache machen und in ihrem Singen und Weitersagen verlebendigen. Volkspoesie und Kunstpoesie sollen darin verschmelzen. Das ist die ästhetische Utopie des *Wunderhorns*.

War der erste Band hauptsächlich aus Büchern, vor allem der reichen Bibliothek Brentanos zusammengestellt, so sind die beiden folgenden (1808) durch Mitarbeit derer zustande gekommen, bei denen die alten Lieder noch im Munde oder eben noch erreichbar waren. Das große Echo auf Brentanos Bitte um Material, die er in seinem *Cirkular* (1806) an die Öffentlichkeit richtete, gibt die historische Stunde des *Wunderhorns* wieder.

Eine Fahrt auf dem Rhein hatte Arnim und Brentano den Anstoß zu ihrer Liedersammlung gegeben; vom Rhein wird auch ein großes, ineinandergreifendes Märchenwerk Brentanos in Gang gesetzt: die *Rheinmärchen* (1811 entstanden und 1846 herausgegeben). Darin erscheint der Fluß in mythischer und symbolischer Qualität. Zum einen als Lebensstrom, den deutsche Vergangenheit in Gestalt von Burgen, Liedern, Märchen und Sagen säumt. Zum anderen als Strom des eigenen Lebens, in dessen Dahinfließen das Ewige sich spiegelt. Die Landschaft des Rheins ist für Brentano der bedeutende Raum, wo das dichtende Subjekt der elementaren Natur, der fließenden Zeit und der Geschichte inne wird und, indem es überlieferte Zeugnisse in eigene Dichtung faßt, aus der Vereinzelung lyrischer Weltbegegnung heraustritt. Der Zyklus der Rheinmärchen ist unvollendet, sein Ziel aber klar vorgezeichnet. Es geht wie in vielen Volksmärchen um Erlösung. Einerseits muß der Held einen Fluch von fünf Generationen seiner Familie nehmen, die in mythischen Verhältnissen sich verfangen hat; andererseits will er Mainzer Kinder, die tief unten beim Vater Rhein wie Geiseln gehalten werden, heraufholen helfen. Starr gewordene Vergangenheit der Vorväter soll erlöst und die lebendige Zukunft der Kinder hervorgebracht werden. Das Mittel dazu ist Märchenerzählen.

Märchen also führt hier ähnlich wie bei Goethe und Novalis aus Erstarrung und Vereinzelung heraus in ein geselliges Miteinander von einander hilfreich begegnenden gesellschaftlichen Kräften. Brentanos Phantasie hatte sich zunächst nicht an deutschen, sondern italienischen Märchen entzündet. Aus dem in Deutschland damals sehr seltenen Märchenzyklus *Pentamerone* (1634/36) des Neapolitaners Giambattista Basile wollte Brentano einige Märchen deutschen Kindern zunächst nur übersetzen. Seine dann doch sehr eigenwillige Nachdichtung wendet sich nicht bloß an die Adresse von Kindern; sie zielt in einem umfassenderen Sinn auf Kindlichkeit, nämlich als jenem sozialen Zustand, der vom geschäftsmäßigen Nützlichkeitsdenken noch nicht eingezwängt und verbogen ist. Brentanos «Sprachkindlichkeit» (Schaub), die eine naive Haltung zur Welt durch Wortspiele, Lautmalereien und Arabesken artistisch wiedereinzuholen versucht, zeichnet die Signaturen einer nicht entfremdeten Welt nach und auch vor.

Grimm

Arnim und Brentano hatten den Plan, ihre Sammlung der alten Lieder durch Märchen und Sagen zu erweitern. Die Brüder Grimm, durch ihre Mitarbeit am *Wunderhorn* angeregt, schickten 1810 an Brentano ein Manuskript der 50 von ihnen bis dahin gesammelten Märchen. Daß Brentano es nicht verwertet hat, ist ihnen später sehr recht gewesen, weil ihr eigenes Projekt somit keine Konkurrenz erhielt. Jenes Manuskript wurde in Brentanos Nachlaß gefunden; es gelangte in die Bibliothek des elsässischen Trappistenklosters Ölenberg und erst nach einem Jahrhundert wieder an die Öffentlichkeit. Durch die Ölenberger Handschrift läßt sich die Entstehungsgeschichte der *Kinder- und Hausmärchen* genauer nachprüfen, als die Brüder Grimm zulassen wollten. Denn sie vernichteten nach der ersten Publikation der *Kinder- und Hausmärchen* (1812) ihre Unterlagen.

In der Auseinandersetzung um die rechte Wiedergabe von Volkspoesie nahmen die Brüder Grimm gegenüber ihren Freunden Arnim und Brentano einen dezidiert philologischen Standpunkt ein. Sie wollten das mündlich Tradierte getreu, ohne Schnörkel und Zusätze aufzeichnen, authentisch bis in Eigentümlichkeiten des Dialekts hinein. Vor allem Jacob Grimm hat unverfälschte Wiedergabe gefordert. Denn für ihn ist das Volksmärchen Beispiel für das «Sichvonselbstmachen» der «Naturpoesie», die aus einem Ganzen hervortritt. Im Gegensatz dazu sieht er im Kunstmärchen das «Zubereiten» der «Kunstpoesie», bei dem einzelne tätig sind. In dieser Suche nach authentischer Volkspoesie verbindet sich das Interesse an Ursprünglichkeit (von Poesie) mit dem Interesse für Volk im soziologischen wie im nationalen Wortsinn. Tatsächlich ist der Unterschied zum Konzept des *Wunderhorns* gar nicht so groß. Zum Hausbuch der deutschen Familie wurden die *Kinder- und Hausmärchen* in der sprachlichen Form, die ihre Sammler, von der zweiten Ausgabe (1819) an allein Wilhelm Grimm, ihnen gegeben haben. Der Vergleich zwischen der handschriftlichen Urfassung von 1810 mit der Ausgabe letzter Hand (1857) läßt ein hohes Maß stilistischer Gestaltung erkennen. Ihre Tendenz geht unter anderem auf ein breites Ausmalen, eine anschauliche Situationsdarstellung hinaus. Ein Teil der Veränderungen erklärt sich dadurch, daß die Märchensammlung zunächst als wissenschaftliches Werk und erst seit der zweiten Ausgabe als Buch für die Familie gedacht war. Daher wäre es kurzsichtig, wollte man die Änderungen allein dem Personalstil Wilhelm Grimms anlasten. Die Stilisierung richtet sich auf ideologische Orientierungsmuster des bürgerlichen Lesepublikums ein: auf Idylle, Schlichtheit im Familienzirkel, Nationalbewußtsein (ursprünglich vorhandene Fremdwörter wurden eliminiert). Neuere Forschungen haben gezeigt, daß die Brüder Grimm die Entstehung ihrer Volksmärchensammlung mystifiziert haben. An dem von ihnen entworfenen Bild, das sich dem Bewußtsein der Nachleserschaft bis ins 20. Jahrhundert hinein fest eingeprägt hat, müssen wenigstens zwei Korrekturen vorgenommen werden. Die eine betrifft ihre Angabe, diese Märchen seien Zeugnisse eines urdeutschen Volksgeistes. Die Nachprüfungen (vor allem von Heinz Rölleke) haben ergeben, daß viele der bekanntesten deutschen Märchen durch die Vermittlung hugenottischer Familien aufgezeichnet wurden. Diese schöpften aus französischem Repertoire, vor allem aus den Märchen von Charles Perrault *Histoires ou contes du temps passé avec des moralitez* (1697) und von der Comtesse d'Aulnoy *Contes des fées* (1697/98). Dabei tritt auch das andere Moment der Mystifikation hervor: der soziale Ort der Märchenfunde. Es sind in erster Linie nicht ältere Leute aus dem sogenannten einfachen Volk, die erzählen, sondern eher junge Leute aus einem wohlsituierten städtischen Bürgertum, das dem Schweizer oder französischen Sprachraum entstammt. Die Frage, warum die Brüder Grimm an solcher Legende gearbeitet haben, führt in den Zusammenhang der ästhetischen und gesellschaftlichen Ziele der Märchensammlung zurück. Es ist zum einen die romantische Vorstellung eines ursprünglichen Einklangs von Geist und Natur, wie er in dem «Sichvonselbstmachen» der Volkspoesie gefunden und gegen die ins Rationelle sich aufspaltenden Verhältnissen der bürgerlichen Gesellschaft zum Vorbild genommen werden konnte. Zum anderen ist es patriotische Tendenz. Im Schmerz über die Ohnmacht gegenüber Napoleons Herrschaft wollten die Brüder Grimm mit der Erforschung und Vergegenwärtigung nun gerade deutscher Vergangenheit den Deutschen Selbstbewußtsein und nationale Perspektive geben.

Marion Beaujean

Frauen-, Familien-, Abenteuer- und Schauerromane

Der Unterhaltungsroman

Leselust und Lesesucht prägen das ausgehende Jahrhundert, wenn man den zahlreichen Äußerungen der räsonierenden «Kunstrichter» folgen darf. In diesem ambivalenten Urteil verbirgt sich nicht nur die unterschiedliche Einstellung zur Lektüre aus der Sicht der Lesenden einerseits, aus der Sicht der Kritiker andererseits, sondern darin spiegelt sich auch eine entscheidende Änderung, die sich entgegen den ursprünglichen Absichten der aufklärerischen Leseförderung nun seit den achtziger Jahren deutlich abzuzeichnen beginnt: die von den Aufklärern propagierte «Bildungslektüre» schlägt nämlich in eine «Unterhaltungslektüre» um, was als neuartiges Phänomen Überraschung, Bestürzung und lebhafte Diskussion auslöst.

Diese Entwicklung ist schlagwortartig mit dem Wandel von der intensiven zur extensiven Lektüre zu bezeichnen. In der zeitgenössischen Auseinandersetzung werden zur Begründung einerseits erzieherische und gesellschaftspolitische Argumente herangezogen (vgl. Martino/Stützel-Prüsener); zusätzlich ist bemerkenswert, daß mit der Kritik an der «Lesewut» auch das Phänomen der erzählenden Prosa in den Blick kommt. Hier mischt sich das Unbehagen an der Vielleserei mit der Unsicherheit einer Literaturart gegenüber, die im sanktionierten Kanon der Ästhetik keinen Ort hat und doch zugleich sich anschickt, in praxi das literarische Feld zu erobern. Die Aufklärungspoetik lehnte das ‹Romanhafte› ab, das in den heroisch-höfischen Barockaventüren des *Heliodor*-Schemas tradiert und in der ersten Hälfte des 18. Jahrhunderts zum ‹galanten› Roman verflacht war. Für die Aufklärer war diese tradierte Romanform Repräsentant des Unnatürlichen und des Schwulstes (so noch in Adelungs *Wörterbuch* 1777). Die Kritiker fanden sich darin mit dem Geschmack des bürgerlichen Publikums einig, das diesem die feudale

Weltsicht repräsentierenden Staats- und Welttheater gegenüber ihre eigenen Bildungsideale von praktischer Tüchtigkeit und religiöser Erbauung vertreten sehen wollten. Nicht das Abenteuerliche, sondern die seelische Selbstfindung, nicht die Darstellung allgemeiner Ideen und Universalien, sondern die individuelle Erfahrung werden die mitteilungswürdigen Gegenstände.

Die allmähliche Entwicklung des ‹bürgerlichen› Romans läßt sich seit Defoes *Robinson* (1719, deutsch 1721) während des ganzen Jahrhunderts verfolgen. Bei ihm finden sich zum erstenmal die drei Faktoren künftiger Unterhaltungsliteratur: Erbauung, Belehrung und Unterhaltung, vereint, die als prodesse (nützen) und delectare (erfreuen) allein die unkünstlerische Zweckform des Romans in den Augen der Aufklärungsästhetiker rechtfertigen.

«Ein Roman soll seiner Bestimmung nach nichts anderes seyn, als rednerische Darstellung erdichteter oder belehrender und interessanter Charaktere, Leidenschaften, Begebenheiten und Unternehmungen, so wie man sie im wirklichen Leben zu finden pflegt. *Belehrend* soll er seyn, denn das ist der letzte Zweck der Geschichte überhaupt, denn deswegen ist er erdichtet, um die Theilnehmung des Lesers für die Hauptperson in *allen* Szenen ihrer Geschichte zu gewinnen. Und dieses Interesse wird noch dadurch erhöht, daß der Leser eine wahre Geschichte zu lesen glaubt, die auch wohl nach Gelegenheit auf ihn selbst passen könnte», so Fr. Bährens 1786 in einem Artikel *Über den Werth der Empfindsamkeit besonders in Rücksicht auf die Romane.*

Tatsächlich hat die außerhalb poetologischer Normen stehende Prosaform die größte Möglichkeit, sich den gestellten Aufgaben anzupassen. In mannigfachen Stilformen wie Brief, Tagebuch, Dialog werden die Mitteilungen transportiert und für den Schreibenden wie Lesenden zu leicht verstehbaren Kommunikationsformen gebracht. ‹Welt› läßt sich am einfachsten darstellen, wo noch keine künstlerische Umwandlung als Verfremdung wirkt. Für die Entwicklung des Romans bedeutet das, daß er sich im Vorfeld literarischer Kunstformen zunächst frei und unbekümmert entwickeln kann, für die literarische Rezeption, daß er dem Leser den leichtesten Zugang zur Lektüre ermöglicht. Aus dieser Ambivalenz entsteht die Dichtungsart, «die am meisten verachtet und am meisten gelesen wird», wie Wezel 1779 in der Vorrede zu *Hermann und Ulrike* schreibt. Und in seiner berühmten Rezension über *Mode-Romane. Lafontaine* sagt August Wilhelm Schlegel: «Der Punkt, wo die Literatur das gesellige Leben am unmittelbarsten berührt, ist der Roman.»

Typologie des Trivialromans von 1760 bis 1815

Um 1790 haben sich Romanproduktion und Leselust endgültig verselbständigt und einen Umfang angenommen, der von den Anfängen des modernen Literaturbetriebs zu sprechen erlaubt. Die Klage, daß sich das Publikum und seine bevorzugte Massenlektüre immer deutlicher von den ursprünglich intendierten Zielen der Lesebildung absetzten, besteht zu Recht, und Zweifel an der Höhe der ästhetischen Bildung waren mehr als angebracht. So schrieb Goethe in seiner *Reise in die Schweiz* unter dem 8. August 1797 aus Frankfurt:

«Sehr merkwürdig ist mir aufgefallen, wie es eigentlich mit dem Publikum einer großen Stadt beschaffen ist (...); alle Vergnügen, selbst das Theater, sollen nur zerstreuen, und die große Neigung des lesenden Publikums zu Journalen und Romanen entsteht eben daher, weil jene immer und diese meist Zerstreuung in die Zerstreuung bringen. – Ich glaube sogar eine Art von Scheu gegen poetische Produktionen, oder wenigstens insofern sie poetisch sind, bemerkt zu haben, die mir aus eben diesen Ursachen, ganz natürlich vorkommt. Die Poesie verlangt, ja gebietet Sammlung, sie isoliert den Menschen wider seinen Willen, sie drängt sich wiederholt auf und ist in der breiten Welt (um nicht zu sagen in der großen) so unbequem wie eine treue Liebhaberin.»

Diese Anstrengung mochte das Publikum nicht auf sich zu nehmen; es folgte seinem Tagesbedürfnis. Hier zeigt sich zum erstenmal eine Diskrepanz, die aus dem Autonomieanspruch des Dichters gegenüber den Erwartungen und Wünschen des Publikums entsteht. – Auf die tieferen Gründe wird nach der Besprechung der ‹gängigen› Literatur noch eingegangen.

Diese gängige Literatur hatte sich eben im Laufe der achtziger Jahre in thematischer Vielfalt auszufächern begonnen, als Ergebnis einer Entwicklung, die sich in drei Wellen nachzeichnen läßt:

1. Zwischen 1760 und 1780 entstand unter dem Einfluß englischer und französischer Vorbilder die literarische Erzählprosa, für die Wieland, Haller, Wezel, Hermes, Jacobi, Lenz, La Roche und schließlich Goethe genannt seien.

2. Zwischen 1780 und 1795 setzt die folgende Entwicklung ein: Die Romanproduktion – bisher auf überschaubare Einzelfälle beschränkt – weitet sich beträchtlich aus. Unter Verwendung tradierter Themenbereiche entstehen deutlich voneinander abgesetzte Typen, die man nach ihren Stoffen und Erzählstrukturen in die beiden großen Kategorien der Erbauungs- und der Abenteuerromane gliedern kann. Die erste Generation der Trivialautoren entwickelt für beide Arten je typische Motivkreise und Darstellungsschemata und bleibt in der Regel beim einmal gewählten Genre.

3. Seit etwa 1795 liegt das ganze Repertoire der Stoffe und Verknüpfungstechniken zur Hand und wird nun von der zweiten Generation der Trivialautoren wie Versatzstücke aus einem Musterkatalog beliebig verwendet. Dadurch vermischen sich nicht nur die einzelnen Kategorien der Erbauungs- und Abenteuerromane, sondern es wird für diese Auto-

ren charakteristisch, daß sie sich in allen bekannten und beliebten Genres tummeln. So entstehen bis 1815 kaum noch neue Romanarten, und es sind keine typischen Vertreter einzelner Richtungen namhaft zu machen. Eine kaum zu gliedernde Stereotypie ist das Ergebnis.
Während die Kritik eines Appell und Müller-Fraureuth im 19. Jahrhundert für die Trivialliteratur der Goethezeit ausschließlich die Ritter-, Räuber- und Geisterromane nennt, bezeichneten die Zeitgenossen interessanterweise gerade die sentimentalen und moralischen Liebes- und Familienromane als ‹trivial›. Tatsächlich hat die spätere Darstellung lange den Blick darauf verstellt, daß diese Form der moralisch-didaktischen Erzählung den Buchmarkt zunächst beherrschte und anfangs sogar das neuerliche Aufkommen der abenteuerlichen Erzählungen als Verbesserung empfunden wurde.

Frauenromane

Diese moralisch-didaktischen Romane entsprachen sowohl ihrer Entstehungsgeschichte als auch der poetologischen Rechtfertigung nach den Bildungsintentionen der bisherigen Leseerziehung. So gehörten die ersten Beispiele dieser Kategorie, angefangen bei der vielgerühmten *Pamela* Richardsons über Gellerts *Schwedische Gräfin* bis zu La Roches *Fräulein von Sternheim* und Hermes' *Sophiens Reise*, zu den beispielgebenden Vorbildern. An ihren Nachahmern, die mit zahlreichen «wahren Geschichten», «Gemählden nach dem Leben», «Zügen des menschlichen Herzens» und «Sittenbildern» auf den Markt traten, konnten allerdings die Befürworter und Förderer dieser moralisch-didaktischen Literatur am ehesten ihren Verfall diagnostizieren.
Zwei Themenkreise beherrschten diese Gattung seit ihrer Entstehung: die verfolgte Unschuld und die Macht der Verführung einerseits, der Kampf zwischen Leidenschaft und Pflicht, das Thema der Entsagung andererseits. Für Frauen und häufig auch von Frauen ist diese Literatur geschrieben; hier sollte die Frau Vorbild und Selbstbestätigung finden. Ihr höchstes Gut lag in der sexuellen Reinheit, und ihre wichtigste Aufgabe war es, für die Kanalisierung und Sublimierung der sexuellen Triebe zu sorgen. In diesem Sinne sind sie dem Manne moralisch überlegen und gewinnen von daher einen gesellschaftlichen Eigenwert; denn eine der wichtigsten bürgerlichen Emanzipationstaktiken bestand in der Moralisierung der Gesellschaft gegen die als verderbt erlebte Aristokratie. Während Richardsons Heldinnen den abenteuerlichsten Bedrängnissen ihrer Liebhaber ausgesetzt waren, die diese zur Erreichung ihrer schnöden Ziele anwandten (sich aber nach der Eheschließung in die liebenswürdigsten und tugendhaftesten Gatten verwandelten), hatte sich gegen Ende des Jahrhunderts diese Form der verfolgten Unschuld schon abgegriffen und dem derberen Reiz der verführten Unschuld Platz gemacht.

Nach Restif de la Bretonnes *Le paysan et la paysanne pervertie* (1776, deutsch 1785) verfaßte Friederike Helena Unger die vielbeachtete Geschichte des *Julchen Grünthal* (1784), in der ein naives, fromm erzogenes Mädchen in dem Sündenbabel Berlin zu einem haltlosen, geistreichelnden Modegeschöpf wird. Erst nach ihrem völligen sozialen Ruin kommt sie zur Einsicht und Reue. Ein ähnliches Thema behandelt Johann Timotheus Hermes in seinem Roman *Für Töchter edler Herkunft*. Wieder ist ein Mädchenpensionat Brutstätte des Lasters; unter der Anleitung eines schurkigen Arztes werden die Zöglinge zu Sexualexzessen verleitet und in Spielhöllen eingeführt. Wie im *Julchen* werden die Entwicklung und die moralische Lehre in langen Briefen dargestellt und erörtert.

Neben diesen «Beispiel- und Läuterungserzählungen» stehen die Romane, die den Kampf zwischen Leidenschaft und Pflicht thematisieren. Sie prägen das Muster der später so genannten Entsagungsromane, die für die erste Hälfte des 19. Jahrhunderts typisch werden. Den größten Erfolg hatte auf diesem Sektor Wilhelmine Karoline Wobeser mit ihrem 1795 erschienen Roman *Elisa oder das Weib wie es seyn soll*. Dieser Titel wurde geradezu sprichwörtlich. Es lassen sich nicht nur an die zehn Nachahmungen nachweisen, sondern er wird in vielen späteren Büchern mit Zustimmung oder Ironie zitiert: Elisa ist die Frau, die dem herrschenden Ideal des tugendhaften Weibes voll und ganz entspricht. Sie entsagt wegen einer Konvenienzehe ihrem Geliebten und erträgt klaglos alle Beschwernisse, Demütigungen und Schicksalsschläge, die ihr an der Seite ihres stumpfen, brutalen und verschwenderischen Gatten zugefügt werden. Aber gewappnet mit einer unerschütterlichen Moral, kann sie allen Gefahren der verderbten Welt trotzen; Gefühl und Leidenschaft werden besiegt durch Vernunft und Einsicht in das Sittengesetz. Durch ihre Anpassungsfähigkeit findet die Frau Zufriedenheit und höchstmögliche Form des auf Erden erreichbaren Glücks.

Während hier wie in vielen vergleichbaren Romanen die Situation der Frau in der konventionellen Ehe nicht in Frage gestellt, sondern ausdrücklich bestätigt wurde, zeigen sich doch auch erste Ansätze eines Versuchs, die psychologischen Bedürfnisse und Reaktionen zu verstehen. Es ist dabei etwa an Therese Hubers *Ehestandsgeschichte* von 1804 zu erinnern, in der zwar die Heldin ebenfalls an einen ungeliebten Mann gebunden ist und auch durch das Auftauchen ihrer Jugendliebe nicht in ihrer Standfestigkeit erschüttert wird; aber die Entwicklung von einem unerfahrenen jungen Mädchen, das sich über die unglücklichen Gefühle eines leeren Lebens zu einer reifen, in sich ruhenden Persönlichkeit entwickelt, der die Entsagung nach inneren Kämpfen schließlich Frieden bringt, ist mit bemerkenswertem psychologischen Gespür dargestellt.

Philanthropische und politische Romane

Das aufklärerische Ideal der Gelassenheit, der Tugend und zweckmäßigen Tüchtigkeit findet sich allerdings auch in Darstellungen, in denen Männer edler Gesinnung und tugendhafter Haltung exemplarisch vorgeführt werden. Während sich der Wirkungskreis der Frau auf die Intimbereiche von Ehe und Familie beschränkt, wirkt der Mann in den ‹politischen› Raum. Seine Bemühungen richten sich auf eine Verbesserung der Sitten, der vernünftigen Organisation des öffentlichen Lebens zum Nutzen der allgemeinen Wohlfahrt und der Gründung von Einrichtungen, die dem sozialen Fortschritt dienen. Mit der drastischen Darstellung von Mißständen und mit konstruktiven Vorschlägen zur Abhilfe soll das Interesse des aufgeklärten Bürgers geweckt werden, um die Verhältnisse des noch ungebildeten und sozial unterprivilegierten Volkes zu ändern.

Zum Handlungsablauf gehören die Schilderungen schrecklicher Mißstände und die Vorschläge zur Abhilfe: bewegende Schicksale junger Männer, die in den Soldatenstand gepreßt sind, entehrte Mädchen, die von den vornehmen Verführern verlassen wurden, brutale, Leute schindende Vorgesetzte und orthodox urteilende Geistliche auf der einen Seite – Hilfe kommt entweder von einem jungen Menschen aus gesicherten Verhältnissen, der auf seinem Bildungsweg mit dem ganzen Jammer der Welt konfrontiert wird, wie *Carl von Carlsberg* in dem gleichnamigen Roman des Pädagogen Christian Gotthilf Salzmann (1784), oder von einem liebenden Paar, das die Vollendung seines Glücks in der aktiven Nächstenliebe sieht, so bei Karl Wilhelm Brumbeys *Karl und Wilhelmine oder das Schicksal zweier Liebenden* (1781), Sintenis' *Stunden für die Ewigkeit gelebt* (1791), Johann Heinrich Pestalozzis *Lienhard und Gertrud* (1781), worauf noch 1817 Johann Heinrich Daniel Zschokke mit seinem *Goldmacherdorf* zurückgriff, und als vielleicht berühmtestes Werk Christian Friedrich Sintenis' *Hallos glücklicher Abend* (1783) und *Hallo der Zweite* (1797). Hier wird als thematische Erweiterung an die Tradition des Fürstenspiegels angeknüpft: Ein in Staatsdiensten ergrauter Mann baut seinen ländlichen Ruhesitz zu einem aufgeklärten Mustergut aus, um seinem Landesherrn damit ein Beispiel für die Staatsführung im großen zu geben. Bodenreform, Abschaffung des Frondienstes, Volksbildung und Wohlfahrtseinrichtungen stehen auf seinem Programm, wobei allerdings nicht eine demokratische Verfassung zur Diskussion steht, sondern die Aufklärung des gerechten Fürsten. Die Natur des freien, aufgeklärten Menschen bezieht sich auf sein vernünftig-moralisches, nicht sein rechtlich-politisches Wesen.

Diese zunächst von den Philanthropen vorgetragenen Ideen werden seit 1790 von den Trivialautoren aufgenommen, wobei als Handlungsträger die Idealgestalt eines tüchtigen, ehrlichen und von Selbstvertrauen getragenen Bürgers figuriert, der, in finstere Hofkabalen versetzt, als

‹Wohlgesinnter› Ordnung und Recht wiederherzustellen weiß, da er klug und unbestechlich ist. Dabei wird nie die Integrität des Fürsten angezweifelt, der immer klug, edelmütig, gerecht und hilfsbereit ist. Doch ist er umgeben von ränkesüchtigen, habgierigen Schmeichlern, die allein Schuld tragen an den Tränen der Witwen und Waisen, dem Frondienst der Bauern und dem Unglück der verführten Mädchen.
Auf die Absetzung des privilegierten Hofadels und die Einführung des bürgerlichen Beamtentums als des zuverlässigen Staatsdieners richtet sich das Interesse des vor- und nachrevolutionären dritten Standes: «Die Emanzipation des deutschen Bürgertums vollzieht sich weitgehend als Streben zum bürgerlich-höfischen Kompromiß» [H. Mayer: Von Lessing bis Thomas Mann. 1959. *S. 15*].
Der beliebteste Autor und erste Vertreter dieses Genres ist Carl Gottlob Cramer, der zu Unrecht in der späteren Literatur immer nur als der berüchtigte Vielschreiber von Räuber- und Schauerromanen zitiert wird. Gleich in einer Reihe durch Familienbande verbundener Romanhelden führt er das Auf und Ab von Hofintrigen und rettendem Eingreifen vor. Die meisten seiner Romane erreichten mehrere Auflagen während der Napoleonischen Zeit, so *Der deutsche Alkibiades* (1791, dritte Auflage 1813) und seine Fortsetzung *Hermann von Nordenschild, genannt v. Unstern* (1791/92), der berühmte *Erasmus Schleicher* (1789, vierte Auflage 1809) und *Paul Ysop*, *Die Geschichte eines reduzierten Hofnarren* (1792/93, zweite Auflage 1798/99). Als Nachfolger der Crameriaden seien Heinrich August Kerndörffer mit seinem *Sebaldus Götz* (1795) und Johann Friedrich Ernst Albrecht erwähnt. Letzterer produzierte zahlreiche ‹Schlüsselromane› zur Zeitgeschichte, unter denen *Europens Götter im Fleische* (1799) eine sentimentale Reise zweier Emigranten durch die Fürstenhöfe der Zeit schildert. Auch hier bleibt es bei einer Kritik einzelner Zustände. Ziel aller der auf den ersten Blick anklagenden Schilderungen ist nicht Revolution und Errichtung der Republik, sondern Überwindung der sozialen Ungerechtigkeiten und vor allem der als Beleidigung empfundenen Zurücksetzung des Bürgers. Die Modelle des aufgeklärten friederizianischen Staates leben in allen Wunschvorstellungen fort.

Familienromane
Den aktuellen Zeitbezug nehmen in den neunziger Jahren auch die Familienromane auf. Eine erstaunlich realistische Darstellung liefert Therese Huber, die in erster Ehe mit Georg Forster vermählt war, mit der *Familie Seldorf* (1795), in der ein sorgsam behütetes junges Mädchen zur maßlosen Heldin der Revolution wird. Den berühmtesten zeitgeschichtlichen Roman verfaßte August Lafontaine (1801) mit *Klara du Plessis und Klairant*. In der Liebe des lothringischen Pächtersohns Klairant, der

sich auf die Seite der Revolutionäre stellt, und der jungen Adeligen Klara, die mit ihren Eltern nach Deutschland flieht, personifiziert er die Bindungen an Fortschritt und Tradition, an das neue Bürgerrecht und an ständische Gesellschaftsordnung. Für ein breites Lesepublikum hat er die zeitgenössische Problematik hier menschlich nahe und wahrscheinlich verständlicher vorgetragen, als in mancher Intellektuellenschrift geschehen. Das Thema der ständischen Auseinandersetzung nimmt, in den privaten Bereich von Liebes- und Ehegeschichten transponiert, bei den Familienromanen einen breiten Raum ein. In Lafontaines *Familie auf Halden* (1794) führt er das Ideal selbstbescheidener, zukunftsfreudiger Bürgerwelt und die korrupte, dem Untergang geweihte Adelswelt im Leben zweier Brüder vor. In diesem Autor, der bis in die zwanziger Jahre hinein seine Romane veröffentlichte, können wir den Begründer jener handlungs- und personenreichen Spezies sehen. Der einsträngige und auf ein oder zwei Personen bezogene Handlungsverlauf der moralisch-didaktischen Erzählungen reicherte sich mit Motiven an, die in den seit den späten achtziger Jahren entstehenden Abenteuerromanen entwickelt waren; die Darstellung verlebendigt sich, die Auseinandersetzung zwischen den Ansprüchen des Individuums und der Gesellschaft werden differenzierter dargestellt. Gleichwohl bleibt die moralisch-didaktische Absicht erkennbar: Immer geht es um eine die idyllische Harmonie des Familienkreises bedrohende Gefahr, sei es durch politische Intrige, die entweder an Zeitereignisse anknüpft oder auch Motive des Abenteuerromans wie geheimnisvolle Abkunft, Entführung und anderes aufnimmt, sei es durch unerlaubte, weil unstandesgemäße oder sündhafte Liebe.

Dieser auch bei Lafontaine sehr bald festgeschriebene Kanon der Komposition wird nach 1800 von vielen Erfolgsautoren übernommen, wobei sie sich wie Julius von Voß oder Johann Friedrich Rochlitz fast ausschließlich diesem Genre zuwenden oder wie Friedrich Gustav Schilling oder Heinrich August Kerndörffer diesen Typ neben anderen in ihrem Repertoire variierend verwenden. Mit dem Familienroman haben sich zwar Stoffülle und Stil, kaum aber die Intention von den Ursprüngen des Erbauungsromans gelöst. Die Traditionslinie ist nahezu ungebrochen. In die nun aber zum zeitgenössischen Umweltroman erweiterte Unterhaltungsform mündet der Strom der in der Sterne-Nachfolge entstandenen heiteren Romane, die sich im trivialen Bereich vor allem erotischer Motive bedienen. Ein früher Vorläufer ist der kleine Roman von Joachim Christoph Friedrich Schulz *Moriz*, der 1783 zuerst im *Teutschen Merkur* erschien: In einer komischen Verwechslungsintrige findet der Liebhaber anstelle des Bräutigams ins Hochzeitsbett. Von dieser den Erbauungsromanen so entgegengesetzten Erzählung ist ein direkter Bogen zu schlagen zu den zahlreichen ‹Ehestiftungsgeschichten›, die Friedrich August Schulze unter dem Pseudonym Friedrich Laun seit 1800 auf den Markt brachte. Mit diesen meist sehr kurzen, locker geschriebenen Unterhaltungsstücken wies er voraus auf eine der typischen biedermeierlichen Kleinformen, die seit 1816 H. Clauren (d. i. Carl Heun) zum favorisierten Autor machten.

Abenteuerromane

Interessanterweise entzündete sich seit den späten achtziger Jahren die Kritik gerade an den bisher so propagierten moralisch-didaktischen Romanen, die nun als fade, abgedroschen, schal und schließlich ‹trivial› galten.

Vorsichtige neue Ansätze machte August Gottlieb Meissner mit seinen *Skizzen* (1778 bis 1796), in denen er unter die in der Erbauungstradition stehenden Beispielerzählungen Kriminalgeschichten mischte. Äußerer Anlaß dazu war die 1772 erschienene deutsche *Pitaval*-Ausgabe, in deren Tradition Meissner steht. Dargestellt wird das Verbrechen als unerhörte Begebenheit, deren psychologische und historische Hintergründe aufzudecken sind. Dabei geht es nicht um eine Beweisaufnahme zur Ermittlung des Täters, weil – der kriminalistischen Praxis der Zeit entsprechend, die noch auf ein durch die Folter erpreßtes Geständnis baute – das Verbrechen günstigstenfalls durch sonderbare Umstände und Zufälle aufgeklärt wurde. Insofern sind diese Geschichten nicht als Vorläufer der späteren Detektivgeschichten zu interpretieren. Das Interesse liegt vielmehr in der Ergründung der Ursachen, die einen Menschen zum Verbrecher werden lassen. So argumentiert Schiller im *Verbrecher aus Infamie* (1786): «Die Seelenlehre, die Moral, die gesetzgebende Gewalt sollten (. . .) aus Gefängnissen, Gerichtshöfen und Kriminalakten – den Sektionsberichten des Lasters – sich Belehrung holen.»

Drei Gründe führt Meissner für die Beschäftigung mit den Biographien von Verbrechern und Unglücklichen an: 1. Die Wirklichkeit gibt dem Dichter einen interessanteren und lehrreicheren Stoff, als jede Phantasie es vermöchte. 2. Das trägt bei zur Kenntnis des menschlichen Herzens, und dadurch wird es möglich, der seelischen Verpflichtung nachzukommen und dem Gefangenen zu helfen. 3. Der in seiner Tugendhaftigkeit sich sicher Glaubende wird darüber belehrt, wie scheinbar unbedeutende Anlässe ihn auf den Weg des Abgrunds führen können.

Dieser letzte Punkt vor allem beschäftigte Christian Heinrich Spieß, der wie kein anderer Autor der Spätaufklärung die Frage nach der Theodizee stellt: In einer Welt, die aufgrund ihres Vernunftoptimismus annahm, daß durch rationale Einsicht in das Gute und Richtige die allgemeine Tugend gefördert werde, muß das Vorhandensein von Elend und Verbrechen zu verzweifelter Resignation oder zu schicksalsgläubigem Fatalismus führen. Dieses grauenhafte Schicksal beschäftigte Spieß in vielen Erzählungen, die als *Biographien der Selbstmörder* (1792), *Biographien der Wahnsinnigen* (1795) und *Meine Reisen durch die Höhlen des Unglücks und die Gemächer des Jammers* (1796 bis 1799) erschienen.

Historische Romane

Mitte der achtziger Jahre kommen historische Stoffe in Mode. Der Anstoß war von verschiedenen Seiten ausgegangen. Zum einen hatte die wissenschaftliche Beschäftigung mit der Vergangenheit zahlreiche Quellenstudien vor allem zu kulturgeschichtlichen Fragen an den Tag gebracht; zum anderen hatte die Ossian-Begeisterung der Stürmer und Dränger ein weitverbreitetes Interesse an altdeutscher Mythologie und germanischem Sängertum entfacht. Damit waren auch zugleich Sagen- und Märchenstoffe wieder in den Blick gekommen, die lange als widernatürliche Ammenmärchen verpönt gewesen waren.

Nach ersten Versuchen von Meissner (*Bianca Capella*, 1776; *Alcibiades*, 1781) fand Benedikte Naubert schon in ihrem frühen Roman *Walther von Montbarry, Großmeister des Templerordens* (1786) eine eigene Darstellungsform für historische Stoffe. Sie zerlegte die Handlung in einen den historischen Fakten entsprechenden Hintergrund und eine frei erfundene Vordergrundgeschichte, in der die psychologische ‹geheime› Geschichte des Helden abläuft. Ihre Methode des Zweischichtenromans wirkte auf die Familienromane ein – so finden wir etwa bei Lafontaine auf ähnliche Weise die allgemeinen Ereignisse im Leben des einzelnen gespiegelt.

Unmittelbar wirkte ein anderes Modell auf den historischen Roman ein: Veit Webers (d. i. Leonhard Wächter) *Sagen der Vorzeit* (1787). Er kann als Vater des Ritterromans gelten. Bei diesem dem Göttinger Hain nahestehenden Autor hatte die Begeisterung für den kraftgenialischen Menschen, der frei von Regelzwang und Konvention nur seinem eigenen Gesetz lebt, die Vorstellung vom idealen Rittertum in deutscher ‹Vorzeit› geweckt. Seine Recken werden zu polternden, rauhbeinigen Biedermännern, die für Freiheit und Recht streiten, womit merkwürdigerweise aufklärerische Vernunftreligion gemeint ist. So wird das Mittelalter retrospektiv als Wunschbild gegenüber der eigenen, verderbten Welt gesehen: Die Unzufriedenheit mit den Unzulänglichkeiten des unheroischen Alltags träumt sich in eine Welt, in der sich Tugend noch ungeschmälert und frei ausleben kann. Hier wird in eine zeitlich ferne Phantasiewelt verlegt, was in den Abenteuerromanen des 19. Jahrhunderts in räumlich fernen Welten gesucht wird.

Schauer-, Geister-, Bundes- und Räuberromane

Die dritte große Stoffquelle schließlich liefern die Märchen. Neuausgaben der französischen Feenmärchen schließen sich erste deutsche Sammlungen an: Musäus' *Volksmärchen der Deutschen* (1781), Voß'

Übersetzung von *Tausend und einer Nacht* (1782), Nauberts *Neue Volksmärchen der Deutschen* (1788). Dazu kommen die englischen ‹gothic stories› von Walpole, Radcliff und Lewis. Das große Interesse der Spätaufklärung an Schauervollem und Unheimlichem gehört zu den interessantesten Phänomenen und wird in der neueren Forschung am heftigsten diskutiert. Offensichtlich erzeugt ein Zuviel an Rationalität ein Bedürfnis nach Irrationalität; neue Mythen werden nötig, um Phänomene wie Schicksal, Angst, das Böse, Sexualität und politische Macht zu erklären. Dabei bleiben Darstellungen und Bewältigung des Bösen ganz im Argumentationsfeld etablierter moralischer Normen und erliegen nicht der bis zur Verklärung getriebenen Faszination, die in der romantischen Sicht vom Bösen ausgeht. Die Schauerromane der Spätaufklärung orientieren sich an den moralischen Beispielerzählungen, wobei Schuld und Schicksal als vernunftmäßig nicht zu erklärende, daher unheimliche und schließlich übersinnliche Erfahrung bewußt wird. Wege der Läuterung stellt etwa Christian Heinrich Spieß in seinen Romanen *Der Alte Überall und Nirgends* (1792/93, 5. Auflage 1824), *Das Petermännchen* (1793) und *Die zwölf schlafenden Jungfrauen* (1795/96) dar. Das Thema der Verführbarkeit und der Beschränkung des freien Willens ist dabei mit dem seiner ‹Biographien› identisch.
Während bei Spieß das geheimnisvolle Wirken außerirdischer Kräfte der Geschichte immanent bleibt, arbeiten andere Autoren mit einer Rückführung in die reale Welt, indem die Geistererscheinungen als Intrige entlarvt werden. Nur scheinbar handelt es sich um den Kampf gegen den Aberglauben, über den der aufgeklärte Kopf schließlich siegt – tatsächlich sind die inszenierten Tricks doch immer Ausdruck einer in unlauterer Absicht handelnden Macht. So hatte Schiller im *Geisterseher* (1787) das Thema des geheimen Bundes mit dem Emissär, der den Adepten (ver-)führt, zuerst gestaltet, dabei Vorstellungen der geheimen Gesellschaften wie der Freimaurer, Illuminaten und Rosenkreuzer nutzend, und so wurde es als stoffliche Bereicherung begeistert aufgenommen. Der Bund erscheint als die geheimnisvoll im Verborgenen waltende Kraft, die unterschiedlichen Zwecken dienen kann, die sich häufig vermischen oder bekämpfen: a) staatspolitische Ziele zur Zerstörung oder Wiederherstellung gestörter Ordnungen; b) persönliche Schutz- oder Vernichtungsaufgaben. Den ersten Fall entwickelt Christian August Vulpius in *Aurora* (1794), den zweiten Karl Grosse in *Der Genius* (1791). Eine Verbindung beider Aufgaben führt Vulpius in seinem berühmten *Rinaldo Rinaldini* (1798, 6. Auflage 1824) vor.
Im *Rinaldo* wird der Rebell gegen die bürgerliche Ordnung zum Helden. Schillers *Räuber* gaben das Vorbild. Aber Rinaldo kann sich vom moralischen Sittenkodex nicht freimachen. Zwar versucht er, die Armen und Unterdrückten zu unterstützen, zwar soll er als Anführer eines Geheim-

bundes, der sich die Befreiung Korsikas von den Franzosen zum Ziel setzte, zum Volkshelden werden; aber seine fatalistische Schicksalsgläubigkeit, die ihn nur eine Marionette im Spiel höherer Mächte zu sein glaubt, lähmt seine Entschlußkraft und Energie. Nur die Todeskugel seines schützenden Genius kann ihn vor einem schmachvollen Ende retten.

Ritter-, Geister-, Bundes- und Räuberromane entwickelten je eigene Motive, Topoi und Charaktere, die nun insgesamt als Requisiten zur Konstruktion eines Romans zur Verfügung standen. Vom Ende der neunziger Jahre an traten in der Unterhaltungsliteratur keine entscheidenden Veränderungen mehr auf; das Bild wurde geprägt von ähnlich konstruierten Erzählungen, in denen bald das eine, bald das andere Motiv Vorrang hat: «Rittergeschichten mit Gespenstern, Rittergeschichten ohne Gespenster», wie Kleist ironisch bemerkt.
Das Grundschema der Romane lautet: Held oder Heldin geheimnisvoller, illegitimer oder scheinbar unstandesgemäßer Abkunft geraten durch politische oder familiäre Intrige in gefährliche oder unglückliche Situationen, sei es durch Verschwörung oder Verbannung, sei es durch Verlust des Geliebten, Erbstreitigkeiten oder Familienhaß. Die gestörte Ordnung wird mit Hilfe geheimnisvoller Umstände wiederhergestellt, inszeniert durch Emissäre eines Bundes, dessen eigentliche Absichten und Beziehungen zu dem Adepten möglichst lange im dunkeln bleiben. Durch bestimmte Topoi findet der Leser verständliche Hinweise, die ihm den Weg durch die verworrene Handlung finden helfen; die Personen sind etikettiert: Ein häßlicher, finsterer Mensch, der sich der Gesellschaft aufdrängt, kann leicht als unheilbringender Schurke entlarvt werden; der plötzlich in grauenerregender Landschaft auftretende Alte, der nur ausweichende Antworten gibt, ist der Emissär einer geheimen Gesellschaft. Ein Mönch, vor allem als Beichtvater, ist Vertreter finstersten Aberglaubens, ein Eremit meist Vertreter menschenfreundlicher Friedfertigkeit. Die Braut des Helden ist immer durch Schönheit, Sanftmut, Tugendhaftigkeit und Empfindsamkeit ausgezeichnet. Aus der Umgebung des Helden stammt eine Person, die um seine geheime Herkunft weiß. Sie ist an einer gewissen Schwermut zu erkennen, da ihr Wissen sich auch auf die das Geheimnis bedingende Schuld bezieht. – Als Handlungsraum bietet sich die ‹graue Vorzeit› mit Raubritterkolorit ebenso an wie eine zeitlose oder zeitbezogene Umwelt, in der Geheimbünde oder adelige Familienbeziehungen eine Rolle spielen; Geisterbeschwörungen werden inszeniert, wundervolle Zeichen, heimliche Botschaften und vertauschte Briefe verwirren die Helden. Einsame Ruinen, Höhlen, abgelegene Schlösser und liebliche Eremitagen bilden die Kulisse. Trennung, Verfolgung, Bewährung in Gefahr, Verführung, Vergewaltigung,

Gefangennahme, Flucht, Trennung und Wiederfinden treiben die Handlung voran.
Diese Struktur gilt für den abenteuerlichen Roman; aber viele Elemente dringen auch in den Nachfahren des Erbauungsromans ein. Auch hier gibt es unbekannte oder niedrige Abkunft, Entführung, Familienhaß; aber sie entstammen nicht einer ungeordneten, gefahrvollen Umwelt, sondern der inneren Welt des zwischenmenschlichen Bereichs. Die beiden beherrschenden Grundthemen bleiben Glückfinden und Entsagung, ihnen entsprechen die Ehefindungs- und die Ehestandsgeschichten.

Zusammenfassung

Die Unterhaltungslektüre hat sich zwischen 1780 und 1795 herausgebildet, wobei ein Strang auf die alte Erbauungsliteratur zurückzuführen ist, aus deren Leserschaft sich auch das neue Lesepublikum weitgehend rekrutiert. Er lebt in den moralisch-didaktischen, philanthropischen und später den Frauen- und Familienromanen fort. Seit den achtziger Jahren tritt ein erweiterter Stoffkreis abenteuerlicher Themen hinzu, der nach kurzer Zeit selbständiger Leistungen gegen Ende des Jahrhunderts zu einem Konglomerat ähnlich konstruierter Romane zusammenwächst.
Die Unterhaltungslektüre fördert die Ausbildung der Romanproduktion, da diese Literaturart einerseits als außerhalb des klassischen poetischen Kanons stehend frei ist für die Aufnahme unterschiedlicher Stoffe und Stile, andererseits die erzählende Prosaform dem Rezipienten die leichteste Möglichkeit literarischer Anpassung bot.
Offenbleibt die Frage, warum nun und gerade nun die Kluft zwischen sanktionierter Dichtung und Massenlektüre aufreißt. Es sei an das Goethewort erinnert, das vom Gegensatz von ‹Zerstreuung› und ‹Sammlung› spricht. Hier ist deutlich auf den Wandel von intensiver zu extensiver Lektüre hingewiesen; darüber hinaus aber deutet sich ein gewandeltes Selbstverständnis bei Autor und Publikum an: Die Autoren der Klassik und Romantik verstanden sich ausdrücklich als die geistige Führungsschicht, von der die ‹ästhetische Erziehung› auszugehen habe, die sie aus dem Autonomieanspruch der Kunst ableiteten. Wie sich zeigte, blieben die Leser dagegen bis zum Ende unseres Zeitraums (und darüber hinaus) der Aufklärungsideologie verbunden; sie nahmen an den klassischen und romantischen Bestrebungen gar nicht oder nur oberflächlich teil, sondern blieben realitätsbezogen auf dem Standpunkt des ‹natürlichen Bewußtseins› stehen, das ihnen das Weltverständnis des Idealismus verschloß.
Von nun an muß man mit einem sanktionierten Literaturkanon der Bildungselite einerseits und dem davon unbetroffenen Geschmack des ‹Zerstreuung› suchenden Publikums rechnen.

Von Geld ist die Rede, von wem noch?

An Geld und Gut…

... hingen sie, die Deutschen, mit unmäßiger und unedler Liebe, schrieb der Mann, der Güter nie und Geld nicht mehr besaß. Die Familie, der er entstammte, hatte Einkünfte, die ein standesgemäßes Leben erlaubt hätten. Der Sohn aber, von dem hier die Rede ist, hatte weder Neigung zum Soldatenberuf (er schied als Leutnant aus) noch zum Studium der Kameralia, der Volkswirtschaft. Der Beruf des Beamten war ihm gleichermaßen verhaßt.

Vor seiner Arbeit im Berliner Wirtschaftsministerium floh er nach Paris, begleitet von seiner Stiefschwester, die vorzugsweise in Männerkleidern reiste. Danach wollte er sich in der Schweiz als Bauer niederlassen, aber es fehlten ihm Geld und Geduld. Denn nun hatte er schon einen ungehörigen Teil seines Erbes verbraucht, und bald war er mittellos, angewiesen auf Hilfe von hier und dort und auf eine kleine Rente aus der Privatschatulle der Königin Luise.

Er versuchte sich in weiteren Berufen, war Diätar der preußischen Domänenkammer, gründete in Dresden einen Verlag und gab eine Zeitschrift heraus, wurde Redakteur der ersten Berliner Abendzeitung – alles endete ein wenig kläglich. Und dabei feierte man ihn schon zu Lebzeiten und heute noch als einen der größten Dramatiker seiner Zeit!

Er litt an einem Sprachfehler, dergestalt, daß, da er sprach, die Gedanken sich ihm allmählich zwar, aber doch schneller verfertigten, als sie dem Munde entschlüpften. Heute noch rätselt man, ob eine Operation in Würzburg, die ihn in zweihundert Taler Schulden gestürzt hatte, diesem oder einem anderen Leiden galt.

Im Alter von 34 Jahren fand er eine Frau, die ihm schon bald einen langgehegten Wunsch erfüllte: Sie schied gemeinsam mit ihm aus dem Leben. Das war im Jahre 1811. Von wem war die Rede?

(Alphabetische Lösung: 11-12-5-9-19-20)

Giuseppe Bevilacqua
Romantische Lyrik

Ist von Romantik – insbesondere von der deutschen literarischen Romantik – die Rede, so denkt man sofort an Lyrik. Lyrisch in höchstem Ausmaß ist jede Äußerung des romantischen Geistes gewesen, und was von ihm in unserer Zeit zu bleiben scheint, trägt dasselbe Merkmal, so daß beide Termini oft als Synonyme gelten. Diese Verknüpfung wird historisch verständlich, wenn man den Verlauf der literarischen Bewegung von ihrer Entstehung am Ende des 18. Jahrhunderts bis heute, also von Novalis bis zur neuen Subjektivität überschaut. Die gängige Gleichstellung romantisch/lyrisch wird durch einen schwerwiegenden Umstand wesentlich verstärkt, nämlich durch die enge Beziehung, die die literarische Romantik vor allem im Laufe des vorigen Jahrhunderts mit der romantischsten aller Künste, also mit der Musik (denn als solche wird sie im allgemeinen betrachtet) eingegangen ist. Wenn man sich diesen Komplex vergegenwärtigt, sind in unserer Vorstellung mit ‹romantischer Lyrik› die Namen Schubert, Schumann, Brahms, Wolff, Mahler und andere untrennbar verknüpft. Lyrisch im etymologischen Sinne des Wortes – das heißt zum Spiel der Lyra, dieses höchst individuellen Musikinstruments gehörig – scheint demnach die ganze Dichtung der romantischen Autoren zu sein.

Betrachtet man indessen die Einstellung, die die meisten Romantiker – jedenfalls die frühen – zur Lyrik als Gattung haben, so ergibt sich Widersprüchliches: Die meisten haben diese Gattung nicht so offiziell-vorrangig und systematisch gepflegt, wie etwa vor ihnen die Poeten des Göttinger Hainbundes oder nach ihnen der junge Heine und selbst viele Dichter des Vormärz; viele haben keine eigene geschlossene Liedersammlung veröffentlicht, Brentano nicht, Tieck und Arnim nicht und der frühe Eichendorff nicht; sie haben auch keine Theorie der Lyrik erarbeitet, keine Poetik dieser Gattung entworfen. Die neue große romantische Lyrik ist gleichsam parasitär in den Interstitien anderer Gattungen entstanden, vor allem des Romans und dessen liebsten Sprößlings, des Kunstmärchens.

Bekanntlich hat Friedrich Schlegel in mehreren seiner *Lyceum-* und *Athenäum*-Fragmente sowie im «Brief über den Roman», den er Antonio, einem der Teilnehmer an seinem *Gespräch über die Poesie* (1800), in den Mund legt, peremptorisch behauptet, der Roman sei der Mittelpunkt der modernen Poesie, in ihm vereinigten sich alle Gattungen. Schlegel hat – wenigstens unter dem Aspekt, der uns hier interessiert – auch unumstößlich recht behalten. In den Jahren, als er diese Theorie formulierte, und in den darauffolgenden erlebt man eine Art Wiedergeburt der Lyrik aus dem Geist des Romans.

Was geboren wird, scheinbar schon dagewesen, in der Tat aber ganz neu und eigenständig ist, das ist die wichtigste Erscheinung in der modernen romantischen Poesie, nämlich das neue Kunstlied. Wie Kristall in einem gesättigten Medium bildet es sich in der mehr oder weniger unförmigen und ‹verwilderten› Masse solcher epischen Prosawerke wie etwa Tiecks *Sternbald*, Novalis' *Ofterdingen*, Brentanos *Godwi* oder Eichendorffs *Ahnung und Gegenwart*. Sicher hat in diesem Prozeß der theoretische Hinweis von Friedrich Schlegel einen nachhaltigen Anstoß gegeben, zumal all diese Autoren auch persönlichen Kontakt zu ihm hatten, im Falle von Novalis und Tieck sogar sehr eng; und doch muß das Phänomen objektiv begründet gewesen sein. Schlegel selbst hat nichts anderes getan, als eine in der Epoche schon angelegte Tendenz zu registrieren und kritisch zu vervollkommnen; dies allerdings mit ganz ungewöhnlich rascher Intuition und Folgerichtigkeit.

Was sich mit den ersten Romantikern meldet, ist offensichtlich eine Krise des lyrischen Subjekts. Dieses hatte sich durch das ganze Jahrhundert gesucht, um endlich in Goethes Werk zu sich selbst zu finden: Hier erst erreicht es ein Gleichgewicht, ein unmittelbares und zugleich fest gesichertes Verhältnis zur äußeren Wirklichkeit, zur Welt. Denn ist lyrische Produktion der eigentliche Ausdruck innerer Subjektivität, so bildet erst recht für sie ein nicht grundsätzlich in Frage gestelltes Verhältnis zur Welt eine notwendige Voraussetzung und erforderliche Bedingung für ihre ungestörte Entfaltung. Erst auf dem Hintergrund eines sinnenthaltenden und -gebenden Horizonts kann sich das Subjekt als solches deutlich erkennen und mit sich selbst aus Überzeugung operieren. Die Realität des Ichs wird an der Realität der Welt gemessen, und nur mit der Rückendeckung einer objektiven Ordnung ist eine Beschäftigung mit dem eigenen Inneren, selbst eine ausschließliche, keine schwindelerregende Tätigkeit.

Die Bedeutung des Zusammenhangs Subjekt/Objekt als Voraussetzung der lyrischen Poesie hat noch zur Zeit der Romantik Georg Wilhelm Friedrich Hegel sowohl in einer systematischen wie auch zusammenfassend in einer kulturgeschichtlichen Perspektive erörtert. In seinen *Vorlesungen über die Ästhetik* fragt sich der Philosoph, welche «allgemeine Stufe des Bewußtseins und der Bildung» der lyrischen Produktion am günstigsten sei, und gibt folgende Antwort:

«Der Lyrik [sind] vornehmlich solche Zeiten günstig, die schon eine mehr oder weniger fertig gewordene Ordnung der Lebensverhältnisse herausgestellt haben, indem erst in solchen Tagen der einzelne Mensch sich dieser Außenwelt gegenüber in sich selbst reflektiert und sich aus ihr heraus in seinem Inneren zu einer selbständigen Totalität des Empfindens und Vorstellens abschließt. Denn in der Lyrik ist es eben nicht die objektive Gesamtheit und individuelle Handlung, sondern das Subjekt als Subjekt, was die Form und den Inhalt abgibt. Dies darf jedoch nicht so verstanden werden, als ob das Individuum, um sich lyrisch äußern zu können, sich von allem und jedem Zusammenhang mit nationalen Interessen und Anschauungen losmachen und formell nur auf seine eigene Füße stellen müsse. Im Gegenteil, in dieser abstrakten Selbständigkeit würde als Inhalt nur die ganz zufällige und partikulare Leidenschaft, die Willkür der Begierde und des Beliebens übrigbleiben und die schlechte Querköpfigkeit der Einfälle und bizarre Originalität der Empfindung ihren unbegrenzten Spielraum gewinnen. Die echte Lyrik hat, wie jede wahre Poesie, den wahren Gehalt der menschlichen Brust auszusprechen. Als lyrischer Inhalt jedoch muß das Sachlichste und Substantiellste als subjektiv empfunden, angeschaut, vorgestellt oder gedacht erscheinen.»

In diesem Passus seiner *Ästhetik* hat Hegel offensichtlich Goethe und die Romantiker als Repräsentanten zweier gegensätzlicher Richtungen im Auge gehabt – einerseits den Lyriker, der sich als selbständige Totalität darstellt, jedoch so, daß diese ein objektives Ganzes mehr oder weniger bewußt reflektiert oder durchscheinen läßt; andererseits die Lyriker, welche sich von «jedem Zusammenhang losmachen», mit all den hier scharfsinnig beschriebenen Folgen.

Die Auffassung Hegels findet mehrfach Bestätigung bei Goethe selbst. So schreibt er zum Beispiel in den *Maximen und Reflexionen*:

«Auf ihrem höchsten Gipfel scheint die Poesie ganz äußerlich; je mehr sie sich ins Innere zurückzieht, ist sie auf dem Wege, zu sinken. – Diejenige, die nur das Innere darstellt, ohne es durch ein Äußeres zu verkörpern, oder ohne das Äußere durch das Innere durchfühlen zu lassen, sind beides die letzten Stufen, von welchen aus sie ins gemeine Leben hineintritt.»

Eine Reihe wichtiger Fragestellungen wird von diesen Zeilen aus der Feder der beiden größten Vertreter einer Epoche aufgeworfen, die man mit Recht auch Goethe-Hegel-Zeit nennen könnte. Angenommen, diese Zitate enthalten, wie wir vermuten, eine kritische Anspielung auf die Romantiker, dann stellt sich die Frage: Ist der Verlust eines festen objektiven Horizonts das Ergebnis individueller Verirrung oder Resultat eines Prozesses, der in den objektiven Koordinaten der Epoche verankert ist und somit zugleich einen historischen Wandel widerspiegelt?

In der hier gewählten sozialgeschichtlichen Perspektive muß sich die zweite Hypothese als die tragfähigere erweisen, wenn auch mit der Einschränkung, daß bei genauer Analyse eines jeden konkreten Falles die Bedeutung und Auswirkung individueller Faktoren nachhaltig ins Auge fällt. Die nächste Frage soll daher dem historischen Wesen und der Wirkung des hier hypothetisch ausgegrenzten Prozesses gelten. Zu ihrer Beantwortung sind allerdings die beiden großen Geister, die wir oben beschworen haben, nicht mehr unbedingt geeignet, da die Romantik zu ihrer Klassik (und Hegel darf wohl auch wenigstens im Hinblick auf seinen literarischen Geschmack als ein Klassizist bezeichnet werden) in einem prinzipiell antagonistischen Verhältnis steht. Bei aller Weite des geistigen Gesichtskreises mußten diese Persönlichkeiten dazu neigen, die in Frage kommende Entwicklung eher als Degeneration denn als folgerichtigen Werdegang zu betrachten. Allein – wie das oft vorkommt – die historische Gerechtigkeit, die sie der jüngeren Generation vielleicht nicht in genügendem Maße zugestanden, ließen sie den früheren Generationen reichlich angedeihen. In der oben zitierten Maxime von Goethe ist ein Ausdruck enthalten, der uns an eine berühmte Stelle im zweiten Teil (7. Buch) von *Dichtung und Wahrheit* erinnert, nämlich an den Abschnitt, in dem Goethe den einzigen großen und echten deutschen Lyriker der ersten Hälfte des 18. Jahrhunderts charakterisiert, wobei er diesmal versucht, sich über den Sinn von dessen Schicksal auch an Hand historischer Überlegungen Rechenschaft abzulegen. «[Johann Christian Günther] – lesen wir da – besaß alles, was dazu gehört, im Leben ein zweites Leben durch Poesie hervorzubringen, und zwar in dem gemeinen wirklichen Leben.» Die Poesie soll sich also nicht auf das unmittelbar Erlebte und Gefühlte reduzieren, sonst sinkt sie in die abstrakte Psychographie ab, sondern sie muß ein zweites Leben neben oder besser: innerhalb des gemeinen und wirklichen Daseins hervorbringen. Der lebendige Mikrokosmos der Poesie muß konzentrisch im lebendigen Makrokosmos der Natur enthalten sein. Der Dichter – heißt es in einer anderen Maxime – «schaut im Besonderen das Allgemeine», natürlich nicht mit Absicht und Berechnung; denn sonst würde Allegorie und keine Poesie entstehen. Diese «spricht ein Besonderes aus, ohne ans Allgemeine zu denken oder darauf hinzuweisen. Wer nun dieses Besondere lebendig faßt, erhält zugleich das Allgemeine mit, ohne es gewahr zu werden, oder erst spät.» Günther nun besaß alles, was dazu gehört, dieses Besondere lebendig zu fassen, «er darf ein Poet im vollen Sinne des Worts genannt werden. [So schreibt Goethe und formuliert dabei indirekt die eigene Poetik:] Ein entschiedenes Talent, begabt mit Sinnlichkeit, Einbildungskraft, Gedächtnis, Gabe des Fassens und Vergegenwärtigens (. . .).» Und doch «zerrann ihm sein Leben wie sein Dichten». Goethe erwähnt einige individuelle Ursachen dieses tragischen Scheiterns, aber die primär wichtigste hatte er vorausgeschickt, sie steht am Anfang des Absatzes: «Betrachtet man genau, was der deutschen Poesie fehlte, so war es ein Gehalt, und zwar ein nationeller.» Den vollen Sinn dieses Ausspruchs begreift man erst, wenn man ihn in direkte Beziehung zu einem anderen stellt, der wiederum im 7. Buch, nur zwanzig Seiten weiter, zu lesen ist: «Der erste, wahre und höhere eigentliche Lebensgehalt kam durch Friedrich den Großen und die Taten des siebenjährigen Krieges in die deutsche Poesie. Jede Nationaldichtung muß schal sein oder schal werden, die nicht auf dem Menschlich-Ersten ruht, auf den Ereignissen der Völker und ihrer Hirten, wenn beide für *einen* Mann stehen.»

Was also nach Goethes Meinung der deutschen Poesie ermöglichte, zur vollen Entfaltung zu kommen, war der Übergang von einer ungeformten, chaotischen nationalen Wirklichkeit zu einem ersten und deshalb begeisternden Modell ‹geordneter Lebensverhältnisse›. Der moderne Staat, im Frühstadium des Absolutismus, mit dessen Entstehung sich in anderen westlichen Ländern eine Blütezeit der Kultur gepaart hatte, bildete sich auf deutschem Boden erst gegen die Mitte des 18. Jahrhunderts. Goethe erlebte in eigener Person diesen entscheidenden Entstehungsprozeß; er wurde, wie er selber sagt, zusammen mit dem modernen Deutschland geboren, und er verwirklichte in der Dimension der Poesie, was andere in der objektiven Dimension von Politik und Gesellschaftsordnung fast gleichzeitig zu realisieren suchten. Man braucht wohl nicht hinzuzufügen, daß die geschichtlichen Ereignisse nicht unmittelbar den Inhalt einer neuen Poesie zu liefern brauchten; sie gaben vielmehr die Sicherheit eines festen und runden Horizonts, vor dem sich der einzelne in seiner konkreten Individualität abheben konnte. Das Ich identifiziert sich an, nicht mit der Welt.

Das Besondere aber an dieser Entwicklung hat mit dem seit Marx so oft als folgenschweren Faktor herangezogenen Anachronismus der deutschen Geschichte zu tun. Denn gerade in dem Moment, als sich der nationalstaatliche Absolutismus in Deutschland ankündigte, trat er in dem Staat, wo er am weitesten fortgeschritten war, in seine tödliche Krise; die Deutschen erlebten somit am Beispiel des Nachbarlandes Frankreich das Altern des «souveränen Staates» – wie Goethe ihn in *Dichtung und Wahrheit* nannte – in denselben Jahren, als dieser sich im preußischen Kern des eigenen Landes mit jugendlichem Aufschwung konstituierte und dadurch erst das Modell einer organischen Wirklichkeit bot. Als die Krise jenseits des Rheins ihren traumatischen Höhepunkt erreichte, da mußte sich die geistige Elite in Deutschland spalten, mußte sich eine Kluft zwischen den Generationen öffnen: Wer einmal aus einer wenigstens im Grundriß durchgeformten Außenwelt ein konkretes Lebensgefühl geschöpft hatte, der konnte dieses Gefühl in eine gewandelte Situation hinüberretten. Wer dagegen mit der Krise geboren wurde, kannte eben nur diese, ihre Unsicherheit, ihre Spannungen und hatte allenfalls eine Ahnung, eine transponierte und in stilisierter Form gefaßte Sehnsucht nach einer gesellschaftlich-politischen Ordnung, die in ihrer historischen Entwicklung unterbrochen worden war. So konnten die einen trotz allem die Stabilität des Ichs bewahren, die anderen nicht; und in ihrer Weltanschauung konnten die einen eine Vervollkommnung ins Ideelle, eine konkrete Utopie anstreben, während die anderen höchstens eine Projektion ins Phantastische des im Keim schon Dagewesenen, aber nicht mehr direkt Erlebten erreichten: Klassik und Romantik. Der Übergang – ein rascher und höchst dramatischer Wechsel – ist in der Lyrik durch zwei dominierende Gestalten markiert und erscheint daher phänotypischer als die völlig ausgereifte Position.

Hölderlin

Die erste große Übergangsgestalt – und unverkennbar ist sie eine solche – steht mit den Füßen entschieden auf dem Boden der Klassik. Friedrich Hölderlin (1770 bis 1843) war von Natur aus ein nach Harmonie und Versöhnung strebender Geist, und er erhielt eine aus klassischem Gedankengut, vor allem aus griechischer und lateinischer Sprache, Literatur und Philosophie genährte Bildung. Zu diesen Voraussetzungen kamen jedoch innere und äußere Umstände hinzu, die den ersteren widersprachen und sie in erheblichem Ausmaß modifizierten. Solches Spiel und Gegenspiel läßt sich sowohl an seinem persönlichen Werdegang wie an seinem Werk verifizieren. Hölderlin wurde im schwäbischen Lauffen geboren, am Ufer jenes Neckar, dessen Name heute für uns mit dem des Dichters eng verbunden ist. Der Vater war Verwalter der Güter des dortigen Klosters, wie es früher der Großvater gewesen war. Diese soziale Einbettung am unteren Rande des Beamtenbürgertums im feudal absolutistischen Fürstentum ist eine primäre Gegebenheit im Leben des Dichters. Sie bedeutete Abhängigkeit, eingeschränkte Berufswahl und daher den mehrmals gescheiterten Versuch, für die eigene Existenz eine befriedigende Basis zu schaffen.

Das Theologiestudium öffnete dem jungen Hölderlin nur zwei Laufbahnen: Kanzel und Unterricht, beide nicht geschaffen für seine sehr bald nach innen gekehrte Persönlichkeit. Für den geistlichen Stand war er schon deshalb ungeeignet, weil er während des Aufenthalts im Tübinger Stift (1790 bis 1793) mit seiner intellektuellen Neugier, seinen Kenntnissen, seinen Bildungserfahrungen, seinen Überlegungen über historische Vergangenheit und Gegenwart weit über die Grenze der Dogmatik einer positiven Religion vorgestoßen war: durch den Plato des *Gastmahls* und des *Staates*, den durch Jacobi vermittelten Spinoza, Leibniz, Hemsterhuis, Kant und die kritische Philosophie, Rousseau an allererster

Stelle und Schiller, von den zeitgenössischen Schriftstellern und Denkern für Hölderlin bei weitem der einflußreichste – eine kritisch empfangene klassische Bildung, geschmolzen im Tiegel einer Begeisterung, die sich an den mitreißenden und epochemachenden Ereignissen der Französischen Revolution entzündete. Die gewaltige Erweiterung des historischen und spekulativen Gesichtskreises war ein qualitativer Sprung – man vergegenwärtige sich vergleichsweise die durchschnittliche Bildung der Deutschen nur einige Jahrzehnte früher –, bildete aber gleichzeitig einen schreienden Kontrast. Die ideelle Dimension der Welt war enorm breit, reich und bewegt geworden, die wirkliche hingegen war noch immer eng und beengend, jene Provinz der modernen Geschichte, die das postwestfälische Deutschland verkörperte. Man erdachte sich kühne Parallelen zwischen den Helden der Thermopylen und den Siegern von Valmy und diente als Privatrepetitor im Haus eines kleinen Adligen auf dem Lande; man schwärmte für Brutus und richtete untertänigste Bitten an einen Herzog von Württemberg.

Es gab freilich Inseln oder besser Freiräume in einem relativen Sinne. In Preußen ließ man den verkümmerten Nachwuchs der friderizianischen Aufklärung gewähren, in Weimar/Jena sammelte sich wie auf einem Elysium die Intelligenz der Nation. Hölderlin wandte sich dorthin, als er vom Stift Abschied nahm. Die einzige Rettung vor der Misere wäre eine Dozentur auf hohem Posten gewesen, wie sie seine beiden Studiengenossen später erhielten, zunächst das Wunderkind Schelling, dann der bedächtig aufholende Hegel. Das Scheitern dieses Versuchs – sechs Jahre später noch einmal, aber ganz aussichtslos unternommen – bedeutete möglicherweise das entscheidende Ereignis im Leben von Hölderlin. Dieses war vielleicht schon vorgezeichnet in dem Moment, als er im Sommer 1795 Jena plötzlich verließ – eine Flucht, die zum Zwangsverhalten wurde, aber auch bewußte Wahl war – und «als vertriebener Wandrer / vor Menschen und Büchern floh». Von Jena ging der Weg nach Nürtingen, dem geliebt-verhaßten Refugium der verlassensten Stunden, wo die strenge Mutter lebte, über Heidelberg, wo er die entscheidende Gewißheit seiner Bestimmung als Dichter erhielt (vgl. *Heidelberg*, die große, fünf Jahre später entstandene Ode) und über Tübingen, wo er, gleichsam als Abschied von der systematischen Philosophie, dem 20jährigen Schelling einige Ideen hinterließ, die dieser dann dem dritten Mitglied des früheren Freundschaftsbundes im Stift weitergab: Sie enthielten im Keim die neue Philosophie, den objektiven Idealismus. (Die Rekonstruktion, die seinerzeit E. Cassirer von diesem ergreifendsten aller Abenteuer des modernen Geistes gab, dürfte noch heute die glaubwürdigste sein.)

In der folgenden Frankfurter, Homburger und zuletzt Stuttgarter Zeit, also in den sechs knappen Jahren relativen Gleichgewichts, die «die

Götter» ihm gewährten, vollendete Hölderlin seinen *Hyperion*, den lyrischen Bericht in Briefen über die brennenden Hoffnungen und Enttäuschungen seiner Jugend, und eröffnete sozusagen die neue Front auf der Seite der letzten Katastrophe hin, nun freilich nicht mehr als referierende Erzählung, sondern als offene, unvollendete Tragödie: Im *Empedokles* (dritte Fassung 1801) mündet der Versuch des agrigentinischen Dichterphilosophen und Volksführers, eine sinngebende organische Harmonie der gesellschaftlichen Ordnung zu begründen, in den Märtyrertod.

Diesseits vom *Hyperion* und jenseits des *Empedokles* – was natürlich nicht in einem chronologischen, sondern eher im ideellen Sinne aufzufassen ist – weist Hölderlins Poesie einen vorwiegend hymnischen Charakter auf. In der ersten Phase galt es, mit visionärer Konsequenz die Humanitätsideale von Weimar zu preisen, während in der letzten Phase dann das einsame Ideal einer Palingenesis der Menschheit durch Dichter und Erwählte proklamiert wurde, eine unzeitgemäße Verkündung, die erst gegen Ende des Jahrhunderts von einem anderen großen Vereinsamten aufgenommen wurde. Kein Wunder, daß nach Nietzsche unsere der Verkündigungen so bedürftige Zeit ihr Interesse auf diesen späten hymnischen Hölderlin konzentrierte.

Schon vor dem Ersten Weltkrieg wurde von Norbert v. Hellingrath der nachempedokleische Hölderlin in ein neues und helles Licht gerückt, der Verfasser der gigantischen späten Gedichte und Fragmente (*Am Quell der Donau*, *Der Rhein*, *Patmos, Die Wanderung, An die Madonna, Die Titanen* und andere), der, obgleich selbst ein Opfer, eine existentielle Rettung vor den Schrecken einer unbewältigten Gegenwart zu versprechen schien. In jüngster Zeit dagegen, im Gefolge einer weitverbreiteten Hinwendung von der existentiellen zur sozio-politischen Dimension in vielen Bereichen der Bildung und der Forschung, wurde der ‹hyperionische› Hölderlin in den Mittelpunkt gestellt, der kompromißlose Verfechter der menschlichen Rechte, der Stiftsjakobiner, der sich im Grunde nie widerrief, sondern durch alle möglichen Transponierungen ins Mythische den Forderungen von 1789 treu blieb. Diese gegensätzlichen Akzentuierungen, beide bis zu einem gewissen Punkte berechtigt, haben – auch im Zusammenhang mit großangelegten und sich gegenseitig ergänzenden editorischen Unternehmen – das Verdienst, früher unbekannte oder nur schlecht bekannte Aspekte des Werks und der Persönlichkeit von Friedrich Hölderlin neu beleuchtet zu haben.

Indessen wird eine Wertung, die eine kritische Mittelstellung zwischen geschichtsbezogener Subjektivität und relativer Objektivität des literarischen Urteils einhalten will, die zentrale Bedeutung des mittleren Hölderlin, des Autors der großen vollendeten Oden und Elegien aus den Jahren 1798 bis 1801, gegen alle Schwankungen behaupten. Dies nicht etwa in dem rein formal-klassizistischem Aspekt, daß die Kompositionen aus dieser Zeit, im Vergleich mit dem rhetorischen Überschwang der frühen und der kühnen Hermetik der späten Hymnik, ein ausgeglicheneres Verhältnis Form/Gehalt verwirklicht hätten: Auch in der hier anvisierten historischen Perspektive spiegeln Gedichte wie *Abendphantasie, Mein Eigentum, Heidelberg, Das Ahnenbild, An Landauer, Der Archipelagus* am prägnantesten die Position wider, die Hölderlin innerhalb der anfangs skizzierten Konstellation einnimmt.

In ganz konkret-anschaulichen Situationen, im lebendig gefaßten Besonderen, ist einerseits das erfüllte Leben, andererseits der Verlust desselben symbolisch geschildert: an dem «sicheren Mann», an «reifen Früchten», an «fröhlichen Gassen» zum einen, zum anderen an dem «Wanderer», an dem «Wasser von Klippe zu Klippe geworfen», an dem «Vogel der Nacht», an der «schicksalskundigen Burg». Hier, an der Wende der Zeit, die Hölderlin erlebt, steht affirmative Darstellung von Harmonie und Gleichgewicht neben dem Wissen um Bruch, Unsicherheit und Verbannung, die die Romantiker schon damals als absolute Erfahrung begriffen haben. Tragend als humanistische Forderung bleibt bei Hölderlin das positive Element, denn das negative ist historisch und nicht metaphysisch gedeutet. Pause ist die Nacht, wie aus *Brod und Wein* hervorgeht, und nicht umgekehrt. «Ovid blieb klassisch auch im Exil: er sucht sein Unglück nicht in sich, sondern in seiner Entfernung von der Hauptstadt der Welt», das heißt – auf Hölderlin übertragen – von der ideellen Hauptstadt, dem anbrechenden Reich der Freiheit. Goethe, der das schrieb, hätte nicht noch einmal den alten Dichter besser als den zeitgenössischen verstanden, hätte er auf diesen die gleiche Maxime angewendet.

Novalis

Vom Sänger des Äthers zum Sänger der Nacht. Novalis ist mit Recht, von einem gewissen Blickwinkel aus, als der unübertroffene Höhepunkt der romantischen Lyrik anzusehen; er ist aber zugleich eine Übergangsgestalt, ein Vermittler – nur in einem anderen Sinne als Hölderlin. Der letztgenannte bildet eine Brücke zur Klassik, Novalis eine Brücke zu den sentimentalischen, pietistischen und mystischen Strömungen des 18. Jahrhunderts und, mehr oder weniger mittelbar, auch früherer Epochen. Friedrich von Hardenberg (1772 bis 1801) stammte nicht wie Hölderlin aus kleinbürgerlicher Familie, sondern aus einem alten thüringischen, wenn auch nicht besonders reichen Adelsgeschlecht. Er war übrigens immer ziemlich standesbewußt; das ist auch aus der Wahl des Pseudonyms, abgeleitet aus der mittelalterlichen Bezeichnung eines Familienbesitzes, und aus der souveränen Art des Umgangs selbst mit höchst bewunderten Lehrern und Freunden zu entnehmen. Seine soziale Stellung erlaubte es ihm, sich der obligaten Alternative zwischen Pfarrer-

und Hofmeisterberuf zu entziehen; er durfte als unabhängiger Student in Jena, Leipzig und Wittenberg Jurisprudenz bis zum Abschluß studieren und anschließend, im Herbst 1794, in den Verwaltungsdienst treten, wo er es innerhalb weniger Jahre bis zum Bergwerkassessor brachte.

Es ist eine seltsame Diskrepanz: Dieser beflissene Amtsmann, Verfasser des *Heinrich von Ofterdingen*, warf dem Verfasser des *Wilhelm Meister*, der sein Diplom an den Nagel gehängt hatte, «Prosaizität» vor. Das mag einer grundlegenden Komponente in der Persönlichkeit von Novalis entsprechen, dem beinahe ängstlichen Bedürfnis nach Autorität und fester Eingliederung, und verrät jedenfalls alles andere als sprichtwörtlich romantische Anarchie und entfesselten Individualismus. In diesem Licht bekommen auch andere entscheidende biographische Umstände eine besondere Bedeutung, zunächst der plötzliche Entschluß, Soldat zu werden. Der lange Brief an den Vater vom 9. Februar 1793 ist eines der interessantesten Lebensdokumente von Novalis:

«Soldat zu werden ist jetzt die äußerste Grenze des Horizonts meiner Wünsche. Die Erfüllung dieser Hoffnung wird die fieberhafte Unruhe stillen, die jetzt meine ganze Seele bewegt (. . .). Die Erfahrung wird ihre Hand an meiner Bildung legen, und in ihrem hellen Lichte wird manche romantische Jugendidee verschwinden und nur der stillen, zarten Wahrheit, dem einleuchtenden Sinne des sittlich Guten, Schönen und Bleibenden den Platz überlassen. Mein Sinn wird Charakter, meine Erkenntnisse werden Grundsätze, meine Phantasie wird Empfindung, meine Leidenschaftlichkeit wohltätige Wärme, meine Ahndungen werden Wahrheit, meine Einfalt Einfachheit, meine Anlage wird Verstand, meine Ideen werden Vernunft.»

Diese klassizistische Kalokagathie, dieser pädagogische Plan aufklärerischer Prägung, der in Verstand und Vernunft gipfelt, waren nicht bloß pubertäre Bizarrerie. Novalis stand damals fast am Schluß seines Studiums. Ein Jahr früher hatte er sich in Leipzig mit Friedrich Schlegel eng befreundet und zunächst völlig seinem Einfluß unterworfen. Dann aber, während der soldatische Plan reifte, wandte er sich entschlossen gegen das Vorbild: «Der König in Thule, lieber Schlegel, war dein Vorfahr. Du bist aus der Familie des Untergangs (. . .) Du wirst leben, wie wenig leben, aber natürlich kannst Du auch keinen gemeinen Tod sterben; Du wirst an der Ewigkeit sterben. Du bist ihr Sohn – sie ruft Dich zurück (. . .).» Er sieht im Freund sein eigenes Schicksal widergespiegelt und schrickt zurück.

«Mir geht's hier recht wohl [er ist im Vaterhaus, zu Weissenfels]; ich habe alle Ursache, zufrieden zu sein und bin auch jetzt in einer glücklichen Ruhe. Ich freu mich jetzt über alles, aber mit meinem Schöndenken und -schreiben ist's jetzt vielleicht auf immer vorbei. Ich hoffe es wenigstens von ganzem Herzen. (. . .) Diese häusliche Familienbestimmung ist ganz die meinige. Diese Lebensart bekommt mir wie Bergluft. Tausendmal stärker, inniger und frischer, als sonst. Wir trennen uns, wie Abraham und Lot. Du gehst nach Anfang der Sonne; ich den gewöhnlichen Weg nach Westen zu. (...) Mir gefällt's doch hier unter dieser Sonne.»

Das Ziel war ein ‹gemeines, wirkliches Leben›, zu dem die künstlerische Tätigkeit als antithetisch empfunden wurde. Es ist schon die romantische Opposition zwischen Kunst und Leben.

Der Entschluß, Soldat zu werden, wurde zwar vereitelt, jedoch bald ersetzt durch einen ebenso willkürlichen, scheinbar unbegreiflichen: Novalis band sich für das Leben an ein zufällig kennengelerntes kleines Mädchen. Unbedeutend mußte sie sein (und Sophie von Kühn war es) wie der Soldatenstand mit seiner ‹pedantischen Unbedeutenheit›. Dann aber brach auch dieser Plan durch den Tod des Mädchens zusammen. Das war nicht bloß das Ende einer ‹häuslichen Familienbestimmung›; es wurde zum gefürchteten, nunmehr unverkennbaren Signal einer tiefgreifenden Integrationsunmöglichkeit, die zu der Epoche, zum Zustand der Welt überhaupt in einem dunkel erahnten Verhältnis stand. Die damit drohende ‹abstrakte Selbständigkeit› konnte und wollte Novalis jedoch auch dann nicht akzeptieren; dafür war er noch zu sehr ein Sohn des Jahrhunderts der großen sozialen Erwartungen. So erhielt der Tod des zum Symbol erhobenen Mädchens eine Bedeutung, wie sie dann primär im Werk zum Tragen kam: als Offenbarung, Wiedergeburt, Durchstoß in ein anderes Leben.

Diese Erwartung deutet nicht auf die übliche resignierte Hoffnung, auf den traditionellen Trost des christlichen Glaubens, den letzten Hafen einer ergebenen Verzweiflung wie bei anderen Romantikern in ihrer müden Spätzeit. In dieses verklärte und kühn wiederbelebte Jenseits sickert überall Diesseitiges ein. Die Geschichte, in den zeitgenössischen Ereignissen als unlebbar erfahren, wird nur am Anfang (in der ersten Konzeption und im Zellkern der *Hymnen*) radikal abgelehnt und durch eine nächtliche weltabgewandte Eschatologie ersetzt, die quietistische Züge trägt. Sie erscheint dann in verwandelter Form wieder als Utopie eines neuen Jerusalem auf Erden, als metageschichtliche, aber nicht jenseitige Zielvorstellung, in der Elemente der historischen Vergangenheit, vornehmlich der christlichen Vorzeit und des Mittelalters in ‹eine wunderseltsame Zukunft›, in ein fabelhaftes ‹Reich der Ewigkeit›, wo sogar die Jahreszeiten aufgehoben sind, transponiert werden und in einem beziehungsreichen Synkretismus zusammenfließen.

Novalis reagiert mit großer Leidenschaftlichkeit auf das historische Vakuum, das zwischen der Lähmung des friderizianischen Anlaufs und der Krise der revolutionären Alternative entstanden war; er sucht sich eine Heimat in der fernen Vergangenheit und der noch ferneren Zukunft, die beide in einer einzigen legendär-utopischen Einheit verschmelzen. Dabei ist nicht zu übersehen, daß in diesem breiten Meer Reste der verdrängten Zeitgeschichte wie Relikte eines riesigen Schiffbruchs schwimmen: Da spukt namentlich «jene große eiserne Maske, die unter dem Namen Robespierre in der Religion den Mittelpunkt und die Kraft der Republik suchte», während in der Fragmentsammlung *Glauben und Liebe oder Der König und die Königin* ein hochstilisierter ‹neu-preußischer Staat› als Voraussetzung der politisch-sozialen Regeneration vorgestellt wird. Ausgehend vom persönlichen Trauma der gescheiterten Integration, führt dieser Prozeß über die Ideologie des Todes und die Verherrlichung der Nacht zur Wiedereinsetzung einer positiven Utopie in mythischer Form und verleiht dem äußerst raschen und komprimierten Werdegang des Dichters und Denkers Novalis einen kohärenten Sinn. Nur folgen die Phasen so dicht aufeinander, daß es schwierig ist, sie auseinanderzuhalten.

Den ursprünglichen Nukleus bildet die dritte der sechs *Hymnen an die Nacht*, deren Niederschrift sich zwischen 1797 und 1800 erstreckt. Eine Prosafassung erschien 1800 in Schlegels Zeitschrift *Athenäum*. Wegen der Weltanschauung, die in ihnen vertreten ist, gelten diese Hymnen mit Recht als die kostbarste Inkunabel der romantischen Poesie, und zwar nicht nur der deutschen. Allein die Substanz romantischer Vorstellungen wird von einem Elan getragen, deren spezifische Qualität dem gärenden und hoffnungsvollen ‹dixhuitième› verpflichtet ist. Der Inhalt der in den letzten Jahren des Jahrhunderts in die Krise geratenen Erwartungen ist gleichsam ins Gegenteil verkehrt und bekommt sozusagen die Blautönung einer exaltierten Negativität; aber der tragende Schwung bleibt. Entsprechend sind Form, Stil und Sprache gestaltet. Nicht zufällig handelt es sich um Hymnen, eine Gattung, die aus dem Register der romantischen Lyrik verschwindet. «Hinunter in der Erde / Schoß, aus des Lichtes Reich (...)», «Ich fühle des Tods / Verjüngende Flut / Und harre in den Stürmen / Des Lebens voll Mut (...)»: Man glaubt – auch in der gedrängten Rhythmik der kurzen freien Verse – ein eigenartiges Echo, ein umgekehrtes Spiegelbild der stürmischen heidnischen Hymnen des jungen Goethe vor sich zu haben. Bei Novalis ist eine Art ins Jenseits verlagerter Promethismus spürbar, ein paradoxer Vitalismus und eine eigentümliche Heiterkeit im Zeichen des Todes. Aber auch unter anderen Aspekten scheint sich das Werk von Novalis weitgehend wie ein großer Gegenentwurf zur unmittelbar vorausgehenden Epoche darzubieten. Ab 1798 arbeitet er am ungeheuren Plan einer neuen Enzyklopädie aller Künste und Wissenschaften: Sie soll alles sein, was die französische Enzyklopädie, dieses Meisterwerk der «Anachoreten in der Wüste des Verstandes» nicht sein konnte.

In demselben Jare entsteht das Romanfragment *Die Lehrlinge zu Sais*: Hier wird ein eigenartiges Pädagogikum dargestellt, das als Gegenstück zu einer anderen großen Hilfsinstitution der Aufklärung angesehen werden darf, der Freimaurerei. Daran erinnert die Esoterik und die ägyptische Symbolik, die Bruderschaft der Lehrlinge und die Apodiktik der Meister. Aber alles bekommt ein anderes Vorzeichen: An die Stelle des Rationalismus tritt ein vager Neoplatonismus, und wenn der Schleier der Isis gelüftet wird, so sieht der Eingeweihte nicht die Sonne der unpersönlichen Vernunft, sondern «Wunder des Wunders – – – sich selbst». Nicht zum fortschrittlichen Wissen werden die Lehrlinge geleitet, sondern zum mystischen zirkularen Wiedererkennen. Hieran kann man sowohl die Tragweite der eingetretenen Veränderung wie die von Novalis eingenommene Übergangsposition ermessen. Nur wenige Jahre zuvor hatte Mozart die Verse komponiert: «O Isis und Osiris, welche Wonne! / Die düst're Nacht verscheucht der Glanz der Sonne» (nur mit einer kleinen Änderung: *den* Glanz, könnte es sich um einen Vers von Novalis handeln), und Goethe hatte die Kapitel der Turmgesellschaft im *Wilhelm Meister* geschrieben. Aber die *Lehrlinge zu Sais* enthalten auch eine der allerersten, in Form und Gehalt ganz eigenen Schöpfungen des spezifisch romantischen Kunstwillens in der Lyrik: das Lied vom ‹guten Kind›, eingebettet im Märchen von Rosenblütchen und Hyazinth.

Damit aber gelangt man zu der anfangs aufgestellten Behauptung zurück: Die Poesie mußte sich erst die Welt erschaffen, in der sich das neue lyrische Subjekt überhaupt realisieren konnte. Diese Welt ist die romantische Erzählung, ihr Spielplatz das Universum der ungehemmten Phantasie, ihr Held ein Dichter im Werden, ihre Handlung die Herbeiführung von Situationen, in denen die Stimme des Sängers sich wieder erheben kann. Mit seinem *Heinrich von Ofterdingen* hat Novalis nicht nur ein Meisterwerk der Gattung Roman geschaffen, sondern auch die eigene Entwicklung zum romantischen Lyriker abgeschlossen und für einige seiner schönsten Lieder die unerläßliche literarische Voraussetzung geschaffen: solche Lieder – wie er selber erkennt – werden erst dann möglich, «wenn sich die Welt ins freie Leben, / Und in die Welt wird zurückbegeben».

Brentano

Wohin Novalis in der literaturgeschichtlichen Entwicklung gelangt, nämlich zum Dichterroman als Matrix einer neuen Lyrik, da setzt der um sechs Jahre jüngere Clemens Brentano (1778 bis 1842) an. In seinem ersten bedeutenden Werk, dem mit zwanzig Jahren ziemlich hastig niedergeschriebenen *Godwi oder das steinerne Bild der Mutter. Ein verwilderter Roman von Maria*, kommt der funktionale Charakter der erzählerischen Vorlage stark zum Ausdruck. Das deklarierte Modell ist übrigens nicht der *Heinrich von Ofterdingen* (dieser erschien erst posthum 1802), sondern neben Jean Paul vor allem *Franz Sternbalds Wanderungen* von Ludwig Tieck und die *Lucinde* von Friedrich Schlegel, Werke, in denen der epische Ernst gleichsam durch Ironie und künstliche ‹Verwirrung› bereits gebrochen war. Brentano führt diesen Prozeß noch weiter; er erreicht eine parodistische Steigerung seines Modells, er ist ein zur zweiten Potenz erhobener Tieck, wie Dorothea Veit mit amüsiertem Verdruß sofort feststellte.

Grundtendenz des Werkes ist die Zerstörung der Handlung, damit die Autonomie der lyrischen Höhepunkte nicht durch die epische Verkettung relativiert wird. Die eindimensionale, objektivierende Fiktion der Erzählung wird dadurch zerstört, daß die erzählende Instanz ständig miterzählt wird und umgekehrt die Romangestalt an die Stelle des Erzählers tritt wie bei einer das Gefühl von Irrealität erzeugenden Gegenüberstellung von Spiegeln. Am Schluß berichtet ein ‹Zurückgebliebener›, dessen Anonymat die Unendlichkeit der Spiegelung andeutet, über die Lebensumstände des verstorbenen Romanautors Maria (zweiter Taufname von Brentano), dem Taten und Werke von Brentano selbst aus der Jenaer Entstehungszeit des Romans (1798 bis 1800) zugeschrieben werden, obwohl ganz am Ende der Zurückgebliebene einen ebenfalls anonymen Nachruf auf Maria mitteilt, der expressis verbis an Clemens Brentano adressiert ist.

Diese Tendenz zur Auflösung in Brentanos Werk ist nicht lediglich Ausdruck einer innerliterarischen Entwicklung, wie das zum Teil der Fall bei Tieck war; sie ist auch nicht auf sein ‹verlottertes Genie› zurückzuführen oder gar auf eine ferne und pervertierte Auswirkung seines italienischen Temperaments; sie wird vielmehr von Erschütterungen und Verschiebungen im Gefüge der zeitgenössischen Geschichte bewirkt, die Brentano mit einer vielen anderen, auch engagierten Dichtern der Zeit fremden Sensibilität registrierte. Die zeitbedingte Identitätskrise des lyrischen Subjekts findet in ihm den kompromißlosesten Helden; nichts ändert daran die Tatsache, daß die Tragik der Situation oft ins Possenhafte, Überwirkliche und provokatorisch Mystifizierte verzerrt wird, im Gegenteil bezeugt dies nur die Unsagbarkeit in direkter Form der zerreißenden inneren Erfahrung. Direkt erscheint aber solche Erfahrung in dem Briefwechsel, wo sie die Handlung dieses deutschen ‹mon cœur mis à nu›, dieses schönsten Romans der Romantik leitet.

Hier bewahrheitet sich am ehesten das treffende Wort Eichendorffs, Brentano sei selber ein Gedicht gewesen. Eine zentrale Stellung im Briefwechsel nimmt eine lange und mit Recht berühmte Epistel vom Januar 1810 ein: Was später in der Neuromantik Hofmannsthals fingierter *Brief des Lord Chandos* sein wird, das ist in der Romantik dieser authentische Brief an Philipp Otto Runge von Clemens Brentano. Darin wird die Hypertrophie des Ichs als eine bewußt erlittene Krankheit dargestellt, die ihr kausales Gegenstück in der Fremdheit und Undurchdringlichkeit der äußeren, das heißt sozialen und geschichtlichen Wirklichkeit hat («das laute untheilnehmende Tagewerk der Welt»). Zum erstenmal in der europäischen Literatur wird hier eine Rimbaud-Situation bis zum Fluch des Verstummens mit ergreifenden Akzenten aus eigener Erfahrung beschrieben (wie überhaupt Brentano der antizipierende Romantiker ist, Novalis dagegen der resümierende und vermittelnde). Das quälende Bewußtsein der sich in der Leere übermäßig ausbreitenden Subjektivität führt zu einer grausamen Selbstzüchtigung. Der innere Reichtum wird unschuldig gestraft, und der Druck wird am größten gerade dort, wo die verdrängte Produktivkraft am heftigsten ausbrechen würde:

«Bey dieser Art der Zurückhaltung verlangte ich bald nach dem, was ich doch selbst besaß, und da es mir von außen nicht gegeben wurde, so verzehrte ich endlich meinen eigenen Überfluß, so daß ich bald meine zurückgehaltene Freigebigkeit in Durst verwandeln sah. Mein Paradies war untergegangen, nur sein Firmament stand noch über mir; meine Berge waren nicht mehr, aber der Schimmer ihrer Abendsonne schwamm noch in der Luft. Mein Selbstgefühl glich der abgelösten Farbendecke eines im Wasser versunkenen Pastellgemähldes, welche noch kurze Zeit oben schwimmt. Ich hätte es vielleicht behutsam wieder auffassen können, aber ich sah lieber so lange lächelnd hinein, bis heftig stürzende Thränen es verwirrten, und der widerliche Gedanke, daß durch das Auffassen solcher schwimmenden Farben marmorirtes Papier gemacht wird, machte, daß ich dem geliebten Bilde noch einen ernsten Scheideblick gönnte, und mich dann muthig den Wellen übergebend es an meiner Brust scheitern ließ.»

Lächelnde narzistische Kontemplation, abrupter Übergang zum heftigsten Weinen, und zuletzt – entfesselt vom inkommensurablen Gedanken an den Gebrauchswert des intimsten Gefühlslebens – dieses Sich-Werfen mit dem ganzen Körper gegen das verhaßt-geliebte Bild des Selbst, um es endgültig zu versenken: Das Gleichnis des Pastellgemäldes im Wasser – nicht zufällig kommt es in dem Brief an einen Maler vor – reiht die nur scheinbar widersprüchlichen Hauptmomente von Brentanos Persönlichkeit aneinander. Die ersten beiden Momente, denen das verträumt-gelöste Lied und die ungestüme Klage entsprechen, haben den Dichter vor allem in seiner ersten Werkphase zu den höchsten poetischen Ergebnissen geführt. Man braucht nur etwa einerseits an *Süßer Maie Blütenjunge, Säusle liebe Mirte, Hörst Du wie die Brunnen rauschen* zu erinnern, andererseits an das frühe *Herz, willst du denn zerspringen*, an *Ach nimmer will es in dem Herzen schweigen, Ich wohnte unter vielen vielen Leuten* und andere mehr.

Das dritte Moment verwirklicht sich in seiner ganzen zerstörenden Wucht vor allem in Kompositionen aus Schaffensperioden, die außerhalb der hier behandelten Epoche liegen; aber es wurde schon im Brief an Runge deutlich heraufbeschwört. Es kennzeichnet die schwersten Lebenskrisen in jener einzigen Krise, die Brentanos Leben war, etwa die Wiener Zeit (siehe *Einsam will ich untergehen*, 1817, oder das erschrekkende *Nun soll ich in die Fremde ziehen*, 1818) und die erste Münchner Zeit (ab 1833). Gegen Mitte jener dreißiger Jahre wurde die Aporie, von der schon die Frühromantiker betroffen waren und die nur bei Brentano lebendig-unversöhnt blieb, ins grelle Licht des beginnenden Realismus gerückt und bekam so eine scharfe Evidenz, welche die Anfänge dieses grundlegenden Widerspruchs in der großen Umwälzung um die Jahrhundertwende rückwirkend beleuchtet und in den wesentlichen Faktoren aufdeckt. Hier eben tritt vornehmlich jenes dritte Hauptmoment ein. Das ergreifendste Dokument sind vielleicht die ‹wunderlichen Reime›, die Klareta in der surrealistischen Spätfassung des Gockelmärchens zu der Ahnfrau sagt:

Wenn der lahme Weber träumt, er webe,
Träumt die kranke Lerche auch, sie schwebe,
Träumt die stumme Nachtigall, sie singe,
Daß das Herz des Widerhalls zerspringe,
Träumt das blinde Huhn, es zähl' die Kerne,
Und der drei je zählte kaum, die Sterne,
Träumt das starre Erz, gar linde tau' es,
Und das Eisenherz, ein Kind vertrau' es,
Träumt die taube Nüchternheit, sie lausche,
Wie der Traube Schüchternheit berausche;
Kömmt dann Wahrheit mutternackt gelaufen,
Führt der hellen Töne Glanzgefunkel
Und der grellen Lichter Tanz durchs Dunkel,
Rennt den Traum sie schmerzlich übern Haufen,
Horch! die Fackel lacht, horch! Schmerz-Schalmeien
Der erwachten Nacht ins Herz all schreien;
Weh, ohn' Opfer gehn die süßen Wunder,
Gehn die armen Herzen einsam unter!

Diese Verse können wohl am Ende eines summarischen Überblicks über Entstehung und Entwicklung der romantischen Lyrik in den entscheidenden Jahren zwischen Ausklang der Französischen Revolution und Restaurationszeit stehen: von der ‹romantischen Klassik› Hölderlins (die alte Formel von K. Korff ist vage, aber durchaus brauchbar und kann deshalb im folgenden etwas zugespitzt variiert werden) über die klassische (das heißt vorromantisch-bedingte und kanonische) Romantik von Novalis zur romantischen Romantik Brentanos. Als dieser vermutlich zwischen 1835 und Dezember 1836 die schaudererregenden Worte von Klareta, der Unweisen mit den tiefen Blicken, schrieb, schrieb Georg Büchner in gedrängter Fülle sein ganzes Werk, darunter das sich nicht ohne guten Grund an Brentano anlehnende Lustspiel *Leonce und Lena*. In Italien verfaßte Giacomo Leopardi seine spätesten Gedichte (1836, ein Jahr vor seinem Tode) *Der Ginster oder die Blume der Wüste*. Für ihn wie für Büchner gilt: Wenn der lahme Dichter träumt, er dichte,

dann zeigt sich dieselbe mutternackte Wahrheit; sie heißt beim Italiener ‹il vero› und ist wie bei Brentano keine logische Kategorie.
Der Traum wird jedoch nicht aufgegeben wie bei den Realisten des mittleren 19. Jahrhunderts; der Dualismus bleibt und wird – wenn auch nicht direkt – weitergegeben bis zu Baudelaire und all denen, die von Baudelaire abstammen. Darin gründet sich die Modernität von Brentano und die Kontinuität seiner radikalen Romantik bis in unsere Tage hinein.

Eine Formgeschichte der romantischen Lyrik würde wahrscheinlich manche bestätigende Analogie aufweisen. Und eine beschreibende Darstellung müßte freilich viele andere Namen, Werke und Daten anführen. Aber was im literarisch-sozialgeschichtlichen Sinne die Lyriker Tieck, Arnim, Fouqué, Eichendorff, Chamisso, Wilhelm Müller, Karoline v. Günderode etc. bedeuteten, ließe sich mit den jeweils notwendigen Variationen längs der Entwicklungslinie gruppieren, die wir am Beispiel dreier Hauptgestalten zu verfolgen versuchten. «Die Geschichte der Literatur» – liest man bei Heine – «ist eben so schwierig zu beschreiben wie die Naturgeschichte. Dort wie hier hält man sich an die besonders hervortretenden Erscheinungen.»

Maria Fancelli
Klassische Lyrik

Spricht man heute von der deutschen klassischen Lyrik, so assoziiert man diesen Begriff gewöhnlich mit der Poesie der sogenannten Hochklassik, eigentlich nur mit den Gedichten, welche die herausragenden Gestalten in einer relativ kurzen Periode, nämlich während der neunziger Jahre des achtzehnten Jahrhunderts bis zum Anfang des nächsten schrieben: den Gedichten Goethes und Schillers. Was beide in etwa einem Jahrzehnt gemeinsamen Schaffens ins Werk setzten, ist in der Tat weitgehend repräsentativ für die gesamte Lyrik der Klassik. Mag die rasche Blüte dieser Dichtungen auch dem Zusammentreffen Goethes und Schillers geschuldet sein, so lassen sich doch ihr Niveau und ihr thematischer Anspruch (so ambivalent auch immer), ja sogar ihre Existenz letztlich nur in einem größeren historischen Zusammenhang vollständig erklären.

Die Lyrik der Klassik, deren Bild unentwegt in der Geschichte schwankt, ist weit enger an die Wirkungen der Realhistorie gebunden, als es auf den ersten Blick den Anschein hat: Es sind die Wirkungen der Französischen Revolution von 1789 bis 1794. Es besteht übrigens kein Zweifel, daß die gesamte Kultur Deutschlands in dieser Zeit, also auch die Philosophie, Geschichtsschreibung, Politik usw., auf unvermeidliche Weise eine Antwort auf die weltgeschichtliche Umwälzung in Frankreich gibt. Wenn auch Goethe und Schiller ihr ganzes Leben lang auf die epochemachenden Ereignisse ihrer Zeit unmittelbar und mittelbar reagiert haben, so zeigt sich doch gerade bei unserem thematischen Gegenstand, ihrer klassischen Lyrik also, eine besondere Empfindlichkeit gegenüber der großen Umwälzung im Nachbarland.

Die klassische Lyrik hat zunächst hinsichtlich ihrer sprachlichen und formalen Eigenschaften durchaus ihre eigene Geschichte, und zwar als Teil von einem in ganz Europa betriebenen neuen Studium der Antike. Mit der klassischen Literatur, ja mit dem Bildungsleben im damaligen

Deutschland überhaupt ist diese fruchtbare, auch zu einer umfangreichen Übersetzertätigkeit führende Auseinandersetzung mit der griechischen und römischen Literatur aufs engste verbunden. Das zeigt sich nicht zuletzt in den sprachlichen und formalen Strukturen der Gedichte Goethes und Schillers in den Jahren von 1795 bis 1805. In dieser eigenen Entwicklung bildet die klassische Lyrik Goethes und Schillers, wenn wir von Hölderlin absehen, einen gewissen Höhepunkt, zumindest aber die bekannteste Leistung innerhalb eines kulturellen und künstlerischen Prozesses von ungleich größerer Dauer, der auf die Jahrhundertmitte zurückgeht und dessen Ursprung vielleicht auf das Jahr 1755 datierbar ist, auf den Zeitpunkt also, als Winckelmanns *Gedancken über die Nachahmung der Griechischen Wercke in der Mahlerey und Bildhauer-Kunst* erschienen waren.

Es besteht kaum ein Zweifel, daß die Zusammenarbeit der beiden Autoren sich auch einer ähnlichen Reaktion auf die Französische Revolution und ihre Folgen verdankt. Das heißt gewiß nicht, einem mechanistischen Parallelismus in den Biographien das Wort zu reden: Schiller zum Beispiel «orientierte sich nach Jahren ausschließlich theoretischer Arbeit sehr bewußt auf poetische Produktion und öffentliche Wirksamkeit; Goethe wiederum nahm stärker als zuvor Anteil an Fragestellung der philosophischen Ästhetik» [109; *155–166*]. Worauf es ankommt ist, das im Grunde gleichgerichtete Neue im Schaffen von Goethe und Schiller unter dem Auspizium der welthistorischen Zäsur kenntlich zu machen: den tätigen Glauben an die emanzipatorische Funktion der Poesie, mit anderen Worten: die konkrete Utopie von einer neuen ästhetischen Ordnung.

So bedeutungsvoll für die Geschichte der deutschen Literatur dieses Schaffensbündnis auch war, es bleibt hervorzuheben, daß bemerkenswerte Unterschiede in der Weltanschauung und nicht zuletzt auch in der Qualität der dichterischen Sprache bestehen, so daß der bis heute nicht ausgestorbene Brauch, Goethe und Schiller auch hier gedankenlos in einem Atemzug zu nennen, wissenschaftlich falsch ist.

Auf Goethe, bei dem freieste Phantasie und strengste Methode sich gleichsam spontan verschmolzen, trifft die Kantische Definition vom künstlerischen Genie zu: «Genie ist eine Intelligenz, welche schafft wie Natur.» Oder wie es Schiller in seinem 1795 publizierten, vor allem dem Unterschied von Goethes und seiner eigenen Dichtung gewidmeten Essay *Über naive und sentimentalische Dichtung* ausdrückte: «Die verwikkeltste Aufgabe muß das Genie mit anspruchsloser Simplicität und Leichtigkeit lösen. Dadurch allein legitimiert es sich als Genie, daß es durch Einfalt über die verwickelte Kunst triumphiert.» Gewiß steht dieses naturhafte Formbewußtsein der klassischen Lyrik Goethes für den größten Teil seines ganzen poetischen Schaffens. Und auch die spezifi-

schen Ausprägungen, die es jetzt erlangte, hatten nicht zuletzt ihre Wurzel in so vielen Versen, die er während oder nach seiner italienischen Reise geschrieben hatte.
Doch erst nach seiner Begegnung mit Schiller erhielten seine Gedichte jenen klassischen Charakter, der die Problematik der Epoche, so vermittelt auch immer, zum Ausdruck bringt. Beispielsweise füllen sich die *Römischen Elegien* (1795), die Goethe schon vor seiner Begegnung mit Schiller verfaßt hatte, erst durch die Veröffentlichung in Schillers *Horen* mit einem anderen, bedeutungsvollen Gehalt, der jetzt ihre immanent soziale Funktion eben durch diese Zeitschrift hervortreten läßt. Gewiß haben die Zeitgenossen den skandalträchtigen Aspekt dieser Elegien herausgestrichen. Es handelt sich aber nicht ausschließlich um ein neues Verhältnis zur Erotik in dieser Lyrik und schon gar nicht um ein freizügig zu Markte getragenes Privaterlebnis Goethes, sondern um die poetische Sublimierung einer Art Flucht ins Leibliche – und in die Vergangenheit. Es ist paradox, daß sich das neue Weltverhältnis, welches sich im Programm beider Autoren manifestiert, ausdrücklich als das einer politischen Enthaltsamkeit versteht. Im Programm des ersten Hefts der *Horen* hatte Schiller formuliert:

«Zu einer Zeit, wo das nahe Geräusch des Krieges das Vaterland ängstigt, wo der Kampf politischer Meynungen und Interessen diesen Krieg beynahe in jedem Zirkel erneuert, und nur allzuoft Musen und Grazien daraus verscheucht, wo weder in den Gesprächen noch in Schriften des Tages vor diesem allverfolgenden Dämon der Staatscritik Rettung ist, möchte es eben so gewagt als verdienstlich seyn, den so sehr zerstreuten Leser zu einer Unterhaltung von ganz entgegengesetzter Art einzuladen.»

Die gleiche Distanz zur Gegenwart bringen Goethes Worte aus der zweiten römischen Elegie zum Ausdruck:

Ehret, wen ihr auch wollt! Nun bin ich endlich geborgen!
(...)
Wiederholet, politisch und zwecklos, jegliche Meinung,
Die den Wandrer mit Wut über Europa verfolgt.
(...)
Und so mußt' ich bis jetzt auf allen Tritten und Schritten
Schelten hören das Volk, schelten der Könige Rat.

Auch die formalen Kennzeichen der Klassik lassen sich am Beispiel der *Römischen Elegien* exemplifizieren, und zwar in der Art, wie die Elegie als Kunstform ihre traditionell sentimentalen Züge verliert und an Plastizität gewinnt. Die konkrete physische Realität des Menschen, seine Gestalt, die Formen seines Körpers, seine Gestik sind nun ihre primären Motive geworden. Unter den vielen möglichen Beispielen seien hier die folgenden Verse aus *Alexis und Dora* (1796) genannt:

Eilig warst du und frisch, zu Markte die Früchte zu tragen,
Und vom Brunnen, wie kühn! wiegte dein Haupt das Gefäß.
Da erschien erst dein Hals, erschien dein Nacken vor allen,
Und vor allen erschien deiner Bewegungen Maß.

Nichtsdestoweniger entspricht der Aneignung antiker Versformen ein für die klassische Lyrik Goethes sehr auffälliger Zug: die entscheidende Reduktion der liedhaften Formen. Im umfangreichen Repertoire Goethes ist dieser Prozeß nachweisbar. Ein Gedicht wie *Die Metamorphose der Pflanzen* (1798), teils Elegie, teils Lehrgedicht, ist repräsentativ sowohl für die Suche nach Plastizität und Gegenständlichkeit als auch für das Aufgeben von spezifisch lyrischen Werten. *Die Metamorphose der Pflanzen* ist ein seltsames Liebesgedicht. In der Form antiker Distichen und mit unüberhörbar lukrezischem Duktus wird das langsame Werden einer Pflanze beschrieben, ihr Wachsen und ihre volle Entwicklung vom Keim bis zur ausgestalteten Form. Dahinter steht der alte klassische und besonders Goethesche Traum, daß dasselbe Gesetz, welches die harmonische Entwicklung der Pflanzen regelt, auch für die gesellschaftliche Organisation der Menschen gelten möge: mit anderen Worten der Traum, daß «Wissenschaft und Poesie vereinbar seien».

Ganz anders im Fall Schillers. Trotz aller unbestreitbaren ästhetischen Superiorität der Goetheschen Gedichte stammen von Schiller die bekanntesten Verse der klassischen Lyrik, diejenigen Gedichte nämlich, die, wie Hans Mayer schrieb, «in anderthalb Jahrhunderten eine Bedeutung für das deutsche Bildungswesen erlangt haben, die unermeßlich genannt werden muß» [238; *S. 74*]. Eine Bedeutung, die Schiller sehr teuer bezahlt hat; denn Rang und Begabung für einen wirklichen Lyriker wurden ihm, zumindest aus berufenem Munde, fast von Anfang an verweigert. Seine Poesie ist immer wieder als ‹Gedankenlyrik› oder ‹Ideenlyrik› etikettiert worden, eine Bezeichnung, die trotz der pejorativen Nuance die primären Merkmale der klassischen Lyrik Schillers durchaus exakt widerspiegelt. Es ist die dominierende philosophisch-spekulative Intention, die ausgesprochen moralisch-didaktische Spannung seiner Gedichte, welche die sinnliche Unmittelbarkeit des Lyrischen aufopfert. Die Geschichte seiner gleichsam triumphalen Rezeption bis ins zwanzigste Jahrhundert hinein, vor allem bei kleinbürgerlichen Schichten, nicht zuletzt bewirkt durch die obligate Schullektüre, hat dazu beigetragen, dem Lyriker Schiller das irreversible Mißgeschick zu bereiten, zu einem riesigen Fundus geflügelter Worte zu werden.

Langanhaltende Popularität ist jedoch kein Kriterium für ästhetische Wahrheit. Sogar die kühnsten Kritiker kaschieren diesen Sachverhalt, indem sie die geschichtliche Bedeutung dieser Dichtung registrieren, ohne ein Werturteil gegen den so lange etablierten Geschmack zu fällen. Und dennoch: bei aller Klischeebildung, an welcher Schillers Verse wahrhaftig nicht unschuldig sind, ist an ihnen, an ihrer Didaktik, Moralität und reflektierenden Tendenz eine Art Rettung nicht unbillig. Seit einigen Jahren haben Gelehrte wie Hans Mayer oder Emil Staiger [vgl. 261; *S. 452*] die Verteidigung Schillers zu übernehmen versucht, eingeschlossen auch seine Lyrik. Von sehr verschiedenen Voraussetzungen aus behaupten beide, Schiller gehöre einer lange erloschenen, aber unabgegoltenen Tradition an, welche die Gedanklichkeit und Lehrhaftigkeit zum Tenor hatte. Ihre weitentfernten Vorläufer seien bei Lukrez und Vergil zu finden, aber auch in Gedichten der deutschen Renaissance, des deutschen Barock und der Aufklärung, eine Vorläuferschaft also, die Andreas Gryphius und Albrecht von Haller zu den Ihren zählt.

Es ist in der Tat unbillig, von Schiller eine innere lyrische Substanz zu fordern, die ihm fremd war. Das Lyrische im Sinne einer autonomen Gattung war von ihm nie in Betracht gezogen worden, so daß er es nicht einmal in seinen berühmten Rezensionen *Über Bürgers Gedichte* (1791) und *Über Matthisons Gedichte* (1794) reflektierte. Überdies war um 1790 «der Terminus lyrisch und vor allem die Etablierung einer lyrischen Gattung neben der epischen und dramatischen in der deutschen Poetik noch nicht heimisch» [vgl. 209; 108; 181; 264].

Schließlich gibt es noch einen philosophischen Grund, aus welchem Schiller ganz bewußt der Lyrik jene Elemente absprach, die wir heute als deren Wesensmerkmal zu betrachten pflegen; gewissermaßen die Elemente des allzu Individuellen, ja Privaten, um sie dafür einer höheren Form der dichterischen Aussage zu subsumieren:

> «Jeder Mensch ist gerade um soviel weniger Mensch, als er individuell ist; jede Empfindung ist gerade um soviel weniger notwendig und rein menschlich, als einem bestimmten Subjekt eigentümlich ist. Nur in Wegwerfung des Zufälligen und in dem reinen Ausdruck des Notwendigen liegt *der große Stil*.»

Nur wenn man sich den bis an die Grenzen gehenden moralischen Impetus Schillers vergegenwärtigt, kann man die spezifische Qualität dieser im Grunde lyrikfremden Dichtung verstehen, die «erhabene Strenge der Form», die Gedrängtheit des Wortschatzes, die gedanklich klare Ordnung seiner poetischen Gebilde. Nur so vermag der heutige Leser die sich gleichsam zu geschlossenen Systemen ausweitenden Gedichte wie *Das Lied von der Glocke* (1800) oder *Der Spaziergang* (1795) zu schätzen.

In den berühmt-berüchtigten Versen des ersteren finden wir freilich all die landläufig zitierten Themen, die der Ironie der Leser immer wieder ausgesetzt waren: den pathetischen Traum von einer arbeitsamen und einträchtigen Menschheit, die Utopie von einer produktiven Gemeinschaft, wo die Stände, die Geschlechter, das Herz und die Vernunft endlich harmonieren können:

Tausend fleißge Hände regen,
Helfen sich in munterm Bund,
Und in feurigem Bewegen
Werden alle Kräfte kund ...

Gerade diese Art abstrakter, ja verblasener Metaphorik verrät eine für die Weimarer Klassik typische Reaktion auf den Verlauf der Französischen Revolution und auf die ganz Europa erschütternden Konflikte in derem Gefolge.

Der kritische Leser muß aber zugeben, daß es sich bei Schiller trotz dieses bis an die Grenze des Lächerlichen gehenden Pathos keinesfalls um einen bloß konservativen Kompromiß oder gar um eine konterrevolutionäre Haltung handelte, jedenfalls nicht vom Ansatz her. Die Tatsache, daß Schillers Gedichte von kleinbürgerlichen und bestenfalls reformfreudigen Kräften ständig mißbraucht werden konnten, schließt nicht aus, daß die tiefste Intention Schillers ein auf einer scharfen Analyse der historischen Situation beruhendes Befreiungsprogramm implizierte, welches Deutschland das Trauma eines blutigen Umsturzes ersparen sollte.

Man darf sich den Blick auf den doppelten Charakter der Weimarer Klassik nicht durch einige isoliert zitierte Passagen, besonders aus Schillers Gedichten, verstellen lassen. Selbstverständlich sind Verse wie die folgenden aus der *Glocke* in ihrer restaurativen Tendenz und mit ihren Platitüden nicht das letzte Wort Schillers und über Schiller:

Wo rohe Kräfte sinnlos walten,
Da kann sich kein Gebild gestalten;
Wenn sich die Völker selbst befrein,
Da kann die Wohlfahrt nicht gedeihn.
(...)
Freiheit und Gleichheit! hört man schallen,
Der ruhge Bürger greift zur Wehr,
Die Straßen füllen sich, die Hallen,
Und Würgerbanden ziehn umher;
Da werden Weiber zu Hyänen.
(...)
Nichts Heiliges ist mehr (...)

Denn im Gegensatz dazu hat die produktiv wirksame, von Schiller so glühend besungene Zukunftsgemeinschaft die Konturen jener Antike, die sich ihm immer eindeutiger als ein Modell für seine Zeit enthüllte. In den Schlußversen des großen Gedichts *Der Spaziergang*, wo er die gesetzmäßige Entwicklung der Weltgeschichte in feierliche Hexameter band, ist diese Paradigmatik der Antike völlig offenbar:

Unter demselben Blau, über dem nämlichen Grün
Wandeln die nahen und wandeln vereint die fernen Geschlechter,
Und die Sonne Homers, siehe! sie lächelt auch uns.

Die beherrschende Ausdrucksform, deren sich Schiller und Goethe in den neunziger Jahren gleichermaßen bedienten, ist der Vers, die gebundene Rede. Und selbst da, wo sich die beiden auf einmalige Weise zu einem gemeinsamen Projekt zusammenfanden, welches eine rein theoretisch-kritische, wenn man so will: tagespolitische Funktion ausübte, und wo sie so viele namhafte, aber auch mediokre Zeitgenossen angriffen, in den *Xenien* (1797) also, ist ihre Waffe der Vers. Gedichte im genuinen Sinne sind freilich die *Xenien* kaum zu nennen. Doch mittels der ebenso prägnanten wie verhüllend andeutenden Epigramme ließ sich die Wahrheit (eine mitunter auch ungerechte und gehässige) besser sagen.

Warum sagst du uns in Versen? Die Verse sind wirksam,
Spricht man in Prosa zu euch, stopft ihr die Ohren euch zu.

Neben und unmittelbar nach diesem polemischen Werk versuchten sich beide Dichter mit nachhaltigem Erfolg an einem nicht antiken Genre. Im *Musenalmanach für das Jahr 1798* erschienen die berühmtesten Balladen Goethes und Schillers, so daß das Jahr 1798 von Schiller zu Recht als «Balladenjahr» bezeichnet werden konnte. Die Entscheidung für die Balladenform trug dem Bedürfnis Rechnung, «auf populäre Weise die klassischen Stiltendenzen zu plastischer Gegenständlichkeit weiterzuführen» [109; *S. 233*]. In der Ballade, in der lyrische, epische und dramatische Elemente so signifikant in Einklang zu bringen sind, fand vor allem das dramatische Talent Schillers ein ideales Ausdrucksmittel, mit welchem er seine größte Popularität erlangen sollte. Es sind nicht zuletzt die Sujets mit ihrem parabelhaften Inhalt, mit ihren typischen Grundsituationen, mit ihren scharfen Antithesen und ihren Helden, die sich ständig vor schwere und irreversible Entscheidungen gestellt sehen, die Schillers Ruhm mit begründen halfen. Stellvertretend seien nur *Der Handschuh* und *Der Taucher* genannt.
Wenn der edle Ritter aus dem Löwenkäfig den Handschuh holt, den die Königstochter in despotischer, unmenschlich-provokativer Weise hineingeworfen hat, nur um ihr diesen verächtlich ins Gesicht zu schleudern, dann klingt hier von fern wieder der den *Räubern* (1781) vorangestellte Schlachtruf an: «in tyrannos!». Die zweite Ballade überschreitet bei aller Parallelität der Grundsituation motivisch das Thema der ersten: der tollkühne Taucher findet den Tod, das heißt seine Tat wird zum sinnlosen Opfer angesichts der Arroganz der Macht. An diesem Opfer ist nicht nur der Despot schuld, sondern auch der «frevle Mut» des Knappen, der – und hier zeigt sich wieder die Ambivalenz in den Intentionen der klassischen Dichtung – die natürliche, gesetzmäßige Entwicklung der Dinge herausfordern wollte.
Nichtsdestoweniger bleibt die Moral dieser Balladen in sich selbst lehr-

reich in der Schwebe: Es ist nicht nur die notwendige Buße für die Verletzung herrschender Normen, die Schiller hier anspricht, sondern auch das Gebot, weise zu sein bei dem Versuch, die gegebenen Verhältnisse zu durchbrechen, also nichts Nutzloses zu wagen.

Goethes Balladen unterscheiden sich von denen Schillers deutlich. Zunächst zeigen sie die Wiederaufnahme der melodischen und lyrischen Elemente seiner früheren Lyrik und eine betonte Reduktion des mythologischen und epischen Apparats. Die mitzudenkende motivische Genesis wird aufs äußerste verkürzt; Goethe konzentriert die Ballade von vornherein auf den Höhepunkt der Fabel. Repräsentativ für den Beitrag Goethes zur Balladendichtung sind *Der Gott und die Bajadere* und *Die Braut von Korinth*. Mit den äußerst beherrschten, souverän ausgewogenen sprachlichen Mitteln der Klassik betont Goethe hier noch einmal die Totalität der Menschennatur. Die stärkste gegensätzliche Konstellation wird gleichsam eingeschmolzen in die allumfassende Harmonie des Naturganzen, wobei die alten Grundthemen des Menschen wie Leben, Tod und Liebe durchaus nicht verlorengehen. Es ist eine andere, höhere Art von Ambivalenz, die Goethes Balladen auszeichnet und die eine unmittelbar gesellschaftliche Ausdeutung verbietet. Besonders in der *Braut von Korinth* erscheint die Botschaft des reifen Goethe in ihrer ganzen Tragweite und Universalität. In der Gegenüberstellung von heidnisch-klassischer und christlich-religiöser Welt richtet sich die Anklage eindeutig gegen die letztere; sie hat den Begriff der Sünde eingeführt und damit die alte Auffassung einer uneingeschränkten Menschennatur zerstört. Das unverkennbar «Dämonische» darin, ein sehr vielschichtiger, sogar vieldeutiger Begriff Goethes, wirkt hier höchst abgeklärt in jenem besonderen Sinne einer Übereinstimmung mit der Natur. Beispielhaft dafür ist die Macht des Feuers, die in der *Braut von Korinth* am Ende die Liebenden vereint.

Beide Balladen sind also geradezu ein Manifest des heidnischen, diesseitigen Geistes, welcher die Weimarer Klassik insgesamt charakterisiert. Und es ist kein Zufall, daß der gläubige Herder, der einst den Zugang zur antiken Welt am weitesten erschlossen hatte, dies ausdrücklich bedauerte. Wenn es überhaupt möglich ist, in den fließenden Übergängen zwischen der deutschen Klassik und der deutschen Romantik Grenzen zu markieren, dann bietet sich vielleicht jenes Kriterium an, welches in dem Behaupten oder Korrumpieren eben dieses heidnischen Standpunktes, der Auffassung von einer idealen Welt nach dem Modell des antiken Geistes und Lebensstils besteht. Die sich gegen jede Einordnung sperrende Gestalt eines Friedrich Hölderlin steht direkt auf dieser Grenze.

Eine sehr weit zurückzudatierende Inkubationsperiode, eine plötzlich durch die historischen Bedingungen und das Zusammentreffen der beiden Autoren hervorgerufene Blüte, die aber nicht länger als ein Jahrzehnt anzudauern vermochte und deren innere Widersprüche bald die Zeichen der Auflösung offenbarte – dies ist das Bild einer der gewichtigsten Erscheinung der deutschen Dichtungsgeschichte.

Es ist unbestritten, daß die literaturgeschichtlichen Perioden nicht mechanisch aufeinanderfolgen, sondern sich in überdeckenden und überschneidenden Phasenverschiebungen manifestieren. Friedrich Schlegels berühmter Aufsatz *Über das Studium der griechischen Poesie* erschien 1795. Darin plädierte er, noch durchaus im antikischen Sinn, für eine nach Normen geregelte Dichtung; doch bereits fünf Jahre später löste sich bei ihm der geschlossene Kosmos auf in eine zersplitternde Welt lauter Möglichkeiten. Mithin hatte schon einige Jahre vor Schillers Tod eine Abkehr von dem vorgefaßten Weltbild eingesetzt, das aus einer idealisierten Vergangenheit seine Kraft und seine Form für die Gestaltung einer neuen Gegenwart zu holen geglaubt hatte. Noch zu Lebzeiten Schillers waren er und sein Partner in ihrer literarischen Wirkung weitgehend isoliert.

Das Ende der klassischen Literaturperiode hat unbezweifelbar eine seiner letzten Ursachen darin, daß die Geschichte selbst nicht nur die Hoffnung auf eine demokratisch-republikanische Wende unter dem Banner der Französischen Revolution bei den Intellektuellen Deutschlands zuschanden werden ließ, sondern auch den milden Weimarer Kompromiß und damit die Utopie eines ästhetischen Staates des Illusionismus überführte. Dennoch: der Traum Goethes und Schillers ist immer noch nicht ausgeträumt.

Norbert Oellers

Hof-, Stadt- und Nationaltheater

Die Epoche der hohen deutschen Literatur, die später die Auszeichnung ‹Klassik› erhielt, gilt gemeinhin als erste Blütezeit des deutschen Theaters. Die Gründe liegen auf der Hand: Goethe und Schiller schufen mit ihren Dramen ein ‹klassisches› Repertoire für die Bühnen; Goethe selbst leitete in dieser Zeit, 1791 bis 1817, das Weimarer Hoftheater und entwickelte aus ihm ein weithin anerkanntes Kulturinstitut; Friedrich Ludwig Schröder, der sich, wie Konrad Ekhof, den Ehrentitel eines ‹Vaters der deutschen Schauspielkunst› verdiente und gleichzeitig im Ruf eines vorzüglichen Regisseurs stand, hatte 1786 zum zweitenmal die Leitung des Hamburger Theaters übernommen; 1796 hatte August Wilhelm Iffland, der als Schauspieler und als Regisseur nicht weniger berühmt war als Schröder, seiner Anstellung als Direktor des Königlichen Nationaltheaters in Berlin zugestimmt. Außerdem glänzten an verschiedenen Orten exzellente Schauspieler, die sich, der vergeßlichen Nachwelt eingedenk, schon zu Lebzeiten Denkmäler setzten: Heinrich Beck, Johann Jakob Graff, Johann Friedrich Fleck, Pius Alexander Wolff, dann Ferdinand Ochsenheimer, Ferdinand Eßlair und Ludwig Devrient, unter den Schauspielerinnen Christiane Neumann, Caroline Jagemann, Friederike Unzelmann-Bethmann, Henriette Händel-Schütz, Sophie Schröder und Auguste Crelinger-Stich.

Für den Historiker gilt, was überdauert: große Dramen, großes Theater, das geformt wurde von Künstlern, deren Denkmäler überliefert sind. Die Rezeption von Kunst und deren Wirkung auf die Produktion (und Reproduktion) von Kunst kommt bei den Betrachtungen der Historiker gewöhnlich zu kurz, was für die Theatergeschichte noch betrüblicher ist als für die Literaturgeschichte, weil zum Theater das Publikum noch dringlicher gehört als zur Literatur, wie an der deutlicheren, weil direkteren Wirkung abzulesen ist: Das Theater bedarf der ausdrücklichen Zustimmung des Publikums, um existieren zu können; Literatur überlebt in vielen Fällen trotz mangelnder Anerkennung durch die Zeitgenossen. Nicht selten interpretiert ein Autor das Fehlende positiv: als Zeichen der Qualität seines Werkes, dem die profane Menge nicht gewachsen ist; der Historiker mag ihn bestätigen. Das Theater kann nicht auf seine Geschichte hin orientiert sein; es kann nicht nach Gutdünken mit dem Publikum verfahren, sondern hat sich dessen Gutdünken weitgehend zu unterwerfen, wobei Versuche der Beeinflussung des Publikums sehr wohl unternommen werden können und sollen.

Wie die Zeitgenossen die Bühnen beurteilten, ist vor allem den öffentlichen Theaterkritiken zu entnehmen, die sich nicht nur mit den Qualitäten der aufgeführten Stücke und der Schauspieler und der Inszenierungen beschäftigten, sondern auch mit dem Publikum: seinem Gebaren und seinen Vorlieben, seiner Quantität und seiner sozialen Schichtung.

Das klassische deutsche Theater war noch nicht auf den Höhepunkt gelangt, auf den es später befördert wurde, als es bereits wieder verfiel: Die Klagen sind allgemein, spätestens seit 1800, daß der Geschmack des Publikums sinke, der Aufführungsstil verflache, die Leistungen der Schauspieler, besonders hinsichtlich des Ensemble-Spiels, immer kläglicher würden.

«Die Bühne, deren Gedeihen wegen der Mittel, die sie braucht, wegen des nationellen Anteils, der sie tragen und heben muß, immer ganz besonders das Schicksal der politischen Gemeinschaft, auf der sie beruht, teilen wird, ist in Deutschland allenthalben im tiefsten Verfall. Nachahmung der Natur und des gemeinen Lebens und einige Befriedung des Reizes der Neuheit; Wahrheit und erträgliche Durchführung der Charaktere mit kleinen Details sogenannter Psychologie oder Menschenkenntnis verbrämt und die elende Außerordentlichkeit, die man im gemeinen Leben Originalität zu nennen pflegt: darauf beschränken sich genügsam die Forderungen des deutschen Publikums und die Gaben seiner beiden Maschinenmeister.»

So äußerte sich Adam Müller in seinen *Vorlesungen über die deutsche Wissenschaft und Literatur*, gehalten im Winter 1805/06 in Dresden: Mit den Maschinenmeistern sind die Lieblinge des Publikums gemeint: die Dramatiker Kotzebue und Iffland. Das bedeutet: Müller – und mit ihm stimmten viele Kritiker des Theaters überein – sah als wichtigstes Qualitätsmerkmal einer Bühne die Qualität der aufgeführten Stücke an. Gottscheds Forderung, das Theater müsse der Literatur dienen und nicht um seiner selbst willen komödiantischen Klamauk, Stegreif-Possen und pseudoernste Haupt- und Staatsaktionen darbieten, war so gründlich erfüllt worden, daß Anfang des 19. Jahrhunderts kaum zur Kenntnis genommen wurde, daß Goethe dabei war, der Schauspielkunst ein neues Fundament zu geben, auf der sie mit eigenem, literaturunabhängigem Werte ruhen sollte. Der hohen Schauspielkunst sollte es dann getrost überlassen bleiben zu entscheiden, was auf der Bühne nütze und from-

me. Nur die Verletzung anderer Kunst, der Dichtung nämlich, mußte sorgfältig vermieden werden; daher duldete Goethe keine sogenannten Quodlibets, Zusammenschnitte von Lieblingsszenen verschiedener Dramen; und keine Tiere durften die Bühne betreten.
Daß der mindere Geschmack des Publikums die Präsentation vornehmlich minderwertiger Stücke zur Folge hatte, war also eine unter literaturbeflissenen Kritikern weitverbreitete Meinung. Die Fragen, ob der Geschmack jemals zuvor ein anderer, besserer gewesen sei, ob das Repertoire höheren Ansprüchen Rechnung getragen habe, wurden nicht gestellt. Sie hätten schwerlich positiv beantwortet werden können. Die Kritik am Spielplan spiegelt die Enttäuschung der Gebildeten darüber wider, daß die Theater sich nicht voll und ganz als Bildungsanstalten zu etablieren vermochten. Bildung war zuallererst literarische Bildung, und deren Vermittlung wurde von den Bühnen erwartet, nachdem diese die Wendung zur Literatur vollzogen hatten. Adam Müller wünschte weniger Kotzebue und mehr Shakespeare, weniger Iffland und mehr Schiller. Das Publikum, das keine Kritiken schrieb, war anderer Meinung, weil es, wie eh und je, lieber vergnügt als belehrt werden wollte, auch wenn es schon gebildet war und über den Grund des Vergnügens an tragischen Gegenständen keine andere Meinung hatte als Schiller.
Es kann nicht davon die Rede sein, daß der literarische Geschmack des Theaterpublikums 1805 ‹niedriger› war als zehn oder zwanzig Jahre zuvor; freilich war er nicht der Geschmack Goethes, Schillers und Adam Müllers; aber vorher dominierte ja auch nicht der Geschmack Lessings oder der Dichter des Sturm und Drang. Und es ist zumindest fraglich, ob Lessings, des Hamburger Dramaturgen, 1768 geäußerte bittere Feststellung: «Wir gehen, fast alle, fast immer, aus Neugierde, aus Mode, aus Langeweile, aus Gesellschaft, aus Begierde zu begaffen und begafft zu werden, ins Theater» [*Hamb. Dram; 80. Stück*] – ob diese Feststellung auch 1805 ohne Einschränkung galt.
Daß die Stücke Kotzebues und Ifflands von geringerem literarischen (künstlerischen) Wert seien als die Friedrich Ludwig Schröders und Christian Felix Weißes, als die deutschen Bearbeitungen französischer Lust- und Rührspiele, an denen sich das Publikum in früherer Zeit erfreut hatte, kann schwerlich behauptet werden und ließ sich also nicht ins Feld führen, wenn Gründe für das angeblich gesunkene und weiter sinkende Niveau des Theaters gesucht werden. Das Theater um 1800 hob sich nicht in demselben Maße, wie sich die dramatische Literatur in ihren ‹klassischen› Mustern hob; daher wurde von Niedergang gesprochen.
Nicht nur der Publikumsgeschmack und das Repertoire waren Gegenstände von Jeremiaden vieler Theaterkritiker, sondern auch die angebliche Geldgier der Theaterdirektoren, denen allein an vollen Häusern und

vollen Kassen und so gar nicht an Erziehung durch Kunst zum rechten Leben gelegen sei, und die Schauspieler, die sich auf «Coulissenreißerei» und «hohles, hohlköpfiges Comödiantenthum», nicht aber auf ernsthafte Kunst verstünden [vgl. 199; *Teil 1; S. 132*], die «kaum Stühle zu setzen, oder Thüren zu öffnen im Stande sind, die aber zweite, dritte Liebhaber, Liebhaberinnen, und Bediente von Bedeutung zu spielen angewiesen werden» [*Die Freimüthige vom 2. 1. 1808 (Nr. 2)*, aus einem Bericht über die Hamburger Bühne]. Bei den Leipziger Schauspielern bemerkte Goethe 1800 «ein loses, unüberdachtes Betragen», das sich gegen das Publikum richtete: «Bei der Rezitation und Deklamation der meisten bemerkt man nicht die geringste Absicht verstanden zu werden.» Goethe spricht nicht von Verfall, sondern davon, daß es so «nicht weitergehen» könne. Er erwartet Besserungen, wie sie ihm an ‹seinem› weimarischen Theater bereits gelungen waren. «Auf dem Weimarischen Hoftheater, das nunmehr bald elf Jahre besteht, darf man sich schmeicheln, in diesem Zeitraume solche Fortschritte gemacht zu haben, wodurch es die Zufriedenheit der Einheimischen und die Aufmerksamkeit der Fremden verdienen konnte (...).» So beginnt Goethes Bericht *Weimarisches Hoftheater* vom Februar 1802. Kein Wort von Niedergang. Davon zu sprechen, überließ er den Kritikern, die sich auch darüber mokierten, daß sich Schauspieler schwertaten mit den ihnen ungewohnten jambischen Versen, und darüber, daß die Verse gelegentlich, wie in Weimar, pronociert deklamiert wurden. Es ist kein Zufall, daß Goethe der Kritiker nicht gedachte, als er 1815 bemerkte: «Dichter, Schauspieler, Direktion und Publikum werden sich immer mehr untereinander verständigen und im Genuß des Augenblicks nicht vergessen, was die Vorfahren geleistet.»

Vermeintliche Leistungen der Vorfahren trübten den Kritikern um 1800 den Blick für die Leistungen ihrer Gegenwart. Und späteren Kritikern fielen aus denselben Gründen die wenig glanzvollen Punkte des Theaterwesens um 1800 kaum auf. Daß dieses dennoch als Blüte der deutschen Theatergeschichte anerkannt zu werden verdient, ist allerdings nicht fraglich; es funktionierte als Vermittlungsinstanz zwischen Gesellschaft, Literatur und Schauspielkunst und hat, wenn schon nicht unmittelbar ‹gebildet›, so doch die Formierung bildungsbewußter Bürgerlichkeit begünstigt. Dabei spielte nur eine geringe Rolle, wie sich die einzelnen Bühnen konstituiert und organisiert hatten: ob als privates Unternehmen, als Stadttheater oder als Hoftheater; ob mehr von allerhöchsten Befehlen oder mehr von allergnädigsten Wünschen abhängig; als Nationaltheater oder ohne diese anspruchsvolle Kennzeichnung. Die Herausbildung der verschiedenen Theatertypen ist gleichwohl von allgemeinem, nämlich politischem Interesse und muß deshalb kurz skizziert werden.

«Die jetzt anwesende / Hoch-Fürstl. Baaden-Durlachische / Hoff-Comödianten, / Wolten den 8. Octob. 1731. / Gegen / Sr. Königl. Majestät / in Preussen, / Marggraf zu Brandenburg, des Heil / Röm. Reichs Erzt-Cämmerer und Churfürst, / Souverainer Printz von Oranien, Neufchatel / und Valengin, etc. / Ihre ergebenste Devotion / Zum Opffer / In allerunterthänigster Danckbarkeit / vorstellen, genannt: / Die an Tugend und Tapfferkeit / Amazonische Heldin / ARIBANE, / Mit einem Musicalischen Prologo beygefügten Inhalts / Unter dem Directorio / Titus Maaß.» – Der Theaterzettel vermerkt ferner, daß die Vorstellung «auf dem Berlinschen Rath-Hause», und zwar «präcise um 4. Uhr» anfangen werde, daß auf dem ersten Platz vier Groschen, auf den übrigen drei Groschen zu zahlen seien. [92; *S. 37*]

Die Schauspieltruppe des Titus Maaß repräsentiert hinsichtlich ihres Status als ‹Hoff-Comödianten›, deren Existenz der Zustimmung und gewöhnlich der finanziellen Unterstützung des regierenden Fürsten, in diesem Falle des Markgrafen Karl Wilhelm von Baden-Durlach bedurfte, das Theaterwesen in der ersten Hälfte des 18. Jahrhunderts. Daß die Truppe nicht seßhaft war, sondern wanderte, gehörte ebenso zu den Gepflogenheiten wie die Darbietung eines Schaustücks, das nur in seinen Umrissen fixiert war, in den Details dann auf der Bühne, dem Geschmack des jeweiligen Publikums entsprechend, ausgeführt wurde, wobei feststand, daß Hauptstücke (im Gegensatz zu Vor- und Nachspielen) wichtige Angelegenheiten, vornehmlich solche aus der Geschichte, traktieren sollten – Staats-Angelegenheiten.

Lärm und Leidenschaften, Pomp und Posen, Tugenden und Laster im Großformat prägten das Geschehen, von dem sich der Literatur- und Theaterreformator Johann Christoph Gottsched schaudernd abwandte. Seine Reformbemühungen, die auf die Literarisierung des Theaters hinausliefen, wurden von Caroline Neuber, der Prinzipalin einer Wandertruppe, die ihren Standort in Leipzig hatte, unterstützt; doch wurde zunächst von ihrer spektakulären Verbannung des Harlekins, geschehen vermutlich 1737 während einer Aufführung in Leipzig, mehr Notiz genommen als von ihren Darbietungen ernsthafter Dramen wie des *Cid* von Corneille und des *Sterbenden Cato* von Gottsched, Stücken, mit denen die Neuberin und ihre «Köngl. Pohlnischen Churfürstl. Sächsischen auch Hoch-Fürstl. Braunschw. Lüneb. Wolffenb. Hof-Comödianten» [92; *S. 43*] jahrelang umherzogen. Mehr Schaulustige drängten sich in Sälen oder – gelegentlich – auf Plätzen, wenn Monströses zu erwarten war, wie es etwa ein Nürnberger Theaterzettel von 1757 verhieß: «Die Enthauptung geschicht offentlich, daß man das helle Blut springen siehet.» [92; *S. 28*]

Die Anstöße, die von Gottsched und der Neuberin ausgegangen waren, zeitigten erst fruchtbare Wirkungen, als Theaterdirektoren von Format wie Johann Friedrich Schönemann in Leipzig, Franz Schuch in Hamburg, Konrad Ernst Ackermann in Königsberg (später Hamburg), Gottfried Heinrich Koch in Berlin und dessen Nachfolger Carl Theophil Döbbelin die Schauspielkunst zu heben trachteten und sich dazu die Vermittlung literarischer Kunst als Prüfstein der Darstellungsfähigkeiten angelegen sein ließen. Aus den Wandertruppen wurden Schauspielgesellschaften im Sinne von Bühnenensembles mit der Tendenz zur Seßhaftigkeit, aus der neu sich die «stehenden» Theater entwickelten, zu deren Bedingungen die Einrichtung eigener Schauspielhäuser gehörte. Daß der Herzog von Mecklenburg-Schwerin 1751 und in den folgenden Jahren der Schönemannschen Gesellschaft gestattete, in seinem Schloß zu gastieren, und das Unternehmen, um es acht Monate im Jahr an sich zu binden, auch finanziell recht großzügig unterstützte, daß der preußische König 1753 Ackermann den Bauplatz für ein Theater in Königsberg schenkte und daß wenig später der Herzog von Weimar, Ernst August II. Konstantin, ein Hoftheater gründen wollte, das dann freilich wegen seines Todes (1758) nicht zustande kam, sind Stationen auf dem Weg zu den subventionierten ortsgebundenen Theatern mit festen Schauspielhäusern und fest engagierten Schauspielern und Direktoren, die sich schon bald – und nicht nur in den Zentren der Macht – als unentbehrliche Kulturinstitutionen behaupteten.

Ackermann war es, der in Hamburg, wie ein Jahrzehnt zuvor in Königsberg, für den Bau eines Schauspielhauses sorgte: Im September 1764 war er mit seiner Gesellschaft nach Hamburg gekommen, wo er zunächst in einem umgebauten Marstallgebäude Vorstellungen gab. Schon bald ermöglichten ihm angesehene Hamburger Bürger durch großzügige Hilfen – darunter die Besitzerin des Grundstücks am Gänsemarkt, auf dem das alte Opernhaus stand, durch günstige Mietbedingungen –, an diesem Platz ein Theater zu errichten; es war bereits im Juli 1765 fertiggestellt. Es beherbergte knapp zwei Jahre später das erste deutsche Nationaltheater: Der Theaterdichter Johann Friedrich Löwen, ein persönlicher Gegner Ackermanns, setzte im Verein mit der einflußreichen Schauspielerin Sophie Friederike Hensel und deren Liebhaber Abel Seyler seine Idee in die Tat um, ein Theater ins Leben zu rufen, das dem deutschen Nationalcharakter Rechnung tragen, sich dem deutschen ‹Originalschauspiel› verschreiben und durch finanzielle Unabhängigkeit die Freiheit der Entscheidung zugunsten der Kunst gegenüber dem ordinären Geschmack des Publikums gewinnen sollte. Die Bühne sollte nicht länger dem Zeitvertreib der Müßiggänger, sondern der Hebung des geistigen und moralischen Niveaus ‹der Deutschen› dienen. Die finanzielle Unabhängigkeit wurde durch wohlhabende Bürger, die den Theaterbau für zehn Jahre pachteten und die Schauspieler unterstützten, garantiert. Für die literarische Kunst sollte Lessing, der als Dramaturg verpflichtet wurde, garantieren, für die Schauspielkunst Konrad Ekhof mit den vorzüglichsten Mitgliedern der Ackermannschen Gesellschaft. Das Unternehmen scheiterte nach zwei Jahren, weil es dem Direktorium an Autorität und Geld, den Schauspielern an nationalen Interessen, dem Spielplan an nationalen Stücken fehlte. Ackermann übernahm wieder ‹sein› Theater; als er starb (1771), folgte ihm Friedrich Ludwig Schröder, sein Stiefsohn.

Schröder führte – ‹nationaler› als seine Vorgänger – das Theater zusammen mit seiner Mutter auf eigene Kosten und für eigenen Gewinn. Als 1780 die Lage prekär wurde, gab er auf und ging nach Wien, obwohl 30 Hamburger Bürger das Theater inzwischen übernommen und seinen Fortbestand gesichert hatten.

In Wien gehörte Schröder für vier Jahre dem zweiten deutschen Nationaltheater an: Kaiser Joseph II. hatte 1776 das dortige Theater nächst der Burg zum «Hof- und Nationaltheater» ernannt, auf daß guter Geschmack verbreitet und die Sitten veredelt würden, und zwar nicht nur durch Schauspiele, sondern auch durch Opern (bis 1783 durch deutsche, danach durch italienische). Als Hoftheater wurde es vom Hof subventioniert, doch wurde seine Entfaltung durch die Zensur und durch eine uneffektive Schauspieler-Selbstverwaltung sehr gehemmt; nach dem Tode Josephs verfiel es rapide und wurde 1794 verpachtet. Als künstlerische Leiter versuchten sich, ohne rechten Erfolg, bis zur Jahrhundertwende Joseph von Alxinger und August von Kotzebue.

Der nächste Versuch mit einem Nationaltheater wurde in Mannheim gemacht: 1779 wurde das dortige Theater auch in den Rang eines «Hof- und Nationaltheaters» erhoben; es war – durch den Hof in München – finanziell so gesichert wie das Wiener Theater, in künstlerischer Hinsicht von der Zensur unabhängiger als dieses, in bezug auf die Verwaltung straffer und wirkungsvoller. Die Geschicke lagen fast ausschließlich in den Händen des Intendanten Heribert von Dalberg, der 1781 seine Aufgaben übernahm und sie bis 1803 erfüllte. Er erkannte, daß Schillers frühe Dramen auf ein Nationaltheater gehörten; er respektierte allerdings auch die Wünsche des vornehmlich aristokratischen Publikums, das sich an den Stücken Ifflands, der dem Nationaltheater als überragender Schauspieler bis 1796 angehörte, gütlich tat: an nationalen Stücken immerhin.

Das deutsche Theater in Preußens Hauptstadt schließlich firmierte seit 1786 als «Königliches Nationaltheater», zunächst unter Döbbelins Leitung, dem schon bald künstlerische und Verwaltungsdirektoren wie Johann Jakob Engel und Karl Wilhelm Ramler aufgenötigt und vorgesetzt wurden, seit 1796 unter Ifflands Leitung, dem es gelang, das vordem am Hofe favorisierte französische Theater vollends in den Hintergrund zu drängen und die Ansprüche, die mit der Bezeichnung ‹Nationaltheater› gestellt sind, voll und ganz zu erfüllen. Natürlich war auch das Berliner

Theater ‹Hoftheater› und erhielt die dringend benötigten Zuschüsse, zunächst 3000 Taler jährlich, wenig später bereits 12000, unter Iffland noch mehr, darüber hinaus ein neues Schauspielhaus, das Anfang 1802 eröffnet wurde (mit einem Stück von Kotzebue), und das 2000 Besuchern Platz bot. Das erste Hoftheater in Deutschland war 1775 in Gotha gegründet worden: Der dortige Hof übernahm die Bezahlung der Schauspielergagen, Ekhof hatte als künstlerischer Leiter des Unternehmens bei der Gestaltung des Spielplans weitgehend freie Hand. Als Verwaltungsdirektor fungierte ein Hofbeamter, der theaterbesessene Bibliothekar Heinrich August Ottokar Reichard, und mit Friedrich Wilhelm Gotter war ein versierter und beliebter Theaterdichter und Librettist zur Stelle. Ekhofs Tod 1778 schloß dieses Hoftheater wenig später, das immerhin lange genug existiert hatte, um demonstrieren zu können, daß eine sinnvolle Entwicklung des deutschen Theaterwesens nur auf dem so gewiesenen Weg liegen konnte, wobei allerdings viel davon abhing, ob der geldgebende Fürst nicht nur kunstsinnig, sondern auch aufgeklärt-liberal und rigiden Zensurmaßnahmen abhold war.

Während in Wien unter Leopold II. und Franz II. die drückende Zensur das Hoftheater fast strangulierte, konnte sich zur gleichen Zeit in Weimar dank der Liberalität des kunst-, bildungs- und genußfreudigen Herzogs Karl August das 1791 gegründete Hoftheater fast frei und ungehindert nach den Vorstellungen seines Direktors, des Hofbeamten Goethe, entfalten. Freilich verfügte dieser nicht über beliebige Zuschüsse und war zu sparsamster Haushaltung genötigt. Für die ersten fünf Monate seiner Leitung (Mai bis September 1791) erhielt er einen Zuschuß von 1098 Talern; die Gesamtkosten betrugen ungefähr 5200 Taler; die Publikumseinnahmen machten den Differenzbetrag aus: 4113 Taler. Für die Wintersaison 1791/92 erhielt Goethe immerhin schon 2510 Taler Zuschuß, und später wurde der halbjährlich gezahlte Betrag bei Bedarf auch wohl auf 4000 oder 6000 Taler erhöht; da beliefen sich die Ausgaben allerdings auf 15000 bis 20000 Taler. Etwa ein Drittel der Kosten des weimarischen Theaters wurde vom Hof getragen; die Einnahmen machten also etwa das Doppelte davon aus. Auch hinsichtlich des Spielplans war Goethe nicht völlig frei, doch hielten sich die Eingriffe des Hofes in Grenzen. Daß die Uraufführung von Schillers *Jungfrau von Orleans* nicht in Weimar stattfinden konnte, weil ausgerechnet des Herzogs Mätresse Caroline Jagemann die Titelrolle übernehmen sollte, ist immerhin verständlich und ebenso, daß Goethe alljährlich zum Geburtstag der Herzogin (30. Januar) mit Erstaufführungen geeigneter Stücke aufwarten mußte.

Das Hoftheater war um 1800 die verbreitetste Organisationsform des seriösen kunstvollen Theaters – wie in Weimar und Berlin, Mannheim und Wien, so auch in Stuttgart (wo 1780 der Herzog Karl Eugen ein Hofschauspielhaus eröffnet hatte) und München (Hof- und Nationaltheater seit 1799), wenig später in Karlsruhe (seit 1810) und Dresden (seit 1814). Wenn die fürstlich privilegierten Hofschauspieler seßhaft geworden waren, konnte bald darauf mit der Gründung von Hoftheatern gerechnet werden, wenigstens in Residenzstädten, in denen sich der Fürst zur Pflege der Kunst bemüßigt fühlte. Der Willkür der Herrschenden war hier wie sonstwo die Tür geöffnet; doch die obwaltenden politischen Verhältnisse gestatteten keine ernsthafte Alternative. Diese bestand auch nicht in Städten, die keinem Fürsten untertan waren, in den freien Reichsstädten also vor allem. Hier bildete sich, zunächst in Hamburg, dann in Frankfurt, im 19. Jahrhundert dann immer häufiger im gesamten Gebiet des Deutschen Bundes, die Institution der Stadttheater heraus, deren Gründungen keine anderen Ursachen hatten als die Gründungen der Hoftheater.

Das Wandertruppen-Theater war tot, das stehende Subventions-Theater sollte leben. Die geförderte Kunst brachte den Förderern Dank und Anerkennung, mehrte den Ruf von Stadt und Hof, und vielleicht mehrte sie ja auch die Bildung von Bürgern und Untertanen aller Art. Gegen Ende des 18. Jahrhunderts setzte sich diese Auffassung wenigstens immer stärker durch, und damit wurde auch die Frage akut, wer sich der Theater annehmen sollte, wenn keine Förderung durch einen Hof in Frage kam. In Hamburg sprangen bürgerliche Mäzene ein, als Schröder das Theatergeschäft auf eigene Rechnung nicht weiterführen konnte; da er nun aber um seine Selbständigkeit in Dingen der Kunst fürchten mußte, verließ er Hamburg. Aus Wien 1785 zurückgekehrt, ließ er sich aufs neue zur Übernahme der Direktion des Hamburger Theaters, das nun (ab 1786) «Deutsches Theater» hieß, bewegen und hielt es einige Zeit in seinem Besitz: «(. . .) eine Garderobe, die über 60000 Mark gekostet hat, Dekorationen und Musik für 20000 Mark, ein Schauspielhaus, das nur mit 5500 Mark belastet ist (. . .).» [217; *S. 110*] Wenige Jahre später drohte wieder der Bankrott, und Schröder zog sich aufs neue zurück. – Erst Anfang 1809 wurde das Hamburger Theater offiziell «Stadttheater» genannt.

Wie in Hamburg, so taten sich auch andernorts die ‹Stadt›-Theater schwer, weil die Kompetenzen zwischen Verwaltungen und privaten Spendern lange nicht geklärt waren und weil der Druck der städtischen (bürgerlichen) Mäzene auf die Theater, das Maximum an Einnahmen zu erzielen und sich also weitgehend dem Geschmack des Publikums zu unterwerfen, in der Regel viel größer war als der Druck, dem die Hoftheater in dieser Hinsicht ausgesetzt waren. Mochten die Fürsten in ihrer Mehrzahl auch künstlerische Dilettanten gewesen sein: ihren Theatern wurde dadurch weniger geschadet als den Stadttheatern durch die Finanzspekulationen derer, die sich nicht aus Kunst-Enthusiasmus und nicht aus politischem Machtstreben, sondern aus Erwerbszwecken engagiert hatten. Als 1792 das Frankfurter Theater zu einem ‹Nationalthea-

ter› proklamiert wurde, konnte das nur geschehen, weil sich 50 angesehene und wohlhabende Bürger zur finanziellen Sicherung des Unternehmens vereinigt hatten: Sie machten aus dem Theater, unter Beteiligung der Stadt, eine Art Aktiengesellschaft, deren Geschäfte von vier aus dem Kreis der Aktionäre gewählten Vertretern geleitet wurden. Die Stadt übernahm für die jeweils zweijährige Dauer der Verträge mit dem Theater eine Art von Ausfallbürgschaften, was ihre Mitbestimmung bei der Besetzung der Direktorenposten begründete. Dieses Stadttheater (das beispielsweise 1820 von 77 Aktionären getragen wurde) bestand genau ein halbes Jahrhundert.
Bei der Gründung des Leipziger Stadttheaters im Jahre 1817 wurde ein sogenannter Inspektions-Ausschuß eingesetzt, dem insbesondere die Überwachung der Finanzgeschäfte oblag; er setzte sich aus zwei Vertretern der Stadt und drei Vertretern des Theater-Ausschusses zusammen. Für das in städtischem Besitz befindliche Theater mußte der Direktor, Theodor Küstner, eine jährliche Pacht von 500 Talern entrichten. – Stadttheater im engeren Sinn, auch in städtischer Regie und mit einem von der Stadt berufenen Intendanten gibt es erst seit 1839; Mannheim machte mit dieser die alten höfischen Formen des Theaters langsam verdrängenden Organisation den Anfang.
Das Maß der künstlerischen und finanziellen Unabhängigkeit eines Theaterdirektors bestimmt das Maß seines Einflusses auf den Stil der Schauspielkunst und den Spielplan seines Theaters, oder anders: Wer sich freiwillig oder gezwungen den Wünschen von Geldgebern und Theaterbesuchern (die eine besondere Spezies von Geldgebern darstellen) akkommodiert, kann in dem, was er selbständig leistet, schwer beurteilt werden, da der Anteil der heteronomen von dem der autonomen Entscheidungen auch nicht annähernd exakt zu sondern ist. Es ist daher kein Zufall, daß die Theatergeschichte (Geschichte verstanden als Prozeß und Progreß) im wesentlichen von jenen Theatern bestimmt wurde, deren Leiter dank ihrer Persönlichkeit und dank der Gunst der bestehenden Abhängigkeitsverhältnisse einen Freiraum hatten, in dem Experimente, Innovationen und auch Provokationen möglich waren, ohne damit die Existenz des Theaters zu gefährden. Es ist also kein Zufall, daß in den drei Jahrzehnten von 1785 bis 1815 jene drei Theaterleiter Theatergeschichte geschrieben haben, die sich am erfolgreichsten gegen Druck von außen zur Wehr gesetzt haben (wobei der Druck unterschiedlich stark war) und die am nachdrücklichsten auf bestimmten (individuell verschiedenen) Kunstprinzipien bestanden (ästhetische Qualität und politisches Durchsetzungsvermögen bedingen sich hier wie sonst wechselseitig): Friedrich Ludwig Schröder, Goethe und August Wilhelm Iffland. Es soll also, unter verschiedenen Gesichtspunkten, von den Theatern in Hamburg, Weimar und Berlin die Rede sein.

Schröder

Friedrich Ludwig Schröder (1744 bis 1816) übernahm 1771 die Direktion der Ackermannschen Schauspielergesellschaft in Hamburg und behielt sie bis 1780. Sein eigenes Spiel wie das der Gesellschaft war entscheidend geprägt durch die Kunst Konrad Ekhofs, dessen Bestreben sich auf die charakteristische Wiedergabe dramatischer Figuren, auf die ‹natürliche› (und damit ‹wahre›) Darstellung von Charakterrollen konzentrierte. Seine ungewöhnliche Wandlungs- und Adaptionsfähigkeit betraf gleichermaßen Stimme, Gestik und Mimik. Ekhof (1720 bis 1778), Mitglied der Schönemannschen, der Schuchschen, der Ackermannschen und der Seylerschen Gesellschaft, Begründer einer Theater-Akademie und Leiter des ersten Hoftheaters (in Gotha), war der gefeiertste Schauspieler seiner Zeit; er war in komischen wie in tragischen Rollen gleichermaßen überragend. Dem ganzen Schauspielstand war er auch durch seinen vorbildlich sittlichen Lebenswandel höchst nützlich, galt doch ein ‹Comödiant› um die Jahrhundertmitte als ein notorisch unmoralisches Subjekt, dessen Umgang zu meiden jedem tugendbewußten Bürger selbstverständlich war.

Schröder eiferte Ekhof nach und hatte, da sich die Basis des Schauspielwesens verbreiterte, noch mehr Erfolg als dieser: Als Charakterdarsteller, der einem Höchstmaß an ‹Naturwahrheit› nahezukommen bestrebt war, der ein Kopist menschlicher Natur(en) sein wollte, galt er nicht weniger als sein Lehrmeister; als künstlerischer und administrativer Leiter einer angesehenen Gesellschaft in einer großen Stadt mit Kultur- und auch Theatertradition war seine unmittelbare Wirkung sowohl bei den Schauspielern wie beim Publikum ungleich größer als die Ekhofs. Seine erste Hamburger Direktionszeit wurde nicht nur durch seinen Stil, der Stilisierung als Künstlichkeit ausschloß, geprägt, sondern auch durch die energische Unterwerfung des Spielplans unter diesen Stilwillen: Schröder verhalf Shakespeare und den Dichtern des Sturm und Drang zur Anerkennung als Bühnendichtern, deren kongenialer Interpret er als Regisseur wie als Schauspieler wurde.

Schröder hat, auch mit Aufführungen von Dramen Lessings und Molières, der ‹hohen› Literatur auf dem deutschen Theater endgültig Bahn gebrochen. Freilich blieben die Rückschläge nicht aus: Das Publikum war seinen Ansprüchen nicht gewachsen, und er selbst war auch den Ansprüchen einer neuen Literatur nicht mehr gewachsen, als er sich zum zweitenmal mit den Geschäften eines Hamburger Theaterdirektors (1786 bis 1798) abgab. Zwar ließ er für die Uraufführung von Schillers *Don Karlos* (am 29. August 1787) die Blankverse gelten, doch waren sie seiner Kunstauffassung und seiner Natur im Grunde fremd, weil sich mit ihnen die Literatur über die Natürlichkeit des Sprechens hinwegsetzte und die Repräsentation zu einem heiklen Problem machte. Noch zu Beginn des 19. Jahrhunderts waren die Hamburger Schauspieler unfähig, Jamben als Verse zu sprechen. Und der Bericht ist glaubwürdig, Schröder habe bei Schillers Tod die Hoffnung geäußert, daß endlich mit dem «pathetischen Jambenschwulste» Schluß sei. [vgl. 199; *Teil 1, S. 308*] Das klassische deutsche Drama fand also keine besondere Pflege in Hamburg. Daß auch die Experimente der siebziger Jahre nicht fortzusetzen waren, dafür sorgte schon das Publikum, welches zwar noch bei Aufführungen Ifflandscher und Kotzebuescher Stücke in Schröders Theater zusammenkam, aber immer mehr die Darbietungen einer konkurrierenden französischen Schauspielergesellschaft vorzog.

Goethe

Goethe hat Schröders Verdienst anerkannt, doch hat er dessen Auffassung, auf der Bühne sei Natur zu reproduzieren, nicht geteilt. Hohe Literatur, die er – wie Schröder – soviel auf die Bühne wünschte, wie das Publikum dies zuließ, war für ihn keine naturalistische Widerspiegelung des Lebens; sie war ihm etwas Übernatürliches (dabei nichts Außernatürliches!), über die Wirklichkeit hinaus auf Wahrheit abzielend, mit der einschneidenden Festlegung, daß ihre Produkte «keineswegs wahr scheinen, daß sie vielmehr nur einen Schein des Wahren haben» dürften. Diesem Zweck hatte die sehr bewußte Stilisierung zu gelten, die bewußte Verfremdung des alltäglich ‹Natürlichen› etwa durch die Versifizierung der Bühnensprache, die Goethe nicht allein deshalb für notwendig hielt, weil, wie Schiller sagte, Verse vor Plattheit und Gemeinheit schützen, sondern auch, weil ihre deiktische Funktion nicht verkürzt werden dürfe: Dichtung ist als Schein des Wahren eine andere Wirklichkeit, die durch Versfüße zwar nicht konstituiert, aber gekennzeichnet werden kann.

Es mag geradezu als Gebot der Redlichkeit erachtet werden, daß ein Dichter durch Stilisierung seine Kunstabsicht signalisiert. Und der Schauspieler hat, so Goethe, diese Absicht zu betonen, wenn er Dramenverse spricht; er muß sich als Vermittler von ihm ‹naturgemäß› Fremdem selbst verleugnen, indem er rhythmisch deklamiert, gemessen-kunstgemäß rezitiert. Auch seine Haltung muß zu erkennen geben, daß es sich bei dem Bühnenvorgang nicht um Nachahmung von Natur, sondern um dessen idealische Überhöhung handelt. Dies aber fordert die Schauspielkunst, die neben der Dichtkunst einen eigenen Rang erhält: «Jeder Teil des Körpers stehe daher ganz in seiner [des Schauspielers; N. Oe.] Gewalt, so daß er jedes Glied gemäß dem zu erzielenden Ausdruck frei, harmonisch und mit Grazie gebrauchen könne.»

Goethes Theater konnte als Kunstanstalt gedeihen, weil die Schauspieler die Prinzipien ihres Leiters akzeptierten, weil das Publikum die in ihrem Umfang maßvollen Experimente mit antiker und antikisierender (klassischer und klassizistischer) Literatur tolerierte und weil mit Schiller ein Theaterdichter zur Verfügung stand, der für die Weimarer Bühne – Übersetzungen und Bearbeitungen nicht gerechnet – fünf Proben aufs Exempel lieferte, vom *Wallenstein* bis zum *Wilhelm Tell*. So wichtig die Impulse waren, die Schiller dem Weimarer Theater gab – stärker war vermutlich der Einfluß, den die Bühne und ihr Leiter in Theorie und Praxis auf den Dichter ausübten. So gewann Goethes Theater eine eminente literarhistorische Bedeutung.

Iffland

Schröder und Goethe waren in ihren Kunstüberzeugungen weit voneinander entfernt. August Wilhelm Iffland (1759 bis 1814) nahm eine mittlere Position ein: Als Schauspieler und als Theaterleiter vertrat er weder den Standpunkt Schröders, auf der Bühne sei ‹Natur› am Platze, noch den Goethes, mit dem Schiller sich einig wußte: «Der Schein soll nie die Wirklichkeit erreichen, / Und siegt Natur, so muß die Kunst entweichen.» [*Schiller an Goethe am 24. 10. 1797; V. 47–48*] Iffland vertrat den Standpunkt der Künstlichkeit: Da auf der Bühne die Reproduktion von Natur nicht zu erreichen ist (schon deshalb, weil eine völlige Illusionierung der Zuschauer nicht gelingen kann), sollte die Schauspielkunst auch nicht den Versuch machen, das Artifizielle als bewußt künstlerisch Vorgestelltes soweit wie möglich zurückzudrängen; sie sollte aber auch nicht darauf verzichten, den Bedürfnissen des Publikums nach Identifikationen Rechnung zu tragen, und diese sind nur in einem Raum der ‹Natur›, nicht in einem der abgesonderten Kunst möglich. Was Goethe mit der Kunst (der literarischen wie der schauspielerischen) bezweckte, erschien Iffland als Überforderung des Publikums, aber auch als Überforderung seiner selbst: Seine zahllosen Dramen konnten schließlich diesen strengen Forderungen ganz und gar nicht genügen. Und ferner: Iffland war nach Ekhof und Schröder der dritte deutsche Mime, der als weithin überragender Schauspieler allein für Bühnenerfolge sorgte; dazu bedurfte es keines besonderen Dramas und keines besonderen Ensembles. Ifflands Persönlichkeit durfte aber nicht ‹ausgelöscht›, nicht einem höheren Kunstwollen untergeordnet werden, sondern mußte sich in ihren individuellen Fähigkeiten präsentieren können. So ließ Iffland Schröders Natur nur zu, wenn sie sich als künstlich zu erkennen gab; und er ließ Goethes Kunst nur zu, wenn sie sich nicht als strikter Widerpart des gemeinen Lebens verstand, wenn sie also ein Reich von dieser Welt blieb und ihre Wirkung wohl im Auge behielt. – Ifflands Familiengemälde sind in demselben Sinne künstlich wie seine Repräsentationen auf der Bühne. Nichts macht deutlicher, daß Schauspielkunst und Dichtkunst durch unterschiedliche ästhetische Motive und Tendenzen bestimmt

werden, die sich auch in dem Umstand zu erkennen geben, daß die Nachwelt dem Mimen keine Kränze flechten kann.
Iffland hatte noch das Glück, ein Schüler Ekhofs gewesen zu sein; von ihm wohl lernte er, daß sich zur künstlerischen Passion der Fleiß, die Pflichtbesessenheit und ein untadeliger Lebenswandel gesellen müssen, um die Schauspielkunst auf die Höhe anderer Künste zu führen. Mit Erfolg kopierte Iffland schon nach kurzer Zeit seinen Lehrer; von diesem Niveau aus entwickelte er seine individuellen Fähigkeiten, die sich vor allem auf die Darstellung komischer (und halbkomischer) Figuren bezogen: Biedermänner, parfümierte Weltleute und lächerlich anmaßende Höflinge waren ihm auf den Leib geschrieben. Doch reüssierte er auch im tragischen Fach: Die Rolle des Franz Moor in Schillers *Räubern* blieb seit der Mannheimer Uraufführung (13. Januar 1782) eine oft wiederholte Bravourleistung. Nach dem Tod Ekhofs und der Aufhebung des Gothaer Hoftheaters ging Iffland 1779 an das neugegründete Hoftheater in Mannheim, das unter der Direktion Dalbergs einen schnellen Aufschwung nahm, nach einem Jahrzehnt aber, in dem Schillers Jugenddramen und die ersten Stücke Ifflands (*Liebe und Pflicht im Streit*, 1781; *Verbrechen aus Ehrsucht*, 1784; *Die Jäger, 1785; Reue versöhnt*, 1788) zu den Glanzpunkten des Repertoires gehörten, zusehends stetig niederging, obwohl Iffland 1792 zum künstlerischen Leiter des Theaters gewählt wurde: Das Zeitalter Kotzebues (*Menschenhaß und Reue*, 1789) brach auch für Mannheim an. Die Französische Revolution und die Kriege in ihrem Gefolge brachten Unruhe und Auflösung in alle politischen und also auch die Hoftheaterverhältnisse Mannheims. – 1796 verließ Iffland die Stadt. Nach glänzenden Gastspielen in Weimar (März/April 1796) und Hamburg (September/Oktober) stimmte er im November seiner Berufung zum Direktor des Berliner Nationaltheaters zu. Er blieb in der preußischen Hauptstadt bis zu seinem Tod.
Iffland hat das Berliner Theater um 1800 nicht weniger geprägt als Goethe das Weimarer und Schröder das Hamburger: Sein Stil, der sich in Gotha und Mannheim herausgebildet hatte, verfestigte sich und bestimmte das Zusammenspiel der Schauspieler wie auch deren Einzelleistungen, und zwar im Sinne der Individualisierung, des Sich-Ausstellens als Persönlichkeit, die sich stützen mußte auf wahren Anstand, edle Haltung, auf das Miteinander von gebildetem Körper und gebildeter Seele. Der Schauspieler band die Kunst an die Natur – an sich selbst nämlich. Goethe rühmte an Iffland «das Zusammentreffen von Genie, Kunst und Handwerk» [*an Schiller am 2. 5. 1798*] und verhehlte nicht, daß ein Darsteller dieses Formats sein – Goethes – Schauspielkunst-Programm, das auf den Prinzipien von Stilisierung, Entindividualisierung und Unterordnung des einzelnen unter das Ensemble ruhte, modifizieren könne.

Goethe vermochte sich ebensowenig wie andere Theaterbesucher der unmittelbaren Wirkung der Persönlichkeit Ifflands, des Schauspielers, zu entziehen. Die Wirkung strebte Iffland sehr bewußt an, in weit höherem Maße als Schröder, der sich auch schon dem Publikum dadurch zu empfehlen bemüht hatte, daß er einzelne Rollen mit falschem Glanz herausputzte: durch die Einfügung von rhetorisch virtuosen Passagen aus anderen als den gerade aufgeführten Stücken beispielsweise. Schröder war dennoch, wenn auch nicht so konsequent wie Goethe, ein Befürworter des ausgewogenen Ensemblespiels, das den alles überragenden Star nicht duldete. Anders Iffland: Er selbst war das Muster eines Schauspieler-Stars, der andere nachzog: Konrad Fleck etwa, Friederike Unzelmann-Bethmann, auch Franz Mattausch; später Ludwig Devrient und Pius Alexander Wolff. Iffland reiste, wie vorher schon gelegentlich Schröder, durch Deutschland und trat vielerorten zu seinem und des Publikums Nutzen als Gast in Starrollen auf. Iffland beförderte entschieden die Einrichtung von Benefizvorstellungen für verdiente Theaterkünstler: Diesen floß der Gewinn (oder die Hälfte des Gewinns) einer Tageseinnahme zu, nach eingeholter «gnädigster Erlaubnis» und rechtzeitiger Information des Publikums.

Dem Publikum galt Ifflands besondere Aufmerksamkeit. Dessen offenkundigen Bedürfnissen nach prächtigen Inszenierungen trug er weitgehend Rechnung. Den Höhepunkt der Aufführung von Schillers *Jungfrau von Orleans* bildete der Krönungszug mit etwa 300 Personen, an dem sich das Publikum höchlich delektierte. – Welches Publikum?

Berlin, Weimar und Hamburg

Berlin hatte um 1800 etwa 160000 Einwohner und nur wenige Stätten der Vergnügung. Zu diesen gehörte das Theater, in das theoretisch jedermann eingelassen wurde. Doch ist die Zahl der regelmäßigen Besucher ziemlich gering, was sich schon daraus erhellt, daß die Besucher in der Regel mehrmals monatlich ins Theater gingen. Es gab (nicht übertragbare) Monatsabonnements für durchschnittlich 15 Vorstellungen, Jahresabonnements für über 100 Vorstellungen. Und wenn auch die Besitzer solcher Abonnements nicht in der Überzahl waren, so waren es doch sicher diejenigen, die monatlich nicht weniger als viermal das Theater besuchten. Da der Theaterbesuch nicht billig war (1800 kostete ein Platz zwischen vier Groschen und einem Reichstaler [Der Kaufwert eines Reichstalers um 1800 entsprach etwa 15–18 DM; 24 Groschen machten einen Reichstaler]), schied die Masse der Bevölkerung (circa 70 Prozent) schon aus finanziellen Gründen als regelmäßiges Theaterpublikum aus. Wer sein Existenzminimum (etwa 15 Taler pro Monat für eine fünfköpfige Familie) mit Mühe sichert, findet nicht so leicht den Weg ins Theater. Auch die Analphabeten, die noch etwa 40 Prozent der

Bevölkerung ausmachten, gehörten sicher nicht zu den eifrigen Theaterbesuchern. Der frühe Beginn der Vorstellungen (spätestens 18 Uhr) stellte schließlich eine weitere Barriere zwischen einer großen Gruppe der Bevölkerung und dem Theater dar.

Die Hofgesellschaft, Adelige (hohe Offiziere), Bürgerliche, unter ihnen besonders die Gelehrten und wohlhabenden Kaufleute, zuweilen (fast nur sonntags) Lakaien, Dienstmädchen und andere Angehörige der niederen Stände, die als ‹einfache› Zuschauer im vierten Rang plaziert wurden – sie also bildeten das ‹eigentliche› Publikum, das, mit Ausnahme der Niedriggeborenen, die Sitzordnung nach Ständen nicht mehr streng einzuhalten brauchte. Auch war die Trennung der Geschlechter bereits aufgehoben.– Die breite Masse des Publikums, das sich – im Bewußtsein, durch seine Eintrittsgelder das Theater zu erhalten – häufig ungebärdig und fordernd zeigte, bestand aus jungen Adeligen und Bürgerlichen. Ihr Geschmack ist nicht auf einen Nenner zu bringen: Vielen Besuchern (aller vertretenen Stände) lag hauptsächlich an der Unterhaltung, die das Theater bot; die zahlenmäßig geringere Gruppe der Gebildeten, die vom Theater weitere Bildung erwarteten, teilte sich in die Partei der Aufklärer vom Schlage Nicolais und Merkels und die der Romantiker wie Bernhardi, Fouqué und Hoffmann. Nur letztere forderten – zu Ifflands Zeit ziemlich vergeblich – entschieden mehr als Unterhaltung und Belehrung: Sie verlangten Dichtungen auf der Bühne.

Bei der Uneinheitlichkeit seines Publikums konnte es Iffland nicht allen recht machen. Doch bemühte er sich, es den meisten oft recht zu machen, ließ sich aber auch nicht davon abbringen, weniger populäre Dramen, etwa die Schillers, häufiger auf die Bühne zu bringen, als das andernorts geschah. Notfalls mußte ein üppiger Krönungszug dann für zuviel Kunst entschädigen.

Die Verhältnisse in Weimar unterschieden sich von denen in Berlin erheblich: In der kleinen, etwa 6000 Einwohner zählenden Residenzstadt beherrschte der Hof das gesellschaftliche Leben, zu dem eindeutiger als in Berlin auch das Theater gehörte. Das Publikum setzte sich (wie in Berlin) hauptsächlich aus Adeligen und Bürgerlichen zusammen; an Offizieren fehlte es verständlicherweise ebenso wie an Vertretern des vierten Standes, denen allerdings wohlfeile Abonnements für die Galerie geboten wurden. (Sie kosteten 16 Groschen für 12 aufeinanderfolgende Vorstellungen und waren nicht übertragbar.) Ein ziemlich starkes Zuschauerkontingent stellten die Angehörigen der Universität Jena. Wenn sich Studenten während der Vorstellungen hörbar machten, erregte das den Unwillen der Direktion, die auf manierlichstes Betragen Wert legte.

Auch die Theaterbesucher in Weimar verlangten in erster Linie nach kurzweiliger, abwechslungsreicher Unterhaltung: «Man kommt zu schaun, man will am liebsten sehn.» [*Faust I. V. 90*] Die Gelehrten und

Künstler und Schriftsteller, die gewahr wurden und begrüßten, was sich an literarischen und Theaterdingen in jenen Jahren um 1800 in ihrer Stadt ereignete, kamen freilich nicht zu kurz: Nirgendwo sonst in Deutschland wurde das ‹klassische› Drama so gepflegt, und nirgendwo sonst wurde die Schauspielkunst selbst als ‹klassische› Kunst etabliert. Schillers Einfälle, «ein eigenes Haus für die Tragödie zu bauen, auch jede Woche ein Stück bloß für Männer zu geben» [*Goethe. Gespräch mit Eckermann am 30. 3. 1824*], waren allein deshalb illusorisch, weil Weimar eine zu kleine Stadt war.

Wieder völlig andere Verhältnisse herrschten in Hamburg, einer Stadt mit ungefähr 100000 Einwohnern, wo sich kein Hof aufspielen konnte, wo die Adeligen so wenig galten, daß sie keinen Grundbesitz in der Stadt erwerben durften, wo es nicht im eigentlichen Sinne ‹Stände› (schon gar nicht ‹Klassen›), sondern ‹Schichten› gab: die durch Geld und Bildung Ausgezeichneten, Großhändler, Kaufleute, Doktoren der Jurisprudenz und Theologen; unter ihnen die Kleinhändler, Krämer und Schreiber; unter diesen die Bediensteten. Es ist im juristischen Sinne korrekt, was ein Hamburger Bürger 1803 sagte: «Wir haben keinen Adel, keine Patricier, keine Sklaven, ja selbst nicht einmal Untertanen. Alle wirklichen Hamburger kennen und haben nur einen Stand, den Stand eines Bürgers. Bürger sind wir alle, nicht mehr und nicht weniger.» [57; *Bd. 1, S. 295*] Diese Bürger – die wohlhabenden mehr, die ärmeren weniger – bestimmten durch ihren Geschmack, was im Theater dominierte: Unterhaltung. Zur klassischen Literatur wurde in Hamburg kein Weg geebnet; wenn von literarischen Ansprüchen die Rede war, hieß das: Empfindsamkeit, Aufklärung, Barock. Goethe ließ sich 1807 in Karlsbad über Hamburg im allgemeinen und Hamburger Literatur im besonderen informieren, worauf er notierte: «Verständige beschränkte Denkungsweise.» [*Goethe. Tagebücher, Eintrag vom 3. 7. 1807*]

Repertoires

Ob Berlin, Weimar oder Hamburg: Heiterkeit und Unterhaltung überwogen überall, Ernst und Belehrung hielten sich fast ängstlich versteckt. Doch es gab gravierende Unterschiede: Der Anteil ‹klassischer› Dramen am Repertoire der Goetheschen Bühne war fast doppelt so hoch wie zur gleichen Zeit in Hamburg; Berlin nahm eine mittlere Position ein. Konkret: Goethe ließ an etwas über 4000 Spieltagen rund 650mal Stücke von Shakespeare, Lessing, Schiller und sich selbst spielen, und damit erschienen diese vier Dramatiker genausooft auf dem Programm wie Kotzebue allein. In Hamburg war der Anteil der Klassiker vor allem deshalb gering, weil Schiller viel weniger gespielt wurde als in Weimar (sein Anteil am Gesamtrepertoire betrug knapp vier Prozent gegenüber etwas mehr als acht Prozent in Weimar); dabei machte es keinen Unterschied, ob Schröder (bis 1798 und dann noch einmal 1811/12) oder Jakob Herzfeld oder Friedrich Ludwig Schmidt oder sonstwer die Geschicke des Theaters bestimmten. In Berlin sorgte sich Iffland zwar um Schiller, setzte ihn aber weit hinter sich selbst und bot zuweilen monatelang nichts von ihm. Kotzebue hatte zu seinen Lebzeiten sowohl in Berlin wie in Hamburg einen Anteil von über 20 Prozent am Gesamtspielplan; er wurde etwa doppelt so oft gespielt wie Iffland.

August Friedrich Ferdinand von Kotzebue (1761 bis 1819), der Gegner Goethes und Feind der Romantiker, war drei Jahrzehnte lang der unbestrittene Liebling des deutschen Publikums, des adeligen wie des bürgerlichen, zum (oft nur geheuchelten) Entsetzen der Kritik. Die stereotypen Behauptungen vom Verfall der Bühne pflegten sich an seinen Namen zu knüpfen; dabei wurde weniger auf die ästhetische Qualität seiner Werke gezielt als auf ihre vermeintlich raffinierte Unsittlichkeit: «Das Schlimmste ist wohl nicht das, was sich geradezu als unsittlich ankündigt, sondern was unter dem Schein der Sittlichkeit das Herz bethört, alle Begriffe des Guten zerstört und das sittliche Gefühl vernichtet (...).» [*Neue Bibliothek der schönen Wissenschaften und der freyen Künste. Bd. 71 (1805). S. 353.* (aus einer Rezension von Kotzebues Drama *Graf Benjowstei*)] Kotzebue war kein Ausbund an Verworfenheit, und das Publikum war keine Gesellschaft lüsterner Voyeure; es hatte Vergnügen an sittlichen Verwicklungen, die sich aus der Beziehung der Geschlechter ergeben können und besonderes Interesse verdienen, wenn sie durch gröbliche Mißachtung der Standesschranken kompliziert werden. Das Publikum der Goethezeit unterscheidet sich nicht von dem Publikum einer anderen Zeit, wenn es in seiner Mehrheit das unbeschwerte, oft heitere Schauvergnügen der Aufnahme gewichtiger Kunst, deren Heiterkeit schwerer zu erkennen ist als der Ernst des Lebens, vorzog. Und wie könnte es befremdlich sein, daß die Zuschauer in einer Spielzeit lieber zehn verschiedene Stücke Kotzebues je einmal sahen als zehnmal *Die Braut von Messina*. Diese Alternative stellte sich nämlich dem Stammpublikum, das ja fünfzigmal und häufiger pro Spielzeit ins Theater ging und immer wieder auf Neuheiten begierig war. Mehr als 600 Stücke brachte Goethe während seiner 26jährigen Theaterleitung auf die Bühne, darunter etwa 90 Stücke Kotzebues. «Wer vieles bringt, wird manchem etwas bringen, / Und jeder geht zufrieden aus dem Haus.» [*Faust I. V. 97–98*]

Die Kritik machte es sich leicht, wenn sie die Menge ihres schlechten Geschmacks wegen schalt und wenn sie den Theaterleitern vorwarf, sich aus wirtschaftlichen Gründen dem schlechten Geschmack anzubequemen: Gab es nicht, ungeachtet der Qualität der aufgeführten Dramen, ein beachtliches Niveau der schauspielerischen Kunst, in Weimar so gut wie in Hamburg und Berlin und an vielen anderen Orten? Und welcher

Bedarf an klassischen Stücken hätte denn wohl als ausreichend gelten können? – Es war, damit der Kritikerstand Gewicht erhielt, Mode, die Verhältnisse schwärzer zu sehen, als sie waren; auch ernsthafte Schauspieler standen nicht an, die Mode der Kritik mitzumachen.

Carl Costenoble zum Beispiel, Schauspieler in Hamburg, notierte unter dem 14. Mai 1815 in sein Tagebuch, daß Schillers *Maria Stuart* mit einer höchst unzulänglichen Elisabeth gegeben worden sei. Von anderen Schiller-Aufführungen dieser Zeit ist gar nicht die Rede, so daß der Eindruck erweckt wird: wenig Schiller und dann noch schlecht. Dabei wäre mancherlei zu berichten gewesen: Am 11. Januar war *Wallensteins Lager* in Hamburg gegeben worden, am 13., 16. und 22. Januar *Fiesko*, am 25., 29. und 30. Januar *Maria Stuart*; und im März neben neuerlichen *Fiesko-* und *Maria Stuart-*Aufführungen auch *Die Jungfrau von Orleans* (am 26.), im April außer *Wallensteins Lager* noch *Wilhelm Tell* (am 9.). Genug Schiller. (Außerdem: *Hamlet, Othello* und *Egmont* in denselben Monaten.) Und zur gleichen Zeit konnte auch das Berliner Publikum viele Schillerschen Stücke sehen: *Die Jungfrau von Orleans, Maria Stuart, Don Karlos, Wilhelm Tell, Wallensteins Lager, Die Piccolomini* und *Die Räuber* (dazu *Macbeth, Emilia Galotti* und *Minna von Barnhelm*). In Weimar standen nur *Maria Stuart* und *Don Karlos* auf dem Programm jener Monate.

Warum es, wie Anfang 1815 in Hamburg und Berlin, zu Häufungen von Aufführungen klassischer Dramen kam, ist schwer zu erklären, nicht anders als der Umstand, daß zuweilen wochenlang kein Klassiker aufgeführt wurde. (Ist doch auch die Antwort auf die folgende Frage nicht leicht zu geben: Warum wurde Schiller in der Spielzeit 1941/42 1764mal auf deutschen Bühnen präsentiert gegenüber 1108 Aufführungen seiner Stücke in der vorangegangenen Spielzeit?) Und wenn auch klassische Stücke nicht selten vor halbleeren Rängen gegeben wurden: Sie erfüllten Bedürfnisse einer Publikums-Minderheit und weckten vielleicht weitere Bedürfnisse – nach dem Schönen, Wahren und Guten, dessen Vermittlung der Kunst zuzutrauen war. Dabei wurde das Ästhetische keineswegs als Fluchtraum aufgefaßt, der Schutz vor den Unbilden der politischen Wirklichkeit bot, sondern als ein Bildungsbereich, von dem aus die politische Wirklichkeit angreifbar und veränderbar sein sollte.

Welches politische Gewicht die bürgerliche Tendenz zur humanen Bildung hatte, erhellt sich am einfachsten daraus, daß die Adeligen, denen alle Macht im Staate zu gehören schien, nach 1800 zunehmende Anstrengungen unternahmen, um an den Errungenschaften des sich durch Bildung und Besitz emanzipierenden Bürgertums zu partizipieren; sie wurden Eiferer der schönen Wissenschaften und der freien Künste. Das Theater spielte bei diesen Bemühungen keine geringe Rolle. Seine Hoffähigkeit bedingte, daß der Schauspielerstand zu bürgerlichem Ansehen gelangt war. Was ein Beobachter über die in Leipzig spielende Secondasche Schauspielergesellschaft 1799 sagte, kann verallgemeinert werden: «Auch von Ausschweifungen und groben Excessen hört man unter dieser Gesellschaft nur selten etwas (. . .). Still und friedlich gehen sie [die Schauspieler; N. Oe.] einher, und keiner wird mit dir handgemein werden; sie sind sittsam und halten meistens auf Ehre [43; *S. 151*].

Es gab zahlreiche Höhepunkte im deutschen Theaterleben um 1800, die Theatergeschichte gemacht haben. Schröders Inszenierungen der siebziger Jahre gehören füglich dazu: Lessings *Emilia Galotti* (Mai 1772), Goethes *Götz* (Oktober 1774), Molières *Der Geizige* (August 1775, Neuinszenierung Mai 1787), Klingers *Die Zwillinge* (Februar 1776), Lenz' *Der Hofmeister* (April 1778), vor allem Shakespeares *Hamlet* (September 1776), *Othello* (November 1776), *Der Kaufmann von Venedig* (November 1777), *Die Irrungen* (November 1777), *Maß für Maß* (Dezember 1777), *König Lear* (Juli 1778), *Richard II.* (November 1778), *Heinrich IV.* (Dezember 1778) und *Macbeth* (Juni 1779). Und zu den Höhepunkten gehören Ifflands Berliner Inszenierungen von Schillers *Wallenstein* (Februar und Mai 1799), *Maria Stuart* (Januar 1801), *Die Jungfrau von Orleans* (November 1801) und *Wilhelm Tell* (Juli 1804), von Goethes *Iphigenie* (Dezember 1802) und *Torquato Tasso* (November 1811), von Lessings *Nathan der Weise* (März 1802), Zacharias Werners *Die Weihe der Kraft* (Juni 1806), von Shakespeares *Hamlet* (Oktober 1799, in August Wilhelm Schlegels Übersetzung) und *Julius Cäsar* (Februar 1804, auch in Schlegels Übersetzung). Von Goethes Inszenierungen, unter denen die der Schillerscher Dramen besonderes Gewicht hatten, seien grandiose Mißerfolge erwähnt: August Wilhelm Schlegels *Ion* (Januar 1802), Friedrich Schlegels *Alarcos* (Mai 1802), Shakespeares *Hamlet* (Mai 1809) und *Romeo und Julia* (Februar 1812); und am folgenreichsten: Kleists *Der zerbrochene Krug* (März 1808). Goethes Theaterstil, der Getragenheit und Würde und gemessene Bewegungen aller Mitglieder eines starren Ensembles verlangte, richtete das auf lebhaftes und ‹natürliches› Spiel angewiesene Lustspiel Kleists erbarmungslos zugrunde, so daß es nicht einmal eine Wiederholung geben konnte.
Die hervorragendsten Repräsentanten des deutschen Theaters zwischen Französischer Revolution und Wiener Kongreß (oder: zwischen dem Tod Friedrichs II. von Preußen und dem politischen Ende Napoleons) traten fast zur gleichen Zeit von den Bühnen ab: Schröder zog sich 1812 ins Privatleben zurück, Iffland starb 1814, Goethe resignierte 1817: Ein Hund hatte die Bühne, Goethes Bühne, betreten, als dieser in Jena weilte und Caroline Jagemann beim Großherzog durchsetzte, daß ein umherziehender Schauspieler aus Wien in dem ‹historisch-romantischen Drama› *Der Hund des Aubri de Mont-Didier oder: Der Wald bei Bondy*

(aus dem Französischen des Pixérécourt übersetzt von Ignaz Castelli, mit Musik von Ignaz Seyfried) einen dressierten Pudel als Hauptdarsteller auftreten lassen durfte. Ein Tag nach dem Ereignis, am 13. April 1817, gab der Großherzog dem Demissionsersuchen Goethes statt: «Der Herr Geheimerath und Staatsminister empfängt hierbey meinen tiefgefühlten Dank für die vergangenen ausgezeichneten Dienste (. . .). [270; *S. 327*]

In Wien war seit 1814 Joseph Schreyvogel dabei, das Burgtheater zur führenden deutschen Bühne der folgenden, mit Goethes Tod endenden Epoche zu heben.

Horst Albert Glaser
Klassisches und romantisches Drama

Goethe

Über der «verteufelt humanen» *Iphigenie auf Tauris* sollte nicht vergessen werden, was Johann Wolfgang Goethe (1749 bis 1832) ihre Humanität bedeutet hat. Menschenopfer sind es, die der griechischen Stoffgeschichte zufolge auf die Priesterin Iphigenie warten, und als Menschenopfer war sie selbst vorgesehen, bevor die gnädige Artemis sie vom Altar in Aulis nach Tauris entrückte. Dort Priesterin der Skythen geworden, soll sie, die einst vom Vater Agamemnon zum Opfertier bestimmt war, nun den Bruder Orest opfern. Goethe will in Tauris die Kette der Verwandtenmorde unterbrechen, von der die Familiengeschichte der Tantaliden durchwirkt ist. Euripides, auf dessen gleichnamiges Drama sich Goethe bezieht, läßt sie allerdings auch nach Orests Rettung weiterlaufen. Orest, der in Goethes Drama versöhnt mit Iphigenie und Pylades in die griechische Heimat zurückkehren darf, ermordet in Euripides' *Andromache* (ca. 425 v. Chr.) den Bräutigam Hermiones, die er sodann heiratet. In der *Iphigenie* von Weimar aber sollen die Ketten der Verwandten- und der Staatsmorde unterbrochen werden; denn Staatsmorde sind es, die Iphigenie für die Skythen auszuführen hat. Verwandten- und Staatsmorde – beide stehen ein für die Vorgeschichte der Menschheit, ihre Geschichte vor der humanen Bildung der Völker. Den «alten grausamen Gebrauch», der zum «blutgen alten Opfer» alle forderte, die es als Fremde nach Tauris verschlug, hat Iphigenie «mit sanfter Überredung» aufgehalten. Daß in ihren Worten sich nur «Vernunft» verbarg, gesteht ihr der Skythenkönig Thoas selbst zu, der diese Vernunft allerdings mit skeptischem Unterton als «leicht beweglich» bezeichnet, der es nicht gezieme, den «heiligen Gebrauch» nach «unserm Sinn zu deuten und zu lenken», weil der wohl wechselhaft sein kann. Soll hier ein barbarisches Staatsgesetz von besserer Vernunft abgelöst werden, die das Recht auf Leben an die Stelle des hergebrachten Ritualmords setzt, so soll dort für die Familiengeschichte «der Gruß des Mordes» nicht länger «gewisse Losung» im Haus der Tantaliden sein. Goethes klassische Tragödie spricht unvermutet aus, was kein bürgerliches Trauerspiel als dunkle Genesis seiner Konflikte eingestanden hätte:

Wie sich vom Schwefelpfuhl erzeugte Drachen, / Bekämpfend die verwandte Brut, verschlingen, / Zerstört sich selbst das wütende Geschlecht. (III, 1)

Was da im Schoß der Familie sich erwürgt und zerstückt, reicht als mythisches Verhängnis hinauf bis zu Tantalos, dem Halbgott, der von den Göttern, eines Frevels wegen, im Hades zu ewiger Qual verdammt ward. Diesmal ist es Orest, der von den Furien gehetzt wird, die der Familiengeschichte entstiegen sind. Er will von «dem schlüpfrigen, / Mit Mutterblut besprengten Pfade fort». Ein Gott, so fleht er, möge die Quelle gnädig trocknen, «die, mir aus der Mutter Wunden / Entgegen sprudelnd, ewig mich befleckt». (II, 1) Wenn auch Iphigenie den Wahnsinn des von den Erinnyen verfolgten Muttermörders hindern kann, seine Heilung und damit die Auflösung des Fluchs muß in Orest selbst vonstatten gehen.

Bei Euripides geschieht dies durch eine List – die Entwendung des Kultbildes der Artemis – und das Erscheinen einer dea ex machina: Athenes. Es werden Artemis und Apollo zwar angerufen von Iphigenie, aber von Orest werden letzten Endes «Lethes Fluten» genannt. «Der Quelle des Vergessens hingegeben», treibt er nicht, wie es ihm im Paroxysmus der zweiten und dritten Szene des dritten Aktes scheint, dem Schattenreich der Toten zu, sondern einem neuen, hellen Tag. Waren es die Götter, waren es Lethes Fluten oder waren es letzten Endes doch die Arme der Schwester, die seine Heilung bewirkten – genug: Er soll geheilt werden, und er wird geheilt. «Es löset sich der Fluch, mir sagts das Herz. / Die Eumeniden ziehn, ich höre sie, / Zum Tartarus und schlagen hinter sich / Die ehrnen Tore fernabdonnernd zu.» (III, 3)

Doch mit den Erinnyen, die Orest nicht länger verfolgen, ist das Familienverhängnis mitnichten aufgehoben. Der Verwandtenmord, zu dem die Tantaliden verflucht sind, wird weiterhin vom blinden Staatsgesetz befohlen: Iphigenie, die das blutige Gesetz der Skythen so lange hat suspendieren können, soll wieder den Bruder opfern. Der Barbarei, die mit dem Familienverhängnis auf so sonderbare Weise verknüpft ist, kann – wie es scheint – nur mit einer List begegnet werden. Diese List – die heimliche Flucht nämlich – zu ergreifen, verweigert Iphigenie. Es geht ihr ernstlich um die Auflösung des Fluchs und die Aufhebung des Gesetzes. An die Stelle unaufgeklärter Barbarei soll nicht aufgeklärte List, sondern die Frucht der Aufklärung: Wahrheit treten. Aber an «zarten Fäden» hängen die Gewichte des alten Schicksals, das Iphigenie heben und aufheben will. «So wunderbar ist dies Geschlecht gebildet, / So vielfach ists verschlungen und verknüpft, / Daß keiner in sich selbst noch mit den andern / Sich rein und unverworren halten kann.» (IV, 4) Daß erneut List und Gewalt am Anfang des neuen, entsühnten Lebens stehen sollen, läßt Iphigenie zweifeln, ob der Mythos im Namen von Wahrheit und Menschlichkeit aufzuheben ist. «Soll dieser Fluch denn ewig walten?» Das vergebliche Bemühen, den Mythos zu vernichten, treibt der verzweifelten Iphigenie das wilde Parzenlied auf die Lippen. In der Priesterin der Artemis hebt eine Amazone zu singen an, die wie Prometheus den Göttern Feindschaft verkündet. «Die heilge Lippe tönt ein wildes Lied.» Ob es aufs Schlachten oder aufs Segnen hinausläuft, scheint offen. Im viel getadelten Parzenlied zeigt Goethe, daß Wahrheit und Humanität, die er in der Form des klassischen Jambendramas dem Mythos abzwingen wollte, zutiefst von der bestehenden Macht dieses Mythos gefährdet sind – Mythos als den fortwirkenden Schuldzusammenhang des Lebendigen verstanden, wie ihn Benjamin im Schicksal erblickte. Die zarten Fäden drohen zu reißen, und Thoas fragt zu Recht die bittende Iphigenie: «Du glaubst, es höre / Der rohe Scythe, der Barbar, die Stimme / Der Wahrheit und der Menschlichkeit, die Atreus, / Der Grieche, nicht vernahm?» (V, 3)

Welche Macht den Faden nicht reißen läßt, was unterdrückt und vielleicht sogar vergessen werden kann, klingt im lapidaren «Lebt wohl!» des Thoas nach, mit dem er die Geschwister entläßt. Der hohe Stil des Versdramas entrückt die Lösung in die Sphäre des ästhetischen Ideals. Mehr noch als in den früheren Prosafassungen scheinen hier die Personen zu singen, während sie doch sprechen.

Das Jahr 1786, in dem die Versfassung fertiggestellt wurde (die erste Prosa entstand 1779), markiert den Beginn der klassischen Epoche. Mit einer Anstrengung, wie die *Iphigenie* sie auszeichnet, hat Goethe allein im *Faust* noch versucht, jener Schlachtbank, als die späterhin Hegel die Geschichte bezeichnete, ein Ende zu bereiten. Das endlose Morden sollte enden und Vernunft sich in der unaufgeklärten Geschichte verbreiten. Daß sich Wahrheit friedlich durchsetzen könne und Menschlichkeit erzeuge, war denkbar allein vor der Französischen Revolution. Der naturwüchsige Kriegszustand der Gesellschaft schien da vielleicht in einen friedlichen überführbar. Das Blutbad, in dem das ‹ancien régime› allerdings ersäuft wurde, ließ alle Hoffnungen zerstieben. «Rat, Mäßigung und Weisheit und Geduld» mußten wohl nicht die Wege sein, auf denen ein freieres Leben zu erreichen war. Von einem der letzten großen Dramen, das Goethe erscheinen ließ, der *Natürlichen Tochter* (1804), wird das klassische Ideal der Versöhnung in eine unabsehbare Zukunft hinausgerückt. Das erhaltene Schema der Fortsetzung – insgesamt war eine Trilogie geplant – gibt zu erkennen, daß die Revolution nicht viel mehr als einen endlosen Streit der Parteien gebracht hat. Diesen offenen

Kampf, wie er 1789 in Frankreich ausbrach, hat Goethe im ersten Drama der Trilogie, eben der *Natürlichen Tochter*, nicht thematisiert. Sichtbar ist dort allein der geheime Kampf, die verkleidete Intrige, in der Hofparteien einander befehden. Ihr fällt zum Opfer die illegitime Tochter des Herzogs, da sie das Gleichgewicht der Kräfte zu stören droht, ohne es zu wissen. Sie fällt aus ihrem Traum einer Fürstentochter, wie sie zuvor vom Pferd fiel. Der Sturz ist jedesmal tief.

Sollte noch zwischen Orest und Iphigenie Wahrheit herrschen, die den Weg zu schöner Menschlichkeit ebnet, so zeigen sich zwischen Eugenie und ihrem Bruder allein Lüge und Gewalt wirksam. Es stellt sich als schöne Täuschung heraus, daß die natürliche Tochter den legitimen Bruder durch «gefälliges Betragen, gute Worte, Nachgiebigkeit und Neigung» zu Liebe und Vernunft umbilden wollte. In der Verbannung muß die Entführte einsehen: «Des Bruders Tücke hat mich hergestoßen.» Ihn kennt sie schon gar nicht mehr und den König nur als guten Mann. Daß er den Befehl gab, sie in die Verbannung zu entführen, da er ihr zuvor noch verheißen hatte: «Am Throne glänze dein Geschick» – diese Lügenwelt von Hofkabalen vermag sie lange nicht einzusehen. Wie in Kleists Dramen, die er doch so wenig schätzte, hat Goethe in diesem Drama die Wege mit Irrtümern vermint und die Luft durch Mißtrauen vergiftet. «Die beiden, denen ich mein ganzes Glück / Zu danken hoffte, die erhabnen Männer, / zum Scheine reichten sie sich Hand um Hand. / Der innre Zwist unsicherer Parteien, / Der nur in düstern Höhlen sich geneckt, / Er bricht vielleicht ins Freie bald hervor!» (IV, 2)

In diesem Sinne renonciert die *Natürliche Tochter* die Versöhnung, der die *Iphigenie* gewidmet war. Thoas entläßt nicht mit jenem freundlichen «Lebt wohl!» die Geschwister in die Freiheit, sondern stürzt als namenloser König, der wohl jeden König meint, die soeben vom Sturz Erhobene von neuem ins Elend. Das Parzenlied der *Iphigenie* wird erst in der *Natürlichen Tochter* Wahrheit.

Hinter den goldenen Masken der Götter treten die bleichen Gesichter der Kamarilla hervor. Der trügerischen Welt des Hofes und des Staates setzt Goethe die bürgerliche Welt entgegen, die der Gerichtsrat repräsentiert. Hier gelten all die Gesetze, die dort von Gewalt und Willkür verdrängt sind.

Aus den Fugen der dramatischen Handlung versucht Goethe den Umsturz des Staates zu lesen. Lüge und Gewalt, die das Hofleben ruinieren und doch wieder zusammenhalten, sollen einen Riß im Staatsgebäude ausmachen, wie die Trennung des Hofs von der bürgerlichen Sphäre einen andren Riß bezeichnet. «Die zum großen Leben / Gefugten Elemente wollen sich / Nicht wechselseitig mehr mit Liebeskraft / Zu stets erneuter Einigkeit umfangen. / Sie fliehen sich, und einzeln tritt nun jedes / Kalt in sich selbst zurück.» (V, 8)

Solche Herleitung der Revolution, die in den ungeschriebenen Folgedramen ausbrechen soll, trifft kaum den historischen Sachverhalt. Sie geht daneben, wie es auf andre Weise die Satiren tun, die Goethe auf die Revolution mit dem *Bürgergeneral* (1793) und den *Aufgeregten* (1817) schrieb. Die Opposition von ‹tiers état› und ‹ancien régime› taucht in der *Natürlichen Tochter* gar nicht auf. Und der Sturz einer Fürstentochter aus den Höhen der Gesellschaft in des «Bürgers Sicherstand» wird nun auch nicht gerade einen Aufstand der Montagnards bewirken oder auf ihn nur vorausdeuten. Was der *Natürlichen Tochter* gelingt, ist ein Bild des Despotismus in seiner «Ramifikation von oben» und seiner «Furcht für nichts» (so im «Schema der Fortsetzung» benannt). Der doppelte Boden, auf dem die Personen gehen, die unvermuteten Abstürze, die sich ereignen, und eine mädchenhafte Illusion, die an das Märchen vom strahlenden Königtum glaubt und selbst im Elend nicht von ihm lassen mag – all diese Momente machen das Drama zwar zu einem strikt symbolischen, aber doch prägnanten Bild des Absolutismus. Indem er alsbald andere Wirkung entfaltet, als sein romantisches Bild zuerst erkennen läßt, zerbröckelt dieses Bild von Akt zu Akt. Doch der heimliche Bildersturz des Absolutismus, den Goethe vornimmt, meint nicht den Sturz der Sache. Dieser wird für die Fortsetzung verheißen.

Entpuppt sich für Eugenie die Welt des Hofes als ein heuchlerischer Verein, in dem blindwütige Machtinteressen sich austoben, so soll eben dieses Bild, das auch Tasso erscheint, nur Wahnbild eines kranken Dichters sein. Im *Torquato Tasso* (1790), der kurz vor Ausbruch der Revolution fertiggestellt worden ist, wird die Hofgesellschaft noch als Kreis edler Menschen gegeben, die sich unablässig, aber vergeblich um einen unberechenbaren Dichter bemühen. Ihn, den stets «der hohe Dichterschwung hinweg»reißt, versetzt jede der abgemessenen Gesten und Worte in die heftigste Bewegung.

Die Dialoge des *Tasso* wären heute leicht als Paradigma für schiefe Kommunikation zu beschreiben. Die freundlichen Worte der Prinzessin nimmt der leicht entzündbare Dichter für das Zeichen geheimer Liebe; die distanzierten Worte des Hofmanns Antonio kommen dem leicht Verletzbaren vor als Beweis, daß dieser ihn «von hinnen treiben» wolle. Es treibt ihn seine Reizbarkeit und sein Enthusiasmus stets an und über die Grenzen höfischer Kommunikation hinaus, die nicht allein streng geregelt, sondern auch eine in symbolischer Rhetorik ist. Wahnhafte Mißverständnisse regieren, als befände man sich in der Welt von Kleists *Familie Schroffenstein*. Tasso glaubt, die «Kunst des höfischen Gewebes» zu erkennen, da er sich im gröbsten Irrtum verstrickt hat. Als er sieht, was Eugenie erfahren hat, daß alle nämlich «Betrüger» sind, erhält er unrecht, und «soll erkennen, daß mich niemand haßt, / Daß niemand mich verfolgt, daß alle List / und alles heimliche Gewebe sich / Allein in meinem Kopfe spinnt und webt! / Bekennen soll ich, daß ich unrecht habe / Und manchem unrecht tue, der es nicht / Um mich verdient! Und das in einer Stunde, / da vor dem Angesicht der Sonne klar / Mein volles Recht wie ihre Tücke liegt!» (IV, 3)

Daß Tasso diese Sätze in höchster Verwirrung spricht, daran läßt Goethe keinen Zweifel. Was er einsehen soll, aber nicht kann, ist, daß der Hof und nicht der Dichter recht hat. In keinem anderen Drama hat Goethe der Subjektivität so wenig und der objektiven Wirklichkeit so viel Recht zugestanden. Mit innigstem Mitleid, aber auch der kältesten Verachtung analysiert er die Seelenzuckungen seines empfindsamen Helden. Einer leicht beweglichen Welle gleicht sein Gemüt, die hierhin und dorthin schwankt, aber bald auch schäumend sich überschlägt. Er zieht das Schwert, da Antonio seinen stürmischen Freundschaftsantrag abweist, und stürzt sich liebestrunken der Prinzessin in den Arm, da diese ihm allein Trauer über seinen Abschied eingesteht. Die schiefe Kommunikation mündet in gesellschaftliches Fehlverhalten. Den leicht paranoiden Charakter des Dichters schildert schon zu Beginn der Herzog als ein Mann, an dessen Worten nicht zu zweifeln ist: «So ist er oft um meine Gunst besorgt, / Weit mehr, als es ihm ziemte; gegen viele / Hegt er ein Mißtraun, die, ich weiß es sicher, / Nicht seine Feinde sind. Begegnet ja, / Daß sich ein Brief verirrt, daß ein Bedienter / Aus seinem Dienst in einen andern geht, / Daß ein Papier aus seinen Händen kommt, / Gleich sieht er Absicht, sieht Verräterei / Und Tücke, die sein Schicksal untergräbt.» (I, 2)

Durfte Werther immerhin noch, als er Selbstmord beging, an den Verhältnissen scheitern, die seiner Liebe die Erfüllung versagten, so darf Tasso, der Tor, allein über seine Leidenschaft stolpern. Gundolf nannte aus diesem Grunde den *Tasso* «ein dichterisches Todesopfer», eine «Grabrede auf seine eigene Jugendlichkeit, auf seinen Sturm und Drang, auf allen Überschwung seines Traums und seiner Liebe, einen Abschied von den herrlichsten Zaubern seiner Geniezeit.» [207; *S. 329*]

Es ist eine Grabrede im doppelten Sinne: Subjektivität wird mit all ihren Empfindungen und Gedanken des Illusionismus überführt und somit kalt an die Objektivität der bestehenden Verhältnisse, die Hofgesellschaft nämlich, verwiesen; andererseits zerfällt im nächsten Drama, der *Natürlichen Tochter*, gerade dieses Objektive in jenen schleichenden Lemurenhaufen, wie es Tasso doch vorher schon sah, wenngleich auch nicht erkennen durfte. Mit *Tasso* im Arm steht der Klassiker Weimars im Zenit. Abgewürgt ist der rebellische Elan der Jugendzeit, und bei angehaltenem Atem soll sich ein Äquilibrium des Subjekts mit der Objektivität herrschender Gewalt herstellen.

In der *Natürlichen Tochter* zeugt kein Wort mehr davon, daß die Hofgesellschaft der Hort von Bildung und Kultur sei. Sie genießt allenfalls noch deren leeren Schein. Sittlichkeit und gesellschaftliches Verhältnis sind auseinander getreten. Hat Iphigenie es immerhin fertiggebracht, den verstörten Orest mit einer gotterfüllten Welt zu versöhnen, so gelingt dies weder Antonio noch der Prinzessin mit Tasso. Das Äquilibrium soll, aber will sich rätselhafter Weise nicht herstellen. Die beschädigten Subjekte des modernen Zeitalters genügen dem mythischen Anspruch nicht mehr. Von der Liebe zur Prinzessin forciert, scheitert Tasso im Versuch, auch einen Hofmann zu umarmen. Ja, Tasso insistiert sogar darauf, «schlimm und schlimmer / Von ihm zu denken». Kommt es am Schluß denn doch zur Geste der Umarmung, so meint sie nicht mehr Versöhnung von Dichter und Hof, sondern: «So klammert sich der Schiffer endlich noch / Am Felsen fest, an dem er scheitern sollte.» (V, 5)

Am schwierigsten wurde es Goethe, den *Faust* (1808) in jene klassische Konzeption einzubetten, von der die Gegensätze zur Harmonie vereinigt werden können. Der Stoff selbst, also die Geschichte vom Magier Faust, der sich im spätmittelalterlichen Volksbuch dem Teufel verschreibt, um allerlei Erkenntnisse und Vorteile zu erlangen, ist auf einen schlimmen Ausgang angelegt. Der *Urfaust* (1772 bis 1775), der noch Goethes ungebärdiger Sturm und Drang-Phase angehört, endet denn auch blutig genug mit der Hinrichtung Gretchens, und ein Rettendes zeigt sich nicht. Zwanzig Jahre später nahm Goethe den Stoff wieder vor und unterzog das wilde und chaotische Stück einer heilsgeschichtlichen Rechen- und Rettungsoperation, die den schlimmen Schluß des ersten Teils geeignet machte, als Anschlußstück für einen zweiten Teil zu dienen, dessen guter Schluß den schlimmen aufhob. Das *Faustfragment* von 1790 endet noch mit der Domszene. Es war also bis zu diesem Jahr für Goethe unklar, wie die Rettung Fausts zu vollbringen wäre. Sie gelingt, indem das (spät erst aufgefundene) *Urfaust*-Manuskript eine tiefgreifende Umarbeitung erfährt.

Um nur die hier wichtigsten Änderungen zu erwähnen: Vorangestellt wird dem Stück der «Prolog im Himmel»; erweitert wird die Szene «Nacht. Vor Gretchens Haus», in der jetzt Valentin von Faust und Mephisto im Duell getötet wird; eingeschoben wird nach der Domszene die «Walspurgisnacht»; letztlich wird die Szene «Kerker» fast neu geschrieben und erhält jene «Stimme von oben», die auf Mephistos «Sie ist gerichtet!» mit dem alles verändernden «Ist gerettet!» antwortet. Der «Prolog im Himmel» bringt die zweifelhafte Wette Mephistos mit Gott um Fausts Seele, die unüberhörbar für Mephisto verloren ist, wenn ihm bedeutet wird: «Und steh beschämt, wenn du bekennen mußt: / Ein guter Mensch in seinem dunklen Drange / Ist sich des rechten Weges wohl bewußt.» Nun, da der Teufel dumm ist, wie es auch die Volksüberlieferung sagt, versucht er dennoch, dem unzufriedenen Doktor bei seinen geistigen Wünschen und leiblichen Bedürfnissen behilflich zu sein. Sie sind von solcher Art, daß er sie sich versagen müßte, bliebe er bei seinen gelehrten Mitteln und der bescheidenen Rolle des Universitätsdozenten, der seine Schüler an der Nase herum«führt». Wie man sagt, daß in einen der Teufel gefahren sei, wenn er sich nicht länger mit seinem kleinen Los zufriedengeben mag, so gesellt sich Mephisto dem Faust zu. Jammerte dieser zuvor: «Was kann die Welt mir wohl gewähren? / Entbehren sollst du! sollst entbehren! / Das ist der ewige Gesang. / Der jedem an die Ohren klingt, / Den unser ganzes Leben lang / Uns heiser jede Stunde singt», so schlägt alsbald die Stimmung um, und der alt gewordene Doktor verflucht die Entbehrungen, die ihm das Leben unter den Bücherhaufen des Studierzimmers gebracht hat: «So fluch ich allem, was die Seele / Mit Lock- und Gaukelwerk umspannt / Und sie in diese Trauerhöhle / Mit Blend- und Schmeichelkräften bannt!» Doch der Aufbruch des Gelehrten, der sich die Tat vorgesetzt hat, da er nicht länger in Worten kramen mag, geht in eine Textlandschaft, die gegenüber dem *Urfaust* stark verändert ist. Alle Einschübe, Erweiterungen und Retuschen, die Goethe an dem alten Manuskript vornahm, bahnen allein den Weg zum guten Ende. Von der Osternachtszene, da die «Himmelstöne» eines Engelschores Faust «vom letzten, ernsten Schritt» zurückhalten, bis zur «Stimme von oben», die Rettung wider Logik und Teufelsrecht verheißt, ist alles darauf angelegt, Fausts Schuld sei es zu minimalisieren, sei es schlankweg aufzuheben.

Was aber ist diese Schuld? – Der Urfaust zeigt sie deutlicher an als die etwas aufgeschwemmte *Tragödie Erster Teil*, deren immer noch unklassischer Szenenfluß träger sich bewegt. Es ist ein Raptus, der den Helden aus einer Situation in die nächste reißt. Unzufrieden mit jeder Lage, die er einnehmen kann, treibt es ihn sogleich wieder heraus. Solche Rastlosigkeit atmen alle Szenen, die wie Treibeis auf einem schwarzen Fluß dahingleiten, skandiert von Rufen wie «Auf! Auf!» oder «Vorbei! Vorbei!», die den keuchenden Mündern der Vorübereilenden entfliehen. «Bin ich der Flüchtling nicht, der Unbehauste? / Der Unmensch ohne Zweck und Ruh, / Der wie ein Wassersturz von Fels zu Felsen brauste, / Begierig wütend nach dem Abgrund zu?»

In der ersten Szene sieht man Faust schon «unruhig auf seinem Sessel am Pulte» hin- und herrutschen. Er mag nicht länger in «tausend Büchern» lesen, ohne doch zu erfahren, «was die Welt im Innersten zusammenhält». Der Frustration des Gelehrten gesellt sich die des Menschen, der im «verfluchten dumpfen Mauerloch» sein Leben vertrödelt hat. «Es möcht kein Hund so länger leben!» Erkenntnissehnsucht, die über alle Büchergelehrsamkeit hinausreicht und auf die Magie hofft, amalgamiert sich mit Sehnsucht nach dem Leben selbst. Natur, einer der Schlüsselbegriffe Goethes, soll nicht bloß Studiergegenstand, sondern auch Ziel des Lebens sein. «Wo faß ich dich, unendliche Natur? / Euch Brüste, wo?

Ihr Quellen allen Lebens, / An denen Himmel und Erde hängt, / Dahin die welke Brust sich drängt –.» Es ist der magische und der haptische, nicht der transzendentale Begriff von Natur, dem Goethe nachsinnt und nacheilt – insbesondere, wenn die Brüste der Natur vorerst einmal durch diejenigen Gretchens vorgestellt werden, an denen der verjüngte Gelehrte bald hängt. Wie es den Unzufriedenen nicht bei den Büchern hielt und die Beschwörung des Erdgeists mißlingt, so flüchtet der Gelangweilte auch bald vor der Geliebten. Die Zerstörung, die solch rastloses Treiben hinter sich zurückläßt, ist groß. Der Gelehrte, der zur Tat schreiten und Erkenntnisse über alle Erkenntnismöglichkeit hinaus erlangen wollte, verführt erst ein Mädchen, tötet ihren Bruder und läßt sie im Elend sitzen, ja treibt sich derweil noch mit allerlei lustigen Hexen auf dem Blocksberg herum. In der Szene «Wald und Höhle» gibt denn auch Faust sein Psychogramm zu erkennen: «So tauml ich von Begierde zu Genuß, / Und im Genuß verschmacht ich nach Begierde.» Opfer solch erotischen Libertinismus ist das arme Gretchen; doch «sie ist die Erste nicht!», wie Mephisto zynisch sagt, und wird auch nicht die Letzte sein. Hinter dem Libertinismus bleckt der Egoismus die Zähne. Daß die Freiheit, nach der das bürgerliche Individuum im 18. Jahrhundert langt, nicht ohne Opfer und Schmerzen zu haben war, sah Goethe deutlicher als die Optimisten der Aufklärung. Seine Bahn des Erfolgs führt das machtvolle Individuum, das sich von dem Mauerloch im Bürgerstädtchen emanzipieren wollte, nur vom hingerichteten Gretchen des ersten Teils zum verbrannten Paar Philemon und Baucis im zweiten.

Die Liebesprojekte des jungen Faust und die ökonomischen des alten: Hinter allen steckt nämlich der Teufel, und der sagt von sich: «Ich bin der Geist, der stets verneint! / Und das mit Recht; denn alles, was entsteht, / Ist wert, daß es zugrunde geht; / Drum besser wärs, daß nichts entstünde. / So ist denn alles, was ihr Sünde, / Zerstörung, kurz das Böse nennt, / Mein eigentliches Element.»

Doch dieser Nihilismus soll, wie gesagt, nicht das letzte Wort haben. Die Lebensbahn, die eine der Täuschungen und Enttäuschungen gewesen ist, geht in der Bergschluchtensequenz über in die Himmelsleiter, auf der Gretchen und die Mater Gloriosa stehen und «Faustens Unsterbliches» zu «höhern Sphären» heben. Die Versöhnung von Natur und Geist gelingt – wenn auch nicht auf Erden. Goethe erreicht sie, indem er die Gretchentragödie mit einer Himmelskomödie ausbalanciert.

Schiller

«Die schönsten Träume von Freiheit werden ja im Kerker geträumt.» Dieser Satz im zweiten der *Briefe über Don Carlos* (1788), die Friedrich Schiller (1758 bis 1805) dem *Don Carlos. Infant von Spanien* (1787) ein Jahr später nachschickte, soll den wunderlichen Umstand erklären, daß in einem Stück über das 16. Jahrhundert aufgeklärte Philosopheme des 18. Jahrhunderts verkündet werden. Gar zu sehr kontrastieren die Reden über Freiheit, Tugend und Menschenglück mit dem Geist desjenigen Jahrhunderts, in dem sie vorgebracht werden: der despotischen Monarchie Philipps II. und der Heiligen Inquisition unter diesem katholischsten aller Könige. Faßt Schiller allerdings die Ideale des Malteserritters im Begriff der «republikanischen Tugend» zusammen, so ergibt sich daraus, daß die Verhältnisse des 16. Jahrhunderts eigentlich für diejenigen in Schillers eigener Epoche stehen sollen. Die Republik war deren Thema, wie denn das Drama auch am Vorabend ihrer Einführung in Frankreich geschrieben wurde. Posa hingegen geht es nicht um die Republik. Was er in der großen Szene (III,10) mit Philipp fordert, ist die sogenannte Gedankenfreiheit. Gemeint ist mit ihr insbesondere Religionsfreiheit und mit dieser wieder die Freiheit und das Selbstbestimmungsrecht der flämischen Provinzen.

Der Religionskrieg um die Niederlande, der in Wirklichkeit ein Unabhängigkeitskrieg gegen Spanien war, bildet den historischen Hintergrund des *Don Carlos*. In der *Geschichte des Abfalls der vereinigten Niederlande* von der spanischen Regierung (1788) hat Schiller das historische Panorama ausgeführt, in dem die Personen des vorher entstandenen Stückes agieren. Der Held der republikanischen Tugend, der zwar von der Tugend, nicht aber von der Republik spricht, kommt in dieser historischen Darstellung nicht vor. Posa ist eine Erfindung Schillers. Indem Schiller ihn zum Wortführer der flämischen Provinzen macht, avancieren die «Menschenrechte» und die «Gewissensfreiheit» allerdings zu Positionen des Protestantismus, den die spanische Monarchie durch die Inquisition in den Niederlanden zu unterdrücken suchte. Insofern geht der König nicht fehl, als er den Marquis einen Protestanten nennt, da dieser mit hohem Schwung von Wahrheit und Menschenglück spricht. Die Freiheitsphilosophie des 18. Jahrhunderts einem Freigeist in den Mund zu legen, der im 16. Jahrhundert für die protestantische Sache eintritt, ist konsequent. Bäuerliche und bürgerliche Freiheitsbewegung verlieh im Zeitalter der Reformationsbewegung dem Protestantismus viel von seiner Schubkraft.

Abstrakt und allgemein bleibt aber der Tugendbegriff, den der von den eigenen Idealen am höchsten begeisterte Marquis dem Busenfreund Carlos, dem spanischen Thronfolger, ins Herz pflanzen möchte. Diesen jungen Mann zu einer höheren Liebe, der Liebe zur Menschheit nämlich zu erheben, der doch in einer unglücklichen und aussichtslosen Liebe zur Stiefmutter versunken ist – dies Bemühen kennzeichnet den schleppenden Gang einer weitläufigen Handlung. Die skurrile Liebesaffaire des Sohnes mit der königlichen Stiefmutter wächst sich nämlich zu einer Fatalität für den Marquis aus, der den Prinzen an die Spitze des flämi-

schen Aufstandes stellen will. Solche Kombination ist für Schiller charakteristisch: Freiheit durch die Könige einführen zu lassen; und wenn nicht durch die Könige selbst, so doch wenigstens durch deren Söhne. Wie in den *Räubern* zeigt sich das politische Thema des Despotismus wieder mit dem familiären des Paternalismus verknüpft.
Daß es nicht mehr als eine Intrige ist, die den Freiheitshelden scheitern läßt, hat Schiller in den *Briefen über Don Carlos* damit zu erklären versucht, daß es eigentlich nicht die Intrige gewesen sei, sondern das abstrakte Ideal, dem der Held nacheiferte. Im elften Brief finden sich Worte über den «Despotismus» der Vernunft, die schon eine Kritik des Jakobinismus antizipieren, bevor dieser historisch auf den Plan trat. Die Vernunft verletze im Namen der Allgemeinheit allzu leicht individuelle Rechte und offenbare allein «Herrschbegierde».

«Nennen Sie mir, lieber Freund — um aus unzähligen Beispielen nur eins auszuwählen – nennen Sie mir den Ordensstifter oder auch die Ordensverbrüderung selbst, die sich – bei den reinsten Zwecken und bei den edelsten Trieben – von Willkürlichkeit in der Anwendung, von *Gewalttätigkeit* gegen fremde Freiheit, von dem Geiste der *Heimlichkeit* und der *Herrschsucht* immer reinerhalten hätte? Die bei Durchsetzung eines, von jeder unreinen Beimischung auch noch so freien moralischen Zweckes, insofern sie sich nämlich diesen Zweck als etwas für sich Bestehendes denken und ihn in der Lauterkeit erreichen wollten, wie er sich ihrer Vernunft dargestellt hatte, nicht unvermerkt wären fortgerissen worden, sich an fremder Freiheit zu vergreifen, die Achtung gegen anderer Rechte, die ihnen sonst immer die heiligsten waren, hintanzusetzen und nicht selten den willkürlichsten Despotismus zu üben, ohne den Zweck selbst umgetauscht, ohne in ihren Motiven ein Verderbnis erlitten zu haben.» (11. Brief)

Mit diesen Sätzen wollte Schiller den wahren Helden des Dramas davor bewahren, bloß über ein Mißverständnis zu straucheln, das die blutige Intrige hervorbrachte. Der Grund des Scheiterns ist höher hinaufgerückt worden, als er dramaturgisch realisiert wurde. Das moralische Ideal soll fallieren, da es keine praktische, sondern nur «gekünstelte Geburt der theoretischen Vernunft» gewesen sei. Vornehmer konnte Schiller nicht umschreiben, daß es nicht nur ein abstraktes, sondern auch ein unzeitgemäßes Ideal war. Man kann dafür sterben, aber nicht leben. In zweierlei Hinsicht richtet Geschichte über das idealische Geschichtsdrama. Von Schiller einkomponiert ist das Scheitern, indem er die Stimme republikanischer Tugend im Spanien Philipps II. ertönen läßt. Mit einem Schuß aus dem Hinterhalt wird sie zum Schweigen gebracht. Wider alle Absicht des Autors scheitert der Tugendheld, der «Gedankenfreiheit» fordert, indem er sich dem Monarchen zu Füßen wirft. Die Freiheit vom Monarchen als Geschenk zu fordern und gegen diesen Monarchen ein wenig Kabale zu machen – dieses Programm ist dem Geist

der Kabinettspolitik tiefer verhaftet, als das Reden von republikanischer Tugend vermuten läßt.
Von hinten besehen, ist das Freiheitsdrama zugleich ein Hofdrama. Verquickt hat Schiller nämlich die Staatstragödie mit einem Familiendrama, das zum Kern eine Liebesgeschichte hat. Der Vater-Sohn-Konflikt ist ähnlich dem in den *Räubern* (1781) oder in *Kabale und Liebe* (1784). Im *Bauerbacher Entwurf*, der ins Jahr 1783 zurückdatiert, kann nachgelesen werden, daß auch *Don Carlos* ursprünglich als Familiendrama konzipiert war – *Kabale und Liebe* auf höherem Gesellschaftsplateau wiederholen sollte. Die politische Tendenz gegen den Absolutismus ist dem Drama später erst imputiert worden. Daß das Freiheitsthema auf das Parkett der Kabinettspolitik verlegt und außerdem in die Schranken eines Familienstücks eingepfercht wurde, war angesichts der deutschen Verhältnisse wohl nicht anders zu machen. Doch inadäquat dem großen Thema pervertieren dieses die kleinen Verhältnisse. Es platzt aus allen Nähten, da der formale Rahmen für die innere Gestalt des Themas hier und dort nicht zureicht. Es müssen wieder Reden gehalten werden, wo das Drama Handlung erfordert hätte. Die 6282 Verse der Buchausgabe von 1787 strich Schiller für die letzte Ausgabe im *Theater* (1805) auf 5370 Verse zusammen. Der Kunstgriff, der das Liebesdrama mit der Staatstragödie verbinden wollte, indem die Liebe zur Stiefmutter im Kronprinzen zur Menschheitsliebe geläutert wird, hat doch zwölf lange Rechtfertigungsbriefe notwendig gemacht. Zurückgeblieben ist ein zwittriges Familienstück übers Elend eines hohen Hauses, das zur Staatstragödie hochgeputscht wurde.
Mit dem Marquis Posa tritt der aristokratische Freiheitsheld von der Schillerschen Bühne ab und taucht erst im letzten Drama, dem *Wilhelm Tell* (1804), als Volksheld wieder auf. War der Freiheitsheld in *Kabale und Liebe* (1784) noch identisch mit dem Liebeshelden, der individuellen Wünschen epochale Geltung verschaffen wollte, so zeigt sich im *Don Carlos*, wie prekär diese Verbindung von Besonderem und Allgemeinem Schiller bereits geworden ist. Liebe und Politik werden auf verschiedene Figuren verteilt: Der Freiheitsheld rügt den Liebeshelden ob seiner Untätigkeit, und der Liebesheld tadelt am Freiheitshelden dessen Verständnislosigkeit. Indem Schiller den Erziehungsplan des Malteserritters scheitern oder vielmehr zu spät gelingen läßt, wird darauf verwiesen, wie problematisch die Einheit von individuellem und allgemeinem Interesse geworden ist. Soll aber immerhin im Prinzen die Privatliebe zur Menschheitsliebe sich läutern, so wird Max Piccolomini im *Wallenstein* (1798/99) so strikt auf die Rolle des Liebeshelden festgelegt, daß der Gedanke an Freiheit in ihm gar nicht mehr auftaucht. Individuelle Autonomie hat sich aus dem Kontext politischer Wirklichkeit so weit schon gelöst, daß Max sogar die legitimistische Position gegenüber Wal-

lenstein vertreten und der Verbindung mit Thekla entsagen kann, da er nicht «dem Kaiser Eid und Pflicht abschwören» mag (*Tod* III, 21). Dem Ideal ihrer Liebe kann das keinen Abbruch tun. Es ist als Sternenbild am Himmel befestigt, da es sich auf Erden nun einmal nicht verwirklichen kann. Hier werden die Liebenden vernichtet. Auf die stoizistische Schrift *Über das Erhabene* (1801) weisen die Worte voraus, mit denen Thekla den Tod des Geliebten in der Schlacht beklagt: «Da kommt das Schicksal – Roh und kalt / Faßt es des Freundes zärtliche Gestalt / Und wirft ihn unter den Hufschlag seiner Pferde – / Das ist das Los des Schönen auf der Erde!» (*Tod* IV, 12)

Im *Wallenstein* ist das Ideal der Freiheit verstummt, und allein die Liebe vermag sich mit idealischer Stimme noch zu melden, bevor sie von den streitenden Gewalten zertreten wird. Daß diese so unbestritten den Plan der dreiteiligen Tragödie beherrschen, indiziert einen Wechsel der politischen Verhältnisse Europas, den der Historiker Schiller genau beobachtete. Es ist 1791, zur Zeit der Französischen Revolution, als Schiller zum erstenmal den Plan einer Wallensteintragödie erwähnt. Mit ihr verhält es sich umgekehrt wie mit *Don Carlos*. *Wallenstein* entstand aus und nicht vor den Arbeiten an der *Geschichte des dreißigjährigen Kriegs* (1791 bis 1793) und soll der historischen Forschung zufolge die Gestalt des abgefallenen Fürsten getreuer zeichnen als das Geschichtswerk. Die Wallensteintragödie wurde zur Zeit der Koalitionskriege geschrieben, in denen die französische Republik mit wechselnden Erfolgen gegen die europäischen Monarchien focht. Der *Prolog* spricht deutlich von «des Jahrhunderts ernstem Ende, / Wo selbst die Wirklichkeit zur Dichtung wird». Die Ideale der Freiheit sah der Historiker in den Strömen von Blut versinken, das floß, als die Fraktionen des Pariser Konvents einander den Garaus machten. Die annektionistische Rheinpolitik, die der Frieden von Lunéville (1801) besiegelte, erschien den Zeitgenossen weit mehr von französischer Hegemonialpolitik bestimmt als von Freiheitsidealen. Während Hölderlins *Friedensfeier* aus demselben Anlaß ein neues Zeitalter anbrechen läßt, bringt für Schiller *Der Antritt des neuen Jahrhunderts* (so ein 1801 entstandenes Gedicht) wohl Schlimmeres, als er im vorigen Jahrhundert noch gehofft hatte. Wird Freiheit in Schillers Jugenddramen wie den *Räubern* oder *Kabale und Liebe* noch berufen oder gar antizipiert, so ist es anders mit ihr im *Don Carlos* oder im *Wallenstein* bestellt. Sie scheint verschwunden, ohne dagewesen zu sein.

Schiller hatte, als er die Feldzüge des Dreißigjährigen Krieges beschrieb, die Koalitionskriege der neunziger Jahre vor Augen. Wie dort die katholische und die protestantische Partei, so hatten sich hier revolutionäre und legitimistische Parteien in bloß verschiedene Gewalten verwandelt, die einander befehdeten. Wird im *Don Carlos* das 16. Jahrhundert, so im *Wallenstein* das 17. Jahrhundert zum Gleichnis für das 18.

Jahrhundert. «Freiheit ist bei der Macht allein.» (*Lager* V. 1023) Diese Worte des zweiten Jägers gelten hier wie dort. Das Pathos der Freiheit ist dem Zynismus der Macht gewichen.

Doch das Drama der Macht ist ein historisches Drama, wie Schiller keines davor oder danach mehr geschrieben hat. *Wallenstein* kennt den rechten Helden nicht mehr. Ein Feldherr, der mit der Rebellion zögert, die Sterne befragt und trotzdem den rechten Zeitpunkt verpaßt – er kann auf den Titel eines Helden keinen Anspruch mehr erheben. Wer die Tat versäumt, weil er zu spät zur Schlacht antritt, der muß untergehen, ohne auch nur einen Heldenmonolog deklamiert zu haben. Hegel hat in einer Rezension des Dramas Wallenstein als den Figuranten der «Unbestimmtheit» benannt, die von anderen bestimmt werde. «Dieses Erliegen der Unbestimmtheit unter die Bestimmtheit ist ein höchst tragisches Wesen und groß, konsequent dargestellt.» Was die Unbestimmtheit allmählich in Bestimmtheit übergehen läßt, sind Wallensteins Feinde und Freunde. Während er zögert und schwankt, nutzen diese die Unentschiedenheit, die sich alle Wege offenhalten will, für ihre Zwecke aus und nötigen ihn auf diese Weise zu bestimmter Entscheidung. Im großen Monolog exponiert Wallenstein die Situation eines Politikers, der sich in den eigenen Netzen verstrickt hat:

> Wärs möglich? Könnt ich nicht mehr, wie ich wollte?
> Nicht mehr zurück, wie mirs beliebt? Ich müßte
> Die Tat *vollbringen*, weil ich sie *gedacht*,
> Nicht die Versuchung von mir wies – das Herz
> Genährt mit diesem Traum, auf ungewisse
> Erfüllung hin die Mittel mir gespart,
> Die Wege bloß mir offen hab gehalten? (*Tod* I, 4)

Goethe hat diesen Monolog «gleichsam die Achse des Stück genannt. Durch seine Worte läßt sich erkennen, was es mit der Sterndeuterei für eine Bewandtnis hat. Es ist ja die Konjunktion der Sterne, die der Kaiserliche Generalissimus darüber entscheiden lassen will, ob und wann er dem Kaiser den Gehorsam aufkündigen und sich mit den Schweden verbünden soll. Der Unentschiedene sucht bestimmte Auskunft anderswo, da er sich selbst nicht zu entscheiden vermag. Doch die Botschaft der Sterne ist trügerisch. Wo er auf den Astrologen hört, da mißglückt es ihm (so in Pilsen), und wo er nicht auf ihn hört, da mißglückt es ihm ebenfalls (so in Eger).

Die Verwicklung der Umstände, die er wider Willen durch sein Temporisieren und Taktieren geschaffen hat, nötigt ihn letztlich zu Handlungen, die sich gegen ihn kehren werden. Nicht Wallenstein ist länger der Held des Dramas, sondern die Umstände und die Verhältnisse sind es. Im historischen Drama ist zum erstenmal die Geschichte selbst zum Protagonisten aufgerückt. Der erste Teil der Tripeltragödie bringt auch nicht einen Auftritt des Vielgenannten. *Wallensteins Lager* ist ein Drama ohne Zentrum und ohne Helden. Sein Schatten allein ist anwesend, doch stets anders ausgelegt von den Wortführern der verschiedenen Regimenter. Es präsentiert sich die Armee, die Basis von Wallensteins Herrschaft, und verkündet ihre Meinungen und Tendenzen. Sie sollen späterhin zum Sturz des Feldherrn führen, als die Mehrzahl der Regimenter von ihm abfällt. Im *Lager*, wo das Volk der Soldaten auftritt, entscheidet sich bereits das Schicksal des Feldherrn, noch bevor sich dieser expliziert hat. Die *Piccolomini*, der zweite Teil der Tragödie, sind ausgefüllt mit Überlegungen und verschiedenen Versuchen, einen Entschluß zu fassen, während Octavio bereits die Gegenaktion der kaiserlichen Partei in Gang setzt. Wenn aber erst im dritten Teil, in *Wallensteins Tod*, die Entscheidung fällt, indiziert bereits der Ort, daß sie zu spät gefallen ist. Von dieser Szene an eilt die Handlung in «beschleunigter Bewegung» (so Schiller an Goethe) der Katastrophe zu. Das Licht tragischer Ironie fällt auf den Feldherrn, der nach der Krone Böhmens zu greifen wähnt, als sein Sturz bereits beschlossene Sache ist. Die Blindheit, mit der er sich im Schutze seiner Mörder zur Ruhe begibt und annimmt, er sei «mit den sichern Freunden eingeschlossen» (*Tod* V, 4) in der Festung von Eger – diese Blindheit hat Alfons Glück in einer klugen Studie als die Nemesis analysiert, die Wallenstein erreicht. Der Verräter wird verraten von Octavio Piccolomini, der Betrüger wird betrogen vom ehedem betrogenen Buttler, der Rechenkünstler verrechnet sich in denen, die ihm Kalkül sein sollten – kurzum, es ereilt die Rache den, der sich für die Demütigung auf dem Regensburger Reichstag rächen wollte.

Dennoch: das Stück «endigt nicht als eine Theodizee». Hegel, der den Satz sagt, fährt wenig später fort: «Es steht nur Tod gegen Leben auf, und unglaublich! abscheulich! der Tod siegt über das Leben! Dies ist nicht tragisch, sondern entsetzlich!» Wen aber läßt Schiller siegen in dem Kampf der Gewalten, die auf dem Schlachtfeld der Geschichte toben? – Es ist die legitime Gewalt. Der angemaßten Gewalt, die sich neben oder gar auf die Stelle einer legitimen schieben wollte, wird historischer Bescheid erteilt. Wenn mit Wallenstein auch nicht die Freiheit selbst fällt, so doch die Bedingung ihrer Möglichkeit: Veränderung des Bestehenden. Was Schiller seinen Feldherrn im großen Monolog sprechen läßt, weist der Usurpation das Recht des Lebens zu:

> Das ganz
> Gemeine ists, das ewig Gestrige,
> Was immer war und immer wiederkehrt,
> Und morgen gilt, weils heute hat gegolten!
> Denn aus Gemeinem ist der Mensch gemacht,
> Und die Gewohnheit nennt er seine Amme.
> Weh dem, der an den würdig alten Hausrat

Ihm rührt, das teure Erbstück seiner Ahnen!
Das *Jahr* übt eine heiligende Kraft,
Was grau für Alter ist, das ist ihm göttlich.
Sei im Besitze und du wohnst im Recht,
Und heilig wirds die Menge dir bewahren. (*Tod* I, 4)

Zurück in das 16. Jahrhundert greift Schiller erneut mit *Maria Stuart* (1800), als er den Streit um die englische Thronfolge dramatisiert, in dem die schottische Königin ihrer Rivalin Elisabeth von England unterlag. Die historische Maria Stuart wurde 1587 hingerichtet, nachdem in einem zweifelhaften Prozeß, dessen Urteil aber vom englischen Parlament bestätigt wurde, Maria der Verschwörung und einiger Mordanschläge auf Elisabeth angeklagt worden war. Auch in diesem historischen Drama hat Schiller souverän über das Material verfügt. Die Figuren des Leicester und des Mortimer sind wie die Begegnung der beiden Königinnen im dritten Akt eine Zutat Schillers, der letztere allerdings, wie Sautermeister bemerkt, aus früheren Bearbeitungen des Stoffs von Banks und Spieß übernommen hat [250; *S. 175*]. Mit der Einführung des Grafen von Leicester, der die Favoritenrolle bei Elisabeth und Maria zugleich spielt, hat Schiller die trockene Staatsaffaire mit einer schmelzenden Liebesaffaire verbinden und sie dem Geschmack des Publikums näherbringen können. Überhaupt verschlingen sich in dem Drama Handlungsmotive höchst unterschiedlicher Art: politische, kirchliche, nationale, familiäre und psychologische. Der Thronfolgestreit der Stuart und der Tudor hängt zusammen mit den Differenzen Englands und Schottlands; diese wiederum erscheinen als Kampf von (schottischem) Katholizismus mit (englischem) Protestantismus resp. Anglikanismus. Dem Konfliktbereich nationaler, dynastischer und kirchlicher Interessen ist ein vierter zugesellt, in dem wesentlich private Interessen miteinander im Streit liegen.

Verfeindet sind Elisabeth und Maria auch als Cousinen, die demselben Königshaus der Tudors entstammen und die jede für sich (mit verschiedenem Recht) die Thronfolge reklamieren. Daß die eine der Cousinen (Maria) schöner und jünger als die andere ist, auch über Erfolge bei der Männerwelt sich nicht beklagen kann, während die andere nur mit kaltem Tugendstolz renommiert, verankert den Dynastenstreit noch mit schmerzenden Widerhaken im Herzen der verfeindeten Frauen. So sonderbar sich der veraltete Streit zweier Ladies um Thron und Liebhaber heute ausnehmen mag, Schiller hat in dem königlichen Emanzenstück das Ideal eines historischen Dramas realisiert, in dem Geschichte, anders als im *Wallenstein*, sich mit individuellen Interessen so tief verschlingt, daß vom Gang der tragischen Handlung kaum zu sagen ist, was ihn stärker bestimmt: die Leidenschaften, die Intrigen oder die Machtinteressen. Weder präformiert die Staatsaktion die individuelle Handlung,

noch wird Staatsaktion (wie im *Don Carlos*) aus individueller Interessenlage bloß abgeleitet.
Der katholischen Sünderin gegenübergestellt ist eine protestantische Heuchlerin, die Tugend, Gesetze und Parlament respektiert, weil sie muß. Da sie nicht von legitimer Abstammung ist, hält sie «nur die Volksgunst auf dem angefochtnen Thron». Diese Volksgunst sichert ihr die Tugend.

> Mit hohen Tugenden
> Muß ich die Blöße meines Rechts bedecken,
> Den Flecken meiner fürstlichen Geburt,
> Wodurch der eigne Vater mich geschändet.
> Umsonst bedeck ich ihn – Der Gegner Haß
> Hat ihn entblößt, und stellt mir diese Stuart,
> Ein ewig drohendes Gespenst, entgegen. (IV, 10)

Doch die Tugenden sollen nicht nur die Blößen des Erbfolgerechts bedecken, sie müssen auch für andere Blößen gut sein. Deutlich wird, daß Elisabeth von der Eifersucht auf die jüngere und reizvollere Konkurrentin gequält wird. Sie, die dem Laster unbekümmert sich in die Arme warf, hatte doch gelebt, während sie, die Enthaltsame und Jungfräuliche, das Leben über ihrer Tugend versäumte.
Mit jedem Satz, den Schiller seine «königliche Heuchlerin» sprechen läßt, wird offenkundiger, daß allein Haß und Rachsucht sich der Stimme der Tugend bedienen und daß Recht und Gesetz nur andere Namen für Gewalt und Willkür sind. So sagt es Maria bereits dem Großschatzmeister Burleigh auf den Kopf zu, da dieser ihr das Todesurteil überbringt:

> Ich bin die Schwache, sie die Mächtige – Wohl!
> Sie brauche die Gewalt, sie töte mich,
> Sie bringe ihrer Sicherheit das Opfer.
> Doch sie gestehe dann, daß sie die Macht
> Allein, nicht die Gerechtigkeit geübt.
> Nicht vom Gesetze borge sie das Schwert,
> Sich der verhaßten Feindin zu entladen,
> Und kleide nicht in heiliges Gewand
> Der rohen Stärke blutiges Erkühnen.
> Solch Gaukelspiel betrüge nicht die Welt!
> Ermorden lassen kann sie mich, nicht richten!
> Sie geb es auf, mit des Verbrechens Früchten
> Den heilgen Schein der Tugend zu vereinen,
> Und was sie *ist*, das wage sie zu scheinen! (I,7)

Stand im *Don Carlos* der Protestantismus noch für nationale Freiheit und der Katholizismus für blutige Despotie, so haben sich in der *Maria Stuart* die Fronten fast verkehrt. Der Protestantismus ist zum Inbegriff für heuchlerische Tugend und erschlichenes Recht avanciert, und der

Katholizismus scheint die Palme davonzutragen, da er seine Laster und seine Gewalt nicht leugnet und noch eine menschliche Freude an ihnen bezeugt. Der Antagonismus gravitiert um eine Legalitätsfrage: Ist ein englisches Gericht befugt, über die schottische Königin zu richten oder gar das Todesurteil auszusprechen? – Das Stück verneint die Frage. Die Hinrichtung der Königin gilt als Königsmord. Wenn aber der englische Königsmord dem Drama sein ganzes Pathos gibt, läßt dies an einen anderen, einen französischen denken, der Schiller beschäftigte, als er an der *Maria Stuart* arbeitete. 1792 teilt er dem Freund Körner mit, daß er vorhabe, eine Rechtfertigungsschrift für Ludwig XVI. zu verfassen, gegen den gerade der Prozeß eröffnet ward. Diese Schrift ist nicht entstanden. Gewisse Indizien sprechen dafür, daß in der *Maria Stuart* die Französische Revolution das geheime Thema ist. Zu deutlich ähneln Argumente und Positionen Elisabeths denjenigen Robespierres. Jakobinischer Tugendterror schickte ja jenen Louis Capet auf das Schafott, um mit ihm und der Aristokratie das ‹ancien régime› mitsamt seinen Lastern zu liquidieren. Daß aber die Große Revolution nicht die Herrschaft der Freiheit, der Tugend und der Gerechtigkeit, sondern höchstens die Herrschaft wechselnder Parlamentsmehrheiten gebracht hatte, war Schiller nicht zweifelhaft. «Nicht Stimmenmehrheit ist des Rechtes Probe» (II, 3), läßt er an bedeutender Stelle den ehrwürdigen Talbot sagen. Beschäftigt mit der Niederschrift des zweiten Aktes, schreibt er am 2. August 1799 an Goethe ein paar Sätze über die englische Revolution, die er mit der französischen vergleicht: «Hierin ist jene Revolutionsepoche fruchtbarer als die französische gewesen, an die sie einen sonst oft erinnert. Die Puritaner spielen so ziemlich die Rolle der Jakobiner, die Hilfsmittel sind oft dieselben und ebenso der Ausschlag des Kampfs.» – Auch dieses historische Drama enthält verkappt wieder ein zeitgeschichtliches.

Innenpolitische Wirren beherrschen selbst die *Jungfrau von Orleans* (1801). Daß der Dauphin zum rechtmäßigen König Frankreichs in Reims gekrönt werde und die englischen Truppen die Normandie und die Bretagne räumen, ist das politische Telos eines Stücks, das die Freiheitsheldin Johanna ganz auf die Seite der ‹légitimité› und der Nation gestellt hat. Man sieht eine ähnliche Konstellation wie im *Wallenstein*: Die Reichseinheit ist durch abtrünnige Fürsten (wie Burgund) und den äußeren Feind bedroht. Frieden und Reichseinheit sollen hier wie dort hergestellt werden. Der aktuelle Bezug auf die politischen Verhältnisse des Deutschen Reichs ist selbst dieser «romantischen Tragödie» eingezeichnet, mag sie auch in einem unwirklichen Frankreich des 15. Jahrhunderts angesiedelt sein. Anders als die historische Jeanne d'Arc, die 1431 von den Engländern in Rouen verbrannt wurde, erlebt Schillers Jungfrau eine idealische Himmelfahrt, als sie auf dem Schlachtfeld dahinfällt. Den Frieden hat sie zwar nicht wiederhergestellt, als sie nach mehreren

Siegen über die Engländer stirbt (der Hundertjährige Krieg zwischen Frankreich und England endet erst 1453), doch darf sie die Reichseinheit herbeiführen, indem sie den Herzog von Burgund mit Karl VII. versöhnt. In Wirklichkeit kam das Bündnis zwischen Frankreich und Burgund erst 1435 zustande. Schon hier, im Bereich der Historie noch, läßt Schiller seine Johanna Wunder tun. So stirbt auch der englische Feldherr Talbot in einer Schlacht, die Johanna mit den französischen Truppen gewinnt, während er tatsächlich erst 1453 fiel. Die romantische Tragödie hebt früher und leichter von der Erde ab, als dies Schillers historische Trauerspiele tun. Während der Geschichtsschreibung «das Mädchen Jeanne d'Arc mit seiner bescheidenen Herkunft und seinen gefühlsbetonten (wenn auch religiösen) Handlungsmotiven (. . .) am reinsten den volkstümlichen, nationalen Charakter der Schlußphase dieses Krieges» [53; *S. 43*] verkörpert, so erscheint die Jungfrau von Orleans als Bild eines Engels, der eine göttliche Sendung zu erfüllen hat. Ihre Biographie markiert nicht länger nur eine Etappe im Hundertjährigen Krieg, sondern umschreibt jetzt, wie Sautermeister nachgewiesen hat, das Ideal des ästhetischen Staates, der durch Reichseinheit, Frieden und legitimen König sich verwirklichen soll. Im Prolog gibt Johanna Auskunft über die Idylle, die am Ende der Geschichte wiederkommen soll. Sie kämpft für einen König,

> – der den heilgen Pflug beschützt,
> Der die Trift beschützt und fruchtbar macht die Erde,
> Der die Leibeignen in die Freiheit führt,
> Der die Städte freudig stellt um seinen Thron –
> Der dem Schwachen beisteht und den Bösen schreckt,
> Der den Neid nicht kennet, denn er ist der Größte,
> Der ein Mensch ist und ein Engel der Erbarmung
> Auf der feindselgen Erde. (Prolog 3)

Realisiert ist der ästhetische Staat nicht, da Johanna stirbt. Doch der opernhafte Schluß, auf dessen Tableau der Himmel mit einem «rosigten Schein beleuchtet» (V,14) ist, zeigt den Weg dorthin. Insofern überflügelt sie alle anderen Freiheitshelden Schillers. Verfängt sich Karl Moor noch in den Stricken der positiven Gesetze wie der Marquis Posa sich in den Schlingen der höfischen Intrige, so repräsentiert die Jungfrau das ästhetische Ideal geradewegs und siegreich. Stellt man sie neben den Feldherrn Wallenstein, der die Ideale von Reichseinheit und Frieden mit Machtinteressen vermengte und verdarb, so strahlt ihre Gestalt heller und unbefleckter. Doch die Reinheit des Ideals, das sie verkörpert und durchsetzen will, scheint nicht von dieser Welt zu sein. Vergleicht man ihre Apotheose mit den Gedanken des Gedichts *Das Ideal und das Leben* (1795), so kann das Ideal nur in jenen «heiteren Regionen» gedeihen, wo «des Jammers trüber Sturm nicht mehr» rauscht. In Johannas letzten Worten:

Seht ihr den Regenbogen in der Luft?
Der Himmel öffnet seine goldnen Tore,
Im Chor der Engel steht sie glänzend da,
Sie hält den ewgen Sohn an ihrer Brust,
Die Arme streckt sie lächelnd mir entgegen.
Wie wird mir – Leichte Wolken heben mich –
Der schwere Panzer wird zum Flügelkleide.
Hinauf – hinauf – Die Erde flieht zurück –
Kurz ist der Schmerz und ewig ist die Freude! (V, 14)

Ist es aber dergestalt um Johanna bestellt, daß sie das Ideal verkörpern soll, dann kann sie nicht Mensch und schon gar nicht Frau sein. Der göttliche Wille, der sie ereilt, verwandelt sie in dessen Instrument. Schon bei der allegorischen Personifikation des Ideals verwickelt dieses sich in eine Aporie: Die Freiheitsheldin, insofern sie den göttlichen Willen allein exekutiert, ist unfrei gegen diese ihre Bestimmung. Solche Unfreiheit schlägt ihr aus zur Askese, der sie sich freiwillig unterwirft. Aber die Mitleidlosigkeit gegen sich selbst gerät ihr zur Unmenschlichkeit gegen andere. Die Montgomery-Szenen des zweiten Akts zeigen Johanna nicht als weiblichen Christus, sondern als unerbittliche Amazone. Von dieser nahm Kleist das Vorbild seiner Penthesilea späterhin ab. Ein «jungfräulicher Teufel» (II, 3) verfolgt die Engländer; denn «tödlich ists, der Jungfrau zu begegnen» (II, 7). Eingerückt sei hier, daß Johannas Tötungslust von Schiller imaginiert wird. Die historische Jeanne beteuerte im Prozeß, niemals einen Menschen getötet, sondern nur die Fahne getragen zu haben. Die sechste und die siebente Szene des zweiten Akts ahmen das Treffen Achills mit Lykaon nach, wie es in der *Ilias* (XXI, 107f) geschildert ist. In dem Kampf zweier Männer, den die Schillersche Szene nachstellt, nimmt die Amazone hermaphroditische Züge an. Folgt man nämlich Böttigers *Bemerkungen*, dann muß Montgomery «durch ein Frauenzimmer gespielt werden», zu dem es sich ja reimt, daß dieser ihr – mitten in der Schlacht – zu Füßen fällt und wie ein Mädchen um sein Leben fleht.

Gegen die Tugend des Mitleids fühlt sich dieser weibliche Christus gewappnet, hat ihr doch die «erhabne Jungfrau» Maria das Herz mit «Unerbittlichkeit bewaffnet». Der Liebe zu Lionel, den Schiller erfunden hat, erliegt sie hingegen. Sie vermag den englischen Heerführer nicht zu töten, nachdem sie sein Gesicht gesehen hat. Es zeigt sich schon am Zweikampf, in den Lionel und die Jungfrau geraten, daß dies kein Gefecht mehr ist, sondern ein obskures Handgemenge, dessen sexuelle Komponente schwerlich zu übersehen ist: «Johanna ergreift ihn von hinten zu am Helmbusch und reißt ihm den Helm gewaltsam herunter, daß sein Gesicht entblößt wird, zugleich zuckt sie das Schwert mit der Rechten.» (III, 10)

Eine menschliche Regung zerstört die innere Askese der Jungfrau und raubt ihr die Sicherheit des Tötens. Verliebt in den Anführer der Feinde, scheitert sie als Prophetin. Erst nachdem sie «gereinigt» ward durch einen «Sturm in der Natur», vermag sie die alte Rolle und die alte Fahne wieder aufzunehmen (V, 4), doch nur um in der Schlacht den Opfertod zu sterben.

Im Gedicht *Das Mädchen von Orléans* (1802) gibt Schiller zu erkennen, daß seine romantische Tragödie «das edle Bild der Menschheit» retten wolle vor der Erniedrigung, die ihm Voltaire mit seiner *Pucelle d'Orléans* (1762) bereitet hatte. War Jeanne d'Arc für Voltaire eine «vulgäre Herbergsmagd», die es mit ihrer Jungfernschaft gar nicht so genau nahm, so hat Schiller aus ihr einen Engel gemacht, dessen übermenschliches Ideal sie einer anderen Welt zuweist. Der asketistische Zug und die Unerbittlichkeit, mit der das Ideal sich durchsetzen soll, bringt es in einen unaufhebbaren Widerspruch zu seinem Inhalt: der Freiheit. In Schillers Idealismus klingt der monarchische Absolutismus nach und der kleinbürgerliche Totalitarismus voraus. Voltaires frivole Scherze um die Jungfrau und die heilige Jungfräulichkeit nehmen sich hiergegen noch aufgeklärt und human aus.

Läßt sich mit Gerhard Kaiser sagen, daß die Jungfrau von Arkadien nach Elysium unterwegs sei, so trifft dies kaum auf die *Braut von Messina* (1803) zu. Zu weit gähnt den Familiengliedern die Grabesmündung entgegen, als daß man die Vernichtung, die sie einander bereiten, als den Siegeszug des Ideals anzusehen vermöchte. Erstaunlicherweise hat Schiller dem Drama eine Abhandlung *Über den Gebrauch des Chors in der Tragödie* vorangestellt, die angeben will, wie die Poesie die «blinde Macht» der «sinnlichen Welt» in ein «freies Werk unseres Geistes zu verwandeln» imstande sei. Der Rückgriff auf die antike Schicksalstragödie eines Sophokles und Euripides wird ästhetisch gerechtfertigt gerade mit dem Argument, daß der Chor es sei, der mit «kühner lyrischer Freiheit» auf den «hohen Gipfeln der menschlichen Dinge, wie mit Schritten der Götter, einhergeht».

Wenn nicht immer wieder nur der Tod für die Präsenz des Ideals einstehen soll, da dieses sich auf Erden bekanntlich nicht durchzusetzen vermag, dann schildert die *Braut von Messina* nicht viel mehr als den Untergang einer königlichen Familie. Das Drama der zwei *Feindlichen Brüder*, wie der Untertitel lautet, nimmt überdeutlich ein Thema der Sturm und Drang-Dramatik auf, dem schon Klingers *Zwillinge* (1775) und Leisewitzens *Julius von Tarent* (1775) galten. Ging es bei diesen ums Erstgeburtsrecht und um die Braut, so hat sich der Streit in Schillers spätem Stück verrätselt zu ominösem Schicksal. Don Cesar tötet den Don Manuel und danach sich selbst; denn die Braut, um derentwillen er den Bruder erstach, der sie gleichfalls reklamierte, war zu aller Überraschung

beider Schwester. Solche Tragödie der Verwechslungen und Verirrungen, die zudem als Tragödie unentrinnbaren Schicksals sich geriert, hat noch im 19. Jahrhundert den Pantragiker Hebbel erbost:
«Aber was er mit der *Braut von Messina* beabsichtigt hat, kann ich nicht herausbringen. Warum geschieht dies alles? Was wird mit diesem Blut abgewaschen? Wo sind die Greuel, die so ungeheurer Sühne bedürfen? Man fragt sich umsonst! Das Schicksal spielt im Stück Blindekuh mit den Menschen.» [249; *Teil 1, S. 396*] Nun, geschehen soll das Entsetzliche, da einst der Großvater den Vater der beiden feindlichen Brüder verflucht hat. Der antikische Fluch aber, der die Enkel ereilt, wird von Schiller, dem modernen Autor, rationalisiert zu einer Kette von Heimlichkeiten, Irrtümern und Zufällen, in denen die Protagonisten zu Fall kommen – «denn noch niemand entfloh dem verhängten Geschick» (V. 2487). Den Fluch sprach der Alte aus, weil ihm der Sohn dereinst die Braut geraubt hatte:

Auch ein Raub wars, wie wir alle wissen,
Der des alten Fürsten ehliches Gemahl
In ein frevelnd Ehebett gerissen,
Denn sie war des Vaters Wahl.
Und der Ahnherr schüttete im Zorne
Grauenvoller Flüche schrecklichen Samen
Auf das sündige Ehebett aus.
Greueltaten ohne Namen,
Schwarze Verbrechen verbirgt dies Haus. (V. 960ff)

Die Verse lassen erraten, daß sich hinter der *Braut von Messina* ein Ödipus-Drama verbirgt. Der Vater, der dem Großvater einst die Braut geraubt, ist Ödipus, und die Mutter der beiden feindlichen Brüder hätte eigentlich Iokaste zu heißen, tritt aber unter dem Namen Isabella auf. Sehr früh werden Don Manuel und Don Cesar von ihrer Mutter mit den thebanischen Brüdern verglichen, die jeder den anderen töteten. Der Wink ist unmißverständlich. Mit den Brüdern sind Eteokles und Polyneikes gemeint, die Söhne des Ödipus. In den *Phönizierinnen* (ca. 410 v. Chr.) von Euripides wird berichtet, wie sie in der Schlacht um Theben fallen, beide beweint von ihrer Schwester Antigone. Daß Schiller die Ödipus-Sage interessierte und er Euripides' Stück kannte, belegen einige Übersetzungen daraus, die im achten Heft der *Thalia* gedruckt wurden. Otto Rank hat den akribischen Nachweis geführt, daß in Schillers Werk das Inzest-Motiv eine starke und nicht zu unterschätzende Funktion ausübe. Der Brautraub, dem sich Mutterliebe und Vaterhaß gesellten, mache eines der zentralen Themen des *Don Carlos* aus – wenngleich hier der Vater dem Sohn die Braut genommen habe.
Wenn es erlaubt ist, mit der psychoanalytischen Theorie die Inzestneigung als eine Naturkonstante im Familienleben zu bezeichnen, der allerdings mächtige Tabus entgegenwirken, dann kann das mysteriöse Fa-

tum, von dem die Familie in Schillers Drama verfolgt wird, nichts anderes als ihre eigene Naturgeschichte meinen. Es gibt zu denken, daß Don Carlos sich in seine Schwester Beatrice verliebt, als er ihr ausgerechnet auf der Totenfeier für den Vater begegnet. Die Begegnung trifft ihn wie sonst keine mit «der Frauen leer geschwätzigem Geschlecht». Hatte doch die Gestalt der Mutter bislang andere in ihm verdrängt: «Denn eine zweite sah ich nicht, wie dich, / Die ich gleich wie ein Götterbild verehre.» (V. 1485 f) Ist der Inzest aber nicht mit dem alten Ödipus abgetan, sondern verfangen sich Eteokles und Polyneikes jr. erneut und ohne «Wahl» in ihrer Triebnatur, dann hat der «Schwefelstrom», der «glühend sich ergoß» einst in «das alte Bett», trotz allen Elends ein neues Bett gefunden (V. 388 f). Auf der Familie lag der legendäre Fluch des Ahnen, mit dem der Inzest gerächt werden sollte, der ihren Beginn markiert. Wie dieser aber in der zweiten Generation von neuem sich erzeugt und wieder unterdrückt werden muß, so lasten Naturbann und Kulturtabu auf der Geschichte des Menschen bis heute. Die Schicksalstragödie kann man lesen als die Tragödie von Naturtrieb und Sittengesetz, in welcher der verbotene Trieb bestraft wird, damit er als blind verdrängter, aber auch als zerstörerisches Potential in der «gereinigten» Kultur fortleben darf.

Der Held des *Wilhelm Tell* (1804) ist der einzige unter Schillers Freiheitshelden, der seine Sache richtig handhabte, nicht unterwegs das Leben verlor und letztlich sein Ziel erreichte: die Realisierung des Ideals. Liest man heute Schillers wohl berühmtestes Stück, so will es scheinen, als verdanke sich sein Pathos nationaler Unabhängigkeit unmittelbar den Befreiungskriegen von 1813/14. Doch die Wirkung, die dort der Rütlischwur übte mit Sätzen wie: «Wir wollen frei sein, wie die Väter waren, / Eher den Tod, als in der Knechtschaft leben», war eine Wirkung, an die Schiller kaum gedacht haben kann. Ist das folgenreiche Stück nämlich entstanden, bevor die Wurzel aller späteren Wirkungen gelegt wurde: das Ende des Heiligen Römischen Reiches Deutscher Nation und der Zusammenbruch Preußens (1806) ereigneten sich nach Schillers Tod. Verfehlt ist es infolgedessen, hinter Fürsten, Kaisern und Vögten immer wieder Napoleon erkennen zu wollen. Wie kein anderes Stück hat der *Wilhelm Tell* sich der Sympathie gleicherweise des liberalen Bürgertums, der Konservativen und der Sozialisten erfreut.

Wenn Schiller bei der Erhebung der schweizerischen Eidgenossen im Jahre 1308 an eine Revolution gedacht hat, dann allenfalls an eine bürgerliche, kaum an eine sozialistische. Sitzt in der ersten Szene des fünften Akts das Volk malerisch auf den Trümmern der Feste Zwing Uri, so läßt dies an zeitgenössische Illustrationen zur Erstürmung der Bastille 1789 denken. Doch hier endet auch schon alle Bemühung, der mittelalterlichen Historie, in die sich viel Sagenhaftes (wie eben die Tell-Sage) eingemengt hat, einen identifizierbaren Ort in Schillers Gegenwart zu geben. Verschwören sich Landleute aus Schwyz, Uri und Unterwalden gegen die kaiserlichen Landvögte, so richtet sich der Rütlischwur nicht gegen die Monarchie und schon gar nicht gegen einen landeseigenen Monarchen, sondern gegen den österreichischen König, der nur in Personalunion als Deutscher Kaiser auch oberster Landesherr der Eidgenossenschaft war. Der bürgerliche Ungehorsam zeigt mithin die Züge eines Unabhängigkeitskampfes gegen habsburgische Hegemonialpolitik, aber nicht die einer Erhebung gegen den Kaiser. Gerichtet ist er auch, wie in den trivialen Rührstücken der Zeit, gegen Beamte der Krone, denen Mißbrauch ihrer Macht vorgeworfen wird, nicht aber gegen den Monarchen selbst.

Auch wollen die Eidgenossen keineswegs alte Pflichten und Untertänigkeiten aufheben; das einzige was sie wollen, ist: keine neuen. Mit kräftigem Biedersinn verwahren sie sich gegen jede Wut der Neuerung. Die Patriarchenfigur des Walter Fürst sagt es deutlich:

> Abtreiben wollen wir verhaßten Zwang,
> Die alten Rechte, wie wir sie ererbt
> Von unsern Vätern, wollen wir bewahren,
> Nicht ungezügelt nach dem Neuen greifen.
> Dem Kaiser bleibe, was des Kaisers ist,
> Wer einen Herrn hat, dien ihm pflichtgemäß. (II, 2)

Daß es die positiven Rechte einzelner Stände und Korporationen sein sollen, die Gerechtigkeit und Freiheit garantieren, hätte Schillers Landsmann Hegel lächeln lassen. In seiner *Verfassung Deutschlands* (1800 bis 1802) erfährt die alte deutsche Freiheit der Partikularrechte eine ironische Würdigung, die, wenn sie Schiller bekannt gewesen wäre, ihn darauf hätte verzichten lassen, in der «rechtlichen Anarchie» den Boden von Gerechtigkeit und Freiheit zu berufen. Will man erklären, was ihn Zuflucht hat suchen lassen bei den ständischen Partikularrechten, dann wird man Auskunft finden in den Reflexionen über die Französische Revolution, die verkappt in den Briefen *Über die ästhetische Erziehung des Menschen* (1793/94) thematisiert wird. Wenn nämlich in der Revolution die Vernunft den Naturstaat aufhebe, «so wagt sie die Existenz der Gesellschaft an ein bloß mögliches (wenngleich moralisch notwendiges) Ideal von Gesellschaft» (3. Brief). Der jakobinische Tugendterror ließ Schillern befürchten, «daß der reine Mensch den empirischen unterdrückt, daß der Staat die Individuen aufhebt» (4. Brief).

Nur außerordentlich vorsichtig zieht Schiller eine innenpolitische Nutzanwendung aus dem Unabhängigkeitskampf der Schweizer gegen die Österreicher. Der Ständegegensatz von Herren und Sassen soll nicht umgestürzt werden, sondern der greise Freiherr von Attinghausen darf sich auf dem Sterbebett noch zur Prophezeiung erheben, daß es nach dem Aufstand der Landleute einer Aristokratie eigentlich nicht mehr bedürfe, da jene «aus eignem Mittel, ohne Hülf der Edeln» (IV, 2) sich befreit hätten: «Der Adel steigt von seinen alten Burgen / Und schwört den Städten seinen Bürgereid». Solch friedlicher Ständekompromiß, der den Adel freiwillig von seinen Privilegien Abschied nehmen läßt, stellt die Quintessenz von Schillers politischem Freiheitsbegriff dar. «Und frei erklär ich alle meine Knechte», ruft der gerührte Rudenz nach vollbrachter Befreiung – doch ohne sich Gedanken darüber zu machen, wie Walter Grab gelegentlich bemerkte, wovon er in Zukunft mit seiner Berta denn leben werde. Es rundet sich überhaupt alles zum Ganzen; auch die Problematik des Freiheitshelden wird aufgelöst. Anders als Fiesco und Wallenstein handelt Tell nicht aus Ehrsucht, sondern um die lieben Kinder «zu schützen vor der Rache des Tyrannen, / Will er zum Morde jetzt den Bogen spannen!» (IV, 3) Diesen Unterschied stellt Schiller, der sich mit dem Tyrannenmord schwertat, noch einmal in der verunglückten Parricida-Szene des fünften Akts heraus. Die Naturrechte sind es, die Tell gegen die Illegalität verteidigt hat. Sie hangen am Himmel droben «unveräußerlich», und der «Gedrückte» darf sie, wie Stauffacher verkündet, jederzeit herunterholen, und «zum letzten Mittel, wenn kein andres mehr / Verfangen will, ist ihm das Schwert gegeben« (II, 2).

Kleist

Aus Goethe, Schiller und Wieland las der junge Heinrich von Kleist (1777 bis 1811) heraus, daß aus allen Wirren der Wirklichkeit und dem Irren der Menschen ein Weg hinaus zu Tugend und Glück führe. Mit den eudämonistischen Vorstellungen der Aufklärung im Kopf macht er sich daran, den *Sichern Weg des Glücks zu finden und ungestört – auch unter den größten Drangsalen des Lebens – ihn zu genießen*! (1799). In rousseauistischer Umgebung (der Delosea-Insel bei Thun) schreibt Kleist ein Jahr später sein erstes Drama *Die Familie Schroffenstein* (1803). Doch von der Idylle verrät das Stück nichts; es entrollt eher die verlorene Idylle, die von der «bonté naturelle» kaum noch etwas weiß. Es bekämpfen sich die zwei Linien der Schroffensteiner, bis ihre Kinder tot am Boden liegen und man die Familie ansehen muß als eine, die sich selbst ausgerottet hat. Der Schoß der Familie brütet tantalidenhaft Verdacht und Irrtum aus. Sie ergreifen, nachdem ein Mord geschehen ist, erst die eine und dann die andere Linie, die in blinder Rachsucht einander liquidieren.

Was Kleist danach und neben dem *Robert Guiskard,* der Torso blieb, als nächstes anpackte, war eine Komödie, *Der zerbrochne Krug* (1808). Wieder geht es, wie in vielen anderen Stücken auch, um ein Geheimnis, das im Verlauf der Handlung allmählich entdeckt wird. War es in der *Familie Schroffenstein* die Frage, wer den kleinen Peter umgebracht hat, und ist es im Amphitryon die Frage, wer nun eigentlich mit Alkmene letzte Nacht geschlafen habe, so soll im *Zerbrochnen Krug* ein Gerichtsprozeß Antwort darauf geben, wer den Krug der Frau Marthe Rull zerbrochen hat. Dem fraglos bescheideneren Anlaß zu solcher Untersuchung entspricht ihr unblutiger Ausgang: der Dorfrichter Adam, der es war, verliert nur Amt und Würde, behält aber das Leben. Seine Komik ist, daß er in dem Prozeß sich selbst als denjenigen ermitteln muß, der das corpus delicti zerbrochen hat, und daß ihm alle Finten und Lügen nicht davor helfen, das factum brutum an das Licht der Öffentlichkeit befördern zu müssen. Der Prozeß ist der processus der Wahrheit, die sich durch den verhüllenden Schleier von Worten und Finten hervorarbeitet – einen Schleier, der, je weiter die Handlung voranschreitet, immer dünner und fadenscheiniger wird, bis der nackte und rote Kopf des Richters ohne deckende Perücke sichtbar wird.

> Mir träumt', es hätt ein Kläger mich ergriffen,
> Und schleppte vor den Richtstuhl mich; und ich,
> Ich säße gleichwohl auf dem Richtstuhl dort,
> Und schält' und hunzt' und schlingelte mich herunter,
> Und judiziert den Hals ins Eisen mir. (3. Szene)

Wie die Glatze ein Bild, so ist es der zerbrochene Krug erst recht. Mehr als von ihm ist von dem Loch die Rede, das er bekommen hat. Denn «eine Hochzeit ist es, die ein Loch bekommen» hat, als der «alte Adam» aus Evchens Schlafzimmerfenster hinaussprang und hierbei den Krug vom Brett stieß. Kaum verhüllen die Worte, mit denen Evchens Mutter das Loch im Krug beschreibt, ein anderes.

Das Geheimnis, das der Richter wie eine Blöße mit den Lappen und Locken seiner Lügen und Finten zu verdecken sucht, ist die Sexualität. Dennoch zwingt ihn die Amtsrevision, die den Gerichtsrat Walter ins Haus geführt hat, einen Prozeß gegen sich selbst zu führen und das Verheimlichte zu offenbaren. Der Gerichtsprozeß kehrt den Verdrängungsprozeß um und verwandelt sich in die abgenötigte Selbstanklage eines, der seine Triebe nicht hat kontrollieren können. Der Fehltritt, den der alte Adam bei der jungen Eve unternehmen wollte und der mißriet, wird ihm zum Sündenfall, für den er Buße tun muß.

Wenn von einer Handlung im *Zerbrochnen Krug* gesprochen wird, meint dies nur, daß eine vergangene Handlung langsam aufgedeckt wird. Insofern tritt die Handlung über weite Strecken hinweg eher auf der Stelle, als daß sie voranschritte. Dennoch hat Goethe wohl zu Unrecht den statischen Charakter des Dramas getadelt, als er am 28. 8. 1807 Adam Müller schrieb:

«Der zerbrochene Krug hat außerordentliche Verdienste, und die ganze Darstellung dringt sich mit gewaltsamer Gegenwart auf. Nur schade, daß das Stück auch wieder dem unsichtbaren Theater angehört. Das Talent des Verfassers, so lebendig er auch darzustellen vermag, neigt sich doch mehr gegen das Dialektische hin: wie er es denn selbst in dieser stationären Prozeßform auf das wunderbarste manifestiert hat. Könnte er mit eben dem Naturell und Geschick eine wirklich dramatische Aufgabe lösen und eine Handlung vor unsern Augen und Sinnen sich entfalten lassen, wie er hier eine vergangene sich nach und nach enthüllen läßt, so würde es für das deutsche Theater ein großes Geschenk sein.»

Die Aufführung, die Goethe im folgenden Jahr auf der Weimarer Bühne veranstaltete, war ein Mißerfolg. Das Stück wurde ausgepfiffen. Gespielt wurde allerdings die Manuskriptfassung mit der längeren Schlußszene des «Variant». Zur Langatmigkeit der Vorstellung dürfte beigetragen haben, daß Goethe den Einakter unverständlicherweise in drei Akte aufgeteilt hat – mit der Folge, daß der Vorhang sich stets über derselben Szene hob, ohne daß die Handlung vorangerückt wäre.

Die Technik des analytischen Dramas, die später bei Ibsen zur Manier werden sollte, hatte Kleist Sophokles abgesehen. In einer Vorrede, die der Buchausgabe von 1811 nicht beigegeben war, vergleicht Kleist den Dorfrichter mit Ödipus, als er den mißtrauischen Blick erklären will, den der Schreiber Licht dem Richter zuwerfe. Auf ähnliche Weise habe Kreon den Ödip angesehen, «als die Frage war, wer den Laius erschlagen». Die Narben, von denen die Füße des Ödipus gezeichnet sind, trägt der Dorfrichter Adam zwar am Kopf, vorn und hinten eine; doch er besitzt zudem einen Klumpfuß, der einerseits wohl auf den Pferdehuf des Teufels verweisen soll, andererseits auf den Schwellfuß des ‹Oidipou›. Schadewaldt hat in einem Aufsatz die Entsprechungen, aber auch die spiegelbildlichen Verkehrungen in beiden Dramen herausgearbeitet. Mußte Ödipus ahnungslos seinen eigenen Fall aufklären, so weiß Adam dagegen zu gut, was er getan hat. Es hat ihn hierzu sein eigener Wille bestimmt, während Ödipus unbewußt das Fatum vollzog. Doch was die antike Tragödie letztlich zur modernen Komödie erhebt, ist ihr leichteres Gewicht: Schlief Ödipus mit der eigenen Mutter, so mußte Adam Eves Schlafkammer vorzeitig räumen. Der Fall aus dem Fenster läßt nur zwei Löcher an seinem Kopf zurück. Ob es die gleichen sind, auf die er vorher fixiert war, oder ob es die blinden Augenhöhlen des Ödipus sein sollen, nachdem dieser sich geblendet hatte – es bleibt offen. Mit der ‹Wahrheit› der Kleistschen Dramen scheinen sie jedoch durch einen unterirdischen Kanal verbunden.

Auf sonderbare Weise ist der *Amphitryon* (1807) dem *Zerbrochnen Krug* attachiert. An beiden Dramen arbeitete Kleist ja gleichzeitig. So groß die Zeitspanne ist, die das Thema des *Zerbrochnen Krugs* vom Thema des *Amphitryon* auch wieder trennt, welch letzteres die Zeugung des Herakles durch Jupiter enthält, es ist nicht von der Hand zu weisen, daß beide Dramen mit der Ödipus-Sage verknüpft worden sind. Erwähnt die Vorrede des *Zerbrochnen Krugs* den Ödipus und seinen Vater Laius, so soll Amphitryon, dessen Gattin Alkmene von Jupiter heimgesucht wurde, den Labdakus im Feld erschlagen haben. Labdakus ist aber der Vater des Laius und mithin der Großvater des Ödipus. Was Kleist bewogen hat, solche Verknüpfung zu den Labdakiden herzustellen, ist nicht ganz verständlich. Wichtig genug muß ihm die Veränderung gegenüber den Komödien des Plautus (ca. 200 v. Chr.) und Molières (1668) gewesen sein, von denen letztere Kleists Vorlage war. Im römischen wie im französischen *Amphitryon* heißt der Gegner mythologisch richtig Ptérélas, den der thebanische Feldherr erschlug.

Mit der ödipalen Dreierkonstellation, die im *Amphitryon* auf die Spitze getrieben wird, indem Jupiter die Gesalt des Feldherrn selbst annimmt, um Alkmene täuschen und besitzen zu können, ist auch das Identitätsmotiv gesetzt. Kleist gelingt es, aus der ödipalen Struktur eine andere zu entwickeln: die der doppelten (und verlorenen) Identität. Wenn Amphitryon und Jupiter einander im dritten Akt wie Spiegelbilder gegenüberstehen, sind sie sich gleich und wollen es doch nicht sein, weil sie es nicht so empfinden. Selbst Jupiter, der mit Alkmene die Nacht in der Gestalt des Gatten verbracht hat, weiß am Morgen sich nur in ausgeklügelten Sophismen zu ergehen, die Alkmene den abstrakten Unterschied zwischen einem Ehegatten Amphitryon und einem Geliebten Amphitryon klarmachen wollen.

Unangekränkelt von dergleichen Identitätskrisen bleibt Alkmene. Ihr ist der Unterschied der beiden Amphitryone unfaßbar, denn jeder ist ihr Amphitryon. Aufgefordert, sich endlich (in der elften Szene des dritten Akts) zwischen beiden für den wirklichen Amphitryon zu entscheiden, entscheidet sie sich für den falschen: Jupiter. Doch da für Kleist dieser Jupiter eine pantheistische Gottheit ist, die alles Irdische meint und somit auch Amphitryon, hat Alkmene sich dennoch für den Gatten entschieden, da sie auf Jupiter deutete.

Die romantische Spiegelfechterei dieses sublimen Narzißmus, in dem der Gott sich zum Menschen inkarniert und kurioserweise doch auf eigener Existenz besteht, weil Götter und Menschen längst nicht mehr eins sind, kulminiert in der fünften Szene des zweiten Akts. Sie ist – wie Thomas Mann sie nannte – «die Glanz- und Meisterszene des Spieles, sein Herzstück, das immer bewunderte, kraft dessen es jede frühere Formung des Stoffes so weit, so unvergleichlich überragt.» [214, *S. 69*] Das Spiegelbild wird erneut gespiegelt, und Jupiter, der zuvor als Amphitryon erschienen ist, um die Nacht mit Alkmene verbringen zu können, erscheint erneut, um als heimgekehrter Amphitryon die Gattin darüber zu beruhigen, daß sie zuvor von ihm betrogen worden sein könnte.

Ich wars. Seis wer es wolle. Sei – sei ruhig,
Was du gesehn, gefühlt, gedacht, empfunden,
War ich: wer wäre außer mir, Geliebte?
Wer deine Schwelle auch betreten hat,
Mich immer hast du, Teuerste, empfangen,
Und für jedwede Gunst, die du ihm schenktest,
Bin ich dein Schuldner, und ich danke dir. (II, 5)

Tiefer kann romantische Ironie nicht reichen als in die Abgründigkeit eines Ich, das von sich als von einem anderen spricht. Es will davon überzeugen, daß es nicht dieses Ich sei, während doch gleichzeitig gewünscht wird, daß es eben dieses Ich ist.

Was denn Liebe sein könnte, dies Rätsel versuchen Kleists drei Liebesdramen auf jeweils andere Weise zu lösen. Will im *Amphitryon* etwas wie naturhafte Anonymität an den Tag, so in der *Penthesilea* (1808) animalische Grausamkeit. Zu oft wird die Amazonenkönigin mit einer Dogge, einer Katze oder einer Hyäne verglichen, als daß man dies gleichgültig überlesen könnte. Doch auch hier interferiert das Bild der Wildkatze, die den geliebten Achill zu Tode beißt, mit dem der Mutter. Kleist, der den überlieferten Mythos umkehrt und Penthesilea den Achill töten läßt, rekurriert in der Tötungsszene nicht mehr auf Homer, sondern auf Euripides. In den *Bakchen* (ca. 408 v. Chr.) ist es die Mutter, die in dionysischer Verzückung ihren Sohn Pentheus zerfleischt. Wie sie mit den Mänaden in der «Oreibasia» durch die Wälder zieht, so verfolgt Penthesilea mit den Jungfrauen des Amazonenheeres die Griechen und insbesondere Achill, die eigentlich mit der Belagerung Trojas beschäftigt sind. Wie Agaue trunken vom Gott Dionysos ist, so Penthesilea vom Rachegefühl der Liebenden, die sich (wieder einmal und) irrtümlicherweise vom Geliebten verhöhnt wähnt.

Wird Achill von einer Muttergestalt überwältigt, so andererseits doch von einer Jungfrau, die als kriegerische Heldin und wilde Hündin zugleich auftritt. Das ist das Eigentümliche dieses Dramas, daß nicht nur die Beziehungen stetig wechseln, in denen die Charaktere zueinander stehen, sondern daß eben diese Charaktere unversehens in ihr Gegenteil umspringen. Es mischen sich auf wechselnde Weise in den Liebenden zarte und grausame, heldische und tierische, männliche und weibliche Züge.

Was die Tierheit in dem Liebespaar entkoppelt, ist seltsamerweise gerade die Liebe. Das Gesetz des Amazonenstaates gebietet nur die Gefangennahme der Männer und ihre zufällige Wahl – wie das Kriegsglück sie ihnen halt in die Arme getrieben hat zu mehr oder minder anonymer Begattung. Auch Achill wird vergeblich von Odysseus an den «Hellenenstreit» vor der Dardanerburg gemahnt. Die griechischen Heere seien nicht da, um in einer rätselhaften Hetzjagd an dem Amazonenvolk sich aufzureiben. Indem beide sich über «barbarische» Staatsgesetze und gleichgültige Kriegspolitik hinwegsetzen, lockert sich, ja bricht in ihnen auch eine Trieborganisation zusammen, deren «unnatürliches» Wesen Kleist für Penthesilea aus der von ihm erfundenen Geschichte des Amazonenstaates ableitet (15. Auftritt). Ihr Individualismus, der sich in Liebe Bahn bricht, ist anarchischer Natur. Wie vor ihm nur Sade hat Kleist radikalen Individualismus mit wilder Triebnatur zusammengekoppelt – als könne diese nur in jenem sich erfüllen oder als meine jener nur diese. Was Kleist aber wieder von Sade trennt, ist, daß sein Individualismus ein bewußtloser, ja sogar ein wahnsinniger ist. Penthesilea wird zur Furie gerade in jenem Zustand der ‹absence›, wo sie dem Aufsatz übers *Marionettentheater* zufolge eigentlich ihre Grazie hätte finden müssen. Aber sie ist eben «halb Furie, halb Grazie» – und Achill, der sie selbst so nennt, weiß leider nicht, wann sie die eine und wann sie die andere ist. Der Wahnsinn der Umstände führt zur Verkennung der Liebenden und zur Tötung des Geliebten. Mit einer Meute wilder Hunde stürzt sich Penthesilea auf den wehrlosen Achill, richtet ihn aber ärger zu als Schillers Johanna den armen Lionel:

Und stürzt – stürzt mit der ganzen Meut, o Diana!
Sich über ihn, und reißt – reißt ihn beim Helmbusch,
Gleich einer Hündin, Hunden beigesellt,
Der greift die Brust ihm, dieser greift den Nacken,
Daß von dem Fall der Boden bebt, ihn nieder!
Er, in dem Purpur seines Bluts sich wälzend,
Rührt ihre sanfte Wange an, und ruft:
Penthesilea! meine Braut! was tust du?
Ist dies das Rosenfest, das du versprachst?
Doch sie – die Löwin hätte ihn gehört,
Die hungrige, die wild nach Raub umher,
Auf öden Schneegefilden heulend treibt;
Sie schlägt, die Rüstung ihm vom Leibe reißend,
Den Zahn schlägt sie in seine weiße Brust,
Sie und die Hunde, die weitteifernden,
Oxus und Sphinx den Zahn in seine rechte,
In seine linke sie; als ich erschien,
Troff Blut von Mund und Händen ihr herab. (23. Auftritt)

Das bluttriefende Gesicht, mit dem Penthesilea von der Leiche Achills aufblickt, ist dasjenige des Wahnsinns, insofern in diesem Wahnsinn Natur sich präsentiert: nicht allerdings die «bonté naturelle» Rousseaus, sondern die «perversité naturelle» Sades.

Als Penthesilea aus dem Stupor erwacht ist, revoziert sie nicht etwa das Geschehen, sondern meint, daß in der Liebe sich eben Küsse auf Bisse «reimten»: «... wer recht von Herzen liebt, / Kann schon das eine für das andre greifen» (24. Auftritt). Endet die Liebkosung im Mord, dann will das nicht mehr als ein grammatischer Wechsel in den Reimworten besagen. Und dies ist wohl die ungeheuerliche Form des Sublimen, die Kleist erreicht hat, wenn der Mord ihm als ein sprachliches «Versehen» gelten kann: die Sprachhandlung par excellence.

Daß Kleists Willen zufolge sich Penthesilea und das Käthchen von Heilbronn wie ein Plus und ein Minus zueinander verhalten sollten, ist oft bemerkt worden. Verfolgt jene den Geliebten als rasende Mänade, so diese als demutsvolle Sklavin. Daß solche exaltierte Formen von Liebe idealtypischen und nicht realen Charakters sind, bezeugen die Dramen durch ihre Gestalt. Ist das eine der griechischen Mythologie entnommen, so das andere einem romantisch verklärten Mittelalter. Viel hat das *Käthchen von Heilbronn oder die Feuerprobe* (1808 bis 1810) mit dem Märchen gemeinsam, in dem das treu liebende Mädchen seinen Märchenprinzen am Schluß bekommt, sobald die böse Widersacherin besiegt ist und es selbst sich noch als illegitime Kaisertochter entpuppt hat. Der Untertitel *Ein großes historisches Ritterschauspiel* weist auf die Mode der Ritterspektakel und Ausstattungsstücke hin, deren erstes Goethe mit dem *Götz* geschrieben hatte – ohne zu ahnen, was der Erstling für Dutzendware im Gefolge führen würde.

Eingesprengt sind in dies schwächste Drama, das Kleist wohl geschrieben hat, dieselben Motive von erotischer Besessenheit und überschnappendem Wahnsinn, die auch die *Penthesilea* und den *Amphitryon* durchziehen. Die Figuren des Käthchens und des Grafen Wetter vom Strahl sind nicht nur Schablonen, sondern tiefer grundiert, als dies in Wiener Zauberkomödien etwa der Fall zu sein pflegt. In ihrer Demut, dic Gundolf eine «rasende» nennt, verfolgt Käthchen den Grafen nicht weniger hartnäckig als Penthesilea den Achill. Ihr Vater sagt es selber: «Wie ein Hund, der von seines Herren Schweiß gekostet, schreitet sie hinter ihm her» (I, 1) Auch die lang verweigerte, aber endlich eingestandene Liebe des Grafen ist nicht gerade von märchenhafter Schönheit. Deutlich sichtbar enthält sie sadistische Elemente: Nicht nur droht er dem nachlaufenden Käthchen die Reitpeitsche an und läßt sie in den Ställen bei den Pferden schlafen; auch nach der Kundgabe seiner Liebe findet er für diese recht seltsame Worte:

> Der Hirsch, der von der Mittagsglut gequält,
> Den Grund zerwühlt, mit spritzigem Geweih,
> Er sehnt sich so begierig nicht,
> Vom Felsen in den Waldstrom sich zu stürzen,
> Den reißenden, als ich, jetzt, da du mein bist,
> In all deine junge Reize mich. (V, 12)

Wäre nicht diese erotische Besessenheit, die sich auf sonderbare Weise mit Somnambulismus und Seelenwanderung verbindet, so wäre das Stück heute wohl vergessen, da es sich in nichts von Dutzenden anderer Ritterspektakel und Zauberspiele unterschiede. Doch die eigenartig gehemmte, mystisch vertiefte und zugleich pathologisch deformierte Sexualität hat dem Stück immer wieder Aufmerksamkeit gesichert. Die Urteile gehen aber schon bei den Zeitgenossen weit auseinander. So sagt Tieck in der Vorrede zu *Kleists Hinterlassenen Schriften* (1821): «Diese alte, oft variierte Sage hat der Dichter von neuem auf seine Weise verwandelt und ein Gemälde gebildet, so ganz vom reinsten Hauch der Liebe beseelt und erfrischt, so rührend und bezaubernd, dem Wunder des Märchens und doch zugleich der höchsten Wahrheit so verschwistert, daß es gewiß als Volksschauspiel immer unter uns leben wird.» Für Hegel hingegen läuft dieselbe Liebe nur zu einem «unschönen Extrem bis zur unfreien, knechtischen, hündischen Aufopferung der Würdigkeit» hinaus.

Das Publikum scheint es nicht so empfunden oder gerade so gemocht zu haben, wie es Hegel sah; das divergente Drama hat sich bis heute in der Publikumsgunst vor allen anderen Stücken Kleists behauptet. Nicht ausgeschlossen ist, daß es gerade die mixtura mirabilis von Märchen und modernem Seelendrama war, die eine tiefere Wirkung erzielte, als es jedes für sich vermocht hätte. Wenn rasende Demut vor einem «Übermütigen», der «aus eines Gottes Kuß, auf einer Furie Mund gedrückt, entsprungen» sein soll, so hoch und über alle Maßen belohnt wird, daß diejenige, die zuvor in den Ställen schlafen mußte, zur Prinzessin von Schwaben aufsteigen darf, dann kann jeder hienieden Gequälte mitempfinden und seine Hoffnungen nähren.

Weit entfernt von Liebeswahn und Todeslust scheint auf den ersten Blick *Die Hermannsschlacht* zu sein, die (1808 entstanden) nach Kleists Tod von Tieck (1821) publiziert wurde. Den Stoff, der auf antike Quellen zurückgeht, kannte Kleist in der Gestalt von Klopstocks *Hermanns Schlacht* (1769). Wie der Stamm der Cherusker unter Hermanns Führung die römischen Legionen des Varus im Teutoburger Wald schlug, setzte Kleist um zu einer dramatischen Parabel, die zeigen sollte, wie die französischen Heere aus dem deutschen Vaterland vertrieben werden könnten, wenn die deutschen Teilstaaten sich hierzu nur vereinigen wollten. Das politische Tendenzstück zielt kaum verhüllt auf eine Allianz zwischen Preußen (Cheruskern) und Österreich (Sueven), auf die in der Tat damals (1808) die Politik des preußischen Ministers Stein und der Generäle Scharnhorst und Gneisenau gerichtet war. Manche Handlungsteile des Dramas ähneln den verdeckt geführten Verhandlungen Steins so sehr, daß Richard Samuel nach einem ausführlichen Vergleich der Situationen sogar zum Schluß gelangen konnte, der Cheruskerfürst trage die Züge Friedrich Wilhelms III. und des Freiherrn vom Stein zugleich.

So wäre denn die *Hermannsschlacht*, alles in allem genommen, als ein politisches Drama anzusehen, dessen antifranzösische Tendenz zwar den jakobinischen Dramen der neunziger Jahre widersprach, doch nicht genau in die entgegengesetzte Richtung wies. Kleist polemisierte gegen die napoleonische Besetzung und Ausbeutung Deutschlands, nicht aber gegen den Gedanken der Volkssouveränität und der Revolution. Mit beiden spielen sowohl Hermann als auch der Freiherr vom Stein, der selbst einen Volksaufstand, eine Insurrektion anzuzetteln gedachte. Doch das hoffnungsvolle Bild trog, das Kleist fürs Jahr 1809 von der politischen Entwicklung entwarf. Umsonst hatte er den historischen Sachverhalt, von dem die antiken Quellen (Tacitus) berichten, abgeändert und die Cherusker mit den Sueven sich verbinden lassen. Im Feldzug von 1809 schloß sich Preußen der österreichischen Kriegserklärung nicht an, und die vom Erzherzog Karl befehligten Truppen werden in der Schlacht von Wagram vernichtend geschlagen. Diese Niederlage tönt in der tiefen Depression des *Letzten Lieds* (1809) nach, mit dem Kleist, der selbst auf das Schlachtfeld von Aspern gepilgert war, sich von seinen pratriotischen Hoffnungen trennte. Wenn auch Samuel meint, daß Kleist so «vernünftig oder phantastisch» [214; *S. 451*] gewesen sei wie das Königsberger «Triumvirat» der Stein, Gneisenau und Scharnhorst selbst, so scheint es doch gewagt, mit Lukács von einem «neuen objektiven Charakter» seiner Dramen zu sprechen. Gewiß hat «die Leidenschaft des Haupthelden einen objektiven nationalen Gegenstand erhalten» [120; *S. 217*]; doch wie die Leidenschaft des Autors diesen Gegenstand traktiert, erinnert eher an die verblendete Ekstatik, in der Penthesilea zur Vernichtung Achills aufbricht, als an die kalte Diplomatie, mit der ein Freiherr vom Stein in Paris verhandeln ließ. Deutschland, das im Drama befreit werden soll, ist ein mystischer Staatskörper, wie Adam Müller ihn sich in den *Elementen der Staatskunst* (1809) ausgedacht hatte. Kleist verwandelt diesen Staatskörper gleich zu einer Staatsgeliebten, nämlich zur Germania, der seine Leidenschaft und seine Dichtung gelten. Heftiger als im Drama selbst brandet die Leidenschaft zu dieser imaginären Geliebten auf in der Ode *Germania an ihre Kinder* (1809). Varus, den die *Hermannsschlacht* einen Wolf vom Tiberstrand nennt, tranfiguriert im Kriegslied zu einem fränkischen (französischen) Wolf, über den die berüchtigten Worte gerufen werden: «Schlagt ihn tot! Das Weltgericht / Fragt euch nach den Gründen nicht!»

Der Furor, der Kleists Helden häufig und so auch hier packt, wo es eigentlich um Politik gehen sollte, führt immer wieder zu szenischen Vorfällen, die fürs politische Anliegen eher überflüssig zu nennen wären. Um den Aufstand der germanischen Stämme gegen die Römer zu erregen, fällt Hermann kein wirkungsvolleres Mittel ein, als die Leichenteile eines Cheruskermädchens in die deutschen Lande zu versenden. Sie, die «eine ganze Meute / von geilen Römern» vergewaltigt hat, muß allerdings zuerst den Tugendtod von ihres Vaters Hand erleiden, bevor ihr Leib zu «des Vaterlandes grausem Sinnbild» zerstückelt werden darf:

Brich, Rabenvater, auf, und trage, mit den Vettern,
Die Jungfrau, die geschändete,
In einen Winkel deines Hauses hin!
Wir zählen funfzehn Stämme der Germaner;
In funfzehn Stücke, mit des Schwertes Schärfe,
Teil ihren Leib, und schick mit funfzehn Boten,
Ich will dir funfzehn Pferde dazu geben,
Den funfzehn Stämmen ihn Germaniens zu.
Der wird in Deutschland, dir zur Rache,
Bis auf die toten Elemente werben:
Der Sturmwind wird, die Waldungen durchsausend,
Empörung! rufen, und die See,
Des Landes Ribben schlagend, Freiheit! brüllen. (IV, 6)

Die Verbindungslinien, die von der *Hermannsschlacht zur Penthesilea* hinüberlaufen, ziegen, daß der Leser sich weder hier in Germanien noch dort in Griechenland befindet. Die Hektik des Befreiungskampfes, der da spielen soll, verrät die Sucht nach patriotischer Vereinigung mit einer Staatsgeliebten, da die anderen, Alkmene und Penthesilea, hinüber oder vorüber sind. Wenn die nationale Einheit durch den geschändeten Leib der jungen Hally bewerkstelligt werden soll, dann steht hinter Kleists Patriotismus die dunkle Idee einer Liebe zu etwas, das ihm unerreichbar blieb. Ist das Unerreichbare aber unerreichbar, weil es zerstört wird oder sich selbst zerstört, dann trauert hinter solch fanatischer Liebe die Melancholie. «Gott, Vaterland, Kaiser, Freiheit, Liebe und Treue, Schönheit, Wissenschaft und Kunst», wie der *Katechismus der Deutschen* (1890) in summa die Ideale alle nennt, sie gleichen allegorischen Figuren, an die zu glauben Kleist sich selbst anschreien muß.

Am Rande des Grabes steht denn der Prinz von Homburg. Doch aus dem berühmten Monolog, mit dem er den Tod anspricht, tönt nicht Melancholie, sondern Glückszuversicht:

Nun, o Unsterblichkeit, bist du ganz mein!
Du strahlst mir, durch die Binde meiner Augen,
Mit Glanz der tausendfachen Sonne zu!
Es wachsen Flügel mir an beiden Schultern,
Durch stille Ätherräume schwingt mein Geist;
Und wie ein Schiff, vom Hauch des Winds entführt,
Die muntre Hafenstadt versinken sieht,
So geht mir dämmernd alles Leben unter:
Jetzt unterscheid ich Farben noch und Formen,
Und jetzt liegt Nebel alles unter mir. (V, 10)

Die erste Zeile des Monologs paraphrasiert eine ähnliche in Klopstocks Ode *An Fanny*. Wie sich in der Imagination des Prinzen, der mit verbundenen Augen auf die Bühne geführt wird, das Grab in den Himmel verwandelt, so erwacht er wirklich in einer Traumszenerie, als er die Augen aufschlägt. Der zur Hinrichtung glaubte geführt zu werden, da er in der Schlacht von Fehrbellin (1975) einen Kriegsbefehl des Kurfürsten übertreten hatte – ihm präsentiert sich eine heitere und glänzende Hofgesellschaft, die Siegeskranz und Braut überreicht. Auf die Frage, was das sei, entgegnet dem verwirrten Prinzen der Oberst Kottwitz: «Ein Traum, was sonst?»

Daß das Leben nur ein Traum sein kann, wenn Elend und Not so glanzvoll enden, demonstriert Kleists letztes Stück, der *Prinz Friedrich von Homburg* (1811; gedruckt 1821) unübersehbar. Von Ruhm und Liebesglück ist der Schein nur in der ersten und der letzten Szene des Dramas wahrzuhaben, den Szenen, in denen der Prinz «halb wachend, halb schlafend» in einem Schloßgarten schwärmt. Der Somnambulismus und die Geistesabwesenheiten, in die der Prinz hie und da verfällt, da er von Schlachtensiegen und Brautwerbung träumt, machen dies Militärstück zum ungewöhnlichsten seiner Art. Seine Kritiker haben weniger beanstandes, daß Kleist den historischen Sachverhalt verändert habe, von dem Friedrich der Große in seinen *Mémoires pour servir à l'histoire de la Maison de Brandebourg* (1751) berichtet, als vielmehr gerügt, was er daraus gemacht habe. In Kleists Quellen erhielt der Prinz von Hessen-Homburg vom Kurfürsten nur einen Tadel für den Ungehorsam, mit dem er zu früh in die Schlacht eingegriffen habe, die doch letztendlich gewonnen wurde. Wird er in den Quellen allein auf die Kriegsgesetze hingewiesen, denen zufolge er eigentlich den Tod verdient habe, so läßt Kleist seinem Prinzen wirklich den Prozeß machen und ihn zum Tode verurteilen. Die fünfte Szene des dritten Akts, die den Prinzen in die unrühmlichste Todesfurcht wirft und ihn auf die geliebte Prinzessin verzichten läßt, wenn er hierdurch nur sein Leben retten kann, war die anstößigste eines Stücks, das eigentlich zum Ruhme Preußens geschrieben worden war, aber in Berlin erst 1828 aufgeführt werden konnte. Schon nach der dritten Vorstellung mußte es auf Befehl des Königs wieder abgesetzt werden – mit der Verfügung, daß das «gestern aufgeführte Stück niemals wieder gegeben werden soll».

Waghalsig ist der Versuch zu nennen, das innerste Gefühl der Kleistschen Helden nicht wie sonst der äußerlichen und infolgedessen toten Satzung entgegenzusetzen, wie das Achill und Penthesilea in ihrer eigenen Schlacht taten. Kleist will zum ersten- und zum letztenmal das innerste Gefühl mit der Satzung versöhnen. Hierzu dient ihm die kriegsrechtliche Verurteilung und der Sturz des Prinzen in die tiefste Todesfurcht, aus der ihn des Kurfürsten Pardon reißt, sich selbst das Urteil sprechen zu dürfen, wenn er das Urteil des Kriegsgerichts für ungerecht halte. Nur durch diese Freiheit, das Gesetz anzuerkennen oder nicht anzuerkennen, ist es dem Prinzen möglich, es anzuerkennen. Das mechanische Urteil mußte und durfte er verwerfen, da es nicht vom Herzen empfangen war.

> Ich will das heilige Gesetz des Kriegs,
> Das ich verletzt', im Angesicht des Heers,
> Durch einen freien Tod verherrlichen!
> Was kann der Sieg euch, meine Brüder, gelten,
> Der eine, dürftige, den ich vielleicht
> Dem Wrangel noch entreiße, dem Triumph
> Verglichen, über den verderblichsten
> Der Feind' in uns, den Trotz, den Übermut,
> Errungen glorreich morgen? Es erliege
> Der Fremdling, der uns unterjochen will,
> Und frei, auf mütterlichem Grund, behaupte
> Der Brandenburger sich; denn sein ist er,
> Und seiner Fluren Pracht nur ihm erbaut! (V, 7)

Um das innerste Gefühl an das Gesetz zu binden, wird dem Prinzen aber nicht nur die Freiheit zur Entscheidung über das Gesetz eingeräumt, sondern das Gefühl selbst, sofern es noch ungebärdig aufmuckt, als «Trotz» und «Übermut» geschmäht. Das heißt nichts anderes, als daß in der Versöhnung das Gesetz der Willkür wie das Gefühl der Verachtung anheimgegeben wird. Die Versöhnung flackert als prekärer Schein auf und wird folgerecht ins Reich des Traums verwiesen. Wichtig genug mußte es Kleist aber gewesen sein, das Gefühl mit dem Staatskörper zu vereinigen, wenn auch dem Romantiker die Hegelsche Entwicklung des Gefühls zum Selbstbewußtsein und zum Ich mißlingt. Über die Selbstbezichtigung gelangt er nicht hinaus und schmäht, was er in der *Penthesilea* noch besungen hat. Kleist, der selbst den Offiziersdienst quittierte, weil er eine «innere Vorschrift» in seiner Brust fühlte, «gegen welche alle äußeren, und wenn sie ein König unterschrieben hätte, nichtswürdig sind» (Brief vom 10. Oktober 1801), meinte 1811 diesen «Ungehorsam» unterdrücken und bestrafen zu sollen.

Traumhaft imaginierte Kleist die Versöhnung für das Brandenburg von 1675, dessen Patriarchalismus längst sich zur absolutistischen Staatsapparatur Preußens von 1811 entfremdet hatte. «Als poesie gut», schrieb Friedrich Wilhelm III. selbst an den Rand einer Denkschrift, mit der ihm Gneisenau gegen Napoleon eine levée en masse empfahl. So wenig es den preußischen Reformern gelang, die Interessen des Volks an die der Monarchie zu binden, so schimärisch blieb Kleists Versuch einer Versöhnung des Gefühls mit dem Gesetz. Ja, der Dichter, der da einsam sich in die Nation einbildete, war dieser so gut wie unbekannt. 1807 schrieb Friedrich von Gentz an Adam Müller, der ihm den *Amphitryon* zugeschickt hatte, daß er den Verfasser für ein «außerordentliches Genie» halte. Wenig später fährt er aber in dem Brief (vom 16. Mai) fort: «Nun sagen Sie mir doch vor allen Dingen, worüber sie wahrlich nicht ganz hätten schweigen sollen: Wer ist denn dieser Kleist? Woher kennen Sie ihn? Warum hörte ich nie seinen Namen?»

Markus Krause
Trivialdramatik

«Das Repertorium unsrer Schaubühne bietet (. . .) in seinem armseligen Reichtum ein buntes Allerlei dar, von Ritterstücken, Familiengemälden und rührenden Dramen, welche nur selten mit Werken in größerem und gebildetem Stil von Shakespeare oder Schiller abwechseln.» Indem August Wilhelm Schlegel in seinen Wiener *Vorlesungen über dramatische Kunst und Literatur* (1808, Druck 1809 bis 1811) die Dramatik seiner Gegenwart in dieser Weise charakterisierte, unterschied er, wenn man Familiengemälde und rührende Dramen einmal zusammenfaßt, drei Gruppen von Stücken voneinander, die im wesentlichen das deutsche Theaterrepertoire der Zeit um 1800 ausmachten: das Ritterdrama, das bürgerliche Schauspiel und das ‹hohe› Literaturdrama Shakespeares, Schillers oder Goethes, wobei die beiden erstgenannten Genres durch ihre explizite Entgegensetzung zu den ‹Werken in größerem und gebildetem Stil› deutlich mindergewertet werden.

Die Bemerkung Schlegels ist damit paradigmatisches Indiz für die in der zweiten Hälfte des 18. Jahrhunderts im Zusammenhang mit der Ausweitung der literarischen Öffentlichkeit und dem Zugang breiterer Bevölkerungsschichten zum literarischen Markt sich entwickelnden und durchsetzenden Differenzierungstendenzen innerhalb der Literatur und des literarischen Lebens. Dieser Prozeß war gegen Ende des Jahrhunderts weitgehend abgeschlossen; an die Stelle der Auffassung von der Einheit der Literatur war deren Aufspaltung in verschiedene ästhetische Ebenen, vereinfachend gesagt in den Bereich der ‹hohen› Literatur des subjektiven Ausdrucks und den Bereich der ‹niederen›, ‹trivialen› Literatur getreten. Das Theater, das ebenfalls immer breitere Publikumsschichten anzusprechen und daher jedem etwas zu bieten versuchte, partizipierte an dieser Entwicklung. Insofern es auf eine der Aufführung zugrunde liegende literarisch-dramatische Vorlage angewiesen und damit Teil des literarischen Lebens war, konnte es sich den Veränderungen, denen

eben dieses literarische Leben insgesamt unterworfen war, notwendigerweise nicht entziehen. Daher begann auch im Bereich des Theaters – bei Dramatikern, Bühnenleitern, Zuschauern – die Dichotomie der Literatur aufgenommen und reflektiert zu werden; es kam zum Bruch zwischen Literatur und Theaterpraxis, der sich auch im Selbstverständnis der Autoren der trivialen Dramatik ausdrückte.
Selbst August von Kotzebue als meistgespielter Dramatiker der Goethezeit, der – wie von den anderen Autoren des Trivialdramas vielleicht nur noch August Wilhelm Iffland und Friedrich Ludwig Schröder – aktiv am literarischen Leben teilnahm, erkannte in ruhigen Momenten, was ihn von Goethe oder Schiller trennte: «Ich weiß selbst besser als irgend ein Recensent, daß ich keine Meisterstücke schreibe, und daß mir als Schauspiel-Dichter nur ein untergeordneter Rang gebührt. Die Wirkung meiner Stücke ist hauptsächlich für die Bühne berechnet; diesen Zweck erreichen sie, und aus diesem Gesichtspuncte sollte man sie beurtheilen.» Uns interessieren gerade diese allein ‹für die Bühne› geschriebenen Werke, die zwar der literarisch-ästhetischen Kritik im Sinne Schlegels nicht standzuhalten vermochten, trotzdem jedoch die Basis für den quantitativ weitaus größten Teil der alltäglichen Theaterpraxis bilden mußten: die Trivialdramatik der Goethezeit mit ihren beiden wichtigsten Untergruppen des bürgerlichen Schauspiels und des Ritterdramas.

Bürgerliches Schauspiel

Das bürgerliche Schauspiel hatte sich entwickelt aus der allmählichen Verschmelzung von rührendem Lustspiel (Christian Fürchtegott Gellert, *Die zärtlichen Schwestern*, 1747) und bürgerlichem Trauerspiel (Gotthold Ephraim Lessing, *Miss Sara Sampson*, 1755), die deshalb möglich war, weil beide Gattungen – sieht man einmal von Höhepunkten des bürgerlichen Trauerspiels wie Schillers *Kabale und Liebe* (1784) ab – zu einer mittleren, zwar ernsten, im Grunde jedoch untragischen Sicht des Menschen und seiner Verhältnisse tendierten und im Vertrauen auf menschliche Vernunft und erlernbare Tugend durch Rührung der Protagonisten und der Zuschauer zur moralischen Besserung des Publikums beizutragen versuchten. Als ‹bürgerlich› kann die so entstehende mittlere Schicht der dramatischen Literatur trotz der adligen Autoren oder der adligen Protagonisten mancher Stücke deshalb bezeichnet werden, weil sie in ihren wesentlichen Zügen bürgerlichen Geist atmete und, wenn auch eher indirekt als offensiv, ein bürgerliches Ethos vertrat, dessen Geltung tendenziell auf den gesamten ‹Mittelstand›, der auch Gruppen des Adels einschloß, ausgeweitet wurde.
Aus der doppelten Wurzel des neuen Genres resultiert ein weiteres Problem der Terminologie: Unter den Oberbegriff des ‹bürgerlichen Schauspiels› sind Stücke zu subsumieren, die die verschiedensten Gattungsbe-

zeichnungen tragen, bei Iffland zum Beispiel ‹Lustspiel› (*Die Hagestolzen*, 1793), ‹Schauspiel› (*Reue versöhnt*, 1789), ‹Familiengemälde› (*Verbrechen aus Ehrsucht*, 1784), ‹Sittengemälde› (*Die Jäger*, 1785) oder ‹bürgerliches Trauerspiel› (*Das Gewissen*, 1799). Dabei kommen auch dem Lustspiel ernste und rührende Züge zu, während andererseits das Schauspiel oder Gemälde durchaus heiter-komische Szenen enthalten kann. Auch die Autoren selbst gingen mit den Bezeichnungen recht willkürlich um; es konnte vorkommen, daß ein und dasselbe Stück in verschiedenen Auflagen divergierende Gattungsnamen trug.

Der eindeutige Gebrauch der Termini wurde zudem durch das Fehlen einer Theorie des bürgerlichen Schauspiels erschwert; denn abgesehen von einigen theoretisch-dramaturgischen Ansätzen (wie der *Mannheimer Dramaturgie* des Freiherrn Otto Heinrich von Gemmingen, 1780) gab es keine einheitliche Konzeption des bürgerlichen Schauspiels, die für alle oder nur für die meisten Autoren verbindlich geworden wäre, da diese auf die Forderungen des Literatur- und Theaterbetriebs weitgehend direkt antworteten, ohne den beschwerlichen Umweg über eine noch so rudimentäre Theorie zu gehen. Die literarische Produktion empfing ihre Anregungen und Maßstäbe aus der Rezeption, die Rezeption regulierte und determinierte die Produktion. Was auf dem Theater gefiel, wurde nachgeahmt und in veränderter Verkleidung und mit neuen Versatzstücken angereichert auf den Markt gebracht, weil die Autoren, häufig Schauspieler wie Schröder, Iffland oder Gustav Friedrich Wilhelm Großmann sich als reine Praktiker verstanden. – Ähnliches gilt für das Ritterdrama in der Nachfolge von Goethes *Götz von Berlichingen* (1773). Auch hier überwogen die Variationen des im Grunde Immer-Gleichen, auch hier dominierte die Imitation des schon Vorhandenen und Wirkungsmächtigen über theoretische Erwägungen.

Das Trivialdrama der Goethezeit durchlief keine Entwicklung im eigentlichen Sinne. Um 1780, mit Gemmingens Erfolgsstück *Der deutsche Hausvater* (1780), Großmanns *Nicht mehr als sechs Schüsseln* (1780), Joseph August Graf von Törrings *Agnes Bernauerin* (1780) und Joseph Marius Babos *Otto von Wittelsbach* (1782), hatten bürgerliches Schauspiel und Ritterdrama die Stoffe, Motive und Formen gefunden, von denen sie, sieht man von den Dramen Kotzebues einmal ab, während der nächsten drei Jahrzehnte nur mehr graduell abweichen sollten. Von dieser Zeit an datierte – trotz der Weimarer Klassiker, trotz Shakespeare – die unumschränkte Herrschaft der beiden Genres auf den deutschen Bühnen, bis das Schicksalsdrama das Theater eroberte und auch für die Trivialdramatik qualitativ neue Anstöße brachte (Zacharias Werner, *Der vierundzwanzigste Februar*, Uraufführung 1809, Druck 1815; Adolf Müllner, *Der neunundzwanzigste Februar*, 1812).

Gemmingens und Großmanns vielgespielte Dramen aus dem Jahre

1780, die am Beginn der Blütezeit des bürgerlichen Schauspiels stehen, lassen deutlich die verschiedenartigen Einflüsse erkennen, die dieses in sich aufnahm. Über den *deutschen Hausvater* wirkte Denis Diderots in Theorie und Praxis (*Le Père de famille*, 1758) vorgetragene Forderung nach dem ‹genre sérieux›, einer Mittelgattung zwischen lustiger Komödie und hoher Tragödie, in das deutsche bürgerliche Schauspiel hinein. Bei Diderot wie bei Gemmingen geht es um familiäre Probleme. Der *deutsche Hausvater*, im Personenverzeichnis charakterisiert als «biederer, thätiger, deutscher Mann», muß, von einer Reise zurückkehrend, seine Familie vor der Auflösung bewahren – der eine Sohn liebt unter seinem Stand, der andere hat Spielschulden, die Ehe der Tochter ist zerrüttet. Im Verlauf des Stücks gelingt es dem Hausvater jedoch dank seiner Autorität als Familienoberhaupt alle Probleme in seinem Sinne zu lösen, also die Harmonie der Familiengemeinschaft wiederherzustellen: «(. . .) wo ist das Elend, das aufwiegen könnte das Vergnügen eines Hausvaters im Zirkel seiner Kinder?» (II, 1) Besonders in bezug auf die Personenkonstellation ist Schiller in *Kabale und Liebe* Gemmingen verpflichtet, geht aber insofern über ihn hinaus, als die zugespitzte Sozialkritik seines ‹bürgerlichen Trauerspiels› den Einfluß Lessings (*Emilia Galotti*, 1772), Louis-Sébastien Merciers und des Sturm und Drang nicht verleugnet.

Eben diese Sozialpolitisierung, die sich vor allem in der bewußten Gegenüberstellung von bürgerlichem und adligem Stand äußerte, hat auch im bürgerlichen Schauspiel ihre Spuren hinterlassen. Sie wurde dort allerdings von vornherein abgemildert und trivialisiert, um den positiven Ausgang nicht zu gefährden. Ein treffendes Beispiel für diese Tendenz ist Großmanns ‹Familiengemälde› *Nicht mehr als sechs Schüsseln*, in dem, im Gegensatz etwa zur *Emilia Galotti*, der Standesgegensatz in die Familie des Protagonisten verlegt ist. Der bürgerliche Hofrat Reinhold hat Schwierigkeiten mit seiner adligen Frau und deren adelsstolzer Verwandtschaft, deren Leben aus Nichtstun und Schuldenmachen besteht, während der Hofrat das bürgerliche Ethos der Tätigkeit und Sparsamkeit vertritt: «(. . .) laß uns bey bürgerlichen Sitten und sechs bezahlten Schüsseln [das heißt Gängen; M. K.] glücklicher seyn, als Ihro Hochwohlgebohrnen Gnaden bey sechszehn Ahnen und achtzehn geborgten Schüsseln» (I, 11). Auch hier kommt es, gemäß der untragischen Weltsicht des bürgerlichen Schauspiels, zum glücklichen Ende. Wer sich den Normen der bürgerlichen Familie, symbolisiert durch die sechs Schüsseln, letztendlich doch beugt, wird in Gnaden aufgenommen; wer sich der Autorität des Hausvaters nicht unterwirft, wird aus dem Familienverband ausgestoßen.

Die in beiden Dramen angeschnittenen Motivkreise der Familie, der väterlichen Autorität, des ungehorsamen Sohnes, der unglücklichen Liebe, der Mesalliance und des Standesgegensatzes wurden während der folgenden Jahrzehnte von zahlreichen heute vergessenen Autoren in Hunderten von Dramen immer wieder aufgenommen und mehr oder weniger geschickt variiert. Zugunsten eines systematischen Überblicks über das triviale Drama kann also im folgenden auf die chronologische Darstellung weitgehend verzichtet werden.

Ob in den Dramen des als Schauspieler und als Direktor des Hamburger Theaters gleichermaßen berühmten Schröder (*Der Vetter in Lissabon*, 1786; *Das Portrait der Mutter, oder die Privatkomödie*, 1790) oder in denen Ifflands, der, ebenfalls Schauspieler und Theaterleiter (Berliner Nationaltheater 1796 bis 1814), die Wünsche des Publikums und die Erfordernisse der Bühne sehr genau kannte – entscheidend blieb die moralisch-didaktische Absicht des bürgerlichen Schauspiels, die sich, wenn auch seit der Jahrhundertwende an Intensität und Bedeutung verlierend, bis hin zu den Rührstücken der Wiener Schauspielerin Johanna Franul von Weissenthurn (*Kindliche Liebe*, 1810) verfolgen läßt. Iffland selbst legte in seiner Autobiographie *Meine theatralische Laufbahn* (1798) beredt und sehr bewußt Zeugnis ab von dieser ‹volksbildenden› Intention, wenn er betonte, er habe anläßlich der Uraufführung von *Verbrechen aus Ehrsucht* (Mannheim 9. 3. 1784) das Gelübde abgelegt, «die Möglichkeit, auf eine Volksversammlung zu wirken, niemals anders als in der Stimmung für das Gute zu gebrauchen».

Die Methoden, mit deren Hilfe Sitten und Gefühle veredelt werden sollten, wurzelten noch ganz in der aufklärerischen Tradition, wie sie sich bis zu Lessing zurückverfolgen läßt. Im Dienste des propagierten moralisch-sittlichen Wirkungspostulats war die Rührung – auch unter dem Einfluß der Empfindsamkeit, die durchaus nicht als Gegenpol oder gar Gegensatz zum Rationalismus der Aufklärung gesehen werden darf – zum wichtigsten Element der dramatischen Produktion und Rezeption geworden. Das Mitleid, das der Zuschauer empfand, sollte seine moralische Läuterung bewirken; denn «der mitleidigste Mensch ist der beste Mensch» [*Lessing an Nicolai im November 1756*]. Aus der moralischen Intention und der daraus folgenden Betonung von Rührung und Mitleid resultierte das Verhältnis des bürgerlichen Dramas zur Wirklichkeit: Es bildete diese ab, ohne über sie hinauszugehen. Denn am sichersten schienen Rührung und Mitleid zu erzielen zu sein, wenn die Bühne zum Teil der Welt, von dieser nicht mehr unterscheidbar wurde. Die möglichst vollkommene Kongruenz von realem Leben und Fiktion (auf der Bühne) schuf die Illusion der dem Zuschauer vertrauten Realität, die von Rührung und Mitleid dominiert wurde – das bürgerliche Drama wurde zum ‹Gemälde› der alltäglichen Wirklichkeit, das das Theaterrepertoire beherrschte.

«Ein gutes Schauspiel ist ein Bild aus dem würklichen menschlichen Leben, mit möglichster Täuschung, von lebenden Personen, durch schöne Nachahmung, in Handlung dargestellt, in der Absicht, dadurch einen bestimmten moralischen Zweck bei dem Zuschauer zu erreichen, auf eine Weise, die ihm dabei auch Vergnügen, oder Unterhaltung gewähre.» [159; *S. 116*]

Dieser Definition des Freiherrn Adolph von Knigge hätten wohl die meisten der Trivialdramatiker zugestimmt, und zwar selbst diejenigen, die in ihren Werken lustspielhafte Züge betonten wie Heinrich Beck, der Mannheimer Schauspieler und Freund Ifflands (*Die Schachmaschine*, 1798; *Das Kamäleon*, 1803). Auch die Lustspiele des Freiherrn August von Steigentesch (*Der Schiffbruch oder die Erben*, 1798; *Verstand und Herz*, 1808), der mit seinen späteren Dramen zum Mitbegründer des Konversationslustspiels wurde, verlassen nicht die allen Zuschauern weidlich bekannte häusliche Sphäre.

Es zeigt sich, daß das von Knigge geforderte ‹Bild aus dem wirklichen menschlichen Leben› sich im bürgerlichen Schauspiel vor allem als Bild der Familie konkretisierte. Schauplatz des Geschehens ist meist das Wohnzimmer oder der Salon in seiner familiären Intimität; gesprochen wird die Prosa des Alltags, die, in Stil und Wortschatz konventionell, dem Aufnahmevermögen der Rezipienten angepaßt und damit der Forderung nach Illusion angemessen ist. Im Zentrum des Interesses stehen der Hausvater, die Hausmutter, Söhne und Töchter oder entferntere Verwandte. Die Stoffe kreisen um die Gefahren, die dem Familienverband von innen wie auch von außen drohen: unglückliche Liebe, Ehezwistigkeiten, Konflikte zwischen Eltern und Kindern, Krankheit, Verarmung, falscher Verdacht, Verleumdung, Intrigen Außenstehender. Der glückliche Ausgang nach oft nur knapp ausgeführter oder fast ganz fehlender Krise bietet reichlich Gelegenheit zu rührenden Szenen. Wenn die Kontrahenten sich versöhnen oder geliebte Verwandte sich wiederfinden, wenn finanzielle Not gelindert wird oder die Rechtschaffenheit über die Intrigen der Bösartigen triumphiert, dann rühren die Bühnenpersonen einander und dadurch auch den Zuschauer, von dem die Rührung auf den Schauspieler zurückwirkt. Im Kreislauf der Gefühle bleibt kein Auge trocken, keine Träne ungeweint.

Die Wertschätzung der Familie im bürgerlichen Schauspiel ist zu interpretieren als Reflex der im 18. Jahrhundert beginnenden Ablösung der Lebens- und Wirtschaftsform des ‹ganzen Hauses›, für welche die noch fehlende Trennung von Haushalt und Betrieb und die Einbeziehung auch des Gesindes in die Hausgemeinschaft charakteristisch war, durch die Familie im engeren Sinne, die Kleinfamilie, der prinzipiell nur noch Eltern und Kinder und von Fall zu Fall einige Verwandte angehörten. Dementsprechend drang erst im Verlauf des Jahrhunderts der Begriff ‹Familie› in die Umgangssprache ein. Diese Entwicklung war Ende des

Jahrhunderts zumindest in den Schichten des städtischen Bildungs- und Besitzbürgertums, die von den beschriebenen Veränderungen am schnellsten und intensivsten erfaßt worden waren, so weit fortgeschritten, daß das ‹Familien›-Gemälde die Herrschaft über die Bühne antreten konnte, wo es das von Intimität und Moral bestimmte alltägliche Familienleben eben dieser Schichten, die ja auch den bedeutendsten Teil des Theaterpublikums ausmachten, sowohl in seiner Vorbildlichkeit als auch in seiner Gefährdung dem Zuschauer vor Augen stellte.

Wie die Familie überhaupt zur wichtigsten Sozialisationsinstanz der bürgerlichen Gesellschaft wurde, zum Ort, an dem durch die Formung der Persönlichkeitsstruktur des einzelnen dessen Konditionierung im Sinne der Normen der Gesellschaft am reibungslosesten erreicht werden konnte, so wurde das Theater zu der Institution, die aufgrund ihrer großen sozialen Reichweite und der direkten Art der Vermittlung und Rezeption besonders eindringlich nachahmenswerte Modelle familiärer Sozialisation vorführen konnte und sollte. Die Stellung des Protagonisten zur Familie wurde zum Gradmesser seiner Tugendhaftigkeit; vor allem das Verhältnis zum Hausvater als dem Stellvertreter der Gesellschaft innerhalb der Familie entschied über den moralischen und damit auch gesellschaftlichen Wert des einzelnen. Wer die väterliche Autorität nicht zu internalisieren vermochte, wer die persönliche Freiheit und Selbständigkeit über die Unterordnung unter die familiären Normen stellte, verließ den Bereich der allgemeinen Übereinkunft und wurde zum Außenseiter, dessen Eigensinn nicht nur die Familie, sondern, da die Autoren durch innerfamiliäre Konflikte stets gleichzeitig die Sozialordnung als solche in Frage gestellt sahen, auch das Gesellschaftssystem insgesamt gefährdete. Insoweit die Familie als Gefühlsgemeinschaft aufgefaßt wurde, in der die Rührung dominierte, wurde diese als didaktisches Moment zur problemlosen Verinnerlichung der propagierten Normen nutzbar gemacht.

Den Bestand der Familie sah das bürgerliche Schauspiel vor allem bedroht durch soziales Streben, durch finanziellen Ehrgeiz oder durch eine Kombination beider. Der junge Ruhberg zum Beispiel (Iffland, *Ruhberg*-Trilogie) bestiehlt aus Liebe zu dem adligen Fräulein von Kanenstein die väterliche Kasse und wird deshalb aus der Familiengemeinschaft ausgestoßen (*Verbrechen aus Ehrsucht*). Von Schuldgefühlen umhergetrieben und daher den Kabalen höfischer Intriganten hilflos ausgeliefert, kann er auch in der Fremde keine Ruhe finden (*Bewußtseyn*, 1786). Erst im Hause des Fabrikanten Walsing, dessen Sohn er vor eben der Tat bewahren kann, die er selbst einst begangen hat, gelangt er zu der Versöhnung mit sich selbst und mit seiner Familie (*Reue versöhnt*). Da die Autoren – wohl mehr oder weniger unbewußt – ganz richtig erkannten, daß trotz aller gefühlsmäßiger Bindungen in der bürgerlichen

Welt nicht nur die Emotion, sondern auch das Geld regierte und die Familiengemeinschaft zusammenhielt (*Der Vetter in Lissabon*), symbolisierte die Einstellung der Protagonisten zum Geld ihre Einstellung zu Familie und Moral. Daher die bedeutende Rolle, die Vermögen, Erbschaft (*Der Schiffbruch oder die Erben*) und Mitgift (*Das Kamäleon*) im bürgerlichen Drama spielen.

Denn gerade über das Verhältnis zum Geld versucht die adlige Welt im bürgerlichen Schauspiel, den Bürger seinem eigenen Lebenskreis – und das ist nun einmal in erster Linie die Familie – zu entfremden. Müßiggang, Luxus und Verschwendung des Adels erscheinen als unvereinbar mit dem bürgerlichen Ethos der Pflichterfüllung, Selbstgenügsamkeit und Familiarität. Obwohl die berufliche Tätigkeit der Hausväter, die sich vor allem aus dem Kaufmannsstand und dem Staatsbeamtentum rekrutieren – Kleinbürger oder Bauern kommen im bürgerlichen Schauspiel kaum vor – selten in actu vorgeführt wird, machen die bürgerlichen Dramen stets deutlich, daß Reichtum und Vermögen erarbeitet werden müssen, daß Luxus und Verschwendung mißbilligt werden.

Schönsten Ausdruck findet dieser bürgerliche Stolz auf die eigene Leistung, die als Fundament des Staates interpretiert wird, in dem Bekenntnis der Witwe Wollrad zu ihren Söhnen, die nicht wie üblich aufgeblasene Gelehrte oder kriechende Höflinge geworden sind, sondern schlichte, aber selbstbewußte Handwerker mit eigenem, prosperierendem Betrieb (Babo, *Bürgerglück*, 1792): «Selbstständiges Bürgerglück, das von keiner Gunst, von keiner Laune abhängt, wird ihr Loos seyn. Sie werden ihr Vaterland mit Geld und guten Bürgern bereichern helfen; sie werden Gott fürchten, ihren König lieben, und durch ihr Beyspiel Sittlichkeit und bürgerliche Tugend verbreiten» (III, 8). Die standesbewußte Bürgerin spricht klar aus, auf welchem Gebiet die wahre Leistung und zugleich die geschichtliche Aufgabe und Chance ihres Standes lag.

Das Bürgertum gegen Ende des 18. Jahrhunderts konnte sich die Propaganda für eine mittlere Lebensweise erlauben, da es sich zwar noch nicht in der Politik, wohl aber in Wirtschaft und Administration vom Adel zu emanzipieren begonnen hatte. In ökonomischer Hinsicht erstarkt, stellte es seine eigene Lebensweise als vorbildlich für alle Angehörigen des Staates hin. Dabei wurde allerdings die auf Lessing und den Sturm und Drang zurückgehende direkt antifeudalistische Theatertradition nur am Rande aufgegriffen. Trotz aller Kritik am Adel ging es nicht um die Abschaffung der Stände als solcher, um die politische Gleichheit, sondern um die Betonung der Vorzüge des eigenen bürgerlichen Standes und um den Kampf sowohl gegen den sozialen Ehrgeiz des Bürgers als auch gegen die Übergriffe des Adels, die das geruhsame Leben des Bürgers gefährden könnten.

«Ich halte Unterschied der Stände für Bedürfniß. Aber ich kann nicht leiden, daß man irgendwo sei, wo man nicht hingehört – am wenigsten daß man sich aufdringe, wo man ganz und gar nicht hingehört», so ermahnt der alte Ruhberg in *Verbrechen aus Ehrsucht* (II, 11) seinen Sohn, als dieser adlige Laster anzunehmen beginnt.

Angegriffen wurden nur die unteren Chargen der Feudalhierarchie (wie der Amtmann von Zeck in den *Jägern*), wenn sie sich Handlungen erlauben, die das Wohl der einzelnen Familie und damit den Staat selbst bedrohen. Der Tadel traf vornehmlich adlige Einzelpersonen oder aber den fürstlichen Hof als die Summe der unproduktiven Hofschranzen, kaum jemals den Adelsstand an sich. Grundsätzlich von jeglicher Kritik verschont blieb der Souverän, der im Gegenteil sogar häufig die Intrigen seiner böswilligen Untergebenen im letzten Moment durchkreuzt und so den positiven Ausgang mit dem Triumph des rechtschaffenen Bürgers möglich macht. Dem Fürsten als dem ‹Vater› seiner Untertanen – ein im bürgerlichen Schauspiel nicht seltener Vergleich – kam innerhalb des Staates dieselbe Aufgabe zu wie dem Hausvater innerhalb der Familie: kraft seiner durch niemanden in Frage zu stellenden Autorität für Ordnung und Sicherheit zu sorgen.

Die Kritik an einzelnen Mitgliedern des Adels implizierte also nicht die grundsätzliche Ablehnung dieser Gesellschaftsschicht: Wie der *Deutsche Hausvater*, der, obwohl Adliger, im Personenverzeichnis «mehr ehrlicher Mann als Edelmann» genannt wird, beispielhaft zeigt, konnten die Interessen des Bürgertums und diejenigen des zu einer unadligen Lebensweise bereiten Adels in der Forderung nach der Herrschaft des ‹ehrlichen Mannes› konvergieren. Im Begriff der ‹Ehrlichkeit› als dem Synonym für Biederkeit, Geradheit, Pflichtbewußtsein, oft gekoppelt mit einer etwas verschwommenen, Ähnliches meinenden ‹Deutschheit›, wurde die ständische Trennung zugunsten der allein ausschlaggebenden Gesinnung aufgehoben, die allerdings von bürgerlichem Geist inspiriert war. Damit erfüllte der Ausdruck ‹ehrlicher Mann› im bürgerlichen Schauspiel, ähnlich wie der Begriff ‹Mensch› im frühen bürgerlichen Trauerspiel eine unausgesprochen politische Funktion: nämlich trotz der politischen Stagnation des Bürgertums durch die Propagierung eines für die Gutwilligen und Einsichtigen beider Stände verbindlichen Ideals, zum Beispiel in bezug auf die Bewältigung der staatlichen Administrationsaufgaben, an denen ja in der Realität sowohl Adlige als auch Bürgerliche beteiligt waren, die Hoffnung auf Konvergenz zumindest an den Rändern der beiden Stände aufrechtzuerhalten.

Ähnliche Tendenzen sind bei Kotzebue zu beobachten, dem mit über 200 Stücken produktivsten Dramatiker der Goethezeit, dessen Satire auf das deutsche Spießertum *Die deutschen Kleinstädter* (1803) als einziges der damaligen Trivialdramen noch heute zuweilen aufgeführt wird. Kotzebue betonte, im Gegensatz zum moralisierenden bürgerlichen

Schauspiel Ifflandscher Prägung, in bezug auf die Horazische Dialektik von Nutzen und Vergnügen eher das Vergnügen. Denn der aufklärerische Glaube an die Vervollkommnung des Menschen, an seine Bildbarkeit war ihm längst abhanden gekommen. Die Zweiteilung der Literatur für ein naturgegebenes Faktum nehmend, glaubte er nicht, daß «dieses eigenthümliche Publikum», das *Iphigenie* oder *Egmont* begeistert rezipierte, sich quantitativ vergrößern könnte; «denn allgemeine Bildung aller das Schauspiel besuchenden Volksklassen in einem solche Grade, ist ein Unding.» [263; *S. 160*]

Demgemäß ging es ihm sowohl in den Rührstücken, dessen bekanntestes *Menschenhaß und Reue* (1790) seinen Ruhm im In- und Ausland begründete und an weltweiter Wirkung in der deutschen Literatur nur dem *Werther* vergleichbar ist, als auch in den Lustspielen und Possen (*Der Wildfang*, 1798; *Pagenstreiche*, 1804) in erster Linie um den Erfolg beim Massenpublikum. Im Streben nach möglichst großer Aktualität versuchte er sich auch im Ritterdrama (*Johanna von Montfaucon*, 1800) oder produzierte in der Nachfolge Schillers plötzlich Versdramen mit historischer Thematik (*Octavia*, 1801).

Kotzebue bediente sich der gängigen Muster und Stereotypen des bürgerlichen Schauspiels, bereicherte diese jedoch seinerseits um neue, bislang auf der Bühne kaum behandelte Themenbereiche wie den Ehebruch, den Mann zwischen zwei Frauen (*La Peyrouse*, 1798) oder das Problem des unehelichen Kindes (*Das Kind der Liebe*, 1791), die in durchweg sentimental-empfindsamer Manier behandelt werden, um von vornherein jeden Zweifel an dem glücklichen Ende auszuschließen.

In *Menschenhaß und Reue* beispielsweise geht es um das zufällige Zusammentreffen zweier nach dem Ehebruch der Frau seit Jahren getrennt lebender Ehegatten. Ohne es sich eingestehen zu wollen, lieben sie einander immer noch, so daß nach mancherlei rührenden Szenen der Reue und Zerknirschung die durch ihre Kinder herbeigeführte Versöhnung nur folgerichtig ist. Das Vergnügen an der tränenseligen Rührung – Goethe über Kotzebue: «Die Zwiebel, mit welcher man den Leuten das Wasser in die Augen lockt, weiß er zu gebrauchen wie wenige» – paarte sich bei der Mehrzahl der Zuschauer mit moralischer Entrüstung. Daß mit dem Vorrang des Herzens gegenüber der Konvention – «Ach, ich fühl' es: das Hirngespenst, das wir Ehre nennen, ist nur in unserm Kopfe, nicht in unserm Herzen» (V, 8) – der Ehebruch entschuldigt und zu einer durch tätige Reue wiedergutzumachenden ‹Verirrung› wurde, hat Kotzebue den von ihm selbst immer heftig widersprochenen Vorwurf der öffentlichen Unmoral eingetragen – ein Vorwurf, der bis zu seinem Tode und darüber hinaus die Polemik um seine Person bestimmte, da das Spiel mit den gesellschaftlichen Konventionen (*Der Rehbock, oder die schuldlosen Schuldbewußten*, 1815) oder gar deren explizite Mißach-

tung (*Bruder Moritz, der Sonderling, oder die Colonie für die Pelew-Inseln*, 1791) die Grundlage der meisten seiner dramatischen Arbeiten bildete.
Im *Bruder Moritz* wird der Standesgegensatz durch die Rechte des Herzens und der Liebe relativiert: Graf Moritz von Eldingen, der Sonderling, liebt das Kammermädchen Marie, das nicht nur unter seinem Stande, sondern auch Mutter eines unehelichen Kindes ist. Indem Kotzebue, der schon in seiner eigenen Person – von bürgerlicher Geburt, doch als hoher russischer Staatsbeamter 1785 vom Zarenhof geadelt – das Schwanken zwischen den Ständen verkörperte, den Adligen Moritz, der die Konventionen des Standes für nichts als «eitel Larifari» (III, 15) hält, zum Verfechter der egalisierenden Ideen machte, vermochte er sowohl die adligen als auch die bürgerlichen Publikumsschichten anzusprechen, und dies wahrscheinlich um so leichter, als es bei ihm nicht mehr um die hier und jetzt zu verwirklichende tätige und tugendhafte Lebensführung ging, sondern um die Aufhebung der Widersprüche in einem außerhalb der alltäglichen Wirklichkeit liegenden Raum, der als das eigentliche ‹Sein› dem ‹Schein› der realen Zivilisation gegenübergestellt wurde.

Nicht nur Kotzebue, sondern auch das bürgerliche Schauspiel allgemein kannte solche Fluchträume, die in der Art ihrer konventionellen Verwendung toposartigen Charakter gewannen. In der Nachfolge der durch Rousseau angeregten antizivilisatorischen Kritik wurde der Bereich der positiv gewerteten ‹Natur› vor allem durch das Land und, bei Kotzebue, durch die Inseln der Südsee repräsentiert. Letztere hatten sich nicht zuletzt durch die Reiseberichte von den großen Südsee-Expeditionen der zweiten Hälfte des 18. Jahrhunderts (Georg Forster, *Eine Reise um die Welt*, 1778 bis 1780) als Paradiese der Unschuld dem Bewußtsein Europas eingeprägt.
Das Land nahm in seine Idylle – von realistischer Schilderung kann nicht die Rede sein – all diejenigen auf, die an der gesellschaftlichen Realität der Stadt, meist der Residenz, zu scheitern drohten. Das antizivilisatorische Moment war häufig, etwa wenn der Hofrat Reinhold in Ifflands *Hagestolzen* erst auf dem Lande in der Liebe zu der Schwägerin seines einfachen Pächters Erfüllung findet, eng verknüpft mit der Kritik an den sozialen Schranken oder mit ausgesprochen antihöfischen Tendenzen.
Die Südsee-Exotik erfüllte eine ähnliche Funktion. Als selbsterwähltes Asyl nach der Flucht aus der als prosaisch erlebten Zivilisation ermöglichten die ‹seligen Inseln› die Selbstverwirklichung im Kreise der Familie, ohne auf gesellschaftliche Zwänge Rücksicht nehmen zu müssen. So will sich der Sonderling Moritz zusammen mit seinen Angehörigen auf die fernen Pelew-Inseln zurückziehen, um dort als «Häuflein gute Menschen» zu leben, die «abgesondert von dem kultivierten Unwesen das

Feld mit eignen Händen bauen, die Früchte (ihres) Fleißes ernten, ungeneckt von den Gewaltigen im Lande, von niemandem beneidet, als von den Engeln» (III, 15). Daß die selbsterfüllte Existenz im Kreise der Gefühlsgemeinschaft, sobald sie die gesellschaftlichen Schranken gering achtete, dem bürgerlichen Schauspiel nur in der ländlichen Idylle oder dem exotischen Asyl möglich schien, zeigt, daß die realen historischen Verhältnisse der Verwirklichung solcher Träume im Hier und Jetzt noch im Wege standen.

Ritterdrama

Dem Exotismus in geographischer Hinsicht entsprach im Ritterdrama der historische Exotismus, der wie jener als Ausdruck des Unbehagens an der eigenen engen Zeit gedeutet werden kann. Die Wiederentdekkung des Mittelalters im 18. Jahrhundert, die für das Drama vor allem durch den großen Erfolg des *Götz* fruchtbar wurde, bot Autoren wie Jakob Maier (*Fust von Stromberg*, 1782), Christian Heinrich Spieß (*Klara von Hoheneichen*, 1790), Friedrich Gustav Hagemann (*Ludwig der Springer*, 1793) bis hin zu Franul von Weissenthurn, die das Genre mit romantischen Elementen anreicherte (*Der Wald bei Herrmannstadt*, 1810), die freudig begrüßte Gelegenheit, ganz andere Charaktere und Motive auf die Bühne zu bringen: Ritter, Pfaffen und Edelfräuleins, Belagerungen, Turniere und Gottesgerichte, erzwungene Ehen, Schwüre und Verrat. Vor dem Hintergrund solcher Stereotypen wurden die aus dem bürgerlichen Schauspiel bekannten Themen wie Familie, unglückliche Liebe, Tugend und Laster abgehandelt. In der vielgespielten *Klara von Hoheneichen* beispielsweise erringt Ritter Ursmar von Adelungen nach heftigen und blutigen Kontroversen mit dem intriganten Heinrich von Thüringen die Hand der ebenso schönen wie tugendhaften Klara, die sich den Verführungskünsten des Landgrafen standhaft widersetzt hat.

Neben diesen Stücken, die das Mittelalter nur als Kulisse benutzten, gab es Dramen, die sich wie Törrings *Agnes Bernauerin* oder Babos *Otto von Wittelsbach* mittelalterlicher Ereignisse als Vorlage bedienten, um dezidiert aktuelle politische Tendenzen zu vertreten, gerade aufgrund dieser Zielsetzung jedoch ebenso wie das unpolitische Ritterdrama das Historische nicht in seiner Fremdartigkeit erkannten, sondern es dem eigenen Lebensgefühl und der eigenen Geisteshaltung anverwandelten. So liegt dem ‹vaterländischen Trauerspiel› des bayerischen Adligen Törring derselbe Konflikt wie in Hebbels gleichnamigem Drama zugrunde, hier aber von vornherein entschärft durch die bewußte Stellungnahme des Autors für das Recht des Staates gegenüber dem Glück des einzelnen. Törring als Adliger weiß, «wie nothwendig die Bürgerklassen, wie unentbehrlich der Adel einem freyen Staate, wie Deutschland; wie wesentlich die Reinigkeit des Bluts, und der Stammfolge bey Fürsten, und Rittergeschlechten» ist (III, 6). Nach der Aussöhnung Albrechts von Bayern mit seinem Vater, die eher eine freiwillige Unterwerfung ist, weiß der Herzog seinem Sohn als Ersatz für die gemordete Geliebte nichts Besseres zuzusprechen als – die Sorge um Bayern!

Hier werden die partikularistisch-lokalpatriotischen Tendenzen einer Reihe von Ritterdramen, vor allem aus Süddeutschland und Österreich, deutlich, die allerdings oft, wenn sie wie in Maiers *Der Sturm von Boxberg* (1778), einem ‹pfälzischen Originalschauspiel›, dem Stück mehr oder weniger aufgesetzt sind, dessen Ideengehalt kaum beeinflussen. Auf jeden Fall dürfte der ausdrückliche Bezug mancher Autoren auf die regionale Tradition darauf zurückzuführen sein, daß dem Publikum des in winzige Territorien zersplitterten Deutschen Reiches der Partikularstaat näherstand als die Nation, daß Lokalpatriotismus noch über Nationalbewußtsein dominierte.

Auch Babos *Otto von Wittelsbach* bedient sich eines Stoffes aus der heimischen bayerischen Geschichte: der Ermordung Kaiser Philipps von Schwaben durch Otto von Wittelsbach. Der Bayer Otto, dessen Beweggründe bezeichnenderweise hauptsächlich im privaten Bereich liegen, wird recht positiv zuerst als Opfer seiner Leidenschaft, später als reuiger Sünder dargestellt; die Tat an sich jedoch ist unverzeihlich, da wider alle Natur: «Fürstenmord ist Vatermord! denn Fürsten sollen Väter sein» (IV, ohne Szenenzählung).

Trotz der Verherrlichung des Mittelalters erscheint also das Ritterdrama in seiner sich nur des historischen Kolorits bedienenden Ausprägung als exotisches Gemälde von Liebe und Familie, das mit dem bürgerlichen Schauspiel den Hang zu patriarchalischen Lebensformen gemeinsam hat. Sobald es explizit politisch wird, korrespondiert der Tendenz zum Autoritären die Ablehnung gesellschaftlicher Reformen, die in der Parallelsetzung von Vater und Fürst kulminiert.

Zusammenfassung

Sowohl bürgerliches Schauspiel als auch Ritterdrama zeichnen das Bild einer quasi eingefrorenen Gesellschaft, ohne doch den zumindest für das erstere Genre geltenden Anspruch auf Wiedergabe der realen Wirklichkeit einzulösen; denn das Wirkliche des Familiengemäldes ist eben nicht das Alltägliche, sondern das Besondere, der Feiertag der Familie, der allein durch die Lösung aller (Schein-)Konflikte durch den stets präsenten Zufall ermöglicht wird. Daher kann das Trivialdrama der Goethezeit nur in seiner Schilderung von einzelnen Zügen der bürgerlichen Gesellschaft als sozialgeschichtliche Quelle gelten; die Gesamtheit der sozialen und gesellschaftlichen Zustände wird zwar dargestellt, aber zum Ideal überhöht, um dem Zuschauer verbindliche Modelle privaten und gesellschaftlichen Verhaltens vorzuführen, die jedoch den Rahmen der anerkannten Normen nicht zu verlassen pflegen. Tun sie dieses doch, wie im Falle von Kotzebues Ansätzen zu einer unständischen Liberalität, so muß ihre Verwirklichung in den exotischen Bereich verlegt werden – mit dieser Flucht in den illusionären Raum steht aber die Veränderung der Verhältnisse im Grunde nicht mehr auf der Tagesordnung, die angebliche Liberalität dekuvriert sich als bloßer Schein, als Eskapismus.

Beschränkte sich die Mehrzahl der trivialen Dramen darauf, die regressive Ideologie indirekt in Szene zu setzen, so beweisen Ifflands und Kotzebues Dramen mit ausdrücklich antirevolutionärer Zielsetzung (*Die Kokarden*, 1791; *Der weibliche Jacobiner-Clubb*, 1791), wie mühelos sich das bürgerliche Schauspiel für direkte politische Propaganda nutzbar machen ließ. Beide Stücke sollten dem Zuschauer vor Augen führen, daß sich die Ideen der Französischen Revolution auf die deutsche Familie und damit auf den Staat nur zerstörerisch auswirken könnten: Wenn die patriarchalisch strukturierte Familie zerbricht, wenn die hausväterliche Autorität nicht mehr gilt, dann zerbricht auch die bestehende Sozialordnung wie umgekehrt.

Der Rückzug des Trivialdramas auf die Apologie der real existierenden Gesellschaft kann nicht allein mit Ludwig Börne damit erklärt werden, «daß kein Schauspieldichter sich über sein Volk und seine Zeit erheben könne» [224; *S. 26*]. Denn bot nicht die kontrovers geführte Diskussion über die politischen Ideen und Ereignisse im Gefolge der Französischen Revolution den Dramatikern die Möglichkeit, sich auch gegen die konservative, aufgeklärt-absolutistische Richtung zu entscheiden? – Daß das bürgerliche Drama trotzdem für die Verteidigung des Status quo plädierte und damit bei dem breiten Publikum Erfolg hatte, ist ein Hinweis darauf, daß sich gerade in der Trivialliteratur der Zeit das Zurückbleiben der deutschen Verhältnisse gegenüber etwa denen des Nachbarn Frankreich widerspiegelt, daß im deutschen Bürgertum das Bedürfnis nach Rechtfertigung des Bestehenden den Mut zur Kritik an den überkommenen Zuständen bei weitem überwog.

Herbert Zeman
Alt-Wiener Volkskomödie

Die Nachklänge der Auseinandersetzungen um das wienerische Stegreifspiel, die Wirkungen des sogenannten Wiener Hans-Wurst-Streits waren noch spürbar, als im Todesjahr des großen Hans-Wurst-Darstellers Gottfried Prehauser (1769) eine neuen lustige Type, durch den Schauspieler Johann La Roche (1745–1806) geschaffen, im Nu die volkstümlichen Bühnen eroberte und bis über die Jahrhundertwende hinaus beherrschte: der Kasperl. Kasperl spielte nun eine Zeitlang neben Hanswurst und anderen lustigen Figuren – etwa am 25. Oktober 1769; damals führte die bekannte Menningersche Truppe im Czerninschen Gartentheater *Ein auf die Person des Casperle eingerichtetes Lustspiel unter dem Titel Casperle der unschuldige Missethäter, oder der falsche und ungegründete Verdacht, mit Hanswurst, dem geschickten Narrenfopper, und groben Postenträger nebst Colombine und Isabelle, den ungleichen Freundinnen der Mannspersonen* auf. Trotzdem war die Lebenskraft der älteren Volkskomödie gebrochen, die neue suchte zunächst ihren Weg auf verschiedenen (Vor-)Stadtbühnen in den siebziger Jahren, ehe sie neben und vor dem alten Kärntnertortheater 1781 eine neue, feste Heimstatt erhielt: das Theater in den Leopoldstadt, im Volksmund das «Kasperltheater» genannt; Karl Marinelli (1744 bis 1803), ehemals Schauspieler der Menningerschen Truppe, hat es als frischgebackener Direktor am 20. Oktober eröffnet. Zunächst spielt Kasperl einfach in allen Stücken, die ihn wahllos integrieren: ältere Stücke stehen neben neuen, die verschiedenste Einflüsse verraten. Kaspars Aufstieg ereignet sich in einer ersten Phase zur Zeit des sogenannten Josephinismus. Die in festgefügten Ordnungen vorübergezogene, sich langsam aufgeklärter Geistigkeit öffnende Epoche Maria Theresias ist einem in Politik, sozialem und kulturellem Leben spürbaren radikalen Rationalismus gewichen, der zu raschen Reformen drängt und aus «vernünftiger», doch einseitiger Perspektive zu Zeitkritik und Satire neigte. Auch auf dem

Volkstheater hatte man ein etwas freieres Mundwerk; der als verwienerter Harlekin agierende, sich gern verwandelnde Kasperl wurde als Limonihändler, Mandolettikrämer, Vogelhändler, Pfannenflicker, Kammerlakai mit seinen Anspielungen auf zeitgenössische Verhältnisse berühmt und so populär, daß selbst der so fortschrittliche Joseph II. ihn zuweilen imitierte.
Wie die josephinische Literatur zu einem gewissen Teil von zugewanderten deutschen aufklärerischen Schriftstellern mitbestimmt wurde, so hat das Wiener Volkstheater seit den achtziger Jahren ebenfalls zuerst einem Schwaben und einem Bayern das Beste zu verdanken: Karl Friedrich Hensler (1759 bis 1825) aus Vaihingen in Württemberg und Emanuel Schikaneder (1751 bis 1812) aus Straubing.

Hensler

Hensler kommt 1784 nach Wien; Marinelli bindet ihn sogleich als Theaterdichter an seine Bühne. Der schwäbische Schriftsteller weiß um das Niveau seiner Tagesproduktionen, nützt aber die erworbene literarische Bildung: Schillersche (*Die Räuber, Kabale und Liebe*) und lessingsche (*Emilia Galotti*) Züge lassen sich an den frühen Schauspielen der achtziger Jahre in Figurengestaltung und Sprachstil ohne weiteres nachweisen. [178; *S. 15*] Ernste bis tragische Tendenzen werden jedoch vor einer optimistisch-aufgeklärten Lebenshaltung zurückgenommen; von allem Anfang an ist Hensler der zwar aufgeklärte, aber immer staatspolitisch loyale Bürger. Ähnlich wie Schikaneder vertritt er überzeugt Menschheitsideale der Freimaurerei und sucht sie im bürgerlichen Milieu seiner Spiele zum Guten durchzusetzen (wie in *Das Judenmädchen von Prag oder Kaspar der Schuhflicker*, 1794). Er ist ein treuer Parteigänger der Habsburger, lehnt die Französische Revolution ab (in *Buonapartes Ankunft in Ägypten*, 1799, heißt es einmal: «Die Freyheit mag ein andrer loben, / Was unten war, das ist nun oben. / Was reich war, ist nun arm geworden / Durch Lügen, Trügen, Rauben, Morden. / Der Menschheit-Bund ist frech zerstöret, / Der schönen Länder viel verheeret. / Verwünscht sey dieses Brüderband, / Die Freyheit sey von uns verbannt.» [178; *S. 280*]), tritt engagiert gegen Napoleon auf und fördert das österreichische patriotische Bewußtsein (*Alles in Uniform für unseren König*, 1794; *Die getreuen Österreicher*, 1797 usw.). Die Könige und Prinzen seiner Stücke sind – ihrer Herzensbildung nach – wahre Landesväter, die mit ihren Untertanen nicht nur auf mitfühlende Art menschlich umgehen, sondern fast immer einem Handlungsablauf voll rührselig-sentimentalem Effekt zugehören.
Hier allerdings stößt man auf eine Strömung der österreichischen Aufklärung und des Josephinismus, die fast kontinuierlich ins 19. Jahrhundert hinüberwirkt: auf eine typisch österreichische Art deutscher Emp-

findsamkeit, in die Hensler – wohl aus Veranlagung – seine Schauspiele geschickt einpaßt. Dafür nützt er den Stil empfindsamer Erzählliteratur, ja sogar den der Stürmer und Dränger; niemals allerdings durchstößt dieser Stil das Pathos der Empfindung zur tragischen Schürzung des Konfliktknotens. Im Gegenteil: ein heilbringendes, optimistisches Ethos führt alle Mißverständnisse zum ‹vernünftigerweise› glücklichen Ende und zeichnet alle Soldaten-, Zeit- und bürgerlichen Rührstücke Henslers aus, in denen Kaspar das lustige Kontrastprogramm – ähnlich wie seinerzeit Hanswurst in den Haupt- und Staatsaktionen – bietet.

Henslers Stil ist neu; er fußt auf der im Zuge der Aufklärung erreichten deutschen Literatursprache und hat, im Grunde seit den Anfängen Kasperls, nichts mehr mit der alten Überlieferung zu tun. Allerdings ist das von der inneren Stadt in die Vorstadt gezogene Volkstheater noch auf der Suche nach seiner zeitgemäßen literarisch-theatralischen Verwirklichung. Dreifältig gelingt sie zunächst Hensler mit dem Ritter- und Geisterstück, den daraus zum Teil ableitbaren dramatisierten romantisch-komischen Volksmärchen und Sagen und den Singspiel-Kasperliaden; er entwickelt sie im Zusammenhang mit der allgemeinen literarischen Vorliebe für Ritter-, Geister- und Sagenstoffe, bearbeitet Werke von Christian Heinrich Spieß, Karl Gottlob Cramer, Christian August Vulpius und anderen und findet mit dieser – der empfindsamen Mode im Publikum entgegenkommenden – ebenso empfindsamen Schauspielgestaltung vollen Erfolg. Von *Hasper a Spada, eine Sage der Vorzeit* (1792) über *Das Petermännchen* (1794), *Das Faustrecht in Thüringen* (1796), *Die zwölf schlafenden Jungfrauen* (1797), *Der Geisterbeschwörer* (1799), *Rinaldo Rinaldini* (nach Vulpius, 1799) bis zu seinem wohl größten Erfolg, dem auf eine thüringische Sage (in der Bearbeitung von Vulpius) zurückgehenden Stück *Das Donauweibchen. Ein romantisch-komisches Volksmährchen mit Gesang in drey Aufzügen, nach einer Sage der Vorzeit für die k. k. priv. Marinellische Schaubühne* (. . .) *Die Musik ist von Herrn Ferdinand Kauer, Musikdirektor* (2 Teile, 1798), hat er dem vorzüglichen Leopoldstädter Ensemble und besonders seinen Komikern wahre Zugstücke geschenkt. Der Sensationserfolg des *Donauweibchen* (1798 bis 1839: 109 Aufführungen des 1. Teils, 1798 bis 1821: 113 Aufführungen des 2. Teils) hat im Genre des sehr auf die empfindsame literarische Komponente abgestellten sogenannten romantisch-komischen Volksmärchens nachhaltig im süddeutschen Raum fortgewirkt.

Auf dem Wiener Volkstheater folgten Henslers Bearbeitung von Leopold Hubers *Die Teufelsmühle am Wienerberg* (Musik von Wenzel Müller, 1799) und ebenfalls jene von Hubers *Der Teufelstein bey Mödling* (1800). Bis zur Zeit Raimunds hält der Erfolg des Genres an, und noch die Autoren der nächsten Generation schaffen an ihm weiter (vgl. Johann Adolph Gleichs *Die vier Heymonskinder*, 1809). Dabei gerät nun

dieses so gemütvoll die Empfindungen ausspielende Volksstück zum zweitenmal – nach der Zeit Kurz-Bernardons – in die Nähe der Musik: Das Wunderbare kommt figural in den Geistern, Feen usw. auf die Bühne, und die Musik unterstützt seine Gestaltung; die Liedeinlagen erhalten wiederum, wie in der ersten Phase, Bedeutung; nun sind sie noch viel stärker gemütvoller Ausdruck und wechseln daher zwischen Scherz, Anmut und sentimental-rührseliger Empfindung; neben die ‹Arie› treten die empfindsamere Romanze und das mundartlich gefärbte Lied.
Das Vorbild der neuen Rollenliedgestaltung ist die in Österreich seit den siebziger Jahren mit dem *Wienerischen Musenalmanach* modisch gewordene Lyrik des sogenannten literarischen Rokoko; sie bleibt es bis in die Zeit Ferdinand Raimunds. Hier überschneidet sich das künstlerische Ziel der Alt-Wiener Volkskomödie mit dem seit Mozarts *Entführung aus dem Serail* (1782) und den Dittersdorfschen Musikkomödien bedeutend gewordenen Singspiel, das eine literarische Erfindung des Rokoko genannt werden kann. Hensler und sein Kollege, der typische Josephiner Joachim Perinet (1763 bis 1816), haben mit ihren Singspielkasperliaden Furore gemacht, und Perinet hat mit viel theatralischem Spürsinn Philipp Hafners Stücke zu Singspielen umgearbeitet; seinen größten, durchschlagenden Erfolg hatte er jedoch mit *Kaspar, der Fagottist, oder: die Zauberzither. Ein Singspiel in drey Aufzügen* (...) *Die Musik ist von Hrn. Wenzel Müller Kapellmeister Dieses Theaters* (1791). Das Singspiel brachte – kurz vor Schikaneders und Mozarts Oper – den Zauberflöten-Stoff nach der von Wieland aus dem Französischen verdeutschten Märchensammlung *Dschinnistan* in einer freilich anspruchsloseren Bearbeitung auf die Bühne und beweist einmal mehr Wielands ungeheuren, bis Raimund spürbaren Einfluß auf die österreichische Literatur; selbst seine theoretischen Äußerungen zum Singspiel (*Teutscher Merkur*, 1775: *Versuch über das Teutsche Singspiel*) wirkten nachhaltig; das – auch im Zusammenhang mit der Freimaurerei – neu erwachte Interesse am Orient ist nicht zuletzt auf Wieland zurückzuführen; es spiegelt sich in Henslers Opern (z. B. *Das Sonnenfest der Braminen*, 1790), vor allem jedoch im Meisterwerk dieser Jahre, das schon im Libretto den wahrhaft klassischen Ausgleich zwischen deutscher großer Oper, volkstümlichem Theater, höchstem aufgeklärten (freimaurerischem) Menschen- bzw. Menschheitsideal und scherzhaft-komischer Weltsicht in sich birgt.

Schikaneder

1791 brachten Schikaneder und Mozart ihr Meisterwerk *Die Zauberflöte* im (Starhembergschen) Freihaustheater auf der Wieden bzw. an der Wien (1786/87 gegründet) zur sensationellen, bejubelten Aufführung und schufen mit den lustigen, jedoch immer anmutigen Figuren von Pa-

pagena und Papageno selbst wieder einen ‹klassischen› Ausgleich zwischen lustiger Type und lustiger Charakterfigur. *Die Zauberflöte* zeigt von allen bisher erwähnten Stücken am überzeugendsten, wohin die volkstümliche Komödie unter dem Einfluß der österreichischen Aufklärung gelangt war: Stilistisch hatte sie sich trotz aller mundartlichen Färbungen der deutschen Literatursprache nördlicherer Länder angeglichen; selbst die neue Kultur des Scherzes und der Anmut (wie in Papagenos Arien) war keineswegs spurlos an ihr vorübergegangen. In dieser literarischen Situation um 1790 war nun auch gerade im österreichischen Raum am Ende der josephinischen und kurz vor der restaurativen Periode eine erste Balance zwischen dem politisch, wirtschaftlich und kulturell emporstrebenden Bürgertum und dem noch immer für die Staatsordnung verantwortlichen Adel entstanden. Speziell die bürgerlichen Künstler, die an Italien und Frankreich früher gereiften Musiker, die nachstrebenden Literaten, Maler und Bildhauer hatten sich im öffentlichen Leben eine von ‹oben› und ‹unten› anerkannte Position erobert, die sich – besonders in der Zusammenarbeit von Komponisten und Librettisten in der Vokalmusik – in einer unerhörten Freiheit des Geistes dokumentierte.

Die Zauberflöte ist eines von vielen Beispielen. Sie verweist auch auf einen neu erlangten, im frühen 19. Jahrhundert wieder verlorengegangenen Ausgleich von Empfindung und Vernunft: Dieses Theater will aufgrund vernünftig gefundener und erfühlt-erfahrener Überzeugungen zum Guten führen. Neben den in Monologen und Dialogen ausgesprochenen Welteinsichten wird der Empfindung im musikalischen wie szenischen Bereich eine neue Wirkungsmöglichkeit eröffnet: Allegorien bevölkern wieder das Theater. Genien begleiten die ihnen Schutzbefohlenen in Henslers, Perinets und Schikaneders Stücken, allegorisch-mythologische Figuren kommen gleichsam als Überwelt auf die Bühne. Das ist – und hier sei es ausdrücklich festgehalten – keine ‹barocke› Tradition; auch darin ist der Alt-Wiener Volkskomödie vom literarischen Rokoko, von Wieland, später vom gesamten literarischen Weimar wichtigste Anregung zuteil geworden.

Die Allegorien haben einen – von der sogenannten ‹barocken› Verwendung – unterschiedenen Stellenwert bei ihrem Neuaufleben erhalten: Sie sind ebenfalls, vor die Instanz des Herzens gestellt, seelische Kongruenzfiguren. Als solche erscheinen sie noch in Goethes *Des Epimenides Erwachen*, zum Teil im *Faust II* und eben auch im Alt-Wiener Volkstheater [179; *S. 436*]. Mit einem Wort: menschliche Überzeugungen, der Weg des Menschen zu ihnen und zu seiner eigenen Selbstverwirklichung werden auf diesem Theater im Bild dargestellt; die daraus sich ergebende dramaturgische Technik ist die der Szenenreihung. Hier eröffnet sich eine entscheidende Alternative zu dem vom deutschen Idealismus geprägten Dramentypus (in Vorformen bei Lessing, dann über Schiller, Kleist bis zu Hebbel). Goethe, Grillparzer (*Der Traum ein Leben*) und andere Dramatiker des frühen 19. Jahrhunderts sind davon geprägt. Die unmittelbaren Nachfolger Schikaneders und Henslers – Gleich, Meisl, Bäuerle und ihre Zeitgenossen – haben daher oft von dramatischen Gemälden gesprochen, und später noch wurde das von Nestroy verspottete Genre der Lebensbilder geschaffen.

Mit der *Zauberflöte* unter der Direktion Emanuel Schikaneders hatte sich eine weitere Vorstadtbühne in den Vordergrund geschoben; bis über die Tage des Direktors Karl Carl (Karl Andreas Bernbrunn, 1787 bis 1854) und Franz Pokornys (1797 bis 1854) hinaus konnte sie ihre Stellung bei wechselndem Glück erhalten. Weniger erfolgreich behauptete das Theater in der Josefstadt (seit 1788) neben dem stets führenden Leopoldstädter Theater seinen Rang; immerhin haben im Josefstädter Theater Raimund, Wenzel Scholz und Nestroy zu spielen begonnen, und 1834 erlebte Raimunds *Verschwender* hier die Erstaufführung.

Die Singspielkasperliaden, die romantisch-komischen Sagen- und Märchenspiele zeigen etwas Neues: Zwei Reiche etablieren sich auf der Bühne, die Welt des realen Diesseits, die komisch-kritisch in spätaufklärerischem Sinn gezeichnet wird, und die Überwelt der Allegorien, der mythologischen Figuren. Diese Überwelt steht in engstem Zusammenhang mit der realistisch-komisch abgebildeten diesseitigen Welt; zwischen beidem vollzieht sich die Findung jenes ethisch-moralischen Gehalts, den die Komödie ebenfalls aus aufklärerischer Tradition bezogen hat, nämlich die Besserung (vgl. den Terminus ‹Besserungsstück›) der auf die Bühne gestellten Figuren zu einem erfüllten, glücklichen Leben.

Die Tradition der älteren Komödienautoren führten mit den Sagen- und Märchenspielen – Raimund vorarbeitend – jüngere Theaterdichter wie Joseph Alois Gleich (1772 bis 1841) zum Beispiel mit dem Stück *Der Hölle Zaubergaben, Allegorisches Gemälde mit Gesang und Tänzen in drey Akten* (1819) fort, und in Karl Meisls (1775 bis 1853) allegorischer Parodie auf allzu dick die Moral auftragende Besserungsstücke *Der lustige Fritz oder Schlafe, träume, stehe auf, kleide dich an und beßre dich* (1818) spielte Raimund selbst die Titelrolle.

Raimund

Ferdinand Raimund (1790 bis 1836) entwickelt seine Theaterstücke nach einer längeren praktischen Erfahrung als unglaublich wandlungsfähiger Schauspieler, dem Gleich (besonders 1815 mit der Figur des Geigers Adam Kratzerl in *Die Musikanten am Hohen Markt*) und Meisl die Rollen auf den Leib schrieben. Raimund wollte nach seinen beiden ersten Erfolgen, dem *Barometermacher auf der Zauberinsel* (1821) und dem *Diamant des Geisterkönigs* (1824), mehr leisten als seine Vorgänger und

Zeitgenossen; sein Streben nach einer höheren Dramenkunst sucht er – neben der Hebung des Sprach- und Versstils – auf zweierlei Art zu erreichen: 1. Die Welt des Mythos und der Allegorie wird von der irdischen (Volksstück-)Realität weitgehend getrennt und belastet dadurch die Stücke – das Original-Zauberspiel *Die Gefesselte Phantasie* (1826), das Zauberspiel *Moisasurs Zauberfluch* (1827) und das Original-Zauberspiel *Die unheilbringende Zauberkrone oder König ohne Reich, Held ohne Mut, Schönheit ohne Jugend* (1829); 2. die Abstufung der Stil- und Sozialebenen wird in einer engen Interaktion zwischen Überwelt und irdischem Geschehen in zunehmendem Maße verwirklicht; in diesem Entwicklungsstrang heben sich heraus: *Das Mädchen aus der Feenwelt oder Der Bauer als Millionär* (1826), *Der Alpenkönig und der Menschenfeind* (1828), *Der Verschwender* (1834). Durch die gemüthafte Verinnerlichung des *Verschwenders*, durch die komplementäre Vereinigung der hohen mit der volkstümlichen Stilebene, der Reduktion der wunderbaren Gestalten zu seelischen Komplementärfiguren hat Raimund auf seine Weise das gesteckte Ziel erreicht. Es gelang ihm noch einmal, das kleinbürgerliche Besserungs- und Zufriedenheitsideal seiner Vorgänger auf eine höhere, allgemeine Ebene zu stellen und in seinen besten heiteren und ernsthaften Rollenliedern eine unerhörte poetische Verdichtung zu erreichen.

Raimunds den Handlungsablauf lyrisierende Liedeinlagen waren denn auch im 19. und 20. Jahrhundert (in allen bürgerlichen Liederbüchern) weit verbreitet. Die bekanntesten wurden von seinen volkstümlich-heiteren, aber nicht mehr bloß lustigen Figuren gesungen (Wurzel/Jugend – *Brüderlein fein*, Salchen – *So leb' denn wohl, du stilles Haus*, Valentin – *Da streiten sich die Leut' herum*). Raimund nützt die bereits vor ihm vorhandene Entwicklung, um loszukommen von den lustigen Typen, um Charaktere zu schaffen. Gerade die ‹komischen› Figuren erlangen die beste, weiseste Einsicht in die Weltverhältnisse. Es ist keine Frage, daß Raimund die politische, soziale und wirtschaftliche Situation seiner Zeit, die unmittelbar auf die Erschütterungen der Revolution und Konterrevolution folgte, deutlich vor Augen hatte: Selbstbescheidung und Zufriedenheit angesichts eines redlichen Lebens, Familienglück und Sichdreinschicken in die Gegebenheiten des Lebens stellt er – nicht ohne Hang zu neoempfindsamer Haltung, die um 1820 herum wieder aktuell wurde – seinem Publikum vor Augen. Das ist nicht nur eine Verzichterklärung, sondern die Bändigung menschlichen Wollens angesichts einer hohen seelischen Kultur. In diesem Sinn mag *Der Verschwender* (ursprünglich bezeichnenderweise «Bilder aus dem Leben eines Verschwenders») tatsächlich sein reales Vorbild in den Glücksrittern und Emporkömmlingen der Metternich-Zeit gehabt haben.

Freilich bindet Raimund seine Sujets niemals so eng an das kleinbürgerliche Lokalkolorit, wie dies vor ihm mit ihren Volksstücken Emanuel Schikaneder (vgl. *Die Fiaker in Wien*, 1793; *Der Tiroler Wastl*, 1796), Joseph Ferdinand Kringsteiner (1775 bis 1810; vgl. *Der Zwirnhändler aus Ober-Österreich*, 1810; *Hans in Wien*, 1809), Ferdinand Eberl, Johann Gottlieb Schildbach oder Franz Xaver Gewey machten. Die zuletzt genannten Autoren hatten für ihre Lokalstücke ein berühmtes, aus dem Josephinismus tradiertes literarisches Vorbild vor sich: Joseph Richters *Eipeldauerbriefe* mit ihrem Witz, Spott und Interesse am sozialen Leben der Gegenwart; dieses josephinische Erbe wirkte fort, Gleich und Adolph Bäuerle (1786 bis 1859) versuchten sich als Fortsetzer der bekannten Zeitschrift. Gleich, Meisl und Bäuerle haben vor und während Raimunds Zeiten die literarische Nähe zu lokalen Wiener Verhältnissen bewahrt. Bäuerles vor allem mit Ignaz Schuster in der Type des Staberl besetzte Lokalpossen (etwa *Die Bürger von Wien*, 1813; *Der Fiaker als Marquis*, 1816) sowie Meisls Komödien (etwa *Ein Tag in Wien*, 1812, und das recht realistische bis futuristische Stück *1723, 1823, 1923*) und Gleichs zum Teil schon erwähnte Stücke sind jedoch weit entfernt von der Spottlust, der Satire des Eipeldauers. Die Zeit solcher Meinungsäußerungen war längst vorbei; in der Zeit der Befreiungskriege, die besonders die drei genannten Autoren mit unzähligen patriotischen, alte Ordnungen bestätigenden Volksstücken unterstützten, lebte sie nicht wieder auf, und erst Nestroy machte wiederum Spott und Satire zu seinem literarischen Element.

Auch für die dritte – aus der josephinischen Ära überkommene – literarische Tradition hatte Raimund nur wenig übrig: für Parodie und Travestie. Dabei hatten kurz vor ihm Kringsteiner (*Othello der Mohr in Wien*, 1806; *Werthers Leiden*, 1806), Meisl (*Orpheus und Eurydice oder So geht es im Olymp zu*, 1813; *Fra Diavolo oder Das Gasthaus auf der Straße*, 1830; *Der lustige Fritz*), Bäuerle und andere literarische wie musikalische Parodien, mythologische Karikaturen in Fülle geschaffen. Auch hier läßt erst Nestroy seiner Spottlust und Satire freien Lauf. Raimund aber vollendet auf seine Weise das Erbe Henslers, Schikaneders usw. und bindet den Einfallsreichtum der in Wien tätigen Komponisten Wenzel Müller, Joseph Drechsler, Konradin Kreutzer noch einmal an die Alt-Wiener Volkskomödie, ehe die volkstümliche Musik ihre eigenen Wege in der Operette – wiederum an den Vorstadttheatern – und im Wiener Lied – zumeist als Rollenlied in den Gasthäusern und Buschenschenken vorgetragen – zu suchen beginnt.

Uwe Japp
Epoche in der Literaturgeschichtsschreibung

Vorbemerkung

‹Klassik› und ‹Romantik› werden in der deutschen Literaturgeschichtsschreibung gemeinhin unter dem Gesichtspunkt ihrer Gegensätzlichkeit beschrieben. Die Klassik habe das Ideale und die Harmonie zum Ziel, während die Romantik zum Gefühlmäßig-Irrationalen und zur Auflösung der Form tendiere; die klassische Darstellungsweise sei erhaben und geschlossen, die romantische subjektiv und ‹zerrissen›.

Der Begriff der Klassik erscheint dabei in drei Verwendungen: Erstens meint er die klassische Kunst der Griechen, auf deren ursprüngliche Naivität sich die Späteren nurmehr sentimentalisch zurückbesinnen können (Schiller); zweitens meint er die Epoche Winckelmanns, Goethes und Schillers (auch ‹Klassizismus›); drittens wird darunter eine zeitlose Kunstrichtung verstanden, die am Ideal des Harmonischen orientiert ist. (Hier geht es wesentlich um die zweite Bedeutung.)

Die Romantik tritt zunächst als gegenklassische Bewegung auf (etwa ab 1797). Das Wort leitet sich aus verschiedenen Quellen her: erstens von ‹romanhaft› (was nur in Romanen vorkommt, nicht aber in der Wirklichkeit), zweitens von ‹romanisch› (womit auf das starke Interesse der Romantiker an der romanischen Literatur: Calderón, Cervantes, Dante etc. verwiesen ist). Friedrich Schlegel benutzt diese beiden Bedeutungen von ‹romantisch›, prägt aber schließlich eine eigenwillige dritte, derzufolge das Romantische als ‹künstliche Bildung› anzusehen sei.

Die Gegensätzlichkeit von Klassik und Romantik wird aber in den Literaturgeschichten nicht immer so deutlich, wie es die Definitionen nahelegen. So erscheint zum Beispiel Goethe häufig im Zusammenhang der Romantik, während er selbst die Romantik als ‹Krankheit› angesehen hat. Das liegt daran, daß wir es nicht mit einer eindeutigen Epochenbegrenzung zu tun haben, sondern mit einer partiellen Epochenüberlagerung: Die Daten von Goethes Leben etwa (1749 bis 1832) markieren den

Zeitraum von Klassik und Romantik. Klassik und Romantik verlaufen teilweise parallel; daraus ergeben sich bestimmte Schwierigkeiten für die Literaturgeschichtsschreibung. Den Literaturgeschichten, die überhaupt an Epochen- oder Periodentiteln festhalten, stellt sich insgesamt die Aufgabe, den Übergang vom ‹Sturm und Drang› zur ‹Klassik›, den Übergang von der ‹Klassik› zur ‹Romantik›, hierin den Übergang von der ‹Frühromantik› zur ‹Spätromantik›, und den Übergang von der ‹Romantik› zum ‹Realismus› bzw. ‹Naturalismus› darzustellen.

Die Weise der Darstellung hängt weiterhin von den zeitlichen, räumlichen und ideologischen Perspektiven der Literaturhistoriker ab. Zeitlich: Die Perspektive der Zeitgenossen (Literaturgeschichten des 18. und 19. Jahrhunderts) unterscheidet sich offenbar von der Perspektive der Späteren (Literaturgeschichten des 20. Jahrhunderts), womit die besondere Problematik einer Geschichte der Literaturgeschichte in den Blick kommt. Diese ist keineswegs kontinuierlich [vgl. 281; *S. 413–431*], was auch durch die unten verfolgte chronologische Anordnung der Literaturgeschichten nicht nahegelegt werden soll. Räumlich: Die Intensität der historischen Darstellung ist durch die Weite des Umfangs bedingt, ob es sich nämlich um Geschichten der Weltliteratur, um Geschichten der deutschen (National-)Literatur oder um Geschichten einzelner Epochen handelt. Ideologisch: Die historische Darstellung ist prinzipiell von einer Bewertung der Gegenstände nicht zu trennen (auch wenn einige Historiker das Gegenteil behaupten: sie bewerten alle). Dies ist schon durch die Notwendigkeit zur Selektion des Stoffs begründet. Zugleich gibt es wechselnde Favorisierungen von Klassik oder Romantik in den Literaturgeschichten. Darüber hinaus spielen die politischen Bezugnahmen eine Rolle. Wesentliche Bedeutung kommt in unserem Zusammenhang der Französischen Revolution zu; ebenso wichtig freilich sind die Reflexionen der Historiker auf das Zustandekommen eines deutschen Nationalstaates und einer deutschen Nationalliteratur, in denen sich nationalistische, universalistische und chauvinistische Positionen vermischen.

Mit der Selektion des Stoffs hat es noch eine weitere Bewandtnis. Durch die Auswahl und Art der Darstellung entsteht eine wertende Hierarchie, die zwischen kanonischen Werken, zwischen Epigonen, ‹zweitrangigen›, verfemten oder vergessenen Autoren unterscheidet, ohne dies immer ausdrücklich deutlich zu machen. Auch politische oder erotische Anteile der Literatur fallen häufig aus den Literaturgeschichten heraus. In diesem Sinne urteilt Karl Rosenkranz in seiner ‹Ästhetik des Häßlichen›: «Unsere Deutsche Literaturgeschichte ist durch das Zurechtmachen derselben für Mädchenpensionate und höhere Töchterschulen schon ganz castriert worden (. . .).» [298; *S. XI*]

Obwohl solchermaßen die Auslassungen und das Vergessen unhinter-

gehbar zur Literaturgeschichtsschreibung gehören, liebt diese es, ihr eigenes Tun durch das Bild vom fließenden ‹Strom der Geschichte› zu illustrieren. Der Eindruck dieses Fließens verdankt sich aber vorwiegend den ästhetischen Anteilen an der Komposition der Literaturgeschichten: dem Stil der Historien. Aufbau, Einteilung und Ende der Kapitel folgen dabei häufig einer eigenen Dramaturgie. Es bedarf einer gewissen Übung, um besonders in den älteren Literaturgeschichten den ständigen Wechsel zwischen Referat und Stilisierung, zwischen Interpretation und Kritik, zwischen Lob und Verriß zu bemerken. Manchmal inspiriert sich die Subjektivität des Historikers am jeweiligen Gegenstand: Über ‹Lyrik› wird lyrisch gesprochen, über ‹Klassik› klassisch, über ‹Romantik› romantisch. Diesen subjektiven oder mimetischen Überhang, der den älteren Geschichten ihr individuelles Gepräge gab, versucht freilich die neuere Literaturgeschichtsschreibung durch den Einsatz betonter Nüchternheit zu vermeiden – was weder immer gelingt noch immer zugunsten der Lesbarkeit dieser Geschichten ausschlägt.
Man wird sich also vor Augen halten müssen, daß es sich bei der Rede von Klassik und Romantik weniger um historische Realitäten als vielmehr um historiographische Konstruktionen handelt. Im folgenden soll nun nicht diesen Konstruktionen eine weitere hinzugefügt werden, sondern es sollen in historischer Folge die Vorstellungen und Darstellungen von Klassik und Romantik in der Literaturgeschichtsschreibung aufgezeigt werden.

Gervinus

An den Anfang der deutschen Literaturgeschichtsschreibung wird allgemein die von 1835 bis 1842 erschienene *Geschichte der poetischen Nationalliteratur der Deutschen* von Georg Gottfried Gervinus (1805 bis 1871) gestellt. Gervinus selbst betont, wie sehr er sich über die bisherige Behandlungsart geschichtlicher Stoffe hinweggesetzt habe, um etwas gänzlich Neues auf diesem Gebiet zu leisten. Er unternahm es, «statt einem forschenden Werke der Gelehrsamkeit ein darstellendes Kunstwerk zu entwerfen».
«Mir schien es aber, als ob die Geschichte der deutschen Nationalliteratur noch von Niemand aus einem Gesichtspunkte behandelt worden sei, welcher der Sache selbst würdig, und der Gegenwart und jetzigen Lage der Nation angemessen wäre (. . .)» [108; *Tl. 1, S. 4*] Es ist gerade diese Gegenwart, die für Gervinus mit Goethes Tod zusammenfällt, die eine Geschichte der deutschen Literatur sowohl möglich als auch erforderlich macht. Nützlich sei dies Unterfangen, weil so der Nation ihr gegenwärtiger Wert begreiflich gemacht werden könne. Man sieht aber auch, daß dieses Ziel ein außerliterarisches, ein politisches Ziel ist.
Gervinus' Literaturgeschichte ist deshalb nicht von der allgemeinen Ge-

schichte zu trennen. Seine Idee der Geschichtsschreibung ist teleologisch: «(. . .) zu irgend einem Ziele, zu einem Ruhepunkte müssen die Begebenheiten geführt haben, wenn sie lehrreich werden sollen.» Diese Bedingung erfüllt aber nach Gervinus die politische Geschichte gerade nicht; ihr Ziel, der Nationalstaat mündiger und aufgeklärter Bürger, ist nicht erreicht, weshalb auch eine politische Geschichte keine «rechte Wirkung» haben könne. Dagegen heißt es von der Literaturgeschichte: «Die Geschichte der deutschen Dichtung dagegen schien mir ihrer inneren Beschaffenheit nach ebenso wählbar, als ihrem Werthe und unserem Zeitbedürfnis nach wählenswerth. Sie ist, wenn anders aus der Geschichte Wahrheiten zu lernen sind, zu einem Ziele gekommen, von wo aus man mit Erfolg ein Ganzes überblicken, einen beruhigenden, ja einen erhebenden Eindruck empfangen und die größte Belehrung ziehen kann.» [108; *Tl. 1, S. 10*] Dieses Ziel ist in Gervinus' Darstellung die deutsche Klassik mit Schiller und Goethe.

Aber dieses Ziel ist zugleich ein Ende. Denn mit dem Tod Goethes sei die größte Blütezeit und sei die eigentliche poetische Nationalliteratur der Deutschen beendet. Deshalb schließt Gervinus seine fünfbändige Literaturgeschichte mit Goethes Tod. Was aber die neuere Literatur – und das heißt die romantische – betrifft, so heißt es: «Diese neueste Literatur näher zu beurtheilen, würde mehr Zeit und Hingebung fordern, als sie werth ist (. . .)» [108; *Tl. 5, S. 725*] Gervinus favorisiert eindeutig die Hochklassik; schon die Produktionen des alten Goethe dagegen (auch der zweite Teil des *Faust*) erscheinen ihm als «schwach», «albern» oder gar «peinlich». Interessanterweise ordnet Gervinus den alten Goethe der Romantik zu; der fünfte Band schließt mit dem Kapitel über «Romantische Dichtung», in dem neben anderen Novalis, Schlegel, Tieck, Kleist, Hoffmann, Rückert behandelt werden; das Kapitel selbst schließt mit dem Abschnitt über «Göthe's Alter».

Die Romantik, insbesondere die neuere, wird mit polemischen Titeln abgewertet. So wird ihr etwa der «Charakter des Velociferischen» zugeschrieben, eine unglückliche Vorliebe für «Zerrissenheit» bescheinigt, um sie endlich als «die Epoche jener poetischen Heautontimorumenie» [108; *Tl. 5, S. 728*] zu bezeichnen (Heautontimorumenus heißt Selbsthenker). Insbesondere rügte Gervinus an der Literatur der Gegenwart ihren Hang zum «Technischen» und ihre «Richtung nach dem Subjektiven»; dies bringt ihn in inhaltliche Übereinstimmung mit Hegel und dem jungen Friedrich Schlegel, die die romantische Literatur mit denselben Argumenten kritisierten.

Gervinus hatte in seiner programmatischen Einleitung betont, er habe mit der ästhetischen Beurteilung der Sachen nichts zu tun, er sei kein Poet und kein belletristischer Kritiker [108; *Tl. 1, S. 12*]. Ein Blick auf seine Darstellung von Klassik und Romantik zeigt das Gegenteil. Gervinus war als Literaturhistoriker nicht nur auch Kritiker, sondern auch Polemiker. Dies hing mit seiner Idee einer ganzheitlichen Literaturgeschichtsschreibung zusammen. Was von dem erklärten Ziel der Literatur abwich, verfiel seiner Kritik.

Allerdings hielt Gervinus eine erneute Blüte der deutschen Literatur nicht für gänzlich unmöglich. Aber eine solche Entwicklung sei nicht von der Literatur allein her zu bewerkstelligen. Es müßten sich vielmehr zunächst die äußeren, politischen Verhältnisse grundlegend wandeln. «Nur das Staatsleben beugt die freie Entwicklung noch nieder; und ehe dieses reformiert ist, werden wir vergebens auf eine große Zeit in irgend einer Richtung warten dürfen.» [108; *Tl. 5, S. 734*] Gervinus gibt sich auf dieser politischen Ebene seines historischen Denkens als bürgerlicher Aufklärer zu erkennen, der auch vor der Konsequenz einer möglichen Revolution nicht zurückschreckt; denn, so sagt er, wenn die Natur der Entwicklung «Umwälzungen» nötig machen sollte, so sei es klüger, diesen entgegenzukommen als ihnen auszuweichen.

Hettner

Hermann Hettner (1821 bis 1882) erweitert in seiner *Literaturgeschichte des 18. Jahrhunderts* (1856 bis 1870) die gesellschaftspolitische Deutung der deutschen Literatur um einen Vergleich mit den Literaturen Englands und Frankreichs. In den zahlreichen wechselseitigen Einflüssen (etwa Rousseaus auf Kant, Goethe und Schiller) sah er den Zusammenhang einer europäischen Literatur, die im Zeichen der Aufklärung als idealisiertes Vorspiel zur Verwirklichung des hohen Menschheitsideals «in Bildung und Sitte, in Staat und Gesellschaft» angesehen werden könne. Dabei wird auch hier Deutschland der besondere Rang zugesprochen, das Auseinanderklaffen zwischen künstlerischer Idealisierung und politischer Wirklichkeit besonders eklatant ausgebildet zu haben. «Im schneidenden Gegensatz zu diesem hohen und reinen Menschheitsideal blieb die Außenwelt nach wie vor eine idealitätslose, kleinliche und philisterhafte, schwunglose, oft sogar unvernünftige.» [138; *S. 12*] Die deutsche Literatur macht den dritten Teil der Hettnerschen ‹Geschichte› aus, die französische den zweiten, die englische den ersten.

Hettner verstand sich im Gegensatz zu Gervinus durchaus auch als Kritiker; und er machte von dieser selbstzugeschriebenen Kompetenz auch reichhaltigen Gebrauch. Wesentlicher Gesichtspunkt seiner Geschichtsauffassung ist der politisch inspirierte Vergleich zwischen Ideal und Wirklichkeit. Seine *Literaturgeschichte der Goethezeit* ist in zwei Abteilungen gegliedert, deren erste dem «Sturm und Drang» gilt; die zweite ist dem «Ideal der Humanität» gewidmet. Und obwohl es sich um eine Literaturgeschichte des 18. Jahrhunderts handelt, schließt auch diese mit dem Tod Goethes (genauer mit dem zweiten Teil des *Faust*).

Das Ideal der Humanität ist für Hettner am deutlichsten in der Philosophie Kants und der Dichtung Schillers und Goethes ausgeprägt. Der Sturm und Drang war hierzu nur die Vorbereitung («kühn» zwar, «aber noch phantastisch unklar»). Der Sturm und Drang zeigt also den Kampf um das Ideal, die Klassik aber den erreichten Sieg.

Dagegen erscheint die Romantik (die in Hettners Darstellung auch nur episodisch im Klassik-Kapitel vorkommt) als Rückschritt. Über die romantische Schule um Tieck und die Gebrüder Schlegel heißt es: «(. . .) worin sie ihre Stärke suchte, das war die kläglichste Schwäche (. . .). Ebenso wie die Sturm- und Drangperiode ist die romantische Schule nur die einseitige Überhebung des Phantasielebens, Sophistik der Phantasie, Phantastik.» [138; *S. 605*] Wenige Seiten später macht Hettner vollends deutlich, wie sehr er die Romantik einzig und allein aus der Perspektive der Klassik wahrzunehmen bereit war: «(. . .) für die deutsche Dichtung war es ein schweres Unglück, daß die Formlosigkeit Jean Pauls und die Formlosigkeit der Romantiker so lange Zeit beirrend zusammenwirkten. Das dichterische Formgefühl wurde bis in seine innersten Wurzeln gefährdet. Trotz Goethe und Schiller erlosch der Sinn für geschlossene Kunstform allmählich fast ganz.» Auch Hettner gehörte bei aller Aufgeklärtheit und Liberalität noch zu jenen Historikern, die der Klassik zu nahe standen, um die Eigenbedeutung der Romantik für die deutsche Literatur zu erkennen. Scherer wird es ihm zumindest in dieser Hinsicht gleichtun.

Scherer

Wilhelm Scherer (1841 bis 1886) verstand seine 1883 erschienene *Geschichte der deutschen Literatur* in erster Linie als eine wissenschaftliche Revolution. Gleich Gervinus wollte er die Literaturgeschichtsschreibung gänzlich neu begründen. Aber während Gervinus die Absicht hatte, ein darstellendes Kunstwerk zu verfassen, so orientierte sich Scherer am Vorbild der Naturwissenschaften. An ihre «Siegeswagen» sollte die Literaturgeschichte sich anschließen. Zum zentralen Prinzip seiner Methode erhob er die Kategorie der «Causalität». Die Literaturgeschichte müsse auf Ursachen und Wirkungen hin untersucht werden; daß Gervinus dies nicht oder doch zu wenig getan habe, warf er ihm vor. Scherer wurde durch solche programmatischen Äußerungen und Forderungen zum bedeutendsten Vertreter der positivistischen Literaturwissenschaft. Diese Richtung hat die Philologie des 19. und 20. Jahrhunderts erheblich gefördert; aber sie hat auch mit ihrer Suche nach «Einflüssen» und «Ursachen» von der Eigenart der Literatur weggeführt.

Entgegen dieser szientifischen Programmatik hat Scherer allerdings seiner *Geschichte der deutschen Literatur* eine hoch spekulative Theorie zugrunde gelegt. Demzufolge lassen sich in der deutschen Literatur drei

Blüteperioden ausmachen, die regelmäßig im Abstand von 600 Jahren aufeinanderfolgen: 600, 1200, 1800. Zwischen diesen «Wellenbergen» befinden sich «Wellentäler», die den jeweils tiefsten Stand der deutschen Literatur anzeigen sollen. Scherers Konzeption der Literaturgeschichte ist also zyklisch. Noch verwegener ist aber die Begründung der Zyklen. Nach Scherer nämlich sind es die Frauen, die die Blüteperioden bewirken – nicht als Autorinnen zwar, aber als Mütter, Freundinnen und Gattinnen. «Die Frauen selbst bilden ihr besonderes Wesen mit Sorgfalt aus (...). Sie treten nicht an die Öffentlichkeit, um ins Allgemeine zu wirken; aber sie wirken auf den Mann und durch ihn auf die Welt.» [127; *S. 22*] Auf diese Weise haben etwa Frau von Stein und Christiane Vulpius bewirkenden Anteil am Geist der Goethezeit. Die dritte Blüteperiode (1800) ist die Klassik.

Zwar endet auch Scherers Literaturgeschichte mit Goethes Tod (genauer mit dem zweiten Teil des *Faust*); aber er ist nicht wie Gervinus der Ansicht, daß hiermit ein Ende der Literatur erreicht sei. Dies würde nach seiner Annahme einer zyklischen Entwicklung widersprechen, die nicht auf einen Endpunkt, sondern auf den jeweils nächsten Höhepunkt zusteuert. Außerdem kann Scherer, hierin nun wieder Hettner gleich, als ein Späterer nicht die Augen davor verschließen, daß sich die deutsche Literatur auch nach Goethes Tod weiterentwickelt hat. Wenn seine Darstellung dennoch an diesem Punkt endet, so hat das vielmehr mit seiner Einschätzung von Klassik und Romantik zu tun.

Scherers Literaturgeschichte gliedert sich in dreizehn Kapitel; das zwölfte trägt den Titel «Weimar», das dreizehnte und also letzte heißt «Romantik». Auch hier ist allerdings das Kapitel über die Romantik zu großen Teilen dem Spätwerk Goethes gewidmet: «1832, am 22. März starb Goethe. Bis zu diesem Zeitpunkte soll unsre Betrachtung vordringen. Goethes Gestalt bleibt im Zentrum, wie sie seit dem Revolutionsjahre 1773 alles überragte.» [127; *S. 614*] Nicht nur bildlich gesprochen bleibt die Romantik deshalb im Schatten der Klassik. Auch bei Scherer kommt es noch nicht zu einer eigenständigen Würdigung der Romantik. Dies geht etwa aus einer Bemerkung zu Heines *Reisebildern* hervor: «Diese Blumen duften uns nicht mehr; sie sind so welk, wie nach einer durchschwärmten Nacht. Nur der Schmutz, der in den ‹Reisebildern› nicht fehlt, ist noch so schmutzig, wie am ersten Tag. Welcher Kontrast gegen den ruhigen reinen Blick, mit dem Goethe durch Italien zog!» [127; *S. 664*] Ähnlich heißt es später von Jean Paul: «Wie schade, daß es ihm nicht gelungen ist, seine großen Schöpfungen zu vollendeten Kunstwerken abzurunden.» [127; *S. 677*] Der explizite und implizite Vergleich mit dem Harmonieideal der Klassik führt hier zu offensichtlichen Fehlurteilen, die den ganz anders gelagerten Interessen der Romantik keineswegs gerecht werden können. So kommt es dazu, daß der Sturm und

Drang als unreife Frühform und die Romantik als überreife Spätform der Klassik angesehen werden. «Die Romantik war auch insofern mit der Zeit des Sturmes und Dranges verwandt, als sie schon die erlangte Korrektheit wieder in Frage stellte.» [127; *S. 654*] Die Klassik erscheint bei Scherer als der Übergang zur idealisierenden Kunst der Humanität und der Harmonie, die Romantik erscheint dagegen als Übergang zur subjektiven Kunst der Phantasie und Zerrissenheit.

Scherers Stil schließlich ist häufig emphatisch (der Verbrauch an Ausrufezeichen ist groß) und, wenn es um die Romantik geht, oft auch polemisch. Über Tieck heißt es etwa: «Seinem großen Talent fehlte Ernst und Vertiefung. Daher überall Unklarheiten und Inkorrektheiten, leeres Reimgeklingel und Gedankenarmut, großer Verbrauch von Bildern und poetischen Motiven (. . .)» [127; *S. 647*] An anderer Stelle wird Hegels System «eine bezaubernde Architektonik» bescheinigt, die allerdings in die Irre führe. Solche Passagen erhöhen zweifellos den Unterhaltungswert von Scherers Literaturgeschichte, haben aber ebenso zweifellos mit dem Prinzip der «Causalität» wenig zu tun.

Jahrhundertwende

Scherers Wellentheorie im allgemeinen wie seine Urteile im besonderen stilisieren die Klassik zum uneinholbaren Gipfelpunkt, von dem die Romantik als eine Epoche der Deszendenz und Dekadenz abfällt. Diese Sichtweise ist auch in den folgenden Literaturgeschichten bis 1900 – und häufig darüber hinaus – vorherrschend. In August Friedrich Christian Vilmars (1800 bis 1868) *Geschichte der deutschen National-Literatur* hieß es bereits in diesem Sinne: «Daß wir in einem Epigonen-Zeitalter, in einer Periode der Abnahme der poetischen Schöpferkraft leben, wird nur der bestreiten, dessen Blick an die Gegenwart fest gebannt ist (. . .)» [112; *S. 184*] Ähnlich ist die Einschätzung in Julian Schmidts *Geschichte der Deutschen Literatur im neunzehnten Jahrhundert* (Leipzig, 2. Auflage 1855); über Schmidt spottete Heine in der *Höllenfahrt*: «Der hält auch wenig von unserer Zeit / Und ihrem wirren Schaffen.»

Mit diesen Urteilen befinden wir uns allerdings auf dem Höhenkamm der deutschen Literaturgeschichtsschreibung. Dasselbe gilt aber auch für die Inflation an Populär-Historien, die um 1900 ihren Höhepunkt erreicht. Dazu schreibt Gunter Hess in seinen «Anmerkungen zum letzten Kapitel in deutschen Literaturgeschichten um 1900»: «Kaum ein Verlag in Deutschland hat um 1900 keine Haus-Literaturgeschichte zu offerieren, das literarische Bildungsinteresse des Publikums scheint unbegrenzt zu sein.» [112; *S. 189*]

Was schon mehrfach beobachtet werden konnte, daß die Literaturgeschichten des 19. Jahrhunderts in inhaltlicher und zeitlicher Sicht mit

Goethes Tod enden, gilt nun über die Kritik an der Romantik hinaus auch für die Kritik am Naturalismus. Um den Glanz der Klassik herum bildet sich eine Metaphorik, die den Sturm und Drang, die Romantik und den Naturalismus in den Bereich des Kranken, Pathologischen und Abnormen hineindämonisiert. Dazu heißt es bei Hess:

«Die *Zukunft* ist die am Ende von Literaturgeschichten um 1900 wohl am meisten beschworene Dimension, eine Zukunft freilich, die nach dem Maßstab ihrer Perspektiven im Grunde schon Vergangenheit ist. Vor allem die akademische Literaturgeschichtsschreibung rettet ihren von einer großen Vergangenheit verklärten Blick, der die heillose literarische Gegenwart des Naturalismus nur mit schmerzlicher Verachtung streift, auf die künftige Wiederkehr eines goldenen Zeitalters der Literatur. Nicht nur bei Scherer, auch anderswo hat Goethe – meist mit einem *Faust*zitat – das letzte Wort.» [112; *S. 197*]

Vor und nach 1900 tritt nun aber auch ein Element in den Vordergrund, das zwar bereits in den aufklärerisch-liberalen Literaturgeschichten eine unübersehbare Rolle spielte, aber jetzt erst zum häufig beherrschenden und aggressiven Moment wird: ein nationaler und antisemitischer Chauvinismus, der etwa in Adolf Bartels (1862 bis 1945) 1901/02 erschienenen *Geschichte der deutschen Literatur* bereits die Ausprägung einer irrationalen rassistischen Ideologie erhält. Über Heine heißt es hier:

«Riesig sind an Heine nur die Eitelkeit und Unverfrorenheit, und riesig ist die Dummheit des deutschen Volkes gewesen, das sich ihn so lange als einen seiner Großen hat aufschwatzen lassen. Heinrich Heine ist in der Tat der unheilvollste Geselle, der im neunzehnten Jahrhundert nicht bloß durch die deutsche Literatur, sondern auch durch das deutsche Leben hindurchgegangen ist (. . .). Überhaupt ist Heine, der Jude – und damit kommen wir zum Hauptpunkt – der schlimmste Feind des Deutschtums gewesen (. . .). Es gehörte der ganz unglaubliche Mangel an nationalen Instinkten dazu, um Heine, dessen Halunkentum zuletzt doch ganz augenscheinlich ist, wirklich zu einem deutschen Lieblingsautor werden zu lassen.» [102; *S. X*]

Nadler

Heinrich Heine, den die deutsche Literaturgeschichte in einer traurigen Kontinuität mit Fehlurteilen überhäufte, erscheint in Josef Nadlers Literaturgeschichte als «Heine, der Rassenfremde». Darüber hinaus erfährt der Leser nichts über ihn.

Nichtbeachtung widerfährt hier freilich auch manchem anderen Autor; denn Nadler (1884 bis 1963) war es nicht um Personen oder Werke zu tun, sondern um, wie er sagt, die höhere Einheit der «Stämme». Die *Literaturgeschichte der deutschen Stämme und Landschaften* (1912 bis 1918) sollte das Aufsteigen der Literatur «aus Blut und Erde» [124; *Bd. 1, S. VII*] zeigen. Sie wurde so zum zugleich peinlichsten und bizarrsten Beispiel einer ideologischen Literaturgeschichtsschreibung. Gerade über die Literatur erfährt man aber in dem großangelegten Buch denkbar wenig. Daran änderten auch die späteren umgearbeiteten Ausgaben wenig. Über Goethe und Schiller heißt es etwa:

«Schiller, der Alamanne und Goethe der Rheinfranke, aus ihrem Stamm heraus, aus den gesellschaftlichen und staatlichen Bedingungen ihrer Heimat, dem vergangenen Schrifttum jener Landschaften wird man das Gegensätzliche an beiden anschaulicher erfassen (. . .). Der Klassizismus als Natur, als Form der Wortkunst, das ist Goethe; der Klassizismus als Geschichte, als Idee, als Handlungskunst, das ist Schiller. Da gibt es weder Rang noch Reihenfolge, Schiller und Goethe, beide wurden und waren, was sie als Abkömmlinge ihrer Ahnen werden mußten.» [124; *Bd. 3, S. 236 u. 238*]

Es gibt hier tatsächlich weder Rang noch Reihenfolge. Während bedeutende Dichter wie etwa Heine kaum erwähnt werden, bietet Nadler ganze Heerscharen von nahezu unbekannten Autoren auf, deren häufige Nähe zur Heimat- und Volkskunst ihm offenbar aber wichtiger war. Chronologische Orientierung ist diesem Werk beinahe gar nicht zu entnehmen. Der dritte Band, der der Klassik und der Romantik gewidmet ist, gliedert sich in drei Kapitel: I. Die Baiern, II. Thüringen und die Neustämme, III. Die Franken und die Schwaben. Es versteht sich, daß bei dieser Art der Gliederung manche Autoren, je nachdem wie oft sie den Wohnort gewechselt haben, in verschiedenen Kapiteln gesucht werden müssen.

Nadlers Auffassung von Klassik und Romantik steht zu jeder vorherigen und nachherigen Periodisierung quer. Klassik und Romantik gelten hier als gemeinsamer Gipfelpunkt jahrhundertelanger Deutschwerdung, wobei die Klassik als eine spezielle Ausprägung der westlichen Altstämme angesehen wird, die Romantik dagegen als Resultat der erfolgreichen Eindeutschung der östlichen Siedlungsvölker.

«Klassik und Romantik stehen gleichartig und inhaltsverschieden nebeneinander als die Neugeburt der Antike für die Altstämme und als Neugeburt der Kultur der Altstämme für die Neustämme.

Romantik ist die Krönung des ostdeutschen Siedelwerkes, als das gemischte Blut langsam zur Ruhe gekommen war, die Verdeutschung der Seele nach der Verdeutschung der Erde und des Blutes (. . .) Die Romantik machte zum Recht, was nur Gewalt des Schwertes und des Blutes gewesen war (. . .) Romantik war das Umschalten der einstmals slawischen Völker zwischen Elbe und Memel von Ostrom auf Westrom, vom griechischen zum lateinischen Wesen, vom Morgenlande zum Abendlande. Daher beginnt die Geschichte der Romantik nicht mit Friedrich Schlegel, Tieck und Friedrich von Hardenberg, sondern mit der Stunde, da die Neustämme geboren wurden. Sie war das Erwachen des deutschen Blutes in den eingedeutschten Völkern . . .» [124; *Bd. 3, S. 9*]

Der Literaturhistoriker Walter Muschg hat Nadlers Literaturgeschichte als «ragendes Monument einer dem chauvinistischen Rassenwahn verfallenen Literaturwissenschaft» bezeichnet [123; *S. 198*]. Mit Nadler ist zugleich, worauf ebenfalls Muschg hinweist, die kurze Geschichte der Literaturgeschichten, die noch von einem Autor aus einer Idee heraus geschrieben wurden, an ein Ende gekommen. Was folgt, sind in der Regel Geschichten, die kollektiv verfaßt wurden, die sich monographisch beschränken oder die insgesamt durch das Zurücktreten einer beherrschenden Idee zu charakterisieren sind. Die Literaturgeschichten des 20. Jahrhunderts sind durch einen gleichzeitigen Vorgang der Pluralisierung und der Spezialisierung (wie dadurch auch der Objektivierung) gekennzeichnet.

Korff

Ein bedeutendes Beispiel für eine solche monographische Spezialisierung ist Hermann August Korffs *Geist der Goethezeit* (4 Bände, ab 1923). Dieses Werk gehört, wie schon der Titel sagt, in den von Wilhelm Dilthey und anderen begründeten Zusammenhang der Geistesgeschichte. Der gemeinte Zeitraum deckt sich ungefähr mit Goethes Leben (1770 bis 1830). Zum ‹Geist› der Goethezeit gehört indes nicht die Literatur allein, sondern ebenso wesentlich die Philosophie, besonders weil die führenden Persönlichkeiten dieser Zeit beides gewesen seien: «sowohl philosophische wie dichterische Geister». Zwar unterscheidet Korff zwischen Klassikern und Romantikern; dennoch gilt ihm die gesamte Goethezeit als ‹klassisch›: «Als klassisch nämlich betrachten wir eine Zeit, in der der Geist eines Volkes *auf die Höhe seiner selbst* gekommen ist, zum Besten, dessen es fähig war.» [115; *S. 4*] In diesem Sinne haben Klassik und Romantik als die «Blütezeit» der deutschen Literatur zu gelten, aber auch als eine historische, nämlich vergangene Zeit. Weil das deutsche Volk in der Goethezeit das Gefühl seines inneren Wertes gewonnen habe, komme dieser Zeit «ganz besondere nationale Bedeutung» zu. Hier nun verbindet sich bei Korff die Geistesgeschichte mit Elementen der Sozialgeschichte.
Korff weist darauf hin, daß sich die klassisch-romantische Literatur gerade aus einem grundsätzlichen Widerspruch der bürgerlichen Gesellschaft entwickelt habe, dem zwischen Streben nach höherer geistiger Bildung und den Forderungen der bürgerlichen Existenz. Die Literatur der Zeit stellt diese Spannung zum Teil dar, versucht sie aber in ihrem Hauptinhalt, dem Ideal der Humanität, zu überwinden.

«Die Goethezeit ist zwar insofern die Zeit einer *bürgerlichen* Dichtung, als ihr Mutterschoß das gebildete deutsche Bürgertum ist, aber sie ist ihrem Geiste nach eine *überbürgerliche* Dichtung, mit der das gebildete Bürgertum den idealen Versuch gemacht hat, über sich selbst und seine Bürgerlichkeit hinauszukommen. Und so ist sie zwar die Dichtung eines bestimmten Standes – jenes dritten Standes, der seinen entscheidenden Sieg in der Französischen Revolution erfochten hat –, ihr Ideal aber war gerade *nicht* ihr bürgerlicher Stand, sondern das alle Stände verbindende *Allgemein-Menschliche*, das wir seitdem unter dem Worte ‹Humanität› verstehen.» [115; *S. 6*]

Gleichwohl bleibt das gesellschaftliche Verhältnis, das durch diese Dichtung überwunden werden sollte, für die Dichter prägend. Eben weil Humanität ein Ideal und keine Realität war, erscheinen die Dichter der Goethezeit in der Regel als «unglückliche Existenzen». Dazu heißt es zusammenfassend:

«In diesem tragischen Zwiespalt zwischen der äußeren Bürgerlichkeit und der inneren Überbürgerlichkeit der Dichter unserer klassisch-romantischen Literaturgeschichte liegt nun der Grund für ein sehr wichtiges geistig-seelisches Phänomen, das auch für die Geschichte der Goethezeit von grundlegender Bedeutung gewesen ist. Das ist das Phänomen der *Entfremdung*, und das heißt jenes besonderen seelischen Zustandes, der durch die innere Distanzierung des idealistischen Menschen von der bürgerlichen Gesellschaft hervorgerufen wird. In diesem Zustand nämlich entspringt ein großer Teil der damaligen Literatur.» [115; *S. 10*]

Daß Korff nun den Schritt von der Geistesgeschichte zur Sozialgeschichte nicht getan hat, ist an zweierlei abzulesen: erstens daran, daß er ein gesellschaftliches Verhältnis auf ein seelisches und schließlich sogar psychopathologisches (denn der gemeinte Zustand wird von Korff auch als «Krankheit» bezeichnet) auflöst; zweitens aber daran, daß die Problematik des bürgerlichen Lebens, wie sie sich im Geist der Goethezeit ausspreche, in die Problematik des Lebens überhaupt überleite. Die gesellschaftliche Struktur löst sich in ‹symbolische› Bedeutung auf. Trotzdem liegt dieser Konstruktion immerhin ein sozialgeschichtliches Interesse zugrunde, das man in späteren literaturgeschichtlichen Darstellungen von Klassik und Romantik häufig vergeblich sucht.

Geschichten und Lexika

Eine erwähnenswerte Ausnahme bildet hier Arnold Hausers *Sozialgeschichte der Kunst und Literatur* (1953), die allerdings wegen ihrer Konzeption als Universalgeschichte wenig spezifische Aufschlüsse über die deutsche Klassik und Romantik gibt. Zu diesen Aufschlüssen gehören immerhin wichtige literatursoziologische Hinweise auf das Verhältnis von Autor und Publikum. Etwa:

«Goethe war der am wenigsten volkstümliche Dichter von allen. Sein Ruhm erstreckte sich bei seinen Lebezeiten auf eine ganz dünne Bildungsschicht und seine späten Schriften wurden außerhalb der Intelligenz auch späterhin kaum gelesen (. . .). Den größten literarischen Erfolg hatten aber weder Goethe noch Schiller, sondern Geßner und Kotzebue.» [110; *S. 642f*]

Den Typus der neuen Literaturgeschichte, die sich von Ideologien und einseitigen Wertvorstellungen weitgehend freizuhalten versucht, um dafür möglichst ausführliche Informationen über Autoren und Werke zu geben, repräsentiert Fritz Martinis *Deutsche Literaturgeschichte*. Hier werden zum Beispiel Klassik und Romantik nicht mehr gegeneinander ausgespielt, sondern beide in ihrem Eigenrecht erkannt und dargestellt: «Klassisch ist das Gesunde, romantisch das Kranke, meinte Goethe mit einseitiger Schärfe. Aber diese Neigung zum Chaos, die nach Novalis durch alle Dichtung hindurchschimmern sollte, bedeutete auch eine gewaltige schöpferische Bereicherung, der sich der ältere Goethe nicht verschloß.» [122; *S. 320*] Die Beziehung auf Außerliterarisches, seien es Ideen oder gesellschaftliche Verhältnisse, tritt in Martinis Darstellung merklich zurück.

Die Gegenwart der Literaturgeschichtsschreibung, worauf wenigstens am Schluß hingewiesen werden soll, ist erstens durch eine Konkurrenz zwischen Geschichten und Lexika und zweitens durch eine Tendenz zur Lexikalisierung der Geschichten ausgezeichnet. Wer sich heute über eine bestimmte Epoche der deutschen Literatur informieren möchte, greift häufig nicht mehr auf die Lektüre ganzer Literaturgeschichten zurück, sondern orientiert sich an Lexikonartikeln. Wo es lediglich um das Interesse an einzelnen Werken geht, liegt dies sogar noch näher. Hier werden dann die Lexika attraktiv, die bereits nicht mehr nach Autoren, sondern nach Werken gegliedert, das heißt alphabetisch geordnet sind. Freilich geht dabei gerade der zeitliche Zusammenhang einzelner Epochen und gehen die Übergänge zwischen den Epochen, worauf es den traditionellen Literaturgeschichten vor allem ankommen mußte, dem Bewußtsein verloren.

Die Enthistorisierung der Literatur ist aber nicht nur eine Frage der Wahl zwischen Geschichten und Lexika, sondern ebenfalls ein Problem der Literaturgeschichtsschreibung selbst. Etwa das *Reallexikon der deutschen Literaturgeschichte* [126; *Bd. 1, S. 852–858* (Klassik) u. *Bd. 3, S. 578–594* (Romantik)] und auch die *Annalen der deutschen Literatur* [100; *S. 465–550* (Klassik) u. *S. 551–619* (Romantik)] präsentieren sich als Mischformen zwischen historischen und lexikalischen Darstellungsweisen. Und auch die kollektiv verfaßten Literaturgeschichten, wie die hier vorliegende, tragen unübersehbar lexikalische Züge, weil sie zwar zeitlich oder chronologisch geordnet sind, aber die einzelnen Beiträge dennoch nicht die Diversität der verschiedenen Autoren und damit die Diversität des Ganzen leugnen können.

Die rein lexikalische Erfassung einzelner Werke oder Epochen kann aber nie die eigentliche literaturgeschichtliche Darstellung ersetzen. Denn während das Lexikon Informationen über Klassik und/oder Romantik zur Verfügung stellt, geht es der Literaturgeschichte um die Wechselbeziehung zwischen beiden, um die Beziehungen zu anderen Literaturen und um die Beziehungen zu übergreifenden – nationalen, ideologischen, geistigen, sozialen etc. – Kontexten. Jede Literaturgeschichte ist eine solche Beziehungsgeschichte. Von ihr berichtet die Geschichte der Literaturgeschichte, aus der hier ein Ausschnitt gezeigt wurde.

Bibliographie

Die nachstehende Bibliographie ist eine Zusammenfassung der wissenschaftlichen Literatur, auf die sich die Autoren in ihren Artikeln beziehen bzw. auf die sie hinweisen. Sie erhebt keinen Anspruch, einen Überblick über die gesamte wissenschaftliche Literatur zu bieten. Nicht geschlossen werden soll aus der Bibliographie, daß alle aufgeführten Titel zur weiterführenden Lektüre empfohlen werden.
Zitate im Text werden durch die in Klammern gesetzten Ziffern nachgewiesen. Hierbei bezieht sich die erste Ziffer auf die Titelnummer der Bibliographie, während die zweite, *kursiv* gesetzte Ziffer die Seite im zitierten Titel angibt.

1. Zur Kultur- und Sozialgeschichte

1 Abel, Wilhelm: Massenarmut und Hungerkrisen im vorindustriellen Deutschland. Göttingen 1972.

2 Aretin, Karl Ottmar, Freiherr von: Heiliges Römisches Reich 1776–1806. Reichsverfassung und Staatssouveränität. 2 Bde. Wiesbaden 1967. (Veröffentlichungen des Instituts für Europäische Geschichte Mainz. Bd. 38,1.2.: Abt. Universalgeschichte).

3 Der Bauer Mittel- und Osteuropas im sozio-ökonomischen Wandel des 18. und 19. Jahrhunderts. Beiträge zu seiner Lage und deren Widerspiegelung in der zeitgenössischen Publizistik und Literatur. Hrsg. von Dan Berindei u. a. Köln, Wien 1973.

4 Berding, Helmut: Napoleonische Herrschafts- und Gesellschaftspolitik im Königreich Westfalen: 1807–1813. Göttingen 1973.

5 Bosl, Karl; Weis, Eberhard: Die Gesellschaft in Deutschland I. Von der fränkischen Zeit bis 1848. München 1976. (Staat und Gesellschaft. Bd. 2).

6 Brepohl, Wilhelm: Industrievolk im Wandel von der agraren zur industriellen Daseinsform, dargestellt am Ruhrgebiet. Tübingen 1957. (Soziale Forschung und Praxis. Bd. 48).

7 Bruford, Walter Horace: Kultur und Gesellschaft im klassischen Weimar 1775–1806. (Culture and Society in Classical Weimar 1775–1806,

dt.). (Vom Verf. durchges. Übers. a. d. Engl. von Karin McPherson). Göttingen 1966.

8 Brunschwig, Henri: Gesellschaft und Romantik in Preußen im 18. Jahrhundert. Die Krise des preußischen Staates am Ende des 18. Jahrhunderts und die Entstehung der romantischen Mentalität. (Dt., übers. von Marie-Luise Schultheis). Frankfurt (Main), Berlin (West) 1976.

9 Deutsche revolutionäre Demokraten. Eine Dokumentation des deutschen Jakobinismus. 5 Bde. Eingel. u. hrsg. von Walter Grab. Stuttgart 1971–1978.

10 Droz, Jacques: L'Allemagne et la Révolution Française. Paris 1949.

11 Engelsing, Rolf: Zur Sozialgeschichte deutscher Mittel- und Unterschichten. Göttingen 1973. (Kritische Studien zur Geschichtswissenschaft. Bd. 4).

12 Epstein, Klaus: Die Ursprünge des Konservativismus in Deutschland. Der Ausgang, die Herausforderung durch die Französische Revolution 1770–1806. (The genesis of German conservatism, dt., übers. a. d. Amerik. von Johann Zischler). Berlin (West), Frankfurt (Main) 1973.

13 Europäische Wirtschaftsgeschichte. Hrsg. von Carlo Maria Cipolla. (Deutsche übers. und bearb. Ausg.) Hrsg. von Knut Borchardt. Bd. 4: Die Entwicklung der industriellen Gesellschaften. Stuttgart, New York 1977.

14 Fehrenbach, Elisabeth: Traditionale Gesellschaft und revolutionäres Recht. Die Einführung des Code Napoléon in den Rheinbundstaaten. Göttingen 1974. (Kritische Studien zur Geschichtswissenschaft. Bd. 13).

15 Fink, Gonthier-Louis: Des privilèges nobiliaires aux privilèges bourgeois. Le débat sur l'égalité et son écho en Allemagne 1788–1792. In: Recherches germaniques. Strasbourg. 3 (1973), S. 30–101.

16 Fischer, Wolfram: Wirtschaft und Gesellschaft im Zeitalter der Industrialisierung. Aufsätze, Studien, Vorträge. Göttingen 1972. (Kritische Studien zur Geschichtswissenschaft. Bd. 1).

17 Geheimgesellschaften. Hrsg. von Peter Christian Ludz. Heidelberg 1979. (Wolfenbütteler Studien zur Aufklärung. 5, 1).

18 Geiger, Ludwig: Berlin 1688–1840. Geschichte des geistigen Lebens der preußischen Hauptstadt. 2 Bde. Berlin 1893–95.

19 Les genres de l'histoire. 18e–19e siècles. Bd. 1. Paris 1977. (Centre de recherches d'histoire et littérature aux 18e et 19e siècles. 8). (Annales littéraires de l'Université de Besançon. 197).

20 Gerth, Hans H.: Bürgerliche Intelligenz um 1800. Zur Soziologie des deutschen Frühliberalismus. Mit e. Vorw. u. e. erg. Bibliogr. hrsg. von Ulrich Herrmann. Göttingen 1976. (Kritische Studien zur Geschichtswissenschaft. Bd. 19).

21 Geschichte der Universität Jena, 1548/58–1958; Festgabe zum vierhundertjährigen Universitätsjubiläum. Im Auftrag von Rektor und Senat verfaßt und hrsg. von einem Kollektiv des Historischen Instituts der Friedrich Schiller-Universität Jena unter Leitung von Max Steinmetz. 2 Bde. Jena 1958–1962.

22 Görres, Johann Joseph von: Der teutsche Reichstag. In: Rheinischer Merkur. Koblenz. Nr. 114 vom 11. 9. 1814.
23 Götze, Walter: Die Begründung der Volksbildung in der Aufklärungsbewegung. Diss. Leipzig. Langensalza, Berlin, Leipzig 1932.
24 Gooch, George Peabody: Germany and the French revolution. London, New York 1920.
25 Grab, Walter: Norddeutsche Jakobiner. Demokratische Bestrebungen zur Zeit der Französischen Revolution. Frankfurt (Main) 1967. (Hamburger Studien zur neueren Geschichte. Bd. 8).
26 Handbuch der bayrischen Geschichte. Hrsg. von Max Spindler. Bd. 2: Das alte Bayern. Der Territorialstaat vom Ausgang des 12. Jahrhunderts bis zum Ausgang des 18. Jahrhunderts. In Verbindung mit Dieter Albrecht u. a. München 1969.
27 Handbuch der deutschen Geschichte. Begr. von Otto Brandt. Fortgef. von Arnold Oskar Meyer. Neu hrsg. von Leo Just. Bd. 3,1: Raume, Kurt von: Deutschland um 1800. Krise und Neugestaltung. Konstanz 1965.
28 Handbuch der deutschen Wirtschafts- und Sozialgeschichte. Hrsg. von Hermann Aubin; Wolfgang Zorn. Bd. 1: Abel, Wilhelm u. a.: Von der Frühzeit bis zum Ende des 18. Jahrhunderts. Mit 1 Kt. von Hektor Ammann. Stuttgart 1971. Bd. 2: Borchardt, Knut: Das 19. und 20. Jahrhundert. Stuttgart 1976.
29 Hantsch, Hugo: Die Geschichte Österreichs. Bd. 2. 4. durchges. u. erg. Aufl. Graz, Wien, Köln 1968.
30 Henning, Friedrich-Wilhelm: Wirtschafts- und Sozialgeschichte. Bd. 1: Das vorindustrielle Deutschland 800 bis 1800. Bd. 2: Die Industrialisierung in Deutschland 1800 bis 1914. Paderborn 1974 und 1973.
31 Huber, Ernst Rudolf: Deutsche Verfassungsgeschichte seit 1789. Bd. 1: Reformation und Restauration 1789 bis 1830. Stuttgart 1957.
32 Jakobinische Flugschriften aus dem deutschen Süden Ende des 18. Jahrhunderts. Eingel. u. hrsg. von Heinrich Scheel. Berlin (Ost) 1965. (Dt. Akademie der Wissenschaften zu Berlin. Schriften des Instituts für Geschichte. Reihe 1. Bd. 14.).
33 Jeismann, Karl Ernst: Das preußische Gymnasium in Staat und Gesellschaft. Die Entstehung des Gymnasiums als Schule des Staates und der Gebildeten, 1787–1817. Stuttgart 1974. (Industrielle Welt. Bd. 15).
34 Klein, Ernst Ferdinand: Freyheit und eigenthum, abgehandelt in acht gesprächen über die beschlüsse der französischen Nationalversammlung. Berlin, Stettin 1790.
35 Koselleck, Reinhart: Preußen zwischen Reform und Revolution. Allgemeines Landrecht, Verwaltung und soziale Bewegung von 1791–1848. Stuttgart 1967. (Industrielle Welt. Bd. 7).
36 Kriedte, Peter: Industrialisierung vor der Industrialisierung. Gewerbliche Warenproduktion auf dem Land in der Formationsperiode des Kapitalismus. Von Peter Kriedte; Hans Medick; Jürgen Schlumbohm. Göttingen 1978.
37 Leschinsky, Achim; Roeder, Peter Martin: Schule im historischen Prozeß. Zum Wechselverhältnis von institutioneller Erziehung und gesellschaftlicher Entwicklung. Stuttgart 1976.

38 Lichtenberg, Heinz Otto: Unterhaltsame Bauernaufklärung. Ein Kapitel Volksbildungsgeschichte. Tübingen 1970. (Volksleben. Bd. 26).
39 Linksrheinische deutsche Jakobiner. Aufrufe, Reden, Protokolle, Briefe und Schrifttum 1794–1801. Hrsg. von Axel Kuhn. Stuttgart 1978. (Deutsche revolutionäre Demokraten. 2).
40 Lütge, Friedrich: Deutsche Sozial- und Wirtschaftsgeschichte. Ein Überblick. 3. Aufl. (Repr.). Berlin (West), Heidelberg, New York 1976.
41 Die Mainzer Republik. Hrsg., eingel., kommentiert u. bearb. von Heinrich Scheel. Bd. 1: Protokolle des Jakobinerklubs. Berlin (Ost) 1975. (Schriften des Zentralinstituts für Geschichte. Bd. 42).
42 Mainz zwischen Rot und Schwarz. Die Mainzer Revolution, 1792–1793, in Schriften, Reden und Briefen. Hrsg. von Claus Träger. Berlin (Ost) 1963.
43 Maurer, August Salomon: Leipzig im Taumel. Nach Originalbriefen eines reisenden Edelmanns. (Photomech. Neudr. der Originalausg. Leipzig 1799). Leipzig 1977.
44 Meinecke, Friedrich: Das Zeitalter der deutschen Erhebung (1795–1815). Mit e. Geleitw. von Siegfried A. Kaehler. 7. Aufl. Göttingen 1963.
45 Nipperdey, Thomas: Gesellschaft, Kultur, Theorie. Gesammelte Aufsätze zur neueren Geschichte. Göttingen 1976. (Kritische Studien zur Geschichtswissenschaft. Bd. 18).
46 Politische Ideologien und nationalstaatliche Ordnung. Studien zur Geschichte des 19. u. 20. Jahrhunderts. Festschrift für Theodor Schieder. Zu seinem 60. Geburtstag hrsg. v. Kurt Kluxen u. Wolfgang J. Mommsen. München, Wien 1968.
47 Quellen zur Geschichte des Rheinlands im Zeitalter der Französischen Revolution 1780–1801. Gesammelt u. hrsg. von Joseph Hansen. 4 Bde. 1931–38.
48 Rebmann, Andreas Georg Friedrich: Kosmopolitische Wanderungen durch einen Teil Deutschlands. Hrsg. u. eingel. von Hedwig Voegt. Frankfurt (Main) 1968.
49 Reinalter, Helmut; u. a.: Jakobiner in Mitteleuropa. Sammelband. Innsbruck 1978.
50 Revolutionäre Vernunft. Texte zur jakobinischen und liberalen Revolution in Deutschland. 1789–1810. Hrsg. von Jörn Garber. Kronberg 1974.
51 Ritter, Gerhard: Stein. Eine politische Biographie. 3. neugest. Aufl. Stuttgart 1958.
52 Roessler, Wilhelm: Die Entstehung des modernen Erziehungswesens in Deutschland. Stuttgart 1961.
53 Romano, Ruggiero; Tenenti, Alberto: Die Grundlegung der modernen Welt. Spätmittelalter, Renaissance, Reformation. Hrsg. u. verf. von Ruggiero Romano; Alberto Tenenti. Frankfurt (Main) 1967.
54 Rürup, Reinhard: Emanzipation und Antisemitismus. Studien zur Judenfrage der bürgerlichen Gesellschaft. Göttingen 1975. (Kritische Studien zur Geschichtswissenschaft. Bd. 15).

55 Scheel, Heinrich: Süddeutsche Jakobiner. Klassenkämpfe und republikanische Bestrebungen im Süden Deutschlands Ende des 18. Jahrhunderts. Berlin (Ost) 1962. (Dt. Akademie der Wissenschaften zu Berlin. Schriften des Instituts für Geschichte. Reihe 1. Bd. 13).
56 Schnabel, Franz: Deutsche Geschichte im neunzehnten Jahrhundert. Bd. 1: Die Grundlagen der neueren Geschichte. (Freiburg 1929). Neuaufl. 1965.
57 Schramm, Percy Ernst: Neun Generationen; dreihundert Jahre deutscher «Kulturgeschichte» im Lichte der Schicksale einer Hamburger Bürgerfamilie, 1648–1948. 2 Bde. Göttingen 1963–1964.
58 Siegburg, Heinz-Otto: Napoleon und Europa. Köln 1971.
59 Silagi, Denis: Jakobiner in der Habsburger Monarchie. Ein Beitrag zur Geschichte des aufgeklärten Absolutismus in Österreich. Wien 1962. (Wiener historische Studien. Bd. 6).
60 Stern, Alfred: Der einfluß der französischen revolution auf das deutsche geistesleben. 4 Bde. Stuttgart, Berlin 1928.
61 Ven, Frans van der: Sozialgeschichte der Arbeit. (Geschiedenis van de Arbeid., dt. Aus dem Holländ. übertr. von Marga E. Baumer-Thiersfelder). Bd. 3: Das 19. und 20. Jahrhundert. München 1972.
62 Von deutscher Republik 1775–1795. Texte radikaler Demokraten. Hrsg. von Jost Hermand. Frankfurt (Main) 1975.
63 Weis, Eberhard: Der Durchbruch des Bürgertums 1776–1847. Frankfurt (Main), Berlin (West), Wien 1978. (Propyläen Geschichte Europas. Bd. 4).
64 Weis, Eberhard: Montgelas 1759–1799. Zwischen Revolution u. Reform. München 1971.

2. Zur Öffentlichkeit, Publizistik und zum Buchmarkt

65 Brachvogel, Albert Emil: Geschichte des Königlichen Theaters zu Berlin. Nach Archivalien des Königlichen geheimen Staats-Archivs und des Königlichen Theaters. Berlin 1877/78.
66 Breining: Die Hausbibliothek des gemeinen Mannes vor 100 und mehr Jahren. In: Blätter für württembergische Kirchengeschichte. Stuttgart. 13 (1909), S. 48–63.
67 Buch und Leser: Vorträge d. 1. Jahrestreffens d. Wolfenbütteler Arbeitskreises für Geschichte d. Buchwesens, 13. u. 14. Mai 1976. Hrsg. von Herbert G. Göpfert. Hamburg 1977. (Schriften des Wolfenbütteler Arbeitskreises für Geschichte des Buchwesens. Bd. 1).
68 Burkhardt, Carl August Hugo: Das Repertoire des Weimarischen Theaters unter Goethes Leitung 1791–1817. Hamburg, Leipzig 1891. (Theatergeschichtliche Forschungen. 1).
69 Engelsing, Rolf: Analphabetentum und Lektüre. Zur Sozialgeschichte des Lesens in Deutschland zwischen feudaler und industrieller Gesellschaft. Stuttgart 1973.
70 Engelsing, Rolf: Der Bürger als Leser. Lesergeschichte in Deutschland 1500–1800. Stuttgart 1974.

71 Engelsing, Rolf: Wieviel verdienten die Klassiker? Zur Entstehung des Schriftstellerberufs in Deutschland. In: Neue Rundschau. Frankfurt (Main) 87 (1976), H. 1. S. 124–136.
72 Erning, Günter: Das Lesen und die Lesewut. Beitrag zu Fragen der Lesergeschichte, dargestellt am Beispiel der schwäbischen Provinz. Bad Heilbrunn 1974.
73 Geschichte der deutschen Presse. T. 1: Lindemann, Margot: Geschichte der deutschen Presse bis 1815. Berlin (West) 1969. (Abhandlungen und Materialien zur Publizistik. Bd. 5).
74 Zur Geschichte der Leihbibliotheken in Deutschland. Hrsg. von Georg Jäger; Jörg Schönert. Hamburg 1979.
75 Geschichte des deutschen Buchhandels. Im Auftrag des Börsenvereins der deutschen Buchhändler hrsg. von der historischen Kommission desselben. Bd. 3: Goldfriedrich, Johann Adolf: Geschichte des deutschen Buchhandels vom Beginn der klassischen Literaturperiode bis zum Beginn der Fremdherrschaft (1740–1804). Bd. 4: Goldfriedrich, Johann Adolf: Geschichte des deutschen Buchhandels vom Beginn der Fremdherrschaft bis zur Reform des Börsenvereins im neuen Deutschen Reiche (1805–1889). Leipzig 1909 und 1913.
76 Habermas, Jürgen: Strukturwandel der Öffentlichkeit. Untersuchungen zu einer Kategorie der bürgerlichen Gesellschaft. 5. Aufl. Ungek. Sonderausg. Neuwied, Berlin (West) 1971.
77 Hainebach, Hans: Studien zum literarischen Leben der Aufklärungszeit in Mainz. Diss. Gießen 1936.
78 Harms, Wolfgang: Eine Dithmarscher Bauernbibliothek des 18. Jahrhunderts. In: Schleswig Holstein. Organ des Schleswig-Holsteinischen Heimatbundes e. V. Neumünster (1977) H. 10. S. 222–224.
79 Hocks, Paul; Schmidt, Peter: Literarische und politische Zeitschriften. 1789–1805. Von der politischen Revolution zur Literaturrevolution. Stuttgart 1975.
80 Jäger, Georg: Die deutsche Leihbibliothek im 19. Jahrhundert. Verbreitung – Organisation – Verfall. In: Internationales Archiv für Sozialgeschichte der deutschen Literatur. Tübingen. 2 (1977), S. 96–133.
81 Jentsch, Irene: Zur Geschichte des Zeitungslesens in Deutschland am Ende des 18. Jahrhunderts, mit besonderer Berücksichtigung der gesellschaftlichen Formen des Zeitungslesens. Diss. Leipzig 1937.
82 Kiesel, Helmut: Gesellschaft und Literatur im 18. Jahrhundert. Voraussetzungen und Entstehung des literarischen Markts in Deutschland. München 1977.
83 Kindermann, Heinz: Theatergeschichte der Goethezeit. Wien 1949.
84 Knudsen, Hans: Deutsche Theatergeschichte. Mit 44 Abb. Stuttgart 1959.
85 Die Leihbibliothek der Goethezeit. Exemplarische Kataloge zwischen 1790 und 1830. Mit einem Nachwort von Georg Jäger; Alberto Martino; Reinhard Wittmann. Hildesheim 1979.
86 Lesegesellschaft und bürgerliche Emanzipation. Hrsg. von Otto Dann. München 1980.
87 Der Leser als Teil des literarischen Lebens. Eine Vortragsreihe mit Ma-

rion Beaujean, Hans Norbert Fügen, Wolfgang R. Langenbucher, Wolfgang Strauß. Bonn 1971. (Forschungsstelle für Buchwissenschaft an der Universitätsbibliothek Bonn. Kleine Schriften. 8).

88 Leser und Lesen im 18. Jahrhundert. Colloquium der Arbeitsstelle Achtzehntes Jahrhundert. Gesamthochschule Wuppertal, Schloß Lüntenbeck, 24.–26. Okt. 1975. Heidelberg 1977. (Beiträge zur Geschichte der Literatur und Kunst des 18. Jahrhunderts. Bd. 1).

89 Martersteig, Max: Das deutsche Theater im neunzehnten Jahrhundert. Eine kulturgeschichtliche Darstellung. 2., durchges. Aufl. Leipzig 1924.

90 Möller, Horst: Aufklärung in Preußen. Der Verleger, Publizist und Geschichtsschreiber Friedrich Nicolai. Berlin (West) 1974. (Einzelveröffentlichungen der Historischen Kommission zu Berlin. Bd. 15).

91 Neumann, Hildegard: Der Bücherbesitz der Tübinger Bürger von 1750–1850. Ein Beitrag zur Bildungsgeschichte des Kleinbürgertums. Die Bücherverzeichnisse in den Vermögensinventaren und Erbteilungen der Tübinger Bürger aus den Jahren 1750–60, 1800–10, 1840–50. Diss. Tübingen 1955.

92 Pies, Eike: Einem hocherfreuten Publikum wird heute präsentieret eine Kleine Chronik des Theaterzettels, Mit 21 Beispielen versetzt und vorgestellt von Eike Pies. Hamburg, Düsseldorf 1973.

93 Prüsener, Marlies: Lesegesellschaften im 18. Jahrhundert. Ein Beitrag zur Lesergeschichte. Sonderdruck aus dem Archiv für Geschichte des Buchhandels. Bd. 13, Lfg. 1–2. Frankfurt (Main) 1972.

94 Schäffer, Carl; Hartmann, Carl: Die königlichen theater in Berlin. Ein statistischer rückblick auf die künstlerische thätigkeit und die personalverhältnisse während des zeitraums vom 5. december 1786 bis 31. december 1885. Mit 15 illustrationen in facsimile-reproductionen nach den originalbildern. Berlin 1886.

95 Schenda, Rudolf: Volk ohne Buch. Studien zur Sozialgeschichte der populären Lesestoffe 1770–1910. Frankfurt (Main) 1970. (Studien zur Philosophie und Literatur des neunzehnten Jahrhunderts. Bd. 5).

96 Schneider, Franz: Pressefreiheit und politische Öffentlichkeit. Studien zur politischen Geschichte Deutschlands bis 1848. Neuwied, Berlin (West) 1966. (Politica. Bd. 24).

97 Tschirch, Otto Richard Sigismund: Geschichte der öffentlichen meinung in Preußen vom Baseler frieden bis zum zusammenbruch des staates (1795–1806). Mit dem Rubenowpreise der Universität Greifswald gekrönte arbeit. Bd. 1: 1790–1806. Weimar 1933.

98 Weil, Rudolf: Das Berliner theaterpublikum unter A. W. Ifflands direktion (1796 bis 1814). Ein beitrag zur methodologie der theaterwissenschaft. Berlin 1932. (Schriften der Gesellschaft für Theatergeschichte. Bd. 44).

99 Wittmann, Walter: Beruf und Buch im 18. Jahrhundert. Ein Beitrag zur Erfassung und Gliederung der Lesergesellschaft im 18. Jahrhundert insbesondere unter Berücksichtigung des Einflusses auf die Buchproduktion, unter Zugrundelegung der Nachlaßinventare des Frankfurter Stadtarchivs für die Jahre 1695–1705, 1746–1755 u. 1795–1805. Diss. Frankfurt (Main), Bochum 1934.

3. Zur Literaturgeschichte (allgemein)

100 Annalen der deutschen Literatur. Eine Gemeinschaftsarbeit zahlreicher Fachgelehrter. Hrsg. von Heinz Otto Burger. 2., überarb. Aufl. Stuttgart 1971.

101 Balet, Leo; Gerhard, E.: Die Verbürgerlichung der deutschen Kunst, Literatur und Musik im 18. Jahrhundert. Hrsg. u. eingel. von Gert Mattenklott. Frankfurt (Main), Berlin (West), Wien 1973.

102 Bartels, Adolf: Geschichte der deutschen Literatur. 5. u. 6. Aufl. Leipzig 1909.

103 Barth, Ilse-Marie: Literarisches Weimar. Kultur, Literatur, Sozialstruktur im 16. bis 20. Jahrhundert. Stuttgart 1971.

104 Deutsche Literatur und Französische Revolution. Sieben Studien von Richard Brinkmann u. a. Göttingen 1974.

105 Essays on european literature in honor of Liselotte Dieckmann. Ed. by Peter Uwe Hohendahl; Herbert Lindenberger. St. Louis 1972.

106 Festschrift Hermann Aubin zum 80. Geburtstag (23. 12. 1965). Hrsg. von Otto Brunner u. a. Bd. 2. Wiesbaden 1965.

107 Gervinus, Georg Gottfried: Geschichte der poetischen National-Literatur der Deutschen. 5 Bde. Bd. 1–2. 3., umgearb. Aufl. Bd. 3–5. 2. Aufl. Leipzig 1842–46.

108 Gervinus, Georg Gottfried: Schriften zur Literatur. Hrsg. von Gotthard Erler. Berlin (Ost) 1962.

109 Geschichte der deutschen Literatur: von den Anfängen bis zur Gegenwart. Hrsg. von Hans-Günther Thalheim. Bd. 7: 1789 bis 1830. Von Autorenkollektiven. Leitung und Gesamtbearbeitung Hans-Dieter Dahnke (1789–1806); Thomas Höhle in Zusammenarb. mit Hans-Georg Werner (1806–1830). Berlin (Ost) 1978.

110 Hauser, Arnold: Sozialgeschichte der Kunst und Literatur. (Ungek. Sonderausgabe in e. Bd.). München 1967.

111 Heinzmann, Johann Georg: Appell an meine Nation über die Pest der deutschen Literatur. Mit einem Nachwort von Reinhard Wittmann. (Repr. Dr. d. Ausg. Bern 1795). Hildesheim 1977. (Texte zum literarischen Leben um 1800. Bd. 1).

112 Historizität in Sprach- und Literaturwissenschaft. Vorträge und Berichte der Stuttgarter Germanistentagung 1972. In Verbindung mit Hans Fromm und Karl Richter hrsg. von Walter Müller-Seidel. München 1974.

113 Jäger, Hella: Naivität. Eine kritisch-utopische Kategorie in der bürgerlichen Literatur und Ästhetik des 18. Jahrhunderts. Kronberg 1975. (Skripten – Literaturwissenschaft. 19).

114 Kann, Robert Adolf: Kanzel und Katheder. (A study in Austrian intellectual hystory, dt.). Studien zur österreichischen Geistesgeschichte vom Spätbarock zur Frühromantik. (Aus d. Amerik. übers. von Inge Lehne). Wien 1962.

115 Korff, Hermann August: Geist der Goethezeit. Versuch einer ideellen Entwicklung der klassisch-romantischen Literaturgeschichte. Teil 1: Sturm und Drang. 7. unveränd. Aufl. Leipzig 1964.

116 Korff, Hermann August: Geist der Goethezeit. Bd. 3. 3. Aufl. Leipzig 1940.
117 Lange, Thomas: Idyllische und exotische Sehnsucht. Formen bürgerlicher Nostalgie in der deutschen Literatur des 18. Jahrhunderts. Kronberg 1976.
118 Literatur in der sozialen Bewegung. Aufsätze und Forschungsberichte zum 19. Jahrhundert in Verbindung mit Günter Häntzschel und Georg Jäger hrsg. von Alberto Martino. Tübingen 1977.
119 Literaturwissenschaft und Sozialwissenschaften. Bd. 3: Deutsches Bürgertum und literarische Intelligenz 1750–1800. Hrsg. von Bernd Lutz. Stuttgart 1974.
120 Lukács, Georg: Werke. Bd. 7: Deutsche Literatur in zwei Jahrhunderten. Neuwied, Berlin (West) 1964.
121 Marino, Luigi: I maestri della Germania. Göttingen 1770–1820. Torino 1975.
122 Martini, Fritz: Deutsche Literaturgeschichte. Von den Anfängen bis zur Gegenwart. 15. Aufl. Stuttgart 1968.
123 Muschg, Walter: Die Zerstörung der deutschen Literatur. München 1961.
124 Nadler, Josef: Literaturgeschichte der deutschen Stämme und Landschaften. 4 Bde. Regensburg 1912–1928.
125 Die österreichische Literatur – Eine Dokumentation ihrer literarhistorischen Entwicklung. Hrsg. von Herbert Zeman. Die österreichische Literatur, ihr Profil an der Wende vom 18. zum 19. Jahrhundert (1750–1830). Teil 1 und 2. Hrsg. von Herbert Zeman. Graz 1979.
126 Reallexikon der deutschen Literaturgeschichte. Begr. von Paul Merker; Wolfgang Stammler. Neu bearb. u. hrsg. von Werner Kohlschmidt; Wolfgang Mohr. Bd. 1. 2. Auf. Berlin 1958. Bd. 3. 2. Aufl. Berlin 1977.
127 Scherer, Wilhelm: Geschichte der deutschen Literatur. 15. Aufl. Nachwort von Eduard Schröder. Berlin 1922.
128 Schlaffer, Heinz: Der Bürger als Held. Sozialgeschichtliche Auflösungen literarischer Widersprüche. Frankfurt (Main) 1973.
129 Vilmar, August Friedrich Christian: Geschichte der deutschen National-Literatur. 10., verm. Aufl. Marburg, Leipzig 1864.

4. Zur Literaturgeschichte (Epochen)

130 Arendt, Dieter: Der poetische Nihilismus in der Romantik; Studien zum Verhältnis von Dichtung und Wirklichkeit in der Frühromantik. 2 Bde. Tübingen 1972. (Studien zur deutschen Literatur. Bd. 29–30).
131 Ayrault, Roger: La genèse du romantisme allemand; situation spirituelle de l'Allemagne dans la deuxième moitié du XVIIIe siècle. 4 Bde. Paris 1961–1976.
132 Demokratisch-revolutionäre Literatur in Deutschland: Jakobinismus. Hrsg. von Gert Mattenklott; Klaus R. Scherpe. Kronberg 1975. (Literatur im historischen Prozeß. Bd. 3,1).

133 Deutsche Dichter der Romantik. Ihr Leben und Werk. Unter Mitarbeit zahlreicher Fachgelehrter hrsg. von Benno von Wiese. Berlin (West) 1971.

134 Deutsche Literatur zur Zeit der Klassik. Hrsg. von Karl Otto Conrady. Stuttgart 1977.

135 Die deutsche Romantik. Poetik, Formen und Motive. Hrsg. von Hans Steffen. Göttingen 1967.

136 Frank, Manfred: Das Problem der «Zeit» in der deutschen Romantik. Zeitbewußtsein und Bewußtsein von Wirklichkeit in der frühromantischen Philosophie und in Tiecks Dichtung. München 1972.

137 Haym, Rudolf: Die romantische Schule. Ein Beitrag zur Geschichte des deutschen Geistes. (Unveränd. photomechan. Nachdr. d. 1. Aufl. Berlin 1870). Darmstadt 1961.

138 Hettner, Hermann: Literaturgeschichte der Goethezeit (Goethe und Schiller). Hrsg. von Johannes Andregg. (Separat-Abdruck aus Hermann Hettners «Literaturgeschichte des achtzehnten Jahrhunderts». 3. Aufl. Braunschweig 1876). München 1970.

139 Hoffmeister, Gerhard: Deutsche und europäische Romantik. Stuttgart 1978.

140 Kluckhohn, Paul: Die Auffassung der Liebe in der Literatur des 18. Jahrhunderts und in der deutschen Romantik. 3., unveränd. Aufl. Tübingen 1966.

141 Krauss, Werner: Französische Aufklärung und deutsche Romantik. In: Wissenschaftliche Zeitschrift der Karl Marx-Universität. Leipzig 12 (1963). S. 496–501.

142 Literaturwissenschaft und Sozialwissenschaften. Bd. 8: Zur Modernität der Romantik. Hrsg. von Dieter Bänsch. Stuttgart 1977.

143 Mittelalterrezeption. Texte zur Aufnahme altdeutscher Literatur in der Romantik. Hrsg., eingel. u. mit e. weiterführenden Bibliogr. vers. von Gerard Koziełek. Tübingen 1977. (Deutsche Texte. 47).

144 Romantik. Erläuterungen zur deutschen Literatur. Hrsg. vom Kollektiv für Literaturgeschichte, Leitung Kurt Böttcher. Berlin (Ost) 1967.

145 Romantik in Deutschland. Ein interdisziplinäres Symposion. Sonderband der «Deutschen Vierteljahrsschrift». Hrsg. von Richard Brinkmann. Stuttgart 1978.

146 Romantik in kritischer Perspektive. 10 Studien. Hrsg. von Jack David Zipes. Heidelberg 1976.

147 Stephan, Inge: Literarischer Jakobinismus in Deutschland (1789–1806). Stuttgart 1976.

148 Thalmann, Marianne: Zeichensprache der Romantik. Mit 12 Strukturzeichnungen. Heidelberg 1967. (Poesie und Wissenschaft. 4).

149 Träger, Claus: Ursprünge und Stellung der Romantik. In: Weimarer Beiträge. Berlin (Ost), Weimar. 2 (1975), S. 37–73.

150 Voegt, Hedwig: Die deutsche jakobinische Literatur und Publizistik 1789–1800. Berlin (Ost) 1955.

5. Zu den literarischen Gattungen

151 Alt-Wiener Volkstheater. Hrsg. u. mit e. Einl. vers. von Otto Rommel. 7 Bde. Teschen, Leipzig, Wien 1917.
152 Barocktradition im österreichisch-bayrischen Volkstheater. 8 Bde. von Otto Rommel. Leipzig 1935–1939.
153 Bausinger, Hermann: Formen der Volkspoesie. Berlin (West) 1968. (Grundlagen der Germanistik. 6).
154 Beaujean, Marion: Der Trivialroman in der zweiten Hälfte des 18. Jahrhunderts; die Ursprünge des modernen Unterhaltungsromans. 2. erg. Aufl. Bonn 1969. (Abhandlungen zur Kunst-, Musik- u. Literaturwissenschaft. 22).
155 Bialek, Halina: Novellistische Erzählungen zu Ende des 18. Jahrhunderts. In: Germanica Wratislaviensia. Wroclaw. 27 (1976), S. 65–76.
156 Böschenstein-Schäfer, Renate: Idylle. Stuttgart 1967.
157 Brahm, Otto: Das deutsche Ritterdrama des achtzehnten Jahrhunderts. Studien über Joseph August von Törring, seine Vorgänger und Nachfolger. Straßburg 1880.
158 Bruford, Walter Horace: Theatre, drama and audience in Goethe's Germany. London 1950.
159 Die Entwicklung des bürgerlichen Dramas im 18. Jahrhundert. Ausgewählte Texte. Mit e. Nachw. hrsg. von Jürg Mathes. Tübingen 1974. (Deutsche Texte. 28).
160 Enzinger, Moriz: Die Entwicklung des Wiener Theaters vom 16. zum 19. Jahrhundert. (Stoffe und Motive). Berlin 1918–19. (Schriften d. Ges. f. Theatergesch. Bde. 28/29).
161 Europäische Bukolik und Georgik. Hrsg. von Klaus Garber. Darmstadt 1976. (Wege der Forschung. Bd. 355).
162 Fink, Gonthier-Louis: Théologie, psychologie et sociologie du crime. Le conte moral de Schubart à Schiller. In: Recherches germaniques. Strasbourg. 6 (1976), S. 55–111.
163 Geschichte der politischen Lyrik in Deutschland. Hrsg. von Walter Hinderer. Stuttgart 1978.
164 Glaser, Horst Albert: Das bürgerliche Rührstück. Analekten zum Zusammenhang von Sentimentalität mit Autorität in der trivialen Dramatik Schröders, Ifflands, Kotzebues und anderer Autoren am Ende des achtzehnten Jahrhunderts. Stuttgart 1969. (Dichtung und Erkenntnis. Bd. 9).
165 Greiner, Bernhard: Welttheater als Montage. Heidelberg 1977. (Medium Literatur. 9).
166 Greiner, Martin: Die Entstehung der modernen Unterhaltungsliteratur. Studien zum Trivialroman des 18. Jahrhunderts. Hrsg. u. bearb. von Therese Poser. Reinbek 1964.
167 Guthke, Karl S.: Das deutsche bürgerliche Trauerspiel. Stuttgart 1972.
168 Hügel, Hans-Otto: Untersuchungsrichter, Diebsfänger, Detektive. Theorie und Geschichte der deutschen Detektiverzählung im 19. Jahrhundert. Stuttgart 1978.
169 Idyllen der Deutschen. Texte und Illustrationen. Hrsg. von Helmut J. Schneider. Frankfurt (Main) 1978.

170 Jacobs, Jürgen: Wilhelm Meister und seine Brüder. Untersuchungen zum deutschen Bildungsroman. München 1972.
171 Jäger, Hans-Wolf: Gegen die Revolution. Beobachtungen zur konservativen Dramatik in Deutschland um 1790. In: Jahrbuch der Deutschen Schiller-Gesellschaft. Stuttgart. 22 (1978), S. 362–403.
172 Killy, Walther: Romane des 19. Jahrhunderts. Wirklichkeit und Kunstcharakter. Göttingen 1967.
173 Koch, Hans-Albrecht: Das deutsche Singspiel. Stuttgart 1974.
174 Koehn, Lothar: Entwicklungs- und Bildungsroman. Ein Forschungsbericht. In: Deutsche Vierteljahrsschrift für Literaturwissenschaft und Geistesgeschichte. Stuttgart. 42 (1968), S. 427–473 u. 590–632.
175 Koehn, Lothar: Entwicklungs- und Bildungsroman. Ein Forschungsbericht. Mit einem Nachtrag. Stuttgart 1969.
176 Lukács, Georg: Die Theorie des Romans. Ein geschichtsphilosophischer Versuch über die Formen der großen Epik. 3. Aufl. Darmstadt, Neuwied 1976.
177 Martini, Fritz: Der Bildungsroman. Zur Geschichte des Wortes und der Theorie. In: Deutsche Vierteljahrsschrift für Literaturwissenschaft und Geistesgeschichte. Stuttgart. 35 (1961), S. 44–63.
178 Die romantisch-komischen Volksmärchen: Hrsg. von Otto Rommel. Leipzig 1936. (Deutsche Literatur: Sammlung literarischer Kunst- und Kulturdenkmäler in Entwicklungsreihen. Reihe Barock: Barocktradition im österreichisch-bayrischen Volkstheater. Bd. 2).
179 Rommel, Otto: Die Alt-Wiener Volkskomödie. Ihre Geschichte vom barocken Welt-Theater bis zum Tode Nestroys. Mit 250 Abb. Wien 1952.
180 Schaer, Wolfgang: Die Gesellschaft im deutschen bürgerlichen Drama des 18. Jahrhunderts. Grundlagen und Bedrohung im Spiegel der dramatischen Literatur. Bonn 1963. (Bonner Arbeiten zur deutschen Literatur. Bd. 7).
181 Scherpe, Klaus Rüdiger: Gattungspoetik im 18. Jahrhundert. Historische Entwicklung von Gottsched bis Herder. Stuttgart 1968. (Studien zur allgemeinen und vergleichenden Literaturwissenschaft. Bd. 2).
182 Schumacher, Hans: Narziß an der Quelle. Das romantische Kunstmärchen. Geschichte und Interpretationen. Wiesbaden 1977.
183 Schwab, Heinrich W.: Sangbarkeit, Popularität und Kunstlied. Studien zu Lied und Liedästhetik der mittleren Goethezeit 1770–1814. Regensburg 1965. (Studien zur Musikgeschichte d. 19. Jhdts. Bd. 3).
184 Sengle, Friedrich: Das deutsche Geschichtsdrama. Geschichte eines literarischen Mythos. Stuttgart 1952.
185 Textsortenlehre – Gattungsgeschichte. Hrsg. von Walter Hinck. Heidelberg 1977. (Medium Literatur. 4).
186 Tismar, Jens: Kunstmärchen. Stuttgart 1977.
187 Weidemeier, Hartmut: Heinrich August Kerndörffer. Untersuchungen zum Trivialroman der Goethezeit. Diss. Bonn 1966.
188 Der weiland Kasperl (Johann La Roche). Ein Beitrag zur Theater- und Sittengeschichte Alt-Wiens. Hrsg. von Gustav Gugitz. Wien 1920.

6. Zu einzelnen Autoren

189 Adam Müllers Lebenszeugnisse. Hrsg. von Jakob Baxa. Bd. 2. Paderborn, München, Wien 1966.
190 Alewyn, Richard: Ein Fragment der Fortsetzung von Tiecks «Sternbald». In: Jahrbuch des Freien Deutschen Hochstifts. Tübingen. (1962), S. 58–68.
191 Baioni, Giuliano: «Märchen» – «Wilhelm Meisters Lehrjahre» – «Hermann und Dorothea». Zur Gesellschaftsidee der deutschen Klassik. In: Goethe-Jahrbuch. Weimar. 92 (1975), S. 73–127.
192 Beck, Adolf: Hölderlin als Republikaner. In: Hölderlin-Jahrbuch. Tübingen. 15 (1967/68), S. 28–52.
193 Berger, Albert: Ästhetik und Bildungsroman. Goethes «Wilhelm Meisters Lehrjahre». Wien 1977. (Wiener Arbeiten zur deutschen Literatur. 7).
194 Bertaux, Pierre: Hölderlin und die Französische Revolution. Frankfurt (Main) 1969.
195 Borchmeyer, Dieter: Höfische Gesellschaft und französische Revolution bei Goethe. Adliges und bürgerliches Wertsystem im Urteil der Weimarer Klassik. Kronberg (Ts.) 1977.
196 Borchmeyer, Dieter: Tragödie und Öffentlichkeit. Schillers Dramaturgie im Zusammenhang seiner ästhetisch-politischen Theorie und die rhetorische Tradition. München 1973.
197 Bormann, Alexander von: Natura loquitur. Naturpoesie und emblematische Formel bei Joseph von Eichendorff. Tübingen 1968. (Studien zur deutschen Literatur. Bd. 12).
198 Deibel, Franz: Dorothea Schlegel als schriftstellerin im zusammenhang mit der romantischen schule. Berlin 1905. (Palaestra. Untersuchungen und texte aus der deutschen und englischen philologie. 40).
199 Denkwürdigkeiten des Schauspielers, Schauspieldichters und Schauspieldirektors Friedrich Ludwig Schmidt (1772–1841). Nach hinterlassenen Entwürfen zusammengestellt und hrsg. von Hermann Uhde. Hamburg 1875.
200 Eichner, Hans: Zur Deutung von «Wilhelm Meisters Lehrjahren». In: Jahrbuch des Freien Deutschen Hochstifts. Tübingen 1966, S. 165–196.
201 Eilert, Heide: Theater in der Erzählkunst. Eine Studie zum Werk E. Th. A. Hoffmanns. Tübingen 1977. (Studien zur deutschen Literatur. Bd. 52).
202 Fink, Gonthier-Louis: «Das Märchen». Goethes Auseinandersetzung mit seiner Zeit. In: Goethe. N. F. des Jahrbuchs der Goethe-Gesellschaft. Weimar. 33 (1971), S. 96–122.
203 Flemming, Willi: Goethe und das Theater seiner Zeit. Stuttgart, Berlin (West), Köln 1968.
204 Gille, Klaus F.: «Wilhelm Meister» im Urteil seiner Zeitgenossen. Ein Beitrag zur Wirkungsgeschichte Goethes. Assen 1971.
205 Glück, Alfons: Schillers «Wallenstein». München 1976.
206 Grob, Karl: Ursprung und Utopie. Aporien des Textes. Versuche zu

Herder und Novalis. Bonn 1976. (Studien zur Germanistik, Anglistik und Komparatistik. Bd. 44).

207 Gundolf, Friedrich: Goethe. 13. Aufl. Berlin 1930.

208 Gundolf, Friedrich: Heinrich von Kleist. Berlin 1922.

209 Hamburger, Käte: Schiller und die Lyrik. In: Jahrbuch der Deutschen Schillergesellschaft. Stuttgart. 16 (1972), S. 299–329.

210 Hamm, Heinz: Der Theoretiker Goethe. Grundpositionen seiner Weltanschauung, Philosophie u. Kunsttheorie. Kronberg 1976. (Reihe Literatur im historischen Prozeß. Bd. 5).

211 Harich, Wolfgang: Jean Pauls Revolutionsdichtung. Versuch einer neuen Deutung seiner heroischen Romane. Reinbek 1974.

212 Hein, Jürgen: Ferdinand Raimund. Stuttgart 1970.

213 Heiner, Hans-Joachim: Das Ganzheitsdenken Friedrich Schlegels. Wissenssoziologische Deutung einer Denkform. Stuttgart 1971.

214 Heinrich von Kleist. Aufsätze und Essays. Hrsg. von Walter Müller-Seidel. Darmstadt 1967. (Wege der Forschung. Bd. 147).

215 Heinrich von Kleists Lebensspuren. Dokumente und Berichte der Zeitgenossen. Hrsg. von Helmut Sembdner. 2. veränd. u. erw. Aufl. Bremen 1957.

216 Heinrich von Kleists Nachruhm. Eine Wirkungsgeschichte in Dokumenten. Hrsg. von Helmut Sembdner. Bremen 1967.

217 Höcker, Gustav: Die Vorbilder der deutschen Schauspielkunst. Schröder, Iffland und Ludwig Devrient. In biographischen Erzählungen. Glogau 1899.

218 Hubert, Ulrich: Karl Philipp Moritz und die Anfänge der Romantik. Tieck, Wackenroder, Jean Paul, Friedrich u. August Wilhelm Schlegel. Frankfurt (Main) 1971.

219 Jahrbuch der Jean Paul-Gesellschaft. Bayreuth. 1 (1966) ff. Ab 1967 in München erschienen.

220 Jean Paul. Hrsg. von Heinz Ludwig Arnold. Stuttgart 1970. (Sonderband aus der Reihe Text + Kritik).

221 Jean Paul. Hrsg. von Uwe Schweikert. Darmstadt 1974. (Wege der Forschung. Bd. 336.)

222 Kaiser, Gerhard: Von Arkadien nach Elysium. Schiller-Studien. Göttingen 1978.

223 Kaiser, Gerhard; Kittler, Friedrich A.: Dichtung als Sozialisationsspiel. Studien zu Goethe und Gottfried Keller. Göttingen 1978.

224 Klingenberg, Karl-Heinz: Iffland und Kotzebue als Dramatiker. Weimar 1962. (Beiträge zur deutschen Klassik. Bd. 15).

225 Knaack, Jürgen: Achim von Arnim, nicht nur Poet. Die politischen Anschauungen Arnims in ihrer Entwicklung. Mit ungedruckten Texten und einem Verzeichnis sämtlicher Briefe. Darmstadt 1976. (Germanistik. Bd. 8).

226 Knudsen, Hans: Goethes Welt des Theaters. Ein Vierteljahrhundert Weimarer Bühnenleitung. Mit 71 zeitgenöss. Abb. Berlin 1949.

227 Köhn, Lothar: Vieldeutige Welt. Studien zur Struktur der Erzählungen E. Th. A. Hoffmanns und zur Entwicklung seines Werkes. Tübingen 1966. (Studien zur deutschen Literatur. Bd. 6).

228 Kommerell, Max: Jean Paul. 3., unveränd. Aufl. Frankfurt (Main) 1957.

229 Kraft, Herbert: Um Schiller betrogen. Pfullingen 1978.

230 Kurz, Gerhard: Mittelbarkeit und Vereinigung. Zum Verhältnis von Poesie, Reflexion und Revolution bei Hölderlin. Stuttgart 1975.

231 Link, Jürgen: «Hyperion» als Nationalepos in Prosa. In: Hölderlin-Jahrbuch. Tübingen. 16 (1969/70), S. 158–194.

232 Ludwig Tieck. Hrsg. von Wulf Segebrecht. Darmstadt 1976. (Wege der Forschung. Bd. 386).

233 Lypp, Maria: Ästhetische Reflexion und ihre Gestaltung in Goethes «Hermann und Dorothea». Diss. FU Berlin. Stuttgart 1969.

234 Mähl, Hans-Joachim: Die Idee des goldenen Zeitalters im Werk des Novalis. Studien zur Wesensbestimmung der frühromantischen Utopie und zu ihren ideengeschichtlichen Voraussetzungen. Heidelberg 1965. (Probleme der Dichtung. Bd 7).

235 Matt, Peter von: Die Augen der Automaten. E. Th. A. Hoffmanns Imaginationslehre als Prinzip seiner Erzählkunst. Tübingen 1971. (Studien zur deutschen Literatur. Bd. 24).

236 Maurer, Doris: August von Kotzebue. Ursachen seines Erfolges. Konstante Elemente der unterhaltenden Dramatik. Bonn 1979. (Bonner Arbeiten zur deutschen Literatur. Bd. 34).

237 Mayer, Hans: Heinrich von Kleist. Der geschichtliche Augenblick. Pfullingen 1962.

238 Mayer, Hans: Schillers Gedichte und die Traditionen deutscher Lyrik. In: Jahrbuch der Deutschen Schillergesellschaft. 4 (1960), S. 72–89.

239 Mennemeier, Franz Norbert: Friedrich Schlegels Poesiebegriff dargestellt anhand der literaturkritischen Schriften. Die romantische Konzeption einer objektiven Poesie. München 1971.

240 Meyer, Friedrich Ludwig Wilhelm: Friedrich Ludwig Schröder. Beitrag zur Kunde des Menschen und des Künstlers. Hamburg 1819.

241 Minder, Robert: Un poète romantique allemand: Ludwig Tieck (1773–1853). Paris 1936.

242 Müller, Helmut: Untersuchungen zum Problem der Formelhaftigkeit bei E. Th. A. Hoffmann. Bern 1964. (Sprache und Dichtung. N. F. Bd. 11).

243 Rasch, Wolfdietrich: Die Erzählweise Jean Pauls. Metaphernspiele und dissonante Strukturen. München 1961.

244 Ribbat, Ernst: Ludwig Tieck. Studien zur Konzeption und Praxis romantischer Poesie. Kronberg 1978.

245 Sàito, Nello: Schiller e il suo tempo. Poesia e polemica dal 1788 al 1795. Roma 1963. (Nuovi saggi. 44).

246 Schaub, Gerhard: Le génie entfant. Die Kategorie des Kindlichen bei Clemens Brentano. Berlin (West), New York 1973. (Quellen und Forschungen zur Sprach- und Kulturgeschichte der germanischen Völker. N. F. 55 [179]).

247 Scherzer, Melitta: Zur Diskussion um die «Nachtwachen» des Bonaventura: Johann Benjamin Erhard. In: Aurora. Jahrbuch der Eichendorff-Gesellschaft. Würzburg. 37 (1977), S. 115–133.

248 Schillemeit, Jost: Bonaventura, der Verfasser der «Nachtwachen». München 1973.
249 Schiller – Zeitgenosse aller Epochen. Dokumente zur Wirkungsgeschichte Schillers in Deutschland. Hrsg., eingel. u. komm. von Norbert Oellers. Teil 1: 1782–1859. Frankfurt (Main) 1970. Teil 2: 1860–1966. München 1976. (Wirkung der Literatur. Bd. 2).
250 Schillers Dramen. Neue Interpretationen. Hrsg. von Walter Hinderer. Stuttgart 1979.
251 Schlaffer, Heinz: Exoterik und Esoterik in Goethes Romanen. In: Goethe-Jahrbuch. Weimar. 95 (1978), S. 212–226.
252 Schlechta, Karl: Goethes «Wilhelm Meister». Frankfurt (Main) 1953.
253 Schmidt, Jochen: Heinrich von Kleist. Studien zu seiner poetischen Verfahrensweise. Tübingen 1974.
254 Schriftsteller über Kleist. Eine Dokumentation. Hrsg. von Peter Goldammer. Berlin (Ost), Weimar 1976.
255 Schwarz, Peter Paul: Aurora. Zur romantischen Zeitstruktur bei Eichendorff. Bad Homburg 1970 (Ars poetica. Studien. Bd. 12).
256 Schweikert, Uwe: Jean Paul. Stuttgart 1970.
257 Schweikert, Uwe: Jean Pauls «Komet». Selbstparodie der Kunst. Stuttgart 1971. (Germanistische Abhandlungen. 35).
258 Seidlin, Oskar: Klassische und moderne Klassiker: Goethe, Brentano, Eichendorff, Gerhart Hauptmann, Thomas Mann. Göttingen 1972.
259 Seidlin, Oskar: Versuche über Eichendorff. Göttingen 1965.
260 Spiess, Christian Heinrich: Biographien der Wahnsinnigen. Hrsg. u. mit e. Nachw. vers. von Wolfgang Promies. Darmstadt 1976.
261 Staiger, Emil: Friedrich Schiller. Zürich 1967.
262 Steig, Reinhold: Heinrich von Kleists Berliner Kämpfe. Berlin 1901.
263 Stock, Frithjof: Kotzebue im literarischen Leben der Goethezeit. Polemik, Kritik, Publikum. Düsseldorf 1971. (Literatur in der Gesellschaft. Bd. 1).
264 Storz, Gerhard: Gesichtspunkte für die Betrachtung von Schillers Lyrik. In: Jahrbuch der Deutschen Schillergesellschaft. Stuttgart. 12 (1968), S. 259–274.
265 Thalmann, Marianne: Ludwig Tieck. Der romantische Weltmann aus Berlin. München 1955.
266 Thiel, Michael: Johann Friedrich Ernst Albrecht (1752–1814). Arzt, medizinischer Volksschriftsteller, politischer Belletrist. Ein Beitrag zur Trivialliteraturforschung. Diss. Berlin (West) 1970.
267 Thurn, Hans Peter: Roman der unaufgeklärten Gesellschaft. Untersuchungen zum Prosawerk Johann Carl Wezels. Stuttgart, Berlin (West), Köln 1973. (Studien zur Poetik und Geschichte der Literatur. Bd. 30).
268 Tunner, Erika: Clemens Brentano. Imagination et sentiment réligieux. 2 Bde. Paris 1978.
269 Vordtriede, Werner: Novalis und die französischen Symbolisten. Zur Entstehungsgeschichte des dichterischen Symbols. Stuttgart 1963. (Sprache und Literatur. 8)
270 Wahle, Julius: Das weimarische Hoftheater unter Goethes Leitung. Zur Feier des 100. Jahrestages seiner Gründung. Weimar 1892.

271 Walter, Jürgen: E. Th. A. Hoffmanns Märchen «Klein Zaches genannt Zinnober». Versuch einer sozialgeschichtlichen Interpretation. In: Mitteilungen der E. Th. A. Hoffmann-Gesellschaft. Bamberg. 19 (1973), S. 27–45.
272 Werner, Hans-Georg: Der romantische Schriftsteller und sein Philister-Publikum. Zur Wirkungsfunktion von Erzählungen E. Th. A. Hoffmanns. In: Weimarer Beiträge. Berlin (Ost), Weimar. 4 (1978, S. 87–114.

7. Zur Ästhetik, Literaturtheorie und Philosophie

273 Benjamin, Walter: Gesammelte Schriften. Unter Mitwirkung v. Theodor W. Adorno u. Gershom Scholem hrsg. v. Rolf Tiedemann u. Hermann Schweppenhäuser. Frankfurt (Main) 1972 ff.
274 Bubner, Rüdiger: Hegel und Goethe. Heidelberg 1978. (Euphorion. Beiheft. 12).
275 Critical dimensions. English, German and comparative literature essays in honour of Aurelio Zanco. Ed. by Mario Curreli and Alberto Martino. Cuneo 1978.
276 Dahnke, Hans-Dietrich: Zeitverständnis und Literaturtheorie. Goethes Stellung zu den theoretischen Bemühungen Schillers und Friedrich Schlegels um eine Poesie der Moderne. In: Goethe-Jahrbuch. Weimar. 95 (1978), S. 65–84.
277 Devrient, Eduard: Geschichte der deutschen Schauspielkunst. In 2 Bdn. Neu hrsg. von Rolf Kabel und Christoph Trilse. München, Wien 1967.
278 Dilthey, Wilhelm: Das Erlebnis und die Dichtung. Lessing, Goethe, Novalis, Hölderlin. 14. Aufl. Göttingen 1965.
279 Engelhardt, Diether von: Einheitliche und umfassende Naturdarstellungen in der Naturwissenschaft um 1800. In: Rete. Strukturgeschichte der Naturwissenschaften. Hildesheim. 1 (1972), S. 167–192.
280 Erforschung der deutschen Aufklärung. Hrsg. von Peter Pütz. Königstein (Ts.) 1980. (Neue Wissenschaftliche Bibliothek. Bd. 94).
281 Grundzüge der Literatur- und Sprachwissenschaft. Hrsg. von Heinz Ludwig Arnold; Volker Sinemus. Bd. 1: Literaturwissenschaft. 3. Aufl. München 1975.
282 Heinrich, Gerda: Geschichtsphilosophische Positionen der deutschen Frühromantik. (Friedrich Schlegel und Novalis). Kronberg 1977. (Reihe Literatur im historischen Prozeß. Bd. 9. Literaturwissenschaft).
283 Hillebrand, Karl: Unbekannte Essays. Aus d. Franz. u. Engl. übers. u. mit e. biograph. Nachw. «Joseph und Karl Hillebrand» hrsg. von Hermann Uhde-Bernays. Bern 1955.
284 Hörisch, Jochen: Die fröhliche Wissenschaft der Poesie. Der Universalanspruch von Dichtung in der frühromantischen Poetologie. Frankfurt (Main) 1976.
285 Janz, Rolf-Peter: Autonomie und soziale Funktion der Kunst. Studien zur Ästhetik von Schiller und Novalis. Stuttgart 1973.

286 Jauß, Hans Robert: Literaturgeschichte als Provokation. Frankfurt (Main) 1970.
287 Kaiser, Gerhard: Wandrer und Idylle. Goethe und die Phänomenologie der Natur in der deutschen Dichtung von Gessner bis Gottfried Keller. Göttingen 1977.
288 Klein, Albert; Vogt, Jochen: Methoden der Literaturwissenschaft I: Literaturgeschichte und Interpretation. 3. Aufl. Düsseldorf 1974.
289 Kommerell, Max: Essays, Notizen, poetische Fragmente. Aus dem Nachlaß hrsg. von Inge Jens. Olten, Freiburg i. Br. 1969.
290 Literatursoziologie. Hrsg. von Joachim Bark. Bd. 2: Beiträge zur Praxis. Stuttgart, Berlin (West), Köln 1974.
291 Literaturwissenschaft und Geschichtsphilosophie. Festschrift für Wilhelm Emrich. Hrsg. von Helmut Arntzen u. a. Berlin (West), New York 1975.
292 Materialien zu Schellings philosophischen Anfängen. Hrsg. von Manfred Frank; Gerhard Kurz. Frankfurt (Main) 1975.
293 Müller, Adam Heinrich Ritter von Nitterdorf: Die Elemente der Staatskunst. 36 Vorlesungen. Von Adam Müller. Ungekürzte Ausgabe. (Neuausgabe des Neudrucks Meersburg, Hendel 1936 der Originalausgabe 1808/09.) Berlin 1968.
294 Nachahmung und Illusion. Kolloquium Gießen, Juni 1963. Vorlagen und Verhandlungen. Hrsg. von Hans Robert Jauß. München 1964. (Poetik und Hermeneutik. 1).
295 Nolte, Jost: Grenzgänge. Berichte über Literatur. Wien 1972.
296 Rank, Otto: Das Inzest-Motiv in Dichtung und Sage. Grundzüge einer Psychologie des dichterischen Schaffens. Wien 1926.
297 Romantheorie. Dokumentation ihrer Geschichte in Deutschland seit 1880. Hrsg. von Eberhard Lämmert u. a. Köln 1975. (Neue Wissenschaftliche Bibliothek 80. Literaturwissenschaft).
298 Rosenkranz, Karl: Ästhetik des Häßlichen. Königsberg 1853.
299 Schmidt, Peter: Gesundheit und Krankheit in romantischer Medizin und Erzählkunst. In: Jahrbuch des Freien Deutschen Hochstifts. Tübingen. (1966), S. 197–228.
300 Strohschneider-Kohrs, Ingrid: Die romantische Ironie in Theorie und Gestaltung. 2. Aufl. Tübingen 1977.
301 Studien zur Literaturgeschichte und Literaturtheorie. Hrsg. von Hans-Günther Thalheim; Ursula Wertheim. Berlin (Ost) 1970.
302 Svarez, Carl Gottlieb: Vorträge über Recht und Staat. Hrsg. von Hermann Conrad; Gerd Kleinheyer. Köln, Opladen 1960. (Wissenschaftliche Abhandlungen der Arbeitsgemeinschaft für Forschung des Landes Nordrhein-Westfalen. Bd. 10).
303 Szondi, Peter: Poetik und Geschichtsphilosophie. Bd. 1 und 2. Hrsg. von Wolfgang Fietkau u. a. Frankfurt (Main) 1974. (Studienausgabe der Vorlesungen. Bd. 2 und 3).
304 Textsemiotik als Ideologiekritik. Beiträge von Peter V. Zima u. a. hrsg. von Peter V. Zima. Frankfurt (Main) 1977.

(Zusammengestellt von Josef König)

Zeittafeln

	Daten deutscher Literatur und Philosophie	Allgemeine kulturgeschichtliche Daten
	(Die Daten beziehen sich auf die erste Aufführung oder Publikation. Nur in Ausnahmefällen ist davon abgewichen worden.)	
1786	J. F. E. Albrecht: *Skizzen aus dem Klosterleben* G. A. Bürger: *Wunderbare Reisen zu Wasser und zu Lande des Freyherrn von Münchhausen* Friedrich II.: *Gedanken über Religion* J. W. L. Gleim: *Fabeln* K. Ph. Moritz: *Andreas Hartknopf* F. Schiller: *Resignation* und *An die Freude* F. Schiller: *Verbrecher aus Infamie* (Buchausg. 1792: *Kleinere Prosaische Schriften* unter dem Titel: *Der Verbrecher aus verlorener Ehre*)	F. Goya: «Die Jahreszeiten» J. Reynolds: «Herzogin von Devonshire mit Tochter» W. A. Mozart: «Figaros Hochzeit» Berliner Hofbühne gegründet E. Cartwright baut den ersten brauchbaren Webstuhl
1787	J. J. Ch. Bode: *Der Lauf der Welt* W. H. v. Dalberg: *Der weibliche Ehescheue* J. W. Goethe: *Iphigenie auf Tauris* J. J. W. Heinse: *Ardinghello*	J. H. Bernardin de Saint-Pierre: *Paul und Virginie* J.-B. Louvet de Couvray: *Leben und Abenteuer des Chevalier Faublas* (bis 1790) J. H. W. Tischbein: «Goethe auf Ruinen i. d. Campagna»

	und die glückseligen Inseln L. v. Holberg: *Der politische Kannengiesser* F. v. Matthisson: *Gedichte* F. Schiller: *Don Carlos, Infant von Spanien*	W. A. Mozart: «Don Giovanni»; «Eine kleine Nachtmusik» J. Bentham: *Verteidigung des Wuchers*
1788	C. F. Flögel: *Geschichte des Grotesk-Komischen* C. F. Flögel: *Geschichte der Hofnarren* J. G. Forster: *Antwort an die Göttingischen Recensenten* Ch. Garve: *Über die Verbindung der Moral mit der Politik* J. W. Goethe: *Egmont* I. Kant: *Kritik der praktischen Vernunft* A. F. F. L. v. Knigge: *Ueber den Umgang mit Menschen* F. Schiller: *Geschichte des Abfalls der vereinigten Niederlande* F. Schiller: *Die Götter Griechenlands* J. G. Sulzer: *Theorie der Dichtkunst*	A. Hamilton: *Der Föderalist* J. L. David: «Paris und Helena» J. Haydn: «Oxford-Symphonie» W. A. Mozart: Symphonien in Es-Dur, g-Moll und C-Dur («Jupitersymphonie») G. Païsiello: «Die schöne Müllerin»
1789	K. F. Bahrdt: *Handbuch der Moral über den Bürgerstand* K. v. Eckartshausen: *Der Tiger von Bengalen* J. W. Goethe: *Vermischte Gedichte* A. F. F. Kotzebue: *Menschenhaß und Reue* F. Schiller: *Eine akademische Antrittsrede: Was heißt und zu welchem Ende studiert man Universalgeschichte?* F. Schiller: *Die Künstler*	V. Alfieri: *Verschwörung der Pazzi* V. Alfieri: *Von der Tyrannei* V. Alfieri: *Myrrha* W. Blake: *Lieder der Unschuld, Lieder der Erfahrung* F. Gérard: «Joseph und seine Brüder» A. E. M. Grétry: «Blaubart» Beginn der Franz. Revolution J. Bentham: *Prinzipien der Gesetzgebung* (gedr. 1780; erschienen 1789) A. L. Lavoisier: *Grundlegende Abhandlung über die Chemie* Pariser Zeitung *Journal des Débats* gegründet
1790	J. M. Armbruster: *Romantische Erzählungen und Skizzen* K. F. Bahrdt: *Katechismus der natürlichen Religion* G. A. Bürger: *Akademie der*	C. M. Bellmann: *Fredmans Episteln* E. Burke: *Betrachtungen über die Französische Revolution* D. A. F. Marquis de Sade: *Ju-*

	schönen Redekünste J. H. Campe: *Reise von Braunschweig nach Paris* J. W. Goethe: *Torquato Tasso* J. W. Goethe: *Faust. Ein Fragment* J. W. Goethe: *Versuch, die Metamorphose der Planzen zu erklären* I. Kant: *Kritik der Urteilskraft*	*liette, oder die Wonne des Lasters* K. v. Gontard: Marmorpalais Potsdam (seit 1788) W. A. Mozart: «Cosi fan tutte»; «Krönungskonzert» 1. dt. Gewerbeaustellung in Hamburg
1791	J. W. Goethe: *Der Gross-Cophta* (gedr. 1792) G. A. v. Halem: *Blicke auf einen Theil Deutschlands* F. M. Klinger: *Fausts Leben, Thaten und Höllenfahrt* E. Schickaneder: *Die Zauberflöte* F. Schiller: *Geschichte des 30jährigen Kriegs* (3 Bde. bis 1793) M. A. v. Thümmel: *Reise in die mittäglichen Provinzen von Frankreich im Jahre 1785–1786* (10 Bde. bis 1805)	J. Boswell: *Denkwürdigkeiten aus Johnson's Leben* D. A. F. Marquis de Sade: *Justine, oder die Gefahren der Tugend* C. G. Langhans: Das Brandenburger Tor in Berlin (seit 1788) J. G. Schadow: Grabmal des Grafen v. d. Mark (Dorotheenkirche Berlin) J. Haydn: «Symphonie mit dem Paukenschlag» W. A. Mozart: «Titus»; «Die Zauberflöte»; «Requiem» (unvollend. Totenmesse) Th. Payne: *Die Rechte der Menschen* L. A. L. de Saint-Just: *Der Geist der Revolution und der Verfassung Frankreichs* Goethe leitet das Weimarer Hoftheater Provinzial-Kunstschule Breslau gegründet (besteht als Akademie bis 1932)
1792	J. F. E. Albrecht: *Der keusche Joseph* J. G. Fichte: *Versuch einer Critik aller Offenbarung* J. W. Goethe: *Der Bürgergeneral* I. Kant: *Über das radicale Böse in der menschlichen Natur* A. L. Karschin: *Gedichte* (posthum) J. G. Sulzer: *Allgemeine Theorie der schönen Künste* (4 Bde. bis 1799)	Abteikirche Neresheim fertiggestellt (1745 unter der Leitung von B. Neumann begonnen) D. Cimarosa: «Die heimliche Ehe» J. Haydn wird L. van Beethovens Lehrer «La Marseillaise» (Revolutionslied) Mary Wollstonecraft: *Die Verteidigung der Rechte der Frau*

1793	J. G. Fichte: *Zurückforderung der Denkfreiheit* G. J. Göschen: *Johanns Reise* J. G. Herder: *Briefe zur Beförderung der Humanität* (10 Bde. bis 1797) Th. G. Hippel: *Kreuz- und Querzüge des Ritters A bis Z* (2 Bde. bis 1794) F. Hölderlin: *Hymnen und Elegien* Jean Paul (F. Richter): *Die unsichtbare Loge* I. Kant: *Die Religion innerhalb der Grenzen der reinen Vernunft* F. Schiller: *Über Anmut und Würde* F. Schiller: *Vom Erhabenen*	W. Blake: *Amerika: eine Prophezeihung* W. Blake: *Visionen der Töchter Albions* A. Canova: «Amor und Psyche» J. L. David: «Der ermordete Marat» W. Godwin: *Untersuchung über politische Gerechtigkeit und ihren Einfluß auf Moral und Glückseligkeit* Th. Payne: *Das Zeitalter der Vernunft* Letzte Hexenverbrennung in Europa (in Posen)
1794	H. J. Collin: *Scheinverbrechen* J. G. Fichte: *Grundlage der gesamten Wissenschaftslehre* J. W. Goethe: *Reineke Fuchs* K. Ph. Moritz: *Mythologisches Wörterbuch* J. H. Voß: Übersetzung *Homers Werke* beendet J. H. D. Zschokke: *Abällino der große Bandit*	W. Blake: *Europa: Eine Prophezeihung* W. Godwin: *Caleb William oder die Dinge wie sie sind* X. de Maistre: *Beschreibung meiner Reise rings um mein Zimmer* A. Radcliffe: *Udolphos Geheimnisse* J. H. Dannecker: Schillerbüste (Weimar) J. L. David: «Selbstportrait» J. G. Schadow: «Viktoria mit Viergespann» (f. d. Brandenburger Tor) J. Haydn: «Militär-Symphonie» Erste Technische Hochschule (in Paris)
1795	J. J. Engel: *Herr Lorenz Stark* (1795/96) J. W. Goethe: *Wilhelm Meisters Lehrjahre* (1795/96) J. W. Goethe: *Unterhaltungen deutscher Ausgewanderten* J. G. Heinzmann: *Über die Pest der deutschen Literatur* Jean Paul (F. Richter): *Hesperus oder 45 Hundsposttage*	S.-R. N. Chamfort: *Maximen, Charakterzüge und Anekdoten* D. A. F. Marquis de Sade: *Die Philosophie im Boudoir* A. J. Carstens: «Die Nacht mit ihren Kindern» J. G. Schadow: «Prinzess. Luise u. Frederike von Preußen» (Marmorgruppe) L. v. Beethoven: Drei Klavier-

	I. Kant: *Zum ewigen Frieden* F. W. J. Schelling: *Vom Ich als Prinzip der Weltseele* F. Schiller: *Die Horen eine Monatsschrift* (bis 1797): darin enthalten u. a. 1.: *Über die ästhetische Erziehung des Menschen, in einer Reihe von Briefen*; 2.: *Über naive und sentimentalische Dichtung* (1795–96) L. Tieck: *Peter Lebrecht* (2 Bde. bis 1796) L. Tieck: *Geschichte des Herrn William Lovell* (3 Bde. bis 1796)	Trios; Klavierkonzert C- und B-Dur J. Haydn: beendet zwölf Londoner Symphonien (seit 1791) J. A. N. de Condorcet: *Entwurf einer historischen Darstellung der Fortschritte des menschl. Geistes* J. S. T. Gehler: *Physikalisches Wörterbuch* (5 Bde. seit 1787; 1822–45 auf 11 Bde. erweitert) Schauspielhaus in Potsdam eröffnet
1796	J. G. Fichte: *Grundlage des Naturrechts* J. W. Goethe: *Venezianische Epigramme* A. W. Iffland: *Die Advokaten* Jean Paul (F. Richter): *Leben des Quintus Fixlein* Jean Paul (F. Richter): *Blumen- Frucht- und Dornenstükke oder Ehestand, Tod und Hochzeit des Armenadvokaten F. St. Siebenkäs im Reichsmarktflecken Kuhschnappel* (3 Bde. bis 1797)	D. Diderot: *Jakob und sein Herr* (posthum; entst. 1771–74) D. Diderot: *Die Nonne* (posthum; entst. 1760) F. Goya: «Bildnis eines Mannes» P. S. de Laplace: *Entstehung des Planetensystems* Einführung der Pockenimpfung durch E. Jenner.
1797	J. M. Armbruster: *Sünden-Register der Franzosen in Teutschland* M. Claudius: *Urians Nachricht von der neuen Aufklärung* Ch. Garve: *Über Gesellschaft und Einsamkeit* J. W. Goethe: *Hermann und Dorothea* J. W. Goethe; F. Schiller: *Xenien* F. Hölderlin: *Hyperion oder der Eremit in Griechenland* (2 Bde. bis 1799) I. Kant: *Die Metaphysik der Sitten* E. A. F. Klingemann: *Die Maske*	J. H. Dannecker: «Selbstbildnis» (Büste) F. Gérard: «Amor küßt Psyche» J. Haydn: «Kaiser-Quartett» (Streichquartett mit der Melodie des «Deutschlandliedes»)

	F. W. J. Schelling: *Ideen zu einer Philosophie der Natur* L. Tieck: *Volksmärchen* (auch *Ritter Blaubart* und *Der gestiefelte Kater*) W. H. Wackenroder: *Herzensergießungen eines Klosterbruders*	
1798	C. L. H. Dedekind: *Die Zeichen der Zeit am Ende des achtzehnten Jahrhunderts* P. L. A. Feuerbach: *Untersuchung über das Verbrechen des Hofverrats* C. B. Feyerabend: *Kosmopolitische Wanderungen durch Preußen* J. G. Fichte: *Das System der Sittenlehre* J. W. Goethe: *Balladen* I. Kant: *Über die Buchmacherey* I. Kant: *Der Streit der Facultäten* F. Schiller: *Balladen* (*Der Taucher*, *Die Kraniche des Ibykus*, *Der Ring des Polykrates*) F. Schiller: *Wallenstein-Trilogie* (*Wallensteins Lager* UA 1798, *Die Piccolomini* UA 1799, *Wallensteins Tod* UA 1799, alle gedr. 1800) A. W. Schlegel: *Athenäum* (Zt. bis 1800) L. Tieck: *Franz Sternbalds Wanderungen* F. S. K. A. v. Wolzogen: *Agnes von Lilien*	Ch. B. Brown: *Wieland oder die Verwandlung* G. Casanova: *Geschichte meines Lebens* (entst. 1789–98; Erstdr. 1822–28; erste vollst. Ausg. des Originaltextes 1960–62) S. T. Coleridge: *Der alte Matrose. Lyrische Balladen* F. Goya: «Caprichos» J. Haydn: «Die Schöpfung» (Oratorium) P. S. de Laplace: *Mechanik des Himmels* (bis 1825) Th. R. Malthus: *Versuch über das Bevölkerungs-Gesetz* (revid. 1803) Freimauerer-Großloge von Preußen «Royal York zur Freundschaft» gegrdt.
1799	S. Brentano: *Die Prinzessin von Cleves* M. Claudius: *An meinen Sohn H.* J. J. Eschenburg: *Denkmäler deutscher Dichtkunst* J. L. Ewald: *Fantasien auf einer Reise durch Gegenden des Friedens*	Th. Campbell: *Die Freuden der Hoffnung* J. L. David: »Die Sabinerinnen« H. Raeburn: «Herrenbildnis» L. v. Beethoven: 1. Symphonie C-Dur J. Ch. Poggendorf: *Annalen der Physik*

	J. G. Fichte: *Appellation an das Publikum* Novalis (F. v. Hardenberg): *Die Christenheit oder Europa* (posthum gedr. 1826) F. Hölderlin: *Der Tod des Empedokles* (entst. 1797–99; gedr. 1826; UA 1916) F. Hölderlin: *Gedichte* F. Schlegel: *Lucinde* F. Schleiermacher: *Reden über die Religion an die Gebildeten unter ihren Verächtern* W. H. Wackenroder: *Phantasien über die Kunst, für Freunde der Kunst*	Bauakademie in Berlin gegründet
1800	E. M. Arndt: *Ein menschliches Wort über die Freiheit der alten Republiken* C. M. Brentano: *Satiren und poetische Spiele* J. G. Fichte: *Der geschlossene Handelsstaat* Novalis (F. v. Hardenberg): *Hymnen an die Nacht* Jean Paul (F. Richter): *Titan* (4. Bde. bis 1803) G. Ch. L. Lichtenberg: *Aphorismen* (in *Vermischte Schriften*; 9 Bde. bis 1806; posthum) F. W. J. Schelling: *System des transzendentalen Idealismus* F. Schiller: *Das Lied von der Glocke* F. Schiller: *Maria Stuart* (gedr. 1801) F. Schleiermacher: *Monologen* L. Tieck: *Leben und Tod der heiligen Genoveva* (UA 1807) Ch. M. Wieland: *Aristip und einige seiner Zeitgenossen*	M. Edgeworth: *Schloß Rackrent* G. N. de Staël: *Über Literatur, in ihren Verhältnissen mit den gesellschaftlichen Einrichtungen und dem Geiste der Zeit* J. L. David: «Mme. Récamier» F. Goya: «Bildnis einer Frau» L. v. Beethoven: 3. Klavierkonzert c-Moll; Streichquartette op. 18,1–6 L. Cherubini: «Der Wasserträger»
1801	C. M. Brentano: *Godwi oder das steinerne Bild der Mutter* (2 Bde. bis 1802) G. W. F. Hegel: *Differenz des Fichte'schen und Schelling'schen Systems*	F. R. de Chateaubriand: *Atala oder Die Liebe zweier Wilden in der Wüste* F. Goya: «Die nackte Maja»; «Die bekleidete Maja» W. Turner: «Die Furt»

	G. W. F. Hegel; F. W. J. Schelling: *Kritisches Journal der Philosophie* (2 Bde. bis 1803) A. F. F. v. Kotzebue: *Die beiden Klingsberg* F. Schiller: *Die Jungfrau von Orleans* (Gedr. 1802) D. Schlegel: *Florentin*	L. van Beethoven: «Die Geschöpfe des Prometheus» J. Haydn: «Die Jahreszeiten» C. F. Gauß veröff. grundl. Werk f. d. mod. Zahlentheorie *Disquisitationes Arithmeticae*
1802	L. A. v. Arnim: *Hollin's Liebesleben* J. v. Görres: *Aphorismen über Kunst* Novalis (F. v. Hardenberg): *Heinrich von Ofterdingen* (posthum) Novalis: (F. v. Hardenberg): *Geistliche Lieder* (posthum) Novalis (F. v. Hardenberg): *Schriften* (darin auch *Die Lehrlinge zu Sais*; *Fragmente*) A. W. Schlegel: *Jon ein Schauspiel* (gedr. 1803)	F. R. de Chateaubriand: *Der Geist des Christentums* G. N. de Staël: *Delphine oder das verliebte Gespenst* A. Canova: «Napoleon Bonaparte» (Büste) Ph. O. Runge: «Triumph des Amors» L. van Beethoven: 2. Symphonie D-Dur; «Heiligenstädter Testament» Entzifferung der babylonischen Keilschrift durch G. F. Grotefend
1803	E. M. Arndt: *Gedichte* C. M. Brentano: *Die lustigen Musikanten* F. Buchholz: *Bekenntnisse einer Giftmischerin* J. W. Goethe: *Leben des Benvenuto Cellini* J. W. Goethe: *Die natürliche Tochter* (gedr. 1804) J. P. Hebel: *Allemanische Gedichte* H. v. Kleist: *Die Familie Schroffenstein* (UA 1804) A. F. F. Kotzebue: *Die deutschen Kleinstädter* F. W. J. Schelling: *Vorlesungen über die Methode des akademischen Studiums* F. Schiller: *Die Braut von Messina oder die feindlichen Brüder* J. G. Seume: *Spaziergang nach Syrakus im Jahre 1802* F. L. Z. Werner: *Die Söhne des Thales* (2 Bde. bis 1804)	L. van Beethoven: (seit 1793): Klaviersonate c-Moll («Pathétique») und cis-Moll («Mondscheinsonate») Technische Hochschule Prag gegründet «Engl. Parlamentsdebatten» werden regelmäßig veröffentlicht

1804	L. A. v. Arnim: *Ariel's Offenbarungen* H. Ch. Boie: *Lieder der Freude* C. M. Brentano: *Ponce de Leon* (UA 1814) H. J. Collin: *Coriolan* J. D. Falk: *Amphitryon* K. v. Günderode: *Gedichte und Phantasien* A. Müller: *Die Lehre von den Gegensätzen* Jean Paul (F. Richter): *Vorschule der Ästhetik* Jean Paul (F. Richter): *Flegeljahre* (4 Bde. bis 1805) E. A. F. Klingemann: *Nachtwachen von Bonaventura* F. Schiller: *Wilhelm Tell* F. Schleiermacher: *Platons Werke* (Übersetzung; 6 Bde. bis 1809) L. Tieck: *Kaiser Octavianus*	J. A. Koch: «Heroische Landschaft mit Regenbogen» Ph. O. Runge: «Selbstbildnis mit Frau und Bruder» L. van Beethoven: 3. Symphonie Es-Dur («Eroica») J. H. Pestalozzi gründet eine Erziehungs- und Lehrerbildungsanstalt in Sverdon (1825 aufgelöst) Gesetzbuch *Code civil* (*Code Napoléon*) in Frankreichs Machtbereich eingeführt
1805	E. M. Arndt: *Ideale über die höchste historische Ansicht der Sprache* E. M. Arndt: *Fragmente über Menschenbildung* J. G. Fichte: *Über das Wesen des Gelehrten* F. H. K. (de la Motte) Fouqué: *Schillers Todtenfeier* J. W. Goethe: *Winckelmann und sein Jahrhundert* K. v. Günderode: *Poetische Fragmente* F. Schiller: *Demetrius* (Unvollend.; posthum gedr. 1815)	W. Scott: *Die Ballade vom letzten Spielmann* L. van Beethoven: Klavierkonzert G-Dur und «Kreutzer-Violinsonate»; «Leonora» (Oper; 1814 als «Fidelio») F. W. A. Sertürner entdeckt das Morphium
1806	E. M. Arndt: *Geist der Zeit* (4 Bde. bis 1818) C. M. Brentano: *Lied von eines Studenten Ankunft in Heidelberg* C. M. Brentano; L. A. v. Arnim: *Des Knaben Wunderhorn* (3 Bde. bis 1810) J. G. Fichte: *Grundzüge des gegenwärtigen Zeitalters* J. G. Fichte: *Die Anweisung*	J. H. Dannecker: «Ariadne auf dem Panther» (Plastik, entst. 1806–1810) Ph. O. Runge: «Meine Eltern», «Die Kinder Hülsenbeck», «Ruhe auf der Flucht» L. van Beethoven: 4. Symphonie B-Dur; Violinkonzert D-Dur; «Rasumowsky – Streichquartette» (op. 59, 1–2) Académie Française (gegr.

	zum seligen Leben F. L. Z. Werner: *Das Kreuz an der Ostsee* F. L. Z. Werner: *Martin Luther, oder die Weihe der Kraft* (gedr. 1807)	1635) mit Schwesterakademien im «Institut de France» vereinigt
1807	J. v. Görres: *Die teutschen Volksbücher* G. W. F. Hegel: *System der Wissenschaft. Die Phänomenologie des Geistes* J. F. Herbart: *Allgemeine Pädagogik* F. v. Holbein: *Ida* Jean Paul (F. Richter): *Levana, Ein Erziehungsbuch* H. v. Kleist: *Amphitryon* (UA 1898) H. v. Kleist: *Jeronimus und Josephe. Eine Szene aus dem Erdbeben zu Chili vom Jahre 1647*	P. P. Prud'hon: «Entführung Psyches durch Zephir»; «Das Verbrechen, von der Gerechtigkeit und der göttlichen Rache verfolgt« Ph. O. Runge: «Wir und mein Bruder» (Familienbild) L. van Beethoven: C-Dur-Messe; Coriolan-Ouverture Th. Paine: *Das Zeitalter der Vernunft* J. Schreyvogel gibt das Wiener «Sonntagsblatt» heraus
1808	L. A. v. Arnim: *Tröst-Einsamkeit* (Zt.) J. G. Fichte: *Reden an die deutsche Nation* F. H. K. (de la Motte) Fouqué: *Alwin* F. H. K. (de la Motte) Fouqué: *Sigurd, der Schlangentöter* J. W. Goethe: *Faust. Der Tragödie erster Teil* (UA 1819) J. F. Herbart: *Allgemeine praktische Philosophie* A. v. Humboldt: *Ansichten der Natur* H. v. Kleist: *Der zerbrochene Krug* H. v. Kleist: *Penthesilea* (UA 1876) H. v. Kleist: *Die Marquise von O.* H. v. Kleist: *Die Hermannsschlacht* (entst. 1808; gedr. 1821, UA 1839) F. Schlegel: *Von der Sprache und Weisheit der Inder*	C. D. Friedrich: «Das Kreuz im Gebirge» J. A. D. Ingres: «Badende» Ph. O. Runge: «Der Morgen» (1. Fassg.; 2. Fassg. 1809) L. van Beethoven: 5. Symphonie c-Moll («Schicksalssymphonie»); 6. Symphonie F-Dur («Pastorale») E. Th. A. Hoffmann wird Musikdirektor in Bamberg (bis 1813) L. Oken: *Lehrbuch der Naturphilosophie* Beginn größerer Ausgrabungen in Pompeji bis 1815 *Konversationslexikon* von F. A. Brockhaus (1. Aufl. bis 1811)
1809	L. A. v. Arnim: *Der Wintergarten*	F. R. de Chateaubriand: *Die Märtyrer*

	J. W. Goethe: *Pandora* (gedr. 1810)	C. D. Friedrich: «Mönch am Meer»
	J. W. Goethe: *Die Wahlverwandtschaften*	F. Goya: «Die Erschießung spanischer Freiheitskämpfer»
	A. Müller: *Von der Idee der Schönheit*	F. Pforr: «Einzug Rudolfs v. Habsburg in Basel»
	Jean Paul (F. Richter): *Dr. Katzenbergers Badereise*	P. Speeth: Frauengefängnis in Würzburg
	H. v. Kleist: *Prinz Friedrich von Homburg* (entst. 1809–11; gedr. 1821)	L. van Beethoven: Klavierkonzert Nr. 5, Es-Dur
	F. W. J. v. Schelling: *Philosophische Untersuchungen über die menschliche Freiheit*	A. P. M. de Lamarck: *Zoologische Philosophie*
	A. W. Schlegel: *Über dramatische Kunst und Literatur*	K. F. Zelter gründet in Berlin die «Liedertafel»
		C. F. Gauß: *Theorie der Bewegung der Himmelskörper*
1810	L. A. v. Arnim: *Armut, Reichtum, Schuld und Buße der Gräfin Dolores*	W. Scott: *Das Fräulein von See*
	J. G. Fichte: *Die Wissenschaftslehre in ihrem allgemeinen Umrisse*	G. N. de Staël: *Über Deutschland*
	F. H. K. (de la Motte) Fouqué: *Der Held des Nordens* (3 Bde. seit 1808)	Christl.-romantische Malerbewegung der «Nazarener» in Rom
	J. W. Goethe: *Zur Farbenlehre*	F. Pforr: «Graf von Habsburg und die Priester»
	H. v. Kleist: *Das Käthchen von Heilbronn*	L. van Beethoven: Musik zu Goethes *Egmont*
	H. v. Kleist: *Erzählungen* (2 Bde. bis 1811)	A. Müller: *Elemente der Staatskunst*
	A. Müller: *Elemente der Staatskunst*	
	F. L. Z. Werner: *Der vierundzwanzigste Februar* (gedr. 1815)	
1811	L. A. v. Arnim: *Halle und Jerusalem, Studentenspiel und Pilgerabenteuer*	C. D. Friedrich: «Morgen im Riesengebirge»; «Greifswalder Hafen»
	S. Ascher: *Beiträge zur Modelektüre*	F. Schubert: «Hagars Klage»
	C. M. Brentano: *Der Philister vor, in und nach der Geschichte*	C. M. v. Weber: «Abu Hassan»
	F. H. K. (de la Motte) Fouqué: *Undine*	Fichte erster Rektor in Berlin
	J. Grimm: *Über den altdeutschen Meistergesang*	F. L. Jahn errichtet den ersten Turnplatz in Hasenheide, Berlin
	J. P. Hebel: *Schatzkästlein des rheinischen Hausfreundes*	

	J. Kerner: *Reiseschatten von dem Schattenspieler Luchs* F. Müller (Ma[h]ler Müller): *Golo und Genovefa* (entst. 1776–81)	
1812	L. A. v. Arnim: *Isabella von Ägypten, Kaiser Karls des Fünften erste Jugendliebe* H. J. Collin: *Die Befreiung von Jerusalem* (posthum) J. W. Goethe: *Aus meinem Leben. Dichtung und Wahrheit* (bis 1822) J. Grimm; W. Grimm: *Kinder- und Hausmärchen* (2 Bde. bis 1813) G. W. F. Hegel: *Wissenschaft der Logik* (3 Bde. bis 1816) F. Schlegel: *Deutsches Museum* (Zt.; bis 1813) L. Tieck: *Phantasus* (3 Bde. bis 1816)	G. G. N. Byron: *Ritter Harolds Pilgerfahrt* (4 Bde. bis 1818) F. G. Kersting: «Die Stickerin» L. van Beethoven: 7. Symphonie A-Dur; 8. Symphonie F-Dur Fr. Koenig erfindet die Zylinder-Flachdruck-Schnelldruckpresse
1813	E. M. Arndt: *An die Preußen* E. M. Arndt: *Entwurf der Erziehung und Unterweisung eines Fürsten* P. J. A. Feuerbach: *Über die Unterdrückung und Wiederbefreiung Europas* F. Förster: *Schlachtruf und Schlachtgesang an die erwachten Teutschen* A. Schopenhauer: *Über die vierfache Wurzel des Satzes vom zureichenden Grund*	J. Austen: *Stolz und Vorurteil* G. G. N. Byron: *Der Giaur* P. B. Shelley: *Feenkönigin* A. Koch: «Wasserfälle bei Subiaco»; «Opfer Noahs» F. Weinbrenner: Schloß in Karlsruhe (begonnen 1805) Londoner «Philarmonische Gesellschaft» gegrdt. *Beschreibung Ägyptens* (frz. wiss. Auswertung der Expedition Napoleons 1798–1801; 24 ill. Bde. seit 1809) R. Owen: *Eine neue Auffassung von der Gesellschaft* (1813–14)
1814	E. M. Arndt: *Entwurf einer teutschen Gesellschaft* A. v. Chamisso: *Peter Schlehmils wundersame Geschichte* F. H. K. (de la Motte) Fouqué: *Kleine Romane* (6 Bde. bis 1819) J. F. Herbart: *Über meinen Streit mit der Modephilosophie* E. Th. A. Hoffmann: *Fantasie-*	J. Austen: *Mansfield Park* G. G. N. Byron: *Der Korsar* W. Scott: *Waverley* Th. Lawrence malt die Mitglieder des Wiener Kongresses W. Turner: «Frostiger Morgen» F. Schubert: «Gretchen am Spinnrad»; «Erlkönig» P. S. de Laplace: *Philosophi-*

	stücke in Callot's Manier (4 Bde. bis 1815) Th. Körner: *Leyer und Schwerdt*	*scher Essai über die Wahrscheinlichkeit* C. H. R. de Saint-Simon: *Reorganisation der europäischen Gesellschaft* J. Schreyvogel wird Direktor des Wiener Burgtheaters *Rheinischer Merkur* erscheint (1816 verboten)
1815	C. M. Brentano: *Die Gründung Prags* J. v. Eichendorff: *Ahnung und Gegenwart* J. W. Goethe: *Sonette* E. Th. A. Hoffmann: *Die Elixiere des Teufels* A. W. Iffland: *Theorie der Schauspielkunst* (posthum) A. v. Humboldt: *Reise in die Aequinoctial-Gegenden* (6 Bde. bis 1829) F. Schlegel: *Geschichte der alten und neuen Literatur* L. Uhland: *Gedichte*	F. C. Savigny: *Vom Beruf unserer Zeit für die Gesetzgebung* C. D. Friedrich: «Hafen von Greifswald» G. Goya: «Hexensabbat» F. Schubert: «Wanderers Nachtlied», «Heideröslein» (Lieder zu Goethe-Gedichten) Techn. Hochschule Wien gegrdt.

(zusammengestellt von Josef König)

Über die Verfasser

Dr. Marion Beaujean, Bibliotheksoberrätin an der Stadtbibliothek Hannover

Dr. Giuseppe Bevilacqua, Professor für deutsche Sprache und Literatur an der Universität Florenz (Italien)

Dr. Alexander von Bormann, Professor für deutsche Sprache und Literatur an der Universität Amsterdam (Holland)

Dr. Maria Fancelli, Professorin für deutsche Sprache und Literatur an der Universität Florenz (Italien)

Dr. Gonthier-Louis Fink, Professor für deutsche Sprache und Literatur an der Universität Straßburg (Frankreich)

Dr. Horst Albert Glaser, Professor für Allgemeine und vergleichende Literaturwissenschaft an der Universität Essen/Gesamthochschule

Dr. Rolf-Peter Janz, Professor für Neuere deutsche Literaturwissenschaft an der Freien Universität Berlin

Dr. Uwe Japp, Privatdozent für Neuere deutsche Literaturwissenschaft an der Universität Frankfurt/Main

Markus Krause, wissenschaftlicher Mitarbeiter am germanistischen Seminar der Universität Bonn

Dr. Gerhard Kurz, Professor für Neuere deutsche Sprach- und Literaturwissenschaft an der Universität Amsterdam (Holland)

Dr. Gisbert Lepper, Professor für Neuere deutsche Literaturwissenschaft an der Universität Frankfurt/Main

Dr. Alberto Martino, Professor für Vergleichende Literaturwissenschaft an der Universität Wien (Österreich)

Dr. Horst Möller, Stv. Direktor des Instituts für Zeitgeschichte in München und Privatdozent für Neuere Geschichte an der Universität München

Dr. Norbert Oellers, Professor für Neuere deutsche Literaturgeschichte an der Universität Bonn

Dr. Peter Schmidt, Dozent für Neuere deutsche Literaturwissenschaft an der RWTH Aachen

Dr. Helmut J. Schneider, Wissenschaftlicher Assistent für Neuere deutsche Literaturwissenschaft an der Universität Bonn

Dr. Marlies Stützel-Prüsener, München

Dr. Jens Tismar, Privatdozent für Neuere deutsche Literaturwissenschaft an der Universität Stuttgart

Dr. Ralph-Rainer Wuthenow, Professor für Neuere deutsche und vergleichende Literaturwissenschaft an der Universität Frankfurt/Main

Dr. Herbert Zeman, Professor für Neuere deutsche Literatur mit besonderer Berücksichtigung der österreichischen Literatur an der Universität Wien (Österreich)

Autorenregister

(Zusammengestellt von Rita Becker)

Werkregister

(Zusammengestellt von Rita Becker)

rororo studium Linguistik

rororo studium · Herausgegeben von Ernesto Grassi

Norbert Boretzky (Univers. Bochum)
Einführung in die historische Linguistik [108]

Sebastian und Herma C. Goeppert (Univers. Freiburg)
Sprache und Psychoanalyse [40]

Gerhard Helbig
Geschichte der neueren Sprachwissenschaft [48]

Gerd Kegel (TU, Berlin)
Sprache und Sprechen des Kindes [59]

Werner Kummer (Univers. Bielefeld)
Grundlagen der Texttheorie
Zur handlungstheoretischen Begründung einer materialistischen Sprachwissenschaft **[51]**

John Lyons (Hg.) (Univers. Edinburgh)
Neue Perspektiven in der Linguistik [66]

Adam Schaff (Polnische Akademie der Wissenschaften, Warschau)
Sprache und Erkenntnis
und Essays über die Philosophie der Sprache **[18]**
Einführung in die Semantik [31]

Helmut Schnelle (Univers. Bochum)
Sprachphilosophie und Linguistik
Prinzipien der Sprachanalyse a priori und a posteriori **[30]**

Dieter Wunderlich (Univers. Düsseldorf)
Grundlagen der Linguistik [17]

806/8

Neue deutsche Literatur

Friedrich Achleitner
Prosa, Konstellationen, Montagen, Dialektgedichte, Studien

Kurt Bartsch
Kaderakte
– Wadzeck. Roman

Konrad Bayer
Das Gesamtwerk
Hg. von Gerhard Rühm

Ulrich Becher
Brasilianischer Romanzero. Balladen
– Murmeljagd. Roman

Nicolas Born
Die Fälschung. Roman
– Gedichte. 1967–1978

Rolf Dieter Brinkmann
Standphotos. Gedichte
– Rom. Blicke
– Westwärts 1 & 2. Gedichte

Peter O. Chotjewitz
Hommage à Frantek. Nachrichten für seine Freunde
– Die Insel. Erzählungen auf dem Bärenauge

Jan Christ
Asphaltgründe. Erzählungen

Hugo Dittberner
Ruhe hinter Gardinen. Gedichte
– Draußen im Dorf. Erzählungen
– Jacobs Sieg. Roman

Gisela Elsner
Die Zerreißprobe. Erzählungen
– Die Riesenzwerge. Ein Beitrag
– Der Nachwuchs. Roman
– Das Berührungsverbot. Roman
– Der Punktsieg. Roman

Adolf Endler
Verwirrte klare Botschaften. Gesammelte Gedichte

Maria Erlenberger
Der Hunger nach Wahnsinn
Ein Bericht
– Das Erlernen der Totgeburt Roman
– Ich will schuld sein. Eine Gedankensammlung

Jürgen Fuchs
Tagesnotizen. Gedichte

Wilhelm Genazino
Abschaffel. Roman
– Die Vernichtung der Sorgen Roman
– Falsche Jahre. Roman

Rolf Haufs
Größer werdende Entfernung
Gesammelte Gedichte

Günter Herburger
Ziele. Gedichte

Rolf Hochhuth
Eine Liebe in Deutschland
– Dramen (Sonderausgabe)
– Der Stellvertreter / Soldaten / Guerillas
– Die Hebamme. Komödie Erzählungen, Gedichte, Essays
– Guerillas. Tragödie in 5 Akten
– Lysistrate und die Nato Komödie
– Juristen
– Tell 38

Elfriede Jelinek
Die Ausgesperrten. Roman
– Wir sind Lockvögel Baby! Roman
– Michael. Ein Jugendbuch für die Infantilgesellschaft

Rowohlt

35/27